KB089019

제3세대 중견국 외교론

네트워크 이론의 시각

제3세대 중견국 외교론

네트워크 이론의 시각

2015년 6월 19일 초판 1쇄 인쇄
2015년 6월 30일 초판 1쇄 발행

지은이 김상배, 고지명, 김가희, 김예지, 박주희, 박지은, 서지희, 윤정현, 이나형, 정은희,
      타일러 라쉬, 황예은

편집 송원근·고하영·김천희
디자인 강찬규
마케팅 하석진

펴낸이 윤철호
펴낸곳 ㈜사회평론아카데미
등록번호 2013-000247 (2013년 8월 23일)
전화 02-2191-1133
팩스 02-326-1626
주소 121-844 서울특별시 마포구 월드컵북로12길 17 (2층)

이메일 editor@sapyoung.com
홈페이지 www.sapyoung.com
ISBN 979-11-85617-47-3 93340

이 저서는 2013년 정부(교육부)의 재원으로 한국연구재단의 지원을 받아 수행된 연구임.
(NRF-2013S1A3A2053683).

제3세대 중견국 외교론
네트워크 이론의 시각

김상배 엮음

사회평론

머리말

이 책은 서울대학교 정치외교학부 외교학전공 대학원의 석박사 과정 학생들과 진행한 공동작업의 네 번째 작품이다. 2010년 2학기부터 '네트워크 세계정치'라는 주제로 공부를 시작한 이후, 『거미줄 치기와 벌집 짓기: 네트워크 이론으로 보는 세계정치의 변환』(한울, 2011), 『정보세계정치의 이해: 역사와 쟁점 및 전략의 탄생』(한울, 2013), 『네트워크 시대의 외교안보: 중견국의 시각』(사회평론, 2014) 등의 출간에 이어 이번에 『제3세대 중견국 외교론: 네트워크 이론의 시각』이라는 제목으로 네 번째 편집본을 내놓게 되었다. 부연컨대 이 책은 2014년에 낸 『네트워크 시대의 외교안보: 중견국의 시각』과 짝을 이루는 중견국 외교 시리즈의 제2권이라고 할 수 있다.

이 책에 실린 글들은 2014년 한 해에 걸쳐서 '비전통 안보와 중견국 외교'(1학기)와 '국제정치이론과 중견국 외교'(2학기)라는 주제로 진행했던 대학원 세미나를 바탕으로 하고 있다. 중견국 외교에 대한 다양한 글들을 같이 읽고 토론하고 생각을 발전시켜 가면서 학기말 논문으로 제출되었던 글들을 방학 기간 동안에 두 차례의 집중세미나를 통해서 다시 한 번 다듬고 보완하여 태어난 결과물들이다. 이 책에 실린 논문들 중의 몇 편은 이미 2014년 여름 부산에서 열렸던 한국정치학회 대학원생 패널에서 발표되어 호평을 얻은 바 있다. 일 년 동안의 대학원 세미나를 진행하면서 쓰인 논문들은 여러 편이 더 있었지만 그중에서 출판할 만큼의 수준에 도달한 논문 11편을 추렸다. 아직 지적 훈련기에 있는 대학원생들의 글이라 미흡한 부분이 없지 않지만 이들의 글 안에 담긴 문제제기의 참신성에 용기를 내어 세상에 내놓게 되었다.

한 해를 넘게 세미나를 진행하는 동안 가장 논란이 되었던 주제는 21세기 세계정치의 변화와 한국의 미래 국가전략을 고민하는 지적 작업을 군이 중견국(中堅國, middle power)이라는 개념의 굴레에 담을 필요가 있냐는 것이었다. 게다가 아직은 학계에 잘 알려지지 않는 세대 구분의 틀을 적용해서 제1세대, 제1.5세대, 제2세대 중견국 외교에 이어 '제3세대 중견국 외교'라는 말을 쓸 것이냐의 문제였다. 좀 더 근본적으로는 중견국 외교를 네트워크 이론의 시각에서 보면 얼마나 더 새로운 것을 얻겠냐는 의문도 계속 제기되었다. 오랜 토론과 논의 끝에 지금 이 시점에 이번 세미나 팀들이 고민했던 흔적을 남기는 차원에서 '제3세대 중견국 외교론: 네트워크 이론의 시각'이라는 제목을 그대로 살리기로 했다. 제목에 담긴 고민의 내용들은 이 책의 제1장에 담았는데, 제1장은 이 책의 필자들과 세미나를 진행하는 과정에서 사고와 집필의 가이드라인으로 제시되었던 네트워크 이론과 중견국 외교론을 요약 · 소개하였다.

이 책이 나오기까지 많은 분들의 도움을 얻었다. 특히 이 책의 작업에 공동저자로 참여한 11명의 대학원생들의 노고를 치하하고 아울러 감사의 마음을 전하고 싶다. 한 한기 또는 두 학기에 걸쳐서 보여주었던 필자들의 지적 열정과 의지가 없었다면 이 책은 세상에 나올 수 없었을 것이다. 학생들의 미완성 초고들을 예닐곱 번 이상씩 읽어보면서도 새로이 힘을 낼 수 있었던 것은 바로 이러한 열정과 의지 때문이었던 것 같다. 두 차례에 걸쳐 열린 집중세미나에서 방학 동안이지만 귀중한 시간을 내어 토론을 맡아준 강다위, 곽민경, 김안나, 김유정, 김재영, 박상연, 송태은, 유성, 유안, 조채은, 천본수, 최은실, 최인호, 최정훈(가나다순)에게 감사의 말을 전한다. 특히 지난 한 해 동안 열린 대학원 세미나에서 반장을 맡아 굳은 일을 마다하지 않고 수고해준 최은실의 헌신에 감사한다. 이 책의 교정 작업의 총괄 업무를 맡아준 박지은의 도움도 고맙다.

이 책의 작업은 2013년에 중형 연구단 프로젝트(네트워크 국가의 세계정치)로 진입한 한국연구재단의 한국사회기반연구사업(Social Science Korea: SSK)을 계기로 하여 결실을 볼 수 있었다. 이 책의 모태가 된 대학원생 세미나와 병행하여 진행된 '중견국외교연구회,' '정보세계정치연구회,' '기술사회연구회'의 세미나를 통해서 많은 도움의 말씀을 주신 선생님들께도 감사의 마음을 전한다. 끝으로 새롭게 벌이는 지적 시도의 취지를 알아주시고 흔쾌히 출판을 맡아 주신 사회평론아카데미의 관계자들께도 감사한다.

2015년 봄
김상배

차례

제2부 지역협력과 중견국 외교

제3부 지식질서와 중견국 외교

제4부 중견국 정체성과 공공외교

제1장

제3세대 중견국 외교론의 모색

김상배

최근 한국의 중견국 외교에 대한 관심이 늘어나고 있다. 그런데 기존의 국제정치이론은 21세기 한국의 중견국 외교를 풀어갈 이론적 자원을 충분히 제공하지 못하고 있다. 현실주의, 자유주의, 구성주의 등에 기반을 두고 있는 기존의 중견국 외교론은 주로 행위자의 속성이나 행태에 주목하여 '중견국 자격(middlepowerhood)'이나 '중견국 기질(middlepowermanship)'을 논하는 방식으로 접근해 왔다. 이러한 접근은 네트워크의 시대로 불리는 21세기 세계정치에서 복합적인 외교적 역할을 담당할 것을 요구받는 한국과 같은 중견국의 전략을 논하기에는 너무 정태적이다. 이러한 맥락에서 이 글은 소셜 네트워크 이론, 네트워크 조직 이론, 행위자-네트워크 이론 등으로 대변되는 기존 네트워크 이론의 시각을 복합적으로 원용하여 좀 더 동태적인 중견국 외교론을 풀어 나가기 위한 이론적 실마리를 마련하였다. 이러한 과정에서 이 글이 새로이 던지는 화두는 '제3세대 중견국 외교론'이다. 21세기 한국이 추구할 중견국 외교는 냉전기나 탈냉전기에 등장했던 캐나다, 호주, 스웨덴, 노르웨이 등과 같은 제1세대(또는 제1.5세대) 중견국들이나 브릭스(BRICS) 국가들, 그중에서도 브라질, 남아공, 인도 등과 같은 제2세대 중견국들의 외교와는 다른 내용을 담을 수밖에 없다. 이러한 문제의식을 바탕으로 이 글이 던지는 제3세대 중견국 외교론의 세 가지 이론적 논제는 1) 복합 지정학의 시각에서 보는 구조적 공백 찾기, 2) 열린 정체성과 국익론 및 국가모델의 모색, 3) 네트워크 권력게임의 복합적 추구이다. 이렇게 제시된 이론적 논제들은 평화외교, 경제협력, 지식질서, 공공외교 등의 이슈 영역에서 관찰되는 중견국 외교의 다양한 사례들을 탐구한, 이 책의 11개 장이 활용한 이론적 분석틀을 이루고 있다.

I. 제3세대 중견국 외교론?

최근 중견국(中堅國, middle power)으로 성장한 한국의 국력과 외교에 대한 논의가 국내외에서 한창이다. 한국은 지난 수십 년간 군사력과 경제력 분야에서 이룩한 성장을 바탕으로 세계 10-15위권의 국력을 보유하고 있는 것으로 평가된다. 2012년 6월에는 국민소득 2만 달러와 인구 5천만 명을 달성한 나라들의 대열인 소위 '20-50클럽'에도 세계에서 일곱 번째로 진입하여 개도국의 이미지를 완전히 벗어던졌다. 국가 브랜드라는 측면에서도 이제 한국은 '원조 받는 나라에서 원조 주는 나라'이자 '유학 가는 나라에서 유학 오는 나라'로서 이미지를 세워 나가고 있다. 이 밖에도 IT(information technology)와 인터넷 분야에서 이룩한 한국 기업들의 성공이나 TV 드라마와 K-팝을 앞세운, 소위 한류(韓流) 열풍도 한국의 높아진 위상을 엿보게 하는 사례들이다.

이렇게 덩치가 커진 국력을 바탕으로 최근 한국은 중견국으로서 새로운 외교적 역할을 모색하고 있다. 예를 들어, 2010년 서울 G20 정상회의, 2011년 부산 개발원조총회, 2012년 서울 핵안보정상회의, 2013년 서울 사이버공간총회, 그리고 2014년 부산 ITU전권회의 등과 같은 국제회의 개최가 중견국 외교의 대표적 성과로 거론되곤 한다. 이 밖에도 한국은 2013-14년 유엔 안보리 비상임이사국으로 활동했을 뿐만 아니라 2014년 9월부터는 1년 동안 최근 출범한 정부협력체인 믹타(MIKTA)의 간사국을 맡게 되었다. 또한 2015년 10월에는 보건안보를 위한 국제적 공조체계인 글로벌 보건안보 구상(Global Health Security Agenda: GHSA) 고위급회의(SOM)도 개최할 예정이다. 그야말로 2010년대 들어서 다양한 분야에서 한국의 새로운 외교에 대한 기대치가 높아지고 있다.

국제정치 분야에서 중견국이라고 하면 보통 캐나다, 호주, 스웨덴, 노르웨이 등과 같은 국가들을 떠올린다. 기존의 중견국 외교론은 강대국 중심의 세계질서에서 주로 특정한 패턴의 행태를 보이는 캐나다나 호주와 같은 나라들의 외교를 설명하기 위해서 개발되었다. 이른바 '제1세대 중견국'으로 구분할 수 있는 이들 나라들은 냉전 및 탈냉전 시기 미·소 양극체제와 미국의 패권 쇠퇴라는 국제정치의 변화를 배경으로 해서 적극적인 외교적 역할을 타진했다. 규범외교의 성향을 보이는 스웨덴이나 노르웨이와 같은 북유럽 국가들의 중견국 외교는 캐나다, 호주와는 다소 맥을 달리하지만 그렇다고 이들과 구별되는 완전히 새로운 세대로 볼 수는 없다는 점에서, '제1.5세대 중견국' 정도로 구분해 볼 수 있다. 1990년대와 2000년대 초중반 외교의 장에서 새로이 부상한 브릭스(BRICS) 국가들, 그중에서 러시아나 중국을 뺀 브라질, 인도, 남아공 등과 같은 입사(IBSA) 국가들도 중견국 외교를 펼치는 나라들로 주목을 받았다. '제2세대 중견국'으로 부를 수 있는 이들 국가들은 경제적 부를 바탕으로 한 민주국가들이 주를 이루던 구미 전통의 중견국 그룹과는 구별된다(Jordaan 2003). 이들 국가들은 권위주의적 국내체제를 지닌 지역강국으로서의 면모를 보이며 국제적 쟁점에 대해서 목소리를 내기 시작한 신흥 국가들이었다.

이러한 연속선상에서 구분을 해보면, 한국은 종전의 그룹들과는 구별되는 새로운 세대에 속하는 중견국 외교를 펼치고 있는 것으로 보아야 한다. 무엇보다도 최근 중견국의 국력을 갖추게 된 한국이 당면한 세계정치의 환경이 1980-90년대보다는 훨씬 더 복잡하다는 사실이 이러한 판단을 내리게 한다. 지구화, 정보화, 민주화의 시대를 맞이하여 발생하는 글로벌 문제들은 소수 강대국들이나 전통적인 국가 행위자들만이 나서서 해결하기에는 벅찰 정도로 복잡해졌다. 전통적인 군사안보나 정치경제 분야뿐만 아니라 다양한 초국적 난제들이 세계정치의 복잡성을 더욱 증대시키고 있다. 이들 분야에서 글로벌 거버넌스를 모색하기 위해서는 중견그룹의 국가들뿐만 아니라 다양한 비국가 행위자들까지도 나서야 하는 상황이다. 여기에 더불어 중국의 부상에 따라 벌어지고 있는 미·중 패권경쟁의 복합적인 양상은 미래의 세계정치가 20세기에 경험했던 국제정치와는 다른 양상으로 전개될 가능성을 점치게 한다. 이러한 맥락에서 볼 때, 2010년대에 들어 한국의 중견국 외교가 거론되는 상황은 이전의 중견국들이 겪었던 국제정치 환경보다 훨씬 더 복합적인 세계정치의 변환을 바탕으로 한다.

그럼에도 중견국 외교에 대한 기존의 논의는 변환의 시대를 맞는 한국의 중견국 외교를 가늠할 정도로 충분한 이론적 자원을 제공하지 못하고 있다. 캐나다, 호주, 스웨덴, 노르웨이, 브라질, 인도, 남아공 등과 같은 국가들의 외교를 설명하기 위해서 원용되었던 이론의 틀을 그대로 적용해서는 한국이 당면한 중견국 외교의 과제를 제대로 가늠할 수 없다. 무엇보다도 제1세대(또는 제1.5세대)와 제2세대 중견국들이 처해 있던 세계정치의 환경이 다르고 실천적 문제의식이 다르기 때문이다. 이러한 맥락에서 21세기 한국의 중견국 외교는 기존의 논의와는 다른 이론적 플랫폼 위에서 모색될 필요가 있다. 굳이 이름 붙이자면 '제3세대 중견국 외교론'이라고나 할까? 이렇게 새로운 중견국 외교론을 펼치는 문제는 단순한 이론의 문제가 아니라 21세기 한국의 미래 국가전략을 모색하는 담론적 실천의 문제라는 점에서 의미가 크다.

이 글은 네트워크 이론의 시각에서 본 제3세대 중견국 외교론을 제시하기 위해 쓰였는데, 이 책에 실린 글들이 딛고 선 이론적 전제들을 소개하는 목적을 겸한다. 이 글은 다음과 같이 크게 세 부분으로 구성되었다. II절에서는 현실주의, 자유주의, 구성주의, 세계체제론 등으로 대변되는 기존 국제정치이론의 한계를 지적하고 속성론과 행태론 및 단순 구조론을 넘어서는 중견국 외교에 대한 새로운 이론적 논의가 필요함을 주장하였다. III절에서는 소셜 네트워크 이론, 네트워크 조직이론, 행위자-네트워크 이론 등으로 대별되는 기존 네트워크 이론을 국제정치의 구조-국가-권력의 논의에 원용하여 새로운 중견국 외교론을 개발하기 위한 기초를 다졌다. IV절에서는 네트워크 이론을 원용하여 이 책에서 새로이 개발하여 구체적인 사례들에 적용한 제3세대 중견국 외교론의 내용을 복합 지정학으로 보는 구조적 공백 찾기, 열린 정체성과 국익론 및 국가모델의 모색, 네트워크 권력게임의 복합적 추구 등의 세 가지로 정리해서 제시하였다. 끝으로 V절에서는 이 책에 담긴 글들의 내용을 요약·소개하였다.

II. 국제정치이론과 중견국 외교론

국제정치이론에서는 아직까지 본격적인 중견국 외교에 대한 이론적 논의가 진행되지 않았다. 예를 들어 국제정치이론의 주류를 이루는 현실주의 시각에서 중견국을 독립적인 범주로 설정하고 진행된 이론연구는 거의 없다시피 한다. 현실주의의 기본적 관심사가 강대국의 외교적 행태와 그 결과인 강대국 국제질서의 이론화에 있기 때문일 것이다. 이에 비해 20세기 중후반에 이루어진 중견국 외교에 대한 이론적 논의는 주로 외교정책론 학자들에 의해서 진행되었다. 그러나 이들 학자들의 관심은 중견국 외교에 대한 일반이론의 개발이라기보다는 그 능력과 영향력의 측면에서 강대국도 아니고 약소국도 아닌 나라들의 외교적 행태를 설명하는 데 있었다. 그런데 대부분의 경우 이들 학자들의 논의는 암묵적으로 현실주의 시각의 국력 개념에 의거하고 있었던 것이 사실이다. 현실주의 국력론의 시각에서 본 중견국이란 물질적 능력(인구, 영토, 군사력, 경제력 등)을 잣대로 해서 볼 때 중간 규모인 나라였다. 현실주의 시각에서는 대체적으로 이러한 국력의 지표를 충족시킨 국가들이 '중견국 자격(middlepowerhood)'을 지닌 것으로 간주되었다.

현실주의 시각에서 볼 때 좀 더 적극적인 중견국 외교론은 오히려 세력전이론(Organski and Kugler 1980; Gilpin 1981)이나 정치리더십의 장주기론(Modelski 1978; Rapkin and Thompson 2003)에서 찾아볼 수 있다. 세력전이론과 장주기론은 모두 강대국의 부상과 쇠퇴로 나타나는 패권구조의 변화에 주목한다. 이러한 패권구조의 변화에서 여타 비(非)강대국은 큰 변수가 아니다. 그러나 패권국과 경합하는 도전국의 존재는 중요한 변수이다. 따라서 이들의 논의에서도 도전국 또는 소위 이등국가의 외교 전략은 주요 관심사였는데, 실제로 독일 (Holbraad 1971; Otte 2000)이나 일본(Cox 1989)에 관심이 기울여졌 다. 사실 이러한 이등국가론은 구조론의 시각에서 이루어진 중견국 외 교론의 일환으로 이해할 수 있다(Williams *et al.* 2012; Cooper 2011). 국제정치의 위계질서에서 1층위의 패권국에 도전하는 2층위 국가의 외교 전략이 그 국가가 차지하는, 3층위의 약소국과는 다른, 위상에서 비롯되는 것으로 해석할 수 있기 때문이다. 다만 여기서 말하는 구조 는, 이 글에서 강조하는 '유동적 관계구조'의 개념과는 달리, '고정적 위계구조'라는 점에 유의할 필요가 있다.

본격적인 중견국 외교에 대한 논의는 자유주의 시각을 취하는 일 군의 학자들에 의해서 진행되었다. 일찌감치 자유주의 시각의 국제정 치이론은 강대국들이 형성한 시스템 내에서 시스템을 지배하거나 결 정할 수는 없지만 그룹이나 동맹을 형성하거나 지역기구와 국제기구 를 통해서 시스템에 영향을 미칠 수 있는(system-affecting), 약소국이 아닌 국가, 즉 중견국의 범주를 설정하였다(Keohane 1969). 자유주 의 시각은 주로 '중견국 기질(middlepowermanship)'이라고 불리는, 외교 문제에 대처하는 내재적 기질 또는 국제분쟁의 다자적이고 평 화적인 해결을 선호하는 행태적 경향에 의거해서 중견국을 이해했다 (Holmes 1966; Nossal 2010; Cox 1989). 이러한 논의는 이 글에서 제1 세대 중견국으로 구분한 캐나다와 호주의 외교 전략을 설명하는 이론 적 기초가 되었다(Cooper *et al.* 1993; Cooper ed. 1997; Ungerer 2007; Ravenhill 1998; Gordon 1966; McLin 1967). 자유주의 시각의 논의는 주로 속성론 또는 행태론적 접근을 했지만 중견국 '구조론'의 단초도 있었는데, 그것은 국제정치의 구조에서 비슷한 처지에 있기 때문에 생 각을 같이하는 나라들, 즉 동지국가(同志國家, like-minded countries)

에 대한 논의에서 발견된다(Dolman 1979; Cooper 1992; Pratt ed. 1990).

구성주의 국제정치이론의 시각을 명시적으로 표방하고 중견국 외교에 대한 이론적 논의를 펼친 연구는 거의 없다. 굳이 찾자면 구성주의의 기원을 이루는 국제사회론에서 미국 패권하 영국의 외교 전략적 관심을 투영한 논의에서 그 실마리를 발견할 수 있을 것이다(Bull 1977). 구성주의 시각에서 볼 때 중견국 외교에서 정체성은 중요한 변수가 아닐 수 없다. 사실 중견국이라는 범주는 강대국과 약소국이라는 타자와의 관계 속에서 형성되는 자기 정체성의 산물이다. 그야말로 중견국도 사회적으로 구성되는 것이다. 이런 점에서 비록 구성주의 시각을 명시적으로 표방하지는 않았을지라도, 중견국 연구의 전통 내에 객관적 지표나 주관적 기질보다는 중견국으로서의 자기 성찰적 인식이나 의도 및 정체성 등과 같은 간(間)주관적 변수에 주목하는 접근이 존재했다. 그러나 주로 캐나다나 호주와 같은 제1세대 중견국의 사례에 주목했던 기존 연구들은 그 중견국의 정체성이 형성되는 동태적 과정을 탐구하기보다는, '이미 주어진 것'으로 보고 그 정체성이 중견국 외교의 행태에 미치는 영향을 탐구하는 방식으로 접근했다. 이러한 경향은 스웨덴이나 노르웨이 등과 같은 제1.5세대 중견국들의 예외주의 정체성이 그들 국가의 소위 규범외교에 미치는 영향에 대한 연구에서 나타났다(Lawler 1997; Browning 2007).

이상의 주류 이론에 비해서 세계체제론은, 중견국에 대한 논의를 펼치더라도, 행위자가 아닌 자본주의 체제의 '구조'에서부터 시작한다는 특징이 있다. 세계체제론에서 중견국 논의는 중심부와 주변부 사이에 존재하는, 일종의 완충지대로서 반주변부에 대한 논의에서 발견된다(Wallerstein 1974, 1976). 여기서 반주변부는 '위상'에서 비롯되는

개념적 범주이지만 이는 단순계 발상에 기반을 둔 위계질서의 '구조'
에서 차지하는 '위상'이다. 그럼에도 반주변부의 개념은 쇠퇴하는 중
심부 국가와 상승하는 주변부 국가가 만나는 지점에서 떠올릴 수 있는
중견국의 행태를 이해하는 데 도움을 준다. 반주변주의 개념은 역사적
으로 소위 비동맹운동 진영의 국가들이 냉전기 동서 진영의 중간지대
에서 공동의 외교전선을 구축하거나, 탈냉전기 브릭스와 같은 국가 그
룹이 선진국들을 상대로 공동으로 대항전선을 형성하는 근거가 되었
다. 한편 세계체제론이 제시하는 반주변부의 국가 성격에 대한 논의
는, 상대적으로 민주적인 국내체제를 지닌 제1세대나 제1.5세대 중견
국과 달리 권위주의적 국내체제 또는 민주화 과정의 국내체제를 지닌
제2세대 중견국의 사례들을 이해하는 데도 큰 도움을 준다.[1]

　이상에서 살펴본 바와 같이 기존의 국제정치이론들은 대체적으로
행위자의 능력, 행태, 정체성 등과 같은 속성론의 변수에 주목하여 중
견국의 역할을 일반화하는 경향이 강했다. 물론 중견국을 이해하는 데
있어서 속성론은 중요하고, 그러한 속성론의 요건을 충족한 나라들이
특정한 행태의 중견국 외교를 펼친 것도 사실이다. 그러나 제3세대 중
견국 외교론을 제대로 마련하기 위해서는 행위자 기반의 속성론만으
로는 부족하고 그 중견국이 처해 있는 상황을 좀 더 적극적으로 고려
하는 구조론의 발상이 필요하다. 그러나 그 구조를 세력전이론이나 세

---

[1]　중견국 외교론의 시각에서 접근한 것은 아니라도 브릭스(BRICS)에 대한 연구는 상
　　당히 많이 이루어졌다(Ruvalcaba 2013). 특히 2006년도에 나온 *International Af-
　　fairs* 특집호에 실린 논문들이 유용하다(Hurrell 2006; Soares de Lima and Hirst 2006;
　　Macfarlane 2006; Narlikar 2006; Foot 2006). 입사(IBSA)에 대해서는 Alden and
　　Vieira(2005)와 Flemes(2007)를 참조하라. 비동맹운동의 현재적 의미에 대해서는
　　Strydom(2007)를 보라. 그 밖에 브라질과 멕시코(Selcher ed. 1981; Mares 1988). 인
　　도네시아와 말레이시아(Ping 2005), 남아공(Serrão and Bischoff 2009) 등의 외교 전
　　략에 대한 연구들도 제2세대 중견국 외교를 이해하는 데 도움을 준다.

계체제론에서 말하는 단순계적 위계구조로만 보는 것 또한 부족하기
는 마찬가지이다. 이러한 문제의식을 바탕으로 이 글은 속성론이나 위
계적 구조론을 넘어서 행위자와 구조를 복합적으로 엮어서 보는, 좀
더 동태적인 의미의 '구조적 위치론'을 제안한다. 구조적 위치론의 관
점에서 보면, 중견국 외교론을 논함에 있어 속성, 행태, 정체성, 구조
등은 모두 필요한 변수들이다. 어느 국가라도 일정한 능력을 획득하고
나서야 중견국의 정체성을 갖고 중견국의 외교적 행태를 도모할 수 있
으며, 이러한 능력과 정체성 및 행태는 주위의 구조적 조건과의 관계
속에서 의미를 갖는다. 결국 제3세대 중견국 외교론이 필요로 하는 것
은 이들 중 한두 변수를 선택하는 것이 아니라 이들 변수들을 모두 엮
어서 보는 메타 프레임의 개발이라고 할 수 있다.[2]

III. 네트워크 이론의 국제정치학적 원용

이 책은 중견국 외교론의 메타 프레임을 마련하기 위해서 네트워크 이
론의 시각을 복합적으로 원용하였다. 지난 10여 년 동안 사회학, 물리
학, 역사학(주로 과학사) 등에서 다루어 온 네트워크 이론의 논의는 이
러한 시도에 큰 도움을 준다. 그런데 네트워크 이론은 그 인식론이나
방법론의 기준으로 보았을 때 한 가지가 아니고 매우 다양하다. 네트
워크 개념과 이론이 다양할 뿐만 아니라 이들 연구들이 주안점으로 삼
고 있는 네트워크의 층위도 조금씩 다르다. 이러한 문제는 네트워크라

---

2   행위자와 구조를 복합적으로 고려한 '구조적 위치'의 맥락에서 중견국 외교론을 고민하
려는 이 글의 시도와 관련하여 로버트 콕스(Robert W. Cox)가 제시한 '세계질서-국가
형태-사회세력의 삼각형'이 주는 시사점이 크다(Cox 1981).

는 것이 하나의 고정된 실체로서 파악되는 종류의 개념이 아니라는 특징 때문에 발생한다. 사실 어느 시점과 각도에서 관찰하느냐가 네트워크의 개념을 이해하는 변수가 된다. 다시 말해 분석적 층위를 어디에 고정시키느냐에 따라서 네트워크라는 존재는 유동적으로 이해될 수 있다. 여러 가지 분류가 있겠지만, 이 글은 국제정치학에 주는 의미를 염두에 두면서 기존의 네트워크 이론을 구조, 행위자, 과정의 차원에서 파악하는 세 가지 진영으로 대별하였다.[3]

첫째, 네트워크를 하나의 구조(structure)로 보는 이론이다. "중견국 외교는 강대국들을 중심으로 한 세계 국가들이 형성하는 네트워크로부터 자유로울 수 없다."라고 말할 경우, 여기서 네트워크란 노드로서의 중견국의 행동에 영향을 미치는 일종의 구조이다. 네트워크의 구도가 어떻게 짜이느냐에 따라서 그 안에서 행동하는 단위로서 노드들의 활동조건들이 달라진다. 네트워크는 노드들의 활동 결과이기도 하지만 일단 형성된 네트워크는 노드의 활동에 영향을 미치는 구조적 환경이다. 소셜 네트워크 이론(social network theory)은 네트워크를 일종의 구조로 보고 그 특징을 밝히거나, 이러한 네트워크 구조의 효과를 분석한다. 사회연결망 분석(social network analysis: SNA)은 구조로서 네트워크의 아키텍처와 작동방식을 실증적으로 밝히는 데 크게 기여했다. 최근 국제정치학 분야에서도 국가 및 비국가 행위자들이 구성하는 다양한 네트워크에 대한 구조분석이 이루어지고 있다.

둘째, 네트워크를 하나의 행위자(actor)로 보는 이론이다. "최근 출범한 중견국 정부협의체인 믹타(MIKTA)는 최근 한국이 리더십을

---

3   이 글에서 원용하고 있는 네트워크 이론과 그 국제정치학적 원용에 대한 논의는 주로 김상배(2014)의 제1부에서 제시한 내용에 의존하였다. 짧은 지면에 요약·소개해야 하는 필요성 때문에 네트워크 이론과 관련된 자세한 문헌인용은 생략하였다.

발휘하고 있는 중견국 네트워크이다"라고 말할 경우, 여기서 네트워크는 그 자체가 하나의 행위자이다. 네트워크는 특정한 속성, 즉 위계조직 모델도 아니고 경쟁 시장모델도 아닌 속성을 지닌 주체라는 차원에서 이해된다. 네트워크는 특정한 경계를 갖는 노드와 링크의 집합을 의미하며, 네트워크 자체가 분석의 단위이자 행위의 단위이다. 노드라는 단위 차원보다는 한 차원 위에서 노드와 노드, 그리고 그들 사이에 형성되는 링크 전체를 모아서 하나의 행위자로서 네트워크를 본다. 이렇게 네트워크를 보는 이론 진영의 대표격은 경제학과 사회학 분야의 조직 이론에서 원용하는 네트워크 조직 이론(network organization theory)이다. 이들 이론의 전제는, 네트워크 형태의 사회조직은 동서고금을 막론하고 존재하였지만, 지구화, 정보화, 민주화 시대를 맞이하여 좀 더 두드러지게 부상하고 있다는 것이다.

끝으로, 네트워크를 하나의 동태적 과정(process)으로 이해하는 이론이다. "중견국 외교의 핵심은 자국의 입장을 지지하는 네트워크를 만들어 나가는 데 있다."라고 말할 경우, 여기서 네트워크란 어느 노드가 그 주위의 다른 노드들과 관계를 맺어가는 부단한 과정 그 자체를 의미한다. 이렇게 과정으로 파악된 네트워크의 개념은, 행위자와 구조로 구분하는 차원을 넘어서, 노드들 서로의 관계를 맺어 네트워크를 형성해 가는 '자기조직화'의 과정이다. 과학기술 사회학 분야에서 주로 원용되는 행위자-네트워크 이론(actor-network theory: ANT)은 이러한 과정으로서 네트워크에 주목한다. ANT에 의하면 과정으로서 네트워크는 인간 행위자뿐만 아니라 그 주위의 물질적 환경에 해당하는 비인간(non-human) 행위자들까지도 참여하는 과정, 즉 ANT의 용어로는 '번역(translation)'의 과정이다. ANT에서 행위자란 노드와 같이 개체론의 시각에서 파악되는 행위자는 아니고, 오히려 행위자와 구조가 상호작용하면서 구성하는, '행위자인 동시에 네트워크'인 존재이다.

이상에서 살펴본 바와 같이 행위자이자 구조이면서 동시에 과정인 복합적인 존재로서 네트워크를 이해하는 시각은 21세기 세계정치의 변환에 맞게 기존 국제정치이론을 수정·보완하는 데 유용한 이론적 자원을 제공한다. 특히 이렇게 복합적으로 설정된 네트워크 이론의 시각은 주로 노드의 관점(또는 구조 일변도의 관점)에서 이론화를 전개하고 있는 기존 국제정치이론의 편향을 지적하고 교정하는 데 기여한다. 좀 더 구체적으로 말해, 네트워크 이론은 기존의 주류 국제정치이론(특히 신현실주의)에서 주로 강대국 외교를 염두에 두고 개발하였던 주요 논제들, 예를 들어 구조, 국가, 권력 등의 개념을 재구성하는 데 유용하다.[4]

첫째, 소셜 네트워크 이론이 제시하는 구조의 개념은 신현실주의의 고정적 구조 개념을 수정·보완하는 데 유용하다. 국민국가를 주요 행위자로 하는 국제체제에서 국가들 간의 힘의 분포는 신현실주의 국제정치이론이 말하는 '구조'이다. 그러나 국제정치에서 구조를 이렇게 거시적 구조로만 보는 것은 제한적이다. 자원권력 게임의 양상을 넘어서 다양한 행위자들이 관여하는 21세기 세계정치에서 신현실주의가 말하는 세력분포로서의 '구조'나 세계체제론이 말하는 자본주의 체제의 '구조'와 같은 지정학적 구조라는 관점에서만 '구조'를 이해할 수는 없다. 국가 행위자뿐만 아니라 다양한 형태의 비국가 행위자들이 다양

---

4   네트워크 이론을 국제정치의 이론과 현실에 적용한 사례로는 Hafner-Burton, Kahler and Montgomery(2009), Kahler ed.(2009), Maoz(2010), Nexon(2009), Goddard(2009) 등을 참조하라. 주로 소셜 네트워크 이론을 원용한 미국 학계의 시각과 달리 이 글에서 제시한 세 가지 네트워크 이론의 시각을 복합적으로 원용하여 네트워크 세계정치이론을 모색한 사례로는 김상배(2014)를 보라. 이 글에서 소개하는 네트워크 이론의 국제정치학적 원용에 대한 논의는 김상배(2014) 제2부의 내용을 기반으로 하였다.

한 이슈 영역에서 기존 국가의 경계를 넘나들며 형성하는 관계의 구조를 적극적으로 개념화할 필요가 있다. 이러한 맥락에서 소셜 네트워크 이론이 제시하는 구조는 행위자들 간의 관계구도(relational configuration) 또는 상호작용 자체의 패턴으로서 개념화된다.

둘째, 네트워크 조직 이론이 제시하는 네트워크 행위자의 개념은 국민국가 행위자를 중심으로 보는 기존 국제정치이론의 전제를 수정·보완하는 데 유용하다. 신현실주의 국제정치이론에서는 주권과 영토성의 원칙을 기반으로 하여 작동하는 국민국가를 주요 행위자로서 파악하였다. 이에 비해 네트워크 이론의 시각은, 국가의 존재를 완전히 무시하지는 않지만, 기존의 국민국가가 그 경계의 안과 밖으로 변환되면서, 그 역할과 형태가 변화하는 새로운 행위자로서 국가의 부상에 주목한다. 이러한 국가는 새로운 환경에 적응하는 과정에서 비국가 행위자들과의 관계를 새롭게 설정한다. 또한 국가 그 자체도 더 이상 일사불란한 모습으로 움직이는 위계조직이 아니며, 국가기구 내 여러 하위 행위자들의 수평적 관계가 활발해지는 조직형태로 변화한다. 이러한 맥락에서 네트워크 시각에서 주목하는 국가는 '네트워크 국가'라고 부를 수 있을 것이다.

끝으로, 행위자-네트워크 이론이 제시하는 네트워크 전략은 자원 권력의 추구를 기본적인 전략 게임으로 보는 기존 국제정치이론의 전제를 수정·보완하는 데 유용하다. 현실주의가 염두에 두고 있는 권력 개념은 주로 국제정치의 핵심 노드인 국가가 보유하고 있는 물질적 자원, 특히 부국강병을 보장하는 군사력이나 경제력의 보유라는 관점에서 파악된다. 그러나 21세기를 맞아 변화하는 세계정치의 맥락에서 이해되는 권력 개념은 행위자의 속성론이나 자원론의 관점에서 파악되기보다는, 상황에 따라서 그리고 다른 행위자와의 관계나 구체적인 사안에 따라서 다르게 인식되어야 한다. 이런 맥락에서 네트워크 이론에서 주목하는 권력은 노드로서의 국가 행위자의 속성이나 보유자원에서 비롯되는 고정된 개념이 아니라 노드와 노드들이 맺는 관계의 구조라는 맥락에서 생성되는 '네트워크 권력'이다.

이렇게 수정·보완된 구조와 국가 및 권력에 대한 이론적 논의는 지구화, 정보화, 민주화의 시대를 맞이하여 근대 국제정치와는 질적으로 다른 양상으로 변환을 겪고 있는 21세기 세계정치를 분석하고 이해하는 데 도움을 준다. 기존 국제정치이론은 근대 국민국가 행위자들이 벌이는 부국강병 게임, 즉 자원권력 게임의 '국가 간 정치(international politics)'로서 국제정치(國際政治)를 분석했다. 이에 비해 네트워크 이론의 시각을 원용한 '네트워크 세계정치이론(The Network Theory of World Politics: NTWP)'은 오늘날 네트워크 관계구도하에서 네트워크 국가들이 벌이는 네트워크 권력 게임, 즉 네트워크 간의 정치(inter-network politics)로서 망제정치(網際政治)를 분석할 수 있는 이론적 자원을 제공한다. 좀 더 구체적으로 이 책의 문제의식과 관련해서 볼 때, 이렇게 복합적으로 이해된 네트워크 이론의 논의는 노드의 발상(즉 속성과 행태)에 머물고 있는 기존의 중견국 외교론에 대한 인식론적 비판을 가하고 좀 더 복합적인 구조하에서 동태적인 전략을 펼쳐 나가야 하는 중견국의 실천적 고민을 푸는 데 중요한 실마리를 제공한다. 특히 네트워크 이론의 시각은 구조와 행위자 및 전략의 동태적 과정으로서 중견국 외교를 이해하려는 이 글의 목적에 부합된다.

IV. 제3세대 중견국 외교론의 모색

이 절에서는 네트워크 이론을 원용한 제3세대 중견국 외교론의 내용을 제시하였다. 부연컨대, 여기서 밝힌 제3세대 중견국 외교론은 구조-행위자-과정에 대한 네트워크 이론의 논의가 제시한 이론적 자원으로부터 도출된 네트워크 구조론, 네트워크 국가론, 네트워크 전략론에 기반을 두고 있다. 이렇게 개발된 제3세대 중견국 외교론의 내용은 i) 복합 지정학의 시각에서 파악된 구조적 공백 찾기, ii) 열린 정체성과 국익론 및 국가모델의 모색, iii) 네트워크 권력게임의 복합적 추구라는 세 가지 축으로 구성된다. 이 절의 논의는 주로 제3세대 중견국 외교의 일반이론적 함의를 논했지만, 구체적인 사례로서 한국의 외교 전략을 모색한다는 실천적 문제의식을 바탕에 깔고 이루어졌다.[5]

1. 복합 지정학의 구조적 공백 찾기

속성론은 여전히 중견국의 범주를 논하는 기본전제이다. 최근 한국이 중견국으로 인식되는 것도 이러한 속성론의 잣대에 비추어 보아 군사적, 경제적 능력이 일정 수준에 도달했기 때문이다. 다시 말해, 산업화와 민주화의 성공을 바탕으로 선진국 그룹에 낄 수 있는 국력을 확보하고 이를 바탕으로 세계질서의 운영에 참여하는 외교를 펼칠 수 있게 되었다. 실제로 이러한 속성론의 잣대는 일정한 정도의 물질적 자원을 보유하고 있거나 새로이 그러한 능력에 도달한 국가들이 갖추어

---

5   이 절의 내용은 최근 네트워크 이론의 시각을 중견국 외교론의 개발에 적용하려는 국내 학계 연구의 연속선상에 있는데, 그 내용을 보완하고 새로운 요소들을 추가하여 발전시켰다(김상배 2011; 김상배·이승주·배영자 편 2013; 김상배 편 2014; S.B. Kim 2014a).

야 하는 중견국으로서의 자격요건을 평가하는 데는 유용하다. 적어도 1980-90년대의 국제정치에서 제1세대와 제2세대의 중견국 그룹을 분별하는 데에는 어느 정도 통했다. 그러나 이렇게 행위자의 속성에 주목하는 시각이, 행위자를 둘러싼 구조적 환경의 복합성을 특징으로 하는, 오늘날의 중견국 외교를 논하는 데에도 여전히 유용할까?

속성론에만 의거해서는 중견국의 후보군을 추려낼 수는 있어도 그 국가들이 구체적으로 무엇을 하는지에 대한 논의를 도출하기는 어렵다. 다시 말해, 어떤 조건에서 중견국 외교로 개념화할 수 있는 역할이 작동하는지, 또는 특정 국가가 비슷한 국력 크기의 다른 국가들에 비해서 좀 더 효과적인 중견국 외교를 추진하는 이유가 무엇인지를 설명할 수 없다. 이러한 문제점들은 기존 연구들이 행위자에 기반을 둔 발상(즉 속성이라는 변수)을 고수하다 보니까 중견국 외교가 실제로 투영되는 구조적 환경에 대한 입체적 고려를 놓치기 때문에 생긴다. 변환의 시대를 헤쳐 나가는 중견국 외교의 이론을 마련하기 위해서는 행위자의 속성 이외에도 시스템의 구조적 속성에도 눈을 돌려야 할 뿐만 아니라, 그 행위자가 시스템 내에서 어떠한 '구조적 위치'를 차지하고 있는지를 예의 주시해야 한다. 다시 말해 어느 국가가 중견국으로서 활동할 외교적 기회는, 그 국가가 지닌 행위자로서의 속성에 기반을 둘 뿐만 아니라 그 국가의 중견국 외교가 펼쳐지는 시스템의 구조적 속성과 거기에서 부여되는 그 국가의 구조적 위치에서 비롯되는 바가 크다. 21세기의 복합 네트워크 환경에서 출현하는 제3세대 중견국의 역할을 설명하기 위해서는 행위자(또는 노드)의 성격을 넘어서 관계와 구조의 맥락에서 중견국을 보는 '구조적 위치론'의 시각이 필요하다.

이미 앞서 언급했듯이, 이 글에서 말하는 구조는 신현실주의 국제정치이론에서 말하는 세력분포로서의 '구조'나 세계체제론이 말하는 자본주의 체제의 '구조'와 같은 지정학적 구조는 아니다. 네트워크 시각에서 말하는 구조는 행위자들 간의 관계구도 또는 상호작용 자체의 패턴으로서 구조이다. 다시 말해 이는 행위자들 간의 관계가 반영된 일종의 탈(脫)지정학적 구조이다. 이러한 관계구도론의 시각을 국제 정치학에 도입하면, 구조의 개념을 단위 차원으로 환원하지 않고 행위자들 간의 관계 차원에서 발생하는 동태적인 상호작용의 패턴으로 이해할 수 있다. 다시 말해 구조는 행위자들의 내재적 자원이나 속성으로 환원되는 일종의 고정된 실체가 아니라, 행위자들 간의 또는 행위자들을 가로지르는 사회적 관계로서 개념화된다. 이러한 구조의 개념은 신현실주의의 거시적 구조 개념에 비해서 중범위 시각에서 파악된 것이다. 최근 네트워크 연구에서 이러한 중범위 구조는 사회연결망 분석을 통해서 경험적으로 밝혀지고 있다. 국제정치 분야의 몇 가지 사례를 들면, 국제기구의 멤버십 네트워크, 국가 행위자들 간의 동맹 네트워크, 국제 무기이전 네트워크, 국제금융과 무역의 네트워크, 다양한 산업 분야의 초국적 생산 네트워크, 유학생들의 네트워크 등을 들 수 있다.

물론 이렇게 네트워크 이론에서 말하는 구조의 개념은 전통 지정학에서 말하는 구조 개념과의 관계 속에서 이해해야 한다. 중견국 외교가 성공하기 위해서는 전통 지정학에서 말하는 구조를 무시할 수 없다. 왜냐하면 네트워크 구조를 활용하는 중견국 외교의 저변에 강대국들이 형성하는 지정학적 권력구조가 밑그림으로 깔려 있기 때문이다. 기존 세계질서를 주도하는 강대국들과의 관계를 적절히 설정하는 것은 여전히 중견국 외교의 중요한 고려사항일 수밖에 없다. 최근 한국의 중견국론이 거론되는 것도, 전통 지정학의 시각에서 본, 미국의 쇠퇴와 중국의 부상이라는 해륙국가 간 세력전이의 가능성과 무관하지

않다.[6]

그러나 이러한 지정학적 구조에만 갇혀서는 21세기 한국이 당면한 중견국 외교의 해답을 찾기 어렵다는 사실도 알아야 한다. 그렇다고 중견국 외교의 영역을 전통 지정학의 영역과 별개로 구별해서 이해하는 것도 방법은 아니다. 양자선택의 문제가 아니라 양자복합의 문제이기 때문이다. 예를 들어, 한국의 중견국 외교는 동북아의 지정학적 구조와 글로벌 이슈구조가 겹치고, 전통안보 이슈와 신흥안보 이슈가 중첩되는 과정에서 생성되는 복합구조를 활용하는 데에서 그 활로를 찾아야 한다. 이러한 논의는 전통 지정학의 시각뿐만 아니라 신지정학, 비판지정학, 탈지정학 등의 논의도 포괄하는 복합 지정학(complex geopolitics)의 발상을 바탕으로 한다.

실제로 중견국 외교에서 주로 관건이 되는 이슈구조는 글로벌 차원에서 탈지정학적인 구조로서 형성될 수도 있겠지만 지역 차원의 지정학 구조와 중첩되는 경우가 많다. 다시 말해 대부분의 경우 중견국의 중개 외교는 지정학 구조와 이슈구조가 서로 중첩되는 복합 구조를 배경으로 해서 이루어진다. 이러한 복합 구조에서 발견되는 구조적 공백을 공략하는 중견국 외교는 그 나라의 전반적인 자원권력과 특정 이슈 영역에서의 외교력 간의 편차를 교묘하게 활용하는 능력에 그 성패가 달려 있다. 예를 들어, 지리적으로 근접한 지역에서 자원권력을 바탕으로 형성된 지정학 구조의 경직성은 중견국에게 제약요인으로 작동하겠지만, 그러한 지정학 구조가 지역 차원을 넘어서는 글로벌 이슈구조와 중첩된다면, 그리하여 기존의 지역 구조가 지닌 경직성을 부분

6   최근 중국의 부상과 러시아의 도전에 따라 지정학의 부활에 대한 논의가 이루어지고 있다. 최근 국제정치의 변화라는 맥락에서 지정학의 부활을 논한 작업으로는 Mead(2014), Ikenberry(2014), 지상현·콜린 프린트(2009) 등을 참조하라.

적으로나마 완화시킬 수 있다면 오히려 새로운 기회요인을 창출할 수도 있다. 중견국의 입장에서 볼 때, 기능주의적 차원에서 글로벌 연계성을 갖는 지역 차원의 이슈구조를 해결하는 경험들을 쌓음으로써 오히려 지정학 구조 차원의 고질적 난제들을 해결할 실마리를 찾을 수도 있기 때문이다.

이러한 복합적인 구조적 위치론의 시각으로 보면, 구조가 어떻게 형성되느냐, 그리고 어떠한 구조적 위치를 점하느냐에 따라서 중견국이 결정적으로 중요한 역할을 담당할 가능성도 없지 않다. 특히 소셜 네트워크 이론에서 말하는 구조적 공백(structural hole), 즉 네트워크 상에 존재하지만 당사자들은 인식하지 못하고 있는 독특한 형태의 빈틈을 남보다 앞서 공략하는 것은 중견국에게 큰 기회가 될 수 있다. 만약에 자신들이 아니면 단절되어 있을, 행위자들 사이에 존재하는 '빠진 링크', 즉 구조적 공백을 메움으로써 네트워크의 작동을 좀 더 원활하게 할 수 있다면, 아무리 덩치가 작은 나라라도 영향력을 발휘할 수 있을 것이기 때문이다. 이런 점에서 중견국의 외교적 역할은 그 나라가 지닌 속성뿐만 아니라 그 나라가 네트워크에서 차지하는 구조적 위치에 기대어 이해해야 한다.

여기서 관건이 되는 것은 이러한 구조적 공백이 어디에 있느냐, 그리고 그러한 구조적 공백을 어떻게 찾을 것이냐의 문제이다. 사실 이에 대한 답은 이론적 작업을 통해서 구할 수 있는 것이 아니라 해당 분야의 구체적 사례에 대한 경험적 연구를 통해서 얻어야 할 성질의 것이다. 이는 이 책의 글들이 수행한 구체적인 사례 연구의 문제의식과 맞닿는다. 향후 중견국 외교 연구과제 중의 하나는 세계질서의 다층적 구조 안에 존재하는 이러한 구조적 공백을 밝혀 내고, 거기로부터 중견국의 구조적 위치와 외교적 역할을 가늠하는 작업이 되어야 할 것이다. 더 나아가 이러한 구도에서 성공적으로 구조적 위치를 찾아 효과적으로 위치권력을 발휘한 중견국 외교의 사례에 대한 경험적 연구를 벌이고 이를 바탕으로 한 이론화를 추구하는 것이 필요하다.[7]

2. 열린 정체성과 국익론 및 국가모델의 모색

앞서 주장한 바와 같이, 제3세대 중견국 외교론에서 구조적 위치라는 변수가 중요하고 중견국 외교의 성패가 복합 지정학의 시각에서 파악한 구조적 공백의 성공적인 공략 여부에 달려 있다지만, 여전히 행위자로서 그 중견국이라는 국가의 성격을 묻지 않을 수 없다. 다만 여기서 문제시하는 것은 그 국가가 보유하고 있는 자원이나 행태가 아니라 그 존재론적 성격이다. 제3세대 중견국 외교론이 상정하는 주체는 어떠한 정체성을 가지고 어떠한 이익을 추구하는 어떠한 형태의 국가 행위자인가? 앞서 제시한 네트워크 이론의 시각에서 볼 때, 21세기 세계정치에서 구조적 공백을 공략하는 중견국은 기존 제1세대나 제2세대와 같은 거래적(transactional) 외교를 하는 주체가 아니라 변환적(transformative) 외교를 펼치는 주체일 수밖에 없다. 이런 점에서 제3세대 중견국은 서구의 강대국들을 중심으로 펼쳐졌던 근대 국제정치의 이념형인 국민국가 모델보다는 좀 더 열린 정체성과 국가이익에 대한 인식을 지닌 탈위계적 국가모델을 기반으로 해야 한다.

첫째, 제3세대 중견국 외교론은 중견국의 새로운 국가 정체성에

7　중견국 외교의 구체적 사례를 탐색하려는 문제의식을 가지고 진행된 국내의 연구로는 최근 동아시아연구원에서 수행한 중견국 외교 이니셔티브(Middle Power Diplomacy Initiative: MPDI) 워킹페이퍼 시리즈를 참조하라(S.B. Kim 2014a, 2014b; Y.W. Lee 2014; S.J. Kim 2014; S. Lee 2014; Koo 2014; Sohn 2014; Chun 2014; D.R. Lee 2014).

대한 논의에서 시작되어야 한다. 제1세대나 제2세대의 정체성과 달리 제3세대 중견국의 정체성은 객관적 속성론이나 주관적 정체성을 넘어서 자아와 타자 간의 상호작용을 통해 형성되는 간주관적 정체성으로 이해해야 한다. 이렇게 이해된 정체성에서 자아-타자 관계란 자아와 개체적 타자 간의 양자관계라기보다는 좀 더 입체적인 의미에서 본 자아와 집합적 타자로서 구조적 환경 간의 관계를 의미한다. 자아 정체성이란 전체적 구조 속에서 행위자가 어떠한 위치를 차지한다고 인식하는지에 따라서 형성되는 것이고 이는 구성주의 국제정치이론에서 말하는 구조와 행위자의 상호작용과도 맥이 통한다. 다시 말해, 관념구조(ideational structure)에서 차지하는 위치를 파악하는 것이 정체성 형성의 중요한 변수인데, 이러한 시각은 이 책에서 강조하는 '구조적 위치론'의 구성주의 버전이라고 할 수 있다. 이렇게 보면 중견국 정체성은 강대국들이 만드는 구조 속에서 자국의 위치에 대한 인식을 바탕으로 해서 형성된다.

그렇다면 구조적 위치를 인식한 상태에서 형성되는 중견국 정체성의 내용은 무엇일까? 제1세대나 제2세대 중견국의 경우와는 달리 제3세대 중견국 정체성이 지니는 특징은 구조적 위치를 고정적으로 확보하는 존재론적 정체성과 거기서 발생하는 '부동적 지위론'이 아니라 기능론적 정체성에 기반을 두는 '유연한 역할론'을 내용으로 한다. 제3세대 중견국의 정체성과 관련하여 중요한 것은, 특정 지위 또는 독립적 활동공간을 제도적으로 보장받는 것을 고집하기보다는, 구조적 공백이 발생한 곳에서 그 국가가 잘 할 수 있는 역할을 찾아 특화하는 것일지도 모른다. 이렇게 보면 제3세대 중견국 정체성은 지위로서 자기규정보다는 역할로서 자기규정이라는 맥락에서 이해해야 한다. 비유컨대 '정규직 지위론'이라기보다는 '비정규직 역할론'이라고 할까?

이러한 중견국 정체성의 개념화는 행태나 속성보다는 중견국의 구체적 '역할'을 강조하는 이 책의 주장과 일맥상통한다.

둘째, 제3세대 중견국이 추구하는 국가이익의 재규정 작업도 필요하다. 중견국은 강대국이 추구하는 것과 같은 확장된 국가이익의 개념을 바탕으로 행동할 수도 없지만, 그렇다고 약소국의 경우처럼 협소하게 규정된 국가이익의 개념에만 머물러 있어서도 안 된다. 이런 점에서 국가이익 개념의 재규정 문제는 중견국이 자리 잡은 구조적 위치에 대한 고민을 반영한다. 최근 한국이 처한 중견국의 입장을 보더라도 이제는 더 이상 과거와 같이 협소하게 정의된 국가이익만을 추구할 수 없게 되었다. 사실 한국은 20세기 후반 근대화와 산업화의 추진 과정에서 국내적으로 협소한 국가이익을 추구해 왔다. 대외적으로도 개별국가 단위의 차원에서 본 국가이익의 추구를 우선시할 수밖에 없는 형편이었다. 그러나 최근 개도국의 위상을 넘어서 중견국의 위치로, 그리고 '원조를 받는 나라'에서 '원조를 주는 나라'로 도약하고 있는 한국의 경우, 기존의 국가이익에 대한 인식을 수정할 필요성과 당위성에 직면하였다. 중견국 한국은 종전과는 달리 좀 더 넓은 의미에서 국가이익을 정의하고 이를 기반으로 하여 안팎으로 확장된 외교 전략을 추진해야 할 과제를 안고 있다.

제3세대 중견국 외교의 국가이익은 어떠한 방법과 원칙 및 목표로 추진되어야 할까? 현시점에서 적어도 확인할 수 있는 것은 제3세대 중견국 외교는 '닫힌 국익론'이 아닌 '열린 국익론'을 바탕으로 모색되어야 한다는 점이다. 예를 들어, 제3세대 중견국 외교는 자국의 국가이익을 추구하더라도 하드 파워를 바탕으로 밀어붙이는 방식이 아니라 좀 더 부드럽고 스마트하게 국가이익을 추구하는 소프트파워 외교의 외양을 갖추어야 할 것이다. 또한 자국의 국가이익만을 고집하는 것이 아니라 상호 간에 공동이익을 만족시키는 것을 원칙으로 하는 외교, 즉 '함께 공(共)'의 공익(共益)외교가 될 필요가 있다. 더 나아가 너와 나만 이익을 보자는 차원을 넘어서 국제사회와 인류공동체의 보편적 규범에 부합하는 목적에 기여하는 외교, 즉 '공평할 공(公)'의 공익(公益)외교가 될 필요가 있다.

끝으로, 새로운 정체성과 국익론을 바탕으로 한 중견국 외교의 추진은 이를 감내할 새로운 국가모델의 모색을 필요로 한다. 중견국 외교의 추구는 많은 경우 국제사회에서 의무부담을 확대하는 문제를 야기하는데, 이를 감당하기 위해서는 거기서 발생하는 비용을 지불할 국내적 합의와 지지가 있어야 한다. 지구화 시대를 맞이하여 글로벌 이슈들이 국내체제에 미치는 영향이 늘어나면서 외교정책의 과정에 민간 및 시민사회 행위자들이 기여할 여지가 많아졌다. 이러한 과정에서 발생하는 국내 정치사회세력들의 압력은 정책형성과 수행에 촉진요인이지만, 경우에 따라서는 제약요인으로 작동하기도 한다. 다시 말해, 특정 이슈구조의 조건에서 어느 중견국에 기대되는 외교적 역할이 발생하고 있음에도 불구하고, 국내의 특정 집단에 피해를 줄 가능성 때문에 그러한 역할을 맡을 수 없는 상황이 발생할 수도 있다. 이러한 점에서 중견국 외교는 약소국 외교의 실리주의와 이에 익숙한 기존 여론의 극복을 과제로 안고 있다.

이러한 관점에서 볼 때 한국의 국민들은 양보하고 기여하는 매력외교를 추진하기 위한 준비가 얼마나 되어 있을까? 이상의 정체성과 국가이익에 대한 논의가 궁극적으로 중견국의 국가모델을 재조정하는 문제로 연결될 수밖에 없는 대목이다. 중견국 외교를 위해서는 대국민홍보나 국내적 합의의 도출뿐만 아니라 국내 엘리트를 대상으로 하는 중견국 내교(內交)도 매우 중요하다. 외교 전담부처와 기타 정부부처,

중앙정부와 지방정부 간의 공조체제나 좀 더 넓은 의미에서 민간 부문, 시민사회, 학계, 언론 등을 아우르는 중견국 외교의 추진체계가 마련되어야 한다. 좀 더 넓게 보면 중견국 외교의 게임은 전통적 근대 국민국가의 게임이 아니라 21세기 새로운 국가 모델, 즉 네트워크 국가 모델에 입각한 게임으로 이해해야 한다.

3. 네트워크 권력게임의 복합적 추구

앞서 살펴본 구조와 행위자의 복합구도하에서 제3세대 중견국 외교는 구체적으로 어떠한 방향으로 추진되어야 하는가? 네트워크 이론의 시각에 의하면, 제3세대 중견국 외교는 현실주의 국제정치이론이 처방하는 바와 같이 자원권력을 증대하는 게임이 아니라, 네트워크상에서 작동하는 권력 메커니즘의 속성을 잘 이해하고 이를 적극적으로 활용하는 방향으로 추진되어야 한다. 다시 말해, 중견국 외교는 앞서 살펴본 바와 같이 중견국이 차지하는 구조적 위치의 속성과 거기서 비롯되는 권력의 메커니즘을 충분히 활용하는 방향으로 추진되어야 한다. 이글에서는 중견국 외교 전략의 구체적 추진과정을 논하는 기본 잣대로서 네트워크 권력론에서 도출된 세 가지 능력, 즉 1) 강대국들 사이에서 중개자의 역할을 담당하는 위치지성, 2) 여타 중견국 또는 약소국들과 연대하는 집합지성, 3) 세계질서의 작동방식을 보완하는 설계지성 등을 제시하고자 한다.

첫째, 제3세대 중견국 외교는 구조적 공백을 찾아내고 공략하는 위치지성을 바탕으로 한 중개외교를 추진하는 방향으로 나아가야 한다. 중견국이 수행할 중개외교의 내용과 관련하여 우선 생각해 볼 수 있는 것은 '대칭적 중개'의 역할이다. 이는 기존에 존재하는 관계구도

를 변화시키지 않으면서 그 관계의 상호작동성을 원활하게 하는 일종
의 거래적 중개(transactional brokerage)라고 할 수 있다. 대칭적인 관
계 사이에서 거래적으로 중개의 역할을 수행하기 때문에 네트워크 전
체에 질적인 변화를 수행하지 않는 경우가 대부분이다. 그렇기 때문에
이러한 중개의 역할이 요구되는 부분은, 소셜 네트워크 이론에서 말하
는 '구조적 공백'이라기보다는 단순한 빈틈, 즉 일종의 '기능적 공백'인
경우가 많다. 이러한 공백을 메우는 중개의 역할은 단순히 정보의 흐
름을 중개하는 '연결자'나 의미의 흐름을 이어주는 '전달자' 등으로 나
누어 생각해 볼 수 있다(김상배 2014: 265-267).

그런데 제3세대 중견국 외교에서 좀 더 기대를 모으는 부분은 '비
대칭적 중개'다. 이는 그야말로 구조적 공백을 메움으로써 네트워크
상의 흐름을 변화시키고 더 나아가 행위자들 간의 관계구도에 변화를
가져오며, 그에 따라 각 행위자들의 이익의 구도를 넘어서 새로운 비
전을 제시하는 것이 중요한 변환적 중개(transformative brokerage)를
의미한다. 이러한 변환적 중개에서는 단순한 정보의 흐름이 아닌 의미
의 흐름을 중개해야 하는 '번역'의 과정이 필요하기도 하다. 사실 현재
한국이 동아시아 지역 차원에서 당면하고 있는 중견국 외교의 현실은
바로 이러한 변환적 중개가 기대되는 상황이다. 다시 말해 한국은 글
로벌 패권국으로서의 미국과 지역 패권국으로 부상하는 중국 사이에
서, 이러한 지정학적 구조와 글로벌 이슈구조의 사이에서, 그리고 개
도국의 이익구조와 선진국의 패권구조 사이에서, 그리고 더 나아가 동
서양의 서로 다른 문명코드 사이에서 비대칭적이면서도 변환적인 중
개의 역할에 대한 기대를 받고 있다는 것이 사실이다.[8]

8   이러한 비대칭적 중개는 여러 가지 유형이 있을 수 있는데, 한국의 중견국 외교와 관련
     하여 주목할 필요가 있는 유형은 소위 '평행 중개(parallel brokerage)'이다. 이는 애플

둘째, 제3세대 중견국 외교를 추진하는 과정에서 필요한 것은 집합지성을 활용하는 연대외교의 모색이다. 복합적으로 구성되는 구조 하에서 어느 중견국이라도 혼자 나서서 효과적인 역할을 발휘하기는 쉽지 않다. 이러한 점에서 중견국 외교에서 가장 중요한 부분은 생각을 공유하고 행동을 같이하는 동지국가(同志國家, like-minded country)를 가능한 한 많이 모으는 것이다. 예를 들어, 구조적 공백을 메우려는 중견국의 외교적 역할이 궁극적으로 성공하는 길은 남들에 비해서 얼마나 많은 행위자들을 자신의 주위에 모을 수 있느냐에 달렸다. 다시 말해 중견국 외교의 핵심은 이질적인 행위자들을 모으는 과정에서 발생하는 힘의 확보에 있다. 강대국의 네트워크 전략이 혼자서 거미줄을 치는 거미의 전략에 비유된다면, 중견국의 네트워크 전략이 흔히 여럿이 함께 벌집을 짓는 꿀벌들의 전략에 비유되는 이유는 여기에 있다. 여기서 한 가지 유의할 점은, 전통 국제정치의 경우에는 주로 군사력이나 경제력과 같은 하드 파워 자원에 의거해서 집합권력이 작동했다면, 최근에는 지식·문화·이념 등을 통해서 상대방을 끌어들이고 설득하는 소프트파워의 게임이 중요한 집합권력의 메커니즘이 되었다는 사실이다. 이러한 연속선상에서 보면 제3세대 중견국 외교에서 대내외적으로 매력을 발산하는 공공외교는 매우 중요한 의미를 갖는다.

이러한 꿀벌의 전략은 지역 차원에서 제도화된 정부 간 협의체의 모습을 띠기도 하지만, 많은 경우 글로벌 거버넌스의 장에서 동지국가

의 매킨토시 컴퓨터에서 애플 운영체계 위에서도 윈도 운영체계를 구동시킬 수 있게 도와주는 응용 프로그램인 패럴렐 데스크톱(parallel desktop)의 기능에서 유추해서 명명하였다. 평행 중개는 다른 이름으로는 층위 간 중개(inter-layer brokerage) 또는 플랫폼 위에서의 중개(on the platform brokerage) 등으로 부를 수 있다. 이러한 평행 중개는 중견국 외교의 방향 모색이라는 차원에서 유용한 개념인데, 앞으로 좀 더 추가적인 개념적 정교화와 경험적 사례의 발굴이 필요하다.

들의 연대외교로 나타난다. 동지국가 외교에서 그 연대 효과를 가시화할 수 있는 공동의제의 발굴은 매우 중요한 관건이다. 최근 글로벌 차원에서 공동의제로 제기되는 분야인 개발협력, 기후변화, 사이버 안보, 보건안보, 재난관리, 인도적 지원 등은 어느 한 국가 또는 소수 선진국들의 힘만으로는 풀 수 없는 초국가적 난제들이다. 최근 한국도 참여하고 있는 중견국 협의체인 믹타(MIKTA)는 이들 분야에서 중견국들이 주도하는 협의의 장을 열어 선진국과 개도국 사이에서 중개자로서의 역할을 담당하겠다는 포부를 내걸고 있다. 그런데 이들 분야의 특징은 모두 공부하지 않으면 제대로 풀 수 없는 어려운 숙제들이라는 데 있다. 중견국 외교는 '구조적 위치'를 잘 잡아야 한다고 했지만, 구체적인 이슈구조하에서 중견국의 이익과 리더십을 반영한 '위치잡기'를 한다는 것은 쉬운 일이 아니다. 제3세대 중견국 외교가 다양한 국가 및 비국가 행위자들이 참여하여 모두의 중지(衆智)를 모으는 '지식외교'를 지향해야 하는 이유가 바로 여기에 있다.

끝으로, 제3세대 중견국 외교가 염두에 두어야 할 또 하나의 과제는 중견국으로서 나름대로의 세계질서를 구상하는 설계지성을 갖추어야 한다는 것이다. 제3세대 중견국 외교가 상정하는 세계질서의 상(像)은 제1세대나 제2세대 중견국론이 상정하던 것과 같은 냉전과 탈냉전기의 세계질서와는 다른 모습일 수밖에 없다. 이러한 맥락에서 제3세대 중견국 외교는 기존의 구상을 답습할 것이 아니라 21세기 세계정치 환경의 변환을 반영하는 새로운 세계질서의 밑그림을 가질 필요가 있다. 이는 궁극적으로는 세계질서 전체의 판세를 읽고 나름대로의 프레임을 짜는 능력을 갖추어야 함을 의미한다. 예를 들어 최근 주목을 받고 있는 '중국몽(中國夢)'과 '아메리칸 드림'으로 대변되는 강대국들의 동상이몽 사이에서 한국은 '중견국의 꿈'을 제시할 수 있을까?

다시 말해 어떻게 세계질서 또는 동아시아 질서의 프레임을 짜야 주변 국가들이 동의할까? 여기서 관건은 한국이 과거의 약소국의 경험에 갇히지 않고 중견국의 미래를 짚어내는 꿈을 꿀 수 있느냐, 그래서 남의 꿈을 대신 꿔주는 것과도 같은 설득력을 얻어낼 수 있느냐의 여부일 것이다. 이는 '중견 국가지(middle power intelligence)'를 발휘하는 문제인 동시에 '중견국 상상력(middle power imagination)'을 실험하는 문제이기도 하다.

중견국의 세계질서에 대한 구상은 어느 정도의 범위에서 제시되어야 할까? 현재 중견국의 입장이라는 것이 기존의 세계질서 운영과정에 수동적으로 편입되는 약소국은 아니지만, 그렇다고 강대국을 대신해서 판 전체를 새로이 구상할 수 있는 처지도 아니다. 사실 중견국이 세계질서에 대한 구상을 제시한 사례는 매우 드물다. 오히려 세계정치의 제도와 규범, 그리고 철학적 목표와 가치를 제공하는 설계지성을 발휘했던 측은 강대국들이었다. 그러나 중견국이 세계질서 전체를 설계할 수는 없더라도 주어진 플랫폼 위에 부가가치를 늘리는 하위 설계자 정도의 역할은 하는 것은 떠올릴 수 있다. 다시 말해 중견국의 경우에도 강대국들이 설계한 플랫폼 위에 적절한 역할을 설정함으로써 시스템 자체가 원활히 작동하는 개선책과 보완책을 제시할 수는 있을 것이다. 그러기 위해서는 반드시 전체 프로그램의 설계자가 될 필요는 없으며, 플랫폼 위에서 작동하는 응용 프로그램을 설계하거나, 시스템의 상호작동성과 호환성을 증대시키는 메타 프로그램을 개발하고, 또는 전체 시스템의 규범적 가치와 정당성을 강화하는 보완적 역할은 담당할 수 있다(김상배 2014: 276).

이상의 논의를 바탕으로 볼 때 제3세대 중견국 외교론은 중견국의 속성을 가진 나라의 외교를 의미하는 '중견국의 외교(middle power's diplomacy)'나 제3의 입장의 국가들이 펼치는 외교를 의미하는 '중간지대 외교'를 넘어서는 새로운 개념적 범주를 개척할 필요가 있다. 다시 말해 제3세대 중견국 외교는 강대국 외교나 약소국 외교와는 다른 '중견국 외교(middle power diplomacy)'라는 새로운 개념적 범주의 설정을 전제로 한다. 물론 국내외 현실을 고려하면 향후 한국 외교가 중장기적으로 선진국의 지위를 추진하는 이른바 '일등국가론'으로부터 완전히 자유로울 수는 없을 것이다. 그러나 한국의 중견국 외교가 또 하나의 강대국이 되겠다는 '강대국의 외교(great power's diplomacy)'나 힘의 논리를 따르는 '강대국 외교(great power diplomacy)'의 발상과 행태가 되어서는 곤란하다. 이제는 강대국을 추수하는 약소국 외교의 발상을 넘어서야 한다는 것은 맞는데 이것이 또 다른 강대국이 되겠다는 것을 의미하는 것은 아니다. 게다가 통일 한국의 미래까지 염두에 둔다면 현재 한국이 추진하는 중견국 외교가 강대국 외교를 지향하는 것이 가능하기는 하며 또한 바람직할까?

현시점에서 한국이 지향하는 중견국의 꿈은 적어도 언젠가는 또 다른 강대국이 되어서 한국이 정점에 올라서는 위계질서를 만들겠다는 것이어서는 안 된다. 비유컨대 패권을 추구하기 위해서 혼자서 거미줄을 치는 '거미의 꿈'이 아니라 비슷한 처지에 있는 나라들이 함께 어울려서 좋은 세상을 만들겠다는 '꿀벌의 꿈'을 꾸어야 할 것이다. 이를 어떻게 실행할 것이냐는 문제가 남기는 하지만, 외교 전략의 목표를 설정하는 차원에서는 뭔가 다른 것이 필요한 시점이 되었다. 중견국 외교를 제대로 추진하려면, 힘으로 남을 누른다는 목표가 아니라 남들도 좋은 사람을 만들고 다 함께 사는 좋은 세상이 되는 데 기여하겠다는 목표의 설정이 필요하다. 이렇게 보면 한국이 추구하는 통일의 목표도 중견국 외교를 추구하는 과정에서 가능한 것이지 강대국 외교를 해서 주변 국가들과의 불편한 관계를 만들어서는 달성하기 어렵다.

21세기 한국 외교를 모색하는 과정에는 패권외교가 아닌 평화외교를 하겠다는 목표의 설정이 필요하고, 그렇기 때문에 한국의 중견국 외교는 본질적으로 규범외교일 수밖에 없다.

V. 이 책의 구성

이 글은 네트워크 이론의 시각에서 제3세대 중견국 외교론을 모색하기 위한 시도를 펼쳤다. 최근 중견국으로서 외교적 역할을 기대받고 있는 한국의 사례를 염두에 두었지만, 이 책에서 골격을 제시한 제3세대 중견국 외교의 논의는 제1세대나 제2세대 중견국 외교론과는 달리 어느 특정 국가(군)의 외교 전략 사례에 국한되지 않는, 일반이론적 함의를 갖는다. 이는 이 글에서 제시하는 제3세대 중견국 외교론이 어느 국가의 속성이나 행태라는 행위자 변수에 착안한 것이 아니라 그 국가가 처해 있는 구조적 조건과 거기서 그 국가가 차지하는 위치라고 하는 행위자-구조의 복합 변수에 주목하기 때문에 그러하다. 따라서 제3세대 중견국 외교론은, 일종의 완제품으로서 어느 특정 국가의 사례를 벤치마킹하여 이론화를 시도하는 방식을 취하지 않았다. 오히려 여러 국가들의 사례로부터 이론화의 실마리들을 추출하는 일종의 조립식 이론화를 시도했다. 이런 점에서 제3세대 중견국 외교론은 네트워크 세계정치이론과 마찬가지로, 단일한 고정체를 실체 개념으로 파악하는 실증주의적 '단순 인식론'보다는, 다양한 복합체를 메타 개념으로 파악하는 다원주의적 '복합 인식론'을 바탕으로 한다.[9]

9   제3세대 중견국 외교론의 인식론적 기반이 되는 네트워크 세계정치이론의 복합 인식론에 대해서는 김상배(2014)의 제3장을 참조하라.

이런 맥락에서 이 책에 실린 글들은 제3세대 중견국 외교론의 주장을 뒷받침하는 다양한 사례들을 살펴보고 이로부터 앞서 언급한 세 가지 이론적 요소들, 즉 구조적 위치를 잡는 과정에서 창출되는 위치권력과 중개권력, 21세기 중견국의 열린 정체성과 국익론 및 국가모델, 중견국의 실천전략으로서 네트워크 권력게임의 추구를 추출하고자 시도하였다. 이러한 이론적 문제의식을 바탕으로 전통적인 속성론의 관점에서는 중견국이라고 보기 어려운 국가들일지라도, 그 국가가 차지한 구조적 위치에서 비롯되는 중견국으로서의 역할과 이를 뒷받침하는 국가모델과 네트워크 전략에서 주목을 끄는 사례들을 포함시켰다.[10] 예를 들어, 이 책에서 제3세대 중견국 외교론을 개발하기 위해서 살펴본 사례들은 캐나다와 호주와 같은 제1세대 중견국으로부터 브라질, 남아공, 인도와 같은 제2세대 중견국, 그리고 인도네시아, 터키, 싱가포르, 한국 등과 같이 최근 중견국으로 거론되는 국가들까지 망라하였다. 게다가 일종의 국가연합(또는 정부협의체)으로서 아세안(ASEAN)도 중견국 외교를 펼치는 행위자(엄밀하게는 행위자-네트워크)로 보고 포함시켰다.

이상의 문제의식을 반영하여 이 책은 중견국 외교의 사례를 국가별로 묶지 않고 중견국 외교의 특징이 드러난 이슈별로 나누어서 평화외교, 지역협력, 지식질서, 공공외교 등의 네 개의 부분으로 구성하였다.

제1부 '평화외교와 중견국 외교'에서는 인도네시아의 사례를 매개로 하여 벌어진 중견국 외교의 두 가지 사례를 다루었는데, 동티모르 사태의 해결을 위한 다국적군 파병을 주도한 호주의 중견국 외교와 아세안의 회원국인 캄보디아와 태국의 영토분쟁을 중재한 인도네시아의

---

10   이와 유사한 문제의식을 바탕으로 다자주의를 선호하는 자유주의적 성향의 제1세대 중견국 외교론을 넘어서려는 최근의 시도로는 Gilley and O'Neil eds.(2014)를 참조하라.

외교적 역할을 살펴보았다.

제2장 '호주의 중견국 외교: 동티모르 다국적군 파병의 사례'는 동티모르 사태 해결을 위한 다국적군의 파병을 주도한 호주의 중견국 외교와 이를 둘러싼 구조적 요인을 분석했다. 20여 년 동안 인도네시아 정부와 우호적인 관계를 유지해 온 호주가 미국이나 유엔을 대신해서 파병을 주도한 것은 구조와 행위자 및 과정의 차원에서 작동하는 복합적인 요인 때문이다. 특히 1990년대 후반 동티모르 사태 해결과 관련된 국제정치의 구조가 급격히 변화함에 따라 호주 주도의 평화유지활동을 요구하는 일종의 구조적 공백이 생겨나고 이를 메우기 위해서 중견국으로서 자기역할을 규정한 호주가 다양한 행위자들을 엮는 네트워크 전략을 구사했다는 것이다. 이러한 주장은 호주의 파병 주도 사례를 경제적 이익의 추구나 안보의 실현 등과 같은 단일한 요인으로 이해하는 기존 연구에 대해서 각을 세우는 의미를 갖는다. 마찬가지로 호주의 외교를 중견국의 전통적인 행태적 특성으로 인식되어 온 선량한 국제 시민의식의 발로로 이해하는 경향에도 반론을 제기한다. 이러한 주장의 연속선상에서 보면, 속성이나 행태 변수에 대한 지나친 강조보다는, 특정 이슈구조에서 차지하는 구조적 위치를 파악하는 것이 중견국 외교를 추진함에 있어서 중요한 변수가 된다.

제3장 '인도네시아의 중견국 외교: 캄보디아–태국의 영토분쟁 중재 사례'는 2008년 캄보디아와 태국 간에 발생한 무력분쟁에서 중재의 역할을 담당한 인도네시아의 중견국 외교를 살펴보았다. 전통적으로 불개입·불간섭의 원칙을 중시하는 아세안의 역사에서 회원국이 이 지역에서 발생한 분쟁의 중재에 직접 나선 것은 이 사례가 최초였다. 이러한 맥락에서 제3장은 "캄보디아–태국 분쟁의 직접적인 관련 당사자가 아닌 인도네시아가 분쟁 중재의 역할을 담당한 이유는 무엇인

가?"라는 질문을 던진다. 이러한 질문에 답하는 과정에서 제3장이 강조하는 것은 이 분쟁에 아세안 지역 밖의 세력이 개입할 수 없었던 구조적 조건과 당시 중견국 외교를 펼칠 준비가 되어 있었던 인도네시아의 대내적 요인과의 상호 결합이다. 이러한 과정에서 제3장이 원용한 것은 네트워크 이론의 시각이다. 특히 소셜 네트워크 이론에서 다루어진 구조적 공백의 개념을 원용하여 아세안 지역에서 발생한 분쟁에 인도네시아가 개입할 수밖에 없었던 조건을 살펴보았다. 아울러 네트워크 이론에서 제기하는 세 가지 권력 개념, 즉 설계권력, 위치권력, 집합권력 등을 원용하여 인도네시아가 추진한 중재외교의 구체적인 내용을 분석하였다.

제2부 '지역협력과 중견국 외교'에서는 동남아시아에서 발견되는 중견국 외교의 세 가지 사례를 담았는데, 동아시아 금융통화협력의 과정에서 나타났던 아세안의 역할, 인도네시아 발리 폭탄테러 이후 싱가포르가 펼친 아세안 재난 거버넌스 구축 노력, 인도네시아-말레이시아-싱가포르 소지역 삼각협력을 위한 싱가포르의 전략 등을 살펴보았다.

제4장 '동아시아 금융통화협력과 아세안의 역할: 중견국 외교론의 시각'은 제3세대 중견국 외교의 사례로서 동남아 지역의 금융통화협력 제도의 발전과정에서 나타난 아세안의 역할을 살펴보았다. 아세안이 담당했던 성공적인 역할은 역내에서 가장 높은 발전을 이룬 치앙마이 이니셔티브의 다자화 과정에서 동남아 국가들이 좀 더 많은 유동성을 확보하고 유리한 제도적 조건을 얻게 되는 과정에서 발견되었다. 이는 대외정책의 추진과정에서 아세안의 여러 국가들이 네트워크를 형성하여 공동의 비전을 제시하고 외교 전략을 수행한 결과였다. 이런 점에서 아세안은 개별 국가 차원을 넘어서는 국가연합체(또는 느슨

한 형태의 네트워크 국가)의 사례이다. 이러한 아세안의 역할 및 활동은 구조적 공백을 공략하여 세(勢)를 모으고 새로운 설계구상을 제시하여 자기 주변에 네트워크를 구축해 가는 제3세대 중견국 외교의 면모를 엿보게 한다. 이러한 맥락에서 제4장은 아세안 국가들이 금융통화협력제도를 구축하고 형성하는 데 있어 소집자이고 중개자이며 설계자인 복합적인 지성을 발휘하는 과정을 네트워크 이론의 시각을 원용하여 추적하였다.

　제5장 '싱가포르의 대테러 네트워크 외교: 아세안 안보공동체 구축과정을 중심으로'는 재난 관리모델과 행위자-네트워크 이론을 원용하여 2000년대 초 동남아에서 발생한 폭탄테러에 대응해서 아세안 국가들이 지역 차원의 공조체제를 수립하는 과정을 분석하였다. 아세안 회원국들은 저마다 다른 정체성과 대내외적 환경으로 인해서 폭탄테러라는 '돌발적이고 의도적인 재난'에 적절히 대응하는 데 어려움을 겪었다. '아세안 방식(ASEAN Way)'으로 불리는 대외관계의 원칙은 지역 차원의 공조체계를 구축하는 데 걸림돌이 되었다. 그럼에도 아세안은 지속적인 논의와 협력을 통해서 법제도적 효력을 갖춘 아세안 안보 공동체를 출범시켰다. 이러한 과정에서 제5장이 주목하는 국가는 싱가포르이다. 싱가포르는 '폭탄'이라는 비인간 행위자의 속성을 효과적으로 활용하여 아세안뿐만 아니라 역외의 주요 행위자들까지도 포괄하는 네트워크 전략을 전개하였다. 싱가포르는 초국가적 테러를 지역안보 이슈로 쟁점화하는 프레임 짜기에서 시작하여 기존 아세안 방식의 '블랙박스'를 열었으며, 마침내 새로운 대안적 네트워크를 짜는 '번역'의 4단계 전략을 추진하였다. 싱가포르의 성공적인 네트워크 외교 전략은 초국가적 재난에 대응하는 과정에서 지역 차원의 리더십이 얼마나 중요한지를 보여준다는 점에서 중견국 한국의 동아시아 지역

외교 전략에 주는 함의가 크다.

　제6장 '싱가포르의 네트워크 외교 전략: IMS-GT의 사례'는 접경 지역의 공동개발을 위한 소지역 협력이라는 특수한 형태의 협력방식으로서 동아시아 지역에서 최초로 시도된 IMS-GT(Indonesia-Malaysia-Singapore Growth Triangle)를 성공적으로 추진한 싱가포르의 전략을 다루었다. 기존 연구는 싱가포르의 전략을 경제적인 동기를 중심으로 설명하지만, 이는 인도네시아와 말레이시아 사이의 '경제적 보완성이 크지 않음에도 3국 간 다자협력구도가 형성된 이유를 제대로 설명하지 못한다. 이에 대해 제6장은 역사적으로 경쟁관계를 형성해 왔으며 경제적 협력의 이점이 크지 않던 인도네시아와 말레이시아를 소지역 삼각협력의 틀로 엮음으로써 역내의 구조적 공백을 메우고 자국의 중심성을 확보하고자 했던 싱가포르의 네트워크 외교 전략의 성과로 설명한다. 싱가포르는 IMS-GT라는 새로운 형태의 협력프레임을 제공하여 자국에게 유리한 지역 구도를 설계하고, 그 과정에서 지역 강대국 간 관계를 중개했으며, 이러한 프레임을 설득하고 확산시켜 지역 차원의 중요한 틀로 자리 매김할 수 있게 만들었다. 이러한 네트워크 전략은 IMS-GT의 사례뿐만 아니라 싱가포르의 외교 전략 전반에 두루 반영되었는데, 21세기 세계정치에서 관계구도상의 구조적 위치를 모색하여 자신의 영향력을 제고하고자 하는 제3세대 중견국 외교에 주는 시사점이 크다.

　제3부 '지식질서와 중견국 외교'에서는 기술 · 정보 · 지식 · 커뮤니케이션(통칭하여 지식) 분야에서 벌어지고 있는 세계정치에서 중견국 외교의 양상을 보였던 세 나라의 사례, 즉 글로벌 인터넷 거버넌스 분야의 브라질, 에이즈를 둘러싼 보건안보 분야에서의 브라질과 남아공 그리고 인도의 사례를 비교의 시각에서 살펴보았다.

　제7장 '글로벌 인터넷 거버넌스와 브라질의 중견국 외교: ICANN 개혁 논의에서 주권국가 담론의 형성'은 인터넷 주소 자원을 관리하는 민간기구인 ICANN 개혁에 대한 논의 과정에서 브라질이 담당한 역할을 네트워크 이론의 시각에서 살펴보았다. 제7장의 인식에 따르면, 브라질은 민간 행위자 주도의 '다중이해당사자주의'를 주장하는 미국과 유럽 국가 진영과 정부 행위자 주도의 '정부간주의'를 지지하는 중국과 러시아 및 아랍 국가 진영의 사이에서 일종의 중견국 외교를 펼치고 있다. 이러한 브라질의 외교는 룰라 행정부 이후 형성된 브라질의 외교적 관념 및 정체성에 바탕을 둔다. 브라질은 미국 주도하의 글로벌 인터넷 거버넌스 구조에서 탈피하기 위한 전략으로 세계 최초로 인터넷 이용자의 권리를 보장하는 '마르코 법안'을 제정하였으며, 이러한 법안을 제정하는 과정에서 습득한 국내적 경험을 살려서 2014년 '넷문디알(NetMundial)' 회의를 개최하기에 이른다. 이를 위해 브라질은 중국과 러시아뿐만 아니라 독일, 영국, 프랑스 등과 같은 유럽 국가들과도 협력의 네트워크를 형성하였다. 결과적으로 브라질은 정부간주의의 효율성을 널리 알리고 미국 주도로 형성된 글로벌 인터넷 거버넌스의 개혁을 주도함으로써 이 분야에서 중견국으로서 리더십을 발휘하였다.

　제8장 '에이즈의 세계정치와 중견국 외교: 브라질과 남아공의 전략'은 에이즈라는 탈근대 보건안보의 위협에 대응한 브라질과 남아공의 중견국 외교 전략을 고찰하였다. 1990년대 중반 이후 주요 에이즈 피해국들이 직면했던 가장 큰 문제 중 하나는 에이즈 약물치료를 위한 의약품의 수요와 공급 간에 발견되는 공백이었다. 특히 이들 국가들은 의약품에 대한 특허권 보호를 강화하는 무역 관련 지적재산권(TRIPS) 협정의 이행 의무와 국내적으로 확산되고 있는 에이즈를 신속히 치료

할 정책을 동시에 마련해야 하는 구조적 도전을 동시에 안고 있었다. 이러한 도전에 직면한 브라질과 남아공의 사례는 국가적 역량이나 국제체제적 위상이라는 점에서는 비슷했음에도 각기 다른 대응전략과 에이즈 치료의 성과를 낳았다는 점에서 흥미롭다. 브라질이 국내적으로 정부 및 비정부 행위자 간에 형성된 협력 네트워크를 바탕으로 글로벌 에이즈 거버넌스에 적극적으로 참여했다면, 남아공은 국내 거버넌스의 분열 및 에이즈나 지적재산권 문제를 둘러싸고 국제사회와의 의견대립을 겪었다. 제8장은 네트워크 이론의 시각을 도입하여 브라질의 성공적인 에이즈 통제 및 대외 영향력 증대와 남아공 에이즈 전략의 실패를 가른 결정적인 요소가 국내 차원의 거버넌스 양상이 아닌 국제질서에서 양국이 차지하는 위치를 적절히 파악하고 이를 활용하는 위치지성에 있었음을 주장하였다.

제9장 '지적재산권의 세계정치와 인도의 중견국 외교: TRIPS협정과 의약품특허법을 중심으로'는 제네릭 의약품(generic medicine)의 지적재산권 분야에서 인도가 펼친 중견국 외교를 살펴보았다. 이 분야에서는 '의약품 특허권'을 옹호하는 선진국 진영과 '의약품 접근권'을 주장하는 개도국 진영이 첨예하게 대립하고 있다. 실제로 의약품과 관련된 특허의 대부분은 선진국에 기반을 둔 다국적 제약회사들이 보유하고 있는데 이들은 세계적으로 유통되는 대부분의 의약품을 공급한다. 그러나 이러한 의약품을 소비하는 환자들의 대부분은 개도국의 국민들이라는 사실이 의약품의 보건안보 문제를 둘러싸고 남북 진영이 대립하는 빌미가 되고 있다. 제9장은 이러한 상황에서 중견국으로서 인도가 제네릭 의약품을 통해 글로벌 보건 거버넌스에서 '개도국의 약국' 역할을 수행했다고 주장한다. 인도는 냉전기 어느 진영과도 동맹을 맺지 않으면서도 모든 국가들과 우호 관계를 유지하는 비동맹 외교

전략을 펼쳐왔다. 네트워크 이론의 시각에서 볼 때, 이러한 인도의 외교 전략은 행위자들의 상호작용 과정에서 창출되는 관계구도와 네트워크를 파악하고, 파악된 네트워크상의 구조적 공백에서 비롯되는 위치를 활용하는 제3세대 중견국 외교의 양상을 연상케 한다. 이러한 인도의 외교적 경향성은 오늘날까지도 지속적으로 나타나고 있다는 것이 제9장의 전망이다.

제4부 '중견국 정체성과 공공외교'에서는 중견국 정체성 형성의 대표적 사례로서 1940년대 전반의 캐나다의 타자경험과 자아인식의 사례를 살펴보았으며, 공공외교 분야 중에서도 특히 교육외교 분야에서 나타난 중견국 외교의 사례로서 터키의 중앙아시아 공공외교와 한국의 유학생 유치정책을 살펴보았다.

제10장 '중견국 외교와 정체성 변수: 캐나다의 사례'는 중견국 외교에서 정체성 변수가 미치는 영향을 캐나다의 사례를 통해서 살펴보았다. 중견국에 대한 대부분의 기존 연구들은 어느 국가의 속성이라는 관점에서 중견국을 정의하거나 국가 행위자 외부의 구조적 변수들에 지나치게 주목함으로써 행위자와 구조의 상호작용을 통해서 형성되는 중견국의 능동적 주체성을 간과하는 경향이 있다는 것이 제10장의 인식이다. 캐나다의 사례는 중견국이라는 정체성과 관련하여 대내외적으로 다양한 고민을 표출했을 뿐만 아니라, 실제로도 오늘날 국제정치에서 중견국의 외교적 역할에 대한 관심을 불러일으킨 대표적인 사례이다. 이런 문제의식을 바탕으로 제10장은 캐나다가 중견국이라는 국가 정체성을 형성하는 구체적인 과정을 추적하였다. 1940년대 초중반 당시 강대국들이 형성한 국제정치의 관계구도의 양상을 살펴보았으며, 이러한 관계적 맥락에서 캐나다의 국내적 상황과 핵심관료들의 개인적 경험 및 인식의 특성을 살펴보고, 이러한 구조적 상황과 행위자

의 인식이 상호작용하는 가운데 캐나다 내부에서 어떻게 외교이념과 정체성이 형성했는지를 구체적으로 살펴보았다.

제11장 '터키의 중앙아시아 공공외교: 교육 부문을 중심으로'는 제3세대 중견국 외교론의 시각에서 중앙아시아 국가들을 상대로 발휘된 터키의 소프트파워(soft power)와 이를 활용한 공공외교 전략을 살펴보았다. 터키는 흔히 지리적, 문화적, 종교적 경계에 놓여 있다는 점에서 '동서 문명의 교차로'로 표현된다. 그러나 경계국가로서 터키의 정체성은 자연적 조건에 의해 형성된 것일 뿐만 아니라, 1990년대 초 국제정치 환경의 변화 속에서 국가전략의 차원에서 고안된 산물이자 이러한 과정에서 활용했던 소프트파워의 자원이기도 했다. 다시 말해 터키와 같은 중견국에게 소프트파워와 공공외교는 하드 파워(hard power)의 상대적 열세를 극복할 수 있는 매력적인 도구였던 것이다. 제11장은 이러한 터키의 '개발된 정체성'이 중앙아시아 지역에서 공공외교를 수행하는 데 활용되었음에 주목했다. 터키는 중앙아시아 국가들과의 관계 강화를 통해 지역 강국으로 부상하려는 전략적 목표를 세웠으며, 그 일환으로 교육 분야에서의 교류를 적극적으로 추진했다. 이러한 전략의 기저에는 교육이 상대방의 정체성에 영향을 미치는 중요한 수단이라는 판단뿐만 아니라, 지역에서 활동 중인 교육외교 분야의 비국가 행위자들을 적극적으로 활용하려는 의도가 자리 잡고 있었다.

제12장 '한국의 공공외교: 유학생 유치정책의 사례'는 최근 새로이 유학생 유치국으로 부상한 한국의 유학생 유치사업을 중견국 외교론의 시각에서 조명하였다. 특히 네트워크 이론의 시각을 원용하여 한국의 유학생 유치사업을 구조와 행위자 및 과정이라는 세 가지 차원에서 분석하였다. 지구화의 진전과 함께 가해지는 구조적 압력에 대응하

여 한국은 세계 표준을 수용하는 차원에서 유학생 유치사업을 벌이기 시작했다. 그런데 이러한 구조 변수만으로 2000년대에 한국이 추진한 유학생 유치사업의 외교적 함의를 제대로 설명할 수 없다는 것이 제12장의 인식이다. 행위자 차원에서 한국은 유학생 교류를 통하여 중견국으로 발돋움한 한국의 매력을 발산하려고 했으며, 더 나아가 고등교육 국제화라는 세계 표준의 기반 위에서 자국에 유리한 방식으로 유학생을 유치하려는 네트워크 전략을 추진했다는 것이다. 네트워크 이론의 시각을 취하는 제12장이 한국의 유학생 유치정책에 대해서 내리는 평가는 다소 비판적이다. 지난 10여 년 동안 한국이 보여준 유학생 유치사업의 성격은, 이 분야의 네트워크 구조를 파악하고 그 안에서 구조적 위치를 활용하려는 중개지성과 집합지성 및 설계지성의 발로라기보다는 자국을 전체 네트워크의 허브 또는 중심으로 세우려는 자기중심적 전략에 가까웠다고 평가한다.

참고문헌

김상배. 2011. "네트워크로 보는 중견국 외교 전략: 구조적 공백과 위치권력 이론의 원용."
『국제정치논총』 51(3), pp.51-77.
_____. 2014. 『아라크네의 국제정치학: 네트워크 세계정치이론의 도전』. 한울아카데미.
김상배 편. 2014. 『네트워크 시대의 외교안보: 중견국의 시각』. 사회평론.
김상배·이승주·배영자 편. 2013. 『중견국의 공공외교』. 사회평론.
지상현·콜린 프린트. 2009. "지정학의 재발견과 비판적 재구성."『공간과 사회』 통권 1호,
pp.160-199.

Alden, Chris and Marco Antonio Vieira. 2005. "The New Diplomacy of the South: South
Africa, Brazil, India and Trilateralism." *Third World Quarterly*, 26(7), pp.1077-
1095.
Browning, Christopher S. 2007. "Branding Nordicity: Models, Identity and the Decline of
Exceptionalism." *Cooperation and Conflict*, 42(1), pp.27-51.
Bull, Hedley. 1977. *The Anarchical Society: A Study of Order in World Politics*. New
York: Columbia University Press.
Chun, Chaesung. 2014. "East Asian Security and South Korea's Middle Power Diplomacy."
EAI MPDI Working Paper No.9
Cooper, Andrew F. (ed.). 1997. *Niche Diplomacy: Middle Powers After the Cold War*.
London: Macmillan.
Cooper, Andrew F., Richard A. Higgott, and Kim R. Nossal. 1993. *Relocating Middle
Powers: Australia and Canada in a Changing World Order*. Vancouver: UBC
Press.
Cooper, Andrew Fenton. 1992. "Like-minded Nations and Contrasting Diplomatic Styles:
Australian and Canadian Approaches to Agricultural Trade." *Canadian Journal of
Political Science*, 25(2), pp.349-379.
Cooper, David A. 2011. "Challenging Contemporary Notions of Middle Power Influence:
Implications of the Proliferation Security Initiative for Middle Power Theory."
Foreign Policy Analysis, 7(3), pp.317-336.
Cox, Robert W. 1981. "Social Forces, States, and World Orders: Beyond International
Relations Theory." *Millennium*, 10(2), Summer, pp.126-155.
_____. 1989. "Middlepowermanaship, Japan, Future World Order." *International
Journal*, XLIV, autumn, pp.823-862.
Dolman, Antony. J. 1979. "The Like-Minded Countries and the New International Order:
Past, Present and Future Prospects." *Cooperation and Conflict*, 14(2), pp.57-85.
Flemes, Daniel. 2007. "Emerging Middle Powers' Soft Balancing Strategy: State and

Perspectives of the IBSA Dialogue Forum." GIGA Working Papers, 57.

Foot, Rosemary. 2006. "Chinese Strategies in a US-hegemonic Global Order: Accommodating and Hedging." *International Affairs*, 82(1), pp.77–94.

Gilley, Bruce and Andrew O'Neil (eds.). 2014. *Middle Powers and the Rise of China*. Washing DC: Georgetown University Press.

Gilpin, Robert. 1981. *War and Change in World Politics*. Cambridge: Cambridge University Press.

Goddard, Stacie E. 2009. "Brokering change: networks and entrepreneurs in international politics." *International Theory*, 1(2), pp.249–281.

Gordon, J. King. 1966. "Canada's Role as a Middle Power." *Contemporary Affairs*, 35. The Canadian Institute of International Affairs, Toronto.

Hafner-Burton, Emilie M., Miles Kahler, and Alexander H. Montgomery. 2009. "Network Analysis for International Relations." *International Organization*, 63, pp.559–592.

Holbraad, Carsten. 1971. "The Role of Middle Powers." *Cooperation and Conflict*. CA: Sage Publication.

Holmes, John W. 1966. "Is There a Future for Middlepowermanship?" In J. King Gordon (ed.). *Canada's Role as a Middle Power*. Toronto: Canadian Institute of International Affairs, pp.13–28.

Hurrell, Andrew. 2006. "Hegemony, Liberalism and Global Order: What Space for Would-be Great Powers?." *International Affairs*, 82(1), pp.1–19.

Ikenberry, G. John. 2014. "The Illusion of Geopolitics: The Enduring Power of the Liberal Order." *Foreign Affairs*, 93(3), pp.80–90.

Jordaan, Eduard. 2003. "The Concept of a Middle Power in International Relations: Distributing between Emerging and Traditional Middle Powers." *Politikon*, 30(2), pp.165–181.

Kahler, Miles (ed.). 2009. *Networked Politics: Agency, Power, and Governance*. Ithaca and London: Cornell University Press.

Keohane, Robert O. 1969. "Lilliputians's Dilemmas: Small States in International Politics." *International Organization*, 23(2), pp.291–310.

Kim, Sang Bae. 2014a. "Roles of Middle Power in East Asia: A Korean Perspective." EAI MPDI Working Paper No. 2.

_____. 2014b. "The Inter-network Politics of Cyber Security and Middle Power Diplomacy: A Korean Perspective." EAI MPDI Working Paper No. 4.

Kim, Sung Jin. 2014. "South Korea's Climate Change Diplomacy: 'Middle Power Diplomacy'." EAI MPDI Working Paper No. 5.

Koo, Min Gyo. 2014. "East Asian Maritime Disputes and South Korea's Middle Power Diplomacy." EAI MPDI Working Paper No.7.

Lawler, Peter. 1997. "Scandinavian Exceptionalism and European Union." *Journal of Common Market Studies*, 35(4), pp.565–594.

Lee, Dong Ryul. 2014. "China's Perception of and Strategy for the Middle Powers." EAI MPDI Working Paper No. 10.

Lee, Seungjoo. 2014. "Multilayered World Order and South Korea's Middle Power Diplomacy: The Case of Development Cooperation Policy." EAI MPDI Working Paper No. 6.

Lee, Yong Wook. 2014. "Korea's Strategy for Regional and Global Financial Governance: From Rule Taker to Rule Setter?." EAI MPDI Working Paper No. 3.

Macfarlane, S. Neil. 2006. "The 'R' in BRICs: is Russia an Emerging Power?." *International Affairs*, 82(1), pp.41–57.

Maoz, Zeev. 2010. *Networks of Nations: The Evolution, Structure, and Impact of International Networks, 1816-2001*. Cambridge University Press.

Mares, David R. 1988. "Middle Powers under Regional Hegemony: To Challenge or Acquiesce in Hegemonic Enforcement." *International Studies Quarterly*, 32, pp.453–471.

McLin, Jon B. 1967. *Canada's Changing Defense Policy, 1957-1963: The Problems of a Middle Power in Alliance*. Baltimore: Johns Hopkins Press.

Mead, Walter Russell. 2014. "The Return of Geopolitics: The Revenge of the Revisionist Powers." *Foreign Affairs*, 93(3), pp.69–79.

Modelski, George. 1978. "The Long Cycle of Global Politics and the Nation-State." *Comparative Studies in Society and History*, 20(2), pp.214–235.

Narlikar, Amrita. 2006. "Peculiar Chauvinism or Strategic Calculation? Explaining the Negotiating Strategy of a Rising India." *International Affairs*, 82(1), pp.59–76.

Nexon, Daniel, 2009. *The Struggle for Power in Early Modern Europe: Religious Conflict, Dynamic Empires, and International Change*. Princeton, NJ: Princeton University Press.

Nossal, Kim Richard. 2010. "'Middlepowerhood' and 'Middlepowermanship' in Canadian Foreign Policy." In Nikola Hynek and David Bosold (eds.). *Canada's Foreign and Security Policy: Soft and Hard Strategies of a Middle Power*, pp.24–34. Toronto: Oxford University Press.

Organski, A. F. K. and Jack Kugler. 1980. *The War Ledger*. Chicago: University of Chicago Press.

Otte, Max. 2000. *A Rising Middle Power?: German Foreign Policy in Transformation, 1989-2000*. New York: St. Martin's Press.

Ping, Jonathan H. 2005. *Middle Power Statecraft: Indonesia, Malaysia and the Asia-Pacific*. Hampshire and Burlington: Ashgate.

Pratt, Cranford (ed.). 1990. *Middle Power Internationalism: The North-South Dimension*. Kingston and Montreal: McGill-Queen's University Press.

Rapkin, David and William Thompson. 2003. "Power Transition, Challenge and the (Re)Emergence of China." *International Interactions*, 29(4), pp.315–342.

Ravenhill, John. 1998. "Cycles of Middle Power Activism: Constraint and Choice in Australian and Canadian Foreign Policies." *Australian Journal of International Affairs*, 52(3), pp.309-327.

Ruvalcaba, Daniel. 2013. "Inside the BRIC: Analysis of the Semipheripheral Character of Brazil, Russia, India, and China." *Austral: Brazilian Journal of Strategy & International Relations*, 2(4), pp.141-173.

Selcher, Wayne A. (ed.). 1981. *Brazil in the International System: The Rise of a Middle Power*. Boulder, CO: Westview.

Serrão, Olivier and Paul-Henri Bischoff. 2009. "Foreign Policy Ambiguity on the Part of an Emergent Middle Power: South African Foreign Policy through other Lenses." *Politikon: South African Journal of Political Studies*, 36(3), pp.363-380.

Soares de Lima, Maria and Monica Hirst. 2006. "Brazil as an Intermediate State and Regional Power." *International Affairs*, 82(1), pp.21-40.

Sohn, Yul. 2014. "The Role of South Korea in the MakKiming of a Regional Trade Architecture: Convening, Bridging, and Designing FTA Networks." EAI MPDI Working Paper No. 8.

Strydom, Hennie. 2007. "The Non-Aligned Movement and the Reform of International Relations." *Max Planck Yearbook of United Nations Law*, 11, pp.1-46.

Ungerer, Carl. 2007. "The 'Middle Power' Concept in Australian Foreign Policy." *Australian Journal of Politics and History*, 53(4), pp.538-551.

Wallerstein, Immanuel. 1974. "The Rise and Future Demise of the World Capitalist System: Concepts for Comparative Analysis." *Comparative Studies in Society and History*, 16(4), pp.387-415.

_____. 1976. "Semi-peripheral Countries and the Contemporary World Crisis." *Theory and Society*, 3, pp.461-483.

Williams, Kristen P., Steven E. Lobell, and Neal G. Jesse (eds.). 2012. *Beyond Great Powers and Hegemons: Why Secondary States Support, Follow, or Challenge*. Stanford University Press.

제1부

평화외교와 중견국 외교

제2장

호주의 중견국 외교:
동티모르 다국적군 파병의 사례

박지은

1999년

9월 20일 동티모르 내 유혈 사태의 해결을 위해 파병된 동티모르 다국적군의 결성과 파병 과정은 여러 면에서 흥미롭다. 1975년 인도네시아의 동티모르 강제 점령 이후 국제사회의 별다른 반항을 일으키지 못하였던 동티모르의 독립 운동과 인도네시아의 인권 탄압이라는 이슈가 20여 년만에 급격한 전환을 맞이하였다는 점과 더불어, 다국적군의 주도가 전통적으로 국제 분쟁 해결에서 적극적인 면모를 보였던 미국이나 UN이 아닌 호주에 의한 것이었다는 사실에서 그러하다. 특히 호주 정부가 인도네시아와의 우호 관계 형성과 태평양 제도 지역으로의 불간섭주의 정책을 대외 정책의 기조로 삼고 20여 년간 동티모르 사태에 있어 인도네시아 정부를 지지해 왔음을 고려할 때에 '다국적군 주도'로의 변환에는 분명 간단히 설명될 수 없는 요소들이 존재한다. 호주가 왜 그리고 어떻게 다국적군 파병을 주도하였는지 그 배경을 밝히는 데 목적을 둔 이 글은 사례가 갖는 복합적인 특성을 보다 면밀히 관찰하기 위해 크게 '구조', '행위자', 과정' 등 세 변수의 상호작용에 주목한다. 특히 동티모르 사태 해결을 둘러싼 국제정치의 '구조'가 1990년대 후반 급격한 변화를 맞이하고 이에 평화유지활동 주도의 역할이 공백으로 존재하게 되었는데, 이러한 공백을 발견한 호주가 다양한 행위자들과의 직접적인 소통과 중개자 역할에 기반한 전략을 실천하였고 이러한 전략은 네 단계의 '과정'으로 설명될 수 있음을 주장한다. 이러한 분석을 통해 이 글은 사례의 복합적 성격을 간과하여 경제적 이익, 안보의 실현 등 단일한 이유를 근거로 사례를 분석하거나, 전통적 중견국의 행태적 특성으로 일려지는 선량한 국제시민의식의 실현으로 호주 정부의 의도를 단순화한 기존 연구의 한계를 극복하고자 한다. 즉, '속성'과 '행태'에 지나치게 집중하였던 기존 연구와는 달리 특정 이슈의 '구조'와 이 구조 내에서 자국이 갖는 '위치'를 파악한 후에 보다 전략적인 과정을 통하여 특정 '역할'을 추구해야 함을 강조하는 이 글은 특별히 물질적, 경험적 자원이 제한적이어서 대외정책의 전략 수립 및 실천에 있어 한계를 마주하게 되는 중견국 혹은 중견국 외교를 추구하는 국가들에게 보다 실천적인 함의를 제시할 수 있을 것이다.

I. 서론

1999년 9월 20일, 동티모르 내 유혈 사태의 해결을 위해 '동티모르 다국적군[1](INTERFET)'이 공식 파병되었다.[2] 1999년 9월 독립 여부

---

1   PKF(Peace Keeping Force)로 번역되는 '평화유지군'은 통상 UN 주도로 평화유지활동을 펼치는 군대를 뜻하며, INTERFET(International Force for East Timor)은 동티모르 다국적군, 동티모르 다국적 평화유지군 등으로 번역된다. UN-PKF와 다국적군의 차이는 여러 부분에서 나타나지만 PKF의 역할은 평화유지의 활동에 국한되나, 다국적군은 무력 사용이 허용되는 등 평화집행까지 수행한다는 특징이 있다. 이러한 차이를 나타내기 위해 이 글에서는 INTERFET을 '동티모르 다국적 평화유지군'이 아닌 '동티모르 다국적군'으로 번역하여 사용하였다(박광섭 2000 참조).

2   The International Force for East Timor. 동티모르 사태의 해결을 위해 UN은 동티모르

를 두고 실시된 동티모르 주민 투표 직후 친(親)인도네시아 세력이 투표 결과에 불복하여 동티모르 전역에서 학살 및 방화를 자행하고 이에 1,500여 명의 사망자와 30만 명에 가까운 난민을 만들어 낸 이른바 '동티모르 사태'의 해결을 위하여 파병된 동티모르 다국적군은 2000년 2월 23일 UNTAET(United Nations Transitional Administration in East Timor)로의 임무 인계가 완료되기까지 약 6개월간 그 규모를 확장시켜 23개국 11,000여 명의 병력을 동원하기에 이르렀다. 흥미로운 사실은 이렇듯 상당한 규모의 평화유지활동이 UN이나 미국이 아닌, 국제 분쟁 해결에서 적극적인 면모를 보여오지 않았던 호주의 주도로 진행되었다는 사실이다.

사상자 발생의 가능성뿐 아니라 UN이 주도하는 평화유지군(PKF)보다 재정적, 정치적 부담이 큰 다국적군의 주도 역할을 호주가 맡았다는 사실이 흥미로운—혹은 쉽게 이해되기 어려운—것은 크게 세 가지의 이유 때문이라 할 수 있다. 먼저, 1999년 호주의 다국적군 파병 주도는 동티모르의 독립을 지지하는 적극적인 행보였는데, 이는 20여 년간 호주 내에서 초당파적으로 유지되어 온 '동티모르에 대한 인도네시아의 주권 인정'이라는 외교 노선에 반대되는 정책적 결정이었다. 둘째, 대외 경제 관계의 무게 중심이 점차 유럽에서 아시아로 옮겨지며 동남아시아 국가들, 특별히 ASEAN을 이끄는 인도네시아와의 외교 관계가 '호주 외교의 4대 중심 관계' 중 하나로 여겨졌기에, 양국 외교 관계의 급속한 냉각을 야기한 호주의 동티모르 독립 지지는 쉽게

다국적군의 파병과 호주의 파병 주도를 승인하였는데, '평화와 안전 복구, UNAMET 보호와 지지, 인도적 지원 사업 촉진'의 임무를 가지고 1999년 9월 20일 공식 파병되었으며 군대의 규모와 참여국의 수가 점차적으로 증가하여 23개국 11,000여 명의 병력을 동원하기에 이르렀다(The Australian Army 홈페이지 참조).

이해되기 어려운 변화였다. 마지막으로 호주는 목전 지역인 태평양 제도 국가들의 국내 문제에 있어 '불간섭주의 원칙'을 고수해 왔는데, 이러한 점에서 동티모르로의 군사적 개입은 이상현상(anomaly)이라 해도 과언이 아닐 사건이었다.

동티모르 다국적군 파병 주도의 원인을 분석한 기존 연구는 크게 현실주의, 자유주의, 구성주의적 시각으로 구분될 수 있는데, 먼저, 호주의 동티모르 독립 지지가 자국의 부와 안보 이익의 실현을 위한 것이었다는 주장은 국가를 단일 행위자로 상정하고 이 행위자가 자기의 이익에 기반하여 행위를 결정한다는 점에서 현실주의적 시각과 닮아 있다고 할 수 있다(박광섭 2000; Pietsch 2010; White 2008). 이는 가장 일반적으로 받아들여지는 설명이지만, 호주가 수십 년간 여러 방면에서 공을 들여 온 '인도네시아와의 우호 관계 형성' 또는 오랜 기간 변함없이 유지해 온 '태평양 제도 지역에의 불간섭주의 정책'과 같은 외교 노선의 기조가 단일한 목적을 근거로 갑작스럽게 변하였다는 주장은 설득력이 부족해 보인다. 두 번째로 모린 디(Moreen Dee 2001)와 휴 스미스(Hugh Smith 2005) 등의 주장은 자유주의적 시각을 바탕에 둔 것으로 보이는데, 이들에 의하면 동티모르 다국적군은 인도주의적 목표에 기반한 유지연합(coalition of the willing)이며 호주의 파병 주도 역시 선량한 국제시민의식(good international citizenship)의 실현을 위한 선택으로 설명된다. 그러나 이는 국제 사회에서 적극적인 태도로 인도네시아를 지지 및 옹호하였던 20여 년간의 호주의 태도를 설명할 수 없다는 한계를 가진다. 마지막 설명은 담론을 통한 관념 변화와 정체성의 형성에 강조점을 둔 구성주의의 시각과 맥락을 같이하는데, NGO와 언론, 정치 엘리트 등 다양한 행위자의 노력으로 '인도주의적 가치 실현'과 '국제 사회에서의 책임감' 등의 필요를 느끼게 된 여론의 움직임이 정부를 압박하여 정책적 변화를 만들었다는 것이다 (Fernandes 2008; McDougall 2002). 그러나 여론의 움직임이 정책 변화를 이루었다고 하기에는 동티모르 사태 해결을 촉구하는 시위의 규모가 이라크 파병 반대 시위와 비교했을 때 약 7분의 1 수준에 그치는 등 결정적인 요인으로 작동하지 못하였다는 사실을 기억할 필요가 있다.

이 글은 국내 여론과 경제적 이익 등 개별적 요소가 다국적군 주도라는 결정에 영향을 끼치지 않았다고 할 수는 없으나, 기존의 대외 정책과 상반되는 다국적군 파병 주도의 사례가 단일한 목적에 근거하여서는 온전히 설명될 수 없다는 문제의식에서 시작하며, 나아가 '호주는 왜 그리고 어떻게 동티모르 다국적군 구성과 파병을 주도하였는가'의 질문을 제시하고자 한다. 더불어 캐나다와 함께 전통적 중견국, 혹은 1세대 중견국의 대표적인 사례로 연구되는 호주의 외교가 중간적인 '속성'이나 선량한 국제시민의식에 바탕을 둔 '행태적 특성'만으로 분석될 수 없다는 점을 강조하고자 한다. 요컨대 국가의 군사력 및 경제력과 같은 속성이나 외교적 패턴인 행태만으로는 국가행위자의 외교 행위를—특별히 강대국만큼의 능력은 보유하지 않았지만 약소국과는 구별되는 중간적인 위치를 모색하는 국가들의 행위를—분석할 수 없다는 문제의식을 바탕으로 이 글은 동티모르 사태를 둘러싼 다양한 행위자들이 형성하는 '구조'와 그 속에서 호주가 갖는 '위치' 및 '역할'이 동티모르 다국적군 파병의 사례에서 중요한 변수로 작용함을 주장한다. 이를 통해 이 글은 중견국 외교의 논의에 있어 국가가 속한 관계망 속에서의 특정 위치와 역할에 대한 이해, 그리고 이러한 이해에 기반한 외교 전략의 수립이 필수적임을 보이고자 한다.

이러한 문제의식을 바탕으로 동티모르 다국적군 파병 주도에서 나타나는 호주의 외교 행위에 대한 구체적 설명을 제시하기 위해 네트워크 이론의 시각을 원용하고자 한다. 구조적 맥락을 강조하는 네트워크의 시각에서 본 '중견국(middle power)'은 중간적 수준의 속성뿐 아니라 '중개자'의 '위치'와 '역할' 등의 의미 또한 내포하고 있으며, 따라서 행위자들 간의 관계와 네트워크 구조가 분석의 쟁점이 된다(김상배 편 2014). 즉, 중견국의 외교적 행위와 선택의 구성요소에는 물질적·행태적 속성뿐 아니라, 다른 행위자들과의 상호작용 및 그들과의 네트워크상에서 분석 대상인 국가가 차지하는 '위치'가 그 국가의 외교 행위를 제한하거나, '틈새' 영역에서의 '중개 역할'을 제공하는 등 주요한 변수로 작용하는 것이다. 다시 말해 당시 동티모르 사태를 둘러싼 네트워크의 구조적 환경이 파병 주도라는 틈새를 제공하고 호주가 적절한 전략으로 중개 역할을 실천하였다는 것이 이 글의 주요 논지이다. 이러한 분석을 위해 파병 주도 과정에서 나타나는 '구조, 행위자, 과정'의 세 변수를 복합적으로 살필 것인데, 이를 통해 지역에서의 영향력 확장, 국제 사회에서의 명성 확보 등을 추구하는 국가의 외교 전략에 대한 구체적인 내용을 도출할 수 있다는 점에서 함의를 가질 것으로 생각한다.

　이러한 목적을 바탕으로 II절에서는 중견국과 중견국 외교의 개념화에 관한 기존의 연구들을 살펴볼 것이며, III절에서는 호주를 단일행위자로 상정함과 동시에 동티모르 사태 해결을 둘러싼 국제정치의 구조에서 다국적군 주도의 역할이 일종의 '공백'이었고, 이는 호주가 영향력을 발휘하기에 용이한 지점이었다는 것을 보이고자 한다. 호주를 단일한 국가 행위자로 상정하고 글로벌 수준의 논의와 대외적 변화를 분석하는 III절과 달리 IV절에서는 국가 내부의 정치적 동학을 보이는 것을 목적으로 '이익–제도–관념' 등 세 변수의 유기적 상호작용을 강조하여 '동티모르에 대한 인도네시아 주권 지지'에서 '동티모르 독립 지지'로의 정책 변화 과정에서 나타나는 일부 야당 세력의 역할과 이들의 부분적 성공 및 실패의 배경을 알아볼 것이다. V절에서는 동티모르 다국적군 파병 주도의 역할을 수행하기까지의 과정과 전략을 분석하는 것을 목적으로 '어떻게 파병을 주도하였는가'에 대한 보다 직접적인 답을 찾고자 한다. 특별히 V절에서는 경제력과 보편적 가치의 추구 등 내재적 속성으로 환원되는 분석을 피하고, 다양한 행위자들과의 상호작용을 통해 이루어지는 네트워크 전략을 보다 가시적으로 나타내기 위해 행위자-네트워크 이론(ANT)에서 번역의 4단계, 특별히 '프레임 짜기', '맺고 끊기', '내 편 모으기', '표준 세우기'로 변용된 네트워크 외교 전략 분석의 틀을 원용하여 질문에 대한 답을 찾을 것이다.[3]

II. 중견국의 개념화와 중견국 외교의 연구

중견국의 정의에는 다양한 이론적 접근법이 존재하지만, 국제정치 분야에서 쉽게 떠올릴 수 있는 대표적인 '중견국(middle power)'으로는 캐나다, 호주, 노르웨이, 스웨덴 등을 들 수 있을 것이다. 이들은 1980년대와 1990년대 냉전의 종식과 제3세계 출현 등 국제정치 구도 변화에 대응하는 전략으로 자국의 정체성을 중견국에서 찾고, 이를 바탕으로 보다 적극적인 외교적 역할을 모색하였다. 경제적 부와 민주주의의 전통을 가진 이들 국가를 '1세대 중견국(traditional middle power)'이라 이름한다면, 1990년대와 2000년대 초중반 두각을 보인 중견국들은 '2세대 중견국(emerging middle power)'으로 부를 수 있는데 남아공,

---

3   번역의 네 단계는 미셸 칼롱이 제시하였지만, 이 글에서는 네트워크 외교 전략에 적합하게 개작된 이름의 틀을 사용하고자 한다(김상배 2014 참조).

브라질, 나이지리아, 말레이시아 등과 같은 국가들이 대표적이다. 이 국가들은 지역화에 열의를 보이고 지역강국의 위치를 모색하며 권위주의적 국내체제를 가짐으로써 1세대 중견국과 구별되는 특성을 보이는 것으로 알려져 있다(Jordaan 2003). 나아가 행위자와 이슈의 다양화로 더욱 복잡해진 21세기 국제정치의 구조적 환경에서 중견국 외교를 표방하는 한국 등은 '3세대 중견국'이라 이름할 수 있을 것이다(김상배 2014).

중견국을 정의하고 분석하는 기존의 이론적 연구는 크게 국가의 물질적 능력에 초점을 둔 현실주의적 전통과, 국가의 외교 행태를 파악하는 자유주의적 전통으로 나뉠 수 있다. 먼저 현실주의적 접근법은 객관적 통계 수치의 분석을 통해 약소국보다는 강하고 강대국보다는 약한 능력을 가진 국가들을 중견국으로 구분한다(Holbraad 1984). 국가의 영토 크기, 인구, 물질적 자원, 군사력 등을 수치화하여 개별 국가의 객관적 능력과 위치를 분류하는 것이다. 실제로 호주 정부는 중견국의 구성 요소 중 경제력과 군사력을 강조하는데, 중견국이라면 마땅히 대외원조와 인도적 지원 등을 실천해야 하며, 이를 위해서는 상당한 경제 규모와 더불어 강력한 군사력 또한 동반되어야 한다는 주장을 펼친다(Downer 2004년 8월 13일 연설문). 즉, 자기선언적 범주를 넘어 국제 사회에서 중견국으로 인식되기 위해서는 일정 수준의 물질적 자원이 바탕이 된 설득력 있는 외교 전략이 필요하다는 것이다. 호주와 캐나다 등 1세대 중견국뿐 아니라 나이지리아, 브라질, 말레이시아 등의 2세대 중견국들 역시 최소 약소국 이상의 경제력과 군사력을 보유한다는 점에서 이러한 속성론적 구분법의 유용성을 찾을 수 있다 하겠다.

이에 반해 자유주의적 접근법은 국가의 행태적 속성을 통해 중견국을 정의한다. 1세대 중견국을 이해하는 자유주의적 분석으로는 '중견국 스타일(middlepowermanship)'에 의거한 논의가 대표적인데, 이는 국제 분쟁에 있어 다자주의와 절충적 해결을 선호하고 선량한 국제시민의식(good international citizenship)에 기반한 외교 행태를 보이는 국가들을 중견국으로 이해하는 것이다(Cooper et al. 1993). 대표적인 연구 대상으로는 20세기 후반 통상과 환경 등의 분야에서 다자주의 해법을 모색하고 국제 제도 등을 중시하는 행태를 보였던 호주와 캐나다의 사례를 들 수 있다(Cooper 1992; Fox 1980; Higgott and Cooper 1990). 이들의 외교 행태가 보이는 특정한 경향은 내재적 기질에 기반한 것으로 분석되기도 한다. 예컨대 스웨덴과 노르웨이 등 스칸디나비아 국가들이 공적개발원조에 적극적인 행태를 보이는 배경을 정의와 인권 등 인도주의적 가치를 추구해 온 국내 정치적 세력에서 비롯된 내재적 기질로 이해하는 것이다(Behringer 2005). 이에 비해 2세대 중견국은 권위주의적 체제가 유지되거나 비교적 민주주의의 확산이 온전히 이루어지지 않아 보편적 가치 추구와 관련된 외교적 행태를 찾아보기가 어려우며, 1세대 중견국과 달리 국제 경제 체제에서 중심적 위치를 가지지 못하였기에 제도의 개혁에 있어 보다 적극적인 태도를 보이며 지역화를 통해 중심적 위치를 차지하고자 하는 경향을 보이는 것으로 분석된다(Jordaan 2003).

경험적 연구를 바탕으로 하여 국가 행위자의 속성과 행태에 집중하는 기존의 이론들은 중견국의 범주를 그려 내거나 중견국의 자격 요건을 논하는 데에는 여전히 유효하다. 특별히 객관적 수치를 활용하는 현실주의적 접근법이 갖는 가장 큰 유용성은 시공간에 관계없이 국가들의 능력을 측정하고 비교할 수 있다는 사실에 있지만, 지표와 자료가 존재하지 않거나 수치화가 불가능한 자료의 경우 분석 자체가 불가능하다는 한계를 지닌다. 이에 반해 자유주의적 접근법은 수치화가 불가능한 질적 요소를 다루기에 용이하나, 중견국 '행태'의 정의가 주관적이며, 나아가 냉전기와 탈냉전기 스스로를 중견국으로 선언하였던 호주와 캐나다 등을 연구 사례로 삼고 이들의 외교 행태를 분석하였기에 중견국 일반론이라 이르기 어려움은 물론, 동어반복의 오류라는 비판을 받기도 한다(김치욱 2009: 18). 중견국의 범주를 대강 그려 내거나 중견국의 자격 요건을 평가할 수는 있으나, 특정 국가의 구체적인 외교 행위에 대한 논의를 도출할 수 없고, 비슷한 국력을 가진 다른 국가들과 비교하여 조금 더 효과적인 중견국 외교 정책을 펼치는 특정 국가에 대해서도 설명할 수 없는 이러한 기존 이론의 한계는 이슈와 행위자의 다양화는 물론, 행위자를 둘러싼 구조적 환경에서 이전과는 다른 복합성을 보이는 21세기 세계 정치와 이 가운데서의 중견국 외교를 추구하는 국가들의 경우에서 보다 명확하게 드러난다(김상배 편 2014).

　이러한 행위자의 내적 속성에만 집중하는 기존 연구의 한계를 고려할 때 행위자들 간의 관계와 관계의 패턴인 네트워크를 고려하는 네트워크 이론이 시사하는 바는 크다. 네트워크의 시각에서 본 '중견국'은 중간적 수준의 속성뿐 아니라 '중개자'의 '위치'와 '역할' 등의 의미 또한 내포하고 있으며, 이에 따라 행위자들 간의 관계와 네트워크 구조가 분석의 주요 변수로 상정된다(김상배 편 2014). 여기서 말하는 '구조'는 신현실주의적 시각이 상정하는 세력균형과 세력분포로서의 구조와는 다른 것으로, 행위자들 간의 관계와 그 관계를 통한 상호작용, 또한 지속적인 상호작용 과정에서 창출되는 '관계적 구도(relational configuration)'를 뜻하고 이러한 구조의 네트워크는 고정된 실체가 아니며 행위자 간의 동태적 상호작용에 의해 형성되고 계속적으로 변화하는 것이다(Nexon and Wright 2007; Nexon 2009). 나아가 이러한 네트워크의 구조적 속성과 네트워크상에서 행위자가 차지하는 구조적 위치는 행위자의 활동과 역할에 제약으로 작용하기도 하는 등 영향을 끼친다(Goddard 2009).

이렇듯 '중견국'이 위치와 역할 등의 의미를 포함하고 있음을 상정한다면, 중견국의 외교 행태와 구체적 내용을 파악하기 위해서는 분석 대상인 국가가 맺고 있는 다른 행위자들과의 관계, 그리고 그 관계의 패턴이자 상호작용 자체로 이해될 수 있는 '네트워크'의 속성과 구조를 분석하는 것이 필수적임을 상정할 수 있다(김상배 편 2014). 국가의 정체성을 '중견국'에서 찾으며 '중견국 외교'를 표방하는 국가들에게 이러한 네트워크적 분석이 제시할 수 있는 일종의 기회는 '분절 네트워크'에서 발견되는 '구조적 공백'의 개념에 기반한다. 행위자들 간의 상호작용이 빈번하고 지속적이어서 때로는 그 관계가 '제도화'의 수준까지 이루어진 네트워크를 '통합 네트워크'라고 하는데, 이러한 네트워크의 행위자들 간에는 합의된 규칙과 관념 등이 존재하고 문화적으로도 동질적인 특징을 가진다(김상배 2014). 반대로 행위자들 간의 상호작용이 규칙적이지 않고 특정 행위자들 간에는 간접적인 연결만 존재하는 느슨한 네트워크는 '분절 네트워크'로 이름되는데, 이 네트워크상에 존재하는 '균열'을 '구조적 공백'이라 한다(Burt 1992). 나아가 이러한 '구조적 공백'을 발견하여 채우는 행위는 행위자들 간 관계의 단절을 메우거나 중개자의 역할을 맡는 것으로, 네트워크상에서 중심성을 가진 '허브'의 위치를 차지하게 되고, 더 많은 정보를 보유하여 다양한 대안을 제시할 수 있게 되는 등 '위치권력' 발휘의 가능성이 높아진다(김상배 2014).

분명 이러한 분절 네트워크상의 기회는 중견국만의 것은 아니다.

강대국은 풍부한 자원과 정보력 등을 통해 네트워크 구조를 보다 정확하고 빠르게 파악할 수 있을 것이며, 나아가 국제 분쟁에서의 중개적 역할 또한 강대국이 주로 맡아온 것이 사실이다. 그럼에도 불구하고 네트워크상의 위치와 역할에 관한 논의가 여전히 중견국 외교를 추구하는 국가들에게 매력적으로 다가오는 것은 한정된 자원을 가진 국가로써 강대국이 미처 발견하지 못하거나, 발견하더라도 다양한 이유로 채우지 못하는 '구조적 공백'을 전략적으로 활용하는 것이 특정 영역에서의 위치권력을 차지할 수 있는 가능성을 높이기 때문일 것이다. 이 글에서 주목하는 동티모르 다국적군 파병과 호주의 역할을 사례로 들자면, 동티모르 사태와 파병을 둘러싼 네트워크는 행위자 간의 상호작용에서의 균열이 보이는 분절 네트워크로 나타나며, 특별히 다국적군 주도의 역할은—UN과 미국, ASEAN 회원국들이 채우지 않거나 채우지 못하는—'구조적 공백'으로 존재했다.

이 글에서는 기존의 속성론적 분석—중간적 수준과 행태적 특성 등에 대한 분석—의 필요를 부인하는 것에 있지 않으며, '관계적 구도'를 강조하는 이러한 네트워크의 시각이 기존 논의에 대안적 시각을 제공할 수 있다는 점을 강조하고자 한다. 나아가 이러한 네트워크의 시각이 다양화된 이슈와 행위자로 인해 더욱 복잡해진 21세기의 세계 정치 환경과 그 가운데에서 중견국 외교를 표방하는 국가들의 외교를 설명하는 데 있어 유용한 이론적 자원이 될 수 있음을 주장하는 것이다(김상배 편 2014). 비록 호주의 외교는 1세대 중견국 외교 연구의 대표적인 사례로서 탈냉전기 자유주의적, 행태론적 접근법에 의해 주로 연구되어 왔으나(Higgott and Cooper 1990; Ravenhill 1998), 앞서 지적한 것처럼, 이러한 행태론적 분석은 동어반복의 오류를 범할 수 있음은 물론, 일반적으로 1세대 중견국의 공통적 행태의 기반으로 일컬어지는 '인도주의적 가치의 추구'는 국익 실현과 지역에서의 영향력 확장을 보다 직접적인 관심사로 상정한 호주의 외교 노선을 설명하는 데에는 분명한 한계가 있다. 이 글은 이러한 기존 연구들이 보이는 한계를 인식하고 대표적인 1세대 중견국으로 거론되는 호주의 외교, 특히 1990년대 후반 동티모르 사태를 둘러싼 호주의 대응과 1999년 동티모르 다국적군 파병의 주도를 맡은 호주의 역할을 네트워크 시각을 통해 분석하고자 한다. 이를 통해 중견국 외교의 논의에 있어 국가의 속성과 행태뿐 아니라 국가가 속한 관계망 속에서의 특정한 위치와 역할에 대한 이해, 나아가 이러한 이해를 바탕으로 한 외교 전략의 수립이 필요함을 나타내고자 한다.

III. 동티모르 사태의 구조적 변화와 다국적군 파병 주도의 공백

1. 동티모르 사태의 전환과 국제 사회의 대응

1970년대부터 계속되어 온 동티모르 사태에 대한 국제 사회의 논의는 인도네시아 정권에 대한 서방 국가들의 암묵적 지지로 인해 가시적인 진전을 보이지 않았으나, 1990년대 후반 들어 동티모르 주민의 독립 찬반 투표가 실시되는 등 급격한 변화가 나타나기 시작했다. 예컨대 1990년대 후반 미국에서는 운동가들의 로비가 일부 성공하여 인도네시아 재정 원조 차단 법안이 제안되었고, 시민 단체들이 동티모르 내 학살 동영상을 입수하여 공개하는 등 인도네시아 정부를 지지하던 서방 국가들의 태도에 변화를 요구하는 움직임들이 활발해졌다 (Fernandes 2008). 이러한 변화는 인도네시아 정부가 UN과 NGO, 언론 등 국제 사회의 다양한 행위자로부터 이전과는 다른 차원의 압력을 받게 되었다는 것을 의미했다.

사실, 20여 년간 이어진 인도네시아의 인권 유린 행위에 대하여 호주는 물론 미국 및 UN 등 국제 사회의 다양한 행위자들이 보다 적극적으로 개입할 수 있었던 근본적인 이유는 1990년대 후반 인도네시아 내부의 정치·경제적 변화의 여파에 있다. 1990년대 후반 인도네시아 내에서는 민주화 운동의 가속화와 더불어 대규모 반정부 시위로 인해 30년간 장기 집권하던 수하르토 독재 정권이 몰락하였고, 나아가 아시아 금융 위기로 인해 주요 원조 공여국들 및 IMF 등과 같은 국제 기구의 영향력 투사가 용이해졌다(Cotton 2004: 132).

이러한 인도네시아의 국내적 변화라는 큰 흐름과 맞물려 국제 사회 전반의 동요를 일으키고 사태에 결정적인 변화를 가져온 직접적인 계기는 1999년 9월 동티모르 주민 투표 직후 동티모르 전체를 혼란에 빠트린 친(親)인도네시아 민병대 밀리샤(Militia)의 약탈 및 살인 행위였다. 인도네시아 군부의 지원을 받은 것으로 알려진 밀리샤는 주민 투표의 결과(78.5%가 독립에 찬성)에 불복하여 동티모르 전역에서 학살 및 방화를 자행하였다. 이에 약 1,500여 명이 학살되고 30만 명에 이르는 난민이 생겨났다. 이러한 밀리샤의 폭력적 행위에 의해 민간인들뿐 아니라 주민 투표 총괄과 감시 임무를 맡은 UNAMET의 관련자들까지 포위되는 등 상황이 급격한 전환을 맞이하자 UN에서는 평화유지군 파병의 논의가 급속한 진전을 보이게 되었던 것이다.

그러나 상황의 긴박성과는 달리 평화유지군의 파병은 안전보장이사회와 총회 결의를 거쳐야 하는 등의 절차적 문제로 상당한 시간이 소요되었고, 이에 UN 주도의 평화유지군보다 빠른 시일 내에 파병이 가능한 다국적군의 파병이 결정되었다. 호주는 이러한 논의가 시작될 무렵, 전통적으로 평화유지활동에 있어 적극적인 태도를 보여온 미국의 주도적 역할을 기대하는 태도를 보이기도 하였다(Henke 2012: 162). 그러나 호주와 달리 미국은 인도네시아와의 양자 관계와 직접 소통이 상당히 부족하였으며, 국내 제도의 제약 등으로 인도주의적 개입에 있어 정치적 부담이 상당한 상태였다. 지역 수준에서는 말레이시아가 호주의 다국적군 주도를 비난하며 ASEAN 회원국 주도의 다국적군 파병을 희망하였으나 호주에 비해 의지 표명이 늦었을 뿐 아니라 국제 사회의 지지를 받지 못하였다(Ryan 2000: 51).

이와 반대로 호주는 인도네시아와의 지속적이고 긴밀한 소통이 가능한 관계였으며, 1990년대 후반부터 UN, 동티모르 민족 지도자들, 미국 등 동티모르 사태의 관련자들과 직접적인 소통을 강화하였음은 물론 1998년 동티모르 지도자들을 대상으로 독립에 대한 의견을 묻는 설문조사를 실시하는 등 사태 파악과 예측에 주도적이고 적극적인 면모를 보여왔다(McPhail 2007). 이에 호주에 대한 국제 사회 전반의 기대는 자연스럽게 높아졌으며, 1999년 9월 6일 당시 UN 사무총장 코피 아난(Kofi Annan)은 호주 존 하워드(John Howard) 총리에게 다국적군 주도 역할을 공식적으로 제안하였고, 미국과 대부분의 서구권 국가들 역시 지지 의사를 표명하였다. 특히 미국은 호주의 요청에 따라 IMF 등을 통한 압박으로 국제 사회의 개입에 선뜻 동의하지 않았던 인도네시아 정부의 동의를 이끌어 내었고, 이러한 인도네시아 정부의 태도 변화는 ASEAN 회원국의 대부분이 호주 주도의 다국적군 구성에 긍정적인 태도를 갖게 하는 계기가 되었다(Henke 2012).

2. 미국의 지역 질서 구상과 다국적군 주도 역할 논의

전통적으로 평화유지활동에 있어 적극성을 보여온 미국은 동티모르 사태에 있어 소극적인 태도를 유지했다. 이러한 미국의 미온적 태도는 당면한 외교적 이슈와 시기의 문제로 이해할 수 있는데, 인도네시아와의 우호 관계가 1970년대부터 대외정책의 우선순위였던 호주와 달리 미국은 인도네시아와의 양자 관계와 직접 소통이 상당히 부족하였으며, 적극적으로 나설 경우에 얻을 수 있는 실익이 적었기에 파병 주도에 나서기 어려운 상황이었다. 나아가 인도주의적 개입에 대한 정치적 부담과 제도적 제약 또한 존재하였는데,[4] 당시 빌 클린턴 미국 대통령은 존 하워드 호주 총리에게 코소보 사태로 인한 국내외의 반발을 언급하며 '더 이상은 어렵다'는 표현을 통해 이러한 제약과 부담을 표현하기도 하였다(Henke 2012: 163). 나아가 미국의 이러한 소극적 태도는 탈냉전기를 통해 보여온 미국의 새로운 아태지역 안보 질서 구상을 나타내는 것이기도 했다. 동남아시아 국가들의 공산화로 인해 호주를 전략적으로 중요한 위치의 국가로—도미노 현상의 최후의 보루로—인식하였던 냉전 시기와 다르게 탈냉전 시기 미국은 태평양 지역에서 계속적으로 군사력을 철수하였고, 아태지역의 안보 문제에 있어 호주를 지역 리더십으로 인정하는 등 직접적 개입을 꺼리는 태도를 보여왔던 것이다. 이와 같은 맥락에서 동티모르 다국적군 파병에 있어 미국의 선택은 호주를 주도국으로 인정하고 지지하는 것이었다(Henke 2012: 162).

그렇다면 호주의 동티모르 다국적군 주도는 단순히 '미국의 허락'

---

4 1994년 5월 통과된 PDD25법안으로 인해 평화유지활동에 대한 미국의 군사력 지원에는 보다 엄격한 전제 조건이 필요하게 되었다(The White House 1999: 19).

에 의한 수동적 결정이었던 것일까? 혹은 평화유지활동을 주도해 온 미국의 거절로 인해 호주가 어쩔 수 없이 동티모르 다국적군을 주도 하게 되었는가? 주목해야 할 사실은 호주 정부가 비록 주도국의 역할 을 미국에게 먼저 제안하였지만, 동티모르 사태 전반은 물론 파병이라 는 만약의 사태에도 적극적으로 대비하는 모습을 보였다는 것이다. 예 컨대 1999년 2월 호주 국가 안전 보장 위원회(The National Security Committee of Cabinet)와 외교통상부(Department of Foreign Affairs and Trade)는 만약의 사태에 대비한 외교적 실행계획(diplomatic action-plan)의 필요성에 합의하였으며, 같은 해 3월 11일 국방부 장관 존 무어(John Moore)는 2군에게 28일간의 작전준비태세 명령을 내렸 다(Ryan 2000: 35-36; 표 1 참조). 나아가 동티모르 주민 투표 직후 동 티모르 내부의 위기상황이 고조되자 호주 정부는 자국의 군사력을 급 격하게 증강시켰고, 이에 호주 북부 지역 다윈(Darwin)으로부터 동티 모르로의 파병이 가능한 상태가 되었다(Ryan 2000: 35-36; 표 1 참조).

또한 호주는 파병의 주도뿐 아니라 참여조차 꺼리는 미국의 태 도를 강하게 비판하며 참여를 촉구하였고, 이 과정에서 하워드 총리 는 상당한 수위의 발언 또한 서슴지 않았는데, "미국은 주요한 전투에 서 도움이 필요할 때마다 호주에게 파병을 요청하였고 호주는 기꺼이 응하였다. 그러나 지금 호주는 버림받았고 이는 ANZUS[5] 동맹의 위 반이다"라는 표현으로 클린턴 정부에 대한 불쾌감을 드러냈다(Henke 2012: 164). 이에 미국의 태도 역시 변화를 보여 다국적군 파병에 참 여하게 되는데, 병력의 절대적 크기는 200명으로 크지 않았지만 기술 적 지원과 더불어 국제 사회의 개입에 반대하던 인도네시아를 압박하

---

5   ANZUS(The Australia, New Zealand, United States Security Treaty: 태평양안전보장 조약)는 호주, 뉴질랜드, 미국의 3국 공동 방위체로 1951년 체결되었다.

는 등의 외교력을 통해 다국적군 구성에 도움을 주게 되었으며, 클린턴 대통령은 동티모르 다국적군 내 호주의 역할이 지나치게 과대한 것이 아니냐는 비판에도 호주를 신뢰한다는 발언을 통해 호주를 주도국으로 인정하고 지지하는 태도를 명확히 했다.

나아가 미국은 동티모르 다국적군 파병 주도 이후 태평양 제도 지역에서의 호주의 역할 또한 지지했다. 파병 주도 경험을 계기로 보다 적극적인 태도로 지역에서의 리더십 및 군사적 개입을 확장시켰던 호주의 행보에 대해 미국 정부는 '호주 정부가 갖는 지역적 책임이자 미국의 우방국으로서 국제 사회에서 보이는 책임 분담(burden sharing)'으로 평가하였던 것이다(Brown 2012: 12). 이러한 미국의 신뢰와 지지가 실제로 동티모르 다국적군 파병 이슈에 있어 타국들의 참여를 이끌어내는 데 얼마만큼의 영향력을 행사하였는지는 명확히 드러나지 않으나, 국제 사회의 개입에 반대하던 인도네시아의 태도가 ASEAN 회원국들의 파병 참여에 가장 큰 걸림돌이었던 상황이었기에 호주 정부는 인도네시아의 동의를 이끌어 낸 미국의 역할 분담에 대해 상당한 만족을 나타냈다(Henke 2012: 164).

미국 역시 호주가 아태지역 이웃 국가들과 형성해온 양자관계에서 기대하는 부분이 있었다. 특히 인도네시아와의 껄끄러운 관계에 있어 미국은 호주가 중개적 역할을 감당할 수 있을 것으로 예상하였는데, 호주 국회합동상임위원회와의 대화에서 미국의 고위 공무원들은 '호주가 아태지역에서 지역의 이웃들과 형성한 양자관계는 아태지역의 안정을 위해 매우 중요'하며 특별히 미국이 인도네시아와의 '상호작용에서의 한계'를 느끼고 있기에 인도네시아의 민주화 과정과 군대의 근대화 등의 이슈에서 호주의 역할에 대한 상당한 기대를 갖고 있음을 표현하였다(Joint Standing Committee on Foreign Affairs, Defence and Trade May 2006).

나아가 호주의 다국적군 주도를 '미국의 허락'에 의한 수동적 결정으로 판단하기 어려운 또 다른 이유는 호주가 동티모르 사태에 있어 때로 미국의 의사에 반대를 표현하는 등 주도적인 역할을 보이며 지속적으로 관련 행위자들과의 네트워킹에 힘써 왔기 때문이다. 다양한 행위자들과 꾸준한 관계 맺기를 통해 동티모르 사태에 대응해 온 호주는 UN과 미국, 인도네시아는 물론 동티모르를 비롯한 태평양 제도 국가들과의 지속적인 소통으로 일찌감치 동티모르 사태를 둘러싼 행위자들의 네트워크에서 행위자들 간의 균열을 채우는 등 중요한 위치를 차지하게 된다.

예컨대 태평양 제도 지역 곳곳에 공관을 두고 동티모르에는 영사를 주둔시킨 호주는 동티모르 사태에 관한 정보 확보에 있어서 세계의 안보 파수꾼으로 이름되는 미국보다 유리한 위치에 있었다.[6] 호주 정부가 동티모르 독립과 관련하여 목전지역의 불안정을 우려하여 '현상 유지'를 최선으로 인식하고 국제사회의 개입에 반대하던 시기에 미국 정부가 밀리샤의 잔혹 행위에 대한 정보 전달을 요청하자 이를 거부하였고(Fernandes 2008: 91), 미국의 국무부 차관보 스탠리 로스(Stanley Roth)가 동티모르로의 평화유지군 개입을 제안하자 강한 반대를 표현하였으며, 이에 당시 평화유지군 개입에 대한 논의에 진전을 보이지 못했다(Fernandes 2008: 89). 즉, 네트워크상의 중심적 위치를 차지하여 상당한 정보력과 영향력을 차지한 호주는 미국을 비롯한 국제 사회로의 정보 흐름을 차단시키기도 하는 등 타 행위자들과의 '관계'에 기반한 영향력을 발휘할 수 있었다는 것이다.

---

6   동티모르 영사 주둔에 관하여서는 Downer, 1999년 3월 31일 연설문 참조.

3. ASEAN 중심의 다국적군 구성 시도와 결과

이러한 동티모르로의 개입에 대한 국제사회의 논의에 있어 대부분의 ASEAN 회원국들은 파병에 참여할 경우 발생할 인도네시아와의 관계 악화를 크게 우려하였다. 따라서 이들이 참여 의지를 나타내게 된 결정적 계기는 평화유지군/다국적군의 개입에 대한 인도네시아의 동의와 UN 안보리의 다국적군 창설 승인이라 할 수 있을 것이다(Ryan 2000). 특별히 안보리의 승인 이후에도 적극적인 반응을 보이지 않았던 ASEAN 국가들의 입장 선회에는 호주 정부의 역할이 컸음을 알 수 있다. 예컨대 호주 공군 중장 덕 라이딩(Doug Riding)이 ASEAN 국가들을 직접 방문하여 참여를 요청하였고, 이와 동시에 각국의 요구 사항을 들으며 타협점을 찾아갔다.[7] 이에 ASEAN의 주요 회원국인 태국, 필리핀, 싱가포르는 공식 석상에서 '인도적 구호 임무(humanitarian-relief task)'에 대한 중요성을 강조하며 파병에 동참하게 되었다(Ryan 2000: 40).

　　호주 주도의 파병에 반대한 몇몇 ASEAN 회원국들은 단순한 참여를 넘어 다국적군의 주도에 대한 의지를 보이기도 하였는데, 말레이시아는 다국적군은 ASEAN 회원국들이 주축이 되어야 한다고 주장하였고, 호주 주도의 다국적군 파병 구성에 대한 무조건 수용 의사를 밝혔던 인도네시아 역시 이후 호주, 뉴질랜드, 포르투갈 등 3개국은 중립적이 아니기에 정치적 이해 관계가 없는 말레이시아, 브루나이, 태국, 필리핀이 참여해야 한다고 주장하였다. 태국 역시 ASEAN이 주도하는 다국적군 구성을 선호함을 나타내었다. 그 중에서도 특

7　방문의 구체적 내용은 본 논문의 V절 참조.

별히 말레이시아는 갑작스럽게 다국적군에의 불참을 선언하는 등 보다 적극적인 태도로 호주의 다국적군 주도에 대한 불만을 표현하였다(Ryan 2000: 51).

그러나 오랜 기간 동티모르 사태에 있어 침묵을 지켜온 ASEAN 일부 국가의 주도 의지 표명은 동티모르 주민 투표가 있기 6개월 전부터 UN 뉴욕 본부에 방문하여 평화유지군의 파병을 촉구한 호주의 노력에 비해 시기적으로 늦었을 뿐 아니라 국제사회의 지지를 받지 못하였다(Ryan 2000: 51). 1999년 9월 6일 당시 UN 사무총장 코피 아난(Kofi Annan)은 호주 하워드 총리에게 다국적군 주도 의지에 관해 묻고 공식적인 제안을 하였으며 하워드 총리의 수락으로 주도국이 정해지게 되었다(Henke 2012).

이러한 UN 사무총장의 공식적 제의와 더불어 미국의 적극적인 호주 지지의 태도는 말레이시아의 입장 변화, 특별히 다국적군 파병에 반대 의사를 보이던 인도네시아의 태도 변화에 직·간접적인 영향을 끼친 것으로 분석된다. 미국 정부는 비록 물질적 참여에 있어서는 소극적이었지만 명시적으로 호주를 주도국으로 인정한 것은 물론, 금융 위기를 겪고 있던 인도네시아를 IMF를 통해 압박하는 등 상당한 외교적 영향력을 발휘하였다(Fernandes 2008; Henke 2012). 예컨대 "우리가 직접 나서지는 않지만 동티모르 사태에는 망을 보는 역할의(big dog) 호주가 있고 우리는 호주를 지지해야만 한다"는 익명의 미국 고위 공무원의 발언과 더불어(Henke 2012: 164), 다국적군 주도국 호주를 '신뢰'하며 '인도네시아는 안보의 회복을 위해 국제 사회의 개입을 반드시 받아들여야만 할 것'이라는 클린턴 미국 대통령의 발언은 파병 주도를 뒤늦게 주창하던 말레이시아의 사기를 꺾고 다국적군 파병에 대한 인도네시아의 동의를 얻어내는 데 주요한 역할을 한 것으로 평가

된다(Henke 2012: 166).

나아가 말레이시아의 뒤늦은 주도 의지 표명과 인도네시아의 반발에도 불구하고 결과적으로 호주가 주도국으로서 국제 사회의 인정을 받을 수 있었던 또 다른 요인은 동티모르 사태에 지속적이고 적극적으로 대응하며 다양한 행위자들과 직접적인 소통을 추진한 호주 정부의 노력에 있다. 인도네시아와의 관계 악화를 우려하여 침묵을 지키며 국제 회의의 장에서도 언급을 피해 왔던 ASEAN 회원국들과 달리 호주 정부는 UN의 파병 승인 전부터 인도네시아 정부 및 미국 정부와의 지속적 소통은 물론, 외무부 장관 알렉산더 다우너(Alexander Downer)가 동티모르인들의 정신적 지도자인 카를로스 벨로(Carlo Belo) 주교, 조제 하무스 오르타(Jose Ramos Horta)를 비롯하여 독립 동티모르의 초대 대통령으로 취임하게 되는 샤나나 구스망(Xanana Gusmao)을 만나는 등 동티모르와의 직접적 상호작용에도 적극적인 태도를 보였다(Downer 1999년 3월 31일 연설문).

이러한 노력의 성과로서 독립 운동을 이끌던 동티모르 지도자들이 인도네시아의 이웃 국가인 말레이시아와 ASEAN의 주도를 받아들일 수 없다는 입장을 표명했음은 물론(The Jakarta Post 1999년 10월 19일), 적극적이고 직접적이었던 호주 정부의 조기 접촉에 있어 독립 동티모르의 초대 대통령으로 취임하게 되는 구스망으로부터 감사 인사를 받았으며(Downer 1999년 3월 31일 연설문), 나아가 파병의 주도를 통해 동티모르 내부에서의 영향력 역시 확장시킬 수 있었다. 실제로 동티모르 내에서 호주는 경제건설과 개발 이슈에 깊이 관여하는 것뿐 아니라, 호주 군대가 '가장 믿음직한 경찰 역할'로 인지되는 등 동티모르의 국방 분야에서도 중추적 역할을 맡게 되었다(양승윤 외 2010: 111).

IV. 호주 정부의 주도 의지와 호주 내 담론 형성의 과정

동티모르 다국적군 파병을 두고 이러한 대외적 측면의 논의가 진행될 당시, 호주 국내에서도 파병 여부와 호주의 역할에 대한 담론이 형성되고 있었다. 흥미로운 사실은 재정적 부담과 사상자 발생의 가능성에도 불구하고 1990년대 후반 동티모르로의 파병과 다국적군 주도가 여야 간의 대략적 합의뿐 아니라 국민적 지지 또한 얻은 이슈였다는 것이다(Smith 2005; McDougall 2002). 여기서 주목해야 할 것은 1975년부터 20여 년간 이어진 호주 정부의 '동티모르에 대한 인도네시아 주권 인정'의 입장 역시 초당파적 합의에 기반하였다는 사실이다. 분명 '인도네시아 주권 인정'에서 '다국적군 파병 주도'로의 극적인 전환은 III절에서 밝힌 대외적 요인이 결정적 계기로 작용하였으며 이 절의 목적 역시 앞서 논한 글로벌 수준의 동학이 갖는 함의를 부인하는 것에 있지 않다. 그럼에도 불구하고, 동티모르에 관한 이슈가 1970년대 이후 오랜 기간 국회에서 논의의 대상이 되지 않았음을 고려할 때, 1990년대 후반 '민족자결권'과 '인권외교' 등의 개념 제시로 20여 년간 지속된 '인도네시아 정부 지지'의 초당파적 합의에 정책적 변화를 일으킨 일부 야당 세력의 시도는 흥미롭게 다가온다.

이러한 이해를 바탕으로 이 절에서는 연구질문의 후반부인 '어떻게 다국적군 파병을 주도하였는가?'에서 파생된 다음과 같은 질문들에 대한 답을 구하고자 한다. 다국적군 파병 및 주도의 결정에 있어 호주 국내의 논의는 어떻게 진행되었는가? 정치 및 사회의 대립은 없었는가? 있었다면 그 합의 과정은 어떠하였는가? 이러한 문제들을 분석하는 시도로 이 절에서는 국가 행위자 내부의 정치적·사회적 동학을 보이기 위하여 '이익(interests), 제도(institutions), 관념 (ideas)' 등 세 변수의 역할과 상호작용에 주목하고자 한다. '이익-제도-관념'의 역할과 이들의 유기적 관계를 탐구한 이론은 '구성적 제도주의(constitutive institutionalism)'라 정의되는데(김상배 2003), '이익'과 '제도'의 두 변수뿐 아니라 '관념(ideas)'이라는 변수를 포함하는 것에서 기존 제도주의 논의와의 차별성을 찾을 수 있다.[8]

1. 새로운 관념 제시와 초당파적 외교 정책의 균열

먼저, '민족자결권'과 '인권외교'라는 새로운 '관념'에 기반한 야당의 움직임은 '동티모르 사태에 있어 인도네시아 지지'라는 초당파적 합의에 균열을 만든 첫 계기였으며, 이는 '국익'을 내세운 여당과의 대립 구도를 만들었다. 1997년 하워드 정권 당시 야당이었던 노동당의 대변인 브레러턴(Laurie Brereton)은 '민족자결권'과 '인권외교' 등의 관념을 내세워 동티모르 사태를 해결하고자 하였는데, 이는 20여 년간 지속되어 온 인도네시아 지지의 초당파적 정책에 여야 간 입장 차이를 만들어 낸 첫 사례라는 함의를 가진다(Senate Foreign Affairs, Defence and Trade References Committee December 2000). 브레러턴이 제시한 '민족자결권'의 관념은 노동당 내부에서도 반향을 일으키며 동조 세력을 키워 갔다. 민족자결권의 개념은 동티모르 사태에서 정부를 비판하는 주요 근거로 활용되었고, 브레러턴 세력은 나아가 1998년 9월

---

8   기존 제도주의의 논의로는 자신의 이해를 극대화하기 위한 개인 행위자의 선택과 제도의 관계에 주목하는 합리적 선택 제도주의(rational choice institutionalism)를 비롯하여 제도 자체가 갖는 독립적 역할과 역사적 형성 과정에 초점을 두는 역사적 제도주의(historical institutionalism), 제도의 개념을 문화·관습·규범·전통 등으로 확장시켜 이해하는 사회학적 제도주의(sociological institutionalism) 등이 있다(Thelen and Steinmo 1992; Leander 2000).

'인권외교'라는 이름으로 동티모르 사태의 해결을 포함하여 인권 확보를 대외 정책의 새로운 근간으로 삼을 것을 제안하기도 하였다(Brereton 1998월 9월 15일). 그러나 외무부 장관 다우너는 이러한 새로운 관념 제시를 거절함과 동시에 13년간 인도네시아의 주권을 인정해 온 노동당의 갑작스러운 태도 변화의 의도가 총 선거를 겨냥한 것이라고 비판하였다(East Timor and Indonesia Network 1998년 9월 29일).

20여 년 동안 지속되어 온 동티모르 사태에 해결 방안이 필요하다는 데에는 호주 정부와 여당 역시 동의하는 바였다. 그러나 인도네시아의 내부적 불안정과 국제 사회의 동요 등 동티모르 사태를 둘러싼 일련의 변화를 인지하고 새로운 대책 마련의 필요성에 대해 고민하던 여당과 정부는 브레러턴의 인권외교라는 완전히 새로운 접근 방법을 거부하고 기존의 현실주의적 시각을 유지하여 '국익 실현'에 기반한 호주 군의 파병을 주창하였다. 예컨대 하워드 총리는 호주의 국익을 '안보와 지역의 안정, 지역에서의 적극적인 역할'로 상정하면서 "국가에게 영원한 친구란 없고 영원한 이익만 존재할 뿐이다."라는 영국 정치가 팔머스톤(Palmerstone)의 발언을 인용하여 파병의 목적과 배경을 분명히 했다(House of Representatives 1999년 9월 21일).[9]

앞서 설명되었던 대외적 요인으로 인해 1990년대 후반 여당과 야당 모두 궁극적으로는 동티모르 사태의 해결을 원하고 군사력의 개입을 통한 동티모르 독립의 지지에 동의하였지만, 군대의 성격과 역할에 있어 '인권외교'와 '민족자결권'의 관념을 앞세운 야당과 달리 여당은 '국익의 실현'을 중점적으로 다루었다. 후술하겠지만, 호주가 동티모르 다국적군 파병 주도를 계기로 동티모르 내에서의 경제·사회적 영

---

9   외무부 장관 다우너는 국익의 범위 설정에 있어 경제적 이익 또한 포함됨을 명시적으로 나타낸다(Downer 1999년 3월 31일 연설문 참조).

향력을 높이고 태평양 제도 지역에서의 리더십 역시 확장시킨 것을 고
려하였을 때에 동티모르 다국적군 파병은 여당의 관념이 상당 부분 투
영된 결과라 할 수 있다. 그러나 1997년 민족자결권의 관념에 기반한
동티모르 사태 해결 방안이 브레러턴에 의해 제안된 이후 국내 시민
단체들의 활동이 활발해졌음은 물론(Fernandes 2008), 1999년 9월 12
일에 실시된 여론 조사의 결과가 나타내듯 국민들은 '국익'뿐 아니라
'인도주의적 필요'라는 이유에 기반하여 동티모르로의 파병을 지지하
였는데(McDougall 2002: 601), 이는 새로운 관념 제시에 기반한 브레
러턴 세력의 도전이 부분적 성공을 이룬 것이라 할 수 있다.[10]

2. 동티모르 독립 지지 활동
  : 행위자들의 이해 관계와 상호 작용의 동학

동티모르 사태 및 동티모르로의 군사력 개입과 관련된 담론의 과정에
서는 행위자들의 다양한 이해관계와 자신의 이익을 관철시키기 위한
그들의 노력 또한 나타나는데, 오랜 기간 동티모르의 독립과 인권 수
호를 위해 다양한 형태로 정부와 국제 사회에 호소한 시민단체들을 비
롯하여, 여당을 견제하기 위한 야당 내 브레러턴 세력, 야당 내 주도권
을 잡기 위해 여당과 뜻을 함께한 야당의 케빈 러드(Kevin Rudd) 세
력 등을 예로 들 수 있다.

　호주 정부의 동티모르 독립 지지를 촉구하는 대표적인 행위자로
는 인권 단체, 가톨릭 교회, 동티모르 이민공동체 등이 있었다(Mc-

10　이 여론 조사에 따르면 동티모르로의 파병을 지지하는 국민들이 77%에 달하고(Smith
　　2005: 18), 이들의 지지 배경으로는 '국익'뿐 아니라 '인도주의적 필요' 또한 크게 작용
　　하였다(McDougall 2002).

Dougall 2002: 601). 이들은 인권과 독립 등으로 상정되는 자신들의 이익을 관철시키기 위해 노력하였지만 1975년부터 지속된 인도네시아 주권 인정 및 인도네시아 정부 지지라는 초당파적 외교 노선을 바꾸는 데에는 실패하였다. 이들이 국민적 지지 혹은 정치적 로비의 성과를 얻지 못한 원인은 다양하겠지만, 국내적 요인을 살펴보자면 하워드 정부 이전에는 동티모르 사태가 호주 정치의 주요한 쟁점으로 등장하지 않았다는 사실과 더불어 선거 공약에 있어 조세정책 등에 비해 상대적으로 주목받지 못하는 대외 정책의 특성, 나아가 브레러턴이 민족자결권의 관념을 제시하기 이전까지 초당파적 합의가 견고했었다는 사실을 들 수 있을 것이다. 그러나 1990년대 후반, 언론의 역할과 야당 세력의 움직임, 누출된 정보 기관의 자료 등을 통해 변화가 나타나게 된다.

국내외적으로 동티모르 내 인권 유린의 문제가 대두되던 1999년 초, 브레러턴은 학살 등 인권 유린의 책임이 일련의 사건들을 묵인하거나 숨겨 온 호주 정부에 있다고 주장하며(Brereton 1998월 9월 15일; Downer 1999년 4월 23일), 나아가 민족자결권과 인권 등의 개념을 바탕으로 국내외 시민 단체들의 지지 속에 평화유지군의 파병을 제안하기에 이른다. 브레러턴은 동티모르 사태의 해결을 위해 국제 사회의 개입, 특히 무장 세력의 개입이 필요하다는 주장을 펼쳤다. 당시는 시민단체가 산타크루즈 학살 동영상 등을 입수하고(1998년 후반), 누출된 정보 기관의 자료 등을 통해 호주 정부가 인도네시아의 학살 행위를 알면서 묵인해 왔던 상황들이 밝혀지는(1999년 초반) 시기였다. 이러한 시기적·상황적 배경과 맞물리면서 브레러턴의 주장은 더욱 힘을 얻었고, 이는 대외 정책 결정에 있어 결정적 권한을 가진 다우너 장관의 신용을 떨어뜨리는 결과를 만들어 냈다(Fernandes 2008: 90).

이러한 브레러턴 세력의 부상에 제동장치로 작용한 것은 노동당 내부의 분열과 이를 조장한 여당의 전략이었다. 노동당 내에서도 브레러턴의 새로운 외교 노선 제안에 반대하는 세력은 여전히 존재하였는데, 국내외적으로 동티모르 사태에 대한 우려와 호주 정부에 대한 불신이 깊어지자 여당은 야당의 케빈 러드 의원을 섭외하여 야당 내에 평화유지군의 부적절성에 대한 인식을 심게 하는 등 분열을 조장하였다(The Australian 2010년 7월 31일). 이는 당시 평의원(backbencher)이었던 케빈 러드에게 당내 영향력 확보 및 확대의 기회가 되었으며, 나아가 러드는 인도네시아 정부로부터 초대를 받고 독자적 방문을 계획하기에 이르렀다. 당내 대표의 만류로 실제 방문은 무산되었지만, 브레러턴의 방문을 거부하였던 인도네시아 정부가 러드를 초대하였으며 러드가 이를 받아들였다는 사실은 브레러턴의 외교 노선에 대한 러드 세력의 확고한 반대 의사가 드러나는 계기가 되었다(Fernandes 2008: 90).

이러한 방해 공작에도 불구하고 평화유지 및 평화집행을 목적으로 한 다국적군이 파병되었고, 민족자결권에 의거하여 동티모르인들이 스스로 독립을 결정하게 되었다는 사실이 브레러턴 세력의 승리를 나타내는 것처럼 보일 수 있는 것이 사실이다. 그러나 결과적으로 동티모르로의 파병과 호주의 파병 주도는 정부와 여당의 현실주의적 목표가 부각된 전략의 면모를 보다 명백히 드러낸 것으로 이해되어야 한다. 후술하겠지만 기존 제도에 따라 '파병'의 결정에 있어서는 정부의 영향력이 절대적이며 국회의 개입이 극히 제한적이다. 나아가 정부는 다국적군 파병 주도의 배경을 설명할 때에 브레러턴이 제기한 '인권외교'등의 개념 대신 하워드 총리와 다우너 장관 등 여당 세력이 주장한 '국익'을 강조하였다. 다시 말해 호주 정부의 갑작스러운 태도 변화는 야당 및 특정 이익 단체의 압력 등 국내적 요인보다는 대외적 환경 변

화를 파악하고 이를 전략적으로 활용하려는 시도로 보는 것이 보다 타
당하다. 그럼에도 불구하고 한쪽 세력의 일방적인 승리라고 단정 짓는
것에 무리가 따르는 이유는, '인도네시아 정부 지지'로부터 '동티모르
독립 지지'로의 급격한 정책적 변화의 과정 가운데에 이전에는 부재에
가까웠던 다양한 국내 행위자들의—시민 단체 등을 지지 기반으로 삼
는 브레러턴 세력, 브레러턴 세력의 이익 관철을 막으려는 여당, 브레
러턴의 인권외교에 반대하는 인도네시아 정부, 야당 내 전통적 대(對)
인도네시아 정책의 지지 세력—담론이 활발하게 형성되고 진행되었
으며, 그중에서도 특별히 인도네시아 정부 지지라는 수십 년간의 초당
파적 합의에 균열을 만든 야당 세력의 영향력 투사를 무시할 수 없기
때문이다.

3. 국민적 파병 지지와 담론 형성의 결과: 제도적 제약과 변화

브레러턴은 1997년 동티모르 '민족자결권'이라는 관념의 제시를 시작
으로 지지 기반을 확장시켜 나가며 정부와 외무부 장관, 여당 등의 행
태를 적극적이고 효과적으로 비판할 수 있게 되었다. 특별히 민족자결
권, 인권 수호와 같은 개념은 이후에도 동티모르 사태에 있어서 정부
를 비판하는 주요 근거로 활용되는데, 이러한 점에서 브레러턴 세력이
노동당 내부는 물론, 호주 국내 정치와 사회에 반향을 일으킨 것으로
볼 수 있다. 그러나 이러한 성과에도 불구하고 실제 다국적군 파병과
관련된 결정적인 정책적 변화와 실행에 있어서 야당은 철저히 소외되
었다. 예컨대 하워드 총리는 다국적군 파병과 관련된 논의를 위한 야당
의 임시 국회 소집 요청을 거절하였으며(1999년 9월 12일), 사흘 후인 9
월 15일 공식적으로 다국적군의 주도를 일방적으로 발표하고, 다국적

군은 국회의 동의 없이 9월 20일 동티모르로 파병되었다(표 1 참조).

파병이 가능하게 된 데에는 기존에 형성 및 작동되고 있던 관습(convention)과 관례(practice)라는 제도적 영향이 컸다.[11] 호주 헌법은 군사적 명령의 권한이 영국 여왕의 대리인인 총독(Governor-General)에게 귀속됨을 명시하지만, 관습적으로 총독의 역할은 조언과 충고를 건네는 것에 그치며, 실제로는 정부(the executive government)의 결정에 국방부가 따르는 형태이며, 나아가 국회는 이와 같은 결정을 일방적으로 통보받는 것이 관례적이다(House of Lords, Select Committee on the Constitution 2006: 50). 즉, 정부의 이익 관철과 결정권을 극대화시키는 데 유리하게 형성되어 있던 기존 제도가 야당에게는 제약으로 작동하여 동티모르 다국적군 파병에 관한 논의에서 야당은 개입의 여지가 거의 없었던 것이다.

그럼에도 불구하고 부인할 수 없는 야당 브레러턴 세력의 성과는, 구체적 실천 사항을 포함한 인권외교의 개념과 더불어 평화유지군 파병의 주창과 같은 제안이 부분적으로 수용되어 제도적 변화를 도출해 냈다는 사실에 있다. 실제로 그는 평화유지군을 통한 국제사회의 개입을 주장하고 동티모르 사태의 해결을 위해 독자적이고 공정한 국제적 제도의 형성을 제안한 최초의 국내 유력 정치인으로 꼽히는데(Fernandes 2008), 동티모르 사태 해결을 위한 평화유지군 파병, 인권외교라는 이름하에 국제적 모니터링(international monitoring presence)의 설립, 아태지역의 인권 문제 해결을 위한 지역 센터(regional centre) 설립, 동티모르 특사 파견, 인권 대사 임명, 인권에 기반한 대외원조 시스템 개발 등의 제도적 변화를 제안하였다(Brereton 1998년

11   이 글에서는 관습의 개념을 확장시켜 문화, 관습, 규범, 전통 등까지 제도로 인정하는 사회학적 제도주의의 시각을 원용한다(Thelen and Steinmo 1992; Leander 2000).

표 1. 다국적군 파병과 관련된 1999년의 주요 사건[12]

일시	사건
1월 29일	인도네시아 하비비(Bacharuddin Jusuf Habibie) 대통령, 동티모르 주민 투표에 동의
2월 9일	국가 안전 보장 위원회(The National Security Committee of Cabinet)와 외교통상부(Department of Foreign Affairs and Trade), 만약의 사태에 대비한 외교적 실행계획(diplomatic action-plan)의 필요성에 합의
3월 11일	국방부 장관 존 무어(John Moore), 2군에게 28일간의 작전준비태세 명령
8월 30일	동티모르 주민 투표 실시
9월 4일	투표 결과 공개: 78.5% 독립 지지
9월 6일	UN 사무총장 코피 아난, 하워드 총리에게 주도국 역할 제안
9월 12일	하비비 대통령 국제 사회의 개입(평화유지군 혹은 다국적군)에 동의
9월 12일	호주 여론 조사 결과 발표: 77% 동티모르로의 파병 지지
9월 12일	야당의 임시 국회 소집 요청, 하워드 총리 거절
9월 14-18일	공군 중장 덕 라이딩(Doug Riding), 동남아 국가들 방문, 파병 참여 요청
9월 14일	코피 아난 사무총장, 다국적군 주도 역할 요청 공식 편지 전달[13]
9월 15일	UN 안보리 결의 1264호 15개 이사국 만장일치로 통과, 동티모르 다국적군 창설 승인
9월 15일	하워드 총리, 다국적군에의 호주 개입 공식 발표
9월 16일	동티모르 다국적군 작전 명령 Stabilise 하달
9월 16일	인도네시아, 호주와의 안보협정 일방적 파기
9월 20일	동티모르 다국적군 공식 파병

9월 15일). 이 중 동티모르로의 영사 파견과 평화유지군(후에는 다국적군)이 승인을 받았으며, 인권 센터의 설립은 부재하였으나 파병 직후부터 다국적군이 65개의 NGO와 관계를 맺으며 원조의 분배, 의료 서비스의 제공 등 동티모르 주민들의 생활 수준 개선을 위해 노력하는

---

12   표의 내용은 McPhail 2007; Nautilus Institute 2013; Ryan 2000 등 참고문헌에 포함된 기존 연구, 기사, 보고서 등을 참조하여 필자가 정리하였다.

13   이미 코피 아난 사무총장이 9월 6일에 먼저 주도국 역할을 제안하였으므로, 9월 14일 호주 정부로부터 발송된 편지는 형식상의 절차에 불과했다(Ryan 2000: 34).

모습을 보이게 되었다(Ryan 2000: 108).

또한 브레러턴이 창설을 주장하였던 제도들과는 그 성격이 다소 상이하지만, 다국적군의 운영을 위해 새롭게 형성된 제도들을 살펴보면 다음과 같다. 첫 번째는 1999년 9월 7일 설립된 국방부 산하의 'East Timor Policy Unit'인데, 국방부를 위한 정치·군사적 안내와 정책 지지의 업무를 담당했다(Australian National Audit Office 2002). 두 번째는 'INTERFET Branch'이며 역시 국방부 산하의 부처로 파병 군대의 기술적이고 실제적인 구성 역할을 맡게 되었다(Henke 2012). 마지막으로 외교통상부 산하에 설립된 부처인 'East Timor Crisis Centre'는 다국적군 관련 정책과 정보를 책임자들에게 제공하는 것이 주 업무였다(Australian National Audit Office 2002).

새롭게 형성된 제도는 단순히 수동적인 존재가 아닌 관련 행위자들의 이익과 정체성 등을 재구성하기도 했다. 예컨대 새롭게 설립된 부처들이 국방부와 외교통상부 소속이라는 사실은 타국으로의 개입(intervention)이 필연적으로 안보와 경제 등 타 정책과 높은 연계성을 가질 수밖에 없음을 의미하는 것이었다. 나아가 이러한 특성은 동티모르에서의 경험을 바탕으로 2000년대 들어 호주 정부가 태평양 지역에서 실행한 개발협력 프로그램의 성격을 구성하는 데 영향을 끼쳤다. 실제로 2000년대 초에 실행된 솔로몬제도 등으로의 개발협력 프로그램도 외교통상부(Department of Foreign Affairs and Trade)가 총괄 관리하게 되어 개발협력 정책의 독자성을 인정하는 북유럽 국가들의 정책과는 다른 특성을 띠게 되었다.[14]

---

14   북유럽의 개발협력 모델에 관해서는 이숙종 편(2012) 참조.

V. 파병 주도의 과정과 다국적군 네트워크에서의 중심적 위치

앞서 III절에서 서술한 것처럼, 1990년대 후반 국제 사회에서는 동티모르 사태 해결이라는 이슈의 구조가 열리고 특히 파병 주도의 역할이 공백으로 자리 잡았으며, UN과 미국 등의 지지로 사태 해결에 있어 다양한 방법으로 적극적인 태도를 보여온 호주가 그 공백을 채울 수 있는 분위기가 조성되었다. 호주가 파병을 주도하게 된 것은 일정 부분 구조의 영향이며 경제력과 군사력 등 속성에도 기반한 것이 사실이지만, 국가행위자의 의지와 전략이 다국적군 파병의 성공적인 주도에 있어 결정적인 변수로 작용하였다. 호주가 어떠한 전략으로 파병을 주도하였는지 그 과정을 밝히는 것을 목적으로 이 절에서는 파병 결정 과정과 다국적군 구성의 과정에서 보여지는 사건들과 행위자들 간의 상호관계를 행위자-네트워크 이론(ANT)의 '번역' 틀을 통해 분석한다. 특히 국제정치학적인 시각으로 원용된 외교 전략으로서의 번역의 네 단계(프레임 짜기, 맺고 끊기, 내 편 모으기, 표준 세우기)를 분석 틀로 삼는다(김상배 2014).[15] '번역'은 인간 행위자의 적극적 네트워크 치기를 나타내는 것으로, 서로 분리되어 있는 인간, 비인간 행위자는 물론 다양한 환경과 요소 등을 엮어 관계를 형성해 가는 과정이다. 이러한 번역의 과정은 권력 획득의 과정으로 여겨지기도 하는데, 성공적인 번역의 결과는 다양한 행위자가 포함되고 지속성 있는 네트워크의 형성이며, 이러한 네트워킹을 통해 더 많은 권력을 가질 수 있는 것으로 이해된다(김상배 2014).

이러한 이론 틀의 유용성은 먼저 다국적군 구성 과정에서 나타나

---

15   유의할 점은 이러한 번역의 네 단계들이 실제 상황에서는 순차적이거나 분리되어 나타나지 않고 오히려 중복되거나 복합적으로 진행될 수 있다는 것이다(김상배 2014).

는 행위자 간의 동학을 보다 선명하게 나타낼 수 있다는 것에 있다. 나아가 개별 국가행위자의 단편적 외교 전략을 이해하는 것에 그치지 않고 행위자가 속한 네트워크의 구조적 맥락을 이해하는 데에 유용성을 가진다는 면에서 '속성'뿐 아니라 '역할'과 '위치'를 포함하는 '중견국'의 개념을 잡아내기에 적절하다. 이에 이 절에서는 번역의 네 단계를 통해 동티모르 사태에서 호주가 속했던 네트워크의 구조적 맥락과 더불어 일종의 조건으로 작용한 네트워크의 구조적 속성, 이러한 조건 아래에서 호주가 추진한 전략을 알아보고자 한다.

1. 국가 행위자들의 입장 파악: 1999년 9월 APEC 정상 회담

호주 정부는 1999년 9월 15일 UN안보리의 다국적군 공식 승인이 있기 전부터 다양한 행위자들과 밀접한 관계를 유지하며 국제 수준의 대화의 장에서 국가행위자들의 참여 의지와 이해 관계 등을 파악하였다. 정치 혹은 안보 이슈가 다루어진 적 없는 APEC을 국가행위자들의 입장을 파악하고 설득하는 장으로 활용한 사례가 대표적이라 할 수 있다 (Standing Committee on Foreign Affairs, Defence and Trade August 2008). 1999년 9월 11과 12일 양일에 걸쳐 뉴질랜드 오클랜드에서 열린 APEC 정상 회담은 다국적군의 공식 승인 이전 타국들의 의지를 파악하고 설득을 시작하는 기회가 되었다. 공식 일정에 앞서 9월 9일 장관급 회의(ministerial meeting of economic and foreign ministers)에서 각국 대표들과의 양자 회담의 자리를 마련한 호주 총리 존 하워드는 다국적군 파병에 참여하도록 타국들을 설득하기 시작하였는데, ASEAN 회원국들의 경우 이 회의에서 동티모르 사태에 대해 공식적인 답변을 피하는 경향을 보였고, 한국과 필리핀, 태국은 지지를 표했다

(Cotton 2004).

이러한 국가 행위자들의 입장을 파악하는 사례는 네트워크 외교 전략의 첫 번째 단계인 '프레임 짜기'에 해당하는 것으로 볼 수 있는데, 이 단계에서는 네트워크상의 행위자들이 누구인지, 이들의 이해관계와 관계구도는 어떠한지를 파악하여 네트워크의 전체적 구도를 이해하는 것이 우선된다. 나아가 프레임 짜기의 단계는 이러한 네트워크 구도의 이해를 바탕으로 자국이 원하는 방향으로 담론을 주도하고 네트워크를 흐르게 하는 등 자국의 위치와 입지를 부각시킬 수 있는 적절한 대응이 시작되는 단계를 의미한다.

APEC 회의의 장에서 호주는 자국이 주도하고자 하는 파병의 네트워크에서 다수의 국가행위자들이 어떠한 태도와 입장을 가지고 있는지 파악할 수 있었으며, APEC 이후 호주 정부는 보다 적극적으로 타국의 참여를 촉구하기 위해 다양한 전략을 실행하였다. 이 과정에서 말레이시아는 호주 주도에 대한 불만으로 불참의 의사를 밝힘과 동시에 ASEAN 회원국들이 다국적군의 주축이 되어 창설되어야 한다고 주장하였다. 인도네시아는 파병 논의의 초반 호주 주도의 다국적군 파병 구성에 대한 무조건 수용 의사를 밝혔지만 곧 새로운 의사를 표명하며 호주, 뉴질랜드, 포르투갈 등 3개국은 중립적이지 않기 때문에 말레이시아, 브루나이, 태국, 필리핀 등 중립적이고 정치적 이해관계가 없는 국가들이 참여해야 한다고 주장하였다. 이를 계기로 호주를 지지하는 국가들과 그렇지 않은 국가들의 구도가 명확해졌다.

2. 새로운 네트워크 형성을 위한 '맺고 끊기'의 실행

네트워크 외교 전략의 두 번째 단계인 맺고 끊기는 기존 네트워크상에서 수립되어 있던 관계를 해체하고 새로운 관계의 형성을 위한 기초를 세우는 것을 의미한다. 인도주의적 개입에 대한 국제 사회의 인정을 얻기 위해서는 다양한 국가들의 참여와 다양한 행위자의 동의가 필수적이었는데, 이를 위해 호주 정부는 '맺기'의 전략을 적극적으로 실행하며, '끊기' 역시 부분적으로 감행하는 태도를 보였다. 특별히 파병의 필요성에 대한 인식이 형성되고 있던 1990년대 후반 주목할 만한 변화 중 하나는 호주 정부의 '맺기' 전략에 있었으며, 이런 노력으로 인해 호주는 동티모르 사태와 다국적군 파병에 있어 '근접 중심성'이 높은 행위자로 자리 잡았다. 근접 중심성이란 행위자 간 거리를 가능한 한 가깝게 하여 최소 단계를 거쳐 많은 행위자와 소통할 수 있는 위치에서 발휘되는 영향력이다(김상배 2014).

1990년대 후반 호주 정부는 인도네시아의 주권을 인정하던 기존의 태도에서 벗어나 동티모르와의 직접적인 소통을 시도하였는데, 1998년 독립에 대하여 동티모르 지도자들을 대상으로 실시한 설문조사를 비롯, 외무부 장관 다우너가 동티모르 민족 지도자인 구스망 등을 직접 만나고, 호주 국가개발처(AusAID)가 1999년 3월 동티모르에 직접 방문하여 인도주의적 위기에 대한 평가를 진행하는 등의 노력을 보였다(Downer 1999년 3월 31일 연설문). 또한 호주는 뉴질랜드, 캐나다, 영국 등 그동안 동티모르 사태에의 관심과 개입이 절대적으로 부족했던 국가들에게도 접근하여 파병에 대한 협의를 시작하였다. 이렇듯 호주 정부는 다양한 경로와 방법을 통해 다국적군 파병 주도에 힘을 실어 줄 새로운 관계 형성, 즉, '맺기'의 전략을 통해 근접 중심성을 높이기 시작했던 것이다.

반면 호주 정부는 인도네시아와의 관계에서는 일정 부분 끊기를 감행하는 모습을 보였다. 앞서 설명된 것처럼, 인도네시아와의 전통적 우호 관계는 호주 대외 정책의 주요한 축이었으며, 이는 상당한 규모의 원조 금액을 통해서도 명확하게 나타난다.[16] 그러나 동티모르 사태 해결을 위한 국제 사회의 개입이 기정사실화되고 더불어 파병 주도를 아태지역에서의 영향력 확장의 기회로 판단한 호주 정부에게 인도네시아와의 관계 악화는 불가피한 선택이었다. 국제 사회의 비판에도 동티모르에 대한 인도네시아의 주권을 인정하고 인도네시아 정부를 지지 및 옹호하던 과거와 달리 1990년대 후반 호주는 인도네시아 정부에게 동티모르의 독립이 점차 불가피한 현실이 되어가고 있음을 알리며 인도네시아 정부의 태도 변화를 위해 지속적인 압박을 가하였다.

실제로 호주 정부는 1998년 주 인도네시아 호주 대사관이 동티모르 외부에 거주 중인 동티모르인 리더들을 대상으로 한 설문조사의 결과(압도적으로 동티모르의 독립을 지지)를 인도네시아 하비비 대통령에게 전달하였고, 나아가 호주 총리 하워드는 1998년 12월 19일 하비비 대통령에게 동티모르 민족자결권의 인정을 직접적으로 제안하기도 하였다(The Parliament of the Commonwealth of Australia December 2000). 이렇듯 호주 정부가 인도네시아 정부를 계속적으로 압박하고 나아가 다국적군 주도를 추진하자, 인도네시아 정부는 공개적으로 불만을 표현하였지만 호주 정부는 입장을 철회하지 않았고, 이에 인도네시아 정부는 다국적군 파병 나흘 전인 1999년 9월 16일, 1995년에 체결한 호주-인도네시아 안보 협정을 파기하기에 이른다(Senate Foreign Affairs, Defence and Trade References Committee December

---

16 호주 외교통상부는 2013-14 예산 집행에 있어 여전히 아시아-태평양 지역을 원조 프로그램의 최우선 순위라고 명시하는데, 1997년부터 1999년까지 인도네시아는 파푸아뉴기니에 이어 호주 정부 원조 제2의 수원국이었으며, 2000-2001년 기준으로는 파푸아뉴기니와 동티모르에 이어 3위로 나타난다(Budget 2000-2001; Department of Foreign Affairs and Trade 2001; Department of Foreign Affairs and Trade 2013 참조).

2000). 비록 안보 협정의 파기가 호주에 의해 이루어진 것은 아니지만, 과거 적극적으로 인도네시아의 입장을 지지하던 호주가 인도네시아 대통령에게 직접 동티모르 독립 투표를 제안하고, 다국적군의 주도국으로 나선 것은 일정 부분 관계의 끊어짐을 감행한 선택으로 보인다.

3. 협업외교의 실천: '내 편 모으기'의 외교 전략

네트워크 외교 전략의 세 번째 단계에 해당하는 '내 편 모으기'는 이전 단계들을 통해 파악된 관계들을 수습하여 새로운 네트워크를 건설하는 것을 의미한다. 이 단계에서는 단순한 연결망의 형성을 넘어 내편을 얼마나 만들 수 있느냐가 관건인데, 이를 위해 이미 관계가 형성된 행위자에게 새로운 역할을 부여하는 등 다양한 방법과 자원을 활용하게 된다. 호주는 때로 '태평양 지역의 헤게모니'라는 평가를 받지만, 동티모르 다국적군 및 솔로몬제도 지역 지원단(RAMSI) 등의 사례가 나타내듯 개발협력 프로그램의 실행에 있어 기본적으로 동류집단과의 협업을 기반으로 하였다. '집합권력'을 기반으로 하는 '협업외교'는 강대국에 비해 단독 활동의 범위가 제한적인 중견국에게 효과적인데(김상배 2014), 강대국 미국의 소극적 참여로 인해 호주 정부는 파병과 관련하여 더욱더 적극적으로 타국들의 참여를 유도해야 하는 상황을 맞이하게 되었다.[17] 앞서 언급한 것처럼 호주는 UN에 의해 다국적군 파병이 승인되기 이전부터 다양한 행위자들과의 직접적인 관계 형성을 시도하였다. 파병 동참을 촉구 및 설득하는 기본적인 근거는 인

---

17   전통적으로 평화유지활동에 적극적인 태도를 보이던 미국은 동티모르 사태 전반에서 보였던 소극적 태도를 다국적군 파병에도 유지하였다(병력 200명, 수송기 및 병참, 통신, 정보 지원 약속: 박광섭 2000).

도적 개입이었지만, 실제로는 참여 유도를 위해 회유 등의 다양한 방법과 자원이 활용되었다.

첫 번째로, ASEAN 회원국들의 참여를 이끌어 내기 위해 호주는 다국적군 개입에 대한 인도네시아 정부의 동의를 이끌어 내는 전략을 통해 인도네시아와의 관계 악화를 우려하던 ASEAN 회원국들 중 상당수를 설득할 수 있었다. 흥미로운 사실은 앞서 언급하였듯 개입에 대해 선뜻 동의를 표명하지 않았던 인도네시아 정부를 설득하기 위해 미국의 외교력에 도움을 요청했다는 것인데, 실제로 미국은 IMF를 통해 금융 위기를 겪고 있던 인도네시아를 압박하는 등의 노력으로 호주의 요청에 응답하였다(Cotton 2004; Fernandes 2008; Henke 2012).

나아가 1999년 9월 14일-18일 호주 공군 중장 덕 라이딩(Doug Riding)이 ASEAN 국가들을 직접 방문하여 참여를 요청하였던 것은 호주의 적극적 태도를 보다 명시적으로 나타냄과 동시에 ASEAN 회원국의 세부적 요청 사항들을 파악하고 이에 관해 협상을 시도하는 등 다국적군 구성에 있어 결정적인 성과를 만든 계기라 할 수 있다. 예컨대 필리핀은 호주 주도의 다국적군에 대해 인도네시아 정부가 동의한 이후에도 여전히 인도네시아와의 관계 악화에 민감한 반응을 보였는데, 라이딩과의 협상을 통해 군사력보다 비교적 덜 예민한 엔지니어와 의료팀을 중심으로 다국적군의 활동에 참여하기로 했다(Ryan 2000: 53).

미국과 피지의 설득 과정은 보다 직접적이며 때로는 노골적이었다. 미온적인 태도로 일관하던 미국에게는 과거 미국의 요청에 응답하여 미국 주도의 파병에 호주가 기여해왔던 사실과 더불어 양국 간의 100년 동맹 관계를 강조하며 파병을 촉구하였다(McPhail 2007: 139). 또한 새로운 정권의 불안한 국정 운영과 경험 부족 등을 이유로 다국적군 파병을 꺼려하던 피지에게는 '군사력을 통한 참여는 피지의 이익'

으로 작용할 것이며 참여에 따른 호주의 '보상'이 있을 것을 약속했다
(Ryan 2000: 57). 이에 피지는 상당한 규모의 군대을 지원하였고, 이
후 호주-피지 간의 관계가 강화되어 2003년 솔로몬제도 지역지원단
(RAMSI)에도 피지는 호주와 함께하는 모습을 보인다(Ryan 2000: 57).

또한 호주는 기존에 형성되어 있는 지역 공동체를 활용하기도 하
였는데, APEC에서 총리 존 하워드가 직접 각국의 장관들을 설득하였
고, 한국과 필리핀, 태국의 지지 의사를 이끌어 냈다. 특별히 사상자에
대한 우려가 컸던 한국 정부의 입장을 수용하여 한국 군에게는 인도적
지원과 현지 주민들의 복구활동 지원 등의 임무를 맡기는 등 세부사항
에 관한 협의에 있어서 유연한 입장을 보였고, 이에 400여 명 규모의
한국군 참여라는 결과를 얻어냈다(Cotton 2004). 또한 과거와는 다르
게 군사 및 경제적 동맹의 의미가 상당 부분 퇴색된 영연방 국가들과
도 긴밀한 협의를 통해 뉴질랜드와 캐나다, 영국의 참여를 이끌어 내
었다.

지역경제공동체 혹은 영연방이라는 기존 네트워크가 존재하지 않
는 경우에도 호주는 기존에 우호관계를 형성해 온 뉴질랜드, 일본, 영
국, 미국을 'Group of Friends'라는 이름으로 소집하여 동티모르로의
개입을 위한 연합 형성을 꾀하였다(Cotton 2004). 이에 군사 파병이
불가능하여 재정 원조로 지지를 표현한 일본을 제외한 뉴질랜드, 영
국, 미국은 모두 군대와 무기 등을 지원하였다(박광섭 2000). 특별히
뉴질랜드는 800명 규모의 군대를 지원하였으며, 동티모르 다국적군
파병 이후에도 솔로몬제도와 통가에의 파병에 적극 동참하는 등 이후
호주의 개발협력 프로그램의 실행에 있어서도 가장 든든한 파트너로
자리 잡았다. 이렇듯 다양한 방법으로 세력을 모아 지지 기반을 형성
한 호주 주도의 동티모르 다국적군은 유럽을 비롯, 중동과 아프리카,

동남아, 남미와 북미, 태평양 제도, 동아시아 지역 23개국에서 파병 지원을 받게 되었다.[18]

4. 지역 세력 구축과 지속성 있는 표준의 형성

네트워크 외교 전략의 마지막 단계인 '표준 세우기'는 새롭게 만들어진 네트워크에 일반적 보편성이 부여되는 단계를 뜻하는데, 이미 형성된 관계들이 튼튼하고 지속성 있는 네트워크로 유지되고, 특수한 성공 사례의 샘플을 넘어 네트워크 전체 구도에서 수용되는 표준의 형성이 나타나는 단계이다. 호주의 경우에는 2000년 태평양제도포럼(Pacific Islands Forum) 회원국들이 채택한 비케타와 선언(Biketawa Declaration)의 사례가 표준 세우기의 성공적인 성과라 할 수 있다. 이 선언은 태평양 제도 지역에서 한층 강화된 호주의 지위와 영향력을 나타냄은 물론 군사력의 개입을 기반으로 하고 국가 건설 전반의 개혁을 돕는 호주의 평화외교 및 개발협력 프로그램이 태평양 지역에서 일종의 표준으로 자리 잡았음을 의미한다.

　이 선언은 태평양제도포럼 회원국 내부의 분쟁이나 위협에 있어 호주의 군사적 개입을 합법화시키고 개입의 절차를 간편하게 만들었는데, 이는 1970년대부터 태평양 제도 국가들의 이익을 국제사회에 대변하는 등 리더의 역할을 맡아 온 호주의 위치권력이 한층 더 강화되었음을 나타낸다. 나아가 안정과 안보의 확보를 위한 군사력과 경찰

18　INTERFET 참여국은 총 22개국으로 브라질, 캐나다, 덴마크, 이집트, 피지, 프랑스, 독일, 아일랜드, 이탈리아, 요르단, 케냐, 한국, 말레이시아, 뉴질랜드, 노르웨이, 필리핀, 포르투갈, 싱가포르, 태국, 영국, 미국이 포함된다(자료 출처: 주 필리핀 호주 대사관 http://www.philippines.embassy.gov.au/mnla/SP101009.html).

력의 투입을 기본으로, 선거 지원 및 민주주의 촉진, 정부 기관과 관료 교육, 사회 기반 시설 구축 등 국가 건설 전반을 총괄하는 호주의 개입과 잇따른 개발협력 프로그램이 —비록 글로벌 수준은 아닐지라도— 태평양 제도 지역의 네트워크 전체에서 수용되는 지속성 있는 표준이 되었음을 나타낸다.

변화는 이러한 제도적 장치뿐 아니라 주변 국가들과 국제 사회의 반응에서도 나타나게 되었다. 예컨대 솔로몬제도 지역 지원단(RAMSI)은 솔로몬제도 정부가 3년 가까이 호주의 도움을 요청한 결과였으며, 동티모르 다국적군에 참여하였던 뉴질랜드와 피지가 RAMSI에 동참하였고, 프로그램의 실행에 앞서 UN과 미국의 지지를 받았다. 미국 정부는 호주의 이러한 개입과 영향력 확장에 대해 '미국이라는 우방국과 함께 국제 사회에서의 책임을 분담'하는 것이며, 이라크 등의 사태와는 다르게 호주의 목전 지역에서 나타나는 위협이므로 특별히 호주 정부가 갖는 '지역에서의 책임'으로 여겼다(Brown 2012; Downer 2000).

성공적으로 '표준 세우기'를 완료하고 '번역'의 과정을 수행한 행위자는 세계정치의 '게임의 규칙'을 장악하는 권력을 행사할 수 있는데, 호주 정부가 주도하는 개발협력 모델은 직접적인 영향력의 행사가 태평양 제도 지역에 제한되기에 세계정치 수준의 표준을 세웠다고 평가하기에는 무리가 있다. 그럼에도 불구하고 동티모르 다국적군 주도의 경험에 기반하여 실행된 솔로몬 제도 및 통가로의 개입, 나아가 이러한 개입이 온전히 호주의 주도와 태평양 지역 국가들의 참여만으로 완성된 점, 그리고 이러한 프로그램이 지역 국가들의 전반적인 환영을 받았으며, 미국 및 UN 역시 호주를 지지하였음을 고려한다면, 호주 정부가 동티모르 다국적군 파병 주도를 계기로—비록 세계 질서 전체

를 설계하는 외교 전략은 아니지만─지역 이웃 국가들의 지지를 얻어
내고 지역 다자주의를 기반으로 한 나름의 표준을 확립하였음을 알 수
있다.

VI. 결론

본 연구는 동티모르 사태 해결을 통해 지역에서의 위치권력 확장, 국
제 사회에서의 영향력 강화 등과 같은 이익의 실현을 목적으로 호주
정부가 채택하고 전개한 전략을 구조, 행위자, 과정의 세 가지 틀을 통
해 복합적으로 살펴보았다. 20여 년간 지속되어 온 동티모르 사태는
1990년대 후반 인도네시아 내부의 불안정과 국제 사회의 동요로 새로
운 국면을 맞이하게 되었다. 호주는 네트워크상의 관계적 구도와 파병
주도라는 '구조적 공백'을 파악하고 이를 동티모르 사태 해결 자체뿐
아니라 안보 및 경제적 이익으로 대표되는 국익의 실현, 나아가 지역
과 국제 사회에서의 세력 확장 등의 기회로 인식하여 동티모르 다국적
군 파병을 주도하게 되었다. 파병 주도에 앞서 호주 정부는 1990년대
후반 들어 종전과는 다른 적극적인 태도로 동티모르를 비롯한 관련 행
위자들과 직접 소통하고 더욱 다양한 행위자들과의 상호작용을 모색
하는 등 다국적군 예비 주도국의 면모를 보이기 시작했다.

　　구조적 측면에서 동티모르 사태 해결을 위한 국제 사회의 개입과
파병 주도는 UN이나 미국 등 타 행위자들이 감당하기 어려운 공백으
로 자리 잡았으며, 사태 전반에 있어 적극적인 태도를 보였고 나아가
파병을 만약의 사태로 인식하여 이미 그 준비를 시작하였던 호주가 파
병 주도의 공백을 채우게 되었다. 일정 부분 타 행위자들의 기대와 요

청으로 파병 주도가 진행되었지만 성공적으로 파병 주도국의 위치를 차지하고 20여 개국의 참여를 이끌어 낸 요인에는 호주의 의지와 전략이 주요했다. 요컨대 호주의 다국적군 주도는 호주 정부의 전략적인 선택이었음과 동시에 일정 부분 타국들의 기대와 더불어 미국의 암묵적인 양보 등 사태를 둘러싼 국제 정치의 구조에서 파생된 다양한 요인들이 복합적으로 작용한 결과로 보아야 할 것이다.

이와 같이 호주를 단일한 국가행위자로 상정하였을 때에 '인도네시아 주권 인정'에서 '다국적군 파병 주도'로의 극적인 전환은 대외적, 구조적 요인과 더불어 국가행위자의 의지와 전략에 있음을 알 수 있다. 즉 파병 주도 결정에 있어 국내적 요인은 결정적인 역할을 감당하지 않았는데, 이는 파병 문제에 있어 야당 및 국회 개입의 여지가 거의 없는 기존 제도에 의하여 새로운 관념의 제시와 단체들의 이익 관철이 온전하게 이루어지지 못했기 때문이다. 그럼에도 불구하고 이익-제도-관념의 틀로 당시의 국내적 담론을 살펴보는 것의 함의는 20여 년간 지속되었던 '동티모르 사태에 있어 인도네시아 정부의 입장 지지'라는 초당파적 대외정책 및 여야 간 합의에 균열을 일으킨 첫 사례가 '민족자결권'과 '인권외교'라는 새로운 '관념'에 기반한 야당 측 브레러턴 세력의 도전으로부터였으며 이를 계기로 이익 관철에 어려움을 겪고 있던 각종 단체들 역시 보다 활동적인 모습을 보이게 되는 등 부분적 성과 또한 부인할 수 없다는 사실에 기반한다.

그렇다면 파병 주도 전략의 구체적인 성과는 어떠하였을까? 호주의 다국적군 파병 주도는 미국과의 보다 긴밀한 관계 형성, 태평양 제도 포럼(Pacific Islands Forum) 내에서의 리더십 향상, '책임감 있는 국제 사회의 구성원'으로서의 명성 확보 등 여러 층위의 이익을 얻은 것으로 평가되고 있다(McDougall 2002). 특별히 동티모르 내에서는 호주 군대가 '가장 믿음직한 경찰 역할'로 인식되고, 나아가 동티모르 정부에게 있어 호주와의 우호선린관계는 '국가 건설과 경제 발전에 핵심적'인 요소로 자리 잡게 되었다(양승윤 외 2010: 109-111). 동티모르 다국적군의 공식 임무 수행이 완료된 이후에도 동티모르 내 호주 정부의 활동은 계속되었는데, 개입 영역은 군사력과 경찰력이 동반된 안보 및 안전의 확보를 포함하여 교육, 정부 기관 및 관료의 교육, 사회 기반 시설 구축 등 국가 건설 전반을 총괄하는 개발협력의 영역으로 확장되었으며(Department of Foreign Affairs and Trade 2014; Nautilus Institute 2013), 2000년대 들어서는 동티모르 정부가 국내적 안정과 질서의 확보를 위해 호주 정부의 도움을 요청하는 등 호주의 역할과 역량에 대한 신뢰가 형성되었음을 알 수 있다.[19] 또한 파병이 포함된 호주의 개발협력 프로그램은 내전과 경제 위기를 겪는 태평양 제도 국가들에게 환영을 받게 되었으며, 동티모르 다국적군 파병 주도로 인해 인도네시아와의 관계 악화를 감수해야 했다. 하지만 그와 동시에 중개자의 역할을 인정받아 ASEAN 회원국들과 미국 사이의 다리로 여겨지게 된 호주는 미국과 UN으로부터 지역 안보와 평화유지활동 등에 관해 지지를 얻는 등 국제 사회에서의 명성 확보에 있어서도 주목할 만한 성과를 얻게 되었다.

　물론 동티모르 다국적군 파병 주도를 통해 호주가 ASEAN 및 태평양 제도 지역에서 절대적이고 독자적인 헤게모니가 되었다고 할 수는 없다. 예컨대 말레이시아는 아태지역에서 지도자의 역할을 맡으려

19　당시 호주 정부는 UN의 승인과 뉴질랜드의 협력으로 2006년 5월 25일 파병되어 2013년 3월 27일을 기점으로 완전히 철수한 호주 주도의 International Stabilisation Force를 파병하였고 이 군대는 동티모르 내부의 안정과 질서 확보의 임무를 수행하였다(Department of Defence 2014).

한다며 호주의 동티모르 다국적군 주도에 반대하였고, 앞서 언급된 것과 같이 일부 태평양 제도 국가 내부에서는 호주 정부의 영향력 확장이 내정간섭으로 이어질 것에 대한 우려를 표하기도 하였다(양승윤 외 2003; Smyth, Plange and Burdess 1997). 그럼에도 불구하고—절대적인 패권이라 할 수는 없지만—호주 정부가 동티모르 다국적군 파병 주도를 통해 얻은 아태지역, 특별히 태평양 제도 지역에서의 영향력과 더불어 국제 사회에서의 명성과 같은 성과는 부인하기 어렵다 할 것이다. 실제로 동티모르 다국적군 파병 주도를 계기로 호주 정부는 태평양 제도 지역에서의 개입에 대한 경험과 자신감을 얻었을 뿐 아니라 신흥 독립국 동티모르에게 정치, 사회, 경제 전반에 걸쳐 가장 영향력 있는 국가로 자리 잡았기 때문이다.

　대표적인 전통적 중견국 혹은 1세대 중견국으로 이름되는 호주의 경우에도 기존의 중견국 외교론—중간적인 경제력과 군사력이라는 '속성'과 인도주의와 다자주의의 추진이라는 '행태적 특성'—을 통해서는 그 구체적인 외교 행위와 전략에 대한 분석이 어렵다는 문제의식에서 시작한 이 글은 내적 속성으로의 환원을 피하고 관련 행위자들의 상호작용과 호주의 전략을 보다 가시적으로 나타내기 위하여 네트워크의 시각을 활용하였다. 구조적 맥락을 강조하는 네트워크 시각에서 본 중견국은 중간적 수준의 속성뿐 아니라 '중개자'의 '위치'와 '역할' 등의 의미 또한 내포하는데, 이에 행위자들 간의 관계와 이들의 관계망, 즉 네트워크의 구조가 분석의 쟁점이 되며, 중견국 외교의 전략 수립에는 물질적, 행태적 속성에 대한 고려를 넘어 다른 행위자들과의 상호작용 및 그들과의 네트워크상에서 자국이 차지하는 '위치'가 그 국가의 외교 행위를 제한하거나, 틈새 영역에서의 영향력을 제공하는 등 주요한 변수로 작용함을 나타내고자 하였다.

이를 통해 물질적, 경험적 자원이 강대국의 그것에 비해 부족하여 대외정책의 전략 수립과 그 실천에 있어 상당한 제약을 안고 있는 중견국과 중견국 외교를 추구하는 국가에게 '위치'와 '역할'이라는 키워드를 제시하며 기존 연구와는 차별되는 실천적 함의를 제시하고자 하였다. 요컨대 대외정책의 전략 수립과 그 실천에 있어 제약을 가질 수밖에 없는 중견국—혹은 강대국만큼의 능력은 보유하지 않았지만 약소국과는 구별되는 중간적인 위치를 모색하는 국가들—이 특정 이슈의 '구조'와 자국의 '위치'를 파악하고 그 속에서 자국이 차지할 수 있는 틈새 혹은 공백을 보다 전략적인 시선으로 접근해야 함을 주장하고자 하였다. 특별히 이러한 구조적 위치 잡기와 이에 따른 전략 수립의 중요성은 행위자의 다양화가 심화되고 다양한 이슈들이 중첩되며, 국제 문제의 진행 혹은 해결 과정이 보다 복합적인 양상을 띠는 21세기 국제정치의 구조 속에서의 중견국—혹은 중견국 외교를 추구하는 국가—에게 실천적인 함의를 제공할 수 있을 것이다.

참고문헌

Review, 21(5), pp.601–622.

Cooper, Andrew Fenton. 1992. "Like-minded Nations and Contrasting Diplomatic Styles: Australian and Canadian Approaches to Agricultural Trade." *Canadian Journal of Political Science*, 25(2), pp.349–379.

Cooper, Andrew F., Richard A. Higgott. and Kim Richard Nossal. 1993. *Relocating Middle Powers: Australia and Canada in a Changing World Order*. Vancouver: UBC Press.

Cotton, James. 2004. *East Timor, Australia and Regional Order: Intervention and its Aftermath in Southeast Asia*. London and New York: Routledge.

Dee, Moreen. 2001. "'Coalitions of the willing' and humanitarian intervention: Australia's involvement with INTERFET." *International Peacekeeping*, 8(3), pp.1–20.

Department of Defence. 1987. *The Defence of Australia*. Department of Defence, Commonwealth of Australia. http://www.defence.gov.au/SE/publications/wpaper/1987.pdf(검색일: 2014.10.16.).

_____. 1994. *Defending Australia: Defence White Paper*. Department of Defence, Commonwealth of Australia. http://www.defence.gov.au/SE/publications/wpaper/1994.pdf(검색일: 2014.10.16.).

_____. 2014. *Timor-Leste*. Department of Defence, Commonwealth of Australia. http://www.defence.gov.au/op/easttimor/general.htm(검색일: 2014.8.7.).

Department of Foreign Affairs and Trade. 1997. *In the National Interest: Australia's Foreign and Trade Policy White Paper*. Department of Foreign Affairs and Trade, Commonwealth of Australia. http://www.dfat.gov.au/publications/pdf/in_the_national_interest.pdf(검색일: 2014.6.22.).

_____. 2001. *Statistical Summary 1999-2000: Australia's Overseas Aid Program*. Department of Foreign Affairs and Trade, Commonwealth of Australia. http://aid.dfat.gov.au/Publications/GreenBook/Documents/green_book_9900.pdf(검색일: 2014.6.23.).

_____. 2013. *Summary of Australia's Overseas Aid Program 2013-14*. Department of Foreign Affairs and Trade, Commonwealth of Australia. http://aid.dfat.gov.au/Publications/Pages/summary-budget-2013-14.aspx#aidprogram(검색일: 2014.8.7.).

_____. 2014. *Australia's aid program in Timor-Leste*. Department of Foreign Affairs and Trade, Commonwealth of Australia. http://aid.dfat.gov.au/countries/eastasia/timor-leste/Pages/default.aspx(검색일: 2014.8.7.).

Downer, Alexander. 2000. "East TImor – Looking Back on 1999." *Australian Journal of International Affairs*, 54(1), pp.5–10.

_____. 31/3/1999. Indonesia, East Timor and Australia: New Challenges, Enduring Interests. Speech to the National Press Club. http://foreignminister.gov.au/speeches/1999/990331_new_challenges.html(검색일: 2014.6.22.).

_____. 11/4/1999. Interview with Glen Milne on Channel Seven Face to Face Program. http://members.pcug.org.au/~wildwood/01julselective.htm(검색일: 2014.6.22.).

_____. 23/4/1999. *Brereton Claims Disgusting*. Media Release. http://www.foreignminister.gov.au/releases/1999/fa040_99.html(검색일: 2014.7.7.).

_____. 17/7/2001. Speech by the Hon Alexander Downer, MP, Minister for Foreign Affairs. At the launch of the book East Timor in Transition 1998–2000: An Australian Policy Challenge. http://www.foreignminister.gov.au/speeches/2001/010717_et.html(검색일: 2014.6.22.).

_____. 13/8/2004. Australia's Engagement with Asia – A New Paradigm? At Asialink-ANU National Forum. http://asialink.unimelb.edu.au/__data/assets/pdf_file/0017/421622/August_John_Howard_National_Forum.pdf(검색일: 2014.8.5.).

East Timor and Indonesia Network. 29/9/1998. Major East Timor Policy Shift On Eve Of General Election. http://etan.org/et/1998/september/sep22–30/29major.htm(검색일: 2014.8.6.)

Fernandes, Clinton. 2004. *Reluctant saviour: Australia, Indonesia and the independence of East Timor*. Scribe Publications: Melbourne.

_____. 2008. "The Road to INTERFET: Bringing the Politics Back In." *Security Challenges*, 4(3), pp.83–98.

Fox, Annette Baker. 1980. "The Range of Choice for Middle Powers: Australia and Canada Compared." *Australian Journal of Politics and History*, 26, pp.193–203.

Goddard, Stacie E. 2009. "Brokering Change: Networks and Entrepreneurs in International Politics." *International Theory, Cambridge University Press*, 1(2), pp.249–281.

Hawksley, Charles. 2009. "Australia's Aid Diplomacy and the Pacific Islands: Change and Continuity in Middle Power Foreign Policy." *Global Change, Peace & Security*, 21(1), pp.115–130.

Henke, Marina E. 2012. *The International Security Cooperation Market coalition building in pursuit of peace*, pp.1–253. Diss. Princeton University.

House of Representatives. 21/9/1999. *Parliamentary Debates Official Hansard*. No. 229, 1999. Commonwealth of Australia.

Higgott, Richard A. and Andrew Fenton Cooper. 1990. "Middle Power Leadership and Coalition Building: Australia, the Cairns Group, and the Uruguay Round of Trade Negotiations." *International Organization*, 44, pp.589–632.

Higgott, Richard A. and Kim Richard Nossal. 1997. "The international politics of liminality: relocating Australia in the Asia Pacific." *Australian Journal of Political Science*, 32(2), pp.169–186.

Hogue, Cavan. 2000. "Perspectives on Australian Foreign Policy, 1999." *Australian Journal of International Affairs*, 54(2), pp.141–150.

Howard, John. 13/8/2004. Australia's Engagement with Asia-A New Paradigm? At Asialink-ANU National Forum. http://asialink.unimelb.edu.au/_data/assets/ pdf_file/0017/421622/August_John_Howard_National_Forum.pdf(검색일: 2014.8.3.).

Holbraad, Carsten. 1984. *Middle Powers in International Politics*. London: Macmillan.

Joint standing Committee on Foreign Affairs, Defence and Trade. (May 2006). *Australia's Defence Relations with the United States: Inquiry Report*. House of Representatives, Commonwealth of Australia. http://www.aph.gov.au/parliamentary_business/ committees/house_of_representatives_committees?url=jfadt/reports.htm(검색일: 2014.6.22.).

Jordaan, Eduard. 2003. "The Concept of a Middle Power in International Relations: Distinguising between Emerging and Traditional Middle Powers." *Politikon: South African Journal of Political Studies*, 30(1), pp.165-181.

Leander, Anna. 2000. "A Nebbish Presence: Undervalued Contributions of Sociological Instituionalism to IPE." Edited by Ronen Palan. *Global Political Economy: Contemporary Theories*, pp.184-196. New York: Routledge.

Lightfoot, Simon. 2006. "A Good International Citizen? Australia at the World Summit on Sustainable Development." *Australian Journal of International Affairs*, 60(3), pp.457-471.

Malik, Mohan. 2007. "Australia, America and Asia." *Pacific Affairs*, 79(4), pp.587-595.

McDougall, Derek. 2002. "Australia's Peacekeeping Role in the Post-Cold War Era." *Contemporary Southeast Asia*, 24(3), pp.590-608.

McPhail, Alison May. 2007. "John Howard's Leadership of Australian Foreign Policy 1996 to 2004: East Timor and the war against Iraq." *Department of Politics and Public Policy, Grifith University*, pp.1-269.

Nautilus Institute. 2013. *About Australian Forces Abroad and Australia in Timor-Leste*. http://nautilus.org/publications/books/australian-forces-abroad/east-timor/#axzz39i7a94VO(검색일: 2014.7.6.).

Nexon, Daniel. 2009. *The Struggle for Power in Early Modern Europe: Religious Conflict, Dynamic Empires, and International Change*. Princeton: Princeton University Press.

Nexon, Daniel and Thomas Wright. 2007. "What's at Stake in the American Empire Debate?" *American Political Science Review*, 101(2), pp.253-271.

Pietsch, Sam. 2010. "Australian imperialism and East Timor." *Marxist interventions*, 2, pp.7-38.

Ravenhill, John. 1998. "Cycles of middle power activism: Constraint and Choice in Australian and Canadian Foreign policies." *Australian Journal of International Affairs*, 52(3), pp.309-327.

Ryan, Allan. 2000. "Primary Responsibilities and Primary Risks: Australian Defence Force

Participation in the International Force East Timor." *Land Warfare Studies Centre. Study Paper*, No. 304, pp.1-146.

House of Lords, Select Committee on the Constitution. 2006. *Waging war: Parliament's role and responsibility.* London: The Authority of the House of Lords.

Shibuya, Eric. 2004. "The Problems and potentials of the Pacific Islands Forum." In Jim Rolfe (ed.). *The Asia-Pacific: A region in transition.* pp.102-115. Honolulu: Asia-Pacific Center for Security Studies.

Smith, Hugh. 2005. "Australia." In David S. Sorenson and Pia Christian Wood (eds.). *The Politics of Peacekeeping in the Post-Cold War Era*, pp.9-28. London: Frank Cass.

Smyth, Rosaleen, Nii-K, Plange and Neil Burdess. 1997. "Big Brother? Australia's Image in the South Pacific." *Australian Journal of International Affairs*, 51(1), pp.37-51.

Standing Committee on Foreign Affairs, Defence and Trade. August 2008. *Australia's Involvement in Peacekeeping Operations.* Senate: Standing Committee on Foreign Affairs, Defence and Trade. http://www.aph.gov.au/binaries/senate/committee/fadt_ctte/peacekeeping/report/report.pdf(검색일: 2014.7.6.).

The Parliament of the Commonwealth of Australia. December 2000. *East Timor: Final Report of the Senate Foreign Affairs.* Commonwealth of Australia. http://www.aph.gov.au/~/media/wopapub/senate/committee/fadt_ctte/completed_inquiries/1999_02/east_timor/report/report_pdf.ashx(검색일: 2015.1.3.).

_____. http://www.aph.gov.au/~/media/wopapub/senate/committee/fadt_ctte/completed_inquiries/1999_02/east_timor/report/report_pdf.ashx(검색일: 2014.6.22.).

The Australian Army. http://www.army.gov.au/Our-work/News-and-media/News-and-media-2012/News-and-media-December-2012/East-Timor-peacekeeping-mission-to-conclude(검색일: 2014.6.22.).

The Australian. 31/7/2010. *Alexander Downer accuses Kevin Rudd of Labor betrayal.* http://www.theaustralian.com.au/national-affairs/alexander-downer-accuses-kevin-rudd-of-labor-betrayal/story-fn59niix-1225899504122?nk=dc4cd3752ff3c610af61dcf9623e5d3e(검색일: 2014.7.6.).

Thelen, Kathleen and Sven Steinmo. 1992. "Historical Institutionalism in Comparative Politics." In Sven Steinmo, Kathleen Thelen and Frank Longstrenth (ed.). *Structuring Politics: Historical Institutionalism in Comparative Analysis*, pp.1-32. Cambridge: Cambridge University Press.

The Jakarta Post. 19/10/1999. *Belo rejects plan to replace Australia as Interfet leader.* http://www.thejakartapost.com/news/1999/10/19/belo-rejects-plan-replace-australia-interfet-leader.html(검색일: 2014.7.4.).

The White House. 1999. *A National Security Strategy for a New Century.* The White House.

White, Hugh. 2008. "The road to INTERFET: Reflections on Australian Strategic Decisions Concerning East Timor, December 1998–September 1999." *Security Challenges*, 4(1), pp.69–87.

제3장

인도네시아의 중견국 외교:
캄보디아-태국의 영토 분쟁 중재 사례

박주희

이 장은 2008년 8월 3일에 시작된 캄보디아-태국 간의 무력분쟁 사례에 인도네시아가 왜, 어떻게 중재자로 등장하게 되었는지, 그리고 그 함의가 무엇이었는지 살펴본다. 인도네시아는 이 사건의 해결에 있어 아세안의 이름하에 적극적으로 중재에 나섰는데, 이러한 제3국의 무력 분쟁 중재는 아세안 역사상 최초의 것으로 기록되었다. 아세안 헌장에는 아세안 회원국 간 분쟁 해결에 관한 조항이 있으나 아세안은 전통적으로 불개입·불간섭의 원칙을 중시해 왔다. 이에 따라 아세안 국가들은 두 국가 간에 분쟁이 일어날지라도 양국 간의 협상을 지켜보며 해결을 기다리는 경우가 많았고 만약 양국 간의 합의가 이루어지지 않으면 국제기구인 국제사법재판소의 도움을 받아 해결해 왔다. 따라서 이 글은 아세안 국가인 인도네시아의 중재전략에 대한 연구로서 "왜 인도네시아가 프레아 비히어 사원 분쟁의 직접적인 관련 당사자가 아님에도 불구하고 캄보디아-태국 영토 분쟁에 중재자로 개입하였는가?"라는 질문에 답하고자 한다. 역사적으로 국제기구를 통해 분쟁들을 해결하여 오던 아세안 국가들이었는데 왜 굳이 인도네시아가 나서서 개입과 중재를 시도한 것일까? 뿐만 아니라 아세안의 불개입·불간섭 전통이 있는데 인도네시아는 왜 그런 전통과는 상반되는 개입을 하였을까? 이 불개입 전통에 맞서기 위해 인도네시아는 어떠한 외교를 하였을까? 인도네시아는 어떠한 국내외 상황에 있었기에 분쟁 개입이 가능해진 것일까? 유엔의 국제사법재판소에 제소될 만큼 국제적으로 중대한 분쟁이었는데 강대국인 미국이나 동아시아 패권국인 중국은 왜 개입하지 않았을까? 이런 질문들에 대한 답은 기존 연구에서 잘 드러나 있지 않기에 이 글은 캄보디아-태국 영토 분쟁에서의 중재자로서 인도네시아의 외교의 과정과 변화를 네트워크 시각으로 분석할 것이다. 이를 위해 먼저, 사회-네트워크 이론에서 다루어진 구조적 공백이란 개념으로 이 사례의 구조를 살펴볼 것이다. 다음으로 세 가지의 네트워크 권력인 '설계 권력', '위치 권력'과 '집합 권력'을 통하여 인도네시아가 추진한 외교의 과정을 살펴 볼 것이다. 이를 토대로 결론에서는 중견국 외교 전략에 대한 일반적인 함의를 도출할 것이다.

I. 서론

2008년 8월 3일, 캄보디아-태국 간의 서로를 향한 총격 발발은 두 나라 모두가 회원국으로 있는 아세안(ASEAN)이 설립된 이후 처음 발생한 무력 분쟁이었다. 이 사건의 해결에 있어 인도네시아는 아세안의 이름하에 적극적으로 중재에 나섰는데, 이러한 제3국의 무력 분쟁 중재는 아세안 역사상 최초의 것으로 기록되었다. 당시 대부분의 아세안 국가들은 이 분쟁이 '아세안 헌장'의 조항대로 해결될 것이라 기대하지 않았다. 아세안 회원국 간 분쟁 해결에 관한 조항은 인도네시아가 발의한 제8장과 긴밀히 연결되어 있으나, 아세안은 전통적으로 불개입·불간섭의 원칙을 더욱 중시해 왔다. 이에 따라 아세안 국가들은 두 국가 간의 분쟁이 일어날지라도 양국 간의 협상을 지켜보며 해결을 기다리는 경우가 많았다. 만약 아세안 내의 영토 분쟁에서 양국 간의 합의가 이루어지지 않으면 국제기구인 국제사법재판소(International Court of Justice: ICJ)의 도움을 받아 해결해 왔다.

인도네시아는 최근에 들어서야 세계의 주목을 받기 시작했다. 세계에서 이슬람 인구가 가장 많은 국가로 알려져 있음에도 불구하고 종교적인 행위자들이 정치에 등장하지 않은 국가이며 수하르토(Suharto) 시기의 군사정권이 있었지만 현재는 국내정치로부터 군대를 완전히 분리한 국가이기도 하다. 이로써 인도네시아는 국내정치에 종교적이거나 군부적인 행위자들의 개입을 억제하며 동남아시아 지역에서 유일한 민주주의 국가라고 인정을 받는다(Freedom House 2010). 인도네시아는 하드 파워인 국가 인구, 영토 크기, 지리적 위치와 부상하는 경제 규모 외에도 소프트파워인 이슬람 종교, 민주주의 사상, 세계 평화(빤짜실라) 개념 등을 이용하여 지역적, 나아가 세계적인 외교를 하는 데에 힘쓰고 있다. 인도네시아는 동남아시아 지역사회에서만큼은 예전부터 중요한 국가로 여겨져 왔다. 2004년부터 2014년까지 인도네시아의 대통령이였던 수실로 밤방 유도요노(Susilo Bambang Yudhoyono) 정권의 인도네시아는 그 어느 때보다도 아세안 우선 외교를 하였는데 이러한 아세안 외교의 사례들 중 하나가 캄보디아-태국의 프레아비히어 사원 영토 분쟁에 인도네시아가 개입하여 중재한 사례이다.

2011년 인도네시아는 아세안 의장국으로서 2008년부터 시작된 캄보디아-태국의 프레아비히어 사원을 둘러싼 무력 분쟁을 중재하고자 나섰다. 이는 인도네시아의 아세안 내에서의, 아세안을 통한, 아세안의 지속을 위한 외교였다. 자국의 이익만큼 아세안이란 조직의 이익을 심각하게 고려한 외교이기도 하다. 프레아비히어 사원을 둘러싼 캄보디아-태국의 분쟁은 1950년부터 시작된 것으로 그 역사가 깊다. 그러나 이 글에서 분석하려는 시점은 사원 자체를 둘러싼 분쟁이 아닌, 사원 주변 영토를 둘러싼 분쟁 시기이다. 이 글은 양국의 분쟁이 시작된 2008년부터 국제사법재판소의 2013년 판결이 나오기 직전까지 인도네시아의 중재자 역할에 초점을 맞출 것이다. 이 분쟁은 1967년 8월 8일 아세안의 설립 이후 발생한 첫 번째 아세안 국가들 간의 무력 분쟁으로서, 아세안의 지속성을 위협하는 중대한 사건이었다. 그 이유는 만약 아세안이 회원국들 사이에서의 분쟁조차 해결하지 못한다면, 동남아 지역통합이라는 아세안의 비전 자체가 무너지는 것이기 때문이다. 또한 아세안 내부의 중재조차 안된다면, 아세안의 목표들 중 하나인 "지역 평화와 안정 촉진"(ASEAN 2014)이라는 표어가 위협받는 것은 뻔한 일이었다.

하지만 아세안의 불개입과 불간섭 전통은 인도네시아로서도 쉽게 무시할 수 있는 것이 아니었다. 아세안이 1967년 설립된 이후에 아세안 국가들 사이에 영토를 둘러싼 여러 분쟁들이 있었지만 그 어느 아세안 국가도 다른 두 국가 간의 영토 문제에 개입하지 않았다. 당사자 국가들조차 분쟁 사건을 아세안 안에서 해결하려고 하지 않았다. 예를 들면, 1998년 인도네시아와 말레이시아 간 뿔라우 리기딴(Pulau Litigan)과 뿔라우 시빠단(Pulau Sipadan)이란 두 섬들을 두고 영토 분쟁이 발생했을 때, 이를 아세안 내에서 해결하려 하지 않고, 바로 국제기구인 ICJ의 심판을 요청하였다. 같은 맥락에서 2003년 말레이시아와 싱가포르 사이에서 일어난 뻬드라 브랑카(Pedra Branca)를 둘러싼 영토 분쟁 또한 ICJ를 통하여 해결하였다. 이렇게 아세안이 아닌 외부의 국제기구를 통해 분쟁 해결을 하는 역사와는 다르게 캄보디아-태국 분쟁 사례에선 아세안 의장국인 인도네시아가 개입한 것이었다. 이러한 형태의 개입과 중재는 인도네시아 역시 처음 시도한 것이다.

　이 글은 아세안 국가인 인도네시아의 중재전략에 대한 연구로서 "왜 인도네시아가 프레아비히어 사원 분쟁의 직접적인 관련 당사자가 아님에도 불구하고 캄보디아-태국 영토 분쟁에 중재자로 개입하였는가?"라는 연구 질문을 설정하고 이를 네트워크 이론을 통하여 분석해보고자 한다. 역사적으로 분쟁들을 국제기구로 해결하여 오던 아세안 국가들이었는데 왜 굳이 인도네시아가 나서서 개입과 중재를 시도한 것일까? 뿐만 아니라 아세안의 불개입·불간섭 전통이 있는데 인도네시아는 그런 전통과는 상반되는 개입을 왜 하였을까? 이 불개입 전통에 맞서기 위해 인도네시아는 어떠한 외교를 하였을까? 인도네시아는 어떠한 국내외 상황이 있었기에 분쟁에 개입이 가능해진 것일까? 유엔의 국제사법재판소에 제소될 만큼 국제적으로 중대한 분쟁이었는데 왜 강대국인 미국이나 동아시아 패권국인 중국이 개입하지 않았을까?

　캄보디아-태국의 영토 분쟁에 인도네시아가 개입하여 중재한 것의 흥미로운 점은, 분쟁 자체는 2008년부터 시작되었는데 인도네시아가 2011년 아세안 의장국이 되기 전까지 그 어떤 아세안 의장국들도 개입하지 않았다는 사실이다. 물론 분쟁이 시작된 2008년의 의장국이었던 태국은 분쟁의 당사자이기 때문에 제외하더라도, 2010년 아세안 의장국이였던 베트남은 분쟁을 중재하려는 아무런 시도조차 하지 않았다. 다른 아세안 의장국들은 하지 못한 중재를 인도네시아가 시도한 상황이기 때문에 이 사례는 아세안의 외교가 아닌 인도네시아의 외교로 분석할 필요성이 있다. 하지만 캄보디아-태국 분쟁 중재 사례에 관한 기존 연구들은 대부분 이 영토 분쟁 중재를 아세안으로서의 중재로

바라보는 경향이 있다. 당시 아세안 의장국이었던 인도네시아의 외교
로 바라보는 시각은 많지 않다는 것이다(Haywood 2011; Jayangakula
2013; Sothirak 2013; Chachavalpongpun 2013). 기존 연구들의 대다수
가 아세안이라는 조직이 중재를 했다고 분석하고 있기 때문에, 인도네
시아가 중재를 나섬으로써 얻는 고유한 이익과 전략적 함의에 대한 분
석은 미미하다. 자양가쿨라(Jayangakula)는 아세안이 개입한 이유가
무력 분쟁이 아세안의 지속성을 위협하기 때문이었다고 분석했으나,
이는 왜 아세안 10개국 중 굳이 인도네시아가 나서서 중재를 하였는
지에 대한 답을 주지는 못한다. 이 분쟁은 인도네시아가 의장국이 되
기 전에 시작이 되었음에도 불구하고 인도네시아 전의 다른 의장국들
은 아세안 불개입 전통을 따른 반면, 인도네시아는 왜 이 전통을 이어
가지 않고 개입하여 중재했는지에 대한 답을 기존 문헌들로부터는 도
출할 수 없는 것이다.

또한 많은 기존 문헌들은 아세안 의장국인 인도네시아의 개입
과 중재의 결과를 분석하며 성공이냐 실패이냐를 판단하기에 급급하
다(Chachavalpongpun 2013; Haywood 2011; Mulyasari · Mugasejati
2013). 예를 들면 차차왈뽕뿐(Chachavalpongpun)은 분쟁에서의 중
재자 역할 자체에 대한 분석과 비판보다는 중재가 해결로 이어지지 못
한 점을 실패로 보고 아세안의 분쟁 해결 메커니즘이 실패하였다고 언
급했다. 또한 그는 아세안이 회원국들을 다루지 못하는 점을 들어 지
역 분쟁 관리에 무능한 조직이라 비판했다. 저자는 아세안이 회원국
의 국권을 지나치게 보호한다면, 지역화(regionalization)의 진전은 없
을 것이라고 주장했다. 기존 연구 대부분은 중재에 따른 결과에만 집
중할 뿐 인도네시아의 중재의 외교 전략과 과정에 대한 분석은 미약하
다. 나아가서, 인도네시아가 이러한 아세안 외교를 할 수 있는 데에는

인도네시아가 물질적 능력이 있어서라고 판단한다. 아세안 내에서 인도네시아의 역할에 대한 기존 문헌은 대부분 인도네시아를 당연한 리더(natural leader)로 본다. 이는 인도네시아의 하드파워인 지리, 인구, 위치와 자원에서 나온 권력인데 인도네시아가 아세안의 사실상의(de facto) 리더라는 것은 아세안이나 동남아 학회에서는 이미 인정된 부분이다(Acharya 2001; Anwar 1994; Caballero-Anthony 2005; Haacke 2002; Leifer 1989; Liow and Emmers 2006). 그리고 수실로 밤방 유도요노가 인도네시아의 대통령으로 당선되고 아세안 우선 외교를 펼치자, 하드파워를 지닌 인도네시아가 아세안의 리더라는 생각은 더욱 강해졌다(Emmerson 2012; Sukma 2012). 그러나 이런 논문들은 인도네시아가 사건의 중재를 통해 얻은 구체적 이익과, 그 이익을 얻기 위해 펼친 외교 전략을 분석적으로 설명하지는 못한다.

특히 본 사례에서는 인도네시아가 하드파워만 믿고 자신의 생각을 강제적으로 밀고 나간 게 아니라, 무려 10년 전인 2003년부터 꾸준히 만들어 온 다른 행위자들과의 네트워크를 사용하여 중재했다는 점에서 더욱 그러하다. 이러한 관점에서, 인도네시아의 중재는 네트워크 속에서 자신의 '구조적 위치'를 정확히 파악하고, 아세안과 캄보디아-태국 분쟁 구조가 갖고 있는 공백을 발견하여 메우려 했다는 점에서 그 함의를 찾을 수 있다. 아세안은 전통적으로 '국가들 간의 상호 불간섭'과 '협의를 통한 합의'라는 원칙들이 있었기에 당사자가 아닌 외부 국가들이 캄보디아-태국 분쟁에 개입하기 어려웠다. 미국이나 서구 강대국의 개입은 더더욱 불가능했는데 이는 캄보디아의 식민지 시절과 태국 영토의 상실 등으로 인해 패권국이었던 다른 서방 국가들을 견제하는 경향이 생겼기 때문이다. 이렇게 역사적으로 형성된 구조의 공백을 파악한 인도네시아는 자신이 아세안 의장국이라는 구조적 위치를 활용하였던 것이다.

　강대국들이 나설 수 없는 상황에서 인도네시아는 아세안의 의장국으로서 본 분쟁 사례에 개입하였다. 인도네시아는 아세안 의장국이었기에 오로지 자국의 이익을 위한 개입이 아니라 동남아 지역의 이익을 위한 개입이라는 것을 다른 아세안 국가들에게 인지시켰다. 또한 캄보디아와 태국을 포함한 다른 아세안 국가들의 개입에 관한 동의를 이끌어 냈기에 이런 구조적 위치를 활용한 인도네시아의 전략의 기본 성격은 복합 네트워크 전략이라 할 수 있다. 따라서 이 글은 기존 문헌들의 한계를 주지하면서, 인도네시아의 캄보디아–태국 영토 분쟁에서의 중재자로서의 외교의 과정과 변화를 네트워크 시각으로 분석할 것이다. 이를 위해 먼저, 사회–네트워크(Social Network Analysis: SNA) 이론에서 다루어진 구조적 공백이란 개념으로 이 사례의 구조를 살펴볼 것이다. 다음으로 세 가지의 네트워크 권력인 '설계 권력(programming power)', '위치 권력(positional power)'과 '집합 권력(collective power)'을 통하여 인도네시아가 추진한 외교의 과정을 살펴 볼 것이다. 이를 토대로 결론에서는 중견국 외교 전략에 대한 일반적인 함의를 도출할 것이다.

　이 글은 크게 네 부분으로 구성되어 있다. 우선 인도네시아를 중견국으로 설정하는 이유를 설명하기 위해 II절에서는 중견국에 대한 이론들을 소개하고자 한다. 또한 인도네시아 외교 전략의 분석틀로서 네트워크 이론을 설명하겠다. III절에서는 인도네시아가 분쟁 중재를 결정할 당시의 아세안과 분쟁 사태의 구조를 보여주고자 한다. 이를 통해 캄보디아–태국 영토 분쟁에서 인도네시아가 중재자 역할을 할 수 있게 된 배경을 '구조적 공백'이라는 개념을 통해 분석한다. III절에서는 행위자로서의 인도네시아를 설명한다. 인도네시아가 당시 처해 있었던 국내적인 상황, 외교적인 이익과 이데올로기를 통해, 인도네시아가 이 글이 다루는 분쟁에 개입하게 된 계기와 원인들을 보여줄 것이다. V절에서는 인도네시아의 분쟁 중재 과정을 보여주는데 이를 세 가지의 네트워크 권력인 '설계 권력', '위치 권력'과 '집합 권력'을 통하여 인도네시아가 어떠한 전략을 통하여 성공적인 중재자 역할을 했는지 분석한다. 이를 토대로 VI절 결론에서는 이 사례가 동아시아 중견국 외교에 주는 일반적인 함의를 도출할 것이다.

II. 중견국론과 네트워크 이론

최근 중견국에 대한 관심이 높아지면서, 인도네시아 역시 자국을 중견국으로 정의하기 시작했다. 예를 들면, 인도네시아 외교관인 다르모수마르토는 인도네시아 신문인 자카르타 포스트(Jakarta Post)를 통해 "인도네시아는 중견국으로서의 역할을 통해 국제적으로 중요한 행위자로 부상해야 한다"고 하였다(Darmosumarto 2009). 중견국(middle power)을 정의하는 방법은 다양하지만 국제정치 분야에서 대표적으로 내세우는 중견국들은 캐나다, 호주, 스웨덴, 노르웨이이다. 이 국가들은 '제1세대 중견국(traditional middle power)'이라고 불리는데, 주로 1980-90년대 냉전 종식과 미국의 패권 쇠퇴라는 국제정치 변화를 배경삼아 중견국이라는 정체성을 설정하고 그에 맞는 적극적인 외교를 한 국가들이다. 경제적인 부를 가진 민주국가들인 '제1세대 중견국'과 달리 1900년대와 2000년대 초중반에 중견국으로 거론된 국가들은 주로 브라질, 아르헨티나, 말레이시아, 남아프리카공화국, 나이지리아와 같은 국가들인데, 이들은 '제2세대 중견국(emerging middle power)'으로 불린다. 이 국가들은 주로 권위주의적 국내체제를 가지고 지역 강국의 위치를 모색하며 국제적 쟁점에 대하여 나서기 시작한 국가들이다(Jordaan 2003). 제1세대와 제2세대 중견국들은 각국의 속성과 행태에만 집중한 반면, 제3세대 중견국이라고도 불리는 인도네시아가 맞이한 21세기의 국제정치의 구조적 환경은 더 복잡해졌으므로 역동적 시각이 필요하다. 제3세대 중견국이 맞이한 시대는 지구화, 정보화, 민주화를 비롯한 다양한 이슈들로 인해 1980년대와 1990년대보다 더욱 복잡해졌다. 이 시대에 발생하는 글로벌 이슈들은 더 이상 소수의 강대국들의 힘으로 해결하기 벅찬 상황이다. 이런 상황에서 글로벌 거버넌스를 모색하기 위해서는 강대국들뿐만 아니라 중견국이나 비국가 행위자가 필요해진 것이다(김상배 2014).

인도네시아와 같은 중견국을 정의하고 분석하는 이론은 크게 두 시각으로 나누어지는데, 이는 물질적 능력에 초점을 둔 현실주의 시각과 국가의 외교 스타일에 초점을 둔 자유주의 시각이다. 먼저, 현실주의 시각에서는 개별 국가들의 능력(인구, 영토, 군사력, 경제력, 등)을 통계적으로 분석하여 강대국보다는 약하고 약소국보다는 강한 국가들을 중견국이라 정의한다(Holbraad 1984). 이에 따르면 인도네시아는 GDP가 세계 16위이며 네 번째로 인구가 가장 많고 동남아 ASEAN 지역사회에서 위치적 권력을 가진 지역 강국인만큼 현실주의 전통에서도 중견국으로 꼽힐 수 있다. 반면에 자유주의 시각에서는 주로 '중견국 스타일(middlepowermanship)'이라는 외교 형태를 지닌 국가들을 중견국이라고 보는데, 이는 외교 문제에 다자적이고 평화적인 해결을 선호하고 선량한 국제시민의식(good international citizen)에 기반한 외교 형태를 가진 국가들을 중견국이라 본다(Cooper et al. 1993). 이러한 자유주의 시각에서도 인도네시아는 지역사회에서 UN의 지지를 얻고 ASEAN을 통하여 분쟁해결에 나서는 하는 국가이기에 중견국으로 볼 수 있다. 현실주의와 자유주의가 주장하는 능력론이나 행태론와 같은 속성론의 시각은 한 국가를 중견국으로 정의하는 데 유효하고 중요하다. 하지만 속성론으로는 중견국이 될 만한 국가를 추려낼 수는 있어도 그 국가들의 구체적인 외교적 행위에 대한 논의들을 도출할 수 없고, 특정 국가와 비슷한 국력을 가진 다른 국가들과 비교하여 조금 더 효과적인 중견국 외교 정책을 추진할 수 있는 이유를 설명할 수 없기에 전통적인 현실주의와 자유주의 시각 외에 다른 시각이 필요한 것이다(김상배 2014).

이 글은 인도네시아 같은 제3세대 중견국이 제공하는 외교 사례로서 캄보디아-태국 영토 분쟁 중재를 검토하는 데 사용할 이론적인 틀로 네트워크 이론의 시각을 원용하고자 한다. 네트워크 이론은 그 종류가 굉장히 다양한데 여기에서는 사회-네트워크(Social Network Analysis: SNA) 이론에서 제시한 '구조적 공백' 개념을 III절에서 원용하고 세 가지의 네트워크 권력들을 IV절에서 원용하여 인도네시아가 중견국으로서 중재한 본 사례를 분석해 보겠다. 먼저 SNA 네트워크 이론에서 특히 중요한 개념은 '분절 네트워크'에서 발견되는 '구조적 공백'이다. 이것이 중견국에게 의미 있는 이유는 강대국들이 그 공백을 메꾸기 전에 먼저 메꾸어 중견국 국가들이 외교적 영향력을 발휘할 수 있는 큰 기회이기 때문이다(Burt 1992; 김상배 2014). 물론 이러한 구조적 공백은 중견국만이 메꿀 수 있는 것이 아니다. 강대국 또한 메꿀 수 있으나 그들이 미처 발견하지 못한 지역의 구조적 공백이나, 발견했지만 어떤 요인으로 다룰 수 없는 구조적 공백들을 중견국들이 메꾸며 전략적으로 외교를 할 수 있는 분야이다. 이 글에서 검토하는 인도네시아의 캄보디아-태국 영토 분쟁 중재 사례도 인도네시아라는 중견국이 이러한 구조적 공백을 활용한 사례이다. 프레아비히어 사원 영토 분쟁에서 분절 네트워크가 보이자 미국이나 중국 같은 강대국들이 쉽게 중재하지 못하는 틈을 타 인도네시아가 UN의 지지를 받으며 분쟁 중재에 나선 것이다. 따라서 이 글은 이러한 '제3세대 중견국'인 인도네시아의 분쟁 중재 외교를 네트워크 시각에서 살펴볼 것이다.

이 글은 SNA네트워크 이론의 구조적 공백 개념 외에도 네트워크의 세 가지 권력론을 원용하여 이 사례를 볼 것이다. 네트워크의 세 가지 권력론은 네트워크에서 발생하는 어떤 권력이 어떻게 행사되는지를 설명해 준다. 즉, 네트워크 속 행위자들이 다른 행위자들과 어떠한 관계를 맺고, 어떤 구조적 위치를 점하며, 어떤 영향을 미치는지 살펴본다. 네트워크 이론으로 중견국의 외교를 살펴볼 때에는 행위자들이 활동하는 네트워크의 구조를 파악하는 것이 중요하다. 물론 여기서 말하는 구조는 신현실주의 국제정치이론의 세력균형과 세력분포로서의 구조와는 다르다(Waltz 1979). 네트워크 이론에서 말하는 구조는 행위자들 간의 관계구도(relational configuration)와 상호작용을 보여주는 패턴으로서의 구조이다(Goddard 2009). 따라서 구조는 행위자들 간의 사회적 관계라 할 수 있다(Nexon and Wright 2007).

따라서 네트워크 권력론은 행위자가 원래 가진 속성에서 오는 권력과, 행위자 외부에서 발생하는 권력 둘 다를 복합적으로 설명한다(김상배 2014). 네트워크 권력은 서로 경쟁하면서 협력하고, 협력하면서 권력을 행사하려고 경쟁하는 복합적인 개념이다. 네트워크 권력은 행위자-과정-구조 차원에서 크게 세 가지로 나누어지는데, 이 '네트워크 권력의 세 얼굴'은 네트워크를 구축해가는 '설계 권력', 네트워크에서의 위치가 권력 행사에 중요한 '위치 권력'과 네트워크를 구성하는 노드들의 집합인 행위자가 행사하는 '집합 권력(collective power)'

이다(김상배 2014). 첫 번째로, '집합 권력'은 네트워크를 구축한 행위자가 그렇게 하지 못한 행위자에게 행사하는 권력으로 볼 수 있다. 즉, '사람들이 관계를 형성함으로써 끼리끼리 모여 혼자서는 할 수 없는 일을 하는 힘'이다. 이러한 집합 권력은 권력이 단지 군사력이나 경제력 같은 하드파워 자원에 의존한 권력으로 보는 근대적 시각을 넘어선다. 보상과 설득 및 협력을 형성하는 소프트파워 전략도 중시하기 때문이다. 따라서 네트워크상의 집합 권력은 하드파워 기반의 자원 권력과 소프트파워 기반의 탈자원 권력의 복합이라 할 수 있다(김상배 2014). 집합 권력은 네트워크를 구축하기 위해 내 편을 많이 모아야 되는데, 여기서는 얼마나 많은 관계를 구축하느냐뿐만 아니라 얼마나 튼튼하게 그 관계를 지속할 수 있느냐도 중요하다.

두 번째로, '위치 권력'은 행위자 자체가 아니라 그 행위자가 네트워크에서 차지하는 '위치'에서 나오는 권력을 뜻한다. "자리가 사람을 만든다"는 속담처럼, 위치 권력은 어떠한 기능을 수행하고자 할 때 그 행위자를 통하지 않으면 안 되는 위치에 있을 때 생겨나는 권력이다. 이러한 구도에서 속성과 관계없이 위치를 통하여 권력을 얻은 행위자는 중개자(broker)의 역할을 할 수 있다. 중개자는 자신이 속한 네트워크 구조를 파악하고 '빠진 고리(missing link)'인 '구조적 공백(structural hole)'이나 '약한 고리(weak tie)'를 잇는 등 적절하게 대처함으로써 자신의 권력을 강화할 수 있다. 마지막으로, '설계 권력'은 네트워크에 규칙과 원칙들을 심어 넣어 네트워크의 구조와 질서를 프로그래밍하는 권력이라고 볼 수 있다. 구체적으로 보자면 설계 권력은 세계정치에서 어젠다를 제기하고, 제도와 규범을 형성하며, 목적과 담론을 부여하는 권력이다. 설계 권력이 중요한 이유는 프로그램이 짜이고 나면 네트워크는 그 프로그램에 기반하여 작동하게 되며 다른 하위 행위자들은 각기 역할을 규정받는다. 이러한 프로그램이 중립적으로 보이지만 누군가의 이해관계에서 완전히 자유로운 것은 아니다(Stalder 2006). 설계 권력을 가진 행위자는 네트워크를 교묘한 방식으로 통제하려는 의도가 있기 마련이다. 그런 의도가 있다고 해도 그 의도는 네트워크에 스며들어 비인격적(impersonal) 형태로 작동하여 그 실체를 포착하기 힘들다.

III. 네트워크 구축을 위한 구조

앞서 II절에서 제시한 SNA이론과 네트워크 권력론을 이 사례에 적용하기 위해 먼저 인도네시아, 캄보디아, 태국이라는 각 행위자가 처한 현실의 구조를 알아보겠다. 이 글이 다루는 캄보디아-태국 분쟁을 인도네시아가 중재하는 사례는 크게 두 구조가 중요하다고 볼 수 있다. 첫 번째는 III-1항에서 보여줄 미시적인 캄보디아와 태국 분쟁 구조, 그리고 두번째는 III-3항에서 보여줄 거시적인 아세안이라는 지역구조이다. III-1항에서는 먼저 두 국가의 분쟁 구조를 파악한 후, 인도네시아가 채우고자 시도한 캄보디아-태국 분쟁의 구조적 공백이 무엇이었는지 III-2항에서 살펴보도록 하겠다.

1. 캄보디아와 태국의 프레아비히어 사원 사태를 둘러싼 변화

프레아비히어 사원을 둘러싼 캄보디아-태국 간 영토 분쟁의 근원은 1904년과 1907년의 국경선 합의(border settlement)에서 비롯되었다. 프랑스의 도움으로 이루어진 3월 25일 1907년 합의조약에 따르면, 캄보디아-태국의 국경선은 당라엑(Dang Raek) 산맥에서 자연적으로 만들어진 분수령(watershed) 위에 표시되었다. 하지만 이 합의 이후 두 국가 사이의 경계선을 정확히 표시하려는 어떠한 노력도 없었기 때문에, 1950년대부터 프레아비히어 사원 영토를 둘러싼 분쟁이 시작되었다. 태국 측은 프레아비히어 사원이 실질적으로 분수령의 서쪽에 위치해 있기 때문에 태국의 소유라고 주장하였고, 캄보디아는 합의조약에 있는 지도에 의하면 프레아비히어 사원은 분수령의 동쪽에 위치해 있기에 캄보디아의 영토라고 하였다.

이 문제에 대한 1954년과 1958년 두 차례의 협상도 별다른 결실을 맺지 못하자, 캄보디아는 결국 이 사건을 1959년 10월에 국제사법재판소에 의뢰하여 태국을 상대로 법적 절차를 도입하였다. 그리고 오랜 기다림 끝에, 1962년 6월 15일에 국제사법재판소는 프레아비히어 사원은 캄보디아의 소유라는 판결이 나왔다. 그 판결에 따라 태국은 그 지역에서 모든 군사나 경찰병력이나 경비나 관리자들을 철수시키라는 선고를 받았다(ICJ 1962). 태국에선 이러한 국제사법재판소의 판결이 오심이라고 강하게 저항했으며, 미국을 포함한 태국 동맹국들의 비협조적인 행동에 대한 항의 표시로, 같은 해 6월 19일 동남아시아조약기구(SEATO)와 라오스에 관한 제네바 회의(Geneva Conference on Laos)에서 탈퇴하였다. 다행히 시간이 지나면서 태국의 입장이 진정되어 태국 수상은 유엔헌장(United Nations Charter)을 따르겠다고 선언하였다. 비로소 두 국가 간 영토 분쟁에 평화가 찾아온 듯하였는데, 태국 수상은 같은 해 7월에 있었던 태국 내 인터뷰에서 "비록 현재로선 캄보디아가 사원의 유적을 획득하였지만, 그 사원의 영혼은 태국에 남아 있다 ⋯ 프레아비히어 사원에 관한 우리들의 권리를 적절한 시기에 복구할 것이다."라고 하여 차후 분쟁 가능성을 남겨 두었다

(The Bangkok Post 1962). 이 인터뷰에서 예고하였듯이, 약 50년이 지난 2008년 중반에 프레아비히어 사원을 둘러싼 갈등에 다시 불이 붙은 것이다.

이는 태국의 국내정치에 기반을 두었는데, 2006년도 군사 쿠데타로 축출된 태국의 전 수상 탁신 시나와트라(Thaksin Shinawatra)가 군사정권 이후 2008년 당선된 새로운 수상 사막 순다라베지(Samak Sundaravej)를 통해 정치적인 영향력을 행사하고 있었다. 태국 수상 사막의 친탁신(pro-Thaksin) 정권은 캄보디아와의 양자관계를 개선하기 위해 UN이 프레아비히어 사원을 UNESCO 세계 문화유산 보호지역으로 지정하는 것을 지지하였다. 그리고 그 친탁신 정권을 무너뜨리기 위해 People's Alliance for Democracy(PAD)와 Democrat Party는, 캄보디아의 시도를 지지할 경우 태국은 프레아비히어 사원 주변 영토를 잃고 말 것이라고 주장하며, 자국의 아픈 역사적인 상처인 실지(lost territory)의 기억을 들추었다. 식민지 시절 유럽 강국에게 영토를 빼앗긴 태국이 서양 국가들을 적대시할 뿐만 아니라 실지에 관한 논란들에 예민하게 반응한다는 국민성을 적절히 활용한 전략적인 방법이었다. 이리하여 사막 정권은 국민의 신뢰를 잃었을 뿐만 아니라, 과거 태국-캄보디아의 갈등을 부활시킴으로써 두 국가 간의 외교관계를 극심하게 악화시켰다.

2008년 8월 3일, 사원 근처에서 캄보디아-태국은 서로를 향한 한 차례 총격을 시작으로 국경을 사이에 두고 아세안이 개입할 때까지 총 8번의 충돌을 일으켰다. 약 3년간 총을 겨누며 충돌한 탓에 군인들뿐만 아니라 민간인까지 다치면서 두 국가들 간의 관계는 점점 악화되었다. 화해의 기미가 보이지 않자 더 이상 다른 국가들과 같이 보고만 있을 수 없었던 인도네시아가 아세안 의장의 명분으로 중재를 시작하게 되었다.

2. 캄보디아-태국 영토 분쟁의 구조적 공백

캄보디아-태국 간의 무력 분쟁은 금세 아세안 전체의 문제로 떠올랐다. 아세안 국가 모두 이 분쟁이 아세안의 신뢰와 지속성을 위협한다고 판단했기 때문이다. 아세안의 주요 목적에 의하면 "지역 내 국가들 간의 정의와 법규를 지키며 지역적 평화와 안정을 촉진하고 유엔 헌장의 원칙들을 고수하겠다."라고 명시되어 있다. 따라서 아세안은 2007년 아세안 헌장이 만들어지기 전까지는 유엔 헌장을 따랐으며 아세안 국가들 간의 분쟁들은 대부분 유엔 및 국제기구하에서 해결되었다. 이 때문에 캄보디아-태국의 분쟁은 유엔에서 영향력을 펼치는 강대국들과 서방 국가들의 관심을 끌 수밖에 없었다. 특히 미국은 아세안 내의 상황에 많은 관심을 가지고 있었다. 아세안이 중국과 남중국해 분쟁을 겪고 있는 상황에서 부상하는 중국을 견제하려는 미국은 아세안의 내적 문제에 의해 아세안의 화합이 약해져 중국에게 더이상 통합된 연합으로 맞서지 못할 것을 두려워했기 때문이다. 그러나 인도네시아는 2008년 아세안 헌장이 정식으로 실행된바, 아세안 내에서 일어나는 분쟁은 아세안이 나서서 해결하는 게 맞다고 주장하기 시작했다.

왜 인도네시아는 갑자기 이런 주장을 하게 되었을까? 캄보디아-태국 영토 분쟁에서 인도네시아가 어떤 구조적 공백을 찾았던 것일까? 인도네시아가 찾은 구조적 공백은 캄보디아와 태국의 암울한 역사에서 기인한다. 캄보디아는 1863년경 태국이 가한 안보적 위협을 막기 위해 프랑스에게 도움을 청한 후, 프랑스의 보호국으로 1867년부터 1953년까지 식민지 시기를 겪었다. 비록 먼저 도움을 요청하였지만, 캄보디아는 프랑스의 지나친 정치적 개입과 갈등으로 1953년 독립한 이후 줄곧 프랑스를 포함한 유럽 국가들에게 반감을 가지게 된다. 태국은 식민지 시절을 겪진 않았으나, 프랑스에게 캄보디아 지역을 빼앗긴 것에 관해 약소국의 억울함을 느껴 왔다. 태국과 캄보디아가 공통적으로 갖고 있는 서양 국가들, 더 나아가 패권국과 강대국을 향한 반감은 미국이나 중국이 두 국가 간 영토 분쟁에 개입하는 것을 불가능하게 만들었다.

인도네시아 역시 동남아 지역의 패권국으로서 쉽게 태국-캄보디아 간의 영토 분쟁에 개입할 수는 없었다. 그러나 인도네시아는 태국, 캄보디아와 패권국에 대한 반감을 공유하고 있었다. 인도네시아는 비동맹 운동(Non-Aligned Movement: NAM)을 설립한 여섯국가들 중 하나인데, 비동맹 운동이란 1961년 인도네시아를 비롯한 다섯 국가들(인도, 이집트, 유고슬라비아, 가나, 버마)이 주요 강대국 블록에 공식적으로 속하지 않고 대항하기 위해 설립한 국제 조직이다. 태국과 캄보디아 또한 비동맹 운동의 회원이었기 때문에, 인도네시아는 미국이나 여타 강대국보다는 친숙한 존재였다.

위와 같은 이유로 2008년도에 다시 불이 붙은 태국-캄보디아의 프레아비히어 사원 주변 영토 분쟁은 강대국들인 미국이나 중국과, 서양국들인 유럽국가들이 개입할 수 없는 사건이었다. 이것은 3년간 분쟁이 지속되면서 아세안의 거대한 구조적 공백으로 나타났다. 이러한 공백을 인도네시아가 2011년 ASEAN 의장으로서 채운 것이다. 전 ASEAN 의장들이 아무런 조치도 내리지 않았던 점을 고려한다면, 인도네시아가 이 영토분쟁에서 중재자(mediator) 역할을 한 것은 ASE-AN 의장으로서 당연히 해야 하는 일을 한 것이 아니라, 인도네시아가 구조적 공백을 스스로 찾아 적극적으로 나서서 한 틈새외교(niche diplomacy)인 것이다.

물론 인도네시아가 태국-캄보디아 간의 중재자 역할을 하는 것이 쉽지는 않았다. 인도네시아가 지역 패권국이고 역사적으로 하드파워 외교(hard diplomacy)를 줄곧 시행해 왔기 때문에 처음엔 태국, 캄보디아 양국 모두에 위협적으로 비쳤다. 최근 국제적인 이슈가 되었던 인도네시아의 동티모르 사태를 예로 들면, 인도네시아는 포르투갈로부터 독립을 선언한 동티모르를 침공하고 강제 점령하여 1976년 동티모르를 인도네시아의 27번째 주로 강제 편입시켰다. 그리고 점령 기간 동안에는 저항하는 동티모르를 영구 지배하기 위해 민족 말살 정책을 실시하기도 했기에 국제 사회의 맹렬한 비판을 받았다. 따라서 태국과 캄보디아에게 이런 역사를 가진 인도네시아의 중재에 대한 첫인상은 위협적일 수밖에 없었다.

이러한 이유로 다른 국가의 견제를 느낀 인도네시아는 2008년 당시 두 국가 간의 심각한 영토 분쟁을 목격하면서도 쉽게 나설 수 없었다. 그러나 2011년의 인도네시아는 아세안의 의장국이었다. 기회를 엿보던 인도네시아는 2011년 국가로서 구조적 공백을 채우려 하기보다는, 덜 위협적인 대안으로 ASEAN이라는 지역 공동체의 이름을 사용하기로 결정하였다. ASEAN을 통하여 개입하니 주변 회원국들의 반발과 견제도 없었다. ASEAN을 통한 개입은 인도네시아 자국의 국익보다 더 큰 지역적 이득을 위한 것으로 여겨졌기 때문이다.

3. 아세안의 '내정 불간섭 원칙'과 '협의를 통한 합의' 전통

왜 인도네시아가 아세안의 이름을 이용하여 중재하는 것이 이토록 쉽게 용납되었을까? 그 배경을 잠시 살펴보자. 1991년 소련이 해체되고 미국이 패권국으로 부상하면서, 미국의 독주를 견제하기 위한 다극적 세계질서를 형성하는 지역주의가 생겨났다. 전통 안보인 전쟁이나 핵무기 외에도 1997년 발생한 아시아 외환위기 같은 비전통 안보 문제가 중요해지면서, 지리적으로 인접한 국가들의 협력이 중요해졌기 때문이다. 동남아시아 지역에서는 동남아국가연합(ASEAN, 아세안)이 중요해졌는데, 1999년 캄보디아가 마지막으로 아세안에 가입하면서 설립 목적이었던 '하나의 동남아(One Southeast Asia)'가 달성되었다. 아세안 10개 회원국들은 아세안 방식(ASEAN Way)이라고 불리는 기본 원칙과 행동양식을 따랐는데, 특히 '내정 불간섭'과 '협의를 통한 합의' 원칙들이 지역 내에서 일어나는 문제들을 해결하는 데 적용되어 왔다.

이러한 원칙이 중요한 이유는 아세안을 구성하는 국가들이 민주주의부터 군사정권의 권위주의까지 다양한 특성을 지니고 있기 때문이었다. 그뿐만 아니라 다종족, 다문화 국가들 간의 이해관계도 복잡하게 얽혀 있기에 이런 원칙들이 국가들 간의 다양성을 보장하는 데 필수적이었다. 그러나 한편으로는 이 원칙들이 사실상 아세안의 이슈 해결을 방해해 오기도 했다. 특히 '내정 불간섭 원칙'은 아세안 회원국들의 권위주의 정권들을 보호하는 데 악용되고 있다는 비판을 많이 받아 왔다. 그러나 이 글이 다루는 사례에서 인도네시아는 과감히 아세안의 내정 불간섭 원칙을 깨는 첫 번째 사례가 되었다. 따라서 이 글은 인도네시아가 어떠한 의도로 중재에 들어갔는지에 초점을 맞추어 살펴보는 한편, 어떠한 전략으로 분쟁 당사국들의 양해를 구하며 부드럽게 이 분쟁에 개입하여 중재한 것인지 그 전략을 살펴보고자 한다.

'협의를 통한 합의'는 서로 간의 의견 차이를 경쟁이나 협상을 통하여 해결하는 것이 아니라, 설득하고 합의(consensus)를 이루어 문제를 해결한다는 원칙이다. 아세안이라는 공동체 구성원들 사이의 논의와 설득의 과정을 중요하게 생각한 것인데, 이는 '하나의 동남아'라는 공동의 정체성에서 나온 것이다. 강대국들에게 맞서기 위해 생긴 연합인 만큼 한 공동체로서 화합이 중요한 아세안은 합의에 이르기까지 다수의 비공식적 만남과 회담들을 통해 중재 및 설득의 과정을 거치며, 항상 만장일치의 합의(consensus decision-making)를 원칙으로 한다. 이는 작고 약한 국가라도 아세안의 회원국인 만큼 동등하게 중요하다는 가치를 지키기 위함이다. 이러한 공동의 가치를 지키기 위해 인도네시아는 캄보디아와 태국간 분쟁에 중재자로 참여하기 위해 아세안 내 모든 국가들을 설득한 바 있다.

이러한 '내정 불간섭 원칙'과 '협의를 통한 합의'는 분쟁의 중재와 해결 속도를 느리게 했음에도 불구하고, 대체적으로 아세안은 경제적·문화적·정치적으로 서로 다른 국가들의 협력을 이끌어 낸 연합으로 찬사를 받아 왔다. 이런 아세안에게 캄보디아와 태국 간의 무력 분쟁은 아세안의 무력 불사용(non-use of force) 원칙을 깨는 심각한 문제로 대두되었다. 특히 미국의 쇠퇴와 중국의 부상에 따라 변화하는 세계 정세 속에서 동남아 지역 질서를 세우던 아세안의 역할이 위태로워졌기에 이 두 국가 간 분쟁의 원만한 중재와 해결은 더욱 중요했다. 한편, 잦은 분쟁으로 유엔의 도움을 받았던 아세안 국가들을 보며 인도네시아는 아세안 내의 분쟁 중재와 해결 메커니즘이 필요함을 느끼고 있었다. 이에 따라 2004년 5월 인도네시아 요그야카르타주에서 열린 ASEAN 고위 관리 회의에서 ASEAN 안보위원회(ASEAN Security Committee: ASC) 설립을 위한 70가지 이상의 제안들을 다른 국가 위원들과 공유하였다. ASEAN 안보위원회라는 발상 또한 인도네시아가 제시한 것이었다.

인도네시아가 제시한 여러 제안들이 아세안의 2007년 제13회 정상회담(Summit)에서 서명된 아세안 헌장(ASEAN charter)에 포함되었다. 이는 아세안의 분쟁에 관한 시각을 크게 변화시켰는데, 1998년부터 2002년까지 아세안 사무총장이었던 로돌포 세베리노가 "아세안은 분쟁 해결을 하는 단체가 아니다. 그러므로 우리는 아세안이 회원국들 간의 이슈들을 논의할 것을 바라지 말아야 한다."라고 언급한 것과 비교하면 인도네시아의 중재는 파격적인 행보였다. 인도네시아가 의장이었던 2011년, 아세안 사무총장이었던 수린 핏수완의 시각은 세베리노의 시각과는 많이 다른 아세안을 보여준다. "아세안은 이제 아세안만의 헌장이 있다 … 이것은 우리가 이제 법과 규칙이 있는 단체라는 것을 보여준다. 이제 우리는 회원국들 간의 분쟁을 해결할 수 있는 메커니즘이 있다." 이러한 언급은 아세안의 분쟁 해결을 향한 변화된 시각을 보여주는 한편, 인도네시아 중재의 정당성을 확보해 주었다.

IV. 인도네시아의 외교

III절에서 살펴보았듯이, 아세안이라는 지역 구조에는 인도네시아가 중요한 역할을 할 수 있는 구조적 공백이 있었다. 하지만 단순히 구조적 공백을 발견했다고 해서 모든 행위자가 그 공백을 메울 수 있는 것은 아니다. 다시 말해, 인도네시아가 중재를 함으로써 얻을 수 있는 국익과 인도네시아가 본래 가지고 있던 가치나 관념들이 중재로 이끄는 유인으로 작용했을 것이다. IV절에서는 인도네시아가 중재자로 나서게 된 관념적, 이익적 유인들이 무엇이었는지 살펴보고자 한다.

1. 인도네시아의 외교적 관념과 정체성

인도네시아는 국내의 정치, 경제 및 자연재해 같은 여러 내적인 문제들 때문에 최근까지 외교에 많은 노력을 기울이지 못하였다. 2004년에 인도네시아 대통령 수실로 밤방 유도요노(Susilo Bambang Yudhoyono)가 당선되고서야 인도네시아가 다시 활발한 외교를 시작하였다. 유도요노 대통령은 인도네시아는 "국제 정체성"를 구축하기 위해 "1억의 친구"와 "0명의 적"을 만들겠다고 다짐하였다(Yudhoyono 2005). 그 외에도 1948년도에 부대통령 무하마드 하타가 선언한 "독립적이고 활발한" 외교관은 냉전이라는 특정한 국제정치 변화에 맞추어 어느 강대국에게도 흔들리지 않고 "두 암초들 사이에서 노를 저어가며" 인도네시아만의 독립적이고 활발한 외교를 보여주겠다고 제안한 것이다(Hatta 1948). 인도네시아가 강대국을 견제하는 성향은 이때부터 보였는데 인도네시아는 자국이 권력에 눈이 먼 강대국들과는 달리 개발도상국들의 평화와 국익을 염두에 두는 인자한 해결사이자 중재자라는 정체성을 추구하였다(Tan 2007).

그런 정체성을 보여주듯이, 유도요노 대통령은 한 연설에서 인도네시아는 항상 모든 국가들 "강대국, 중견국, 약소국 모두를 동등하게 존중할 것이다"라고 선언하였다(Yudhoyono 2005). 그리고 2007년에 인도네시아 마카림 위비소노(Makarim Wibisono) 대사는 유엔 안전보장이사회 비상임이사국 자리를 통하여 "정의와 평등에 기반을 둔 세계적 평화와 안보를 보장"하는 데 힘쓸 것이라고 하였다(Xinhua 2006). 이러한 국제 이슈에 대처할 수 있는 국가가 되기 위해 인도네시아는 역사적으로 지켜 오던 다른 국가들의 내부 문제 불개입과 불간섭 원칙을 유연하게 사용해야 했다. 인도네시아는 세계적인 민주주의 국가들과 연합하기 위해 인권 운동에도 동참하려면 일정 부분 다른 국가의 인권 문제에 개입해야 했기 때문이다. 하지만 불개입과 불간섭 원칙을 공유하는 아세안 내에서, 인도네시아는 다른 아세안 국가들의 주권을 존중하기 위해 다른 국가 내정 문제에는 조심스럽게 접근해야 했다(Wirajuda 2006). 이러한 딜레마 속에서 인도네시아는 각 국가의 주권도 중요하지만 인권 같은 국제 사회에서 중시하는 이슈들에 한하여 국제 규범을 따를 필요성이 있다고 주장했다. 인도네시아 외무부 장관 하산 위라주다(Hassan Wirajuda)는 "아세안은 서로 다른 10개국이 모여서 만들어졌다는 것, 몇몇은 민주주의, 몇몇은 반민주주의, 몇몇은 군사 정권이라는 것은 알지만, 앞으로의 아세안은 인권을 존중하고 민주주의적인 집합체가 되어야 한다."(Hassan 2006)라고 역설하였다.

이러한 인도네시아의 '국제 정체성'은 국제기구의 역할을 중시하는 태도로 이어졌다. 강대국들 사이에서 균형을 잡거나 제재를 가할 수 있는 유일한 방법은, 세계 정세 관리를 어느 한 나라의 입장과 이익만을 고려하지 않는 자주적인 국제기구에게 맡기는 것이라는 믿음을 갖게 된 것이다. 그리하여 인도네시아는 이러한 국제기구들의 강화를 돕는 한편, 유엔(United Nations)의 역할을 중시하였다. 전 대통령 하비비의 외교 정책 고문이었던 데위 포르투나 안와르(Dewi Fortuna Anwar)는 인도네시아가 "유엔 밖에서 일어나는 모든 일방적인 결정들을 거부한다. 이는 최근에 있었던 이라크에 대한 미국과 영국의 일방적인 전쟁에 관하여 자카르타의 분명한 대립구도를 보면 알 수 있다."라고 주장하기도 하였다(Anwar 2003). 그 외에도 인도네시아는 다양한 국제기구들의 회원임을 자랑스럽게 여기는데, 예를 들자면 2007-2008년간 확보하였던 유엔 안전보장이사회의 비상임이사국 자리이다. 또한 분쟁지역에 파견되는 유엔평화유지군 임무들에 적극적으로 참여한 바 있다.

지역 차원에서도 인도네시아는 개발도상국들의 리더이자 멤버로 활약했는데, 이에 관하여 유도요노 대통령은 "우리 심장은 항상 우리가 속해 있는 개발도상국들에게 있다."라고 언급한 바 있다. 이는 비록 인도네시아가 경제적으로 풍요로운 국가가 되었으나 개발도상국들의 입장도 고려하고 이해할 수 있는 나라로 인식되려는 노력의 일환이라 할 수 있다(Yudhoyono 2005). 이러한 신념에 걸맞게 인도네시아는 개발도상국과 선진국들 사이에서 다리 역할을 해주는 형태의 리더십에 집중해 왔다. 예를 들면, 2006년 9월 아바나에서 열린 비동맹 운동(Non-Aligned Movement) 정상회의에서 유도요노 대통령은 개발도상국과 선진국의 격차를 줄이기 위해 개발도상국들은 부패와 싸워야 하고, 훌륭한 통치를 보장해야 하며, 외국 투자를 조성할 수 있는 국내 환경을 만들어야 함을 역설하는 한편, 선진국들은 개발도상국에게 부채를 탕감해 주고, 기술을 이전해 주고, 해외직접투자를 늘려 줄 것을 촉구하였다(Yudhoyono 2006).

마지막으로 인도네시아는 자신이 아세안의 리더, 그리고 나아가서는 국제적으로 영향력이 있는 나라가 되어야 한다(right to lead)는 의지를 천명한 바 있다. 상대적으로 국내 문제(경제 위기, 정치 변화, 자연재해 등)에 초점을 맞추었던 시기를 거친 인도네시아는 오늘날 다시 국제 무대로 돌아와 자신이 리더의 역할을 해야 한다는 나름의 국가 관념을 가지고 있다. 예를 들면, 인도네시아는 유엔 안보리상임이사국이 되기 위해 노력하는 동시에, 팔레스타인-이스라엘 분쟁 같은 다양한 국제 문제에 개입한 바 있다(Thai Press Reports 2006; Tan 2006). 인도네시아는 무력이나 경제력이나 기술로는 리더 역할을 할 수 없다는 것을 인지하지만 자국이 세계 정세에 있어서 동남아시아라는 지역을 통하여 핵심 역할을 할 수 있다고 믿는다. 이러한 관념은 인도네시아의 국가 규모 및 전략적 위치, 자국 역사와 풍부한 문화에 대한 자부심 등 다양한 요인에서 비롯되었다.

2. 인도네시아의 개입을 통한 국제적 위상 회복

유도요노 대통령은 그전의 정권들과 달리 아세안 우선 외교를 펼쳤다. 그는 아세안 우선 외교가 주는 국익을 간파하고 있었다. 그는 아세안을 통해 인도네시아의 위상 증진을 꾀하였는데, 그 이유는 아세안이 살아야 인도네시아의 국제적 위상도 올라갈 것이라고 믿었기 때문이다(이선진 2014). 1967년 아세안 설립부터 인도네시아는 아세안의 "타고난 리더"로 여겨져 왔다. 전 외교 정책 고문이었던 데위 포르투나 안와르에 따르면 "인도네시아의 자제력과 지역 협력을 위한 실질적 기여 덕분에 아세안 동료들 중 제1인자(primus inter pares)라는 경의와 인식을 얻었다."라고 한다. 아시아 금융 위기를 겪으며 국내 집중 시기를 거치긴 했으나, 이제 다시 아세안 무대로 돌아온 인도네시아는 아세안의 적극적 리더로서 아세안의 재강화, 경제 성장, 민주적 가치의 증진을 위해 노력하고 있다(Widyaningsih and Roberts 2014).

아세안 내에서 인도네시아가 가장 돋보였던 점은 회원국들의 갈등 조정과 위기 관리 리더십이다. 이러한 리더십을 통해 인도네시아는 동남아시아의 패권국이 되고자 끊임없이 노력하였다. 이 글이 다루고 있는 캄보디아-태국 영토 분쟁 사례 외에도 인도네시아의 중재 사례는 다양하다. 특히 2008년 사이클론 나르기스(Cyclone Nargis)가 미얀마에 큰 피해를 주었을 때, 미얀마 군사 정권은 외국의 원조(foreign aid) 단체들의 입국을 금지한 바 있다. 인도네시아는 미얀마 정부에게

"이 재해는 아세안이 미얀마의 군사 정권과 세계 사회를 연결시켜 줄 수 있는 마지막 기회"임을 주지시키며 설득하였다. 많은 협상 끝에, 인도네시아 외교부 장관은 아세안 의장이었던 수린 핏수완과 함께 미얀마 군사 정권을 설득하여 외국 단체들이 미얀마로 들어갈 수 있도록 조치하였다(Haacke 2008).

남중국해 분쟁에서도 인도네시아의 중재자 역할이 두드러졌다 (Roberts 2005). 2012년 7월 아세안 외무장관 회의에서 당시 아세안 의장이었던 호 남홍(Hor Namhong) 외교부 장관(캄보디아)이 남중국해에 관한 아세안 공동 성명을 거부했을 뿐 아니라, 이 사건에 관하여 비밀리에 중국과 내통한 것이 밝혀지면서 당시 아세안 내부의 분위기가 급속도로 냉각되었다(Agence France Presse 2012). 이를 해결하고자 인도네시아 외무부 장관 나타레가와(Natalegawa)가 6조항 계획서 (six-point plan)를 발표하여 국가 간 분쟁을 중재하고자 노력한 바 있다(Emmerson 2012).

위의 사례들과 같이 인도네시아는 아세안의 지속성이 위협될 때마다 개입하여 사건들을 중재해 왔다. 캄보디아-태국 영토 분쟁 사례 또한 인도네시아의 이러한 사명감이 작용하였음을 알 수 있다. 아세안이 살아야 인도네시아도 살 수 있다는 생각을 가진 인도네시아로서는 아세안의 지속성을 보호하는 것이 당연한 일인 것이다. 수린 핏수완의 말처럼 "캄보디아-태국 분쟁이 악화되며 아세안에 대한 믿음을 깨고 있다"는 위기감은 인도네시아의 중재자 역할을 더욱 촉진하였다 (Pitsuwan 2011). 이러한 중재를 통해 인도네시아가 얻고자 한 이익은 군사력이나 경제력이 아닌, 규범적이고 공공외교적인 이익이라 할 수 있다.

인도네시아가 이러한 규범적, 공공외교적 이익을 추구했던 직접적인 이유는 다름 아닌, 동티모르 사태로 인해 추락한 인도네시아의 국제적 평판(reputation)을 회복하는 데 있었다. 인도네시아는 포르투갈로부터의 식민 지배에서 벗어난 동티모르를 강대국 견제를 도와주겠다며 1975년에 점령하였다. 1975-1999년 동티모르 점령 기간 동안 인도네시아는 동티모르에서 독립 운동을 저지하고, 인권을 탄압하면서 지지 국가들의 신뢰를 잃었다. 동티모르가 다국적군을 통하여 독립을 한 1999년에는 마침내 호주를 포함한 서방 국가들이 인도네시아의 무력 사용에 실망하며 동티모르에 지원군 파병을 결정했다(박광섭 2000). 인도네시아의 동티모르 점령은 아세안의 불개입 전통으로 인해 아세안 국가들 사이에서도 많은 비판을 받았다. 비록 동티모르가 아세안 국가는 아니었지만, 다른 국가의 주권을 침범하여 점령한 인도네시아가 달갑게 보이진 않았던 것이다.

　인도네시아도 이러한 국제 사회의 비난을 인지하여 10년이 지난 2008년 유도요노 대통령은 "당시 발생했던 일들에 대해 깊은 유감을 전한다."라며 과거 동티모르 사건을 언급한 바 있다(연합뉴스 2008). 따라서 인도네시아는 1990년대 동티모르 사태로 인해 무너진 신뢰와 위상을 회복하고자 규범외교를 추구하는 모습을 보여왔다. 캄보디아-태국 분쟁 역시 무너진 인도네시아의 위상을 회복할 수 있는 기회였다. 인도네시아는 태국 군정권이 불개입을 원한다는 것을 인지하였지만, 그럼에도 불구하고 인도네시아의 국제적 정체성을 다시 구축하기 위해 규범외교의 입장을 고수한 것이다(Yudhoyono 2005).

3. 인도네시아의 제도적인 성과: 독립, 레포르마시, G20

인도네시아는 1945년 네덜란드로부터 독립하였다. 수카르노 정권

(1945-1965)이였던 이 시기에는 식민지 역사가 끝난 지 얼마 안 되어 민족주의 감정이 매우 강했으며 강대국에 대한 반감과 우려도 막대했다. 냉전시기의 인도네시아는 자신이 약소국으로서 이용당할 것을 우려하여, 외교 기조를 미국과 소련 "두 암초들 사이에서 노를 저어가는" 것으로 정의한 바 있다. 이는 어느 강대국 편도 안 들며 생존할 것이라는 의지를 보여주는 것이었다. 또한 인도네시아는 "독립적이고 활발한 외교"를 천명하며, 강대국들 사이에서 자국의 주권을 우선으로 두고 적극적인 외교를 하겠다는 의미였다. 강대국들로부터의 독립에 방점을 두었던 수카르노 정권과는 달리, 수하르토 정권(1965-1998)은 인도네시아의 경제 발전에 집중하였다. 다른 국가들과는 달리 인도네시아는 한 국가를 택하지 않고 미국과 소련 두 국가 모두와 경제적인 협력을 하였다. 하지만 경제적인 관계를 추구하는 반면에 정치적인 일에는 관여하지 않았다. 일례로 인도네시아는 베트남전쟁 시 미국을 지지하지 않았고 동남아시아 지역에 외국 군부대를 허가하지 않았다. 그러한 경제적인 집중을 통하여 인도네시아는 1980년대 급격한 경제 성장을 이룩하였고, 경제력을 밑거름 삼아 더욱 적극적인 외교를 추구하였다. 서구 국가들과는 무역관계를 추구하였고, 지역국가들과는 지역 기구[1]들을 만듦으로써 지역 질서와 규범 강화를 통하여 자국을 강대국들로부터 보호하려고 하였다(Tan 2007).

하지만 수하르토 정권이 1998년 혁명를 통하여 무너지면서, 인도네시아는 '레포르마시(Reformasi)'라고 불리는 개혁의 시대로 들어선다. 레포르마시 혁명은 서구 민주주의 국가들과는 관계없이, 인도네시아 내부에서 민주주의 정권을 설립하고자 하는 세력들이 스스로 일으

---

1   Afro-Asian Conference, Islamic Conference, OPEC, Group of 77 등.

킨 것이었다. 민주주의를 설립한 후 6년 동안 국내 테러 문제, 종교 차별, 정치적 불안정 등으로 변화 과정을 겪으면서 인도네시아는 동남아 지역에서의 주도적인 역할을 행사하지 못했다. 그럼에도 불구하고 1999년 와히드 대통령과 2001년 메가와띠 대통령은 이러한 국내적인 변화 과정에서도 인도네시아가 자국의 외교와 경제를 위하여 위엄과 신뢰를 되찾아야 된다고 주장하였다. 국내의 불안정에도 불구하고 인도네시아는 지역 강대국과 국제 사회에의 활발한 참여국으로서의 정체성을 인식한 것이다. 마침내 2004년에 당선된 유도요노 대통령 정권 아래 인도네시아는 민주주의 국가로서 안정을 찾았고, 지역적 그리고 국제적으로 활발한 외교 활동을 펼치기 시작했다. 과거엔 없었던 인권보호 활동을 비롯한 각종 규범외교로 인도네시아의 지역적, 세계적 위상을 구축해 나갔다. 따라서 인도네시아는 동남아시아의 유일한 민주주의 국가라고 여겨지기도 했다(Freedom House 2010). 인도네시아는 세계에서 세 번째로 큰 민주주의 국가가 되었고, 무슬림 인구가 과반수인 국가들 중에서 가장 큰 민주주의 국가로 거듭났다. 레포르마시 시대를 통하여 인도네시아는 이슬람과 민주주의가 공존할 수 있다는 것을 보여준 것이다.

이렇게 2000년대 초반에 달성된 인도네시아의 민주주의는 경제적 부상을 이끈 중요한 국내정치적 기반이었다. 인도네시아는 1997년 아시아 금융위기로 큰 피해를 경험하였지만 2000년대 국가 경제 규모로는 27위로 2012년대에는 16위로 올라갔다(McRae 2014). 이는 동아시아에서 중국, 일본, 한국 다음으로 가장 큰 경제 규모를 갖고 있다는 뜻이다. 이러한 경제 성장에는 인도네시아 자국의 변화된 정권이 효율적으로 보유한 풍부한 자원과 거대한 노동인구가 큰 역할을 하였다(Elias and Noone 2011). 민주주의를 통해 경제적 부상을 통하여 외교

입지를 넓힌 인도네시아는 선진국과 개발도상국 사이에서 중재자 역할을 하기 시작하였고 주변 동남아 국가들의 경제 성장 표본이 되기도 하였다. 2008년부터 정식 G20 영구 회원국이 되면서 신흥 경제국으로 당당히 올라섰다. 인도네시아는 G20의 유일한 동남아 국가로서 G20에서 동남아의 목소리를 담당하고 있다. 그뿐만 아니라 인도네시아는 서구권 국가들이 장악하고 있는 G20의 이슬람 국가이기도 하다. 따라서 인도네시아야말로 국제 제도를 전략적으로 사용하는 동남아시아, 신흥 경제국, 그리고 이슬람 국가들의 대표라고 해도 과언이 아니다(Hermawan *et al.* 2011). 유도요노 대통령 또한 "인도네시아는 더이상 지난 60년간 불려 왔던 약소국이나 개발도상국이 아니며 나아가서 신흥 경제대국으로 발전해야 된다."라고 주장한 바 있다(Yudhoyono 2011).

　이러한 인도네시아의 식민지 독립 역사와 레포르마시 개혁은 인도네시아 중견국 외교의 국내정치적 기반이 되어 G20 가입을 용이하게 하였다. 특히, 2008년 개최된 발리 민주주의 포럼(Bali Democractic Forum: BDF)은 인도네시아가 동남아 국가들의 민주화 모델로 자리매김했음을 보여주는 자리였다. 이어지는 V절에서는 인도네시아가 이러한 자신감을 바탕으로 어떠한 네트워크 외교를 수행했는지 캄보디아-태국 분쟁 중재 사례를 통해 분석해 보겠다.

V. 네트워크 권력론 시각으로 보는 인도네시아의 프레아비히어 사원 중견국 외교

이 절에서는 앞서 살펴본 인도네시아의 관념, 이익, 제도가 어떻게 캄보디아-태국 간의 분쟁 중재 사례에서 드러났는지 살펴보겠다. 이를 위해 인도네시아의 중재 전략을 네트워크 권력론을 원용하여 분석하겠다. 네트워크 권력론은 II절에서 상술한 바와 같이, 네트워크상에서 발생하는 권력을 설계 권력, 위치 권력과 집합 권력 세 가지로 분류한다. 네트워크 권력론을 통해 인도네시아가 물질적 속성을 기반으로 하는 하드파워에만 의존한 것이 아니라, 행위자들이 구성한 네트워크에서 형성된 관계성을 바탕으로 소프트파워를 발휘하는 중재자였음을 보여주고자 한다(김상배 2014).

1. 설계 권력

아세안은 내부 분쟁들을 더 이상 국제기구에 맡기기 않고 내부적으로 해결하고자 분쟁 해결 메커니즘에 많은 수정을 가해 왔다. 이러한 경향을 주도했던 국가가 바로 인도네시아였다. 1967년 아세안이 설립될 당시 발표했던 아세안 선언(ASEAN Declaration)에는 어떤 평화적인 분쟁 해결 메커니즘 관련 조항도 없었다. 그러나 곧 아세안 내부에 다양한 분쟁들이 발생했기 때문에, 1971년 '지역 평화, 자유, 중립 선언(Declaration on the Zone of Peace, Freedom, and Neutrality)'을 발표했다. 이 선언은 유엔의 평화로운 국제 분쟁 해결을 인정하고 지지하는 것이었다. 이후 공표된 1976년 '아세안 화합 선언(Declaration of ASEAN Concord)'에서 회원국들은 "지역 내의 문제들은 오직 평화적인 과정에만 의존하여 해결"할 것을 선언하였고, 행동 방침은 "지역 내의 분쟁들을 평화적으로 최대한 빨리 해결"해야 한다는 것이었다. 같은 해인 1976년 체결된 동남아시아 우호조약(Treaty of Amity and Cooperation in Southeast Asia: TAC)에서는 평화적인 분쟁 해결을 아세안의 기본적인 원칙으로 정의하고, 회원국들에게 "무력 사용의 자제"와 "우호적인 협상"으로 분쟁을 해결할 것을 명시한다. 1987년도에 '향상된 분쟁해결 규약(Protocol for Enhanced Dispute Settlement Mechanism)'은 경제적인 분쟁들에 한하고, 해결이 안 되는 분쟁은 "아세안 경제부 장관들(ASEAN Economic Ministers)에게 제출하여 결의안을 받도록" 하였으며 회원국들은 그 결의안을 따르기로 하였다.

이러한 경향을 보면 아세안 내의 분쟁 해결 제도의 필요성을 직시한 인도네시아는 2000년대부터 이 제도를 만들기 위해 힘써 왔다. 인도네시아는 2000년대 초반부터 분쟁 해결과 관련된 제안들을 제시하기 시작했다. 예를 들면, 2004년 5월 인도네시아 요그야카르타주에서 열린 ASEAN 고위관리회의에서 인도네시아는 ASEAN 안보위원회(ASEAN Security Committee: ASC) 설립을 위한 70가지 이상의 제안들을 제시하였고 ASEAN 안보위원회라는 발상 또한 제시하였다. 하지만 ASEAN 고위관리회의에서 인도네시아의 제안들은 잘 받아들여지지 않았다. 논란이 많았던 제안들 중 하나는 ASEAN 회원국들의 지역 내 갈등이나 민주주의와 인권 보호를 위한 ASEAN 평화유지군(ASEAN peace keeping force) 설립 주장이었다. 하지만 이런 실패에 굴하지 않고 인도네시아는 같은 해 분쟁 해결 제안을 다시 한 번 시도하였는데, 결국에는 2004년 ASEAN 외무장관 회의(ASEAN Ministerial Meeting: AMM)에서 다른 국가 외무부 장관들과 함께 논란이 된 제안들을 제외시킨 ASC 행동계획을 성공적으로 타결하면서 아세안 행위자들의 입장을 고려하는 분쟁 해결 플랫폼을 만들었다.

그리고 이런 ASC 행동계획의 성공에 힘입어 인도네시아는 그런 분쟁 해결 제안들을 '아세안 헌장(ASEAN Charter)'에 삽입하고자 노력하였다. 2004년 회의에서 다른 아세안 국가들의 호의적 반응을 이

끌어 낸 인도네시아는 이에 힘입어 '아세안 헌장' 제8장에 '분쟁 해결 (Settlement of Disputes)' 항목을 포함시키는 데 성공하였다. 아세안 헌장은 2007년 제13회 정상회담(Summit)에서 서명되고 2008년부터 실행되었다. 이러한 노력은 미국이나 서방 강대국을 염두에 둔 것이기도 했다. 인도네시아는 이러한 담론의 생성을 통해 아세안 국가들의 분쟁에 강대국들이 개입하는 것을 방지하고자 한 것이다. 이러한 관념이 아세안 10개국 모두의 서명을 끌어내는 데 성공했고, 이를 통해 인도네시아는 아세안 국가들에게 "우리 문제는 우리끼리" 해결해야 함을 설득할 수 있었다.

아세안 헌장 제22항(Article 22)은 "아세안은 모든 아세안 협력 분야의 분쟁 해결 메커니즘을 설립하고 유지할 것이다."라고 명시한다. 제23항은 아세안 국가들 간의 분쟁은 동의된 시간 안에 해결해야 하고 필요하다면 아세안 의장에게 분쟁 해결 도움을 요청할 수 있다고 되어 있다. 또한 분쟁이 해결되지 않은 채 지속되면 이 분쟁에 대한 결정은 아세안 정상회담에서 모든 아세안 국가들이 어떻게 해결할지 함께 결정할 것을 규정하였다(ASEAN Charter 2007). 여기서 주목해야 할 점은 인도네시아의 이러한 노력이 있었기에, 프레아비히어 사원 영토 분쟁을 단순히 두 국가들만의 분쟁이 아니라 아세안 내 국가들 간의 분쟁으로 규정할 수 있었다는 사실이다.

다시 말해, 인도네시아가 주장한 대로 아세안 분쟁 해결 메커니즘을 구축한 것은 곧 인도네시아의 설계 권력으로 이어질 수 있었다. 인도네시아가 아세안이라는 네트워크 안에 아세안 차원의 분쟁 개입, 중재와 해결의 규칙과 원칙들을 심어 넣어 아세안 분쟁 네트워크 구조와 질서를 프로그래밍하는 과정 속에 인도네시아의 이익이 반영되었기 때문이다. 동남아시아 위기 그룹 프로젝트 감독인 델라-지오코

마(Della-Giacoma)가 "인도네시아의 리더십을 통해 아세안은 캄보디아-태국 분쟁 해결을 시도하면서 앞으로 있을 분쟁들을 해결하는 방법을 제시하였다."라고 언급하였듯이, 인도네시아가 아세안을 통해 언제든 아세안 회원국들의 문제에 간섭할 수 있는 근거를 마련한 것이다. 이것은 곧 인도네시아라는 설계자의 권력으로 나타나게 되었다. 이러한 설계 권력은 규범 외교의 일환으로 구현되기 때문에 물질적 권력의 행사보다 더욱 교묘하다는 특성이 있다.

2. 위치 권력

앞서 인도네시아가 주도하여 설계한 아세안의 조항을 바탕으로 인도네시아는 다른 국가들의 동의하에 캄보디아-태국 영토 분쟁을 중재하기 시작했다. 이것이 가능했던 이유는 인도네시아가 이미 형성해 놓은 담론 때문이었다. 이러한 담론 속에서 인도네시아는 스스로를 중재자로서 위치매김(positioning)하기 시작했다. 물론 아세안의 불개입·불간섭의 전통을 존중하는 모습을 보이고자, 이러한 자리매김을 조심스럽게 여긴 것은 사실이다(Wirajuda 2006). 그러나 이미 인도네시아 주도로 아세안의 분쟁을 아세안에서 처리하고자 하는 담론이 공식적으로 확산되었기 때문에, 캄보디아-태국 분쟁의 중재를 위해 선뜻 나서는 국가는 없었으나, 그렇다고 아세안 헌장이 없었던 때처럼 인도네시아의 중재에 반발하는 국가도 없었다. 그러나 아세안 헌장은 제2장 2문항 (e),(f),(k)[2]에서 아세안의 불개입 전통 지속의 중요성도 동시에

---

2   (e) non-interference in the internal affairs of ASEAN member states; (f) respect for the right of every Member State to lead its national existence free from external interference, subversion and coercion; (k) abstention from participation in any

명시하고 있다(ASEAN Charter 2007). 싱가포르 외무부 장관 조지 요 (George Yeo)는 당시 "평화적인 해결을 위한 아세안 내의 단체를 설립하자는 제안에 몇몇 장관들은 동의하였지만, 대부분의 장관들은 두 국가 간의 해결 과정을 지켜보자며, 단체를 만들자는 제안을 모두 받아들이지는 않았다."라고 언급한 바 있다(Yeo 2008).

양국 간의 무력분쟁이 심화되면서 사상자가 발생하자, 2011년 2월 14일 유엔 안전보장이사회(UN Security Council)는 영구적인 휴전을 권고하였다. 이때 안전보장이사회가 아세안이 나서서 휴전을 위해 노력해야 한다고 언급하였는데, 인도네시아는 바로 이 지점에서 유엔과 아세안을 연결해 주는 다리 역할을 자처한다(I.C.J. Reports 2013). 뿐만 아니라 미국과 중국 같은 다른 지역 국가들이 인도네시아의 중재를 지지하였기 때문에 인도네시아의 입지는 더욱 강해졌다(Singh 2011). 이러한 인도네시아의 입지는 유엔, 미국, 중국과 아세안 사이의 연결고리를 제공함으로써 발생했다고 볼 수 있다. 이는 네트워크의 위치 권력에 상응하는 것으로 인도네시아는 이러한 위치 권력을 통해 아세안의 지지 역시 이끌어 낼 수 있었다. 이는 "분쟁의 당사자들은 아세안 의장이나 사무총장에게 직권적인(ex-officio) 자격으로 조정, 중재, 화해를 통한 해결을 요청할 수 있다"는 아세안 헌장의 제23항을 따른 것이다.

아세안 의장국인 인도네시아의 주도하에 아세안 사무총장이었던 수린 핏수완은 2011년 2월 22일 아세안 외무부 장관들을 모아 태국과 캄보디아 두 국가들의 분쟁을 논의하고 일시적 휴전을 맺게 했다. 인

policy or activity, including the use of its territory, pursued by any ASEAN Member State or non-ASEAN State or any non-State actor, which threatens the sovereignty, territorial integrity or political and economic stability of ASEAN Member States.

도네시아는 캄보디아가 평화를 지킬 수 있도록 감시자들을 분쟁지역에 보내주기를 요청하여 제3자인 인도네시아의 중재를 통한 태국과의 협상을 이끌어 내고자 노력하였다. 이 과정에서 태국은 아세안 차원의 감시자는 허락한 반면 평화유지군은 허락하지 않았고, 제한된 중재자의 역할만을 받아들였기 때문에, 인도네시아의 역할은 결코 쉬운 것이 아니었다. 안타깝게도 인도네시아는 이 기회를 신속하게 이용하지 못했다. 행정 절차에 소요된 시간 때문에 인도네시아가 준비가 끝났을 즈음, 더 이상 인도네시아의 중재를 기다릴 수 없었던 캄보디아가 유엔 안보위원회에 손을 내밀었다. 유엔은 캄보디아의 요청을 받아들이며 태국을 도발했고, 태국 외무부는 태국 군부 측과 상의 없이 인도네시아 감시요원 배치에 합의하면서 인도네시아의 역할은 효과적인 분쟁 해결로 이어지지 못했다.

　태국 군부는 더 이상 아세안과 인도네시아의 개입을 원하지 않았다. 송키티 사령관은 "태국 외무부가 캄보디아, 인도네시아와 감시요원 파견에 대해 합의했지만 태국 군은 이 합의에 전혀 관여하지 않았다"며 "인도네시아 감시요원들이 프레아비히어 지역에 진입하는 것을 허용하지 않을 것"임을 선언하였다(연합뉴스 2011). 상황이 이렇게 되자, 캄보디아가 다시 인도네시아에 도움의 손길을 청했음에도 불구하고, 태국 군부의 완강한 반대로 인해 인도네시아는 처음 계획했던 중재자의 역할을 수행할 수 없게 되었다. 이로써 어렵게 얻어 낸 인도네시아의 위치 권력은 쇠퇴하고 말았다.

　그럼에도 불구하고 여기에서 한 가지 중요한 함의를 찾자면, 인도네시아의 위치 권력은 인도네시아가 아세안 내에서 인구와 경제 규모가 가장 큰 국가이기 때문에 얻어진 것이 아니라는 점이다. 즉, 인도네시아의 위치 권력은 인도네시아가 미국이나 중국과 같은 강대국 혹은 유엔과 같은 국제기구와 아세안을 이어주는 교두보이자, 아세안 내부의 분쟁국 사이의 구조를 파악하여 소통을 돕는 위치에 있으려고 노력했기 때문에 얻어진 것이다. 비록 이 분쟁을 성공적으로 해결하지는 못했지만 이렇게 국가 차원, 지역 차원, 글로벌 차원에서 나오는 위치 권력을 통하여 인도네시아가 중재자로서의 자기 정체성을 규정짓고 있다는 점에는 주목할 만하다.

3. 집합 권력

앞서 V-1항과 V-2항에서 서술했듯이 인도네시아는 캄보디아-태국 분쟁을 중재하기 위한 담론과 규범을 설계하였고, 그 프레임을 바탕으로 행위자들 사이에서 유리한 위치를 잡으며 위치 권력을 행사할 수 있었으나, 태국이 인도네시아의 중재를 거부하면서 성과를 얻지 못하였다. 이 일로 인도네시아는 캄보디아-태국 분쟁을 중재하는 것은 자국 혼자로서는 쉽지 않다는 것을 깨닫고 보다 효과적인 중재를 위해서 집합 권력을 키우고자 마음을 먹게 된다. 집합 권력은 혼자서는 불가능하지만 다른 행위자와 함께라면 가능해지게 되는 힘을 뜻하는데, 이러한 네트워크를 구축한 행위자가 그렇게 하지 못한 행위자에게 행사하는 권력이기도 하다. 인도네시아는 이러한 집합 권력을 구축하기 위해 캄보디아-태국 분쟁 네트워크에 위치한 다른 행위자들과 더욱 돈독한 관계를 형성하고자 노력하였다. 이는 곧 인도네시아의 소프트파워로 이어질 것이기 때문이었다.

상술한 대로, 인도네시아는 아세안 국가들을 결집시킴으로써 집합 권력을 형성하길 원했다. 2004년 인도네시아의 의견을 내세운 당시 아세안 협력 장(Acting Director General for ASEAN Cooperation)

이였던 마티 나타레가와(후에는 인도네시아의 외무부 장관)는 "아세안 회원국들이야말로 서로를 제일 잘 알기에 아세안 국가들이 아세안 평화유지단의 참여를 통해 분쟁을 해결할 수 있는 기회를 주어야 한다."라고 하였지만 결과는 미지근했다(ABC News 2004). 아세안 국가들의 반대가 없었다는 것은 의미 있는 진전이고 아세안 헌장에 서명했기 때문에 인도네시아와 뜻이 같았다고 생각할 수 있었으나, 인도네시아와 같은 뜻을 명확하고 당당하게 내세우며 함께 하며 '내 편'이 되어 줄 아세안 국가는 없었던 것이 사실이다(ASEAN 2004). 대부분의 아세안 국가들은 양국 간의 문제이니 두 국가가 해결하는 편이 낫다고 생각하였고 아세안이 개입하더라도 두 국가들의 동의하에 개입을 원하였다.

그렇다고 해서 인도네시아가 아세안이 아닌 다른 국가들의 도움을 받을 수도 없었다. 아세안 헌장을 설립할 때도 주장하였듯이 인도네시아는 아세안이 아닌 다른 국가들이 아세안 회원국들 간의 문제에 개입하는 것을 꺼렸다. 나아가 인도네시아는 전통적으로 강대국들을 견제했기 때문에 강대국들과는 집합 권력을 공유하길 원치 않았다. 같은 맥락에서 강대국이 아닌 국가들에게도 견제를 하였다. 아세안의 회원국이 아닌 국가들에게 중재를 할 수 있는 권력을 부여하기에는 위험 부담이 너무 컸던 것이다. 자국의 이익 없이 규범적인 이유로 중재에 나설 만한 국가는 없었기에 인도네시아는 아세안 회원이 아닌 다른 국가들을 통한 집합 권력 형성을 기대하기 어려웠다.

이때 인도네시아에게 집합 권력을 실어 준 행위자는 다름 아닌 국제기구 유엔이었다. 인도네시아는 오랜 기간 유엔과의 관계를 우호적으로 지속해 왔다. 예를 들면 인도네시아는 유엔 평화 유지군 참여를 세계에서 17번째로 많이 한 국가이고, 유도요노 대통령은 이 기세를 몰아서 인도네시아를 10번째로 참여도 높은 국가로 만들겠다고 다짐한 바 있다. 그리고 2014년 1월 31일을 기준으로 볼때 인도네시아는 1,697번이나 유엔 평화 유지군에 참여하며 아세안 국가들 중에서 그 횟수가 압도적으로 가장 많다.[3] 유엔과의 전략적인 관계 유지를 통하여 인도네시아는 캄보디아-태국 분쟁의 중재자로서 유엔의 지지를 얻을 수 있었다.

인도네시아의 분쟁 해결 노력과 유엔 평화 유지군 참여를 높게 평가한 유엔은 2008년 당시 아세안 의장이었던 인도네시아를 인정하고 분쟁을 중재할 수 있도록 적극적으로 밀어주기 시작했다. 유엔은 캄보디아와 태국이 그 지역에 파견된 인도네시아 감시자들과 협조하기를 다음과 같이 명시하였다. "양국 모두 아세안을 통하여 들어간 협력을 지속해야 하며 특히 아세안이 선정한 목격자들에게 임시의 비무장 지대를 접근할 수 있게 협조하여야 한다."(ICJ 2013). 여태까지 유엔이 아세안 의장국을 지지해 준 사례가 단 한 번도 없다는 것을 염두에 둔다면 이는 인도네시아 외교 전략의 성공적인 성과라고 볼 수 있다. 그뿐만 아니라 아세안 헌장 제2장 2문항(j) 부분에도 유엔에 대한 언급이 있다는 사실을 고려한다면, 아세안 모든 국가들에게도 인도네시아의 입지는 커질 수밖에 없었다.

이렇게 인도네시아가 유엔과 아세안 10개국 모두의 지지를 받음으로써 집합 권력을 발휘한 결과, 인도네시아는 캄보디아와 태국 사이에 중재자로 참여할 수 있었다. 그러나 영토 주권의 해결은 유엔 차원에서 결정이 났다. 인도네시아의 중재 노력이 해결로 이어지지는 못한 것이었다. 그럼에도 불구하고 인도네시아는 유엔과의 네트워크를 구축한 행위자로서 집합 권력에 있어 다른 국가들보다 우위에 있을 수

---

3   2위로는 말레이시아가 909번의 참여횟수를 갖고 있다.

있었다. 인도네시아는 유엔이라는 비국가 행위자와의 우호적 관계를 형성함으로써, 혼자서는 할 수 없는 일을 하는 힘을 기른 것이다. 인도네시아의 이러한 집합 권력을 인구나 군사력이나 경제력 같은 하드파워 자원에 의존한 권력으로 보는 근대적 시각을 넘어서 보상과 설득 및 협력을 형성하는 소프트파워 전략이 중요하다는 것을 보여준다. 집합 권력은 네트워크를 구축하기 위해 내 편을 많이 모아야 하는데 인도네시아가 보여준 사례는 얼마나 많은 관계를 구축하느냐보다 얼마나 튼튼하게 그 관계를 지속할 수 있는지가 중요함을 보여줬다고 할 수 있다.

VI. 결론

이 글이 다룬 프레아비히어 사원 영토 분쟁은 아세안의 의장이었던 인도네시아가 두 아세안 국가 간의 분쟁을 중재하고 해결하려 한 첫 시도로서 주목받을 만하다. 아세안 사무총장 수린 핏수완이 "이때까지 단 한 번도 아세안의 외무부 장관들이 만나서 다른 국가들 간의 문제에 대해 대화를 한 적이 없었다. 우린 역사를 새로 썼다."(The Jakarta Post 2011)라고 할 정도로 큰 발자취를 남긴 사건이었다. 인도네시아의 중재 노력이 아무런 효과도 거두지 못한 것은 아니었다. "유엔은 아세안의 헌장에 분쟁 중재와 해결 문구가 있기에 아세안 차원에서 분쟁 해결 시도를 할 수도 있다는 걸 알면서도 아직까지 자신에게 온 사건을 아세안으로 넘긴 적은 없었다."라고 하며 이번에 처음으로 유엔이 자신에게 들어온 사건을 아세안에게 넘긴 걸 중요하게 보며 인도네시아의 노력으로 얻은 아세안의 국제 사회에서의 위상을 대단하게 보았다(The Jakarta Post 2011). 프레아비히어 사원 영토 분쟁은 2013년 유엔 국제사법재판소에서 프레아비히어 사원 영토가 캄보디아 소유라고 판결함으로써 끝이 맺어졌다. 그러나 아세안 국가들 사이에서 국가 간 분쟁 중재의 중요성과 필요성을 보여준 최초의 사례로서 중요하다.

프레아비히어 사원 영토 분쟁 중재 사례는 인도네시아가 21세기에 들어서면서 국내 하드파워 속성에만 의존하지 않고 소프트파워인 네트워크 구축을 통하여 이룬 결과이기 때문이다. 인도네시아는 강대국이나 서방국들이 메울 수 없는 아세안 국가들 간의 분쟁의 구조적 공백을 정확하게 파악하고 메우는 중견국 외교 과정에서 네트워크 전략을 활용하였기 때문에 이 사례를 분석하기 위해선 네트워크 시각을 원용한 분석이 필요했다. 인도네시아가 이 사례에서 한 중재자 외교는 V절에서 보여준 세 가지의 네트워크 권력론으로 분석된다. 이는 지역적 패권국이지만 국제적 중견국인 인도네시아가 자국의 이익을 넘어서 자국이 회원국인 아세안 지역의 이익도 중요시한다는 것을 보여주는 사례이기도 하다.

무엇보다 이 사례가 중요한 이유는 프레아비히어 사원 영토 분쟁은 아세안이 1967년 8월 8일에 설립된 이후 처음으로 있었던 아세안 국가들 간 큰 규모의 무력 분쟁이었고, 이는 아세안의 지속성을 위협할 만한 사례이였기 때문이다. 이러한 중요한 시기에 인도네시아가 아세안 의장으로서 아세안의 불개입 전통에도 불구하고 개입하여 중재하였고 이는 다른 아세안 국가들뿐만 아니라 국제기구인 유엔의 지지를 받아내기도 하였다. 이 사례는 2008년 12월 15일에 실행된 아세안 헌장, '모든 10개의 회원국들에게 법적 구속력이 있는 합의'에 명시된 제8장 '분쟁처리(Settlement of Disputes)'를 전략적으로 이용한 사례이다. 그리고 아세안이 불개입 전통보다 지역의 안보를 중요시하는 것

을 보여주며 인도네시아가 나서서 중견국으로서 동남아 지역 안보질
서를 세우는 데 큰 역할을 한 것이다. 이 사례가 중견국 외교에 주는
함의는 크다. 이런 구조적 공백이 있는 분쟁 상황에서는 중견국들이
할 수 있는 역할이 클 것이다. 그럼 한국이라는 중견국이 인도네시아
처럼 나서서 분쟁을 중재할 수 있을까? 인도네시아는 지역의 패권국
이었지만 그 어느 강대국과도 연관되지 않은 반면에 한국은 경제 규모
로서는 지역에서 높은 위치를 차지하지만 패권국까지는 아니며, 군사
동맹관계를 맺고 있는 강대국 미국과 연관된다. 물론 두 국가의 차이
가 많고 사례의 구조나 행위자들이 다르지만 인도네시아의 사례를 한
국에 적용시켜보는 것도 흥미로울 듯하다.

참고문헌

김상배. 2014. 『아라크네의 국제정치학: 네트워크 세계정치이론의 도전』. 한울아카데미.

박광섭. 2000. "동티모르 사태를 둘러싼 UN과 각국의 이해관계." 『사회과학연구』 19, pp.145–190.

양승윤. 2006. "연구논문 (국문): 동남아의 역내갈등: 인도네시아–말레이시아 영토분쟁을 중심으로." 『아시아연구』 9(2), pp.219–246.

연합뉴스. 2008. "인니 대통령, '동티모르 학살사건' 유감 표명." 2008.7.15.

_____. 2011. "태국군, 국경 분쟁 지역 제3국 감시요원 배치 거부." 2011.4.16.

이선진. 2014. "ASEAN 외교." 특강. 2014.12.12.

ABC News. 2004. "Indonesia Proposes South-East Asian Peacekeeping Force." February 21, 2004.

Acharya, A. 2001. *Constructing a Security Community in Southeast Asia: ASEAN and the Problem of Regional Order*. London: Routledge.

Agence France Presse. 2012. "ASEAN Struggles for Unity over South China Sea." July 12, 2012.

Aisarieva, Almagul. 2012. "ASEAN and Security Institutions: Focusing on the ASEAN Regional Forum and the ASEAN Political-Security Community." *Diss*. Pacific University.

Ali, Mushahid and Yang R. Kassim. 2011. "Towards an ASEAN Vision Beyond 2015: Outcome of Jakarta Summit." *RSIS*. RISIS Publications. May 10, 2011.

Anwar, D. F. 1994. *Indonesia in ASEAN: Foreign Policy and Regionalism*. New York, NY: St. Martin's Press.

_____. 2003. "Key Aspects of Indonesia's Foreign Policy." In *Indonesia: Foreign Policy and Domestic Politics*, p.4. Singapore: ISEAS.

ASEAN Secretariat. 2009. "ASEAN Documents Series 2008."

_____. 2014. "Overview." *Association of Southeast Asian Nations*. January 1, 2014.

BBC News Asia. 2013. "Preah Vihear Temple: Disputed Land Cambodian, Court Rules." BBC. November 11, 2013.

Burt, Ronald S. 1992. *Structural Holes: The Social Structure of Competition*. Cambridge, MA: Harvard University Press.

Caballero-Anthony, M. 2005. *Regional Security in Southeast Asia: Beyond the ASEAN Way*. Singapore: Institute of Southeast Asian Studies.

Centre for International Law. 2011. "Dispute Settlement in ASEAN." November 4, 2011.

Chachavalpongpun, Pavin. 2013. "Thai-Cambodian Conflict: The Failure of ASEAN's Dispute Settlement Mechanisms." *Asian Journal of Peace building*, 1(1), pp.65–86.

Cooper, Andrew F., Richard A. Higgott, and Kim Richard Nossal. 1993. *Relocating Middle Powers: Australia and Canada in a Changing World Order.* Vancouver: UBC Press.

Darmosumarto, Santo. 2009. "Indonesia: A New 'middle Power'." *The Jakarta Post.* October 30, 2009.

Della-Giacoma, Jim. 2011. "Waging Peace: ASEAN and the Thai-Cambodian Border Conflict." International Crisis Group. Speech.

Elias, Stephen and Clare Noone. 2012. "The Growth and Development of the Indonesian Economy." *Labour.*

Emmers, Ralf. 2005. "Regional Hegemonies and the Exercise of Power in Southeast Asia: A Study of Indonesia and Vietnam." *Asian Survey,* 45(4), pp.645-665.

Emmerson, D. K. 2012. "Is Indonesia rising? It depends." In A. Reid (ed.). *Indonesia Rising: The Repositioning of Asia's Third Giant,* pp.49-76. Singapore: Institute of Southeast Asian Studies.

_____. 2012. "Indonesia saves ASEAN's face." *Asia Times.* July 24, 2012.

Freedom House. 2010. "Freedom in the World – Indonesia (2010)."

Goddard, Stacie E. 2009. "Brokering Change: Networks and Entrepreneurs in International Politics." *International Theory,* 1(2), pp.249-281. Cambridge University Press.

Haacke, Jurgen. 2002. *ASEAN's Diplomatic and Security Culture.* London: Routledge.

_____. 2008. "ASEAN and Political Change in Myanmar: Towards a Regional Initiative." *Contemporary Southeast Asia,* 30(3), p.371.

Hatta, Muhammad. 1948. "Mengayuh di antara Dua Karang." Speech. September 2, 1948.

Haywood, Holly. 2011. "Examining ASEAN Capacity in the Context of the Thai-Cambodian Border Dispute." NTS Alert 1.

Hermawan, Yulius P. *et al.* 2011. "G-20 Research Project: The Role of Indonesia in the G-20: Background, Role and Objectives of Indonesia's Membership." *Friedrich-Ebert-Stiftung.*

Holbraad, Carsten. 1984. *Middle Powers in International Politics.* London: Macmillan.

International Court of Justice. 1962. "Case concerning the Temple of Preah Vihear (Cambodia v. Thailand)." Merits, Judgement of 15 June 1962: I.C.J. Reports 1962, p.6. United Nations. June 15, 1962.

_____. 2011. "Request for Interpretation of the Judgment of 15 June 1962 in the Case concerning the Temple of Preah Vihear (Cambodia v. Thailand)." Provisional Measures, Order of 18 July 2011: I.C.J. Reports 2011, p.537. United Nations. July 18, 2011.

_____. 2013. "Request for Interpretation of the Judgment of 15 June 1962 in the Case concerning the Temple of Preah Vihear (Cambodia v. Thailand)." Judgement: I.C.J. Reports 2013, p.281. United Nations. November 11, 2013.

Jayangakula, Kitti. 2013. "The Impacts of the Temple of Preah Vihear Case Towards the ASEAN Community."

Jordaan, Eduard. 2003. "The Concept of a Middle Power in International Relations: Distributing between Emerging and Traditional Middle Powers." *Politikon*, 30(2), pp.165–181.

Kraft, Herman Joseph S. 2011. "Establishing Good Security Sector Governance in Southeast Asia." Asian Security Initiative Policy Series.

Leifer, Michael. 1983. *Indonesia's Foreign Policy*. London: Allen & Unwin.

_____. 1989. *ASEAN and the Security of South-East Asia*. London: Routledge.

Liow, J. C. and R. Emmers (eds.). 2006. *Order and Security in Southeast Asia: Essays in Memory of Michael Leifer*. London: Routledge.

McRae, Dave. 2014. "The 2014 Indonesian Elections and Australia-Indonesia Relations." Center for Indonesian Law, Islam and Society.

Mulyasari, Tri and Nanang Pamuji Mugasejati. 2013. "Indonesia Sebagai Mediator Terhadap Konflik di Negara-Negara Anggota ASEAN (Studi Kasus Konflik Perbatasan Kamboja dan Thailand)." *Diss.* Universitas Gadjah Mada.

Nexon, Daniel and Thomas Wright. 2007. "What's at Stake in the American Empire Debate?." *American Political Science Review*, 101(2), pp.253–271.

Nexon, Daniel. 2009. *The Struggle for Power in Early Modern Europe: Religious Conflict, Dynamic Empires, and International Change*. Princeton: Princeton University Press.

Pitsuwan, Surin. 2011. "Remarks by Dr. Surin Pitsuwan, Secretary-General of ASEAN, at the ASEAN Secretariat staff workshop on methods of stakeholder involvement in building an ASEAN Community." March 24, 2011.

Roberts, Christopher B. 2005. "China and the South China Sea: What Happened to Asean's Solidarity?." Institute of Defence and Strategic Studies.

Singh, L. P. 1962. "The Thai-Cambodian Temple Dispute." *Asian Survey*, pp.23–26.

Sothirak, Pou. 2013. "Cambodia's Border Conflict with Thailand." *Southeast Asian Affairs*, pp.87–100.

Sukma, Rizal. 2008. "Thai-Cambodia Row a Slap in The Face of ASEAN Charter." *The Jakarta Post*. PT. Niskala Media Tenggara, October 21, 2008.

_____. 2012. "Domestic politics and international posture: constraints and possibilities." In A. Reid (ed.). *Indonesia Rising: The Repositioning of Asia's Third Giant*, pp.77–92. Singapore: Institute of Southeast Asian Studies.

Tan, Paige Johnson. 2006. "Indonesia's Agenda at the UN Security Council." Interview with Hasan Kleib, Indonesia's Ambassador/ Deputy Permanent Representative to the United Nations. *The Jakarta Post*. November 28, 2006.

_____. 2007. "New Security Thinking in East Asia: Navigating a Turbulent Ocean: Indonesia's Worldview and Foreign Policy." *Asian Perspective*, 31(3), pp.147–181.

Thai Press Reports. 2006. "Indonesia Plans to Send Peacekeepers to Lebanon."
    September 6, 2006.

The Bangkok Post, July 4–5, 1962 from Singh, L. P. "The Thai-Cambodian Temple
    Dispute." *Asian Survey*, 2(8), pp.23–26.

The Jakarta Post. 2004. "Foreigners Scheming to Break Up RI: TNI." January 6, 2004.

_____. 2011. "ASEAN Secretary-general Cites Progress in Thai-Cambodia Resolution."
    PT. Niskala Media Tenggara. May 4, 2011.

Wain, Barry. 2004. "ASEAN-Jakarta Jilted." *Far Eastern Economic Review*. June 10, 2004.

Waltz, Kenneth N. 1979. *Theory of International Politics*. New York: Random House.

Widyaningsih, Erlina and Christopher B. Roberts. 2014. "Indonesia in ASEAN: Mediation,
    Leadership, and Extra-mural Diplomacy." *National Security College Issue Brief*, 13,
    pp.105–116. Australian National University.

Wirajuda, Hassan. 2006. "Keynote Address at the 2nd Roundtable Discussion on Human
    Rights in ASEAN: Challenges and Opportunities for Human Rights in a Caring and
    Sharing Community." Department of Foreign Affairs(Indonesia). December 18,
    2006.

_____. 2006. "Statement by H. E. Dr. N. Hassan Wirajuda, Minister for Foreign Affairs of
    Republic of Indonesia at the 61st Session of the UN General Assembly, New York."
    Department of Foreign Affairs(Indonesia). September 25, 2006.

Xinhua. 2006. "Indonesia Becomes UNSC Member." October 17, 2006.

Yeo, George. 2008. "Statement by Minister for Foreign Affairs George Yeo Singapore."
    July 22, 2008.

Yudhoyono, Susilo Bambang. 2005. "Let Us Build a New Strategic Partnership between
    Asia and Africa." Remarks at the opening of the Asia-Africa Summit, Jakarta.
    Transforming Indonesia, p.319.

_____. 2005. "An Independent and Active Foreign Policy for the 21st Century."
    Transforming Indonesia: Selected International Speeches, p.390.

_____. 2006. "Let's Try to Get Beyond Caricatures." *International Herald Tribune*.
    February 10, 2006.

_____. 2006. "Shared Responsibility for Common Prosperity." Statement to the
    Nonaligned Summit. September 15, 2006.

_____. 2011. "Let Us Make ASEAN Matter to Our People." *The Jakarta Post*. July 21,
    2011.

제2부

지역협력과 중견국 외교

제4장

동아시아 금융통화협력과 아세안의 역할: 중견국 외교론의 시각

이나형

이 장은 21세기 네트워크 국가의 미들파워 외교의 사례로서 역내 금융통화협력제도의 형성 및 발전 과정에서 아세안의 역할에 대해 다루었다. 아세안은 역내에서 가장 높은 발전을 이룬 CMIM의 다자화 과정에서 결과적으로 동남아시아 국가들에게 좀 더 많은 유동성을 확보할 수 있도록 할 뿐 아니라 제도를 설계하는 데 있어서 동남아시아 국가들에게 유리한 조건을 만들어 가는 역할을 담당하였다. 이와 같은 결론은 아세안이 개별 국가 차원(nation state)을 넘어서 네트워크 국가(network state)의 모습으로 국가의 대외정책이라는 차원에서 여러 국가가 함께 네트워크를 구사하여 획득한 공동의 비전이자 아세안의 괄목할 만한 외교 전략 수행의 결과물이라 할 수 있다. 또한 이와 같은 아세안의 역할 및 활동은 구조적인 빈틈에 들어가 세를 모으고 새로운 설계를 하여 네트워크를 쳐 나가는 중견국의 외교에 해당하는 것으로 21세기 네트워크 외교라 할 수 있다. 따라서 네트워크 이론을 원용하여 아세안이 구조적 공백을 찾아 10개 국가의 협업외교를 통해 얻은 집합권력으로 자신의 위치를 자리매김하고 이를 통해 획득한 위치권력으로 제도를 설계하고 구축하는 데 있어 구조권력을 행사하는 과정을 보여주고자 한다. 이는 아세안이 역내 금융통화협력제도를 구축하고 형성하는 데 있어 중견국가가 보일 수 있는 중개자, 소집자, 설계자의 면모를 훌륭하게 보여주었음을 의미하며 제3세대 중견국가의 외교 전략의 방향에 유용한 도움을 줄 수 있음을 제시하고자 한다.

I. 머리말

21세기 탈냉전 국제정치에서 가장 눈에 띄는 현상 중에 하나는 세계화가 진행되는 가운데 동시에 지역화가 진행된다는 것이다. 탈근대 이후, 이러한 지역정치 차원에서 연합하여 초국가적 단위체 혹은 정부 간의 협의체의 형태로서 근대국가의 주권 및 영토적 속성을 넘어선 하나의 거버넌스의 모습으로 확장되고 있는 지역 차원의 협력체들의 모습이 활발하게 나타나고 있다. 유럽연합과 아세안은 지역 차원에서 통합되고 있는 지역화의 좋은 사례이며 특히 유럽연합에 대한 하나의 거버넌스로서 이해하고자 하는 학계의 노력이 뜨겁다. 반면 아세안은 유럽연합에 비해 통합의 수준이나 국제정치에 행사하는 영향력 제고는 미흡하나 최근 들어 회원국들 간의 긴장과 격차를 효과적으로 잘 관리한 성공적인 개발도상국의 지역모델로 평가받고 있다(Dosch and Mols 1998).

아세안은 가끔 유럽연합과는 대조적으로 지역협력체로서 아세안의 운영체제가 갖고 있는 한계 및 발전 가능성에 대해 비판을 받고 있다. 즉, 유럽연합은 법적 힘을 가지는 협정을 통하여 연합과 회원국의 관계 및 회원국 간의 협력활동을 유지하는 반면 아세안은 회원국 간의 국가주권에 대한 존중과 상호내정불간섭의 원칙, 비공식적 외교, 합의에 의한 정책결정 등 아세안 방식(ASEAN way)이라 총칭되는 방법으로, 하나의 지역 협력체로서 법적 의무를 부과하지 않는 비공식적인 이해를 통해 협력을 하는 것이다(Severino 2001).

그러나 기존의 전통적인 국제정치이론의 시각에서 유럽연합과의 단순한 대조로 아세안의 운영체제나 방식, 역할을 평가하기에는 통합 과정 속에서 국가들 간의 상호작용 패턴 및 정책적 메커니즘의 역학적 관계를 설명하는 데 있어 많은 한계점을 지니고 있다. 즉, 아세안연합을 궁극적으로 어떠한 정치체로 보아야 할 것인가에 대한 기존의 전통적인 국제정치이론의 시각을 보완해 줄 수 있는 새로운 틀이 요구되는 것이다. 이에 대한 하나의 대안으로 이 글에서는 네트워크 이론의 관점에서 아세안 연합을 네트워크 국가이론을 통해 설명하고 본 사례를 통해 설명할 아세안의 지역 내 강대국을 조율하는 역할 및 외교정책을 통해 제3세대 중견국가에게 유용한 도움을 제시하고자 한다.

또한 이와 더불어 한 가지 흥미로운 현상 중에 하나는 강대국들이 세계화를 둘러싼 주도권 쟁탈의 권력정치의 영역에 관심을 보이는 반면 강대국들에 비해 상대적으로 국력이 떨어지는 국가들은 지역화를 둘러싼 지역정치에 더 많은 관심을 갖고 있다는 것이다. 즉, 국력이나 외교력 면에서 강대국의 반열에는 오를 수 없지만 약소국보다 상대적으로 우월하고 또한 적극적인 외교정책을 수행할 의지와 정체성을 보이는 중견국가들, 즉 미들파워(middle power)의 역할을 하는 국가 혹은 국가를 넘어선 국제정치상의 다양한 행위자들이 지역 차원에서 강대국들이 소홀한 구조적 공백을 발견하고 자신들만의 외교적 틈새를 찾으려는 경향이 강해진 것이다.(Cooper *et al.* 1993, 1997; Hocking 1997)

　그러나 이러한 중견국가들의 적극성에도 불구하고 지역협력이 일어나는 과정에서 그들 국가나 행위자들이 담당하는 역할에 대한 체계적인 연구는 많지 않다. 특히 동아시아의 경우 유럽통합에 있어서 서구 문화의 협력의 경험, 즉 국력이나 발전 수준 면에서 큰 수준 차이가 없는 국가들 간의 통합과 협력 경험과는 달리 구성원 간의 국력이나 발전 수준 면에서 그 격차가 큰 형태를 이루고 있기에 그 격차를 메꿔줄 역할을 하는 중간적 위치에 있는 중견국가의 역할이 매우 중요하다(최영종 2009, 2011). 더구나 동아시아는 19세기 일본의 식민경험에 의해 한·중·일 간에 좁히기 힘든 역사적 배경이 존재하는 지역이다. 그리하여 지역 내 협력을 끌어내는 데 있어, 이들 삼국 간에는 항상 정치적으로 서로를 신뢰하기 힘든 문제가 발생할 수 있고 이러한 분쟁들로 인해 언제든 협력은 와해될 가능성이 있다. 따라서 동아시아의 협력의 과정에 있어 이들 간에 발생할 수 있는 관계의 단절을 연결 및 조율해 줄 수 있는 매개자의 역할이 매우 중요하다. 그러한 매개자의 훌륭한 표본으로, 아세안연합(이하 아세안)은 동아시아 지역 내 이러한 관계의 단절 및 공백을 탐색하고 그 사이에서 촘촘하고 구성진 네트워크 전략으로 자신의 위치를 자리매김하고 그를 활용해 자신들에게 유리한 국익을 달성한 제3세대 중견국가의 모범적인 외교를 보이고 있으며, 그 대표적인 사례가 바로 동아시아 금융통화협력의 가시적인 결과물인 CMIM이다.

　동아시아 지역 내 금융통화협력의 과정은 1997년 아시아 외환위

기 이후 아세안 국가와 중국, 한국, 일본 간에 맺어졌던 CMI 제도에
논의의 연장선에서 출발하여 2009년 발리에서 최종 CMIM의 합의안
이 도출된 이후 2010년 발효가 되어 한 번의 개정과정을 거쳐 현재에
이르렀다. 동아시아 지역 내 금융 및 통화협력은 치앙마이합의(이하
CMI), 치앙마이 이니셔티브 다자화(이하 CMIM), 아시아채권시장발전
방안(이하 ABMI), 그리고 역내 감시체계(이하 AMRO)를 통해 발전해
오고 있는데 제도의 형성 및 발전과정에서 중국, 일본 그리고 미국이라
는 주요 강대국 간의 경쟁이 경제제도의 발전 과정 속에서 매우 극적으
로 전개되는 가운데 아세안 국가들이 자신들의 국익을 달성하기 위해
세 대국들을 향해 주도적이고 적극적인 대외활동전략을 취하였다.

아세안 국가들의 이러한 활동은 아세안 국가들이 겪었던 대내·외
적인 국제정치경제의 구조적 환경의 변화에서 비롯되었다. 아세안국가
들은 80년대 이후부터 동아시아 외환위기 전까지 역내 경제협력의 실
패와 좌절의 경험을 통해 축적된 교훈과 외환위기 당시 겪었던 미국과
IMF를 필두로 하는 글로벌 금융질서와 강대국 중심의 거버넌스체제에
대한 깊은 회의감과 불신의 경험에 근간하여 역내 금융통화협력제도의
형성 과정에 뛰어들게 되었다. 이 과정에서 아세안 국가들은 개별국가
로서 주변 강대국을 대하는 데 한계를 느끼게 되고 이에 10개의 국가
들이 모인 연합의 형태로서 세를 모아 들어가 한·중·일과의 제도 설
계의 과정에 있어서 아세안에게 유의미한 결과물을 도출하게 되었다.

아세안은 역내에서 가장 높은 발전을 이룬 CMIM의 다자화과정
에서 결과적으로 동남아시아 국가들에게 좀 더 많은 유동성을 확보할
수 있도록 할 뿐 아니라 제도를 설계하는 데 있어서 동남아시아 국가
들에게 유리한 조건을 만들어가는 역할을 담당하였다. 이와 같은 결
론은 아세안이 개별 국가차원(nation state)을 넘어서 네트워크 국가

(network state)의 모습으로 국가의 대외정책이라는 차원에서 여러 국가가 함께 네트워크를 구사하여 획득한 공동의 비전이자 아세안의 괄목할 만한 외교 전략 수행의 결과물이라 할 수 있다. 또한 이와 같은 아세안의 역할 및 활동은 구조적인 빈틈에 들어가 세를 모으고 새로운 설계를 하여 네트워크를 쳐나가는 중견국의 외교에 해당하는 것으로 21세기 네트워크 외교라 할 수 있다.

그러한 아세안 국가들의 외교 전략을 연구하는 것은 그간 국제 사회 내 규칙 수용자로서의 역할에 한정되어 있던 중견국가들의 대외 정치·경제정책 및 새로운 국제금융 및 통화협력 질서 구축의 방향을 설정하는 데 큰 함의를 제공한다. 따라서 이 글은 아세안 국가의 외교 전략에 대한 연구로서 '동아시아 지역금융제도가 발전하는 과정에서 어떻게 아세안은 동북아 국가들에 비해 상대적으로 국력이 열악함에도 불구하고 아세안 국가들에게 유리한 결과를 도출할 수 있었는가?'라는 연구 질문을 설정하고 이를 네트워크 이론을 통해 검증하고자 한다.

앞서 제기한 연구 질문에 대해 기존의 이론들을 검토해 본 결과, 상대적으로 동북아시아에 위치한 국가들에 비해 외적인 구조적 제약이 있음에도 불구하고 아세안이 주도하여 그들의 국가이익에 부합하게 결과를 획득하는 현상을 잘 담아 내지 못한다는 한계를 갖고 있었다. 이러한 연구들은 아세안 국가의 대외전략을 현실주의적 관점에서 견제추구(Roy 2005: Acharya 1997: Ross 1999) 혹은 자유주의적 관점에서 제도협력이라는(Acharya 2002: Jones and Smith 2007) 이분법적 논쟁으로 다루고 있는데 현실주의적 관점에서 견제로 보는 학자들은 동남아시아가 중국에 대항하여 견제하거나 혹은 중국에게 편승하는 것으로 설명한다. 반면, 자유주의적 관점에서 제도협력을 추구하는 것으로 설명하는 학자들은 아세안이 주도하는 제도가 지역안보 공동체

를 향해 전진하고 있다며 발전적으로 보거나 혹은 강대국의 이익에 부
합하는 방식으로 구성되고 있다고 설명한다.

　이러한 연구들은 금융 및 통화협력의 이슈에서 첫째, 아시아 외환
위기 당시 중국 금융의 위상은 동아시아 지역 안에 미국이 미치는 영
향력에 비해 상대적으로 미비하였다는 점, 둘째, 협력의 시작이 미국
및 IMF가 제시한 글로벌 금융거버넌스에 대한 불신으로부터 시작한
자구책에서 출발한다는 점에서 설명력이 부족하다. 즉, 이는 네트워크
이론에서 설명하는 구조적 공백에 해당하는 부분으로 선진국이 주도
하는 글로벌 금융거버넌스에 대한 불신은 지역 내 금융거버넌스의 구
축을 새롭게 만들어 내야 한다는 구조적 공백을 만들어 냈고, 이를 메
꾸기 위한 행위자 차원에서 아세안과 한국, 중국, 일본의 치열하고 촘
촘한 네트워크 활동이 현재의 결과에 도달하게 만드는 중요한 요인이
었기 때문이다.

　또한 셋째, 명시적으로 미국, 중국과 같은 강대국의 대열에는 낄
수 없지만 국가의 능력이나 외교력이 상대적으로 우월하며 적극적
인 외교정책을 수행할 의지가 강한 아세안이 지역 차원에서 자신들만
의 외교적 틈새를 찾는 경향에 대한 설명력을 갖추지 못하고 있다. 이
와 같은 문제점은 동아시아의 금융통화협력의 과정에서 비록 아세안
의 입장에서 연구하였다 하더라도 다수의 연구들이 기존의 전통 국제
정치 이론의 시각에서 설명하였기에 아세안이 만들어 낸 괄목할 만한
성과나 활동에 대해 구체적인 설명력이 부족하다는 한계를 갖게 한다.
따라서 이 글은 동아시아 내 금융통화협력제도의 형성 과정에서 가장
주도적인 역할을 이끌었던 아세안의 치밀하고 촘촘한 네트워크 활동
에 대해 네트워크 이론을 원용하여 분석하는 연구가 될 것이다.

　이 장은 크게 다섯 개의 절로 구성된다. 먼저, II절에서 이글의

연구 질문에 대한 분석의 틀이자 이론적 배경으로 네트워크 이론에 대해 검토한 후 III절에서 아세안이 금융·통화협력 분야에서 아세안중심성이라는 외교 전략을 추진하게 된 동아시아 금융통화협력의 추진 배경 및 그 사이에서 발생한 구조적 공백에 대해 살펴볼 것이다. 이후, IV절에서 아세안의 관념, 이익과 제도 등 아세안 외교정책에 기반하고 있는 대내·외적 배경과 요인, 그리고 아세안이 강조하고 있는 그들의 정체성인 아세안 방식(ASEAN Way)과 아세안 중심성(ASEAN Central-ity)에 대해 살펴볼 것이다. 이는 행위자 차원에서 구조적 공백을 발견하고 그곳에 뛰어들게 되는 행위자 자체의 환경적 요인과 이익에 대해 살펴보는 것을 의미한다. III절에서 아세안이 구조차원에서 공백을 발견하고 뛰어들게 되는 배경과 요인에 대해 살펴보고 IV절에서 행위자 차원에서 아세안 자체를 들여다보았다면, V절에선 앞서 설명한 이론적 틀로서 금융통화협력에 있어서의 아세안의 네트워크 전략을 분석하고자 한다. 그리고 마지막 VI절에서 결론을 통해 이 글의 주장을 요약하고 아세안의 외교가 보여주었던 외교 전략 및 구조적 환경을 분석하는 것을 통해 향후 국제정치에서 제3세대 중견국가의 외교 전략의 방향에 유용한 도움을 줄 수 있음을 제시하고자 한다.

II. 네트워크 이론으로 보는 아세안과 중견국 외교론

전통적인 중견국 외교란, 1990년대 후반부터 중견국가의 제1세대로 불리는 캐나다, 호주, 스웨덴 등 구미 국가들의 경험에서 출현한 것으로 중견국가를 어떻게 정의하고 규명할 것인가의 문제에 집중하는 접근법을 뜻한다. 2000년대부터 브라질, 인도 등 제2세대 중견국가의 등

장으로 이들 논의는 중견국가의 존재를 개별국가의 속성, 즉 한 국가
가 소유하고 발휘할 수 있는 물질적인 능력의 측면에서 중간적인 위치
로서 판단하거나 혹은 국가가 선호하고 추구하는 행태적 속성의 측면
에서 다자주의적이고 규범적이며 국제적 가치와 시민의식을 가지고 행
동하는 존재로서 판단하였다(Cooper *et al.* 1993, 1997; Slagter 2004).

그러나 이들 논의에서 중점적으로 다뤄지는 개별 국가의 물질적
혹은 행태적 속성만을 가지고 중견국가의 외교행태를 접근할 때 설명
하지 못하는 여러 한계점을 지니고 있다. 즉, 중견국가가 무엇인가에
대한 설명은 그 국가의 속성을 가지고 설명할 수 있을지라도 중견국가
가 어떠한 환경에서 그 속성을 발휘할 수 있는지 그리고 어떻게 발휘
하는지에 대한 설명이 부족하다는 것이다. 전통의 중견국가의 속성론
에 입각하여 역내 금융통화협력의 다자화 과정에서 아세안의 역할을
설명할 경우 한·중·일에 대항하여 어떻게 자신들의 방식을 발휘하여
외교를 수행하였는지에 대한 구체적인 설명이 부족하게 된다.

따라서 이 글은 이와 같은 문제의식에서 출발한 제3세대 중견국
에서 강조하는 구조적 환경과 그 구조 속의 관계 및 역할에 주목한다.
다시 말해 중견국가를 정의하고 규명하는 개별국가의 속성뿐 아니라
행위자의 행위를 제약하고 동시에 정의하며 활동하게 해 주는 그 국가
가 처한 구조적 환경을 고려하고 그 구조적 환경 아래 다른 국가들과
의 관계 및 전체 구조상에서의 역할에 주목함을 뜻한다(김상배 2014;
홍성욱 2010).

이러한 논의는 아세안을 중견국가로서 바라볼 수 있는 이론적 근
거를 제시해준다. 즉 중견국가가 수행하는 외교의 핵심은 중견국가의
속성인 국가의 물질적 국력이나 경제력의 규모가 아닌 전체 구조에서
자신이 처한 위치를 잘 파악하고 이를 통해 집합권력을 추구하는 것에

있다는 것이다. 이는 아세안이 개별 10개의 국가의 국력의 규모나 발전 단계의 측면에서 과히 중견국가라 규정할 수는 없지만 10개의 집합권력을 행하는 국제 정치행위자, 즉 네트워크 국가로서 아세안이 선보이는 외교활동이 중견국가가 선보이는 미들파워 외교의 측면을 갖고 있음을 의미한다.

그렇다면 이 글에서 설명하는 네트워크 국가로서 아세안은 어떻게 설명될 수 있을까. 우선, 아세안은 기존의 국제정치를 행위하는 단위로서 국가차원(nation state)을 넘어 여러 국가들이 연합하여 상호연결되어 있는, 즉 국가라는 노드(node)들이 상호연결되어 있는 집합으로 구성된 네트워크 국가(network state)형태로 설명될 수 있다. 마뉴엘 카스텔(Manuel Castell 2008, 2009)은 네트워크는 상호 연결되어 있는 노드들의 집합이라 설명하며 네트워크 국가는 세계화와 정체성의 추구라는 양대 추세에 대한 자체적 대안의 모색을 통해 나타난 새로운 유형이라 설명하였다.

그러나 카스텔의 네트워크 국가에 대한 구체적인 논의는 유럽연합의 경험을 바탕으로 설명된 것이기에 이를 아세안에 투영시켜 논의를 진행시키기보다 이를 바탕으로 네트워크 국가의 다양한 형태를 개념화한 김상배(2006, 2010)의 네트워크 국가 개념을 원용하여 설명하고자 한다. 그의 설명에 따르면, 네트워크 국가는 정부 간 네트워크 형태 혹은 국민국가 단위를 넘어서 지역차원에서 형성되는 지역통합체형태 등 다양한 형태로 개념화할 수 있다. 이와 같은 논의에서 김상배(2006)는 네트워크 국가는 개별단위였던 노드 단위의 국가가 안과 밖의 경계를 허물고 상호침투하여 다차원적이고 유동적인 경계를 가진 시스템이라 설명하며 이러한 네트워크 국가는 안과 밖에서 제기되는 도전에 대하여 부단히 변환해 가는 '자기조직국가(self-organizing state)'의 형태를 띤다고 설명하였다(Ansell and weber 1999).

이를 아세안에 적용시켜 설명하면 아세안은 1967년 설립 이래로 줄곧 아세안의 안과 밖의 문제를 공동으로 대응하기 위해 설립된 느슨한 형태의 국가의 연합으로 정부 간 협의체 형태의 네트워크 국가이다. 다시 말해 아세안은 10개의 국가라는 노드들이 상호 연결되어 개별 노드 단위였던 국가들이 안과 밖의 상호 작용을 통해 하나의 네트워크를 형성하여 다시 10개의 개별 국가들의 행동에 영향을 미치는 하나의 구조를 형성하게 되는 네트워크 국가의 한 유형이라는 것이다.

이 가운데 축적되는 네트워킹의 경험을 바탕으로, 아세안은 동아시아 지역협력을 도모하는 데 있어 하나의 정치행위 단위체인 네트워크 국가로서 국제정치의 행위자로 활동하고 있으며 이는 아세안이 다른 대외 파트너와의 관계를 수행할 때 형성되는 구조, 즉 세계화 속에서 축적된 경험과 노하우가 투영되어 형성된 아세안 방식(ASEAN Way)이라는 틀 아래 아세안 중심성(ASEAN Centrality)이라는 정체성을 추구하게 되는 아세안 국가들이 외부위협에 대처하는 자체적인 대안적 모색이라 할 수 있다.

아세안이 추구하는 아세안 중심성은 아세안 국가가 외부 파트너와의 관계를 수행할 때 강조되는 원칙이자 목적이다.[1] 아세안이 네트워크 구조상에서 중심성을 가진 '허브'의 위치를 차지하기 위해서는 먼저 그 구조에 존재하는 행위자들 간의 균열이나 구조적 공백을 발견하고 그 공백을 메꾸는 행위를 하는 중개자 혹은 매개자의 역할을 하는 것으로 가능해진다. 김상배(2014)는 이러한 중개자의 역할을 구조적 위치로부터 도출되는 중견국의 역할이라 설명하며 그러한 역할의

---

[1]   이러한 원칙과 목적은 또한 여러 차례 아세안 모임을 통해 도출된 성명이나 문서들을 통해 확인할 수 있다. Asean Charter, Article 1, Paragraph 15(2008).

범주에 중개자(broker), 소집자(convener), 설계자(programmer)로
나누어 설명하였다.

그렇다면 이 글에서 원용하고 있는 구조적 공백(structural hole)
이란 무엇일까. 사회 네트워크 이론(이하 SNA)은 행위자들 간의 상호
작용이 규칙적이거나 일관적이지 않고 어느 특정 행위자들 간에는 간
접적인 연결만 존재하는 느슨한 네트워크 구조를 분절 네트워크라 설
명하며 이러한 구조 속에서 존재하는 균열, 즉 구조적 공백에 대해 설
명한다(김상배 2014; 홍성욱 2010). 이러한 구조적 공백을 발견하고 그
공백을 메꾸는 행위를 하는 행위자는 행위자들 간의 느슨한 연결이나
관계의 단절을 메우고 중개하는 역할을 함으로써 네트워크 구조상에
서 중심성을 가진 '허브'의 위치를 차지하게 된다. 이를 통해 그 행위
자는 더 많은 정보를 보유하여 다양한 아이디어와 대안을 제시할 수
있게 되는 위치권력(positional power)을 발휘할 가능성이 높아지는
데, 중심성이 높은 네트워크 노드일수록 보다 많은 자원과 정보에 접
근이 가능한 사회 권력을 보유하게 된다(김상배 2011).

따라서 네트워크의 시각에서 볼 때, 아세안이 본 사례에서의 괄목
할만한 성과를 거둘 수 있었던 요인은 네트워크상에서 아세안이 차지
하는 위치와 이를 통해 한·중·일 삼국과의 관계를 맺는 과정에서 열
린 기회를 포착하여 이를 잘 활용하는 이른바 위치권력을 행사하였기
때문에 가능했던 것이다. 이는 III절에서 기술할 역내 금융통화협력의
과정에서 발생한 구조적 공백과 V절에서 설명할 아세안이 구성하고
주도하는 APT(ASEAN PLUS THREE)체제에서의 아세안이 자신의 위
치 짓기와 위치권력 탐구의 모습을 설명하는 중요한 이론적 개념이다.

APT회의는 아세안이 주도하여 한·중·일 삼국과 함께 중요사항
을 논의하는 체제로서 역내 금융통화협력의 과정에서 가장 중요한 회

의이다. APT회의에서 아세안은 삼국에 비해 비대칭적 지위를 점하고 있는데 삼국의 협상자들은 아세안 본회의가 진행되는 동안 기다린 후 아세안+1 방식, 즉 아세안과 한국, 아세안과 중국, 아세안과 일본이라는 방식으로 회의를 진행하게 되며 이후 이 모든 회의가 다 끝난 후에 아세안+3 회의가 시작하게 된다(이율빈 2010) 이곳에서 바로 네트워크상 행위자들 간의 링크가 비공식적이거나 간접적으로 형성되어 있기에 비대칭적인 정보의 보유상태에 놓이게 되고 이는 원활한 정보의 흐름을 방해하는 구조적 빈틈, 즉 구조적 공백이 발생하게 된다 (Burt 1992). 이에 아세안은 이러한 빈틈을 메꾸고 조율하는 행위를 통해 위치권력을 행사할 수 있게 되며 자신들이 원하는 그림 안으로 상대를 끌어올 수 있는 협상력을 점하게 되었다.

그 가운데 아세안은 삼국과 다양한 방식으로 네트워크를 형성하고 구축하는 과정을 거치게 되는데 이러한 일련의 과정을 설명할 V절에서 필요로 하는 이론이 바로 행위자-네트워크(이하 ANT) 이론이다 (홍성욱 2010). ANT이론의 핵심이라 할 수 있는 '번역(translation)'의 과정은 행위자들이 다양하게 네트워크를 형성하고 구축하는 과정을 의미하는데 칼롱은 이를 네 단계로, 즉 문제제기의(Problematization) 단계를 거쳐 관심끌기(Interessement), 등록하기(Enrollment), 동원하기(Mobilization)로서 구분하여 설명하였다(Callon 1986).

칼롱이 제시했던 번역의 첫 단계인 문제제기는 한 행위자가 네트워크상에 존재하는 다양한 다른 행위자들을 인식하고 확인하여 정의함으로써 네트워크상의 전체적인 상황을 파악하는 것을 의미한다. 이렇게 문제제기를 통해 자신의 위치와 네트워크상의 전체적인 상황을 파악한 행위자는 다른 행위자들이 자신에게로 끌어들이는 지점, 즉 '의무통과점(Obligatory Passage Point: OPP)'을 통과한 후 기존의 네

트워크에서 다른 행위자들을 분리한 후 이들의 관심을 끌어 새로운 협
상을 진행하게 되는 관심끌기의 단계에 진입한다. 이후 새로운 관계를
맺게 된 다른 행위자에게 새로운 역할을 부여하게 되는 등록하기의 단
계를 거쳐 최종적으로 자신만의 네트워크로 동원하게 되는 과정을 거
치게 된다.

이것이 칼롱이 설명하는 ANT이론에서의 번역의 과정이며 이를
원용하여 국제정치상의 중견국가의 외교정책을 설명하려 시도했던 김
상배의 프레임 짜기, 맺고 끊기, 내 편 모으기, 표준 세우기를 통해 본
연구를 분석하고자 한다.

III. 동아시아 금융통화협력의 추진배경 및 구조적 공백

1. 역내 초기 경제협력의 실패 경험

CMIM은 2009년 발리에서 최종 합의안이 도출되어 2010년 발효된 이
후 줄곧 동아시아를 대표하는 유의미한 금융통화협력의 가시적인 성
과물로 평가받고 있다. 그러나 역내 금융통화협력에서 CMIM의 모태
인 CMI가 최초는 아니며 역내 협력의 시작은 동아시아 지역 국가들이
대거 포함된 지역협력 논의의 시발점인 1989년 11월 캔버라에서 개
최된 아시아·태평양 경제협력체(Asia Pacific Economy Cooperation:
APEC) 이후 펼쳐지는 경험에서 출발한다. 즉, 동아시아 외환위기의
발생과 해결의 과정에서 미국이 주도하는 국제금융통화질서의 구조에
점차적으로 균열이 생기기 시작하면서 이러한 균열 속에서 그 공백을
메꾸고자 하는 움직임들이 활발히 일어났고 이와 같은 기회를 동아시

아 외환위기 이전의 역내 경제협력의 실패경험을 통해 축적된 교훈들과 함께 아세안이 잘 활용하여 동아시아의 CMIM를 형성하게 된 것이다.

APEC은 동아시아 지역통합의 제도화 과정에서 가장 먼저 등장한 지역협력의 모습으로 아세안 6개국을 포함한 미국·한국·호주·일본·캐나다·뉴질랜드 총 12개국으로 구성되어 있다. 회원국 공동의 이익추구, 개방적 지역주의 실현, 아시아 태평양 지역에서의 무역 및 투자의 자유화 추진, 개발 및 협력 강화 등을 목표로 하고 있는데 1997년 동아시아 외환위기 당시 회원국에 대한 적절한 지원이 없었다는 점에서 신뢰성이 하락되어 갔고 지역협력으로서의 그 의미가 점점 쇠퇴해져갔다. 또한 1990년 당시 말레이시아의 마하티르 총리가 제안했던 동아시아 경제그룹(East Asia Economic Group: EAEG)은 미국 등 역외국들의 반발 및 주요 관련국들의 소극적 자세로 무산되었다(이율빈 2010). 이러한 일련의 역내 경제협력을 위한 노력들의 좌절은 제도 구축 및 형성에 있어 어떠한 방향으로 설정할지에 대한 교훈을 남기게 된다. 즉, 새로이 형성될 제도에는 위기 발발시 제도로서 효력을 제대로 발휘할 수 있는 구조를 구축해야 함과 동시에 글로벌 금융질서인 미국을 비롯한 역외 선진국들과 IMF 등의 반발을 사지 않는 형태의 것이 되어야 함을 시사했다.

2. 1997년 동아시아 외환위기의 교훈

기실 금융 및 통화협력 질서에서의 지역협력이라는 것은 통상적으로 무역이나 다른 이슈와는 달리 직접적으로 위기를 맞지 않는 국가들에게는 협력의 기제가 별로 작동하지 않는다는 점에서 1997년 동아시아 외환위기 이전까지 동아시아 내 여러 국가들이 역내 협력에 미온적이었던 것은 사실이다. 그러나 동아시아를 강타한 외환위기를 경험하고 목격한 동남아시아를 포함한 동아시아의 국가들은 신자유주의에 기초한 규제완화가 불러온 금융시장의 통합과 자본자유화로 인해 투기적 자본의 활동과 영향력이 증가하여 국제금융시장의 불안정서가 확대됨에 따라 특정국가의 금융위기가 역내의 다른 국가로 확산될 가능성을 경험하게 되고 이에 대응하는 공동의 협력체에 대한 비상한 관심을 갖게 된다.

그러나 아세안 국가들이 역내 협력의 필요성을 절감했던 가장 큰 이유 중 하나는 APEC, IMF 그리고 미국을 비롯한 서구의 선진국들의 무관심한 대응 때문이었다. 1997년 태국에서 시작된 동아시아의 외환위기는 발발 이후 해결하는 과정에 있어서 동남아시아 국가들에게 미국이 주도하는 글로벌 금융질서에 대한 심각한 회의를 갖게 하였다. 위기 이후 미국과 IMF가 보여준 대응은 위기에 직면했던 많은 동아시아 국가들에게 충분한 해결책이 되지 못하였고 더 나아가 그 처우가 불공평하다는 인식과 함께 '자조'의 원칙에 따라 위기를 해결해야 한다는 의식을 심화시켰기 때문이다. 특히 IMF의 의사결정구조의 형평성이나 여신지원능력에 관하여 각국은 불만을 갖게 되었고 이는 자국의 경제안보를 더 이상 미국이나 IMF가 제시하는 글로벌 금융거버넌스에 의해 온전하게 맡길 수 없다는 불신으로 이어지게 되었다 (Grimes 2011a, 2011b).

그 불신의 근간은 외환위기 당시 IMF가 제공한 자금의 규모와 공평하지 못한 처우에 있었다. 당시 IMF가 제공한 자금의 규모는 태국, 인도네시아, 한국 3국이 지원받은 자금의 1/3에도 미치지 못하였는데 바로 동아시아가 IMF 이사회에서 과소대표로 있었기 때문이었다. 또한, 동아시아는 세계 GDP의 20%가 넘는 경제력을 소유하고 있었음

에도 IMF의 쿼터지분은 12.28%에 불과하였기에 이사회에서의 발언
권이나 투표권 행사는 극히 제약적일 수밖에 없었다. 또한 위기에 대
한 처방전으로 IMF가 제시한 긴급구제금융의 정책이행조건(condi-
tionality)은 위기 발생국이 감당하기 어렵고 너무 가혹한 개혁안으로
단기간 내의 과도한 긴축정책과 구조개혁을 요구하였다. 따라서 이러
한 IMF의 정책 패키지의 무리한 이행요구는 위기 발생국에게 위기의
해결보다 위기 발생국의 엄청난 희생을 양산함과 함께 위기를 더욱 악
화시켰다는 평가와 비난을 불러일으키기 충분했고 아세안 국가들의
IMF에 대한 신뢰는 추락하게 되었다(최원기 2008).

이러한 이유로 위기 발생 초기에 IMF는 자금지원을 위한 국제협
력을 이끌어 내는 데 소극적이었으며 이러한 처우는 동남아시아 국
가들로 하여금 불공평하다는 인식과 동시에 '자조'의 원칙에 따라 위
기를 해결해야 한다는 의식을 심화시키게 되고 이와 같은 문제를 해
결하는 형태의 지역협력체를 모색하기 이른다(Grimes 2011a, 2011b;
Bowles 2002).

이러한 인식으로 아세안이 주도하는 아세안+3체제 아래 CMI가
구축되었다. CMI의 형성 이전, 1998년 일본의 미야자와 재무장관이
아시아 국가들에게 공동으로 통화방어용 기금을 조성하고자 미야자
와 플랜을 제안하였는데 이는 중국의 반발과 미국 및 IMF의 견제 아
래 좌절되었다. 이와 같은 결과는 동아시아 지역 내 영향력 제고 측면
에서 중국과 일본에게 주도권을 뺏길 것을 우려한 미국의 염려와 일
본에게 주도권을 뺏기고 싶지 않은 중국의 우려에서 비롯된 실패였다
(Grimes 2009a, 2009b).

일련의 경험들은 강대국에 의해 자국의 경제안보가 휘둘리는 것
을 두려워하는 아세안 국가들의 경계심을 더욱 강화시켰으며 이러한

우려의 목소리는 아세안 내 아세안의 방식으로 지역협력을 이끌어 가
자는 합의를 더욱 구축하게 되는 동인으로 작용하여 아세안 중심성을
더욱 공고하게 만들게 되었다. 당시 아세안의 입장에서 생각해 보면
오랜 역사에서 그들은 늘 강대국에 의해 자국의 안보가 휘둘리게 되는
풍전등화(風前燈火) 같은 형국이었다. 동남아시아 국가의 대부분은 영
국과 프랑스, 일본 등에 의한 식민시기의 경험을 거쳐 냉전시기 미국과
소련의 경쟁 사이에서 항시 긴장하는 기간을 지나 왔다. 마침내 자신들
이 믿고 의지할 수 있는 하나의 패권국인 미국에 의한 세계질서가 유
지되는 시기에 벌어진 동아시아의 외환위기의 발발과 해결의 과정에서
느낀 그들의 불신과 두려움은 10개의 국가를 더욱 하나로 만들어 적극
적으로 이 속에 뛰어들게 만들 수밖에 없던 큰 추동 요인이 되었다.

3. 중국과 일본의 소프트파워 경쟁 및 한국의 잦은 정책변화와 불확실성

2000년대 들어 더욱 가속화된 신자유주의, 금융자본주의, 그리고 선
진국 중심의 글로벌 거버넌스로 집약된 세계경제질서의 영향으로 아
세안 국가들의 위기의식은 더해갔다. 2008년 리먼브라더스의 파산으
로 미국에서 시작된 세계금융경제위기는 동아시아 내 금융과 통화 협
력의 질서구축에 있어서 이러한 위기의식을 더욱 충분히 고취시켰다
(이승주 2011). 또한 지역 내 중국과 인도의 부상은 아세안 국가들로
하여금 더욱 그 위기의식을 고취시키게 되었다. 이러한 위기의식은 역
내 금융통화협력의 질서를 구축하는 데 있어 다시 한 번 1997년의 동
아시아 외환위기의 경험을 상기시켰을 뿐 아니라 더욱 아세안의 내적
결속력을 강화시키는 요인으로 작용했다.

또한, 신자유주의 경쟁이 가속화될수록 동아시아에선 미국, 중국, 그리고 일본의 경제적 상생관계와 함께 치열한 경쟁이 일어났는데 특히 동아시아 내 금융 및 통화협력의 제도를 구축하는 데 있어 중국과 일본의 경쟁이 치열하게 벌어졌다(Park 2011). 중국의 경우, 개혁개방의 성과가 가시화되고 탈냉전의 시기로 접어든 1990년대 중반이후 동아시아에 대한 영향력 확대전략을 구상하기 시작한다. 중국의 동아시아에 대한 영향력 확대전략은 정치·경제적으로 팽창한 물적 수준의 요인과 인식 수준의 요인인 중국위협론에 대한 반작용에 기인한다. 중국의 정치·경제적 팽창요인은 경제발전에 따른 국력신장과 국제사회에서의 위상변화로 인한 자신감의 회복에서 비롯되었다. 중국은 회복된 자신감을 바탕으로 강대국화에 따르는 국제적 영향력 확대 의지와 전략들을 세우고 있는데 이 과정에서 야기되는 미국과의 대립구도에서 운신의 폭을 넓히기 위한 방편으로 동아시아에 대한 영향력 확대를 추구하게 되었다. 또한 경제발전에 따른 자원수요의 충당 및 운송로의 원활한 확보 등은 동아시아에 대한 영향력 확대의 다른 유인이라 할 수 있다(Grimes 2009a, 2009b; 이율빈 2011; 이수정 2013).

그러나 이러한 중국의 정치·경제적 팽창은 중국위협론, 즉 중국의 경제발전이 군사증강을 초래하고 이것이 지역안정과 세계평화에 중대한 위협이 될 수 있다는 타국들의 인식적 경향을 확대시키기에 중국은 이러한 인식을 불식시켜야 하는 과제를 떠안게 되었다. 따라서 중국은 역내 팽창과정에서 평화적 의도를 표출하며 발전을 이뤄내야 하는데 이는 소프트파워 확대의 유인으로 귀결된다.

이러한 중국의 부상 및 움직임은 지역 내 다른 강대국인 일본에게 영향을 미치게 된다. 일본은 중국의 아세안에 대한 성공적인 소프트파워 확대 정책 속에서 중국위협론이 아세안에서 불식되고 있다는 징후들을 점점 관찰하기 시작하면서(Shambaugh 2005) 이에 대한 대응으로 자국의 소프트파워 확대를 증진시키려 노력하게 된다. 또한 중국과의 관계는 일본에게 있어 경쟁국인 동시에 거대한 시장이자 생산지이기에 하드파워를 통한 경쟁은 자칫 경제적 이익을 훼손할 가능성을 확대할 우려가 있었다. 따라서 일본은 더욱 소프트파워의 확대를 통해 중국을 견제하고자 하였다(Grimes 2009a, 2009b; 이율빈 2011; 이수정 2013).

한편 ASEAN+3체제 출범 초기 한국은 조정자 혹은 중개자로서 주도적인 역할을 수행할 수 있었다. 중국의 패권주의에 대한 우려, 화교 자본의 경제력 지배에 대한 경계, 일본의 역사적 과오와 우월주의, 중·일간의 과도한 리더십 경쟁 등으로 인해 발생한 구조적 공백을 채워줄 조정자로서 한국은 경제력과 상대적으로 견제받지 않을 정도의 정치적 위상으로 인해 그 역할을 충분히 수행할 수 있는 부분이 있었다(신윤환 2008). 그러나 한국은 김대중 정부 시절 동아시아비전그룹을 통한 동아시아 중시전략으로 시작하였다가 참여정부 시절 동북아시아 허브전략으로 정책기조가 변경되었고 이내 이명박 정부에서 신아시아 외교를 표방하여 동시다발적인 양자 간 FTA, 미국과 유럽 등과의 FTA와 같은 영향력이 큰 협력체계를 주도하는 데 정책기조를 집중하는 등 잦은 통상정책의 변경과 그 불확실성으로 인해 동아시아 경제통합체 형성 논의의 주도적 조정자의 역할에 대한 신뢰형성이 어려운 상황이었다(박인원 2012).

이와 같은 상황 아래 중국과 일본의 과도한 소프트파워 경쟁, 리더십경쟁은 최초 CMI에서 좀 더 발전된 형태의 제도를 구축하는 것으로 나아가는 것에 제동을 걸게 되고 이에 아세안이 아세안 중심성을 주창하며 양국의 이견 차이를 좁히고 조율하여 역내 협력을 끌어내는 데 중개자 역할을 담당하게 되는 구조적 공백이 생기게 되며 점차적으로 지역 금융통화협력에 뛰어들게 된다.

IV. 아세안의 네트워크외교의 배경과 정체성

1. 아세안 네트워크 외교의 특징 : 아세안의 제도

앞서 아세안이 금융 및 통화협력의 질서에서 왜 주도자가 되어 나설 수밖에 없었는지의 요인인 국제금융통화질서의 균열의 과정과 강대국 간의 미묘한 경쟁에서 발생하는 구조적 공백에 대해 살펴보았다. 아세안은 역내 금융통화협력의 제도가 구축되는 과정에서 아세안 방식 (ASEAN Way)을 고집하고 아세안이 중심이 되어야 한다는 아세안 중심성(ASEAN Centrality)을 꾸준하게 관철시켰다. 역사적인 경험을 통해 하나의 네트워크 국가의 형태로 발전해 나간 아세안이 전략 차원에서 이러한 행동과 결과에 집중할 수 있었던 것은 아세안이 갖고 있는 고유의 관념과 정체성, 제도와 같은 속성이 있었기에 가능했다. 따라서 구조적인 공백과 아울러 네트워크상에서 개별행위자로서의 아세안의 속성을 살펴보고자 한다.

앞서 II절에서 설명했듯이, 아세안은 1967년 출범된 이래 아세안의 안과 밖의 문제를 공동으로 대응하기 위해 설립된 느슨한 형태의 국가의 연합으로 정부 간 협의체 형태의 네트워크 국가라 할 수 있다. 아세안은 회원국 각자의 주권을 유지하는 가운데 이루어지는 협력 위주의 지역협력체로서 구조적으로 느슨하게 연결되어 있으나 융통성을 가지며 조직적으로 복잡하고 분권화된 형태를 유지하고 있다(박광섭·이요한 2008). 따라서 아세안은 통일된 하나의 국제행위자로서 인식

되기보다 10개의 집합체로 구성되어 형성된 네트워크 조직체로 이해
되어야 한다. 이는 아세안이 대내·외로 쳐나가는 네트워크 그 자체가
하나의 실체(entity)를 구성하는 것이 아닌 아메바와 같은 존재로 액터
네트워크(Actor network)의 특징을 지니고 있기 때문이다.

아세안의 조직구조를 살펴보면 그러한 특징은 더 잘 부각된다. 아
세안은 매년 200회가 넘는 회원국 간의 회의로 주요 정책을 결정하
고 집행하는데 정상회의·연례각료회의·각종 각료회의 등에 의해 이
루어지고 있다. 아세안의 최고위급 의사결정기관은 아세안 정상회담
(the ASEAN Summit)으로 3년마다 정기적으로 개최되고 있고 매년 정
기적으로 개최되는 아세안외무장관회담(ASEAN Foreign Ministerial
Meeting: AMM)은 모든 아세안의 주요 의사결정이 실질적으로 조정
되는 가장 중요한 각료급회담이다. 또한 그 외 회원국 간의 경제협력
논의를 위해 매년 2-3회 부정기적으로 개최되는 아세안경제장관회담
(ASEAN Economic Ministerial Meeting: AEM) 등 각종 각료회의가 있
으며 상임위원회 및 각국 외무부 내에 설치된 아세안 담당국이 있다.
이와 같은 아세안의 모든 조직들을 조정하고 정책입안의 효율성 제고를
도모하기 위해 중심적 행정 조직으로 사무국이 존재하며 사무총장은 모
든 아세안관련회의에 출석하여 아세안과 관련된 제반 활동을 조정하고
감독하는 기능을 수행하고 있다(변창구 2002; 박광섭·이요한 2008).

아세안 조직구조의 특징을 살펴보면 10개의 회원국 간에 개최되
는 정부와 정부, 부처와 부처, 그 외 각종 위원회 및 사무국 활동을 통
한 각종 회의를 조정하고 감독하는 기능을 사무총장에게 수행하게 하
고 사무국에 그 권한을 두었다. 이러한 아세안의 조직구조의 특징은
역내 금융통화협력제도의 형성에 있어 가장 중요한 APT의 회의를 구
성하는 데 있어 의제 및 안건을 상정하고 조정 및 감독하는 역할을 의

장국과 의장에게 부여한 것에서도 볼 수 있다.

APT는 연 3회 개최되는 차관회의 및 수시로 개최되는 3개 실무협의그룹의 논의를 기반으로 하여 상향식 의사결정 방식을 통해 금융협력 논의를 진행하고 있다. 공동의장국, 즉 한중일 중 1개국과 아세안중 1개국으로 구성된 시스템으로 연 2회 개최되는 비공식 차관회의와 3대 금융협력분야 실무회의를 주관하며 3대 실무그룹은 위기 시 상호자금 지원체계, 역내의 채권시장 활성화를 통한 자금선순환, 상호경험공유 및 민관 연구협력으로 이루어져 있다(최원기 2008). 이 체제에서중요한 것은 의장국으로 아세안이 언제나 위치하고 있다는 것이다. 의장국가에게 회의의 안건을 상정하고 조정 및 감독하는 권한이 부여되기에 공동의장국을 통한 APT체제의 구성은 아세안이 네트워크상에서자신들의 위치를 자리매김하여 위치권력을 획득하고자 제도적으로 마련한 것이라 할 수 있다.

2. 아세안 방식의 개념 및 특징: 아세안의 정체성

그렇다면 위와 같이 구성된 APT체제의 정책결정과정은 무엇일까. APT체제는 아세안의 의사결정과정을 도입하여 아세안 방식에 따라중요한 의제를 결정하고 실행하고 있다. 따라서 아세안의 정체성으로인식되는 아세안 방식(ASEAN WAY)의 개념 및 특징에 대해 살펴볼필요가 있다.

아세안 헌장(2008)의 서문에서 아세안은 '하나의 비전, 하나의 정체성, 하나의 공동체(One Vision, One Identity, One Caring and Sharing Community)'에 의해 고무되는 조직체로 설명되고 있다. 아세안은 하나의 아세안을 위하여 자신들만의 다양하고 독특한 정체성과 시스템을 갖고 있는데 가장 대표적으로 설명되는 것이 불간섭주의와 합의중심주의로 설명되는 아세안 방식이다(김한식 2004; Kraft 2010). 아세안 방식은 아세안이 견지해온 회원국 간의 다양한 이해관계를 고려한 비공식적 사적 유대관계를 통한 독특한 문제해결방식이며(황인원 2008) 다양한 특징을 갖고 있다. 아세안 방식의 개념은 동남아 국가들 내의 갈등처리와 신뢰구축 방식, 정책결정절차, 정체성 형성의 과정 등 다양하게 이루어져 있으나(변창구 2009), 이 글에서 주목하고자 하는 아세안 방식의 개념의 다양한 특징 중 몇 가지는 네트워크 시각에서 중요한 의미를 갖고 있다.

가장 먼저 CMIM의 형성에 가장 중요한 협력체로 작동하는 아세안+3체제를 만들게 한 아세안의 속성은 '네트워크의 확대 성향'이다. 아세안은 1967년 태국, 필리핀, 싱가포르, 인도네시아, 말레이시아로 구성되어 처음 출범한 이후로 1999년 캄보디아의 10번째 회원국으로의 승인이 있기까지 꾸준히 회원국을 확대해왔다. 회원국을 확대하는 과정 속에서 아세안은 역내 힘 있는 국가인 인도네시아나 싱가포르와 같은 나라부터 가장 힘이 없고 가난한 미얀마나 라오스 같은 나라를 포함하는 조직으로 성장하였을 뿐만 아니라 1995년 베트남의 가입을 통해 지역협력체의 역사에 있어 획기적인 결정, 즉 당시 설립회원국들과의 정치적 그리고 경제적 차이에도 불구하고 베트남을 회원국으로 가입하는 결정을 내렸다(Kraft 2010). 30여 년에 걸쳐 나타난 아세안의 이러한 내부 네트워크의 확대 성향에 대해 1994년 말레이시아의 바카르 외교장관은(Dato'Abang Abu Bakar) 아세안의 내부와 외부 지역적 동학에서 야기되는 모든 도전과 다가올 미래에 대처하는 가장 좋은 자세이자 위치로서 아세안에게 꼭 필요한 것이라 말하였는데, 이를 통해 변화하는 국제환경 아래 회원국에게 직면하게 될 다가올 위협과

도전에 대한 아세안의 인식을 보여준다고 할 수 있다(Kraft 2010). 아
세안의 이러한 인식은 다가올 위협에 대해 아세안이 네트워크의 확대
를 통해 네트워크 안의 노드들이 직면하게 될 위협에 대처한다는 속성
을 잘 보여준다. 아세안+3체제는 아세안이 아세안+3회의로의 외연
확장을 통해 '동아시아'라는 지역적 개념을 대내외에 공식적으로 구체
화시키자는 제안을 선도했으며 이는 동남아시아의 지역주의가 동아시
아로 확대되는 것을 보여주는 것이다(황인원 2008).

두 번째로 아세안 방식의 특징 중 대표적이라 할 수 있는 의사결
정의 메커니즘, 즉 합의중심주의이다. 무사와라(musyawarah)와 무아
파캇(muafakat)은 합의를 위한 토론이라는 뜻으로 아세안의 의사결정
과정의 개념을 지칭한다. 무사와라의 과정은 회원국 모두로 하여금 공
통의 행동이나 입장을 수용하게 이끄는 데 다양한 입장의 차이와 이익
을 인식하고 서로에게 조언하고 의견을 조율하며 수용하는 일련의 과
정을 중요하게 여긴다. 그뿐만 아니라 단순한 의사결정의 메커니즘을
넘어서 다양한 이익을 수용하고 조율하며 회원국들 간의 신뢰 구축의
방법으로 궁극적으로 하나의 공동체를 지향하는 일련의 과정이다. 특
히 이 의사결정시스템은 대화, 합의, 공동의 세 기본원칙에 의해 회원
국 전원의 합의가 이뤄질 때까지 대화를 통해 논의하는 것을 지향한다
(Kraft 2010). 만장일치제는 CMIM제도를 형성하는 데 있어 가장 핵심
적인 프레임이자 의사결정의 메커니즘으로 아세안의 방식이 본 제도의
형성에 있어 중요한 역할을 차지하고 있음을 보여주는 대목이다.

마지막으로 아세안 방식이 갖고 있는 분쟁해결의 방식이다. 아세
안 국가의 분쟁해결방식은 고유의 집합적 정체성, 신념에서 출발하
였는데 이는 아세안 국가들의 사회역사적 맥락에서 이해되어야 한다
(Lucien 1985). 동남아시아 대부분의 정치사회문화는 탈식민지의 경

험을 거쳐 후견네트워크(patronage network)의 기초 아래 소수의 엘
리트 집단으로 운영되는 관료주의 정치로 이전되었고 이것이 비공식
적 사적 유대관계를 통한 정치문화를 제도화시키는 데 영향을 미쳤다.
이러한 국가들의 경험은 아세안의 분쟁해결 방식을 비공식적이며 사
적이고 대치되지 않는(non-confrontational style) 유형이 되게 하였다
(Goh 2003). 이는 아세안이 역내 금융통화협력제도의 형성 및 구축을
위해 비공식적이고 아세안+1이라는 사전 회의라는 단계를 거친 관계
형성을 통해 한·중·일 삼국을 조율함으로써, 네트워크상에서 비대칭
적인 정보를 보유하는 중심적 허브의 위치권력을 갖게 하는 데 중요한
요인으로 작용했다. 또한 대치되지 않는 분쟁 해결의 방식은 삼국의
어느 국가에게도 적으로 인식되지 않고 중간자적인 중개자(Broker)의
위치를 차지하게 한 요인으로 작용했다.

3. 아세안 중심성의 배경 및 적용: 아세안의 이익

아세안중심성은 아세안국가들이 외부의 파트너들과 관계를 수행할 때
지속적으로 강조되는 원칙이자 목적이다.[2] 아세안 국가 사이에서, 아
세안이 중심이 되어야 한다는 필요성은 1967년 설립 이래 지속되어
왔다. 냉전시기에 미국과 소련이라는 두 강대국이 이데올로기뿐 아니
라 그들의 영향력을 팽창하려 경쟁할 때, 아세안은 두 강대국의 힘의
사용, 즉 평화로운 갈등 해결이 어렵고 회원국의 국제문제가 강대국의
영향력으로부터 간섭받지 않는 것이 힘든 상황에 대처하기 위해 동맹
을 맺어 강대국을 견제하고자 하였다(Severino 2007).

---

2   이러한 원칙과 목적은 또한 여러 차례 아세안 모임을 통해 도출된 성명이나 문서들을 통
     해 확인할 수 있다. Asean Charter, Article 1, Paragraph 15(2008).

이후, 지역 내 새로운 강대국인 중국과 인도의 등장은 아세안 국가들로 하여금 더욱 그들의 연합을 강화시키게 하는 노력을 기울이게 하였다. 아세안국가들은, 강대국으로부터 소외당하거나 무시 받은 채 동남아시아 지역이 이러한 강대국들의 힘이 난무하는 활동무대가 되는 것을 원하지 않으며, 따라서 더욱 자신들이 중심이 되어야 할 필요를 느꼈다(Nishikawa 2007; Kim 2011, 2012).

아세안 중심성에 대한 연구는 아세안 중심성의 개념, 정체성 및 실효성에 대한 논쟁으로 나뉠 수 있다. 먼저, 아미타브 아차리아(Amitav Acharya)는 아세안 중심성이 아시아태평양 지역에서 국제정치상의 물질적이고 관념적인 차원의 요소들을 건설하고 변화시킬 뿐 아니라 강대국의 행동, 이익 그리고 정체성을 조율하는 위치에 있다고 설명한다(Acharya and Layug 2012). 그는 아세안 중심성의 배경, 원천, 한계 및 극복요소, 그리고 정책적 함의에 대해 설명하며 아세안 중심성이 갖는 특징에 대해 잘 설명하고 있다. 반면, 아세안 중심성은 강대국에 의해 주어진 '운전자석'의 용어 대신 쓰이는 전문용어라 설명하며 따라서 아세안은 '교통규칙' 혹은 '노선'에 책임을 져야 한다고 주장하는 연구가 있다(Lee 2010, Yevgeny 2010).

전자의 관점을 본 사례에 적용할 경우 아세안 국가들이 독자적으로 아세안 중심 전략을 활용하여 강대국을 조율하고 그에 따라 유리한 결과를 얻게 되었다고 해석할 수 있고, 후자의 관점에서는 강대국에 의해 주어진 역할에 따라 수반된 결과로 해석할 수 있다. 그러나 양쪽 모두 동아시아 지역금융 및 통화협력의 제도가 구상되고 발전하는 단계에서 현재까지 진행되어온 동아시아 협력의 제도화를 온전하게 설명할 수 없다. 또한 IMF와 같은 일반적인 국제제도의 제도화 방향에서도 알 수 있듯이 참여국가의 힘의 배분이 제도화의 방향을 결정하는 여타의 국제제도와는 달리 국력이 압도적으로 우세한 중국과 일본이 굳이 아세안에게 주인의 자리를 양보할 이유가 없기에 이러한 현상을 온전하게 설명할 수가 없다.

그렇다면 아세안이 아세안의 방식, 즉 아세안 중심성을 추진하여 얻을 수 있는 이익은 무엇일까. 아세안은 국가의 대외정책이라는 차원에서 여러 국가가 함께 네트워크를 구사하여 아세안 중심성이라는 원칙아래 결과적으로 아세안 국가들의 공동의 이익을 추구하고 회원국 개별의 국익달성 및 주권을 수호하였으며 더 나아가 아세안 내부의 통합을 더욱 강하게 해주는 아세안 공동체의 단합과 발전을 이루었다. 아세안 방식의 유지는 다양한 방면에서 격차가 크고 이질성이 큰 동남아시아 국가들의 내적 갈등을 완화하는 발전의 원동력이자 원천이다. 이를 통해 아세안은 강대국의 독점적 지배나 간섭에 의해 아세안 국가들이 귀속되는 것을 예방하며 제도의 구축과정에서 아세안 공동체의 공동 이익을 달성하는 것을 모색할 수 있었다. 또한 아세안은 아세안 중심성을 통해 완화된 내적 갈등 및 내부통합문제의 완화로 인해 대외 협상의 측면에서 아세안이라는 다자주의 메커니즘을 활용하여 협상 연합의 형태로 대외 협상력 제고의 원천을 마련하였다(Acharya 1997, 2002).

V. 네트워크 전략으로 분석한 아세안의 금융통화협력

1. 아세안의 중개외교: APT(ASEAN+3)체제의 구성에 있어서

1997년 말레이시아에서 처음 시작된 APT는 지금까지 역내 금융통화협력의 제도를 구축하는 데 필요한 모든 중요한 의제를 상정하고 결정하는 가장 중요한 의사결정메커니즘이자 조직체이다. 따라서 APT체제의 특징 및 진행방식, 회의 구도는 역내 금융통화협력 제도를 구축하는 데 있어 누가 어느 정도의 영향력을 행사하고 힘을 갖고 있는가, 누가 주도적으로 이끌어가고 있는가의 여부를 드러낸다고 할 수 있다.

특히 이 회의는 동아시아의 금융통화협력의 제도를 구축하는 데 관여하는 행위자들 각자의 생각과 이해관계가 복잡하게 얽혀 있는 것을 반영하는 것으로 아세안이 자신들의 이해관계를 반영하기 위해 좀 더 편안한 플랫폼을 만들고 싶어 하는 움직임의 결과, 즉 일종의 의무통과점이라 할 수 있다.

현재 APT는 아세안 회의와 함께 백투백(Back to Back) 방식으로 진행되고 있다(신윤환 2009). 다시 말해 회의의 주인은 아세안이고 손님의 자격으로 한·중·일이 참가하게 되며 이들 삼국은 아세안이 잡은 날짜에 자신들의 스케줄을 맞춰 참가하게 된다. 참가 일정뿐 아니라 회의의 구도 역시 아세안 본 회의가 진행되는 동안 삼국의 협상자들은 자신들과 아세안과의 협상의 순서를 기다려야 한다. 즉 아세안 본회의가 마친 후 아세안과 삼국의 개별 국가와의 회의인 아세안+1회의가 진행되고 이 모든 회의가 다 마친 후에야 아세안+3회의가 본격적으로 시작하게 된다. 또한 이 회의들이 진행되는 과정에서 아세안+1, 아세안+3의 회의는 정례화되어 있는 반면 삼국 간의 회의들은 정례화되어 있지 않다. 이러한 플랫폼은 아세안이 자신들의 회의에 삼국을 초청하여 자신들이 만들어 놓은 프레임에 삼국을 불러오는 형국의 모양이다. 이러한 아세안 중심적인 회의구도에 당연히 한·중·일 삼국은 반감을 갖게 되고 자신들이 이해관계를 좀 더 편안하게 관철시키기 위한 플랫폼을 만들게 된다.

2001년 제5차 아세안+3정상회의에서 채택된 EAVG 보고서는 아세안+3협력의 목표가 동아시아공동체(East Asia Community: EAC)라는 점을 밝히고 아세안+3체제를 EAS(East Asia Summit)체제로 전환해야 함을 강조하였다(배긍찬 2008). EAS로의 전환은 아세안과 삼국이 동등한 자격으로 회의에 참여하는 것을 의미하는 것이며 이러한 구도에서 아세안은 그 전략적 중요성이 희석되고 주도권을 상실하게 될 수 있음을 의미했다. 따라서 아세안은 삼국이 이러한 플랫폼으로의 전환을 추진하는 것에 강하게 반발하며 원칙상으로는 EAS와 EAC의 수립에 동의하면서도 점진적, 단계적인 진행을 주장하게 된다(이율빈 2010).

이러한 과정 속에서 삼국은 EAS의 참가국 범위논쟁에 있어 합의를 보지 못하였고 이에 아세안은 아세안 중심성을 주장하며 2005년 4월 필리핀에서 개최된 아세안 비공식 외무장관 회동을 통해 합의안을 끌어내게 된다. 그 내용은 i) 아세안의 대화상대국(dialogue partner), ii) 아세안과 실질적 협력관계, iii) 동남아우호협력조약(TAC) 가입국으로 하는 것이다. 이러한 내용을 바탕으로 2005년 최초 개최된 EAS는 i) 아세안의 주도적 역할(driving force)의 천명, ii) 아세안+3체제가 동아시아공동체 형성의 주된 기제, iii) EAS는 아세안+3의 보완적 기제로서 이 지역의 공동체 형성에 의미 있는 역할을 담당할 수 있다는 선언문을 발표했다(이율빈 2010). 이렇게 삼국이 유의미한 구도로 구성하고자 했던 EAS는 아세안 중심성을 재확인할 수 있는 결과가 되었으며 아세안은 자신들의 의무통과점, 즉 삼국의 시선을 모아 자신들이 구성한 프레임인 아세안+3체제로 끌어들이는 것에 성공하게 되었다.

APT는 삼국과 아세안의 관계에 있어 아세안에게 절대 유리한 독점적 정보점유의 상황이 주어지게 하고 이를 통해 삼국을 조율할 수 있는 위치권력을 점유 및 행사할 수 있게 한다.

첫째 날 ASEAN회의를 한다. 동남아 10개국 자기들끼리 일단 만나 현
안을 논의한다. 그 다음날 오전께 한, 중, 일 한 나라씩 부른다. 한·아
세안 정상회의, 중·아세안 정상회의, 일·아세안 정상회의를 한다. 각
개격파 작전이다. 무슨 말을 하는지는 짐작이 간다. 좀 점잖지 못한 표
현을 쓰자면 이간질이다. 예를 들면 이런 식이다 일본과의 회의에서는
"중국이 우리를 이렇게 도와주려고 하는데 너희는 뭘 할거냐." 이런 걸
요구한다. 중국과의 회의에서는 그 반대이다. 한국과 만나면 "당신은
중국이나 일본보다는 여력이 없지만 이 정도는 해야 되지 않겠느냐."
이런 식으로 말한다(『매일경제』, 「손현덕의 백그라운드 브리핑, 동아시
아 패권전쟁(상)」, 2009. 5. 19).

매일경제의 신문기사는 바로 아세안의 위치권력에 대한 대목을
잘 보여준다. 이곳에서 바로 네트워크상 행위자들 간의 링크가 비공
식적이거나 간접적으로 형성되어 있기에 비대칭적인 정보의 보유 상
태에 놓이게 되고 이는 원활한 정보의 흐름을 방해하는 구조적 빈틈,
즉 구조적 공백이 발생하게 되는 중요한 포인트가 된다(Burt 1992). 이
러한 구조적 공백에 아세안이 틈새외교를 할 수 있는 접점이 형성된
다. 자료의 한계로 인하여 아세안이 중일의 비대칭적 정보 상태를 활
용한 역내 협상전략을 구체적으로 어떻게 수립하였고 이행하였는지
는 자세히 알기 어렵다. 그러나 한 가지 주목해야 하는 점은 이러한 구
조적 공백의 부분이 아세안이 역내 협상전략을 구축하는 데 있어 활용
할 수 있는 여지를 부가할 수 있는 구조로 작용하였다는 점이다(이율
빈 2010). 이 구조 속에서 아세안은 구조적 위치로부터 도출되는 자신

들의 역할을 인식하고 중국과 일본 간의 끊어진 공백의 부분을 연결하고 메꾸어 주는 중개자의 역할을 하게 된 것이다(조계현 2011).

2. 아세안의 설계외교: CMIM의 형성 과정에 있어서

치앙마이 이니셔티브 다자화(CMIM)는 회원국 13개국의 합의하에 2009년 발리에서 체결된 이후 2010년 3월 발효가 되어 한 번의 개정 과정을 거쳐 현재의 결과에 도달하였다. 치앙마이 이니셔티브 다자화에서 주목해야 할 점은 첫째, 회원국의 확대와 분쟁이 되었던 분담금 배분 및 투표권행사의 구성이다. 우선 캄보디아, 라오스, 미얀마, 베트남, 그리고 브루나이 등 동남아시아의 10개 국가 모두 회원국으로 참여하여 수혜를 받았다. 또한 분담금 배분 및 투표권 행사에 있어서도 이들 5개 국가의 인출 배수는 다른 회원국들에 비해 월등히 높다. 이는 기존의 치앙마이 이니셔티브를 통해 아세안 국가 모두를 포함하지 못한다는 아세안 문제를 해결함과 동시에 여타의 제도에서는 좀처럼 보기 힘든 약소국을 배려하는 구조로 구성되었다고 할 수 있다(표 1, 표 2 참조).

그렇다면, 이와 같은 가시적인 성과를 이뤄낼 수 있었던 아세안의 역할은 무엇이었을까. 싱가포르의 이센룽 총리는 2007년 11월 아세안 정상회담에서 동남아시아국가연합 헌장(ASEAN CHARTER)을 발표하고 이를 위해 역동적인 아시아의 심장으로, 하나의 아세안을 강조하며 아세안 중심성을 선언하였다. 이러한 아세안 중심성은 아세안이 역내 협력의 질서를 구축하는 데 있어 주도적인 소집자(convener), 중개자(broker), 설계자(programmer)의 역할을 담당하고자 하는 의지를 표명한 것이라 할 수 있다(조계현 2011; Humaidah 2012). 특히나 CMIM의

표 1. CMIM 최종 결과

	한국	중국*	일본	아세안	계
분담금 규모 (비중)	384억 불 (16%)	768억 불 (32%)	768억 불 (32%)	480억 불 (20%)	2,400억 불 (100%)
인출배수	1	0.5 (홍콩 2.5)	0.5	(Big 5) 2.5 (Small 5) 5	
인출가능규모	384억 불	405억 불	384억 불	1,262억 불	2,435억 불
투표권 행사	14.8%	28.4%	28.4%	28.4%	100%

*홍콩포함(홍콩 분담금 84억 불, 인출가능금액 63억 불, 홍콩은 IMF 미가입으로 비연계비중(30%)만큼만 인출 가능)
출처: 기획재정부 보도자료(2014) 참고

표 2. CMIM 의사결정 방법

	구체적 내용	의사결정 방식
근본적인 사안 (Fundamental Issues)	재검토(총규모, 분담금, 분담금 대비 수혜금액배수), 재가입, 회원가입, 자금지원 조건 등	합의제
자금지원 관련 사안 (Lending Issues)	자금지원, 만기연장(Renewal), 디폴트 선언	다수결

출처: 기획재정부 보도자료(2014) 참고

내용과 형식 면에 있어 아세안은 세계 금융질서 내에서 대안, 응용프로그램 등을 설계하는 시스템의 하위 설계자로서의 면모를 보여주었다.

　본 이슈에 있어 아세안이 중심이 되어 한다는 전략에는 세 가지 기본적인 방향이 있었다.[3] 첫째, 10개의 모든 아세안 국가가 제도의 구성원이 되어야 한다는 점, 둘째, 제도의 내용 면에 있어서 약소국인 아세안 국가들의 국력차이를 다른 국가들이 인정하여 제도를 형성해야 한다는 점, 셋째, 제도의 중요 기관이나 운영에 아세안이 중심이 되어 진행되어야 한다는 것이다.

　CMIM의 경우 2004년 아세안 국가 내 CMI보다 좀 더 발전된 형

3　제11번째 아세안과 중국, 일본, 한국의 정상모임에 관한 의장 성명서 참고.

태의 협력체가 필요하다는 논의가 있은 후 2006년 5월 아세안 및 한국, 중국, 일본 삼국의 첫 논의가 시작되었다. CMI 이후, 아세안 +3국의 논의는 처음부터 난항을 겪었다. 우선, 중국과 일본의 역내 제도 건설에 있어서 최초부터 시작된 미묘한 경쟁과 갈등으로 인한 이들 국가 간의 대화 단절이 존재했다. 중국과 일본의 느슨한 연결 관계는 1997년 ASEM 재무장관에서 일본에 의해 제기한 아시아 통화기금(AMF)의 거절에서부터 시작했다. 이후 역내 제도 설립에 있어 서로의 영향력 증대를 우려한 양국은 CMI 체결에 있어서도 경쟁적으로 아세안 국가들과 맺게 되었다(Park 2011; 이수정 2013).

 그러나 CMI가 실제 외환 유동성 상황에 직면하게 되면 위기관리 기제로서 준비되지 못했다는 지적과 함께 아세안의 내부 문제, 즉 아세안의 빈국 5개국을 포함시키지 못한 제도라는 점을 부각시키게 되자 아세안은 점차적으로 기존의 네트워크의 관계를 분리 및 해체하고 새로운 관계를 수립하기 위한 기초를 세우는 단계, 즉 번역의 두 번째 단계인 맺고 끊기의 과정에 몰입하게 된다. 기존의 양자 간 통화스왑 협정을 2005년 아세안+3 재무장관회의 당시 395억 달러 규모에서 스왑규모를 2배인 790억 달러로 대폭 증액하기로 회원국에게 합의를 끌어 내며 회원국 확대를 위한 기초를 세우게 된다. 뿐만 아니라 각국이 자신이 맺은 계약과 판단에 따라 지원여부를 결정한다는 기존의 방식에서 공동결정과 공동지원으로 방식을 바꾸게 하여 통화스왑의 확대를 끌어내게 된다(조계현 2011). 이러한 일련의 과정들은 기존 CMI에서 형성되었던 네트워크상의 관계들을 해체 및 분리하는 과정 등을 통해 점차적으로 CMIM로의 단계에 돌입하게 되는 맺고 끊는 과정을 거치게 됨을 의미한다.

 한편, 중·일 경쟁구도 아래 아세안은 2005년 제8차 아세안+3 재무장관회의에서 국제금융질서의 축 역할을 하는 IMF에 경제규모와 세계경제에서 차지하는 비중에 비해 턱없이 낮은 쿼터를 긴급히 재조정해달라며 공식적으로 요구하여 자금 실행 면에서 IMF와의 연계를 90%에서 80%로 줄이는 성과를 달성하였다(Grimes 2009a, 2009b). 이는 중국과 일본이 90%를 원한 반면 아세안의 태국과 말레이시아가 쿼터를 아예 제거하거나 50%까지 하향조정해 달라는 의사를 반영한 것으로(Grimes 2009a, 2009b), 세계 금융질서의 한 축인 IMF에 대안하는 프로그램을 구축하고자 하는 설계자로서의 면모를 보이는 대목이라 할 수 있다.

또한, 2007년 도쿄에서 개최된 아세안+3회의에서 한국, 중국, 일본을 상대로 아세안이 중심이 되어 본 제도를 구축하고 형성하는 제안을 하게 되며 설계자로서의 면모를 보이게 된다. 2007년 11월 싱가포르에서 개최된 아세안정상회담에서 싱가포르의 이센룽(Lee Hsien Loong) 총리는 한국, 중국, 일본을 각기 상대로 동남아시아 내 통합을 이루는 데 있어 국가 간 발달 격차를 줄이는 노력에 최대한 지원해줄 것을 약속받았는데 이는 아세안에서 5개 부국뿐 아니라 5개 빈국을 모두 포함한 10개국 모두가 회원국이 되어 제도를 구성해야 함을 의미하는 것이었다.

이에 따라 CMIM의 기본방향도 합의가 이뤄졌는데 첫째, 회원국의 구성에 있어서 2008년 5월 아세안 10개 국가 모두 참가하는 것으로 합의를 도출하게 되었으며, 둘째, 분담금의 배분에 있어서 아세안 10개 국가와 한·중·일 삼국의 비율을 2:8로, 경제력이 약한 아세안 국가들의 국력을 고려한 것으로 총 800억 달러를 마련하게 된다.[4] 또

4　2007년 싱가포르 아세안+3 정상회담 의장성명서 참고.

한, 분담금의 배분 구조를 아세안이 먼저 분담금의 20%를 배분하고 나머지 80%를 삼국이 알아서 나누게끔 구성함으로써 아세안중심성을 확실하게 보여주었다. 이와 같은 구도는 세계질서의 한 축인 IMF와 같은 국제제도에서조차 좀처럼 보기 힘든 프로그램으로 아세안 외교의 가시적인 성과라 할 수 있다.

3. 아세안의 협업외교와 집합권력의 행사

동아시아의 금융통화협력의 이슈에서도 아세안은 한국, 중국, 일본을 상대함에 있어서 양자외교와 다자외교를 아우르는 아세안+3체제를 적극 활용하였다. 먼저 아세안은 아세안 본회의를 통해 자신들의 내부 의견을 선 조율한 후 통일된 하나의 목소리와 입장으로 아세안+1회의에 참여하였다. 이는 아세안과 삼국의 개별국가와의 양자외교의 형태로 아세안이 10개의 동류집단의 형태로 행사하는 집합권력을 과시하여 한·중·일 삼국을 상대하는 협상에서 우위를 점하고 대외적 발언권을 확보하고자 함이다. 즉 아세안 개별국가들은 국제행위의 단위체로 한 개의 개별 국가가 아닌 동류집단의 형태인 10개 국가의 집합권력을 지닌 국제행위의 단위체로 한국, 일본, 중국을 상대한 것이다(변창구 2012).

이러한 아세안의 모습은 번역의 세 번째 단계인 칼롱의 등록하기의 단계, 즉 내 편 모으기 단계에 해당한다. 앞서 맺고 끊기의 단계를 통해 다시 형성된 관계들을 통해 자신의 주위에 새로운 네트워크를 구축하고 건설하여 내 편을 모으는 단계이다. 이 단계에서 김상배는 중견국의 네트워크 전략으로 나를 지지하는 편을 얼마나 많이 끌어 모아 세를 형성하는 단계에까지 이를 것인가가 중요하다고 설명하며 동류집단과 함께 추진하는 협업외교(Collective intelligence)를 추구하여 다수가 모여 네트워크를 구성한 행위자들이 그렇지 못한 행위자들에 대해 행사하는 집합권력에 대해 설명하였다.

아세안은 삼국과의 양자외교와 다자외교를 넘나들며 자신들에게 무엇을 해줄 수 있는지를 삼국을 상대로 그 수위와 정도를 끊임없이 간을 보며 두 가지 측면에서 이들 국가를 상대로 설득하였다. 첫째, 아세안 국가 모두를 포함하는 국제제도가 아닐 경우 제도로서의 효력이 유명무실하게 될 것과 둘째, 아세안 10개국이 하나가 되어 움직이기에 만약 아세안을 품지 못할 경우 얻게 될 불이익에 대해 강조하였다.[5] 이러한 아세안의 모습은 압박과 보상, 설득과 회유, 공감 등을 활용하여 내 편에 합류하게 행위자들을 모으는, 즉 새롭게 형성된 네트워크 안에서 세력을 모아 권력을 행사하려는 소집자의 면모라 할 수 있다.

아세안 국가들은 기본적으로 하나의 국가로서 중국, 일본, 미국, 한국을 상대하는 것의 한계점을 인식하고 아세안 10개 국가의 동류집단을 획득하여 아세안 개별국가 하나가 9개의 자기편을 획득한 형태의 집합권력을 갖추게 되었다. 이후 10개의 국가가 행사하는 집합권력을 통해 삼국을 상대하는 데 있어서 위치권력을 획득하게 되었다.

한편 AMRO의 경우, 2009년 발리에서 역내감시체계 설립에 관한 회원국 간의 합의가 도출된 이후 2011년 5월에 정식으로 출범하게 되었다. 이때 아세안은 역내 감시체계를 구축하고자 설립된 AMRO를 싱가포르에 소재하게 노력하였는데 유치국으로서 싱가포르 정부는 필요한 모든 것을 지원하여 본 제도들이 잘 수행할 수 있도록 노력하겠다는 의지를 표명하였다. AMRO의 설립과 관련하여 가장 주목할 점은

---

5   제11번째 아세안+3 정상회담 의장성명서 참고.

국제기구를 자국에 설립하고 싶은 아세안과 한국, 중국, 일본 간의 경쟁에서 결국 싱가포르에 유치하게 되었다는 것이다. 당시 한국, 중국, 일본 모두 AMRO의 자국설립을 위해 각고의 노력을 기울였으나 아세안 국가들의 반대로 인해 좌절되었다. 이에 아세안은 삼국을 상대로 아세안 국가에 AMRO가 설립되어야 하는 필요성에 대해 강력히 호소하고 각국의 정상들로 하여금 싱가포르에 역내감시체계를 설립하여 운영하는 것이 제도의 투명성과 효율성을 높이는 것이라는 인식을 끌어내었다.[6] 이와 같은 결과는 아세안 10개 국가가 행사하는 집합권력을 보여줌과 동시에 한·중·일의 삼국의 과도한 경쟁 사이에서 위치권력을 확보하였던 아세안의 외교적 성과라 할 수 있다.

다음으로 아세안은 미국, 중국, 일본을 설득과 공감의 방법으로 자신들의 편을 모아 아세안 중심성을 발휘하였다. 동아시아의 금융통화협력의 과정에서 가장 중요한 구조적 배경이자 연결 관계는 크게 두 가지 측면에서 생각해 볼 수 있다. 첫째, CMI 형성 과정에 있어 미국과 동아시아와의 관계, 둘째, CMIM이 형성되는 과정에서 중국과 일본의 경쟁구도에 따른 관계이다.

동아시아의 금융통화협력의 과정에서 가장 중요한 것은 먼저 미국과 IMF와의 관계를 재정립하는 것이었다. 과거 AMF나 미야자와 이니셔티브의 실패는 모두 미국과 IMF의 지역 내 영향력 축소에 대한 우려에서 거절된 것에 기인한다. 따라서 새롭게 형성되는 CMI는 최소한 미국의 승인이나 묵인 하에 진행되어야 했다.[7] 미국은 1990년대 초

---

6   2011년 기획재정부 대외경제국 대외경제총괄과의 싱가포르 경제의 중요성 및 시사점에 대한 8월 24일 보도자료 참고.
7   이러한 관계설정을 반영하듯 CMI의 통화스왑의 발생조건에 있어 약정액의 80%를 IMF의 승인 조건하에 귀속시키는 구조로 구성되었다.

동아시아 경제그룹(EAEG)에 분명한 반대의사를 표명하는 등 미국을 배제한 동아시아 협력에 대해 부정적이었다(Grimes 2011a, 2011b; 이율빈 2011; 조화순·김탄 2012; 이수정 2013).

이에 먼저 아세안은 이에 대한 자구책으로 미국의 중요 요직 인사 및 IMF 인사와의 접촉을 시도하여 동아시아 지역 내 금융통화협력의 과정이 글로벌 금융경제질서의 안정에도 도움이 되는 것이기에 미국의 이익과도 귀결되는 것임을 피력하였다. 이는 2000년 이후부터 싱가포르 등 아세안의 수많은 포럼과 회의의 연설문을 통해 확인할 수 있는데, IMF를 필두로 하여 세계은행연례총회, APEC재무장관회의 등 다양한 형태의 회의 및 포럼을 통해 미국과 IMF를 설득하는 작업을 꾸준히 지속하였고 동아시아의 금융통화협력제도에 있어서 기존의 미국과의 관계를 재설정해 나가기 시작했다.[8] 이러한 관계 재설정의 노력은 2001년 5월 ASEAN+3의 첫 양자 간 스왑협정 체결 발표 이후 당시 재무장관이었던 오닐이 CMI에 반대하지 않는다는 연설문을 통해서 미국의 입장이 달라졌음을 확인할 수 있게 해주었다.

다음으로 중국과 일본 간의 경쟁구도에 따른 관계설정이다. 2000년대 이후 중국과 일본은 아세안을 향한 소프트파워 확대 경쟁이 일어났고 이 두 양국 간의 미묘한 소프트파워 확대경쟁은 본 이슈에서도 예외가 아니었다. CMIM의 경우, 분담금의 배분이 핵심쟁점으로 한·중·일 삼국 간에 치열한 논쟁이 있었다. 특히 중국과 일본은 서로 더 많은 분담금을 내놓으려 경쟁하였는데 본격적인 합의가 도출된 2009년 발리회의까지 그 경쟁이 치열하게 진행되었다. 이들 양국은 역내

---

8   2000년 7월 12일 싱가포르 개최 The Institute of Policy Studies(IPS)와 Singapore Management University(SMU)는 공동으로 The IMF and Asia: Part of the Problem or Part of the Solution 주제의 포럼, 2009년 11월 12일 IMFdirect 게재 글 참고.

통화금융제도에서 자국의 영향력을 서로 증대하고자 더 많은 분담금을 배분받길 원했으며 아세안이 먼저 20%를 차지하고 난 후 남은 80%의 비율에서 이 논쟁은 더욱 치열해져갔다. 결국, 양국의 뜨거운 대결은 교착상태에 봉착하게 되고 CMIM는 좌초될 위기에 이르게 된다.

2008년 싱가포르의 림홍키앙(Lim Hng Kiang) 재정산업부 장관과 타르만 샨무가라트남 재무장관(Tharman Shanmugaratnam)은[9] 삼국의 주요 장관들을 만나 설득의 과정을 거치게 된다. 역내 금융통화제도의 필요성을 강조하고 위기대응 체제를 구축해야 하는 필요성을 각국의 장관들에게 이끌어내고 이를 위해서 삼국이 협조해야 함을 강조하였다.[10] 이러한 단계에서 아세안은 역내 금융통화제도의 행위자들 간의 네트워크상에서 교착상태에 봉착하여 끊어지게 된 부분, 즉 흐름이 단절된 구조적 공백을 메우기 위한 중개자의 역할을 담당하였다. 이는 맺고 끊는 단계에서 '매개 중심성'을 강조하는 외교 전략의 일환으로, 아세안이 삼국 사이에서 아세안을 중심으로 삼국 사이에 끊어진 네트워크를 복원하는 중개역할을 담당하며 중개권력(Brokerage power)을 갖게 된 것이다(조계현 2011; Humaidah 2012).

VI. 맺음말

아세안은 오늘날 제3세계의 대표적 지역협력기구로서 동남아 지역을 포함하여 아시아와 태평양 지역 전반에 걸친 국제정치 및 경제관계에 유의미한 영향력을 미치고 있다. 그러나 아세안은 회원국 간의 영토의

---

9   기획재정부 보도자료(2008.6.18.).
10   http://www.asean.org/news/asean-statement-communiques 2008년 보도자료 참고.

크기나 경제발전 정도에 있어 큰 격차를 보이고 또 사회문화적 이질성과 영토분쟁 등 지역적 갈등으로 인해 회원국 간의 갈등의 소지뿐만 아니라 지역협력체로서 발전하는 데 여러 가지 제약을 갖고 있다. 이에 아세안은 아세안 방식이라는 독특한 운영방식과 규범으로 회원국 간에 존재하는 잠재적 또는 현재적 갈등요인들을 효율적으로 관리함으로써 지속적인 발전을 도모하고 있다(변창구 1999).

이 글의 서론에서 살펴보았듯이 아세안은 기존의 국제정치를 행위하는 단위로서 국가차원(nation state)을 넘어 여러 국가들이 연합하여 상호 연결되어 있는, 즉 국가라는 노드(node)들이 상호 연결되어 있는 집합으로 구성된 네트워크 국가(network state)로서 아세안 국가들이 외부위협에 대처하는 자체적 대안의 모색으로 아세안중심성을 추구하는 방식으로 세계화와 정체성을 동시에 추구하였다.

아세안의 대외정책 기조인 아세안중심성은 동남아시아가 처한 환경의 변화를 기민하게 반영한 현실적이고 실용적인 인식을 바탕으로 한 외교 전략이었다. 이는 지역적으로 주변 국가들의 동향을 살피어 대외 환경여건 변화에 탄력적으로 대처하기 위한 아세안의 노력의 일환으로, 효율적인 외교 전략을 수립 및 추진하여 아세안의 취약성과 강대국으로부터 야기될 수 있는 위협을 극복하고자 함이다. 네트워크 이론의 시각에서 아세안중심성은 바로 아세안 국가들이 비슷한 처지에 놓여 있는 국가들을 탐색하고 이들과 협업하여 발생하는 집합권력으로 전체 구조 속에서 발생했던 공백에 자신들의 역할을 이해하고 만들어나가는 위치권력을 획득하는 원천이자 원동력이었다.

또한 아세안의 외교는 양자외교와 다자외교를 넘나들며, 협상에서 유리한 결과를 끌어내기 위해 다양한 영역과 차원에서 중첩적인 네트워크를 형성하여 추진함으로써 아세안이 중심이 되어 새롭게 구성된 역내금융통화협력제도의 형성에 위협이 되는 점들에 효과적으로 대처하였다. 이러한 사실은 특정영역에서 단선적인 외교방식에만 비중을 두고 있는 다른 중견국들의 외교에 시사하는 바가 크며 이러한 접근 방식은 국제정치이론적으로도 큰 함의를 갖고 있다.

이 글의 본론에서 살펴보았듯이, 아세안은 역내 금융통화질서를 구축하는 데 있어 아세안중심성을 추구하여 아세안 국가들의 국익달성 및 주권수호, 아세안 공동체의 단합과 발전, 그리고 공동의 이익추구라는 소기의 목적을 달성하였다. 이는 국제정치이론적으로 유의미한 함의를 갖고 있는데, 가장 먼저 현실주의의 관점에서 강조하는 힘의 정치가 지배하는 국제정치 현실과 구조를 명확하게 직시하고 특정 강대국의 독점적 지배에 아세안 국가들이 귀속되는 것을 허락하지 않기 위해 강대국 간의 세력균형을 통해 자국의 이익 달성 및 아세안 공동체의 공동 이익을 달성하는 것을 모색하였다. 그러면서 다른 한편으로 자유주의적 제도주의 관점에서 아세안이라는 다자주의 메커니즘을 활용하여 협업외교를 통한 집합권력을 행사하였으며, 구성주의적 시각에서 동아시아 지역의 평화와 역내 금융통화 안정 및 발전의 환경을 만들어 나갔다. 이러한 아세안의 외교정책의 경험은 무정부상태가 국가들로 하여금 사회화와 협력을 유도하고 집단적 정체성을 형성할 수 있다는 것을 보여주었다(Acharya 1997, 2012). 또한 아세안은 역내 금융통화협력제도를 구축하고 형성하는 데 있어 중견국가가 보일 수 있는 중개자, 소집자, 설계자의 면모를 훌륭하게 보여주었다.

이처럼 아세안은 어느 특정한 하나의 이론적 관점에 따른 전략을 추구하기보다는 다양한 이론적 접근법들을 모두 활용하면서 자신들에게 유리한 전략을 구사한 것이다. 이러한 외교정책의 경험은 중견국가의 이론적 접근법은 실리를 위하여 모든 가능성을 다 열어두어야 한다는 것을 뜻하며 이러한 맥락에서 네트워크 시각에서 구성된 이 글이 중견국가의 구조적 공백 속에 역할탐색 및 전략을 수립하는 데 유용한 방향성을 제시해 줄 수 있을 것이다.

참고문헌

권태한·배용호. 2001. 『동아시아 경제론: 동아시아 경제의 21세기를 향한 진로』. 서울대학교
　　출판부.
기획재정부. 2014. "제12차 아세안+3 재무장관회의 결과." 보도자료.
김상배. 2011. 『거미줄 치기와 벌집 짓기: 네트워크 이론으로 보는 세계정치의 변환』.
　　한울아카데미.
＿＿＿. 2014. 『아라크네의 국제정치학: 네트워크 세계정치이론의 도전』. 한울아카데미.
김상배 편. 2009. 『소프트파워와 21세기 권력』. 한울아카데미.
＿＿＿. 2014. 『네트워크 시대의 외교안보』. 사회평론.
김상배·이승주·배영자 편. 2013. 『중견국의 공공외교』. 사회평론.
김상배·하영선 편. 2006. 『21세기 세계정치의 변환 네트워크 지식국가』. ㈜을유문화사.
＿＿＿. 2010. 『네트워크 세계정치: 은유에서 분석으로』. 서울대학교출판문화원.
김용덕. 2007. 『아시아 외환위기와 신국제금융체제』. 박영사.
김한식. 2004. 『동남아 정치: 어제, 오늘 그리고 내일』. 모시는 사람들.
마누엘 카스텔. 정병순 역. 2008. 『정체성 권력: 정보시대 경제, 사회, 문화 2』. 한울아카데미
＿＿＿. 박행웅 역. 2009. 『네트워크 사회: 비교문화 관점』. 한울아카데미.
박번순. 2005. 『아시아 경제, 공존의 모색』. 삼성경제연구소.
박인원. 2012. "동아시아 경제통합과 아세안." 『동아시아 통합전략(Ⅲ): 협력의 심화·확대와
　　새로운 도전』. 한국개발연구원. 전홍택·박명호 편.
변창구. 1999. 『아세안과 동남아 국제정치』. 대왕사.
＿＿＿. 2002. 『아세안 운영체제론』. 대왕사.
＿＿＿. 2009. "동남아시아 안보공동체로서의 ASEAN: 전략과 과제." 한국정치정보학회.
신윤환. 2008. "동아시아 지역통합과 한국의 선택." 『동아시아 공동체와 한국의 미래:
　　동북아를 넘어 동아시아로』. 동아시아공동체연구회 총서 01. 이매진.
이수정. 2013. "동아시아 금융지역주의(1997-2013): 인식, 구조, 제도." 중앙대학교
　　석사학위논문.
이승주. 2011. "글로벌 금융위기와 동아시아의 대응." 서울대학교 국제문제연구소.
이용욱 외. 2012. 『동아시아 금융지역주의의 정치경제』. 아연출판부.
이율빈. 2011. "동아시아 경제협력의 아세안 중심성 요인 연구." 서강대학교 석사학위논문.
조계현. 2011. "동아시아 외환위기 이후 금융협력의 발전과 아세안의 역할 연구." 고려대학교
　　석사학위논문.
조화순·김탄. 2012. "미국헤게모니 변화와 동아시아 금융협력의 정치적 동학."
　　『국제지역연구』 16(1). 한국외국어대학교 국제지역연구센터.
최영종. 2009. "지역제도와 중견국가." 『국제관계연구』.
＿＿＿. 2011. "동아시아 지역통합과 한국의 중견국가 외교." 한국정치외교사논총.
최원기. 2008. "최근 동아시아 금융협력의 평가와 전망: 치앙마이 이니셔티브(Chiang Mai

Initiative)를 중심으로." 『주요국제문제분석』. 외교안보연구원.

Acharya, Amitav and Allan Layug. 2012. "Collective Identity Formation in Asian Regionalism: ASEAN Identity and the Construction of the Asia-Pacific Regional Order." the World Congress of International Political Science.

Acharya, Amitav. 1997. "Ideas, Identity, and Institution-building: From the 'ASEAN Way' to the 'Asia-Pacific Way'?." *The Pacific Review*, 10(3), pp.319–346.

_____. 2002. *Constructing a Security Community in Southeast Asia: ASEAN and the Problem of Regional Order*. New York: Routledge.

ADB. 2012. *Asian Development Outlook 2012*.

Ansell, Christopher K. and Steven Weber. 1999. "Organizing International Politics: Sovereignty and Open Systems." *International Political Science Review*, 20(1).

Asean Charter. 2008.

Bowles, Paul. 2002. "Asia's post-crisis regionalism: bringing the state back in, keeping the states out." *Review of International Political Economy*, 9(2).

Burt, Ronald S. 1992. *Structural Holes: The Social Structure of Competition*. Cambridge, MA: Harvard University Press.

Calder, Kent and Min Ye. 2004. "Regionalism and Critical Junctures: Explaining the "Organizational Gap" in Northeast Asia." *Journal of East Asian Studies*.

Chang, Dong-Gu and Seung-chul Chun. 2004. "Developmental Paths of Hong Kong and Singapore as International Financial Cetres and Their Implications for South Korea." Bank of Korea.

Chey, HyoungKyu. 2009. "The Changing Political Dynamics of East Asian Financial Cooperation." *Asian Survey*, 49(3)

Cooper, Andrew F., Richard A. Higgott and Kim Richard Nossal. 1993. *Relocating Middle Power: Australia in a Changing World Order*. Vancouver: UBS Press.

_____. 1997. *Niche Diplomacy: Middle Power after the Cold War*. London: Macmillan Press.

Crone, Donald. 1993. "Does Hegemony Matter? The reorganization of the Pacific Political Economy." *World Politics*.

Dosch, Jorn and Manfred Mols. 1998. "Thirty Years of ASEAN: Achievements and Challenges." *the Pacific Review*, 11(2).

Economic Review Committee(ERC). 2002. *Positioning Singapore as a Preeminent Financial Centre in Asia*. Main Report, the Ministry of Trade and Industry.

Grimes, William W. 2006. "East Asian financial regionalism in support of the global financial architecture? The political economy of regional nesting." *Journal of East Asian Studies*, 6.

_____. 2009a. "Japan confronts the global economic crisis." *Asia Pacific Review*, 16(2).

_____. 2009b. *Currency and Contest in East Asia: the great power politics of financial regionalism*. Cornell University Press.

_____. 2011a. "The future of regional liquidity arrangements in East Asia." *The Pacific Review*, 24(3).

_____. 2011b. "The Asian Monetary Fund Reborn?: Implication of Chiang Mai Initiative multilateralization." *Asia Policy*, 11.

Hafner-Burton, E. M., M. Kahler and A. H. Montgomery. 2009. "Network Analysis for International Relations." *International Organization*, 63(3), pp.559-592.

He, Baogang. 2004. "East Asian ideas of regionalism: a normative critique." *Australian Journal of International Affairs*, 58(1), pp.105-125.

Helleiner, Eric. 2008. "The Evolution of the International Monetary and Financial System." *International Political Economy*.

Hemmer, Christoper and Peter J. Katzenstein. 2002. "Why is there NO NATO in ASIA? Collective Identity, Regionalism, and the Origin of Multilateralism." *International Organization*.

Hobson, J. M. 2000. *The State and International Relations*. Cambridge University Press.

Hocking, Brian. 1997. "Finding your Niche: Australia and the Trials of Middle-Powerdom." In Cooper (ed.). *Niche Diplomacy: Middle Powers after the Cold War*. London: Macmillan Press.

IMF. 2011. *World Economic Outlook*. September 2011.

Jiang, Yang. 2010. "Response and responsibility: China in East Asian financial cooperation." *The Pacific Review*, 23(5).

Johnston, Alastair I. and Robert S. Ross (eds.). 1999. *Engaging China: the Management of an Emerging Power*. London: Routledge.

Jones, David Martin and Michael L. R. Smith. 2007. "Making process, Not Progress: ASEAN and the Evolving East Asian Regional Order." *International Security*, 32(1).

Kim, M. 2011. "Theorizing ASEAN Integration." *Asian Perspective*, 35(3), pp.407-435.

_____. 2012. "Why does a small Power Lead? ASEAN Leadership in Asia-Pacific Regionalism." *Pacific Focus*, 27(1), pp.111-134.

Lee, Jone. 2010. "Still in the 'Drivers' seat', but for how long? ASEAN's Capacity for Leadership in East-Asian International Relations." *Journal of Current Southeast Asian Affairs*, 29(3), pp.95-113.

Lee, Yong Wook. 2006. "Japan and the Asian Monetary Fund: An Identity-Intention Approach." *International Studies Quarterly*, 50, pp.330-366.

Nishikawa, Yukiko. 2007. "The "ASEAN WAY" and Asian Regional Security." *Politics & Policy*, 35(1), pp.42-56.

Park, Jinsoo. 2011. "Sino-Japanese competitive leadership and East Asian regionalism: the Chiang Mai Initiative and East Asian organisations." University of Warwick.

Pascha, Werner. 2007. "The role of regional financial arrangements and monetary integration in East Asia and Europe in relations with the United States." *The Pacific*

Review, 20(3).

Rajan, Ramkishen S. 2008. "Monetary and financial cooperation in Asia: taking stock of recent ongoings." *International Relations of the Asia-Pacific*.

Roy, Denny. 2005. "Southeast Asia and China: Balancing or Bandwagoning?." *Contemporary Southeast Asia*, 27(2).

Severino, Rodolfo C. 2007. "ASEAN Beyond Forty: Towards Political and Economic Integration." *Contemporary Southeastasia*, 29(3), pp.406-423.

_____. 2001. "The ASEAN Way and the Rule of Law." Address by Rodolfo C. Severino, Secretary-General of the Association of Southeast Asian Nations, at the International Law Conference on ASEAN Legal Systems and Regional Integration, Kuala Lumpur. September 3, 2001.

Shambaugh, David. 2005. "Return to the middle kingdom? China and Asia in the Early Twenty-first century." In David Shambaugh (ed.). *Power Shift: China and Asia's New Dynamics*. University of California Press.

Slagter, Tracy Hoffmann. 2004. "International 'Norm entrepreneurs' : A Role for Middle Powers." Prepared for presentation at the Annual Meeting of the International Studies Association.

Suryadinata, Leo. 2005. *China and the ASEAN States: The Ethnic Chinese Dimension*. Singapore: Marshall Cavendish Academic.

Thuy, Tran Truong. 2011. "Recent Developments in the South China Sea: Implications for Regional Security and Cooperation." Washington D. C. Center for Strategic and International Studies.

Yevgeny, Kanaev. 2010. "The Driver Seat Phenomenon." *International Affairs*.

Yunling, Zhang. 2005. "Emerging New East Asian Regionalism." *Asia Pacific Review*, 12(1).

〈주요 관련 사이트〉

아세안사무국 http://www.asean.org/

기획재정부 www.mosf.go.kr

ASEAN www.asean.org

AMRO http://www.amro-asia.org

제5장

싱가포르의 대테러 네트워크 외교:
아세안 안보공동체 구축과정을 중심으로[*]

윤정현

[*] 이 글은 2015년 『국제정치논총』 제55집 2호(pp.153-190)에 게재된 "폭탄테러와 아세안의 재난 거버넌스: 싱가포르의 네트워크 전략을 중심으로"를 수정·보완하였음.

이 장은 2000년대 초 동남아시아 지역에서 일어났던 일련의 연쇄적인 폭탄 테러들에 대해 아세안 국가들이 기존의 일국적 대응 방식에서 벗어나 어떻게 지역 차원의 공조체제를 수립할 수 있었는지 재난 관리모델과 행위자 네트워크 이론을 통해 살펴보고자 하였다. 아세안 회원국들은 저마다 다른 정체성과 대내외적 환경에 놓여 있었고, 이에 따라 폭탄테러라는 '돌발적이고 의도적인 재난'에 부합하는 효과적인 대응 방식을 취하는 데 상당한 간극이 존재하였던 것이 사실이다. 또한 특히 이 과정에서 '아세안 방식(ASEAN Way)'으로 불리는 대외관계의 원칙은 지역 차원에서의 공조체계를 구축하는 데 상당한 장애요소로 작용하였다.

그러나 이러한 어려움 속에서도 아세안은 계속적인 논의와 협력을 지속하여 결국 법적 · 제도적 효력을 갖춘 '아세안 안보 공동체(ASEAN Security Community)'를 출범시키게 되는데, 본고는 이 과정에서 나타난 싱가포르의 역할에 주목하였다. 싱가포르는 '폭탄'이라는 비인간 행위자가 갖고 있는 속성을 효과적으로 활용하여 아세안뿐만 아니라 역외의 주요 행위자까지 포괄하는 네트워크 전략을 전개하였다. 싱가포르는 초국가적 테러를 지역안보 이슈로 쟁점화하는 프레임 설계단계에서 시작하여 기존 아세안 방식 체제의 '블랙박스'를 닫고 있는 네트워크망을 균열시켜, 마침내 새로운 대안적 네트워크를 짜나가는 이른바 '번역의 4단계'를 성공적으로 수행하였던 것이다.

싱가포르의 성공적인 네트워크 외교 전략은 초국가적 재난에 대한 지역차원의 중심행위자가 되어 질서를 재편할 수 있는 가능성을 보여준다는 점에서 중견국인 우리의 외교 전략에 새로운 방향을 제시한다고도 할 수 있을 것이다.

I. 서론

2002년 10월 12일 발생한 발리의 폭탄테러는 그 전까지 보이지 않았던 이슬람 테러조직이 동남아시아에 존재한다는 것을 드러낸 사건이었다. 아세안(ASEAN) 국가들은 2001년 9/11 테러 직후 발리 테러가 일어나기 전까지 사실 이런 광범위한 글로벌 테러 네트워크가 존재할 가능성에 대해서는 회의적이었으며, 특히 동남아 내 호전적인 지하드 조직인 제마 이슬라미아(Jemmah Islamiah: JI)와 글로벌 차원의 테러 집단인 오사마 빈 라덴의 알카에다가 이념적인 연계망을 확대하고 있었다는 것을 알아채지 못했다(Jones 2010: 156). 이에 따라 아세안 차원의 공조체제를 갖추기 위한 시도들이 신속하게 추진되지 못한 것도 사실이다. 202명의 사망자를 낳았던 발리 테러 때만 하더라도 피해 당사국인 인도네시아와 일부 아세안 회원국들은 JI를 초국가적인 테러 조직으로 보아야 하는가에 대한 문제에 대해서도 회의적인 입장을 보이는 등, 초기에는 아세안 차원에서 벌어지는 폭탄테러에 대한 공동의 위협인식을 보기가 어려웠다(Soesilowati 2011: 232-233).

그 주된 원인은 '아세안 방식(ASEAN Way)'으로 설명되는 아세안 회원국의 기본원칙과 행동양식에서 찾을 수 있다. '내정 불간섭', '무력 불사용', '역내 다자합의에 의한 해결'로 대표되는 아세안 방식의 기본원칙은 1967년 아세안이 창설된 이래 역내에서 일어나는 주요 대외적 이슈를 해결하는데 보편적으로 적용되어 왔다. 아세안 방식은 모든 회원국들의 주권을 평등하게 존중한다는 매우 중요한 의의를 갖고 있었지만, 폭탄테러와 같은 돌발적인 초국가적 이슈에 있어서 효과적인 대응을 제약한 것도 사실이었다.

그러나 점차 싱가포르를 중심으로 선언문적인 조치가 아닌 아세안 지역 차원에서, 공동의 위협으로 테러를 정의하고 이를 해결하기 위한 실효적인 조치를 취해야 한다는 인식이 확산되기 시작하였으며, 마침내 테러와 같은 민감한 안보 이슈에 있어서 사건 발생 당사국뿐만 아니라 사법기관들 간의 연계·공조가 필요함을 명문화한 '아세안 안보 공동체(ASEAN Security Community)'를 출범시키게 된다. 어떻게 아세안은 아세안 방식의 기본원칙과 대립하는 내용을 담고 있는 아세안 안보 공동체를 출범시킬 수 있었는가? 다시 말해 기존의 한계를 극복하고 지역·글로벌 차원에서의 적극적인 공조가 가능한 새로운 토대를 마련하게 되었는가? 이 글은 이 과정에서 적극적으로 지역 차원의 대테러 공조체제를 구축하려 노력했던 아세안 회원국인 싱가포르의 역할에 주목한다.

싱가포르는 발리 테러가 발생하기까지 자국 영토 내 물리적 공격을 받은 적도, 인명피해도 없었던 국가였다. 그럼에도 불구하고 '테러와의 전쟁'에서부터 시작하여 아세안 안보 공동체 선언이 나오기까지 '아세안 방식'의 제약을 극복하기 위해 일관된 노력을 보여주었던 행위자라 할 수 있다. 특히 싱가포르는 이 과정에서 대테러 공조의 필요성을 인식하면서도 쉽사리 실천에 나서지 못했던 필리핀, 태국 등은 물론, 테러와의 전쟁 구도에 처음부터 강력하게 반대하였던 인도네시아와 말레이시아까지도 동참시켜 아세안 차원의 안보 구상을 실현시키는 성과를 거두게 된다. 어떻게 싱가포르는 '폭탄'이라는 비인간 행위자가 갖고 있는 속성을 활용하여 이를 지역안보 이슈로 쟁점화하고 기존의 '아세안 방식' 체제의 블랙박스를 해체하고 대안적 네트워크로서 아세안 안보 공동체의 창설에 주도적 역할을 할 수 있었는가? 본고는 이러한 질문에 대답하기 위해 재난 관리모델과 행위자 네트워크 이론을 접목한 분석틀을 통해 살펴보기로 한다. 그리고 이 과정에서 폭탄이라는 새로운 비인간 행위자가 지닌 초국가적 재난의 속성을 이해함과 동시에 이를 효과적으로 활용한 싱가포르의 네트워크 전략이 갖는 중건국 외교의 함의점도 짚어보고자 한다.

II. 재난 거버넌스와 ANT의 이론적 분석틀

1. 재난의 분류와 유형별 적합 대응 모델: 정태적 차원

일찍이 국제위험거버넌스협회(International Risk Governance Council: IRGC)에서는 현대사회의 위험을 발생 원인에 따라 단순형, 복합형, 불확실형, 모호형 등에 기인하는 네 가지로 나눈 바 있다(Renn

2005: 47). IRGC의 위험분류체계는 고도로 기술이 발달한 현대사회의 복잡한 사회 시스템이 제기하는 다양한 속성을 반영하고 있는 것이 특징이다. 그러나 암묵적으로 국가 단위에서의 대응을 기본적으로 전제하고 있으며, 재난의 영향력이 국경을 초월하여 나타날 경우 어떠한 수준에서 대응이 이루어져야 하는가에 대한 구체적인 시사점을 제공해주지 못하는 한계를 보인다. 하지만 우리가 21세기에 목도하고 있는 재난들은 쓰나미와 같은 자연재해에서부터 사이버테러 같은 인적 재난에 이르기까지 국경을 초월하여 지역과 글로벌 수준에서의 새로운 거버넌스를 요구하는 메타게임을 촉발시키기도 한다. 즉, 재난의 초국가적 특성을 반영한 대안적인 재난 분류 방식이 제시되어야 하는 것이다. 더욱이 이들 재난이 갖고 있는 시급성과 중요한 정치적 파급력을 고려할 때, 재난 분류에 대한 새로운 해석이 이루어져야 한다.

이러한 맥락에서 이 글은 국제정치적 시각에서 재난의 분류 유형을 '발현속도'와 '의도성'의 두 축으로 구분해 제시하고자 한다. 발현속도 측면에서 볼 때, 재난은 가시적이면서도 그 충격의 체감 속도가 빠른 '돌발적 재난'과 비가시적이면서도 장기간에 걸쳐 증폭되며, 그 심각성을 받아들이는 데 논란이 일어날 수 있는 '점진적 재난'으로 분류될 수 있다. 두 번째 축인 의도성 측면에서 볼 때, 재난은 특정한 대상에 피해와 혼란을 주기 위해, 혹은 상대에게 그러한 피해를 입힐 가능성을 인지하면서도 이를 허용하는 '의도적 재난'과 자연에 의해 유발되는 대형재난이나 예기치 못한 사고로 인한 참사와 같은 '비의도적 재난'으로 나누어질 수 있다. 이 두 축을 바탕으로 21세기의 대표적인 초국가적 재난들을 위치시켜보면 〈그림 1〉과 같이 네 가지 유형으로 나타날 것이다.

먼저, I 유형의 재난들은 순간적인 파괴력을 갖고 발현되며, 즉각

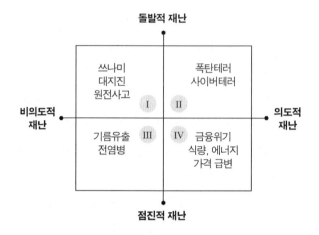

그림 1. 발현속도와 의도성으로 분류한 21세기 주요 재난 유형들

적으로 인지가능한 유형으로, 발생경로의 인과관계가 명확한 비의도성 재난이라 할 수 있다. 지진, 쓰나미 등의 대규모 자연재해와 원전사고와 같은 예기치 못한 대형사고가 주로 해당된다.

II 유형은 정치적 의도를 가진 행위자가 고도로 발달된 기술수단을 통해 목표 대상을 공격함으로써 나타나는 재난으로 역시 그 충격이 즉각적으로 발현된다. 초국가적 네트워크 집단의 폭탄테러, 사이버테러 등이 대표적이다.

III 유형은 기름유출, 전염병의 창궐과 같이 의도치 않은 재난이면서 동시에 I, II 유형과는 달리, 촉발당시에는 인지할 수 있는 파급력이 상대적으로 작은 재난이다. 그러나 시간이 지나면서 그 피해가 점진적으로 증가하고 연쇄적인 2차적 파급효과를 갖는 특징을 보인다.

IV 유형 역시 재난의 심각성을 체감할 수 있을 때까지 시간을 필요로 하는 유형이지만, 의도를 갖고 일으키거나 혹은 그렇지 않은 불가피한 발생이라 하더라도 그 파급효과를 사전에 예상해볼 수 있는 재

난으로 볼 수 있다. IV 유형은 투기자본의 유동성에 의한 금융위기, 식
량, 에너지 수급변화로 인한 시장의 불안정과 같이 주로 첨예한 국제
정치적 갈등이 맞물린 사안에 해당된다.

이러한 네 가지 초국가적 재난 유형들은 각각의 속성에 조응하는
적합한 대응모델을 필요로 한다. 이들은 재난관리의 유일한 해법이라
할 수는 없지만 해당 재난의 특징을 고려할 때 효과적으로 대응할 수
있는 가능성을 높여주기 때문이다.[1]

먼저 발현 속도 측면에서, 돌발적 재난은 사안의 시급성을 고려하
여 정부 주도하에 신속한 의사결정에 따라 일사불란한 대응체제를 구
축할 수 있는 수직적 관리가 필요한 유형이라 할 수 있다. 반면, 점진
적 재난은 발생 경로가 좀 더 병렬적이고 위험의 파급속도가 긴 시간
을 두고 단계적·연쇄적으로 발현되기 때문에 민간, 시민사회, 국제기
구 등 다양한 행위자들의 의견을 수렴하여 최상의 해법을 찾기 위한
수평적인 거버넌스 방식이 보다 효과적이다.

의도성 측면에서 볼 때, 의도적 재난은 유발 원인에 대한 책임과
처벌 소재에 대해 명확하게 규명할 필요성이 제기되므로 국가 간의 폭
넓은 정보공유와 공조를 꾀할 수 있는 초국가적 국제협력형 관리 방식
이 요구된다. 반면, 비의도적 재난은 국제적인 정치적 책임소재 규명
보다는 신속하고 체계적인 재난의 복구가 중점이 되기 때문에 국가단
위에서 이를 일관되게 추진할 수 있는 주권국가형·자조형 관리 방식
이 적합할 수 있다.

---

1   김상배(2007)는 관리구조에 대한 신제도주의 분석틀을 통해 기술체계와 관리구조가 어
     떻게 상호작용하면서 궁극적으로 제도조정을 유발하는지, 이 과정에서 어떠한 변수들이
     촉진요인 또는 제약요인으로 작동하면서 산업학습에 피드백의 고리를 형성하는지를 설
     명하고 있다(김상배 2007: 118-123). 이 글은 이를 재난관리 차원에서 원용하여 재난과
     대응체계 간의 적합성의 분석틀을 제시하고자 하였다.

이러한 관리 방식을 앞서 분류한 현실의 네 가지 재난 유형에 적용해보면, 돌발적·비의도적인 I 유형의 재난은 시급성을 띠면서도 체계적인 복구가 우선되는 재난 유형이라 할 수 있다. 따라서 일사불란한 대응체제 하에 정부가 수직적인 리더십을 발휘할 수 있는 근대국가형 정부집중 모델이 효과적일 것이다.

II 유형의 재난도 마찬가지로 정부 중심의 신속한 대응을 필요로 하는 재난이지만, 주로 의도성을 가진 초국가적 행위자에 의해 나타난다는 특징이 있다. 따라서 국가수준의 대응으로서는 한계를 가질 수밖에 없으므로 보다 신속하면서도 긴밀한 공조를 뒷받침해줄 수 있는 정부 간 국제협력 모델을 필요로 할 것이다.

III 유형의 재난은 발생 경로가 좀 더 병렬적이고 위험의 파급속도가 단계적·연쇄적으로 발현되기 때문에 정부뿐만 아니라 국내의 지역공동체, 시민사회 등 다양한 행위자들의 수평적인 참여가 용이한 민·관·공동체 거버넌스 모델이 적합하다고 볼 수 있다.

IV 유형은 주로 정부 이외에도 국제기구, 다국적기업, NGO 등 다양한 행위자들의 이해관계가 걸려있는 재난이기 때문에 이들의 역할을 충분히 수렴할 수 있는 다층적인 글로벌 거버넌스를 마련하는 것이 효과적일 것이다. 〈그림 2〉는 이와 같이 주어진 재난유형에 조응하는 고정된 적합 대응모델을 정태적 차원에서 도출한 결과이다.

2. 행위자-네트워크 이론으로 본 재난 대응 모델: 동태적 차원

이상에서 언급한 재난 유형과 대응모델의 적합성에 대한 분석틀은 재난 발생시 어떠한 방식의 대응이 효과적인지에 대한 설명을 제공해 준다. 그러나 이러한 분석틀이 지니는 한계는 대응 주체가 재난에 대처

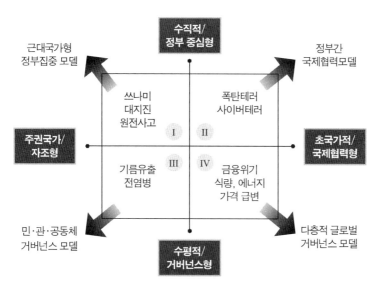

그림 2. 재난 유형에 따른 적합 대응모델

하는 과정에서 동태적으로 진행되는 '학습'의 메커니즘을 보여주지 못한다는 점이다. 즉, 재난과 관리구조가 어떻게 상호작용하면서 궁극적으로 정책과 제도의 변화를 추동하는지에 대한 논의를 담고 있지 못하다. 다시 말해 재난의 초기 단계에서 적합한 대응방식을 취하지 못했다 하더라도 이를 적절한 방향으로 변환시킴으로써 성공적으로 재난을 극복할 수 있는 가능성에 대한 가정과 실천적 함의를 제공하지 못하는 것이다. 또한 이러한 조정 과정에서 어떠한 변수가 기존의 대응방식을 깨고 새로운 접근을 모색하게 하는 촉진요인으로 작용하였는지에 대한 논의도 펼칠 수가 없다. 이를 위해서는 대응과정에서 행위주체별, 대응수준별로 나타날 수 있는 복합적이고 중층적인 상호작용의 동학을 이해할 필요가 있다.

따라서 본고는 재난 유형별 적합 대응모델이 가진 이 같은 한계를

극복하고자 ANT(행위자-네트워크 이론)과의 접목을 시도한다. ANT
는 권력의 기원과 효과에 대해서 새로운 통찰을 제공하는 이론으로서,
다양한 비인간 요소를 어떻게 조직하고 통제하는가에 따라 더 큰 권력
을 창출할 수 있다고 가정하는 이론이다(홍성욱 2010b: 18). ANT는 다
양한 이종적 행위자들이 물질권력을 넘어서 더 많은 행위자들을 내편
에 모으고 유리한 관계구도로 네트워크를 쳐 나가는 새로운 차원의 권
력형성 과정을 설명해 주는데, 이는 권력의 과정인 동시에 질서를 만
드는 과정을 의미하는 것이다(김상배 외 2011: 43-50).[2]

　　본 연구에 ANT를 접목시킴으로써 얻을 수 있는 분석적 유용성은
크게 두 가지라 볼 수 있다. 첫째, ANT는 질서와 권력 변환의 동태적
과정을 조명해주는 네트워크 이론이므로 각 재난 유형에 조응하는 대
응모델의 적합성만을 설명하는 본고의 분석틀이 가진 정태적인 한계
를 보완해줄 수 있다. 실제로 국가는 외부의 충격에 대응하는 과정에
서 리스크를 사회화하고 국내 제도를 보완·조정함으로써 국가 체제
전반에 걸친 재난 대응 시스템을 갖추려는 시도를 보여준다. 따라서
만약 초기의 대응방식이 재난 유형에 맞지 않더라도 다양한 이해관계
자들과의 협상과 조정을 통해 신속하게 대응모델을 변환해 나간다면
마찬가지로 이를 성공적으로 극복할 수 있다. 앞서 제시한 재난 유형
별 적합모델이 설명하지 못하는 이러한 내재적인 조정 및 극복 과정의
동학을 ANT는 보다 잘 보완해줄 수 있기 때문이다.

　　둘째, ANT는 다른 이론들이 간과하고 있는 비인간 행위자의 행위
능력에도 주목함으로써 다양한 인간 행위자와의 합종연횡을 통해 기

2　칼롱(Michel Callon)은 번역의 과정을 '문제 제기(problematization)', '관심 끌기(in-
　teressement)', '등록하기(enrollment)', '동원하기(mobilization)' 등으로 이어지는 네
　단계로 설명하였다(김상배 외 2011: 52).

존 질서를 무너뜨리고 새로운 질서를 만들어가는 원동력을 설명하는데 특히 유용하다. 즉, '폭탄'이라는 이종적인 비인간 행위자가 가지고 있는 속성을 활용하여 이를 지역안보 이슈로 쟁점화하였던 싱가포르의 대응전략을 설명하는 데 적합하다 할 수 있다. 자칫 수동적인 도구로 간과할 수 있는 '폭탄'의 속성과 직간접적 영향력을 놓치지 않는다면, 이를 둘러싼 국내 이해관계자들 간, 각국 정부 간, 정부와 무장 저항세력 간에 벌어지는 다면적인 게임을 다양한 시각에서 조명할 수 있을 것이다.

이와 같이 재난 유형별 대응모델과 ANT의 접목은 본 연구가 주목하고 있는 폭탄테러라는 돌발적·의도적 재난의 속성을 이해함과 동시에 이에 효과적인 적합 대응모델로의 변환과정을 입체적으로 설명해주는 종합적인 분석틀이라 할 수 있다. 특히, 30여 년간 지배적 네트워크로 유지되어 왔던 '아세안 방식' 체제의 블랙박스를 열고, 여기에 맞설 대안적 네트워크를 구축, 지역안보의 새 판을 짜려했던 싱가포르의 '동태적인 네트워크 전략'을 보여주는 데 유용한 통찰을 제공하리라 본다.

폭탄테러에 대응하는 아세안의 방식을 공고한 지역안보 공동체로 '번역(translation)'한 싱가포르의 전략은 곧 새로운 질서를 수립하는 권력창출의 과정이기도 하다. 본고는 싱가포르의 네트워크 전략을 정치외교 분야의 특성을 반영하여 개작된 번역의 4단계, 즉, i) 프레임 짜기, ii) 맺고 끊기, iii) 내 편 모으기, iv) 표준 세우기로 설명하고자 한다(김상배 2011b).

프레임 짜기의 단계는 어느 행위자가 네트워크에 존재하는 다른 행위자들을 확인하고 정의함으로써 네트워크의 전체적인 상황을 파악하는 것을 의미한다. 즉, 이해당사자인 행위자들이 누구인지, 이들의 관계구도가 어떻게 형성되어 있는지를 설정하는 것이다(김상배 외

2011: 267-268). 번역의 두 번째 단계인 맺고 끊기는 다른 행위자들을 기존의 네트워크에서 분리하고 이들의 관심을 끌면서 새로운 협상을 진행하는 과정이다. 이는 프레임 짜기와 내 편 모으기 단계 사이에 해당하는 것으로서 기존에 형성되어 있던 관계를 해체하고 새로운 관계를 수립하기 위한 기초를 세우는 단계이다(김상배 외 2011: 269). 내 편 모으기 단계는 앞서 제시한 맺고 끊기를 통해 해체되고 제한된 관계를 수습하여 자신의 주위에 새로운 네트워크를 건설함을 의미한다. 즉, 새로운 관계를 맺게 된 다른 행위자들에게 좀 더 적극적인 의미에서 새로운 역할을 부여하는 것을 의미한다. 내 편에 합류한 행위자들에게는 여러 가지 방법들, 즉, 압박과 보상, 설득과 회유, 공감 등이 활용된다(김상배 외 2011: 54). 동남아 전선에서의 테러와의 전쟁에서 '선봉'에 서기로 한 싱가포르의 단호한 결정은 대내외적 지지세력을 성공적으로 결집시킬 수 있었기에 가능했다고 볼 수 있다. 표준 세우기는 번역의 마지막 단계로서 다른 사람들이 네트워크 내부에 있는 행위자들을 대변하면서 그들의 네트워크로 포함시키려는 과정을 의미한다(김상배 외 2011: 273). 즉, 단순하게 관계를 맺고 양적인 숫자를 늘리는 차원을 넘어 새로운 보편성을 획득하고, 이를 지속시키는 새로운 질서와 규범을 창출하는 것이다.

　이러한 분석틀에 따라 본고는 지배적 네트워크로 유지되어 왔던 '아세안 방식' 체제의 블랙박스를 연결짓고 있는 행위자들을 규정한 뒤, 여기에 맞설 대안적 네트워크를 구축하고자 했던 싱가포르의 전략을 살펴보고자 한다. 이를 위해 기존 네트워크의 해체와 새 판짜기에 등장하는 비인간 행위자로서 인명살상과 심리적 충격을 광범위하게 전달할 수 있는 속성을 가진 '폭탄'을 중심에 두고 이를 둘러싼 다른 행위자들 간의 상호작용에 주목한다. 인간 행위자에는 싱가포르를 비롯하여 인

도네시아, 말레이시아, 필리핀, 태국이라는 아세안 주요 국가와 역외의
중심 행위자인 미국을 포함시키도록 할 것이다.

III. 폭탄테러의 특징과 아세안 거버넌스의 구조적 공백

1. 돌발적-의도적 재난으로서 폭탄테러와 적합 대응 거버넌스

본고에서 살펴보고자 하는 폭탄테러는 정치적 의도를 가진 행위자가
고도로 발달된 기술 수단을 통해 목표 대상을 공격함으로써 발현되는
대표적인 재난으로, 순간적인 파괴력을 갖고 발현되며 사건과 동시에
즉각적으로 인지 가능한 재난이다. 폭탄은 그 특성상 인구밀집지역을
겨냥할 경우 대량의 인명살상이 가능하다. 발리테러는 이를 극명하게
보여주었다. 특히, 이날의 사건으로 전체 사망자 202명 중, 호주(88
명)를 포함한 무려 164명의 사망자가 인도네시아가 아닌 23개국에서
발생하였다는 점에서(BBC News 2003), 이 사건은 인도네시아의 국내
적 문제로만 보기 어려웠다.
　　더욱 심각한 것은 '폭탄'이 가진 심리적 효과였는데, 테러조직은
애초부터 해외 관광객들이 몰리는 발리의 유흥지역을 선택하였고, 이
에 자국민의 발리 참사를 매체로 접한 세계는 충격에 빠질 수 밖에 없
었다. 또한, 대다수 국가들이 신속하게 자국민의 여행제한 조치에 나
서면서 관광업의 비중이 높은 인도네시아와 말레이시아, 태국 필리핀
등은 경제적 피해의 직격탄을 맞기도 하였다. 이러한 불안한 정세에
따라 폭탄테러가 발발하였던 인도네시아뿐만 아니라 아세안 전반에서
글로벌 기업들의 투자와 무역량 역시 위축되었고, 이후 금융·물류·서

비스 부문의 감소까지 나타나는 등 파급력이 광범위하게 확산된 바 있다. 그 결과 싱가포르를 비롯하여 아세안 주요 국가들의 주가가 동반 급락하는 등, 폭탄테러가 가져온 심리적 효과는 동남아 전반의 산업을 위축시킬 만큼 컸다고 볼 수 있다.[3]

　　이와 같이 돌발적이며 의도적인 속성의 폭탄테러가 낳는 직간접적인 피해는 순식간에 일국 수준을 넘어 지역·글로벌 수준에까지 나타날 수 있다. 테러 공격들은 목표대상에 치명적인 물리적·심리적 타격을 입힐 수 있는 국가기반시설과 인구 밀집지역에 감행되기 때문에 무엇보다 이를 신속하게 감시하고 조치할 수 있는 수직적인 거버넌스가 요구된다. 또한, 이들 초국가적 테러 집단들은 국경을 넘어 훈련과 활동을 지속하므로, 테러리스트의 위협을 제거하기 위한 용의자의 추적, 검거, 구형, 집행에 이르는 대부분의 활동들은 국제사회의 적극적인 참여를 필요로 하며 관련 당사국 간의 긴밀한 정보소통이 대단히 중요할 수밖에 없다. 이러한 점들을 고려할 때, 폭탄테러에 대한 국가 수준의 대응은 한계를 가질 수밖에 없으며, 보다 신속하면서도 강제력 있는 수직적인 글로벌 거버넌스를 필요로 한다. 이 때문에 신속한 의사결정을 취할 수 있는 정부 간의 공조체제를 수립하는 것이 효과적이며, 여기서 정부 간 협상 형태도 합의에 이르기까지 많은 시간을 필요로 하는 다자주의 접근보다는 일차적으로 사안의 긴박성과 중요성을 가장 잘 공감하고 있는 당사국 간의 양자적 접근이 선호될 것이다.

　　이렇게 긴밀한 양자적 공조를 취함으로써 실천적 동력을 확보하게

3　발리 테러 직후, 자카르타 증시의 종합주가지수는 10%나 폭락하면서 4년래 최저치에 근접했고 말레이시아 주가지수는 1.2%, 태국 주가도 2% 각각 떨어졌다. 이에 따라 월스트리트 저널은 발리 폭탄테러가 인도네시아의 정정불안과 추가 테러공격 위험을 증폭시켜 동남아 전역의 경제에 먹구름을 드리울 것으로 우려하고 있다고 보도했다(중소기업 뉴스 2002. 10. 21.).

되면 이후 이를 확대 지속하고자 다자적 합의와 제도화를 추구하는 과정으로 이행할 수 있게 된다. 즉, 지역 및 글로벌 수준에서 상호 구속력을 갖는 공조체제를 수립함으로써 비로소 폭탄테러라는 돌발적·의도적 재난에 대응하는 효과적인 대응체제를 마련할 수 있게 되는 것이다.

2. 지역 차원에서 본 '아세안 방식'의 구조적 공백

하지만 기존의 아세안 방식에서는 이러한 복잡한 구도에서 효과적인 대응을 위해 필요한 지역차원의 제도적 대응책과 거버넌스의 신속한 확립을 기대하기 어려웠다. 실제로 폭탄테러 이슈에 대한 아세안 국가들의 초기 대응양식은 사건발생 국가가 일차적인 책임과 권한을 갖는 형태였다. 반면 역내 협력은 매우 낮은 수준에서 느슨하게 나타났을 뿐이었다. 이러한 아세안의 대응방식을 이해하기 위해서는 회원국 상호간의 외교 행태를 제약하였던 '아세안 방식(ASEAN Way)'이라는 기본원칙을 면밀히 살펴볼 필요가 있다. 이는 발리 폭탄테러 이전까지 고수되어 왔던 제한된 공조체제의 블랙박스를 열어보는 것이기도 하다. 1967년 아세안을 창설한 다섯 회원국[4]들은 사실 초국가적 기구를 추구한 것이 아니라 개개 국가 주권의 확고한 인정이라는 원칙하에 상호간 전쟁방지와 갈등관리를 위한 메커니즘을 만드는 것으로 시작하였다(강대창 외 2011: 85). 각국은 공산반군이나 소수세력의 분리주의 세력들을 억제하고 진압하기 위한 내부정책 수행에 더 관심을 가졌는데, 이 때문에 아세안은 상호간의 비군사적 성격과 지역적 민족주의를 바탕을 두고 출발하였다고 볼 수 있었다(강대창 외 2011: 28-29). 이러

---

4   태국, 필리핀, 인도네시아, 말레이시아, 싱가포르 등 5개 창설멤버를 의미한다.

한 맥락에서 수립된 아세안 방식은 타국에 대한 인내와 불간섭, 주권
의 존중, 국내정책이 타국에 미칠 효과 고려와 같이 '자제(restraint)',
'존중(respect)', '책임(responsibility)'의 기본정신을 표방해 왔던 것
이다. 이를 통해 아세안은 회원국 상호간의 주권 불가침이라는 대외정
책 패턴의 제1원칙을 이어가고자 하였다(Antolik 1990: 8).

　　그러나 이러한 대외정책 노선은 큰 부작용을 낳기도 하였는데, 우
선, 주권존중과 내정불간섭을 요구한 아세안 방식의 구조적 제약에 따
라 회원국들은 상호간의 정책에 대한 공개적 비판을 할 수 없게 되었
다. 또한 공동의 합의를 도출하는 이른바 '조정 외교(diplomacy of ac-
commodation)'를 준수해야 했기 때문에 쟁점이 합의에 도달하지 못
할 경우, 의사결정을 유보함으로써 갈등이 악화되는 것을 회피하는 행
태를 보일 수밖에 없었던 것이다(강대창 외 2011: 85). 즉, 초국가적 위
협에 있어서도 일국 차원의 정부대응만이 가능하게 됨으로써 지역차
원의 잠재적 대응역량을 제약하게 된 것이다. 이는 사안의 정치적 해
석과 이해관계가 첨예한 안보이슈에 있어 한계점을 노출하였다. 특히
보다 구속력 있는 제도적 틀을 수립하고 이에 의거하여 관련국 상호간
의 면밀한 정보교류와 조사가 필요한 폭탄테러 이슈에는 상당히 취약
할 수밖에 없었다.

　　이 문제는 9/11 직후부터 증가하기 시작한 동남아 지역 내 연쇄
폭탄테러에도 불구하고 역내 공조체제가 수립되지 못하는 결과를 가
져왔는데, 이는 폭탄테러를 둘러싼 아세안 국가들의 첨예한 인식 차이
와 여기서 발생한 구조적 공백 때문이었다.

3. 아세안 국가 차원에서 본 '아세안 방식'의 구조적 공백

인도네시아의 경우, 이슬람 극단주의자들의 테러를 인도네시아의 가장 중요한 안보 위협으로 보고 있지 않았다. 2000년대의 메가와티, 유도유노 정부뿐만 아니라 1997년 이전의 수하르토 독재시대에 이르기까지 인도네시아 정부가 일관되게 표명한 안보의 우선순위는 분리독립 운동 움직임으로부터의 '국가 통합'을 어떻게 유지할 것인가에 초점이 맞춰져 있었기 때문이다. 심지어 2005년의 두 번째 발리 폭탄테러가 발생한 이후에 이루어진 인터뷰에서도 자카르타의 고위 정책결정자는 "인도네시아에 가장 큰 위협은 '분리주의'이지 '테러'가 아니다."라고 또 한번 강조하기도 하였다(Febrica 2010: 574). 즉, 인도네시아 정부는 미국, 호주, 싱가포르 등과 달리 이를 실존적인(existential) 위협으로 보지 않았던 것이 특징이다. 때문에 9/11 테러 및 발리 폭탄 테러 직후에도 자카르타는 JI와 알카에다의 개입 정황을 무시하고 이들을 제재·검거하는 데 좀처럼 나서지 않았다(Arharya and Arabinda 2007: 81). 이러한 인식은 대다수 인도네시아 국민들도 마찬가지였다. 2004년 7월 대통령선거를 앞두고 실시된 설문조사에서는 오직 0.5%의 유권자들만이 투표할 때 테러를 중요한 사안으로 생각한다고 응답한 것으로 나타났기 때문이다(Jones 2005: 3). 여기에 테러 소탕을 명분으로 정치적 반대세력을 억압하는 민주화 이전 시대로 회귀하지 않을까 우려하는 시민사회와 야당의 태도도 인도네시아의 소극적인 대응을 이끌었던 기제로 작용하였다. 오히려 인도네시아에서는 발리의 관광산업을 어떻게 다시 활성화시킬 것인지가 최우선적인 당면과제였다.

인도네시아에 이어 무슬림 인구가 가장 많은 비중을 차지하는 (56%) 말레이시아도 마찬가지로 테러와 무슬림을 연결 짓는 시각에

대해서 대단히 신중한 입장을 취하고 있었다. 더욱이 말레이시아는 인
도네시아나 태국, 필리핀 등과 달리 분리·독립을 주장하는 국내적 불
안요소가 없었기에 중립적인 자세에서 대테러 대응방식의 흐름을 관
망하고자 하는 경향이 컸다고 볼 수 있다(Vaughn eds. 2009: 24).[5] 오
히려 말레이시아에서는 상당히 많은 이들이 폭탄테러를 그간 서구사
회가 이슬람 공동체에 자행한 악행의 결과로 보는 시각이 만연해 있었
다(Arharya and Arabinda 2007: 81). 이는 이슬람 종교의 영향력이 크
고, 교리를 벗어난 목소리를 내는 것이 허용되지 않았던 말레이시아의
국내정치적 맥락을 반영하였다고 볼 수 있다. 쿠알라룸푸르에서는 정
부는 정책 방향이 이슬람의 기본 원칙과 규범에 입각해 있다는 인식을
대중들에게 확인시켜야만 했기 때문이다. 이러한 말레이시아의 태도
는 테러 대응 초기 아세안 차원에서의 공동의 위험인식과 공동선언을
도출하는 데까지는 도움이 되었지만 구속력 있는 제재 조치나 강경한
대테러 대응체계 수립에는 장애요소로 작용하였다.

　반면, 비이슬람 회원국인 필리핀과 태국의 경우, 자국 내 이슬람
분리주의자들의 처리 문제를 우선시한 나머지 지역 공조체제의 필요
성에는 공감하면서도 적극적으로 참여하지 않는 한계를 보였다. 필
리핀 정부가 미국과의 대테러 공조에 관심을 가졌던 배경은 우선적
으로 자국 내 남부 지방에 근거지를 둔 '모로 이슬람 해방전선(Moro
Islamic Liberation Front: MILF)'의 존재 때문이라 할 수 있었다. MILF
는 대략 12,000명에 달하는 조직원을 거느린 무슬림 저항세력으로 남

5　말레이시아는 테러의 비인도성과 안보적 위협에 대해서는 미국, 싱가포르 등과 인식을
　같이 한다고 표명하였던 반면, 즉각적인 무력 개입과 전선 확대에 대해서는 반대 입장을
　분명히 하는 등, 대테러 공조방식을 둘러싼 사안에 있어서 중립적이면서도 독자적인 자
　세를 취했다고 볼 수 있다.

부 필리핀 내 무슬림 독립국을 세우려는 정치적 목적을 갖고 있었는데
이 때문에 필리핀 정부는 테러와의 전쟁에 참여하는 명분을 통해 자
국내 MILF 세력을 확실히 약화시키는 기회로 삼고자 하였기 때문이
다(Vaughn eds. 2009: 17). 그러나 이 같은 입장에도 불구하고 필리핀
은 싱가포르와 같이 선제적으로 나서서 주도할 수 없었는데 이는 국
내정치적 문제에 기인하고 있었다. 필리핀에는 이슬람 극단주의 집단
이외에도 분열세력으로 간주되는 '새로운 인민의 군대(New Peoples
Army)', 필리핀 공산당(The Philippine Commuinst Party: CCP) 등과
격렬하게 대치하고 있는 복잡한 상황에 처해 있었기 때문이었다. 따라
서 필리핀은 자국 내 테러 배후 집단에 대한 제한된 군사작전을 펼치
는 것으로 만족하고자 하였다.

  태국 역시 '테러와의 전쟁'에 큰 반발을 가지지 않은 국가였다. 불
교신자가 90%에 달하는 태국에서 과거 말레이 술탄국 영토였던 남부
의 빠따니, 얄라, 나라티왓 등 3개 주는 반대로 무슬림 인구가 주민의
80%에 육박할 정도로 대단히 이질성을 띠고 있었는데 여기서의 분리
독립운동 세력의 무력투쟁은 태국 정부의 커다란 골칫거리로 작용해
왔다(Vaughan eds. 2009: 22).[6] 또한 외국 자본에 대한 의존도가 높았
던 태국은 테러로 인한 지역불안정으로 자본의 이탈을 우려, 미국은
긴밀한 협력을 통해 대내외적 환경의 안정을 모색하고자 하였다. 이러
한 점에서 태국정부과 발리 테러 이후 미국 중앙정보국(CIA)과 매일
정보를 교환하는 '공동의 대테러 정보센터(CTIC)'를 수립하려 한 시
도는 매우 자연스러운 것이었다. 그러나 태국이 희망한 공조체제는 테

---

6   이들 지역의 반군들은 자치 및 독립을 요구하며 공공기관을 대상으로 소규모 테러를 벌
    였으며 다른 지역과 융화되지 않은 채 갈등을 지속해왔는데, 2004년 이래로 이들의 테러
    로 인한 사망자 수는 3,400명에 달한 것으로 보고된 바 있다(Vaughn eds. 2009: 20-21).

러 용의자에 대한 광범위한 정보 수집과 검거에 초점이 맞춰졌으며 아세안 이웃 국가들과 지역 차원의 대응체계를 수립하고자 하는 구상까지는 나아가지 못하였다.

예외적으로 동남아시아에서 발생한 연쇄적인 테러의 직접적인 피해를 한 번도 입지 않았던 싱가포르만이 발리 테러를 심각한 지역차원의 안보 위협으로 받아들였다. 사건 직후 싱가포르 정부는 '제2의 발리 테러' 발생 시나리오를 '만약'이 아닌 '언제' 일어날지에 달려있는 사안으로 상정하고 정책적 대응방안을 논의하기 시작하였으며(Corsi 2008: 2), 이슬람 극단주의의 테러위협이 뉴욕과 아프가니스탄을 거쳐 아세안으로까지 확대된 것으로 해석하였다. 결국 지역의 평화와 안정적 질서를 위해서는 '테러와의 전쟁'의 지역적 수용 방식으로 아세안 차원에서 보다 강력히 대응해야 한다는 입장을 피력하게 된 것이다(Vaughn eds. 2009: 29). 이를 바탕으로 9/11에서 발리테러에 이르기까지 아세안 회원국들의 지역 차원의 대테러 공조체제 구축에 대한 싱가포르의 구상을 그려보면 〈그림 3〉과 같다. JI의 활동범위는 폭탄테러가 일어난 인도네시아를 넘어 아세안의 이슬람·비이슬람 회원국들에까지 이르고 있다. 그러나 JI와 긴밀한 정보를 주고받는 알카에다의 경우 아세안의 영역 바깥에 존재하므로 효과적인 대테러 대응체제를 구축하기 위해서는 아세안뿐만 아니라 글로벌 수준에서의 미국과도 공조할 필요가 있다. 〈그림 3〉은 아세안 지역차원에서의 대응과 글로벌 차원에서의 긴밀한 공조 네트워크를 통해 초국가적 폭탄테러 위협에 대한 구조적 공백을 메우고자 하는 싱가포르의 구상을 보여준다.

그렇다면 싱가포르는 어떻게 단 한 번의 물리적 공격을 받지 않았음에도 불구하고 가장 민감하게 폭탄테러에 반응하였는가? 싱가포르가 일련의 연쇄적인 폭탄테러를 사건 발생국가의 국내적 사건으로 한정짓

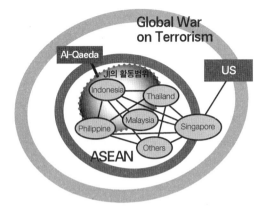

그림 3. 아세안, 글로벌 수준에서의 싱가포르의 대테러 공조 네트워크 구상

지 않은 이유는 무엇이었는가? 다음 절에서는 다른 아세안 국가들과는 구별되었던 싱가포르의 위기인식과 국익을 면밀히 살펴보기로 한다.

IV. 폭탄테러에 대한 싱가포르의 위기인식

싱가포르는 어떻게 폭탄테러에 대응하는 아세안 차원의 지역안보체를 주도할 수 있었을까? 이러한 질문에 대답하기 위해서는 다른 행위자들과 구별되는 싱가포르가 가진 국가적 속성과 상황적 맥락을 이해해야 한다. 다시 말해 폭탄테러에 대한 효과적인 대응방안을 제시하기 이전에 왜 아세안 국가들에 비해 훨씬 더 민감하게 이에 반응하였으며 적합한 대응모델을 제시할 수 있었는지, 싱가포르의 위기인식을 구성하였던 특수성을 살펴볼 필요가 있다. 사실 앞서 제시했던 재난 유형별 적합대응모델은 어떤 재난에 대한 대응력을 결정하는 필요조건이기는 하지만 충분조건이라 볼 수는 없다. 예를 들어 국가마다 달리 나타난 재난 대응력의 편차를 설명하기 위해서는 각 국가들이 가진 보편적 요소와 고유한 요소를 복합적으로 고려하여 설정되어야 하기 때문이다. 저마다 다른 국가의 특수성의 차이를 보다 명확히 구분해야 재난에 대한 각국의 대내외적·구조적 제약과 환경을 종합적으로 고려하여 이해할 수 있을 것으로 보기 때문이다.

따라서 이 절에서는 폭탄테러라는 사건을 두고 싱가포르가 '경제적·사회통합적·외교적 관점에서 국가이익을 어떻게 규정하였는지를 주목하기로 한다.[7] 싱가포르가 직면한 주요 대내외적 측면을 고려함으로써 동남아에서의 폭탄테러에 대해 어떻게 싱가포르가 지역안보체로서의 적극적인 변화노력을 주장하였는지를 구조적으로 짚어볼 것이다.

1. 경제적 측면에서 본 싱가포르의 위기인식

싱가포르는 독립 이후 경제발전을 국정의 최우선 목표로 설정하고 1961년 경제개발청(EDB)를 설립하여 정부주도하에 개방경제체제를 운용해왔다. 즉, 국가가 관리하고 시장에 직접 개입하면서 다국적 기업들을 위한 투자환경을 조성해온 것이다. 이처럼 정부주도의 개방경제체제가 가능하였던 것은 초대 수상 리콴유(李光耀)가 주도한 인민행동당(People's Action Party: PAP)이 독립 이후 줄곧 의회의 다수를 점유하면서 소국이라는 생존의 이데올로기를 최대한 활용해 정치적 안정을 유지함과 동시에 일관성 있는 경제발전 노력을 지속하였기 때문이다.

---

7   Hay는 이익, 제도, 관념 등의 세 변수에 초점을 맞추는 정치경제학의 접근법을 시도하였으며 이들 간의 상호작용을 통해 구성적 제도주의의 분석틀이라 제시하였다(Hay 2004: 202-224). 김상배(2007)는 기술과 제도의 상관관계를 입체적인 구도에서 파악하고자 신제도주의와 산업부문별 시각을 결합한 분석틀을 제시하였고, 이를 '구성적 제도주의 분석틀(constitutive institutionalism)'로 명명한 바 있다(김상배 2007: 41).

그 결과 싱가포르는 아세안에서도 글로벌 경제에 가장 높은 의존도를 보이는 국가가 될 수밖에 없었다. 발리 폭탄 테러가 일어난 이듬해인 2003년 당시 싱가포르의 무역액은 국내총생산의 3배를 상회하였는데, 이는 아세안을 넘어 세계에서 가장 대외 의존도가 높은 수치였다. 더욱이 외국인투자는 총투자의 70%를 차지하였으며, 싱가포르에 진출해 있는 다국적 기업은 6천 개가 넘을 만큼 고도로 국제화되어 있었다. 그러나 무엇보다도 중요한 점은 테러의 동남아 확산으로 인한 정세의 불안정이 교역과 투자의 위축을 불러왔고, 싱가포르에게는 사실상의 안보적 위협으로 다가왔다는 점이다(Vaughn eds. 2009: 29).

이는 2004년 8월 12일, 리콴유 초대 총리의 장남이자 부총리였던 리시엔룽(李顯龍)이 총리직에 취임하며 5가지 주요 국정과제를 제시했는데, 그중 제1의 당면과제를 '경제의 지속적 활력과 경쟁력 유지'로 공식화하였던 점에서도 잘 나타난다(외교통상부 2010: 15). 글로벌 무역국가인 싱가포르는 테러와의 전쟁이 본격화된 2001년 이래로 다른 아세안 회원국과 비교해도 가장 낮은 경제성장률을 기록해오고 있었는데, 따라서 지속성장의 실현을 장기적 목표로 삼은 리시엔룽 정권에 있어서 지역의 안정은 재도약을 위한 필수적인 사안이라 할 수 있었다.

특히 싱가포르는 폭탄테러가 빈번하게 발생했던 인도네시아, 태국과 이웃한 국가였을 뿐만 아니라 전세계 물동량의 20%를 상회하는 말라카해협의 거점에 위치하고 있었다. 그 결과 〈표 1〉에서 볼 수 있는 것처럼 무역의존도가 GDP의 350%를 넘는 싱가포르에게 이 지역의 불안정은 곧 싱가포르 경제안보의 불안정을 의미했다. 싱가포르는 테러와의 전쟁이 발생한 2001년, 유일하게 마이너스 성장을 기록한 국가였으며 이듬해 해외직접투자액(FDI) 역시 1/3 수준으로 떨어지기도 하였다. 여기에 테러 공격을 받은 미국과의 긴밀한 관계 역시 싱가

표 1. 아세안 회원국들의 실질 GDP 성장률 및 해외직접투자액(2001~2003)

연도 아세안 국가	2001		2002		2003	
	GDP 성장률(%)	FDI (억 달러)	GDP 성장률(%)	FDI (억 달러)	GDP 성장률(%)	FDI (억 달러)
브루나이	3.1	5.26	2.8	10.35	3.8	20.09
캄보디아	5.5	1.49	5.3	1.45	7.1	0.87
인도네시아	3.8	-29.77	4.4	1.45	4.9	-5.97
라오스	5.8	0.24	5.8	0.25	5.8	0.19
말레이시아	0.3	5.54	4.4	32.03	5.4	24.74
미얀마	11.3	1.92	12.0	1.91	13.8	1.28
필리핀	1.8	9.82	4.4	17.92	4.5	3.19
싱가포르	-1.9	150.38	3.2	57.30	1.4	114.09
태국	2.2	38.13	5.3	10.68	6.9	18.02
베트남	6.9	13.00	7.1	12.00	7.3	14.50

출처: IMF. 2005. *International Financial Statistics*

포르의 위기감을 배가시켰다. 이는 단순히 미국이 싱가포르와 FTA를 체결한 제3의 교역국이기만 한 것이 아니라 말라카의 지정학적 요충지에 자리 잡은 싱가포르가 물류와 금융 허브로 발돋움 할 수 있도록 안보의 기반을 제공해왔기 때문이다. 그러한 미국이 충격적인 본토의 테러 공격으로 혼란에 빠지게 되고 전략구도를 재편하는 가운데, 싱가포르는 테러에 대한 반발감과 안보적 불안감을 느낄 수 밖에 없었다.

따라서 싱가포르의 경제적 이익과 지역 내 안정은 상호 밀접하게 연관되어 있으며 분리할 수 있는 사안이 아니었다. 특히 미국과의 긴밀한 공조는 국가 차원, 지역 차원에서 지정학적 안보를 강화하기 위한 토대이자, 역내 금융·물류의 허브로서 계속 번영을 보장해줄 수 있는 중요한 방법이었던 것이다. 이러한 싱가포르의 입장에서 9/11 이후 정부가 미국이 주도하는 테러와의 전쟁에 적극적으로 참여하고자 한

점은 안보적·경제적으로 동시에 만족하는 합리적인 선택이었다고 볼
수 있다.

2. 사회통합 측면에서 본 싱가포르의 위기인식

테러와의 전쟁 직후 동남아 지역에 급증한 종교 극단주의자들에 의한
폭탄테러는 싱가포르 사회에도 중요한 이슈가 되었다. 물리적인 피해
나 인명피해가 없었지만 이 때 드러나기 시작한 테러리스트들의 선동
과 사회적 혼란은 다민족, 다종교 사회였던 싱가포르 사회가 유지하고
있는 상호 존중과 질서를 해칠 가능성이 있다는 점에서 중요한 안보적
위기로 다가왔기 때문이다(Acharya and Acharya 2007: 80-81). 이러한
맥락에서 고촉통(吳作棟) 총리는 당시 테러 위협을 '1965년 싱가포르
건국 이래 싱가포르 사회가 직면한 가장 심각한 도전'이라고까지 언급
하였던 것이다(Febrica 2010: 572-573).

싱가포르 건국 이래 줄곧 다수석을 점해온 인민행동당(PAP)은
1959년 집권과 동시에 공산주의와 배타적 애국주의를 국가의 최대 적
으로 간주하고, 인종 간 평등성의 원칙과 모든 언어권의 동등성에 입
각한 다민족정치를 펼쳐왔다. 다인종·다언어·다문화로 구성된 복합
사회인 점을 고려, 교육을 통한 국민통합의식 양성을 국가존립 기반의
근본으로 인식해왔기 때문이다. 심지어 싱가포르의 헌법은 각 인종간
의 평등주의를 규정하여 말레이어, 중국어, 타밀어, 영어를 공용어로
채택하고 있었다(외교통상부 2010: 71). 이러한 사회구조 속에서 극단
주의자 및 인종주의자들의 폭력적 행위를 '국가보안법'으로 엄단해 왔
던 것은 자연스러운 조치였다.

더욱이 다양한 민족, 종교, 계층, 출신 지역, 언어로 분리된 싱가

포르에서 집권정당이 정치적 안정을 확보하기 위해서는 어느 한쪽의 권익만을 대변하는 것이 아니라 이들 모두를 만족시켜 줄 수 있는 균형적인 접근을 시도해야만 했다는 점이다. 동시에 자유, 평등, 인권 등 민주적 가치보다는 정치사회적 안정과 질서유지에 최우선 순위를 두고 경제성장을 지속함으로써 정치적 정통성을 확보해 나가려 하였다. 싱가포르 인민행동당은 이러한 접근을 통해 40년 넘게 의회 의석의 90% 이상을 차지하며 확고한 정치기반을 마련해온 것이다(고우성 2001: 124).[8] 다시 말해 '질서 지상주의'는 싱가포르 사회를 통합시키고 경제를 발전시키기 위한 첫 번째 필요조건으로서 기능해왔던 것이다.[9] 모든 제도와 법은 이에 근거하여 만들어졌다. 인민행동당은 사회적 개혁을 표방한 'VISION 99'를 통해 공동체주의에 기초한 새로운 가치체계를 개발하였는데, 명목적으로는 '세련되고 우아한 사회'의 창출을 슬로건으로 내놓았지만 아시아적 공동체주의의 이념을 통하여 질서정연한 사회를 재창출하고 사회의 안정을 유지하는 데 일단의 목적이 있었던 것이다(변창구 2004: 8).

　싱가포르 정부는 이 모든 구상들을 추진하기 위해서는 강력한 중앙집권적 통치구조를 구축할 수밖에 없었는데, 동시에 이러한 하향식 정치 시스템이 낳을 수 있는 부작용을 최소화하기 위해 작은 행정단위에서의 주민 자치제도를 마련하고 있었다. 마을마다 설치된 '지역개발협의회'는 다종족 사회제도의 특성 속에서 주민 간의 화합을 도모하고자 한 조직이었으며 주민생활에 주요 정책 결정과정에서의 의견수렴

8　9/11테러 직후 치뤄진 총선에서 집권당인 인민행동당은 전체 84석 중 82석을 차지한 바 있다(KOTRA 2006: 3).

9　리콴유(李光耀)는 "만인에 의한 만인의 투쟁이 전개되는 무정부상태 하에서 인간은 자유를 누릴 수 없고 오로지 질서가 유지되는 상태하에서만 자유를 누릴 수 있다."라고 언급한 바 있다.

의 통로임과 동시에 빈곤층 지원, 지역 주민 간 유대 강화, 지역 공동
체 내 연계망을 촘촘히 하기 위한 시도였다. 또한 인종 간 화합과 공동
체의식 고양을 위해 마련한 인민연합(Peoples Association: PA)을 두
어 민간조직에 대한 지원을 담당토록 하였다(외교통상부 2010: 24-25).
이와 같이 싱가포르 정부는 국내적으로도 다양한 수준에서 사회통합
과 질서를 유지하기 위한 노력을 병행해 왔던 것이다.

 그러나 동남아 폭탄테러가 급증하면서 싱가포르는 다른 비이슬람
문화권 국가들이 경험한 '이슬람 혐오주의'의 확산이라는 위기에 직면
하게 되었다. 특히 불교에 이어 무슬림은 싱가포르 국민의 15%가 속
해 있는 제2의 종교였다는 점에서 이들을 대상으로 한 사회적인 분열
은 대단히 심각한 사안이었다. 다문화 사회인 싱가포르가 어떤 한 종
교를 배척하는 것을 용인한다면 싱가포르의 제도적 근간인 국가통합
의식을 포기하는 것과 다름없기 때문이었다. 이는 곧바로 인종·민족
의 문제로 확대될 수 있을 것이며 중국계와 말레이계, 인도계 등이 뒤
섞여 있는 다민족 싱가포르 사회를 붕괴시킬 수 있는 중대한 도전이라
할 수 있었다. 특히 리시엔룽 정권은 출범과 함께 '모든 민족·계층·세
대를 포용하는 통합된 사회 건설'을 비전으로 내세웠던 만큼(외교통상
부 2010: 15), 폭탄테러로 인한 사회분열을 막는 것이 급선무였다. 따
라서 싱가포르 정부는 강력한 테러 의심세력이었던 이슬람 극단주의
자들의 검거에 나서는 한편, 자칫 소외될지 모르는 대다수 무슬림에
대한 사회적 반감을 약화시키고자 노력할 수밖에 없었다.

3. 외교안보적 측면에서 본 싱가포르의 위기인식

9/11테러 이후 테러와의 전쟁의 당위성에 대한 논란이 이어지는 가운

데, 싱가포르 정부는 신속하게 이에 대한 적극적인 참여 의사를 밝혔다. 그에 앞서 싱가포르 국방부는 '국제 테러리스트 집단'과 '종교적 극단주의자들'을 현재 싱가포르가 직면한 가장 큰 위협이라 공표한 바 있었다(Corsi 2008: 2). 이들은 말레이시아, 인도네시아, 필리핀에 걸쳐 초국가적 네트워크를 갖춘 테러집단이었는데, 싱가포르 정부는 이들이 뉴욕과 아프가니스탄을 거쳐 마침내 아세안으로까지 진출한 세력이라 단정하고, 동남아의 평화와 안정적 질서를 위해 신속하게 대응해야 한다고 주장하였다. 이렇게 단호한 결정이 내려진 이유는 싱가포르가 안고 있는 외교적·이념적 특성과 연관이 깊다고 할 수 있었다. 싱가포르가 전개해왔던 안보전략의 특징은 '현실주의에 입각하여 양자, 지역, 글로벌 수준에서 다층적이면서도 실용적인 정책노선'을 보여준다는 점이었다. 즉, 아세안에 대한 협력과 헌신, 동남아시아와 아태지역의 평화적 환경 유지, 자유롭고 개방적인 다자무역체제 유지, 유엔과 같은 국제기구의 지지와 활동 등은 싱가포르의 태생적인 지정학적 취약성을 극복하기 위한 복합적인 시도라 볼 수 있다.

외교안보적 측면에서 볼 때, 지리적으로 동남아 중심에 위치하고 있는 싱가포르는 전통적으로 반화교 성향을 가지고 있는 역내 강대국 말레이시아와 인도네시아 사이에 놓여 있는 작은 섬으로 비유할 수 있다. 이는 만약 역내에서 종교적 이슈를 둘러싼 국가 간 대립구도가 형성될 경우, 더욱 고립되고 안보적 위협을 느낄 수 있는 지정학적 현실에 놓여 있다는 것을 의미했다. 이러한 맥락에서 싱가포르는 동남아의 이웃국들과는 물론 미국, 중국, 일본 등 아세안을 둘러싼 강대국에 대해서도 다각적인 관계가 필요하였고, 이러한 당위성에 따라 싱가포르는 대단히 현실적이면서도 전략적인 접근을 통해 대외관계의 균형을 찾고자 하였다(외교통상부 2010: 36-37).

그러나 때로는 자신의 존립을 위해서도 군사협력과 같이 위험이 뒤따르는 역할을 과감히 수행해야 했는데, 이것이 바로 싱가포르가 규정한 '역내 균형자'로서의 적극적인 역할이었다. 싱가포르는 다자주의 메커니즘을 적극적으로 활용함으로써 대외적 발언권을 높이고 위상을 제고하고자 노력해왔다. 이미 1971년 영연방 국가들인 영국, 호주, 뉴질랜드, 말레이시아와 5개국 방위협정(Five Power Defence Agreement: FPDA)을 체결한 바 있으며, 이를 토대로 아세안과 아세안안보포럼 등의 지역안보 협의에 적극적인 참여자로 나서왔기 때문이다(외교통상부 2010: 37). 동시에 다자외교 무대를 적극적으로 활용함으로써 지정학적 취약성이 큰 자신의 안보를 국제사회를 통해 보장할 수 있었다. 또한 싱가포르는 아세안의 창설 회원국으로서 아세안을 통한 국제적 지위와 발언권 강화를 모색하는 한편, ASEM을 최초로 제안하여 성사시키기도 하였다. 1992년에는 APEC 중앙사무국을 싱가포르에 유치하는 등 적극적인 다자안보외교를 통해 국가안보를 도모하여 왔던 것이다(변창구 2012: 216).

싱가포르는 이와 같이 '전략적인 균형자'로서의 정체성에 따라 국가안보를 지켜왔다고 볼 수 있는데, 폭탄테러 당시에는 지역 불안정에 맞서는 적극적인 균형자로서 대테러 전쟁에 나서게 되었다고 볼 수 있다. 이는 결국 싱가포르가 자신이 회원국으로 있는 아세안의 역내통합을 강화하는 것으로 다자외교 전략을 시작했기 때문이다. 따라서 아세안 지역의 평화와 안정은 이 같은 다자외교의 국가이익을 극대화하기 위한 필수적인 조건이라 할 수 있었고, 9/11에 이어서 동남아 지역이 테러의 위협에 놓이게 되었을 때 싱가포르는 테러와의 전쟁에 선봉에 서게 되었던 것이다.

그렇다면 싱가포르는 이러한 위기 인식을 바탕으로 어떻게 아세안 내에서 지배적이었던 일국 차원의 재난대응 체제를 변환시켜 나갈 수 있었을까? 다음 절에서는 폭탄이라는 비인간 행위자의 독특한 속성을 활용하여 단계별로 이를 바꾸어나갔던 싱가포르의 네트워크 구축전략을 ANT의 관점에서 면밀히 짚어보기로 한다.

V. 행위자-네트워크 이론으로 본 싱가포르의 지역안보 네트워크 구축 전략

1. 설계외교로서 폭탄테러의 지역안보 쟁점화

그간 인도네시아를 비롯하여 태국, 필리핀 등 무력 분쟁이 끊이지 않았던 주요 아세안 국가들은 테러 문제를 독자적으로 다루어왔다. 이러한 아세안의 안보 인식틀에 문제를 제기한 것이 싱가포르였다. '아세안 방식'의 원칙에 따라 구축된 실효성 낮은 공조체제를 재편하기 위해 싱가포르 정부가 세운 첫 번째 전략은 '폭탄'이 가지고 있는 안보적 의미에 대한 공식적인 재해석이었다. 싱가포르는 발리를 비롯하여 동남아시아에서 일어나고 있는 일련의 연쇄적인 폭탄테러를 인적·물적 피해가 발생한 국가의 문제로 한정지을 수 없다고 주장하였다. 이는 다른 테러 수단과 달리 '폭탄'이라는 비인간행위자가 갖고 있는 직간접적인 파급력 때문이라고 볼 수 있다.

먼저, 폭탄이라는 비인간 행위자는 '충격과 공포의 극대화'를 목표로 활용되었다는 점에서 숨어있는 테러조직의 영향력을 과시하고 테러와의 전쟁 세력에 대한 경고 메시지를 전달하는 임무를 수행해야만 했다.

다른 인간 행위자 집단 역시 저마다의 문제와 장기적인 목표를 갖고 있었다. 먼저, 폭탄테러의 국제쟁점화에 명시적으로 반대하는 이슬람 국가인 인도네시아와 말레이시아는 대다수를 차지하는 무슬림과 이슬람 부흥세력의 정치적 영향력이 커짐에 따라 이들이 주도하는 여론을 의식하여 지역 차원의 강력한 대응에 반대하고 있었다. 따라서 배후로 의심되는 급진 이슬람 테러단체의 존재에 대해서도 인정하지 않았던 것이다.

반면, 비이슬람 국가인 필리핀과 태국은 대테러 공조에 반대하지는 않았지만 일차적으로 국내의 이슬람 분리·독립운동 세력을 소탕하는데 초점을 두고 있었다. 이들과 달리 아세안 외부에 있었던 미국은 싱가포르가 구상하고 있는 대테러 공조체제를 적극적으로 지지하였지만, 폭탄테러를 동남아 지역이슈로 보기보다는 글로벌 테러와의 전쟁의 부분으로 보았기 때문에 싱가포르, 필리핀 등 아세안의 우방국들이 지역적 범위를 벗어나 서방과 적극적인 공조를 취하기를 바라고 있었다.

따라서 싱가포르는 폭탄테러를 둘러싸고 제각기 이해관계가 다른 행위자들을 포섭하여 기존의 실효성 낮은 공조체제를 균열시키고 새로운 지역안보 네트워크로 대체하기 위한 방안을 모색해야만 하였다. 그리고 이들 모두가 자신에게 의존하게끔 만드는 카드로서 폭탄테러의 배후로 의심되는 JI에 대한 상세한 정보를 활용하였다. 싱가포르는 아세안 회원국 중 JI의 조직원들을 가장 먼저 검거하였는데, 이들로부터 동남아를 무대로 한 초국가적 테러집단의 조직망을 확보할 수 있었다(Gunaratna 2013: 1). JI는 말레이시아의 '쿰팔라 무자헤딘 말레이시아(KMM)', 인도네시아의 '무자헤딘 협의회(MMI)', '무자헤딘 콤팍(MC)', 필리핀의 '모로 이슬람 해방전선(MILF)', '아부 샤야프 그룹(ASG)'에 개입하고 있었을 뿐만 아니라, 테러를 준비하는 과정에서

알 카에다와 정보를 교환하였던 사실까지도 드러났던 것이다(Jones 2010: 165).[10]

이렇게 세속화된 정부들에 저항하고, 동남아 전역에서 칼리프 (caliph)[11]의 부활을 꿈꾸는 폭탄테러 조직의 실체가 공식적으로 드러남으로써 사태는 새로운 국면을 맞게 되었다. 필리핀과 태국은 JI의 배후가 자국의 무장테러 집단과 무관하지 않음을 이해하였고, 자국의 국가통합과 정권 안정 차원에서도 공조가 필요한 지역차원의 위협임을 인식하게 된 것이다.

급진 이슬람세력의 테러 연루 가능성을 일관되게 부인하며 지역 안보 의제 공론화에 소극적이었던 인도네시아와 말레이시아 정부 역시 친 이슬람 여론의 눈치를 보느라 자신들의 정권에도 적대적인 이들의 위협을 더 이상 일국의 사안으로 덮어두기 어려워졌다. 특히, 말레이시아의 경우, 오히려 발리의 비인도적 테러행위를 비난하면서 정치 영역으로 개입하려 하고 있는 국내의 이슬람 세력의 입김을 견제하고자 하였다.

마지막으로 알카에다와의 JI의 연계 가능성을 예상하고 있던 미국의 경우, 그것이 사실로 드러나자 동남아 지역이 글로벌 테러와의 전쟁의 주변부가 아닌 핵심 전선임을 재확인, 싱가포르가 구상하였던 보다 견고한 지역차원의 안보 네트워크의 수립이 절실함을 지지하게 되었다.

10　싱가포르 당국은 보도자료를 통해 체포된 용의자의 집 내부에서 싱가포르 주둔 미군들이 빈번하게 이용하는 지하철 정거장의 모습을 담은 비디오테이프를 발견했으며 이 테이프의 내용이 아프간의 한 가옥에서 발견된 비디오 테이프의 내용과 동일한 것으로 판명되었다고 발표했다. 웡 칸 셴 내무장관은 "이번 발견은 JI와 알 카에다 지도부 간의 직접적인 연계를 보여주는 것"이라 지적하였다.

11　'이슬람의 세계'라는 뜻의 말로, 인도네시아의 '이슬람교 국가건설운동'을 의미한다.

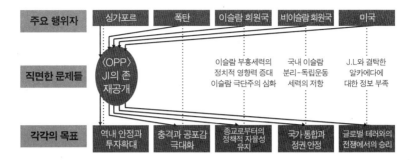

그림 4. 폭탄테러 프레임 짜기에 연계된 주요 행위자들과 의무통과점

　　따라서 싱가포르가 공개한 JI의 실체는 '폭탄'이라는 비인간 행위
자와 폭탄테러의 의미를 둘러싸고 제각기 다르게 해석하고 있는 다양
한 이해관계자들로 하여금 이를 지역 차원의 위협으로 가정한 싱가포
르의 해석을 수용하게 만들었다. 즉, 폭탄테러는 결국 아세안의 한 회
원국뿐만 아니라 이들과 긴밀한 연계를 맺고 있는 다른 모든 아세안
국가에도 영향을 미칠 수 있는 이슈였다. 따라서 JI에 대한 싱가포르의
공개적인 발표는 폭탄테러를 지역 차원의 위협으로 간주해야 한다는
새로운 프레임의 '의무통과점(obligatory passage point: OPP)'이 되었
다고 볼 수 있다.

2. 중개외교로서 대테러 대응방식의 선점

출범 당시부터 아세안에서 가장 영향력 있는 이슬람 국가들인 인도네
시아와 말레이시아는 글로벌 차원의 의제화된 '테러와의 전쟁'에 매우
큰 혐오감을 가지고 있었고, 이 때문에 아세안 내에서의 테러에 대한
규정이나 공동선언조차도 합의되지 못했던 것이 사실이다. 이에 싱가
포르가 취한 방식은 아세안 외부와의 협력에 적극적인 국가들과 부정

적인 국가들을 나누어 대테러 공조의 수준을 달리하는 '투 트랙 전략'
이라고 볼 수 있었다. 국내에서 이슬람 극단주의 저항세력과 심각한
갈등을 안고 있는 필리핀, 태국과는 초국가적 테러 위협의 공동 대처,
미국과의 협력이 필요함을 논의하는 한편, 정반대의 여론을 안고 있는
말레이시아와 인도네시아에는 보다 신중한 접근을 펼쳤기 때문이다.
즉, 이 과정을 통해 싱가포르는 적극적 대응 그룹과 소극적 대응 그룹
을 아세안 차원의 대응 네트워크에 포함시키는 중요한 역할을 담당하
였다고 볼 수 있다.

싱가포르가 마련한 말레이시아-인도네시아를 포함한 '대테러 대
응을 위한 3자 구상'은 중개자로서의 싱가포르가 초국가 차원에서 높
은 수준의 테러 공조체제를 구축하는 데 가장 큰 걸림돌이었던 두 나
라를 마주하여 타협의 장으로 끌어들인 점진적인 시도였다. 2002년 3
월 쿠알라룸푸르에서 개최된 아세안 특별 장관 회의에서 싱가포르는
두 국가의 대표들과 대테러 대응 논의를 위한 조율에 나서기 시작했
다. 당초 말레이시아는 테러집단의 운영과 연계에 대한 종합적인 정보
교류에 초점을 맞추는 계획안을 갖고 있었고, 인도네시아는 국제 테러
에 어떻게 대처할 것인가에 대한 학술적 워크숍만을 생각한 데 비해
싱가포르는 대단히 구체적인 실천방안을 준비하고 있었다(Soesilowa-
ti 2011: 235). 그러나 싱가포르는 미국과 함께했던 군사작전 수준이나
무력제재안을 제시하기보다는 아세안 시민들의 안전과 직결되는 주요
시설보안, 점검 등 정치적 해석의 논란이 개입될 소지가 없는 구상안
들을 내놓았다.[12] 그리고 아세안 지역 차원의 테러용의자 검거를 위한

---

12   여기에는 구체적으로 회원국 간의 정보교환, 국내법들의 조정, 정보 공유 및 사법 협
      조, 공동대응 훈련 프로그램과 용의자에 대한 구금, 기소, 범죄인 인도 등이 담겨 있었다
      (Rose 2005: 186).

감시망 운영이나 정보교환 등 인터폴 활동에 대한 내용은 서둘러 꺼내지 않았다. 대신, 그 다음에 열리게 될 아세안 경찰(ASEANAPOL) 회의의 의제로 남겨둠으로써, 종합적인 대테러 공조체제를 위한 로드맵을 점진적으로 채워 나가고자 하였다.

3자 회동의 결과는 예상보다 좋은 결실을 맺게 되었는데, 우선 아세안 차원에서의 초국가적 테러 범죄를 어떻게 규정하고 이에 대응할 것인가를 모색하는 프로그램을 공동으로 채택하기로 결정했다는 점이다(Soesilowati 2011: 235). 프로그램의 목적은 회원국 간의 정보공유를 원활히 하고, 이들 이슈에 대한 공동의 대응역량을 증진시킬 수 있도록 각국마다 이를 뒷받침해주는 법조항을 구축해 놓는다는 것이었다.

나아가 2002년 5월 쿠알라룸푸르에서 열린 테러에 관한 아세안 장관회의에서 싱가포르는 회원국들에 초국가적 테러범죄에 대한 아세안 차원의 플랜을 구상하는 'ASEAN WORK PROGRAMME'을 제안하였다. 이때, 역외세력의 개입을 꺼리고 소극적 차원에서의 협력만을 취했던 인도네시아, 말레이시아 측과 지역적 공조를 통해 대내 분리주의 세력들을 소탕하고자 했던 필리핀·태국 간의 타협적 조치들을 도출하려 노력하였고, 결국 폭탄 점검·제거 프로그램에 대한 상호적 지원, 용의자 조사, 공항 내 수속 및 검사대의 보안 강화 등의 실효적 대테러 예방안을 도출해나갈 수 있었다(Soesilowati 2011: 235). 이러한 과정에서 싱가포르가 얻게 되었던 보다 중요한 성과는 거듭되는 아세안 회원국 간의 회의들을 바탕으로 지역 차원의 공조체제의 밑그림을 그리기 위한 생산적인 논의를 이어갈 수 있게 되었다는 점이다.

3. 집합외교로서 아세안 차원을 넘어 세 모으기

대내적으로 싱가포르는 이미 아세안 내 연쇄적인 폭탄 테러사건들이 지역 투자를 위축시키고 나아가 싱가포르 경제에 커다란 위협이 될 것임을 사회 전체가 공감하고 있었다. 2001년 11월 13일, 싱가포르 정부는 테러리스트를 지원하는 모든 직간접적 활동들을 범죄화하는 '반테러규제법안(Anti-Terrorism Regulations Act)'을 통과시킴으로써 국가기관과 주요 인프라 시설에 대한 경계에 착수하였으며, 효과적인 대테러 활동 지휘를 위한 범부처 네트워크를 갖춘 '국가안보조정센터(National Security Coordination Center)'를 출범, 초국가적 테러에 대응하게 된다(Banlaoi 2009: 83-84). 이와 같이 비상상황에 대한 대내적인 조치들을 취함과 동시에 싱가포르는 당면한 위기를 타개하기 위해 신속한 대테러 공조 결정이 필수불가결하다는 점을 강조하였고, 사회의 동의를 구할 수 있었다. 사실상의 유일정당이라 할 수 있는 싱가포르 인민행동당(People's Action Party: PAP)은 우선 중산층과 싱가포르 사회의 영향력 있는 경제세력인 성장중심론자들을 손쉽게 결집시킬 수 있었다. 그리고 이들 연합에 의해 강력한 국내적 지지기반을 확보하였는데(Febrica 2010: 576), 이 과정에서 큰 반발을 보일지 우려되었던 싱가포르 인구의 15%에 해당하는 무슬림 구성원들의 암묵적 동의도 얻게 되었다. 이와 같이 테러의 잠재적 위험에 대한 사회적 공감대가 형성된 싱가포르 정부는 대외적으로도 보다 적극적인 행보를 이어갈 수 있었다.

먼저 싱가포르는 아세안 외부의 행위자들과의 양자협정의 물꼬를 틈으로써 테러 집단에 지역·글로벌 차원에서 대응하는 네트워크 전략의 '세 모으기' 과정을 시작했다고 볼 수 있다. 9/11 이후부터 미

국과 테러집단에 대한 공조의 필요성을 인식하고 그 방안을 모색해왔
던 싱가포르는 이듬해 발리 테러가 발생하자 이를 본격적으로 제도화
하는 방안을 논의하기 시작했으며 미국과 양자 간 군사, 기술, 대외
정책 전반에까지 협력 파트너십을 구축할 것을 약속하는 '전략기본협
정(Strategic Framework Agreement)'의 초안을 그려 나갔다(Febrica
2010: 572-573).

싱가포르-미국 양자 간의 '전략기본협정'의 구상은 싱가포르가
아세안에 앞서 외부의 행위자와 먼저 긴밀한 공조체제를 수립하였다
는 점에서 아세안의 테러 대응방안에 시사하는 바가 크다. 특히 아세
안 회원국 간의 구속력 있는 공동 대응방안이 나오지 않은 상태에서
싱가포르는 미국과 군사동맹에 버금가는 협정을 구상함으로써 아세안
에서 가장 적극적이며 공세적인 역할을 수행함과 동시에 테러가 주는
위기에 대한 경각심을 회원국들에 주지시켰기 때문이다. 그러나 무엇
보다 중요한 점은 아세안 최초로 다자합의 원칙의 한계를 넘었다는 사
실과 이로 인해 미국이라는 외부 세력과 양자협력을 체결, 테러에 대
한 보다 적극적 대응 방식의 흐름을 결정하였다는 데 의의를 부여할
수 있다(Chanlett-Avery 2013: 3). 그 결과, 싱가포르 이후 필리핀과 태
국이 뒤이어 미국과 양자협정을 체결하였으며 심지어 '테러와의 전쟁'
에 가장 부정적이었고 신중한 접근을 요구했던 말레이시아도 정보공
유를 통한 미국과의 대테러 공조 협정에 나설 수밖에 없었다.

필리핀의 경우, 남부 지방에 근거지를 둔 '모로 이슬람 해방전선
(Moro Islamic Liberation Front: MILF)'의 존재 때문에 골머리를 앓아
왔는데, MILF는 대략 12,000명에 달하는 조직원을 거느린 무슬림 저
항세력으로 남부 필리핀 내 무슬림 독립국을 세우려는 정치적 목적을
갖고 있었다(Vaughn eds. 2009: 17). 필리핀 정보당국은 발리 테러를

저지른 JI 조직원 30-40명 정도가 MILF에 가담하고 있다고 분석하였으며 이 때문에 필리핀 정부는 '테러와의 전쟁'을 자국내 MILF 세력을 꺾는 기회로 활용할 수 있음을 알게 되었다. 이러한 가운데 싱가포르가 미국과의 양자협정을 체결하자 필리핀 역시 자연스럽게 그 대열에 합류함으로써 대미 양자 대테러 공조체계는 확대되었다.

태국 역시 필리핀과 유사한 문제를 안고 있었다. 과거 말레이 술탄국 영토였던 남부의 빠따니, 얄라, 나라티왓 등 3개 주는 반대로 무슬림 인구가 주민의 80%에 육박할 정도로 대단히 이질성을 띠고 있었는데, 이들 지역의 반군들은 자치 및 독립을 요구하며 공공기관을 대상으로 끊임없이 소규모 테러를 벌이곤 하였다. 따라서 당시 태국정부가 싱가포르와 미국이 제안한 '공동의 대테러 정보센터(CTIC)'에 흔쾌히 참여하기로 결정한 것은 자연스러운 일이었다.

반대로 동남아 지역의 테러 확산과 대응에 대한 말레이시아 정부의 입장은 다른 아세안 국가들과는 달리 어느 한편에도 쏠리지 않은 모습을 띠었다고 볼 수 있다. 테러의 비인도성과 안보적 위협에 대해서는 미국, 싱가포르 등과 인식을 같이 함을 강력히 표명하였던 반면, 즉각적인 무력 개입과 전선 확대에 대해서는 반대 입장을 표명하는 등, 이를 둘러싼 각 사안에 있어서 중립적이면서도 독자적인 자세를 취했기 때문이다.[13]

그러나 싱가포르를 시작으로 필리핀과 태국이 미국과의 양자협정을 체결하면서 아세안 국가들의 대테러 전선 참여가 확대되자 말레이

---

13   테러로 인한 실질적인 인적·물리적 피해를 입지 않았던 말레이시아는 인도네시아와 마찬가지로 테러와 무슬림을 연결짓는 시각에 대해서 대단히 신중한 입장을 취하였다. 또한 정부에서도 상당히 많은 수의 이들이 테러를 그간 서구사회의 이슬람 공동체에 대한 악행의 결과로 보고 있었다(Arharya and Arharya 2007: 81).

시아는 정치적 부담을 안고 계속 비협조·독자노선을 표명하기가 어려
워졌다. 이에 말레이시아는 필리핀 정부와 MILF 간의 무력충돌을 중
재하는 역할로서 대테러 전선의 참여국들과 처음으로 테이블에 마주
하게 되었으며 미국과는 대테러 협력을 위한 양해각서(MOU)를 먼저
교환하게 된다. 이어 초국가적 범죄 집단에 대하여 양측의 조사 권한
을 법적으로 상호 인정해주는 MLAT(Mutual Legal Agreement Treaty)
에도 서명, 대테러 공조를 위한 실천에 나설 수밖에 없었다(Vaughn
eds. 2009: 29).

이와 같이 싱가포르와 미국의 양자협정 체결을 시작으로 가속화
된 아세안 회원국들의 대미 양자협력 방안 모색은 위협적인 테러 집단
에 대한 대항세력을 결집함과 동시에 대테러 공조에 비판적, 소극적이
었던 회원국 역시 대테러 전선에 합류하게 만드는 '내 편 모으기'의 성
공적인 번역 과정을 보여주었다고 평가할 수 있다.

4. '아세안-복합 안보 네트워크'의 새 판짜기

전술한 바와 같이 아세안 방식은 회원국 상호간의 주권 존중과 내정
불간섭, 다자 합의의 원칙을 최우선으로 강조하며 수십 년간 아세안
회원국들의 갈등을 조정하며 대외관계적 행동패턴을 규범화해왔다.
그러나 아세안 국가들이 연쇄 폭탄테러라는 돌발적이고도 의도적인
재난에 직면했을 때, 아세안 방식은 이들의 신속한 대응을 어렵게 하
는 장애요소로 작용하였던 것이 사실이다. 이는 '테러에 대한 공조 과
정에서 회원국 각국의 국내적 제도와 충돌이 발생할 경우, 해당국의
국내법을 우선시 한다'는 방침 때문이었는데, 지역 및 글로벌 차원의
구속력 있는 테러 조항에 여전히 신중한 접근을 보이고 있는 주요 무

슬림 국가, 특히 인도네시아와 말레이시아는 아세안 방식을 근거로 대테러 공조에 소극적으로 참여한 바 있다.

그럼에도 불구하고 싱가포르가 시작한 적극적인 대테러 구상은 일단 인도네시아, 필리핀, 태국 등 회원국 국내에서 발생한 테러 이슈를 국제화하고, 공동대응에 대한 회원국들 간 논쟁의 자리를 열게 함으로써 보다 발전적인 흐름으로 나아가기 위한 씨앗을 뿌려놓게 되었다. 이것이 결실을 맺은 지역 차원에서의 대테러 공조 첫 걸음은 2002년 인도네시아-말레이시아-필리핀 3자가 상호간의 정보교환을 위한 협정에 서명한 일이었다. 2003년에는 브루나이, 캄보디아, 태국이 합류했으며 이 협정에는 반테러훈련, 테러리스트 검거를 위한 공동작전, 탑승객 정보 공유 및 핫라인 설치 등에 관한 구체적 사항이 논의되었다(Acharya and Acharya: 83-84).

이어서 테러에 대한 대응의 초기 단계인 2003년까지 싱가포르는 아세안에서는 거의 독자적으로 지역이슈를 넘어 대미 양자 공조체제를 구축하였고, 그 반향은 필리핀, 태국 등 주요 회원국들의 동참으로 이어졌다. 필리핀은 싱가포르의 뒤를 이어 테러와의 전쟁 기간 동안 미국에 전략 항구와 항공 급유지를 제공함으로써 적극적인 군사지원에 동참하였다. 태국은 미국 중앙정보국(CIA)과 매일 정보를 교환하는 '공동의 대테러 정보센터(CTIC)'를 수립함으로써 초국가적 테러 용의자에 대한 광범위한 정보 수집과 검거에 힘을 보태고자 하였다. 그리고 마침내 또 하나의 이슬람 국가인 말레이시아를 끌어들임으로써 테러라는 초국가적 재난에 대응하는 아세안의 새로운 방식을 정립해나갈 기회를 맞게 되었다.

먼저, 아세안의 가치 측면에서 테러의 뿌리 깊은 원인으로 지목되었던 종교, 민족 간의 불신과 반목을 제거하고 화합과 공존을 모색

해야 한다는 '아세안 공동선언(아세안 Joint Communiqué)'이 발표됨
으로써 초국가적 테러 위협에 대한 국제 거버넌스의 필요성을 아세안
모두가 인정하는 합의문을 도출할 수 있게 되었다. 2003년 10월, 제9
차 아세안 정상회의에서 도출된 '아세안 협력선언 II(ASEAN Concord
II)'에서는 회원국 모두가 준수해야 할 아세안 회원국 헌장(ASEAN
Charter)이 채택되었으며 아세안 안보 공동체에 대한 구상이 발표되었
는데, 여기서 아세안 안보 공동체에 관한 제10항은 '아세안 회원국들
은 각국과 지역의 테러 대응 역량을 증진시키기 위해 서로간의 제도와
운영방식을 적극적으로 활용'할 것이라는 점을 명시하였다(Rose 2005:
188). 이는 테러에 성공적으로 대응하기 위해서 개별 국가 범위를 넘
어 상호간의 원활한 대응이 가능하도록 지역 차원의 제도화에도 노력
을 기울일 것이라는 점을 의미하였다고 볼 수 있다.

이에 근거하여, 대테러 활동의 실천적 차원에서 싱가포르의 주도
로 인도네시아, 말레이시아 3국은 우선 말라카 해협에서 발생할지 모
르는 테러에 대비하여 공동순찰을 시작하였다(Acharya and Acharya
2007: 83). 나아가 아세안+3(한국, 중국, 일본)와 인도양 국가들(인도,
스리랑카, 방글라데시)을 합류시켜 테러집단의 동향과 감시를 위한 광
역 정보공유센터를 싱가포르에 설치하기로 합의하였다. 그 결과 아세
안과 동북아, 인도양을 아우르는 대테러 거점으로서 싱가포르의 지위
가 다시 한 번 강조되었다.

이 같은 지역협력을 넘어선 대테러 공조체계의 확대 흐름 속에서
2007년 테러 대응 방안에 대한 아세안 정상회의를 통해 마침내 싱가
포르가 구상한 보다 법적으로 구속력 있는 아세안 안보 공동체의 청사
진이 그려졌다고 볼 수 있다. 우선 EU의 형태와 같이 아세안을 법적
실체(legal entity)로 세우기 위한 아세안 헌장(Charter)이 회원국 간

조인되었으며, 테러가 발생한 당사국과 관련국 사법기관들 간의 연계·공조를 명문화하였기 때문이다.

이로써 아세안 방식이 제약하던 일국 중심의 대응체제의 한계를 극복할 수 있는 제도적 표준이 놓여지게 되었다. 따라서 그 때까지 개별 회원국의 정치적 판단을 존중하고 아세안 내부에서의 해결을 원칙으로 강조했던 대테러 합의와 달리, 싱가포르가 주도한 아세안 안보 공동체는 아세안+3와 인도양 국가가 참여하는 지역단위를 넘어선 실효적 대테러 공조체제로서 새로운 표준의 의미를 부여했다고 볼 수 있다. 즉, 테러와 같은 초국가적 위협에 대한 대응에 있어서 아세안 역시 양자-다자-아세안 외부 세력과의 연대라는 '아세안-복합 안보 네트워크'를 수용해야 함을 확인시켰기 때문이다.

VI. 결론

이 글은 2000년대 초 동남아시아 지역에서 일어났던 일련의 연쇄적인 폭탄 테러들에 대해 아세안 국가들이 기존의 일국적 대응방식에서 벗어나 어떻게 지역 차원의 공조체제를 수립할 수 있었는지를 재난 관리 모델과 행위자 네트워크 이론을 접목시켜 살펴보았다. 아세안 회원국들은 저마다 다른 정체성과 대내외적 환경에 놓여 있었고, 이에 따라 폭탄테러라는 '돌발적이고 의도적인 재난'에 부합하는 효과적인 대응방식을 취하는 데는 상당한 간극이 존재하였던 것이 사실이다. 특히 이 과정에서 '아세안 방식'으로 불리는 상호간의 주권 존중과 내정 불간섭, 다자 합의의 원칙은 글로벌 차원은 물론 지역차원에서의 공조체계를 구축하는 데도 상당한 장애요소로 작용하였다. 그 결과 폭탄테러

라는 초국가적 위협에 아세안이 지역 차원의 공조체제를 마련하는 데
는 많은 시간과 구조적 제약이 따르게 되었다.

그러나 이러한 어려움 속에서도 아세안은 계속적인 논의와 협력
을 지속하여 결국 법적·제도적 효력을 갖춘 아세안 안보 공동체를 출
범시키게 되는데, 본고는 이 과정에서 나타난 싱가포르의 역할에 주
목하였다. 특히 싱가포르가 아세안 지역의 맹주라 볼 수 있는 인도네
시아, 말레이시아가 대테러 동참에 부정적인 상황 속에서 이를 어떻게
극복하고 아세안 안보 공동체의 합의를 주도할 수 있었는지를 추적하
였다.

그 결과 싱가포르는 '폭탄'이라는 비인간 행위자가 갖고 있는 속
성을 효과적으로 활용하여 아세안뿐만 아니라 역외의 주요 행위자까
지 포괄하는 네트워크 전략을 펼쳤음을 확인하였다. 싱가포르는 테러
용의세력이었던 JI에 대한 싱가포르의 공개적인 발표를 의무통과점으
로 삼아 폭탄테러의 지역안보 쟁점화에 성공한 '프레임 짜기'와, 대테
러 대응 방식으로서 지역안보 공동체의 형식을 기입한 '맺고 끊기', 미
국이라는 아세안 외부의 세력을 매개로 양자협정을 확대해 나갔던 '내
편 모으기' 전략을 통해 궁극적으로 '아세안 방식'의 한계를 극복하고
아세안-복합 안보네트워크를 만들어가는 '표준 세우기'의 과정을 보
여주었기 때문이다. 즉, 싱가포르는 초국가적 테러를 지역안보 이슈로
쟁점화하는 프레임 설계단계에서 시작하여 기존 아세안 방식 체제의
'블랙박스'를 닫고 있는 네트워크망을 균열시켜, 마침내 새로운 대안
적 네트워크를 짜나가는 '번역의 4단계'를 성공적으로 수행하였다.

특히 싱가포르는 아세안이 회원국 모두의 합의에 기반한 다자외
교의 원칙을 내세우면서도 민감한 이슈에 있어서는 회원국마다 국내
정치적 맥락에 따라 결정이 내려지는 현실적 공백을 적절히 파고듦으

로써 성공적으로 네트워크 전략을 수행하였다고 평가할 수 있다.

이 글에서 살펴본 바와 같이 싱가포르가 테러라는 새로운 도전에 가장 신속한 대응방식을 취하고, 나아가 지역 및 글로벌 차원에서 협력을 주도하는 행위자로 거듭나는 과정은 우리에게 많은 시사점을 던져준다. 다시 말해 일국의 위험극복을 위한 대응방식을 넘어 탈근대 미래이슈의 중심행위자로서 지역 내 이슈의 관계구도를 재편할 수 있는 가능성을 보여준다는 점에서 중견국인 우리의 외교 전략에 새로운 방향을 제시한다고도 할 수 있을 것이다.

참고문헌

강대창 외. 2011. 『ASEAN의 의사결정 구조와 방식』. 대외경제정책연구원.

강영문. 2006. "싱가포르의 국제비즈니스센터 개발전략에 관한 연구." 『무역학회지』 31(7), pp.199-222.

김상배. 2011a. "네트워크로 보는 중견국 외교 전략: 구조적 공백과 위치권력 이론의 원용." 『국제정치논총』 51(3).

_____. 2011b. "한국의 네트워크 외교 전략: 행위자-네트워크 이론의 원용." 『국가전략』 17(3).

_____. 2014. 『아라크네의 국제정치학기: 네트워크 세계정치이론의 도전』. 한울아카데미.

김상배 외. 2011. 『거미줄 치기와 벌집 짓기: 네트워크 이론으로 보는 세계정치의 변환』. 한울아카데미.

김성건. 2011. "아시아 세기의 도래와 아시아적 가치." 『아시아연구』 14(1), pp.71-95.

김종욱. 2011. "냉전의 '이종적 연결망'으로서 '평화의 댐' 사건: 행위자-연결망 이론을 통한 경험적 추적." 『동향과 전망』 통권 83호, 2011년 가을·겨울호.

김형준·홍석준 편저. 2014. 『동남아의 이슬람화 1: 1970년대 이후 종교와 경제의 변화』. 눌민.

김환석. "행위자-연결망 이론에서 보는 과학기술과 민주주의." 『동향과 전망』 통권 83호, 2011년 가을·겨울호.

대한무역투자진흥공사. 2006. 『싱가포르』. KOTRA.

박은홍. 2006. "'아세안 방식'(ASEAN way)과 동남아시아 신흥공업국의 역할 변화: 주권·개발·인권의 갈등적 공존과 그 진화." 『동남아시아연구』 16(1).

배긍찬. 2004. "동남아 지역주의와 아세안의 진화과정." 박사명 편. 『동남아 정치변동의 동학』. 오름.

변창구. 2002. 『아세안 운영체제론』. 대왕사.

_____. 2004. "동남아시아 지역통합전략으로서의 아세안 방식: 유용성과 한계." 『대한정치학회보』 12(2).

_____. 2009. "아세안 방식과 동남아시아 안보: 성과와 과제." 『대한정치학회보』 17(2).

_____. 2012. "싱가포르의 실용주의적 안보외교." 『대한정치학회보』 20(2), pp.203-221.

윤정현. 2015. "폭탄테러와 아세안의 재난 거버넌스: 싱가포르의 네트워크 전략을 중심으로." 『국제정치논총』 55(2), pp.153-190.

윤진표 외, 2014. 『동남아의 헌정체제와 민주주의』. 명인문화사.

외교통상부. 2010. 『아세안 개황』. 동 기관.

홍성욱. 2010a. 『인간·사물·동맹: 행위자네트워크 이론과 테크노 사이언스』. 이음.

_____. 2010b. "행위자 네트워크 이론." 네트워크 정치포럼(2010. 11. 29).

Acharya, Amitav. 2008. *Singapore's Foreign Policy: The Search for Regional Order.*

Singapore: World Scientific Publishing Co..

Acharya, Amitav and Arbinda Archarya. 2007. "The Myth of the Second Front: Localizing the 'War on Terror' in Southeast Asia." *The Washington Quarterly*, 30(4).

Anthony, Mely Caballero. 2005. *Regional Security in Southeast Asia: Beyond the ASEAN Way*. Singapore: Institute of Southeast Asian Studies.

Antolik, Michael. 1990. *ASEAN and the Diplomacy of Accomodation*. New York: M. E. Sharpe.

Asthana, N. C. and Anjali Nirmal. 2009. *Urban Terrorism: Myths and Realities. Jaipur: Pointer Publishers*. p.263. ISBN 978-81-7132-598-6. Retrieved July 19, 2014.

Banlaoi, Rommel C. 2009. *Counter Terrorism Measures in Southeast Asia: How Effective Are They?* Yuchengco Center De La Salle Univ. Manila.

BBC News. 2003. "Bali death toll set at 202." Wednesday, February 19, 2003. www.bbc. uk/2/hi/asea-specfic/27778923

Capie, David. 2004. "Between a hegemon and a hard place: the 'war on terror' and Southeast Asian-US relations." *The Pacific Review*, 17(2), June 2004.

Chanlett-Avery, Emma. 2013. "Singapore: Background and U.S. Relations." *CRS Report RS20490*, July 26, 2013.

Chau, Andrew. 2008. "Security Community and Southeast Asia: the U.S., and ASEAN's Counter-Terror Strategy." *Asian Survey*, 48(4)(July/August 2008).

Chow, T. Jonathan. 2005. "ASEAN Counterterrorism Cooperation Since 9/11." *Asian Survey*, 45(2)(March/April 2005).

Corsi, Vincent. 2008. "Singapore's Terrorism Countermeasures." *IBM Research Report*, April 30, 2008.

Febrica, Senia. 2010. "Securitizing Terrorism in Southeast Asia: Accounting for the Varying Responses of Singapore and Indonesia." *Asian Survey*, 50(3).

Ferguson, R. James. 2004. "ASEAN Concord II: Policy Prospects for Participants Regional 'Development'." *Contemporary Southeast Asia*, 26(3).

Friedrichs, Jorg. 2012. "East Asian Regional Security: What the ASEAN Family Can (Not) Do." *Asian Survey*, 52(4)(July/August 2012).

Goh, Gillian. 2003. "The ASEAN Way: Non-Intervention and ASEAN's Role in Conflict Management." *Stanford Journal of East Asian Affairs*, 3(1).

Gordon, David and Samuel Lindo. 2011. "Jemaah Islamiah." *Aqam Futures Project: Case Study Series* No. 6, November 2011. Center for Strategic & International Studies.

Green, D. Jay. 2007. "Bridging the ASEAN Development Divide: A Regional Overview." *ASEAN Economic Bulletin*, 24(1) pp.15-34.

Gunaratna, Rohan. 2013. "Sustaining the War on Terrorism: Singapore's International Counterterrorism Cooperation." *RSIS Commentaries* No. 139. July 2013.

Hay, Colin. 2004. "Ideas, interests and institutions in the comparative political economy of great transformations." *Review of International Political Economy*, 11(1),

February 2004, pp.204-226.

Jones, David Martin. 2010. "Informal networks in Southeast Asia: The case of Jemaah Islamiah and its affiliates." In David Martin Jones, Ann Lane and Paul Schulte (eds.). *Terrorism, security and the power of informal networks.* Cheltenham U.K., and Northampton, M.A., U.S.A.: Edward Elgar.

Jones, David Martin and Mike Smith. 2002. "The strange death of the ASEAN way." *Australian Financial Review,* 12, April.

Jones, David Martin and Michael L. R. Smith. 2007. "Making Process, Not Progress: ASEAN and the Evolving East Asian Regional Order." *International Security,* 32, No. 1 (Summer 2007).

Jones, Sidney. 2005. "The Political Impact of the 'War on Terror' in Indonesia." *Working Paper* No. 116. Asia Research Centre.

Hassan, M. H. Ben. 2007. "Imam Samudra's justification for the Bali bombing." *Studies in Conflict and Terrorism,* 30 (12), p.1051.

International Crisis Group. 2005. "Weakening Indonesia's Mujahidin Networks: Lessons from Maluku and Poso." *International Crisis Group,* October 13, 2005. http://www.crisisgroup.org/en/regions/asia/south-east-asia/indonesia/102-weakening-indonesias-mujahidin-networks-lessons-from-maluku-and-poso.aspx.

Law, John. 1992. "Notes on the Theory of the Actor Network: Ordering, Stategy and Heterogeneity." *Systemic Practice and Action Research,* 5 (4).

Law, John and John Hassard (eds.). 1999. *Actor Network Theory and After,* Wiley-Blackwell.

Long, Thomas D. 2011. "The 'Quiet' Side of Counter Terrorism Operations: Combating Islamic Extremism in Southeast Asia." *Global Security Studies,* 2 (1), Winter 2011.

Ong, Keng Yong. 2005. "ASEAN's Contribution to Regional Efforts in Counter-Terrorism." at the National Security Australia Conference, Sydney, February 21, 2005.

Parkinson, Tony. 2002. "Bin Laden voice news threat to Australia." *The Age,* 14 November 2002.

Renn, O. 1992. "The Social Arena Concept of Risk Debates." In S. Krimsky & D. Golding (eds.). *Social Theories of Risk.* Praeger Publishers.

Rose, Greogory. 2005. "ASEAN Features: Towards an ASEAN Counter-Terrorism Treaty." *Singapore Year Book of International Law and Contributors, 2005.*

Soesilowati, Sartika. 2011. "ASEAN's Response to the Challenge of Terrorism." *Tahun 2011,* 24 (3).

Vaughan, Bruce *et al.* (eds.). 2009. "Terrorism in Southeast Asia." *CRS Report RL34194,* October 16, 2009.

Wanandi, Jusuf. 2002. "Indonesia: a failed state?." *Washington Quartely,* 25 (3).

White Paper, 2002. "Constructing." the Jemaah Islamiyah Terrorist: A Preliminary Inquiry, *Institute of Defence and Strategic Studies,* Singapore, October 2004.

Wise, William M. 2005. "Indonesia's War on Terror." *USINDO*, August 2005.

ASEAN. www.aseansec.org.
ASEAN Convention on Counter Terrorism
ASEAN Investment Report 2011.
IMF. International Financial Statistics 2005.

제6장

싱가포르의 네트워크 외교 전략: IMS-GT의 사례

김예지

IMS-GT는 접경지역의 공동개발을 목적으로 하는 '소지역협력(sub-regional economic zone)'이라는 특수한 형태의 협력방식으로서 동아시아 지역에서 최초로 시도된 사례이다. 이러한 형태의 협력프레임은 1990년대 싱가포르에 의해 새롭게 고안된 것으로, 싱가포르는 인접국인 인도네시아와 말레이시아를 설득하여 IMS-GT를 성공적으로 이끌었으며 이를 토대로 소지역협력의 프레임을 동아시아 지역 전체로 확산시키는 데 이바지하였다.

IMS-GT에 관한 기존 연구들은 이러한 싱가포르의 전략을 경제적인 동기를 중심으로 설명하고자 하였으나, 이러한 설명은 인도네시아와 말레이시아 사이의 경제적 보완성이 뚜렷하지 않음에도 왜 3국간 다자협력구도가 형성되었는가 하는 의문을 채워주지 못한다. 이는 오히려 역사적으로 경쟁관계를 형성해 왔으며 경제적 협력의 이점이 크지 않던 인도네시아와 말레이시아를 소지역 3각의 틀로 엮음으로써 역내 구조적 공백을 채우고 자국중심성을 확보하고자 했던 싱가포르의 네트워크 외교 전략에서 비롯된 결과로 보는 것이 더 타당하다. 싱가포르는 IMS-GT라는 새로운 형태의 협력프레임을 제공하여 자국에게 유리한 지역구도를 설계하고, 그 과정에서 지역강대국 간 관계를 중개하는 역할을 하며, 이러한 프레임을 설득하고 확산시켜 지역 차원의 중요한 틀로 자리매김시킬 수 있었다.

이러한 네트워크 전략은 IMS-GT의 사례뿐만 아니라 싱가포르의 전반적인 외교 전략에 두루 반영되어 있다. 역내강대국들에 둘러싸인 도시국가로서 물질적 능력의 한계로 인해 생존의 위험을 받아온 싱가포르는 이를 극복하기 위하여 다자 속에 자신을 위치시키고 그 안에서 중심성을 추구하는 전략을 추구해 온 것이다. 이러한 싱가포르의 네트워크 외교 전략을 분석함으로써, 국제정치상에서 물질적 능력이 아닌 관계적 맥락에서 자신의 영향력을 제고하는 제3세대 네트워크 중견국 외교의 유형을 파악하고자 한다.

I. 서론 및 문제제기

IMS-GT는 1990년대 초부터 추진된 싱가포르, 말레이시아, 인도네시아 3국간 지역개발프로그램으로, 추진 초기에는 싱가포르와 말레이시아 조호르주(Johor Bahru), 그리고 인도네시아 리아우제도(Riau Islands) 간의 소지역(sub-region) 경제협력을 중심으로 추진되어 각 지역의 앞 글자를 따온 시조리 성장삼각지대(SIJORI Grown Triangle)로 불리었으나, 시간이 지나면서 점차 협력지역의 범위를 넓혀감에 따라 현재는 인도네시아-말레이시아-싱가포르 성장삼각지대(IMS-GT)로 통용되고 있다.

　　IMS-GT는 접경지역의 공동개발을 목적으로 하는 '소지역협력(sub-

regional economic zone)'이라는 특수한 형태의 협력방식으로서 동아
시아 지역에서 최초로 시도된 사례이다. 소지역협력이란 지역전체의 통
합보다 국가 간 공동이해관계에 있는 특정 지역만 제한적으로 개방하
여 경제적 연결고리를 통한 상호이익의 도모에 초점을 두는 국지적 통합
(local integration)의 개발협력 방식을 말한다(송은희 1996). 이러한 협
력 방식은 1989년 싱가포르의 고촉동(Goh Chock Tong) 부총리(당시)
에 의해 새롭게 고안되었으며, 싱가포르 정부가 인접한 말레이시아와 인
도네시아의 참여를 유도하는 데 성공함에 따라 1990년대 초부터 본격적
으로 추진될 수 있었다. IMS-GT는 비교적 성공적인 경제적 효과를 낳
았으며, 이에 힘입어 싱가포르가 설계한 소지역협력의 프레임은 1990년
대 전반에 걸쳐 아세안(ASEAN) 회원국가들에 의해 동시다발적이고 중
층적으로 시도되었다. 이러한 추세는 동남아 지역을 넘어 동아시아 전체
지역으로까지 확산된 바 있다. 현재 소지역협력의 방식은 동남아시아 지
역에서 가장 빈번하게 발견되는 경제개발 메커니즘으로 자리 잡았다.

　이처럼 기존에 존재하지 않던 특수한 형태의 협력 방식이 새롭게
시도되고 지역 전체의 보편적인 메커니즘으로 확산되는 양상은 매우
흥미롭다. 특히 1990년대 당시에 싱가포르가 왜 이러한 협력 방식을
구상할 필요가 있었는지, 그리고 어떻게 이런 새로운 협력프레임을 설
득하고 확산시킬 수 있었는지에 대한 부분은 흥미를 자아낸다. 여기에
대하여 기존 연구들은 대부분 경제적 동기에 초점을 맞추어 설명해 왔
다. 3국 경제는 발전단계의 차이로 인해 경제적 상호보완성이 존재하
기 때문에 지역공통개발계획의 이점이 존재했다는 것이다. 또한 싱가
포르의 국내 임금인상 문제와 더불어 아세안 차원의 경제통합이 잘 진
전되지 않았던 점도 이에 기여했다고 지적된다(Dajin Peng 2002; Chia
Siow Yue 1997). 그러나 사실 인도네시아와 말레이시아는 경제구조가

유사하여 상호보완보다는 경쟁적 관계에 놓여 있다. 따라서 경제적 동기에 의한 설명은 왜 이 지역에 양자 간 협력구도가 아닌 다자지역협력의 프레임이 자리 잡을 수 있었는가를 충분히 설명해 주지 못한다.

특히 주목할 점은 IMS-GT가 특수한 협력구조를 형성하고 있다는 사실이다. IMS-GT는 '3각 협력'을 프레임으로 하고 있지만 실상 그 협력 양상을 보면 싱가포르를 중심으로 한 양자 협력은 활발한 반면 말레이시아와 인도네시아 간의 협력은 미비하여 기형적인 3각 구조가 나타난다(Shannon Smith 1997). 인도네시아와 말레이시아 간의 경쟁 관계가 3각 협력의 구조적 공백(structural hole)으로 작동하고 있는 것이다. 그러나 기존 문헌들은 IMS-GT의 기형적 구조를 지적하고는 있지만 왜 이러한 네트워크가 형성되었는지에 대해서는 충분히 설명하지 않고 있다. 이러한 네트워크 구조는 경제적 상호작용을 통해 형성되었다기보다는 오히려 안정된 지역구도를 만들기 위하여 새로운 아이디어를 제공하고 지역협력양상을 바꾸어 나가는 싱가포르의 고도의 외교 전략에서 비롯된 것으로 볼 수 있다. 3국의 경제발전 단계상 사실 다자협력기제가 반드시 필요한 것은 아니었음에도, 싱가포르가 3국을 하나의 지역경제권으로 묶는 프레임을 설계하여 추진함으로써 역내에 존재하던 관계의 구조적 공백을 메우는 동시에 자신을 지역협력의 중심(hub)에 위치시킬 수 있었던 것이다.

사실 이렇게 다자 속에 자신을 위치시켜 자국에게 유리한 구도를 만들어 나가는 네트워킹 전략은 IMS-GT의 사례에서뿐만 아니라 싱가포르의 외교정책 전반에 투사되어 있는 전략이다. 이는 자신의 구조적 취약성을 극복하기 위한 생존전략에서 비롯된 것이다. 싱가포르는 북쪽의 말레이시아와 남쪽의 인도네시아라는 두 지역강대국 사이에 위치해 있는 인구 약 550명의 도시국가로, 부족한 노동력, 토지 및 천연자원을 인접한 양국에 의존하고 있으며, 특히 용수공급의 70% 이상을 비롯한 필수자원을 말레이시아에 의존하고 있다. 여기에 더하여 싱가포르는 말레이계 민족으로 이루어진 이슬람 국가인 인도네시아와 말레이시아 사이에서 중국계 민족으로 이루어진 비이슬람 국가로서 인종적, 종교적 위협을 받아왔다. 일례로 1965년 말레이시아로부터 독립한 이래, 1969년 5.13 인종 폭동 사태와 1979년부터 시작된 '페드라 브랑카 섬(Pedra Branca Island)' 영토분쟁 사례 등은 양국관계를 경직시키는 주요 이슈가 되어 왔다.

그러나 이 같은 국가 생존조건의 취약성에도 불구하고 싱가포르는 성공적인 경제성장을 바탕으로 아세안 내에서 중요한 위치를 차지하고 있으며, 특히 아세안 통합 및 글로벌 차원의 다자협력에 기여하는 싱크탱크(Think tank)로서 확고한 리더십을 발휘하고 있다. 아세안 헌장 채택이나 글로벌 금융위기 대처를 위한 치앙마이 이니셔티브 다자화(CMIM) 결성, 그리고 동남아 대테러 대응 협력 등의 사례에서 이러한 싱가포르의 리더십을 확인할 수 있다. 싱가포르의 지역적 리더십은 비단 경제적 능력 및 지리적 이점만으로 성립된 것이 아니라 부족한 국가적 역량을 극복하기 위해 주변지역으로 자신의 정치경제영역을 확산시키고, 끊임없이 다자 속에 자신을 포함시키며 그 안에서 담론설계의 리더이자 교류의 중개자가 되고자 하는 네트워킹 전략을 통해 가능했던 것이다.

이와 같이 자국의 생존을 주변지역과의 네트워크화를 통해 도모하고자 한 싱가포르의 외교 전략은 국가속성론을 넘어 관계적인 맥락에서 '중견국 외교행태'[1]를 분석하고자 하는 '네트워크 중견국론'의 관

---

1   '중견국 외교행태'란 중견국으로 정의된 국가의 외교가 아니라, 국제정치 구조의 관계적 위치를 이용하여 자신이 보유한 물질적 자원 이상의 권력을 추구하는 독특한 외교형태 자체를 가리킨다.

점과 맞닿아 있다. 따라서 본 연구에서는 IMS-GT에서 나타난 싱가포르의 네트워킹 전략을 분석함으로써 극소국가(micro-state) 싱가포르가 자국의 이익과 생존을 도모하기 위해 구성한 특정 외교 전략이 지역 네트워크 구조 및 협력프레임을 재구성하는 국제정치적 맥락을 살펴보고자 한다. 또한 이를 통해 네트워크 이론의 맥락에서 새롭게 중견국을 파악하는 '제3세대 중견국론'에 대한 이론적 함의를 모색해 보고자 한다.

글의 진행은 우선 II절에서 네트워크 이론의 관점에서 보는 중견국론에 대한 개념을 다룬 후에, III절에서 싱가포르의 전반적인 외교전략을 살펴볼 것이다. 특히 싱가포르가 지역화 및 국제화 전략을 통해 자신을 네트워크화하여 확장함으로써 생존을 도모했던 모습에 대해 서술하고자 한다. 이후 IV절에서는 그러한 싱가포르의 외교 전략이 중점적으로 드러난 IMS-GT 사례에서 싱가포르의 네트워킹 전략이 어떻게 전개되었는지에 대해 사회–네트워크 이론(social network theory)의 개념을 바탕으로 분석할 계획이다. 마지막으로 V절에서는 싱가포르가 IMS-GT를 통해 고안한 소지역협력의 프레임이 아세안 및 동아시아 지역 전체로 확산되는 과정을 서술하고, 아세안 경제협력에서 IMS-GT가 차지하는 위치를 밝힘으로써 싱가포르의 소지역 네트워킹 전략이 지역 전체로 확대되는 양상을 살펴보고자 한다.

II. 네트워크로 보는 중견국 외교 전략

21세기 국제정치는 탈냉전 이후 지속적으로 나타나는 이슈 및 행위자의 다양화로 인해 날이 갈수록 그 복잡성을 더해 가고 있다. 전통적인 국민국가 차원의 안보개념으로는 해결하기 어려운 환경, 테러, 인권 등의 초국경 이슈들이 등장함에 따라, 기존 강대국 중심의 '힘의 정치' 위주로 편성되어 있던 국제정치구조는 좀 더 다자적(multilateral)이고 복합적인 상호작용을 요구하게 되었다. 이러한 추세를 토대로 최근 새롭게 조명되고 있는 것이 '제3세대 중견국 외교론'의 필요성에 대한 논의이다. 제3세대 중견국론은 호주나 캐나다와 같은 제1세대 중견국이나, BRICS국가들(브라질, 러시아, 인도, 중국, 남아프리카)과 같은 제2세대 중견국과는 다른 행태를 보이는 새로운 21세기형 중견국 외교 전략에 대한 틀을 제시하고자 하는 접근법이다(김상배 2014a).

중견국(middle power) 외교 전략에 대한 기존연구는 중견국이나 '구조'의 개념을 주로 개별 행위자들의 속성이나 보유자원을 통해 이해하였다. 따라서 행위자들이 구성하는 네트워크의 구조라는 맥락에서 중견국 범주를 파악하려는 노력이 부족했다. 기존의 국제정치이론들은 '행위자들의 내적 속성(categorical attributes)으로부터 도출되는 실체'로서 '구조'를 이해해 왔기 때문에 행위자의 속성을 초월하여 발생하는 상호작용의 관계적 맥락을 단위적 수준으로 환원시키는 오류를 범한 것이다. 그러한 의미에서 중견국을 물질적 능력의 측면에서 강대국과 약소국의 중간에 위치한 국가군으로서 다루거나, 외교적 행태에 있어서 다자주의적이고 규범적이며 평화로운 속성을 나타내는 국가군으로 다루어 온 제 1, 2세대 중견국론은 행위자(노드)중심적 접근으로 이해될 수 있다.

이러한 속성론은 중견국을 파악하는 기준이 될 수는 있지만 중견국이 세계정치에서 어떤 역할을 하는지에 대해서는 잘 설명해주지 못하며, 특히 최근 새로운 중견국으로 조명받고 있는 한국을 비롯하여 인도네시아, 말레이시아, 터키, 싱가포르 등의 국가들이 보이는 외교 행태를 설명하는 데 한계를 보인다. 이 국가들은 물질적 능력이 뛰어나거나 규범적 리더십을 발휘하고 있지는 않지만, 복합적인 국제정치 구조 하에서 국가 간 관계의 맥락을 이해하고 자신에게 유리한 틈새적 위치를 찾아냄으로써 국가적 위상을 높이고 국익을 도모하는 전략을 펼치고 있다. 따라서 전통적인 행위자 속성 중심의 발상이 아니라 세계정치의 전체적인 관계와 구조의 맥락 속에서 중견국가를 파악하는 '구조적 위치론'의 관점이 적용될 필요가 있다(김상배 2014). 이러한 맥락에서 제3세대 중견국론은 필수적으로 네트워크 이론의 구조적 개념을 접목시킬 것을 요구하게 된다. 네트워크 이론의 시각은 중견국 외교를 속성이 아닌 '관계적 맥락'에서 파악할 수 있게 하며, 새로운 '국가이익'의 개념을 제공해 줄 수 있기 때문이다.

네트워크 이론의 시각은 중견국 외교를 관계적 맥락에서 파악할 수 있도록 해 준다. 소셜-네트워크 이론에서는 구조의 개념을 행위자들 간의 지속적 상호작용을 통해 형성되는 '관계적 구도(relatonal configuration)'의 맥락에서 이해하고자 한다. 즉 행위자들의 상호작용에서 창출되는 '네트워크'를 구조로서 보는 것이다. 소셜-네트워크 이론의 구조 분석은 네트워크상에서 특정한 '위치'를 차지한 행위자의 역할을 파악하는 데 도움을 준다. 동일한 내적 속성을 지닌 행위자라도 주위의 네트워크 구조가 어떻게 짜이느냐에 따라 상이한 역할을 부여받게 된다. 즉, 네트워크상에서 어떠한 '구조적 위치(structural position)'를 차지하느냐에 따라서 특정 행위자가 선택할 수 있는 전략의 범위가 규정된다는 것이다. 이는 행위자가 활용할 수 있는 자원과 정보, 그리고 권력의 상당 부분이 네트워크상에서 다른 행위자와 맺는 '링크'라는 외부적 요소로부터 비롯되기 때문이다(김상배 2014a; 김용학 2007 재인용). 네트워크를 이용해서 발생하는 '사회적 권력' 혹은

'사회적 자본'은 국가가 시스템 내의 다른 국가와 맺는 연결고리들의 총합에서 나온다는 것이다(Hafner-Burton 2009).

특히 소셜-네트워크 이론에서는 '구조적 공백(structural hole)'의 개념을 강조하고 있는데, 이는 행위자들의 분절된 관계망 속에서 발견되는 균열을 의미하는 것으로 미국의 사회학자이자 경영학자인 버트 (Ronald Burt)에 의해 고안된 개념이다. 이때 네트워크 구조상에서 그냥 놔두면 단절된 채로 남아 있을 행위자들 사이를 이어 주는 행위자는 네트워크의 균열을 메우고 자신이 차지한 매개적 위치의 중요성을 부각시킴으로써 중개자의 권력을 획득하게 된다. 네트워크상에서 주변화되었거나 약한 관계에 대한 독점적인 연결권을 보유함으로써 네트워크의 구조적 공백을 메울 때 발생하는 사회적 자본을 사회적 권력으로 전환시킬 수 있는 것이다.

이때 중개자는 '매개중심성(betweenness centrality)'[2]을 통해 영향력을 획득하게 되는데, 이는 중개자가 네트워크를 확장시킬 수 있는 링크를 독점적으로 제공할 수 있기 때문이다. 이러한 관계는 제국 체제에서 제국의 중심부(metropole)와 주변부 속국(peripheral possessions)이 맺는 관계로 비유할 수 있다. 제국 체제에서는 중심-주변부 간의 연결은 강력한 반면 주변부 간의 연결이 상대적으로 미약하기 때문에, 중심부 국가는 주변부 사회들을 연결하는 독점적인 링크를 형성

---

2 네트워크상에서 더 많은 중개권력 혹은 위치권력을 담보할 수 있는 곳은 '중심' 위치이다. 따라서 '중심성(centrality)'을 장악하는 것은 중개자에게 매우 중요하다. 프리만(Linton Freeman)은 중심성을 매개 중심성(betweenness centrality), 근접중심성(closeness centrality), 연결 중심성(degree centrality)의 세 가지로 구분하였다. 여기에서 매개중심성은 자신을 통하지 않으면 소통이 단절될 행위자(노드)들 사이에 놓여 커뮤니케이션을 통제하는 역할을 의미하며, 본 연구의 제4장에서 다루고자 하는 싱가포르의 외교 전략과 가장 가까운 개념이라고 할 수 있다(김상배 2014b).

하고 유지하는 능력을 통해 권력을 획득하게 된다. 기존에 자신이 보유한 군사·경제적인 능력에 더하여 제국을 연결하는 중개력을 통해 자신의 영향력을 공고히 할 수 있는 것이다(Hafner-Burton 2009). 이 글의 IV절에서 다루고자 하는 IMS-GT의 사례도 이와 유사한 네트워크 구조를 형성하고 있다. 싱가포르가 자신의 경제적 우위를 바탕으로 상대적으로 저발전된 인도네시아와 말레이시아 사이에 기존에 존재하지 않았던 연결고리를 형성하는 중개자의 역할을 하였던 사례인 것이다.

김상배(2014b)에 의하면 중견국의 네트워크 외교 전략은 네트워크 권력론에서 다루는 세 가지 능력, 즉 중개자(broker), 소집자(convener), 그리고 설계자(programmer)로서의 능력을 가능하게 한다. 첫째, 중개자의 능력은 네트워크 구조상의 '위치'를 파악하고 이를 활용하는 능력이다. 이는 네트워크상에서 자기를 통하지 않고는 소통이 불가한 요충지를 차지하고 강대국들 사이나 글로벌 이슈구조에서 발생하는 구조적 공백을 찾아서 메우는 과정에서 위치권력(positioning power), 혹은 중개권력(brokerage power)을 획득하는 것을 의미한다. 국제정치에서 중개자의 역할은 중견국보다는 강대국이 담당해 왔던 것이 사실이나, 강자로서 약자를 중재(mediate)하는 차원을 넘어 네트워크상에서 자신에게 유리한 위치를 차지함으로써 중개권력을 얻는 것이 가능한 것이다. 여기에는 중개의 과정을 통해 정보의 확산에 참여하고 더 나아가 네트워크의 흐름을 통제하려는 의도가 깔려 있다. 중개를 통해 정보의 이득과 사회적 자본을 향상시킬 수 있는 것이다(Sangbae Kim 2014).

둘째, 소집자의 능력은 앞서 언급한 구조적 공백을 메우는 과정에서 혼자가 아닌 주위 세력을 빌려서 '집합권력(collective power)'을 획득하는 중견국 행태에서 비롯된다. 특히 오늘날 중견국 외교에서는 이렇게 세를 모으는 과정에서 하드 파워와 소프트파워를 적절히 섞어서 활용하는 능력이 중요해지고 있다. 마지막으로 설계자의 능력은 네트워크 전체의 판국을 읽고 프레임을 짜는 과정에서 '설계권력(programming power)'을 추구하는 것을 말한다. 사실 전통적으로 제도와 규범의 설계권력은 강대국이 행사해 왔으나, 중견국은 응용적 제도를 설계하거나 기존 제도의 규범적 타당성에 도전하는 방식으로 설계권력을 추구할 수 있게 된다(김상배 2014b). 차후 IV절에서 상세히 서술하겠지만, IMS-GT의 사례에서 싱가포르는 바로 이 세 가지 네트워크 권력을 획득하고자 하였다고 볼 수 있다. 새로운 지역협력프레임을 먼저 제안하여 지역구도를 자신에게 유리하게 설계하고, 그 과정에서 지역 내 존재하던 구조적 공백을 연결하는 중개자의 역할을 하며, 이러한 협력프레임을 주변국이 수용하도록 설득하는 동시에 이를 지역 전체로 확산시켜 대표적인 협력방식으로 만들면서 집합적인 지지를 받을 수 있었던 것이다.

네트워크 이론의 시각은 또한 중견국 외교의 기준이 될 새로운 '국가이익'의 개념을 제시할 수 있다. 기존 국제정치이론들은 배타적인 현실주의적 국가이익이나 상호협력을 강조하는 자유주의적 국가이익, 혹은 관념적으로 구성되는 국가이익에 대해 다루어 왔다. 그러나 이러한 연구들은 모두 노드 행위자에 고착된 이익론이라는 한계를 보였다. 그러한 의미에서 네트워크 이론은 '열린 국가이익'을 추구하는 네트워크 국가이익을 다음의 세 가지 측면에서 제공해 준다.

첫째, 열린 국가이익은 하드 파워(hard power)에만 기반을 둔 것이 아니라 지식, 외교와 같은 비물질적 소프트파워(soft power)를 활용하여 좀 더 '부드럽게' 국가이익을 추구하는 것을 의미한다. 이는 하드파워와 소프트파워를 적절히 혼용하여 스마트 파워(smart power)

의 방법을 채택하는 것으로 비단 중견국에만 해당되는 전략은 아니지만, 일정한 수준의 하드 파워를 갖추었으나 강대국에 비해 여전히 부족한 자원을 극복하기 위해 소프트파워의 활용에 큰 관심을 보인다는 점에서 중견국 외교의 특성으로 볼 수 있다. 특히 싱가포르의 경우 1970-80년대 발전국가 모델을 통해 경제성장을 이룬 뒤 경제적 하드 파워를 바탕으로 1990년대부터 소프트파워 전략을 동시에 추구하는 대표적인 스마트 파워 추구의 외교 전략을 보여왔다. 둘째, 열린 국가 이익은 기본적으로 일방적 추구를 넘어 상대국가와 공유할 수 있는 상호이익을 의미한다. 싱가포르는 중계무역 및 금융인프라를 통해야만 생존을 도모할 수 있는 독특한 국가속성을 지니고 있기 때문에, 본질적으로 지역 및 글로벌 차원에서 이러한 상호이익을 추구하는 국가로 볼 수 있다. 마지막으로 열린 국가이익이란 규범적이고 도덕적으로 타당한 국가이익을 추구하는 것을 의미한다. 이해관계를 초월한 보편적 규범에 부합하는 방식으로 국가이익을 설정해야 한다는 것이다. 북유럽 국가들의 '규범 외교'가 이러한 범주에 해당된다(김상배 2014b).

이렇듯 네트워크 이론은 관계적 맥락에서 보는 구조적 위치론과 새로운 국가이익의 개념을 제공하며 제3세대 중견국론을 이론적으로 풍부하게 하는 역할을 하고 있다. 따라서 다음 III절에서는 싱가포르가 도시국가로서 지니는 자신의 특수한 한계를 극복하기 위해 국가 영역을 네트워크화하여 중개자 및 담론적 리더로서의 역할을 담당하고자 한 네트워크 전략에 대해 사회-네트워크 이론의 개념을 통하여 살펴볼 것이다.

III. 싱가포르의 네트워크 외교 전략

1. 구조적 취약성과 네트워크 전략

싱가포르는 말레이반도 끝부분에 위치한 섬나라로 총 면적이 710km²
이며 인구가 약 550만 명인 도시국가이다. 동남아시아 남부 중앙에
위치한 도시국가이자 동남아 경제의 선두주자로서 싱가포르의 위치
는 매우 독특하다고 볼 수 있다. 역사적으로 싱가포르는 1819년부터
1959년까지 140여 년 동안 영국의 식민 지배를 받았으며, 1963년 독
립 이후 약 2년간 말레이시아 연방에 포함되었다가 인종적인 갈등을
계기로 1965년에 말레이 연방으로부터 다시 분리 독립하여 현재의 모
습을 띠게 되었다. 당시로서는 인구 200만 명도 안 되는 소국으로서
자신의 물질적 한계와 안보적 취약성을 민감하게 인식한 싱가포르는
총방위전략(Total Defence Strategy)을 채택하여 국가 영토의 전반적
인 방위 및 유사 시 전 국가적 전시태세를 강조하는 모습을 보였다. 대
외적으로 총방위전략은 1950-60년대 공산권의 위협에 대비하여 형성
되었는데, 특히 1959년 이후 장기집권을 하며 싱가포르를 이끌어 온
리콴유(李光耀)의 인민행동당(People's Action Party: PAP)은 1950-60
년대에 친공산주의권 파벌과 경합을 벌이며 반공산주의적 기치를 강
력히 내세웠다. 당시 싱가포르는 말레이시아 내의 말라야 공산당이 폭
동(riot)을 일으키거나, 소련의 지원을 받은 베트남이 태국을 공격하
여 싱가포르까지 넘어올 가능성 등 공산권 진영에 의한 군사적 공격을
경계하고 있었다(Huxley 2007).

　　그러나 싱가포르의 실제적 위협인식은 공산권의 위협보다도 인
접한 두 강대국인 인도네시아와 말레이시아로부터 오는 위협이 큰 부

분을 차지하였다. 서론에서 언급하였듯이 인도네시아와 말레이시아는 싱가포르와 민족·종교적 특성이 다르면서도 경제적 지표가 상대적으로 낙후된 인접강대국으로서 싱가포르에게 위협으로 인식되어 왔다. 중국의 지배를 경계하고 있는 말레이계 이슬람국가인 인도네시아와 말레이시아에게 있어, 중국계가 전체의 3/4을 차지하는 싱가포르는 '제3의 중국' 이미지로 인해 줄곧 견제의 대상이 되어 왔던 것이다(변창구 2012). 용수공급과 식량 등 부족한 주요 자원을 양국에 의존해야 하는 싱가포르로서는 더욱 안보적 취약성을 인식할 수밖에 없었다.

특히 1965년 말레이 연방에서 독립한 이래 싱가포르의 방위정책은 대부분 말레이시아를 억지(deterrence)하는 데에 치중되어 있다. 비록 70년대 중반 이후 말레이시아가 싱가포르를 무력으로 재합병할 가능성은 거의 사라졌지만, 1969년 5월에 일어난 인종 폭동 사건[3]은 싱가포르의 경계심을 강화시켰다(연합뉴스 2009.5.12.). 1989년에는 말레이시아 내에서 싱가포르에 군사기밀을 넘긴 것으로 추정되는 9명의 스파이가 체포되는 사건이 일어나기도 하였다(Huxley 2007). 또한 싱가포르와 말레이시아는 1979년부터 2008년까지 페드라 브랑카(싱가포르) 또는 풀라우 바투 푸티(말레이시아) 섬에 대한 영유권 분쟁[4]을 겪은 바 있다. 2008년 8월 ICJ가 페드라 브랑카는 싱가포르 영토이며, 페드라 브랑카보다 작은 다른 두 개의 섬의 영유권은 말레이시아에 속

3　쿠알라룸푸르에서 당시 총선 결과에 반발한 말레이 다수계 민족이 중국 소수계 민족을 대상으로 폭동을 일으켜 200여 명(추정)을 사망에 이르게 한 사건이다.
4　이 섬은 말레이시아 펭게랑 항구에서 13km, 싱가포르에서 40km 떨어져 있는 산호섬으로, 영국 식민정부가 1840년대 등대를 건설했고 이후 싱가포르가 줄곧 등대관리와 함께 영유권을 행사해 왔다. 그러나 말레이시아는 1979년 조호르 술탄이 1513년부터 섬 영유권을 행사해 왔다는 이유를 들어 영유권 문제를 처음 제기했다. 싱가포르는 분쟁 조정을 위해 국제사법재판소(ICJ) 회부안을 먼저 제안했으며, 말레이시아 마하티르 총리도 이에 동의하였다(조선일보 2003.1.13. 이광회).

한다고 판결을 내리며 양국간 영토분쟁은 끝을 맺었으나, 말레이시아의 영토적 침범에 대한 싱가포르의 위협인식은 여전히 강하게 남아 있다(뉴시스 2008. 5. 23. 유세진).

이와 같이 안보적 위협을 받고 있던 싱가포르는 경제발전을 국가생존과도 직결시킬 정도로 중요하게 인식하게 되었다. 그러나 싱가포르는 경제발전의 측면에서도 구조적인 취약성을 지니고 있었다. 1965년에 정치·인종적 갈등을 계기로 말레이연합으로부터 독립하여 도시국가로 남게 된 싱가포르는 이전까지 보유하고 있던 말레이시아라는 거대한 내수 시장을 잃게 되었다. 또한 당시 인도네시아에는 사회주의 정권인 수카르노 정부가 집권해 있었기 때문에 인도네시아 시장 또한 접근이 불가능했다. 싱가포르는 도시국가라는 특수성으로 인해 내수시장만으로 발전을 도모할 수 없는 한계가 있었으며, 여기에 더하여 경제개발에 필요한 노동력 부족 및 부존자원과 토지의 부족으로 인하여 위기에 봉착해 있었다. 게다가 당시 싱가포르는 제조업 기반과 국내자본이 거의 형성되어 있지 않았다. 경제적 측면의 한계는 이미 고도의 경제성장을 이룩한 1980년대 이후에도 다시 모습을 드러냈다. 1980년대에 싱가포르는 국가주도의 강력한 경제발전전략을 통해 동남아 경제의 선두주자가 되었지만, 국내 임금 인상에 따른 산업생산성 저하의 문제로 인해 사실상 성장의 포화상태에 이르러 있었다. 싱가포르의 좁은 영토와 값비싼 노동력은 주변 개도국들에 비해 경쟁력을 잃기 시작했던 것이다.

싱가포르는 이처럼 부존자원 부족과 이로 인한 경제성장의 한계 및 인접 강대국으로부터의 위협 등 도시국가로서 지니는 특수한 구조적 취약성에 직면해 있었으며, 이를 극복하기 위하여 나름의 생존전략을 도모할 필요가 있었다. 특히 독립 이후 싱가포르가 가장 염려하고 있었던 점은 혼자의 힘만으로는 자신이 처한 독특한 환경을 극복할 수 없다는 점에 있었던 것으로 보인다. 따라서 싱가포르는 정치·경제적으로 국가 영역을 확장하여 지역 및 글로벌 체제와 자신을 연결시키는 네트워크 전략을 통해 자신의 한계를 넘어서고자 하였다. 싱가포르는 개별적인 행동보다는 다자적 구도를 만들고자 노력하였으며, 그러한 다자 구도 하에서 새로운 아이디어를 제공하고 행위자 간 연결을 매개하는 역할을 수행함으로써 자신이 보유한 자원을 넘어서는 권력을 추구하려는 모습을 보였다.

싱가포르의 이러한 네트워크 전략은 특정 영역에 국한된 것이 아니라 전반적인 대외전략에 반영된 것이었다. 물론 싱가포르가 1980-90년대에 들어 예외주의 담론을 만들고 새로운 지역협력 프레임을 제안하는 등 소프트파워 전략을 추구할 수 있었던 것은 1970-80년대에 이룬 경제성장을 바탕으로 했기에 가능했다는 지적은 타당하다. 그러나 싱가포르는 하드 파워 전략인 경제성장을 추구하는 과정에서도 마찬가지로 세계경제에 자신을 연결시키는 네트워크 전략을 활용하는 모습을 보였다. 보유 자원이 부족한 작은 국가 싱가포르가 1980년대에 괄목할 만한 경제성장을 이룰 수 있었던 것은 '국제화 전략'이라는 독특한 기조 하에 국제무역의 중계자 역할(intermediary role)을 담당하는 한편, 자신을 지역 무역·비즈니스·금융의 허브에 위치시킴으로써 가능했던 것이다. 이러한 방식으로 경제발전에 성공하여 하드파워를 보유하게 된 싱가포르는, 이를 바탕으로 1980년대 말부터 아시아적 경제발전모델의 표준을 제시하고 다자협력의 새로운 아이디어를 제공하는 등의 소프트파워 전략을 펼칠 수 있게 되었다. 이 글의 주요 사례인 IMS-GT 또한 이러한 맥락에서 추진된 것이었다.

결국 싱가포르의 대외전략은 도시국가로서의 독특한 정체성이 지역을 매개로 한 생존전략과 결부되면서 형성된 네트워크 전략이었다고 볼 수 있다. 싱가포르는 이러한 전략을 통하여 성장의 구조적 한계를 극복하고 경제적 파워를 획득할 수 있었으며, 또다시 이를 토대로 담론설계 및 다자외교 전략을 펼침으로써 국제무대에서의 위상을 제고하게 되었던 것이다.

2. 경제성장과 국제화 전략

싱가포르가 1980년대에 성공적으로 경제성장을 이룰 수 있었던 데에는 상술한 바와 같은 구조적 취약성의 인식에서 비롯된 '생존 이데올로기(survival ideology)'가 큰 역할을 하였다. 상대적으로 넓은 영토와 풍부한 자원을 지닌 주변강대국들에 둘러싸인 싱가포르로서는 경제발전이 국가생존과도 직결되는 문제였던 것이다. 무엇보다도 집권당인 리콴유의 인민행동당(PAP)이 1959년 이후 장기집권을 하면서 인프라 구축이나 투자유인을 안정적으로 수행했다는 점이 경제발전에 크게 기여했다(Chan 1976; Lee 1986). 인민행동당은 실용적 조합주의(pragmatic corporatism)란 이름하에 권위주의 레짐을 형성하여 국가주도의 산업발달계획을 추진하였고, 이 과정에서 생존 이데올로기에 따른 자발적 희생과 공산주의의 위협에 대한 연대가 동원되었다.

　　특히 주목할 만한 점은 인민행동당이 독자적인 경제성장이 아니라 국내기업들을 국제화하고 다국적기업들을 적극적으로 유치하는 '국제화 전략'을 취하였다는 것이다. 1항에서 언급하였듯이 1965년 독립 이후 싱가포르는 말레이시아라는 내수 시장을 잃었을 뿐만 아니라, 말레이시아와의 관계가 나빠지고 인도네시아에는 수카르노의 사회주의 정권이 들어서 있었기 때문에 이웃 국가들에게 경제성장에 필요한 시장과 원료를 의존할 수 없었다. 따라서 제조업 기반과 국내자본이 거의 없던 싱가포르 정부는 기본적으로 외국인투자를 유치하여 경제성장을 도모하는 전략을 추진해 왔으며, 현재까지도 싱가포르 경제구조상 외국 투자기업은 매우 중요한 역할을 하고 있다. 이제 다국적기업 투자유치의 대명사가 되어 있는 싱가포르 경제개발청(Economic Development Board: EDB) 관료들은 정부유관기업(government-linked corporations: GLCs)과 외국계 다국적기업(multinational companies: MNCs)들이 국제화 전략을 추구할 수 있도록 강력한 지원정책을 펼쳤다. 여기에는 영국 보호령 시기에 만들어진 물류와 금융 인프라의 허브 위치도 어느 정도 영향을 주었다(KOTRA 해외비즈니스정보).

그 결과 싱가포르 내에는 현재 7,000여 개의 다국적 기업이 진출해 있으며 그중 60% 이상이 지역본부 역할을 수행하고 있다(주싱가포르 대한민국대사관). 1970년대 이전까지의 투자유치는 주로 미국 기업들을 대상으로 이루어졌으며, 1970년대부터는 자본집약 산업에 중점을 둔 투자유치로 전환하여 더욱 높은 수준의 기술, 자본집약산업을 유치하기 위해 많은 투자 촉진조치가 추가로 시행되었다. 이 시기 싱가포르는 주요 전자제품 및 부품의 생산기지로 등장했으며 석유화학단지, 정밀 엔지니어링 등도 발달하였다. 1980년대 이후부터 현재까지는 고부가가치를 창출하는 고도 기술산업 유치단계에 이르러 있다(KOTRA 해외비즈니스정보).

싱가포르는 이러한 생산과 유통의 국제화전략을 통하여 1980-90년대에 괄목할 만한 경제성장을 이루어낼 수 있었다. 이를 바탕으로 싱가포르는 1980년대 말부터 무역중계자의 역할을 넘어 아시아의 무역, 금융, 정보를 통제하는 지역 경제 중심지(regional economic centre)로서 리더십을 발휘하고자 하는 전략을 펼치기 시작했다. 동남아 화교와의 네트워크 구축, 해외투자 확대, 다국적 기업의 장기투자 유도 등을 통해 협소한 국내시장 및 취약한 제조업 기반을 극복하고 단순 중계무역을 탈피하여 고부가가치산업 위주의 고도화 전략을 추진한 것이다. 이후 싱가포르는 급속한 경제성장을 이루어내면서 자신의 이미지를 점차 '국제 도시(global city)'에서 '지역 비즈니스의 허브(hub)'로, 그리고 '지역 정보·기술·금융의 허브'로 발전시키고자 하였다(Shannon Smith 1997).

　현재 싱가포르는 세계에서 비즈니스를 위한 항공, 해상, 물류, 통신 등으로 가장 잘 연결된 국가 중 하나이며 주요 항로의 전략적인 위치에 있고 우수한 시설을 갖추고 있다. 싱가포르의 중계 무역업과 정유시설, 금융시장은 전 세계에서도 3, 4위를 다투는 거대 규모를 가지고 있다(Toh Mun Heng 2006). 싱가포르 항만공사(PSA Corporation)는 123개국 600개 항만을 연결하는 200여 개의 해운회사(shipping line)를 보유하고 있는 가장 바쁜 컨테이너 중 하나이며, 자유무역항인 싱가포르항은 아시아, 유럽, 미주를 연결하는 중심항로에 위치해 국제간 무역의 중간지점으로서 세계에서 가장 분주하고 번화한 항만이고, 이러한 지리상의 이점으로 전 세계 600여 개의 선사가 싱가포르를 중심으로 800개의 항과 연결되어 있다. 또한 싱가포르항은 선적 톤수로 보아도 세계에서 가장 분주한 항만으로, 이곳에는 항상 800척의 선박이 정박하고 있고, 1년 중 총 컨테이너 처리량이 홍콩항과 함께 1,700만 TEU를 상회한다. 한편 창이국제공항(Changi International Airport)은 57개국 182개 도시를 연결해 매주 4,000여 회 이상의 승객 및 화물을 운송하고 있다(KOTRA 해외비즈니스정보).

　또한 싱가포르는 무역과 금융산업뿐만 아니라 관광산업 진흥에 있어서도 많은 노력을 기울여 왔다. 싱가포르 정부는 1960-90년의 30년간 관광산업 인프라 구축에 노력했으나 자원부족과 영토부족으로 큰 성과를 보지 못하였다. 그러나 1990년대에 초국경 관광산업(regional tourism)[5]이 트렌드화되면서 이를 바탕으로 한 "지역화정책(imperative to 'go regional')"을 추진함에 따라 관광산업이 활성화되기시작하였다. 싱가포르 관광위원회(STB)는 1996년부터 'Tourism 21'정책을 통해 싱가포르의 관광지역 개념을 확장하고, 공항 허브, 컨벤션센터, 예술·오락 수도, 크루즈 센터 등의 사업을 통해 초국경관광산업의 중심지가 되고자 하는 계획을 세웠다. 부족한 관광자원을 주변지역으로의 확장을 통해 해결하고 대신 교통 및 관광산업 개발의 인프라를 제공하는 이른바 '빌려온 매력'[6] 전략을 펼친 것이다(Chang 2004; Humphries *et al.* 1995). 초국경관광산업은 IMS-GT의 프레임과 연결되면서 1990년대 후반에 상당한 경제적 효과를 나타냈으며, 현재까지도 IMS-GT의 주요 사업 중 하나로서 계속 발전하고 있다.

　이처럼 싱가포르는 경제성장을 국가생존의 문제와 직결시켜 국가차원의 강력한 경제성장 정책을 도모하였다. 특히 그 과정에서 도시국가로서 자신의 내수적 한계를 역이용하여 세계시장을 연결하는 중심에 자신을 위치시키는 국제화 전략을 추진함으로써 오히려 강력한 경제적 파워를 획득할 수 있었다. 세계경제 구조의 흐름을 파악하고 지리적 이점을 바탕으로 자신을 통과하지 않으면 유통이 어려워지는 구조를 만들어냄으로써 지역경제네트워크의 중심으로 발돋움할 수 있었던 것이다.

5　국가들이 국경을 넘어서 정책 계획, 프로젝트성 개발, 관광 마케팅 등을 함께 하고자 하는 방식을 가리킨다.

6　일본의 경관 전략 shakkei에서 따온 것이다(Chang 2004).

3. 담론설계와 다자주의 전략

싱가포르는 독립 이후 이러한 역사적 과정, 특히 경제성장의 과정을 거치면서 역사적·문화적·경제적 가치가 혼합된 독특한 형태의 '예외주의(exceptionalism)' 및 '아시아적 가치(Asian values)'의 담론을 형성하게 된다. 독립시기에 나타난 생존 이데올로기를 바탕으로 성공적인 경제성장을 이룩하면서 역사적, 문화적으로 자신을 주변의 개도국과 구별짓는 예외주의가 배태된 것이다. 이렇게 형성된 싱가포르의 예외주의는, 탈냉전 이후 공산권이 무너지고 서구 승리주의(Western triumphalism)의 분위기 속에서 비서구권 국가들에게 서구식 자유민주주의적 가치가 강요되면서 서구권과 충돌하기 시작하였다. 1993년 UN 세계인권회의 사례나 1994년 미국 청소년 마이클 페이(Michael Fay)의 체벌 사례(Caning Affair), 그리고 1997년 금융위기 극복 사례 등은 싱가포르와 미국정부(주로 클린턴 정부)의 관계를 악화시키는 동시에, 반서구적 담론문화의 주창자로서 싱가포르의 '담론적 리더십(discursive leadership)'을 확인시키는 계기가 되었다(Chong 2004).

사실 '아시아적 가치,' 혹은 '아시아적 민주주의' 등의 개념은 비단 싱가포르만이 아니라 동아시아 국가의 엘리트들이 시민의 자유나 인권 문제를 비판하는 서구 세계를 향한 방어적 기제로서 1980년대에 암묵적인 합의를 이루고 있던 개념이었다. '아시아적 가치' 담론은 특히 동아시아의 경제개발 모델과 밀접하게 관련되어 있었다. '아시아적'이란 정치적 다원성보다는 안정적이고 강력한 리더십을 원하며, 권위 존중과 사회적 화합을 대항보다 합의를 강조하는 문화를 가리킨다. 이는 곧 경제적 번영을 위해 강력한 정부개입을 옹호하는 태도를 뜻한다. 또한 '아시아적'이란 개인적인 이익보다 공동체적 번영을 더 앞세우는 문화를 지칭하기도 하였다.

동아시아 국가엘리트들의 모든 사상이 곧 '아시아적 가치'로 환원될 수는 없지만 대부분의 국가들이 자신만의 독특한 국가정체성을 확보하고자 하였으며, 특히 싱가포르의 리콴유 전 총리와 말레이시아의 마하티르 전 수상은 명시적으로 '아시아적 가치'를 수호하고자 노력한 바 있다. 비록 각국의 사정상, 마하티르는 말레이민족의 '동양적 직업윤리'를 강조하고 리콴유는 기술관료 양성을 위한 '학문과 교육에 대한 존중'을 강조하였다는 차이는 존재하지만, 서구적 자유민주주의가 아시아적 문화와 양립할 수 없는 지점을 지적하고 자신만의 길을 찾고자 했다는 점에서 보편성이 나타난다(Khoo 1999; Fareed Zakaria 1994 재인용). 특히 두 국가를 비롯하여 대만, 한국, 태국, 버마 등의 국가들이 1980년대에 권위주의 정권에 대한 저항을 겪고 있던 시점에서 '아시아적 민주주의'는 일종의 도피처가 되어주었다.

그러나 1997년 외환위기 이후 동아시아 국가들의 '아시아적 가치'에 대한 일종의 합의는 무너지게 되며, 이후 싱가포르와 말레이시아 사이에는 '아시아적 가치'의 국제적 인정에 대한 사상적 리더십 경쟁이 나타나게 되었다(Khoo 1999). 싱가포르 정치구조 하에서 이러한 '아시아적 가치'를 통한 담론적 리더십의 추구는 매우 중요한 위치를 차지하여 왔다. 싱가포르 역대 총리들 및 정치·경제 엘리트들은 공식성명과 인터뷰 등을 통해 싱가포르의 연성권력 및 아이디어 차원에서의 리더십을 지속적으로 강조하고 있으며, 이는 국내정치 차원에서도 중요하게 작용한다. 또한 싱가포르 국민들은 자국을 다른 아세안 국가와 동떨어진 예외적 특성을 지닌 국가로서 인식하는 성향이 강하게 나타난다(Thompson 2006).

흥미로운 점은 싱가포르가 이와 같은 예외주의적 리더십을 표방하는 동시에 '지역화 전략(regionalization drive)'을 통하여 예외주의와 반대되는 연대주의의 정책 또한 펼쳐왔다는 것이다. 1981년 당시 싱가포르 외무장관이던 다나발란(Suppiah Dhanabalan)은 싱가포르 외교기조에 대하여, 우호관계를 원하는 모든 국가와 우호관계를 수립하며, 이데올로기에 관계없이 상호 이익이 되면 교역을 하고, 강대국들의 정치외교적 블록화에 비동맹노선을 견지하며, 아세안 회원국들과 밀접한 관계를 유지하는 것이라고 정리하였다. 이러한 싱가포르의 실용주의적 외교노선은 우선 인접국가와의 우호관계, 나아가서 아세안에 대한 헌신, 그리고 UN과 같은 국제기구에의 지지 및 활동으로 정리될 수 있다(변창구 2012). 특히 싱가포르가 외교 전략에서 우선적으로 중요하게 생각한 것은 인접한 양 강대국인 인도네시아와 말레이시아와의 우호적인 관계를 유지하는 것이었다(우양호·김상구 2014). 따라서 싱가포르는 1967년 말레이시아, 인도네시아 등 5개국과 함께 아세안(ASEAN)을 창설한 이래로 양국과의 선린우호관계를 공고히 하고 아세안을 통해 우호적 관계를 유지하는 정책을 계속 펼쳐 왔다.

일례로 싱가포르는 말라카해협의 해로안전을 포함한 해양안보를 위하여 연안3국간(싱가포르-인도네시아-말레이시아)의 협력외교를 적극적으로 추진하여 왔는데, 이는 교통, 금융 및 물류의 중심지로서 해로의 확보가 필수적인 이익이기 때문이다. 연안3국은 1971년 해상사고 방지에 합의하는 '3국 공동성명'을 발표한 이래 지속적인 협력을 해 왔으며, 2007년에는 '말라카-싱가포르 해협 협력체(Cooperative Mechanism on safety of navigation and Environmental Protection in the Straits of Malacca and Singapore)'를 출범시키기도 하였다(유현석, 강지연 2011). 이 글의 IV절에서 다루고자 하는 IMS-GT 사례도 이러한 지역화 전략의 일환으로 볼 수 있다. 본래 싱가포르는 양국과의 양자협정을 통하여 충분히 경제적 이익을 도모할 수 있었음에도 굳이 3자간의 국지적 지역통합을 목표로 하는 소지역협력(성장삼각지대)의 프레임을 양국에 제안하였다. 그로 인해 비공식적으로만 존재하던 3국간 다자협력의 틀이 공고해지며 상호 우호관계가 강화되어 안보적 위협은 줄어드는 결과가 나타났다(이에 대해서는 추후 IV, V절에서 더 상세히 서술할 것이다). 따라서 몇몇 싱가포르 국민들은 IMS-GT를 국가 지역화 전략의 '추진대(launching pad)'로 인식하기도 하였다(Anne Marie Humphries *et al.* 1995).

위 두 사례에서 볼 수 있듯이, 싱가포르의 지역화 전략은 자신이 먼저 나서서 지역 차원의 협력프레임을 제공하고 이를 설득하여 함께 추진함으로써 자신의 생존에 필수적인 지역안정화를 도모하는 방식으로 이루어졌다. 이렇게 우선 인접한 지역 구도를 안정화시킨 싱가포르는 다시 아세안의 차원, 그리고 더 나아가 세계정치의 차원에서 다자주의의 전략을 추구하는 모습을 보였다. 우선 지역다자협력체로서 아세안은 소국으로서의 한계를 지닌 싱가포르가 자신의 약점을 극복할 수 있는 외교적 장으로서 이용되어 왔다. 개별적 역량으로 해결하기 어려운 문제를 아세안의 집단권력을 통해 해결하려는 전략을 펼쳐온 것이다. 이러한 관점에서 싱가포르는 2007년 아세안 창립 40주년에 의장국을 수임하며 아세안 헌장(ASEAN Charter)을 채택하는 데 앞장서 동남아 통합에 선도적인 역할을 하였으며, 동아시아공동체가 형성되기 이전에 아세안 공동체(2015년 완성 예정)가 먼저 성립되어야 한다고 지속적으로 주장해 왔다(변창구 2012: 8).

이처럼 아세안을 통한 지역협력에 이바지해온 싱가포르는, 더 나아가 UN을 비롯하여 ARF, APEC, ASEM(Asia-Europe Meeting) 등의 다자외교무대에서 적극적인 역할을 수행하려는 모습을 보였다. 싱가포르는 UN 내에서 평화유지, 환경, 지속가능한 발전, 해양법 등의 주요 국제이슈에 대하여 동류국가(like-minded countries)들을 형성하여 담론적 리더십을 보여왔으며, APEC과 ASEF(Asia Europe Foundation)의 사무국을 자국에 유치하는 데 성공하였다. 다자무대에서 자신의 물질적 능력을 뛰어넘는 외교적 역량을 발휘해온 것이다. 특히 ASEM(Asia-Europe Meeting)을 최초로 제안하고, AMED(Asia-Middle East Dialogue)를 제안하여 창설을 주도하는 등의 모습은 다자협력의 씽크탱크(Think Tank)로서 싱가포르의 역량을 잘 보여준다.

이와 같이 싱가포르는 경제성장을 토대로 하여, 지역 내에서 새로운 담론을 창출하고 다자협력의 새로운 아이디어를 제공하는 소프트파워 전략을 펼쳐 왔다. 자신의 특수한 경험을 바탕으로 주변 저발전국가와 자신을 구별짓고자 하는 동시에 지역협력에 대한 아이디어를 주도적으로 설계하여 제공함으로써 담론적 리더의 위치에 서게 된 것이다. 또한 싱가포르는 지역적 연대 및 다자외교를 추구하는 과정에서 집합적인 권력을 형성하여 혼자 힘으로는 얻을 수 없는 영향력을 획득하게 되었다.

지금까지의 논의에서 보았듯이 싱가포르는 독립 이후 도시국가가 되면서 직면하였던 특수한 구조적 취약성을, 다자 속에 자신을 위치시키고 그 안에서 중심이 되고자 하는 네트워크 전략을 통하여 극복하고자 하였다. 그 과정에서 싱가포르는 자신의 물질적 한계를 넘어선 권력을 획득할 수 있었던 것이다. 이제 다음 IV절과 V절에서는 이러한 싱가포르의 네트워크 외교 전략이 반영된 사례로서 IMS-GT를 집중 분석하고자 한다.

IV. 싱가포르의 IMS-GT 소지역 협력 전략

서론에서도 언급하였듯이 IMS-GT에 대한 기존문헌들은 대부분 3국 간의 경제적 상호보완관계의 측면에서 이 사례를 분석하고 있다. 사실 IMS-GT가 비교적 쉽게 3국 간 합의를 이끌어낼 수 있었던 데에 이러한 경제적 논리가 중요하게 작용한 것은 분명하다. 그러나 기존문헌들이 간과하고 있는 것은, 만일 싱가포르가 이러한 소지역 초국경분업의 새로운 협력방식을 고안하여 제안하지 않았더라도 IMS-GT가 존재했을까 하는 점이다. 경제적 상호보완성이 존재한다는 것만으로는 기존에 존재하지 않았던 이런 특수한 형태의 협력방식이 나타난 이유를 충분히 밝힐 수 없을 뿐만 아니라, 서로간에 경제적 보완관계가 거의 존재하지 않는 인도네시아와 말레이시아가 왜 이런 3자 간 구도를 굳이 선택했는지에 대해서는 더더욱 설명해주지 못한다. 따라서 본 연구에서는 기존에 존재하지 않았던 새로운 지역협력의 프레임을 제공함으로써 자국에게 유리한 지역구도를 만들어 나가는 싱가포르의 지역화전략의 일환으로서 IMS-GT 사례를 분석하여 이러한 질문들에 대한 답을 찾고자 한다. 특히 이번 장에서는 앞서 II절에서 서술한 소셜-네트워크 이론의 개념을 이용하여 싱가포르가 IMS-GT를 통해 어떠한 정치외교적 이익을 획득하고자 했는가에 대해 살펴볼 것이다.

1. 새로운 협력프레임(소지역협력)의 제안

IMS-GT는 1989년 싱가포르의 고촉동 전 부총리에 의해 제안되어 1990년대 초부터 추진된 싱가포르, 말레이시아, 인도네시아 3국간 지역개발프로그램이다. 1990년에 싱가포르와 인도네시아 리아우의 공

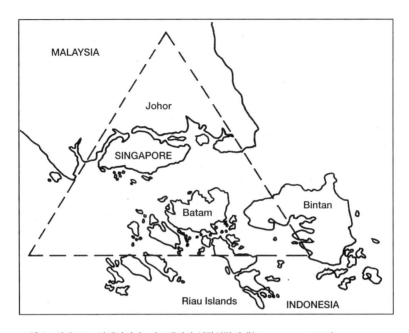

그림 1. 싱가포르-말레이시아-인도네시아 성장삼각지대(Henderson 2001)

동 발전협정이 우선적으로 체결된 뒤, 1991년에는 말레이시아 조호르
지역과의 수자원 공동개발에 대한 합의가 이루어졌다. 이후 1994년
에 이르러 싱가포르, 말레이시아, 인도네시아 중앙정치권이 성장삼각
지대 결성에 대해 정식으로 조인식을 가지고 공식합의를 하였다(우양
호·김상구 2014). 추진 초기에는 싱가포르와 인도네시아의 리아우제
도, 그리고 말레이시아의 조호르주의 세 소지역 간 경제협력을 중심으
로 시작하여 싱가포르-조호르-리아우 성장삼각지대(SIJORI Grown
Triangle)로 불리었으나, 시간이 지나면서 점차 협력지역의 범위를 넓
혀 감에 따라 현재는 싱가포르-말레이시아-인도네시아 성장삼각지
대(IMS-GT)로 통용되고 있다.

　　IMS-GT는 앞서 언급한 바 있듯이 싱가포르가 자국이 소유하고

표 1. 3국의 주요 경제지표

	인구(백만 명)	면적(km²)	GDP (US $billion)	GNI per capita (Current US$)
싱가포르	5.4	700	297.9	54,040
말레이시아	29.72	328,550	313.2	10,430
인도네시아	249.9	1,811,570	868.3	3,580

출처: 세계은행 2013년 통계자료

있는 풍부한 자원과 사회간접자본을 제공하고, 말레이시아는 저임의 노동력을 제공하며, 인도네시아는 천연자원과 저임의 노동력 및 토지를 제공하여 외국인 투자자에게 양호한 투자환경을 제공할 목적으로 시작된 초국경분업의 사례이다. 다음 〈표 2〉와 〈그림 2〉에서 볼 수 있듯이 생산기획과 관리를 싱가포르가 담당하고, 반숙련 공업부품 생산은 말레이시아(조호르)가, 최저 단순노동 가공공정은 인도네시아(리아우)가 담당하는 수직적 삼각분업의 형태인 것이다(송은희 1996).

　　1980년대에 싱가포르는 급속한 경제성장과 더불어 임금 인상이 발생하여 산업생산성이 저하되었기 때문에 말레이시아 조호르 지역과 인도네시아 리아우 제도(바탐 섬)의 저임금 노동력을 필요로 하게 되었다. 1989년 이후 미국이 싱가포르를 더 이상 개도국(developing countries)이 아니라고 분류하여 무역특권을 제거한 것도 여기에 기여했다. 조호르와 바탐 섬은 여전히 개도국으로서 관세 혜택을 받고 있었기 때문이다. 또한 조호르와 리아우 지역의 수자원(water) 및 토지를 이용하고자 하는 목적도 있었다. 싱가포르 정부는 고비용 지출로 인해 외국계 다국적기업들이 발을 빼는(footloose) 상황을 막기 위해 생산기지를 주변국으로 이전하고 교통과 서비스의 허브로서 이익을 얻고자 한 것이다(Toh Mun Heng 2006). 인도네시아 정부는 리아우 제도의 바탐 섬을 물류 기지와 산업수출가공지대로 발전시켜 투자

표 2. 1989년 IMS-GT의 토지, 노동 비용 비교(단위: US$)

	Batam	Johor	Singapore
토지(Land, per sq.m.)	2.30	4.08	4.24
미숙련노동(Unskilled labour, per month)	90	150	350
반숙련노동(Semi-skilled labour, per month)	140	220	420
숙련노동(Skilled labour, per month)	200	400	600

출처: Shannon Smith 1997

Singapore
- 자본(capital)
- 숙련노동(skilled labour)
- 선진기술(advanced technology)
- 세계시장 접근성(access to world markets)
- 선진 물류인프라(advanced physical infrastructures)
- 선진 상업인프라(advanced commercial infrastructure)

Growth Triagle

Indonesia
- 미숙련 노동(unsilled labour)
- 기초기술(basic technology)
- 천연자원(natural resources)
- 미개발 토지(undeveloped land)

Malaysia
- 토지(land)
- 천연자원(natural resources)
- 반숙련기술(semi-skilled labour)
- 중견기술(intermediate technology)
- 기본 인프라(basic infrastructure)

출처: Matthew Sparke *et al.* 2004

그림 2. IMS-GT의 분업형태

를 유치하고자 했으나 이를 위해서는 싱가포르와의 협력이 필요했다. 낙후된 지역 개발을 위해 싱가포르로부터의 자본투자 및 대도시 파급효과(metropolitan spillover effect)가 필요했던 것이다(Chia Siow Yue 1997). 이러한 사정은 말레이시아도 마찬가지였다.

싱가포르는 이처럼 경제협력과 지역개발을 연계시키는 새로운 형태의 협력프레임을 고안하여 제공함으로써 수직적 삼각분업의 중심위치에 서게 되었다. 물론 이러한 전략이 가능했던 것은 싱가포르가 성

공적인 경제성장을 바탕으로 경제적 우위를 보유한 데에서 기인한 부
분도 있지만, 국가규모나 부존자원 등 물질권력(resource power)이
압도적으로 부족한 싱가포르가 3국 관계에서 리더십을 발휘할 수 있
었던 이유는 자신을 유리한 위치에 배치시킬 수 있는 프레임을 구성하
고 이를 주변국에 설득하여 끌어들이는 외교 전략이 있었기 때문이다.
성장삼각지대라는 용어 자체가 1980년대 고촉동 전 부총리(당시)에
의해 고안된 것이라는 점은 이러한 시각을 뒷받침해 준다.

　　성장삼각지대는 비공식적 경제통합의 기제로서 참가국 간 경제발
전단계의 차이를 적극 활용하여 경제적 상호보완성을 확보하자는 아
이디어에서 출발하였다. 이와 같은 협력의 형태는 인접성(proximity)
과 경제적 상호보완성을 이용하여 거래비용을 줄이고 생산사이클의
빠른 변화에 잘 적응할 수 있게 한다. 또한 국가 간 경제발전단계의
상이성을 이용하여 경직된 노동시장 대신 자본의 흐름이 중심(core)
에서 주변부(periphery)로 흐르게 되며 외부자본도 중심국가를 거쳐
주변국가로 흐르기 때문에 중심국가가 매개자 역할(intermediation
role)을 할 수 있게 되는 것이다(Chia Siow Yue 1997). 성장삼각지대는
또한 아세안이 통합에 관한 다양한 공식적인 협정을 맺는 데 성공했
음에도 불구하고 실질적인 경제통합의 진전이 잘 이루어지지 않는 상
황에서, 전 세계적으로 EU와 NAFTA 등 지역적 무역블록과 보호주의
경향이 나타남에 따라 소지역 차원에서라도 이에 대응하고자 하는 대
안모색에서 비롯된 것이기도 하다. 1980년대에 논쟁이 많았던 아세안
자유무역지대(AFTA)에 대한 대안적 아세안 경제협력의 기제로서 고
안된 것이다. IMS-GT는 아세안 국가 전체의 참여를 상정하지 않았으
며, 내용 면에서도 시장통합보다는 자원 사용(resource pooling)과 투
자협력에 중점을 두고 있었기 때문에 FTA보다 선호되었다(Chia Siow

Yue 1997).

성장삼각지대에서 추구하는 것은 상품, 서비스, 노동의 자유로
운 이동과 정부정책의 규제와 인센티브의 조화라고 할 수 있으며 사
실상 정부에 의해 주도되어 왔다. 정부의 지원은 IMS-GT 추진과정에
서 매우 중요하게 작용했으며 이는 강력한 국가중심의 하향식 거버넌
스를 나타내고 있다(우양호·김상구 2014). 싱가포르 정부는 국영기업
들(Government Link Companies: GLCs)을 통해 이 지역의 거의 모든
경제활동에 개입하고 있으며, 이들에게 바탐섬 공업용지에 투자하도
록 정책적으로 장려하였다. 또한 1998년 '지역화 2000 계획(Region-
alisation 2000)'을 발표하여 조호르 지역에서 말레이시아 산업진흥청
(MIDA)과의 공식적 연계를 강화하며, 국제화 촉진정책으로 해외시장
에 대한 다양한 지원제도(저리융자, 사절단 파견 및 인력연수 지원 등)
를 도입하였고, 싱가포르-말레이시아 간 출입국 절차를 획기적으로
간소화하는 "스마트 카드(Smart Card)" 입국심사를 허용하기도 하였
다. 2010년 이후부터 조호르 역외투자개발 총괄기구인 이스칸다지역
개발청(Iskandar region Development Authorit: IRDA)에는 싱가포르
총리와 조호르 주지사가 공동 의장직을 맡고 싱가포르 정부와 말레이
시아 연방정부, 주정부 사이에 긴밀한 정책 및 행정적 협조를 도모하
고 있다.

싱가포르는 이와 같이 이전에 존재하지 않았던 새로운 경제협력
프레임을 디자인하고 아이디어를 제공하는 동시에 국가 차원에서 적
극적으로 이를 진행함으로써 지역 경제협력을 주도할 수 있게 되었다.
사실 싱가포르와 인도네시아, 그리고 싱가포르와 말레이시아 사이에
는 IMS-GT 이전부터 이미 지역적 경제 협력이 이루어지고 있었다. 이
지역은 식민지시대 이전 조호르-리아우 제국(Johor-Riau Empire) 시

기에 하나의 협력단위로서 존재했던 역사도 있으며, 프랑스 전자회사인 Thomson S.A.와 일본의 종합상사인 Sumitomo Corporation 등이 이미 70년대부터 싱가포르와 리아우 제도, 조호르 지역의 지역네트워크를 이용하기도 하였다(Shannon Smith 1997). 말레이시아와 싱가포르 간에는 오랫동안 밀접한 정치경제적 밀월관계가 존재하였으며, 말레이시아는 지속적으로 식수 및 산업용수를 공급해 왔다. 또한 싱가포르-말레이시아-인도네시아 간에는 매일 수십만의 사람들이 자유로이 국경을 넘어 출퇴근하며 자연스러운 지역성을 형성한 바 있다. 그러나 이렇게 비공식적으로 존재하던 양자관계 혹은 지역관계를 가시적인 협정으로 묶어서 3자화하는 노력이 필요했던 이유는 주변국에 대한 안보 위협 및 성장둔화의 우려를 해소하기 위한 싱가포르의 지역화 전략에서 기인하였다. 즉, 싱가포르는 독자적 생존의 단계를 넘어 국가의 경계를 네트워크화하여 확장시키는 지역화 전략을 펼치게 된 것이며, 이러한 전략의 초석으로서 시도된 것이 바로 소지역협력이라는 새로운 협력프레임으로서의 IMS-GT 사례인 것이다.

2. 3국 관계 재구성 및 자국중심성 확보

주목할 만한 점은 IMS-GT의 진행과정에서 싱가포르-조호르(말레이시아), 싱가포르-리아우 간의 협력은 매우 빠른 속도로 발전하였지만, 조호르와 리아우 간의 연결고리는 상대적으로 약하게 남아있다는 점이다. 다진 펑(Dajin Peng 2002)은 이 지역이 경제적으로 상당한 성공을 거두었음에도 그 관계가 다자적 통합보다는 양자적 관계가 중첩되어 나타났다는 점을 지적하고 있다. 이는 성장삼각지대를 구상하고 제안한 싱가포르가 양국 사이에서 허브 역할을 담당함에 따라 양국 간의 새로운 링크가 생기는 것에 대한 저항이 생겼을 가능성이 있음을 시사한다. 싱가포르가 애초에 말레이시아와 인도네시아 사이에 연결을 차단하고자 하는 의도가 있었던 것은 아니지만, 양국과의 양자관계에서 경제적·담론적 우위를 바탕으로 끊임없이 자신의 중심적 위치를 강조하는 싱가포르의 전략으로 인해 양국 간의 링크가 기능적으로 차단되어 기형적 삼각관계가 형성되었을 가능성이 있다는 것이다.

그러나 여기에는 싱가포르의 전략적 요소보다는 오히려 역사적·환경적 요소가 더 크게 작용한 것으로 보인다. 성장삼각지대 형성 이전부터 말레이시아는 싱가포르에 독점적인 용수공급권을 갖고 있었고, 산업화의 경험이 풍부하였으며 산업단지 개발도 전국적으로 전개되고 있던 상황이었다. 게다가 말레이시아는 입헌군주제 국가로서 주지사와 주정부가 국방 및 외교를 제외한 분야에서 상당한 실권을 행사할 수 있는 구조이다. 반면 인도네시아는 도서지역이 많은 농업국으로서 대규모 산업단지개발 경험이 많지 않았고, 강력한 대통령제 공화정으로 인해 지방의 자치권과 재량권이 적었다. 인도네시아에 대한 외국기업의 진출에도 규제가 많아서 개발방식의 주도권을 싱가포르 정치권에 불가피하게 넘겨줄 수밖에 없었다. 인도네시아와 말레이시아 간의 역사적 경쟁관계 또한 양국 간의 협력 공백에 기여하였다. 양국은 같은 말레이계 민족으로 비슷한 문화와 종교, 언어를 공유하며, 스리위자야(Srivijaya) 등 숱한 왕국들의 동일한 통치영향권 하에 있었던 역사가 존재한다. 그러나 현재 말레이시아는 동남아에서 싱가포르 다음으로 많은 경제발전을 이룬 나라로, 1인당 GDP도 1만 달러가 넘어 인도네시아와 3배가량 차이가 난다. 말레이시아는 인도네시아와 주변 이주노동자를 200만 명 이상 받아들이고 있으며, 이들 중 절반 이상이 인도네시아 이주노동자이다. 이들은 주로 말레이시아의 플랜테이션

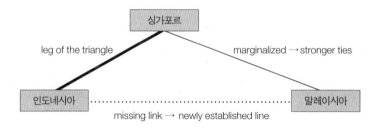

그림 3. IMS-GT의 기형적 삼각관계

에서 일하거나 가정부로 취직한다. 이로 인해 인도네시아는 말레이시아에 부러움과 열등감을 동시에 가지고 있으며, 간혹 영토나 전통문화 등의 문제에서 감정적 대립이 나타나기도 한다(우양호·김상구 2014). 더욱이 양국은 경제발전단계가 비슷하여 경제협력의 비교우위가 명확하게 드러나지 않기 때문에 상호보완의 관계라기보다는 오히려 경쟁적 관계에 놓여 있다고 할 수 있다.

이러한 정치적, 환경적 요인에 따라 IMS-GT의 국가 간 네트워크는 당초 계획과 달리 위 〈그림 3〉과 같은 기형적 삼각관계를 나타내게 되었다. 싱가포르-인도네시아는 양자협정을 먼저 체결하며 이후로도 강한 정치경제적 협력을 통해 성장삼각지대의 지지대와 같은 역할을 담당하고 있다. 양국간의 관계는 주로 공식적인 협정을 기반으로 이루어져 왔다. 인도네시아는 초기부터 말레이시아에 비해 리아우 제도 개발에 있어 IMS-GT가 효과적임을 확신하며 긍정적인 태도를 보였다. 1990년 수하르토 대통령과 리콴유 총리는 이후 양국 협력의 바탕이 될 '리아우 협정(Riau Agreement)'을 체결했으며, 이를 통하여 리아우는 1990년대에 급격히 성장하여 투자요구액 11조 원이 넘는 다수의 프로젝트들을 가동한 바 있다. 경제적 이익은 싱가포르 40%, 인도네시아 60%의 원칙으로 배분하는 것으로 합의되었는데, 이렇게 발생한 이익을 바탕으로 싱가포르와 인도네시아의 정치·경제 엘리트 간에 강력한 연계가 형성되게 되었다. 수하르토와 리콴유 사이의 관계도 강화되었으며, 이는 싱가포르-인도네시아 관계에서 경제뿐 아니라 안보, 군사 영역으로까지 확대되었다(Shannon Smith 1997). 인도네시아 내부에 IMS-GT에 대한 회의론도 존재하지만, 정치지도자들은 공식적인 자리에서 지속적으로 강한 지지를 표명하고 있다.

반면 싱가포르-말레이시아 간의 협력은 비공식적 합의에 의해 이루어지는 경우가 많다. 따라서 IMS-GT에서 말레이시아는 상대적으로 주변화되었다는 분석이 존재한다. 그러나 사실 싱가포르와 말레이시아 간에는 IMS-GT 이전에 이미 더 깊은 정치경제적 연계관계가 자연스럽게 형성되어 있었다. 싱가포르는 1980년대 초부터 조호르 지역에 부족한 항만시설이나 공항시설을 보완해 주었으며, 통관수속, 제품 일시보관, 보험 등 국제무역에 필요한 기능을 대행하는 역할을 했다. 또한 기본적으로 말레이시아는 싱가포르를 경유하여 원재료나 부품을 수입하고, 가공제품은 다시 싱가포르를 통해 수출하는 시장유통구조를 가지고 있었다. 말레이시아는 주요 수출품인 고무, 주석, 팜유(palm oil) 등을 중계무역항 싱가포르를 통해 세계시장에 수출하고 싱가포르는 중계무역용 상품 공급의 배후지로서 말레이시아를 이용함으로써 상호보완관계가 성립하였던 것이다. 지금도 생산현장은 조호르 지역에 위치하지만 기업관리 및 유통판매부문, 연구개발, 서비스 기능은 모두 싱가포르에 위치해 있다(우양호·김상구 2014). 오히려 최근에는 싱가포르 기업들이 인도네시아 바탐보다 말레이시아 조호르에 더 투자를 증가시키는 현상이 나타나고 있다. 말레이시아에 대한 일본기업들의 투자가 줄어들면서 싱가포르 기업들이 그 자리를 대체하게 되었지만, 인도네시아의 경우 같은 상황임에도 분권화 개혁으로(decentralization reforms) 인한 노동불안정과 관료기능 약화를 원인으로 투자유인이 줄어든 것이다. 이는 특히 전자제품 부문에서 두드러진다 (Leo van Grunsven *et al.* 2014).

이처럼 싱가포르는 기존에 존재하던 양자적 경제관계를 3자화하여 자국의 이익을 최대화하면서도 그 안에서 중심 위치를 고수하며 지역리더로서 자리매김하려는 모습을 보였다. 결국 IMS-GT 내의 관계구조가 기형적 삼각형을 나타내고 있는 것은, 인도네시아와 말레이시아 간의 경쟁 관계 및 싱가포르의 중심성 고수 전략으로 인한 '연결 차단'의 효과 때문이라고 볼 수도 있지만, 달리 보면 오히려 기존에 존재하기 힘들었던 인도네시아와 말레이시아 사이의 협력관계를 싱가포르가 나서서 점선의 형태나마 새로운 링크로 연결하여 양자관계의 평행이 아닌 3자로서 하나의 지역성을 나타내게 된 것이라고 해석할 수도 있다. 인접국 간 갈등의 역사가 존재함에도 불구하고 경제적인 윈윈전략을 제시하여 협력관계를 공고화(lock-in)함으로써 지역성과 상호의존성을 드러낸 것이다. 즉, 싱가포르가 전략적으로 들어가지 않았다면 연결되지 않고 남아있었을 인도네시아와 말레이시아 간의 구조적 공백을 3자적 프레임을 통해 연결함으로써 기존의 지역 네트워크 구조를 탈바꿈한 결과가 현재 IMS-GT의 기형적 네트워크 형태라고 볼 수 있는 것이다.

인도네시아와 말레이시아 내부에는 IMS-GT에 대한 비판의 목소리가 존재하기도 한다. 소지역협력의 경제적 효과가 싱가포르에게만 비대칭적으로 더 큰 이익을 주고 있다는 지적이다. 이들은 자칫 싱가포르 경제에 인도네시아와 말레이시아가 종속될 가능성은 없는지에 대해서도 우려하고 있다. 조호르에서는 지가 상승의 모든 원인이 싱가포르에 있으며, 바탐에서도 싱가포르의 인도네시아 영토에 대한 영향력에 대해 분개하는 분위기가 전반적이다. 여기에는 싱가포르의 기술집약적 산업진출을 기대했으나 노동집약적 산업만 집중적으로 이전되었다는 불만의 목소리도 있다(Katharine Woodward 1997). 사실 IMS-GT로 인해 지역개발이 이루어진 것은 맞지만, 주로 제조업 분야의 투자가 이루어졌으며 제조품은 다시 싱가포르로 넘어가는 구조여서 주민들이 직접적인 경제적 혜택을 본 부분은 많지 않다. 빈탄 섬의 고급리조트 빌리지는 현지 주민들에게는 접근하기 어려운 '동떨어진 (apart)' 곳이다. 현지 주민들은 오히려 저렴한 관광비로 도박과 매춘 등 일명 '불법 산업'을 즐기고자 하는 노동계급(working class) 관광객들을 통해서 수익을 올리고 있다. 게다가 인도네시아 내부적으로도 바탐과 빈탄 사이에는 경쟁의식이 존재한다. 바탐이 싱가포르와 더 가깝기 때문에 IMS-GT로 인한 경제적 효과를 더 크게 보고 있다고 주민들이 인식하고 있기 때문이다. 특히 1997년 경제위기 이후 싱가포르와 양국간의 화폐 가치가 큰 격차를 보임에 따라 IMS-GT 상에서 언제나 우위에 서 있던 싱가포르의 입지는 더욱 공고화되었다. 경제위기 이후 불법이민자들이 리아우 제도를 통해 싱가포르로 유입됨에 따라 인도네시아에서 싱가포르로의 통로는 엄격히 통제된 반면 싱가포르에서 인도네시아로의 입·출입 자유는 오히려 강화되었다. 따라서 IMS-GT의 통합은 실상 거의 싱가포르인과 싱가포르 자본의 일방적인 흐름을 나타내고 있는 것이다(Ford and Lyons 2006).

그럼에도 불구하고 IMS-GT는 매년 꾸준히 발전하고 있으며 인도네시아와 말레이시아의 지도층은 이에 대한 공식적인 지지를 지속적으로 보내고 있다. 조호르와 리아우 두 지역은 모두 싱가포르의 국제적 인프라와 다국적 글로벌 기업의 유치에 지역경제를 전적으로 의존하고 있어, 이들이 어느 날 갑자기 철수를 한다면 하루아침에 동시적 위기에 봉착할 가능성도 있다. 결국 싱가포르는 지역 내 경직된 환경적 요소에서 기인한 관계의 공백을 파악하고 이를 전략적으로 연결함으로써 자신의 매개중심성을 공고히 하고, 이러한 중개권력을 바탕으로 경제적 이익 또한 도모할 수 있었던 것이다.

3. IMS-GT의 설득과정 및 경제적 효과

성장삼각지대는 국경을 초월하는 소지역적 차원의 협력 메커니즘이기 때문에, 사업을 진행하는 과정에서 기존 국경의 법과 제도에 의해 막혀 있는 장벽을 단계적으로 해소해 나가야 하는 어려움이 존재한다. 그 경우 협력과 경제적 통합의 단계를 모색해 나갈 길은 지도층의 정치적 결단 및 외교적 역량에 의해 판가름된다. 이러한 어려움에도 불구하고 싱가포르의 성장삼각지대에 대한 제안은 즉각적으로 말레이시아와 인도네시아 정치권의 공감을 얻어내는 데 성공하였다(우양호·김상구 2014).

우선 1992년에 3자 성장삼각지대 외국인투자증진 공동위원회가 출범하였으며, 1994년에는 3자협력 양해각서(MOU)가 체결되며 공식적인 합의가 이루어졌다. 이때 결성된 SIJORI(IV절 1항 참조) 성장삼각지대가 주목할 만한 경제적 성과를 보이게 되자 이후 3국은 앞다투어 협력지역을 확장하는 모습을 보였다. 이에 따라 1996년에 열린 수석각료회담에서는 협력지역을 인도네시아 서수마트라(West Sumatra)와 말레이시아 네그리 셈빌란(Negri Sembilan) 및 파항(Pahang) 지역으로 확대하기로 결정하였다. 이후 2006년에는 싱가포르 리센룽 수상과 인도네시아 유도요노 대통령이 인도네시아의 바탐·빈탄·카리문섬에 자유무역지대 기능을 갖는 경제특구를 설치하여 공동개발하기로 합의하였으며, 2007년에는 싱가포르 리센룽 총리와 말레이시아 압둘라 아마드 바다위 총리가 말레이시아 조호르주 경제특구 개발을 위한 양국 합동 장관 위원회를 설치하는 데 합의하기도 하였다(머니투데이 2007.6.16. 김능현).

이처럼 IMS-GT는 국경을 넘어서는 소지역이라는 특수한 형태로 인해 발생할 수 있는 무수한 정치적 걸림돌에도 불구하고 순탄하게 합의되고 확장되는 모습을 보였다. 이는 물론 순수한 경제적 동기가 강하게 작용한 때문으로 볼 수도 있다. 그러나 여기에는 무엇보다도 싱가포르 정부가 보유한 기존의 탄탄한 외교경험과 무수한 정무협상의 실적들이 크게 기여하였다. 싱가포르는 자국으로 물을 공급하는 문제, 육지간척공사, 교량건설, 좁은 해협에서의 해양국경, 말라카 해협에서의 해적대응 및 소탕문제 등에 관하여 말레이시아와 정치적으로 해결을 한 경험이 있었다. 또한 인도네시아와 싱가포르 사이에는 1973년의 바탐섬 북쪽의 해양경계 및 영해 공동순찰 등에 관한 정치적 합의를 성공적으로 마무리한 경험을 가지고 있었으며, 오랜 기간 동안 용수공급을 받는 과정에서 연안지역에서의 정부 간 협상경험과 물리적 이동의 편의성 구축은 이미 많은 진전이 되어 있었다(우양호·김상구 2014).

여기에 더하여 앞서 III절에서 언급하였듯이 싱가포르는 민족성과 역사성을 따지기보다는 오로지 철저하게 자유시장경제(principles for a free market)와 자본의 논리(the logic of capital)에 기초를 둔 실용주의 노선을 펼치고 있다. 따라서 싱가포르가 제안한 지역협력의 프레임은 인도네시아와 말레이시아에게 고도의 외교안보전략으로 인식되지 않고 실용적인 경제중심정책으로 받아들여질 수 있는 배경이 성립되었던 것이다.

이렇게 결성된 IMS-GT는 1990년대에 빠른 성장세를 보였다. 외국인 투자유치는 물론 수출 증가와 산업시설의 증가 등 눈에 띄는 발전의 성과를 보인 것이다. IMS-GT 사업의 구체적 계획은 인도네시아 바탐섬과 말레이시아 조호르주를 일종의 수출자유지역으로 만들어 싱가포르를 비롯한 외국 자본을 유치하자는 것이다. 이에 따라 인도네시아 정부는 바탐섬 주변의 6개 섬을 수출보세 가공구로 지정하였으며 9개의 공업단지를 조성하였다. 다음 〈표 3〉은 1995년 당시 인도네시아와 싱가포르 간에 합의된 공동사업의 종류 및 투자액수를 보여준다. 말레이시아의 조호르 또한 1990년을 기점으로 공단조성작업이 활성화되어 14개의 공업단지가 조성되었으며 1998년에는 21개로 확대되었다.

싱가포르 기업들의 지속적 투자로 인해 1990년대 초반까지만 해도 황량했던 조호르주는 현재 곳곳에 산업공단이 조성되며 글로벌산업 지역으로 변했다. 말레이시아의 조호르주는 1990년대 초반까지만 해도 투자자가 없어 벌판이었지만 지금은 곳곳에 산업단지가 조성되면서 글로벌 공업지역으로 변신하고 있다. 말레이시아 산업진흥청(MIDA)의 조사에 따르면 조호르주의 각 산업공단이 생겨나면서 이곳에는 61개(2009년 기준, 협력업체를 포함하면 113개) 기업이 들어 와있다. 이 중 외국계 기업으로는 싱가포르 기업의 수가 15개로 가장 많다. 모하마드 아리프 말레이시아 산업진흥청 부장은 "싱가포르의 기술력과 금융인프라를 적극적으로 유치한 덕에 조호르에는 다른 국가의 기업도 몰려들어 글로벌 산업지역으로 성장하고 있다."라고 말하기도 했다. 현재 이곳에는 싱가포르뿐 아니라 일본과 유럽, 미국 등 전 세계 기업들이 몰려들고 있다. 한국 철강업체인 고려제강의 와이어 제조공장인 '키스와이어'도 1989년부터 조호르주의 파시르구당 지역의 산업

표 3. 인도네시아-싱가포르 합작사업

사업 (Project)	투자액수 (U.S.$ million)
빈탄해변 국제리조트 (Bintan Beach Intl. Resort)	2000
카리문 해양산업기술단지 (Karimun Marine Complex)	1000
빈탄 식수사업 (Bintan Water Project)	950
카리문 산업단지 (Karimun Industrial Estate)	600
빈탄 산업단지 (Bintan Industrial Estate)	350
바탐 산업단지 (Batam Industrial Village)	350
바탐 경영단지 (Batam Executive Village)	60

출처: Anne Marie Humphries et al. 1995

표 4. IMS-GT 3국에 대한 FDI (1995-2005년 누적) (US$ million)

투자국 수혜국	미국	일본	네덜란드	독일	싱가포르	말레이시아	인도네시아
싱가포르	27,559	12,202	16,275	14	–	4,046	3,388
말레이시아	12,229	6087	1,303	3,909	7,623	–	293
인도네시아	676	386	3,616	495	954	976	–

출처: 아세안사무국 2006년 통계자료

표 5. 말레이시아 조호르 주의 분야별 연간성장률 (2007-2010) (%)

분야	2007	2008	2009	2010
농업, 임업 및 어업	8.9	8.8	9.2	11.1
광석 및 광물	0.1	0.1	0.1	0.1
제조업	37.4	40.7	39.5	31.5
건축업	2.9	2.9	3.1	3.3
서비스업	48.1	47.4	48.0	52.1
연간성장률	6.1	6.7	5.2	7.3

출처: Johor State Investment Center

단지에 진출해 있다(조선일보 2010.2. 이석우).

위 〈표 5〉에는 2007년부터 2010년 사이에 말레이시아 조호르주
의 분야별 연간성장률이 나타나 있다. 조호르주에는 2000년대 초까지
네덜란드, 독일, 스페인, 미국, 일본 등의 산업분야 투자가 대중을 이
루었으나, 2000년대 중반부터는 중동 및 이슬람국가를 중심으로 부동
산 투자 움직임이 확대되고 있다. 인도네시아의 리아우제도 역시 싱가
포르와의 공동개발로 성장하기 시작하여 빈탄섬(Bintan Island)은 대
규모 리조트단지로 개발되고, 바탐섬(Batam Island)에는 바탐인도공
업단지가 들어서 경제발전 효과를 누리고 있다. 1998년경 빈탄섬에는
29개 이상의 다국적 기업들이(Sumitomo Metal, German Plastic, Fos-
ter, Hong Guan 등) 들어가 있었다. 바탐섬의 수출은 1989년의 4,045
만 달러에서 1994년에는 1억 4,230만 달러로 증가했으며, 노동인구
는 1989년 만 명 미만에서 1996년에는 12만 명이 넘는 등 매우 큰 성
장률을 보였다(Shannon Smith 1997). 특히 바탐과 빈탄 섬은 가장 큰
관광 프로젝트인 빈탄 해변 국제리조트(Bintan Beach International
Resort: BBIR)가 완성된 곳으로, 이곳의 사업은 싱가포르 기업 및 싱
가포르 소재 인도네시아 기업들의 합작회사인 빈탄 리조트사(Bintan
Resort Corporation)에 의해 진행되었다. 당 리조트는 23,000 헥타르
의 토지와 35억 달러의 총투자액 보유하고 있으며, 총 관광객 수는
1995년 3만 명에서 2000년 100만 명이 넘는 수로 증가하였다. 이와
같은 괄목할 만한 경제적 성공은 이후 IMS-GT의 소지역협력 프레임
이 아세안 국가들에게 전파되는 바탕이 되었다.

지금까지 싱가포르가 새로운 지역협력 프레임인 IMS-GT를 설계
하고 주변국에게 제안 및 설득시키는 과정을 살펴보았다. 우선 싱가포
르는 자신의 경제적 우위를 활용할 수 있는 초국경분업형태의 새로운

협력프레임을 제공함으로써 지역협력의 구도를 자국에게 유리하도록 설계할 수 있었다. 또한 그러한 프레임을 구성하는 과정에서 지역 강대국 간에 존재하던 구조적 공백을 연결하고 둘 사이에서 중개자의 역할을 담당함에 따라 매개중심성을 획득하게 되었다. 마지막으로 싱가포르는 이렇게 구성한 프레임을 인도네시아와 말레이시아가 수용할 수 있도록 풍부한 외교력을 바탕으로 설득하는 과정을 거쳐, 개별국가 차원이 아닌 지역적 단위를 통한 경제정책 추진이 가능하도록 하였다. 도시국가로서의 한계를 극복하기 위한 싱가포르의 개별 국가 전략이 지역화 전략이라는 네트워크 전략의 형태를 띠게 됨에 따라 지역 전체의 협력과 연계되고, 더 나아가 지역의 관계구도를 변화시키는 현상이 나타났던 것이다. 이러한 전략을 추진하는 과정에서 싱가포르는 자연스럽게 설계자, 중개자, 그리고 소집자로서의 네트워크 권력(2항 참조)을 획득할 수 있었다.

V. IMS-GT와 아세안 경제협력

1. 소지역협력 프레임의 확산

1990년대 초에 IMS-GT가 출범한 후 싱가포르 정부는 소지역협력의 강점에 대하여 아세안 국가들에게 적극 호소하기 시작하였다. 이는 90년대 초에 냉전이 종식되며 유럽의 경제통합이 강화되는 추세에서, IMS-GT의 사례가 상술한 바와 같이 성공적인 경제성장을 이루게 됨에 따라 아세안 지도자들에게 긍정적으로 수용되었다. 1992년 제4차 아세안 정상회의에서는 아세안 국가들에게 성장삼각지대를 형성할 것을 강력히

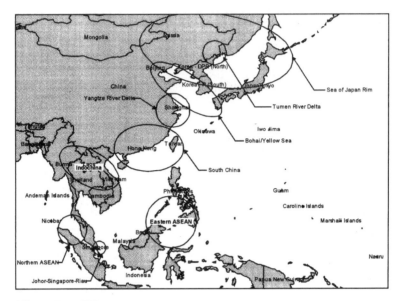

출처: Dajin Peng 2002

그림 4. 동아시아의 소지역협력 양상

권고(mandate)하는 조항[7]이 포함되었으며, 2002년 제35차 아세안 장관회담 공동성명[8]에서도 소지역협력의 중요성이 재차 강조되었다. 결국 소지역협력은 빠르게 확산되면서 아세안 내에서 가장 중요하고 빈번하게 사용되는 협력의 형태로 자리 잡게 되었으며, 〈그림 4〉에서 확인할

7   1992년 싱가포르 선언 제5항(경제협력 관련) 내용 중 "…아세안은 회원국 양자·다자간 및 비회원국과의 소지역적 협정이 전체 아세안 경제협력에 이바지할 수 있다는 것을 인정한다…." (출처: 아세안 홈페이지)

8   제25항: 아세안은 전체적인 지역발전에 있어 소지역 성장지대의 중요성을 인정한다. 아세안은 브루나이-인도네시아-말레이시아-필리핀 협력이나 동아세안 성장지대, 인도네시아-말레이시아-태국 성장삼각지대, 싱가포르-조호르-리아우 성장삼각지대, 아세안 메콩강유역 개발협력, 동서 코리도와 캄보디아-라오스-베트남 성장삼각지대 등의 아세안 내 소지역협력에 대하여, 사적 부문 및 아시아개발은행의 적극적인 참여를 환영한다(아세안 홈페이지).

수 있듯이 이는 동아시아 지역 전체로 확장되는 모습을 보였다.

현재 아세안 내에는 IMS-GT를 필두로 하여, 북아세안 성장삼각지대(말레이시아 북부-인도네시아 북수마트라-남부 태국), 동아세안 성장삼각지대(필리핀 민다나오 '술루, 팔라완-브루나이-말레이시아 사바, 사라와크, 라부안), 대메콩강 개발협력(캄보디아-라오스-베트남-미얀마-태국-중국 등) 등 다양한 소지역협력들이 중첩적으로 진행되고 있다. 또한 소지역협력의 기제는 아세안을 넘어 동아시아 지역 전체에서 나타나고 있는데, 여기에는 대중국 소지역협력(Greater China Subregional Economic Zones-이하 SREZ로 표기), 남중국 소지역협력(South China SREZ), 양쯔강 삼각주 소지역협력(The Yangze River Delta SREZ), 환일본해권 소지역협력(The Sea of Japan Rim SREZ), 두만강 삼각주 소지역협력(Tumen River Delta SREZ) 등 다양한 사례가 포함된다.

이 중에서도 특히 동남아시아의 대메콩강유역 개발협력(The Greater Mekong Sub-region economic cooperation program: GMS)은 1992년 아시아개발은행(ADB)의 권유로 시작된 것으로, 현재 아세안이 공식적인 차원에서 강력하게 지지하고 있는 사업으로서 주목을 받고 있다. 아세안 사무국은 1996년 GMS를 아세안 메콩강유역 개발협력(ASEAN Mekong Basing Development Cooperation: AMBDC)으로 전환하여 2015년에 완성될 예정인 아세안 경제공동체 구축을 위한 사업의 일부로 공식 지정하였다(아세안 홈페이지).

메콩강 개발계획은 다섯 개의 삼각협력지대로 구성되어 있다. 우선 남부지역에는 캄보디아-라오스-베트남 '삼각개발지대(CLV-DTA)'와 캄보디아-라오스-태국의 '에메랄드 삼각지대(Emerald Triangle)'가 형성되어 있다. 북부지역에는 라오스-미얀마-태국 간의 '황금삼각지대(Golden Triangle)'가 있다. 이 지역은 예전 마약밀매로 악명이 높았으나 현재 가장 유명한 관광지 중 하나가 되었다. 북부의 또 다른 협력지대로는 중국-라오스-미얀마 간의 '녹색삼각지대(Green Triangle)'가 있다. 마지막으로 중국-라오스-베트남 간의 '남북경제코리도(North-South Economic Corridor: NSEC)'가 존재하나 이 지역의 경제협력은 아직 크게 활성화되어 있지 않다(Ishida 2012).

메콩강 개발계획에서 주목할 만한 점은 국가주도형 디자인으로 진행되었던 IMS-GT 사례와 달리 아시아개발은행과 아세안 사무국 등의 비국가행위자들이 계획 형성과 추진과정에 적극적으로 참여해 왔다는 점이다. 또 다른 특이점은 메콩강 개발계획이 아세안 회원국들뿐만 아니라 중국을 중요한 행위자로 포함하고 있다는 것이다. 실제로 AMBDC의 가장 대표적인 프로젝트 중 하나는 싱가포르-쿤밍 철도연결사업(Singapore-Kunming Rail Link: SKRL)이다(아세안 홈페이지). SKRL은 메콩강 유역에서 하천보유국(riparian state)과 그렇지 않은 국가들 사이의 대안적 교통수단을 구축하기 위한 사업으로, 완성될 경우 범아시아 철도 네트워크를 형성하여 동아시아 경제의 중심으로 부상한 중국과 아세안과의 경제적 연계를 더욱 강화할 수 있을 것으로 예상된다.

이처럼 싱가포르는 자국 생존전략의 일환이었던 IMS-GT의 소지역협력 프레임을 성공적으로 추진하였으며 여기에서 그치지 않고 지역 전체의 차원으로 이러한 프레임을 확산시키고자 하였다. 이는 자국의 이익을 도모하는 지역전략을 공고히 하기 위하여 비슷한 전략의 이점을 취할 수 있는 주변국가들을 지속적으로 끌어들임으로써 지역협력 프레임에 대한 일종의 표준을 세워 집합권력을 추구하고자 하는 전략으로 해석할 수 있다. 싱가포르 정부는 이에 더하여 주변 경제 후진

국들이 개발의 사다리(ladder of development)를 오르는 데 도움을 주
는 국제적 선의(goodwill)를 보임으로써 이미지 쇄신도 가능하다고
보았다(T. C. Chang 2004). 결국 싱가포르 정부가 새로운 초국경협력
의 아이디어를 제공하고 아세안 국가들이 여기에 적극 참여함으로써
기존 국경(national border) 중심의 국가 연합이었던 아세안의 풍토는
새로운 국경 간(cross-border) 교류와 지방화(localization)의 방향으
로 전환되는 모습을 보이게 되었다(우양호·김상구 2014).

2. IMS-GT와 아세안 경제협력

성장삼각지대는 원래 아세안의 부분적 지역통합을 정치적 목적으로
하였으나, 실질적으로는 공업의 발전단계가 상이한 초국경 지역의 수
직적 지역분업에 의해 통합이 이루어지는 양상을 보였다. 이는 경제통
합 촉진의 수단은 될 수 있지만 현재로서는 초국경 단일투자지대 정
도로 이해될 수 있다(Humphries et al. 1995). IMS-GT 또한 세 지역의
경제통합(공동시장, FTA 등)을 목표로 한 것이라기보다는 연계된 경제
성장의 가능성을 인식하고 개발협력을 시도하고자 한 사례이다. 그러
나 성장삼각지대는 역외 지역경제협력체에 대응하는 기제로서 ASE-
AN 차원에서 공식적으로 중요성을 인정받은 바 있다. 특히 ASEAN
국가들이 2015년 말부터 아세안경제공동체를 출범시키기로 합의함에
따라 소지역협력 차원의 개발은 더욱 박차를 가할 것으로 보인다.

  ASEAN 국가들은 지난 2007년 아세안을 하나의 통합 경제권으로
만들자는 원칙에 합의하였으며, 이후 2009년 로드맵을 작성하고 지금
까지 단계별로 관세 철폐 등을 추진해 왔다. 현재 아세안 회원국들 중
싱가포르, 인도네시아, 필리핀, 말레이시아, 태국, 브루나이 등 6개국

은 관세를 대부분 철폐했다. 2015년 말에 아세안경제공동체가 출범하면 ASEAN 10개국이 유럽연합과 같은 단일 경제권이 되는 것이다. 아세안은 제품, 서비스, 투자, 자본 및 고급 인력의 자유로운 이동이라는 5대 원칙을 토대로 총 12개 분야를 완전히 개방할 계획이다. 인구 6억 4천만 명의 거대 시장과 석유 등 자원의 보고가 열리게 됨에 따라 중국, 일본 등 역내 국가들은 앞다투어 대규모 자금 지원을 약속하고 있다. 중국은 아세안의 기간산업 건설을 위해 200억 달러(약 22조 원)의 차관을 제공하겠다고 밝혔으며 해상실크로드 은행 설립을 위해 최소 50억 위안(약 9천억 원)의 자본금을 출자할 계획이다. 일본 또한 아세안 회원국들의 인프라 정비를 위해 5년간 2조 엔(약 20조 원) 규모의 개발원조를 제공하겠다고 밝혔다(한경BUSINESS 2014.12.18. 이장훈). 이러한 추세 하에서 IMS-GT를 비롯한 아세안 내의 다양한 소지역협력들은 그 경제적, 지리적 범위를 확장하며 발전될 가능성이 높다.

사실 경제적 발달단계가 다른 국가들 간에 국제분업을 이루는 이러한 협력방식은 1960-70년대 일본에서부터 시작되어 점차 다른 동아시아 신흥산업국들에게로 전파된 것이었다. 당시 일본 기업들은 노동집약적 사업부터 비교우위가 있는 곳으로 이동시키고 헤드쿼터만 본국에 두어 공동화시킴으로써(hollowing out) 아시아의 공장을 세분화시키는 전략을 취했다. 이후 일본의 'flying geese'형 개발협력을 통해 성장한 한국, 대만, 홍콩, 싱가포르 등의 신흥산업국들이 이러한 협력방식을 그대로 주변국가에 답습하게 되었으며 이를 창의적으로 변형시킨 것이 소지역협력의 프레임이었던 것이다. 동아시아 국가들 간 국제분업의 형태는 자본국에서 고부가가치의 첨단기술이 필요한 부품을 제조한 뒤 노동집약적 공장에 보내서 단순부품을 조립하여 다시 자본국을 포함한 세계시장에 수출하는 '삼각무역(triangle trade)'의 형태를

표 6. 1990-2003년 아세안의 부품 소재 무역 비중(trade in parts and components)

	수출			수입			무역수지 (Trade balance)		
	1992	1996	2003	1992	1996	2003	1992	1996	2003
동아시아	29.3	38.2	39.2	23.8	30.8	37.9	25.9	18.6	3.6
일본	15.2	15.5	11.9	3.5	4.8	4.7	79.2	68.5	60.9
동아시아 개발도상국	14.1	22.7	27.3	20.4	26.0	33.2	-31.2	-15.7	-21.4
중국	0.8	1.7	6.1	2.7	3.0	10.7	-196.6	-77.1	-76.5
홍콩	1.3	0.8	0.2	1.8	1.8	0.5	-25.3	-112.2	-184.5
한국	2.5	3.8	4.4	3.1	3.4	3.6	-9.5	9.8	17.4
대만	3.0	4.5	3.4	3.1	2.9	5.6	5.6	35.4	-65.0
아세안 (AFTA)	6.5	11.8	13.3	9.8	14.9	12.7	-36.9	-27.6	4.4
인도네시아	0.1	0.3	0.4	0.9	0.9	0.3	-721.5	-211.5	25.3
말레이시아	2.2	3.4	3.4	2.8	3.9	3.7	-12.0	-16.0	-9.0
필리핀	0.2	1.2	2.1	0.5	1.5	1.9	-128.2	-29.8	10.3
싱가포르	3.0	5.6	5.7	4.0	6.2	5.0	-22.7	-11.2	13.3
태국	0.9	1.2	1.6	1.7	2.4	1.7	-72.4	-99.0	-6.3
베트남	–	–	0.1	–	0.1	0.1	–	–	0.4

출처: Aekapol Chongvilaivan; UN Comtrade 자료 이용
  a. 무역수지: 수출비율
  b. 이론상 해당연도 수출, 수입 비율은 동일함. 수치상의 미세한 차이는 수입항목은 CIF가격으로 적고, 수입항목은 FOB가격으로 적은 차이와 기록오류에서 비롯된 것으로 보임

띠게 되었다(Baldwin, Richard E. 2008, pp. 454). 이러한 삼각무역의 양상은 '아시아 공장(factory Asia)'으로서 기능하는 동아시아 국가들의 경제성장을 촉진시켰을 뿐만 아니라 역내 국가들 간의 상호의존성을 증대시키는 효과를 낳았다.

특히 주목할 만한 점은 국제분업의 제조형태로 인해 〈표 6〉에서 확인할 수 있듯이 동아시아 국가들 간의 무역에서 완제품이 아닌 부품·소재 무역이 상당한 비중을 차지하고 있으며 이러한 추세는 시간이 지날수록 증가하고 있다는 것이다. 이러한 현상은 〈그림 5〉에서 확인할 수 있듯이 타 지역에 비하여 동아시아 국가들의 역내 무역 비중이 상대

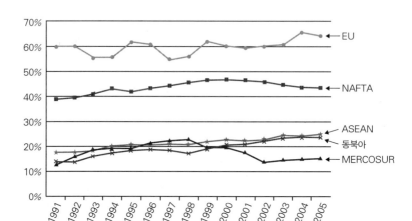

출처: Jong Kun Choi 2013; IMF, Direction of Trade Statistics 참조

그림 5. 1991-2005년도 지역별 역내 무역비중 추이

적으로 큰 폭으로 상승하여 왔다는 특징과 맞물려 동아시아 무역구조
의 상호의존성을 증가시키고 있다. 완제품 하나를 만드는 데 수없이 많
은 부품무역이 요구됨에 따라 이제 자국의 무역안정을 위해서는 동아
시아 전체 국가들의 무역관계 안정화가 필수적인 구조가 된 것이다.

　　동아시아 지역에서 부품·소재 무역이 증가하고 있는 이유는 하나
의 완제품을 제조하기 위한 내부 부품들을 지역 전체에서 분산 제조하
여 한 곳에 모아 조립한 뒤, 다시 외부 지역으로 수출하는 형태의 생산
네트워크가 형성되어 있기 때문이다. 글로벌 삼각무역의 여파로 만들
어진 이러한 생산네트워크의 구도상에서는 지리적으로 떨어져 있는
무수히 많은 제조공정들이 하나의 제품을 구성하기 위하여 서로 긴밀
하게 연결되는 특징을 보인다. 따라서 아무리 사소한 부품이라 할지라
도 생산체인에서 갑자기 빠져나갈 경우 네트워크 전체의 흐름을 끊을
수 있는 위협을 가하게 된다. 이렇게 밀접하게 연결된 네트워크상에서
는 전체 구조를 설계하는 중요한 행위자가 아니더라도 몸집이 작은 행

위자들이 어느 정도의 영향력을 행사할 여지가 생길 수 있는 것이다.

결국 세계시장 차원에서 형성된 삼각무역의 양상이 동아시아 내의 부품·소재 무역이라는 형태로 아세안 차원에서도 나타나고, 이것이 또다시 싱가포르와 인도네시아, 말레이시아 3국간의 소지역협력 프레임워크인 IMS-GT에서 초국경 삼각분업의 형태로 나타남으로써, 세계−아세안−IMS GT를 연결하는 복합적인 삼각분업의 구조가 발현되었다고 볼 수 있다. 싱가포르의 IMS-GT 전략은 이렇듯 전세계적인 삼각무역의 트렌드를 모티브로 하여 이를 소지역 차원의 틀에서 재구성해보고자 하는 시도에서 비롯된 것이었다.

앞서 3항에서는 싱가포르가 국가생존을 도모하기 위하여 예외주의와 더불어 연대주의 전략으로서 '지역화 전략'을 펴고 있으며, 그 지역화 전략의 한 예가 IMS-GT라고 밝힌 바 있다. 싱가포르와 인접국인 인도네시아와 말레이시아와의 관계는 정치경제적 밀월관계에도 불구하고 역사적으로 경직되어 있었으나, 싱가포르가 IMS-GT의 프레임을 제안하고 실현시킴으로써 3국 간의 지역 안정성을 공고히 하는 결과를 낳게 되었다. 실제로 IMS-GT가 결성된 이후 싱가포르와 인도네시아 간에는 강력한 협력관계가 형성되었다. 이는 경제적 영역을 넘어 군사안보적 영역으로까지 확대되었다. 1987년에 인도네시아는 싱가포르에게 군사훈련시설을 제공하기로 합의하고 중앙 수마트라의 시아부(Siabu)에서 공동 항공무기사격훈련장(air weapons range)을 제공하기도 하였다. 싱가포르와 말레이시아와 관계 또한 회복되는 양상을 보이고 있다. 양국 관계는 '가깝고도 먼 나라'로서 용수공급 문제 및 영토분쟁 등으로 소원한 외교적 관계에 놓여있었으나, 경제적 상호보완성을 통한 협력프로젝트를 기반으로 하여 서로간의 상호의존성을 높이고 외교적 관계를 돈독히 할 바탕을 마련할 수 있었다. 이렇게 다자적 포맷 하에서 지역질서를 안정화함으로써 싱가포르는 투자자들을 안심시키고 안정적인 경제발전을 추구할 수 있게 되었던 것이다. 결국 IMS-GT 사례는 단순한 경제적 상호보완의 관계를 넘어 소지역, 지역, 그리고 글로벌 차원에서 싱가포르가 펼쳐 온 전반적인 네트워크 외교 전략의 관점에서 파악해야만 그 의미를 더 충실히 이해할 수 있다고 볼 수 있겠다.

VI. 맺음말

지금까지의 논의에서 살펴보았듯이 IMS-GT 사례는 일견 3국 간의 경제협력 및 국지적 지역통합의 기제 하에 추진되었던 것으로 볼 수도 있지만, 실상 협력이 제기되고(initiated) 진행되는 과정에서 중심에 있었던 것은 역내관계의 새로운 링크를 확보하여 구조적 공백을 메움으로써 지역안정화를 도모하고 자국중심성을 증가시키려던 싱가포르의 외교 전략이었다고 볼 수 있다. 결국 IMS-GT 사례는 소지역협력의 경제적 이득만으로는 설명될 수 없는 복잡한 정치경제적 구조를 형성하고 있는 것이다.

특히 IMS-GT 사례에서 확인할 수 있는 것은 경제력은 높으나 성장잠재력의 한계에 도달했으며 가난한 대국들 사이에서 언제나 불안감을 느끼는 싱가포르가, 양국관계를 돈독히 하는 것을 넘어서 3국 간의 다자적 구조를 만들어 공동운명체를 형성함으로써 위기를 극복하고, 새로운 권력을 취득할 수 있었다는 점이다. 소국인 싱가포르가 담론적 리더십을 발휘하며 수립한 외교 전략으로 인해 싱가포르-말레이시아-인도네시아 3국 간 협력의 구조뿐만 아니라, 아세안 전체 지역

협력의 양상이 바뀌는 모습은 21세기 탈근대 국제정치의 복합구조를 이해하는 데 있어서 큰 시사점을 줄 수 있다.

사실 싱가포르는 매우 특수한 속성을 지니고 있는 국가이다. 영토도 작고 자원과 인력도 부족하지만, 오히려 작다는 이점을 활용하여 일관적이고 강력한 정치적 리더십을 형성함으로써 경제 성장을 이루었다는 점에서 싱가포르는 아세안 차원뿐만 아니라 글로벌 차원에서 경제적 파워로 분류될 수 있다. 그러나 앞서 II절에서 살펴보았듯이 사실 싱가포르의 경제적 능력은 독립적으로 획득한 것이 아니라 중계무역과 국제화전략을 통해 끊임없이 세계시장과 자신을 연결하고자 하는 네트워크 전략을 통해 가능했던 것이다. 특히 중계무역국가로서 지역 안정과 협력은 싱가포르에게 국가 생존과도 결부되는 필수적인 요소라고 볼 수 있다. 이러한 시각에서 본다면 싱가포르는 경제적 파워라기보다는 오히려 톰 플레이트가 비유한 '거대한 하마의 등 위에서 작은 벌레를 잡아먹으며 공생하는 한 마리 새'의 이미지에 더 가까워 보인다(조선일보 2013.3.24. 윤예나). 재미있는 점은 싱가포르의 경우 면밀히 국제정세를 살피고 자신의 생존전략을 도모하기 위하여 언제나 '하마'보다 먼저 움직인다는 것이다. 그것은 하마보다 생존조건이 까다로운 작은 새로서의 자신을 명확히 인식한 싱가포르가 주어진 것 이상의 먹이를 얻기 위해 부단히 노력하는 과정에서 형성된 외교 전략일 것이다.

이렇듯 싱가포르의 외교 전략은 소국(small-sate)으로서 자신의 한계를 극복하기 위해 주변인접국과 아세안 차원, 그리고 더 나아가 글로벌 차원의 협력구조 하에서 끊임없이 다자 속에 자신을 위치시키고 중개자 및 균형자의 역할을 하는 양상을 보였다. 이는 자국의 생존을 도모하기 위해 국제적인 관계구조를 면밀히 파악하고 그 구조망 안에서 자신의 위치를 찾아가는 번역의 과정으로서 이해될 수 있다. 물론 경제적 능력으로 따지면 싱가포르는 아세안 내에서도 상위 5국 안에 드는 강대국으로 분류될 수 있으며, 특히 이웃국가인 인도네시아와 말레이시아와 비교하였을 때 우월한 경제적 능력을 자랑하고 있다. 그러나 싱가포르는 근본적으로 인구부족 및 자원부족으로 인해 경제성장의 포화상태를 넘어설 수 없는 경제구조를 가지고 있다. GDP 규모나 노동인구 규모, 영토 및 자원의 부존량에서 싱가포르는 결코 인접한 양 강대국을 넘어설 수 없는 한계를 지니고 있는 것이다.

싱가포르가 경제적으로 괄목할 만한 성공을 거두었으며 다자외교 무대에서의 역량을 과시해 왔음에도 불구하고, 세계정치 구조상에서 상대적으로 경제적 지표가 낙후된 인도네시아나 말레이시아에게 정치적 중요성에서 밀리고 G20에도 초대받지 못했다는 사실은 소국으로서 싱가포르의 한계를 잘 보여준다. 인종적, 종교적, 그리고 역사적인 갈등요소가 존재하는 양 강대국 사이에 있는 소국에게 경제력이란 권력의 도구도 될 수 있지만 오히려 시기와 고립의 원인이 될 수도 있는 양날의 검인 것이다. 따라서 싱가포르는 경제력이란 자신의 유일한 무기를 효과적으로 사용하기 위하여 힘의 일방적인 투사보다는, 공유된 상호이익을 강조하고 다자적인 프레임 하에서 전체를 엮는 방식으로 자신을 자연스럽게 확장하고자 한 것이다. 이는 앞서 II절에서 언급한 네트워크적인 '열린 이익'을 추구하는 모습이라 할 수 있다.

혹자는 아세안 10개국의 단일체에서 굳이 싱가포르 한 국가만을 따로 떼어내어 중견국이라 명명하는 것에 우려를 표하기도 한다. 그러나 싱가포르와 같이 물질적 자원이 부족한 극소국가가 네트워크 권력을 이용하여 틈새외교를 펼쳐 자신보다 훨씬 몸집이 큰 인접강대국들과 어깨를 나란히 하고 협력을 주도하는 위치에 설 수 있게 된 것은 전형적인 네트워크 중견국전략의 형태를 보여주고 있다. 그런 의미에서 싱가포르의 역사적·지리적 특수성을 십분 고려하더라도 IMS-GT의 사례는 동아시아의 다른 중견국가들에게 좋은 표본을 제공한다. 특히 싱가포르와 유사하게 중국과 일본이라는 지역강대국 사이의 소국으로서 역외행위자인 미국과의 관계도 고려해야 하는 중견국 한국에게 있어, 이러한 싱가포르의 네트워크 전략은 많은 함의를 줄 수 있을 것으로 보인다.

한국은 현재 중국, 러시아, 몽골과 함께 두만강 유역의 소지역을 공동으로 개발하고자 하는 '광역두만계획(Greater Tumen Initiative)'에 참여하고 있으므로, IMS-GT 사례에서 상대적 소국인 싱가포르가 취했던 전략으로부터 배울 수 있는 점이 많다. 한국은 속성론으로 접근하였을 때 싱가포르와 마찬가지로 경제적 능력을 제외하면 역내 약소국에 해당하는 국가로 끊임없이 안보적 위협을 받고 있다. 따라서 한국으로서는 네트워크 게임에서 중요 위치를 선점함으로써 정치적 선도자(entrepreneur)가 되어 새로운 규범을 생성하고 영향력을 행사하게 되었던 싱가포르의 네트워크 번역(translation)의 과정에 주목할 필요가 있다. 이러한 번역의 과정이야말로 제3세대 중견국 외교 전략의 핵심이라고 할 수 있다.

참고문헌

김상배. 2014a. 『아라크네의 국제정치학: 네트워크 세계정치이론의 도전』. 한울아카데미.
_____. 2014b. "중견국 외교안보 전략의 이론." 『네트워크 시대의 외교안보: 중견국의 시각』
    사회평론.
변창구. 2012. "싱가포르의 실용주의적 안보외교." 『대한정치학회보』 20(2), pp.203-221.
송은희. 1996. "아태지역의 성장삼각지대(Growth Triangle): 소지역주의의 전망."
    『국제정치논총』 36(1), pp.105-127
우양호·김상구. 2014. "연안정부간 새로운 월경협력과 파트너십의 형성 – 동남아시아 초국경
    성장삼각지대의 사례." 『한국거버넌스학회보』 21(2), pp.79-100
유현석·강지연. 2011. "말라카해협을 둘러싼 연안삼국의 전략: 약소국 외교정책의
    관점에서." 『동서연구』 23(1), pp.31-63.

Amster, Matthew H. and Johan Lindquist. 2005. "Frontiers, Sovereignty, and Marital
    Tactics: Comparisons from the Borneo Highlands and the Indonesia-Malaysia-
    Singapore Growth Triangle." *The Asia Pacific Journal of Anthropology*, 6(1)(April
    2005), pp.1-17.
Baldwin, Richard E. 2008. "Managing the Noodle Bowl: The Fragility of East Asian
    Regionalism." *The Singapore Economic Review*, 53(3), pp.449-478.
Bowles, Paul. 1997. "ASEAN, AFTA and the New Regionalism." Pacific Affairs,
    70(2)(Summer 1997), pp.219-233.
Chang, T. C. 2004. "Tourism in a 'Borderless' World: The Singapore Experience." *Asia
    Pacific Issues Analysis from the East-West Center* No.73 (May 2004).
Choi, Jong Kun. 2013. "Bolstering Economic Interdependence despite Bullying Memories
    in Northeast Asia." In T. J. Pempel (ed.), *The Economy-Security Nexus in Northeast
    Asia*, pp.89-109. Routledge.
Chong, Alan. 2004. "Singaporean foreign policy and the Asian Values Debate, 1992-2000:
    reflections on an experiment in soft power." *The Pacific Review*, 17(1), pp.95-133.
Dahles, Heidi. 2002. "Transborder Business: The Capital Input in Singapore Enterprises
    Venturing into ASEAN and Beyond." *SOJOURN,* 17(2), pp.249-73.
Das, Sanchita Basu *et al.*(eds.). 2013. "The ASEAN Economic Community." Asian
    Development Bank and Institute of Southeast Asian Studies Singapore, ch.6.
Debrah, Yaw A., Ian McGovern and Pawan Budhwar. 2000. "Complementarity or
    competition: The development of human resources in a South-East Asian Growth
    Triangle: Indonesia, Malaysia and Singapore." *The International Journal of
    Human Resource Management,* 11(2), pp.314-335.
Ford, M. and Lenore T. Lyons. 2006. "The Borders Within: Mobility and Enclosure in the

Riau Islands." *Asia Pacific Viewpoint*, 27(2), pp.257-271.

Grundy-Warr, Carl, Karen Peachey and Martin Perry. 1999. "Fragmented Integration in the Singapore-Indonesian Border Zone: Southeast Asia's 'Growth Triangle' Against the Global Economy." *International Journal of Urban and Regional Research*, 23(2), pp.304-328.

Grunsven, Leo van and Francis Hutchinson. 2014. "Years on: The Electronics Sector in the SIJORI 'Growth Triangle'." Singapore's Institute of Southeast Asian Studies, ISSN 2335-6677.

Hafner-Burton, Emilie M. *et al*. 2009. "Network Analysis for International Relations." *International Organization*, 63(Summer 2009), pp.559-592.

Henderson, Joan C. 2001. "Regionalisation and Tourism: The Indonesia-Malaysia-Singapore Growth Triangle." *Current Issues in Tourism*, 4(2-4), pp.78-93.

Heng, Toh Mun. 2006. "Development in the Indonesia-Malaysia-Singapore Growth Triangle." East Asian Bureau of Economic Research.

Humphries, Anne Marie *et al*. 1995. "Growth Triangles of South East Asia." East Asia Analytical Unit, ISBN 0 642 23571 6.

Huxley, Tim. 2007. "Singapore and Malaysia: A Precarious balance." *The Pacific Review*, 4(3), pp.204-213.

Ishida, Masami. 2012. "Development of Five Triangle Areas in the Greater Mekong Subregion." In *Five Triangle Areas in The Greater Mekong Subregion*. Mashami Ishi (ed.). BRC Research Report No.11. Bangkok Research Center, IDE-JETRO, Bangkok, Thailand.

Kim, Joongi. 2003. "Sub-regionalism, regionalism, trans-regionalism: Implications for economic integration and international trade policies." *Asia Europe Journal*, 1(2), pp.183-196.

Kim, Sangbae. 2014. "Roles of Middle Power in East Asia: A Korean Persperctive." East Asia Institute(EAI) Middle Power Diplomacy Initiative(MPDI) Working Paper.

Khoo, Boo Teik. 1999. "The Value(s) of a Miracle: Malaysian and Singaporean Elite Constructions of Asia." *Asian Studies Review*, 23(2), ISSN 1035-7823.

Ooi, Giok-Ling. 1995. "The Indonesia-Malaysia-Singapore Growth Triangle: Sub-Regional Economic Cooperation and Integration." *GeoJournal*, 36(3), pp.337-344.

Pangestu, Mari *et al*. 1992. "A New Look at Intra-ASEAN Economic Cooperation." *ASEAN Economic Bulletin*, 8(3).

Phelps, N.A. 2004. "Archetype for an archipelago: Batam as anti-model and model of industrialization in reformasi Indonesia." *Progress in Development Studies*, 4(3), pp.206-229.

_____. 2004. "Triangular diplomacy writ small: the political economy of the Indonesia-Malaysia-Singapore growth triangle." *The Pacific Review*, 17(3), pp.341-368.

Peng, Dajin. 2002. "Subregional Economic Zones and Integration in East Asia." *Political*

Science Quarterly, 117(4).

Royle, Stephen A. 1997. "Industrialisation in Indonesia: The Example of Batam Island."
    Singapore Journal of Tropical Geography, 18(1), pp.89-98.

Smith, Shannon L. D. 1997. "The Indonesia-Malaysia-Singapore Growth Triangle: A
    Political and Economic Equation." Australian Journal of International Affairs,
    51(3), pp.369-382.

Sparke, Matthew et al. 2004. "Triangulating the borderless world: geographies of
    power in the Indonesia-Malaysia-Singapore Growth Triangle." Transactions of the
    Institute of British Geographers, 29(4), pp.485-498.

Thambipillai, Pushpa. 1998. "The ASEAN growth areas: Sustaining the dynamism." The
    Pacific Review, 11(2), pp.249-266.

Thompson, Eric C. 2006. "Singaporean Exceptionalism and Its Implications for ASEAN
    Regionalism." Contemporary Southeast Asia: A Journal of International and
    Strategic Affairs, 28(2), (August 2006), pp.183-206.

Yeoh, Carolin et al. 2005. "Regional Co-Operation and Low-Cost Investment Enclaves:
    An Empirical Study of Singapore's Industrial Parks in Riau, Indonesia." Journal of
    Asia-Pacific Business, 5(4), pp.43-65. Research Collection Lee Kong Chian School
    of Business.

Yue, Chia Siow. 1997. "Regionalism and Subregionalism in ASEAN: The Free Trade Area
    and Growth Triangle Models." Regionalism versus Multialteral Trade Arrangements,
    nber-ease OL.6, University of Chicago Press, pp.275-312.

제3부

지식질서와 중견국 외교

제7장

글로벌 인터넷 거버넌스와 브라질의 중견국 외교:
ICANN 개혁 논의에서 주권국가 담론의 형성

서지희

이 장은 21세기 인터넷 주소 자원을 관리하는 민간기구인 ICANN 개혁 담론에서의 브라질이 왜, 어떻게 영향력 있는 국가 행위자로 등장하게 되었는지, 그리고 그 함의는 무엇이었는지를 살펴본다. 브라질은 민간 행위자의 역할이 중심이 되는 다중이해당사자 모형을 주장하는 미국과 유럽국가와 정부 행위자의 역할이 강조되는 정부중심다자간 모형을 지지하는 중국과 러시아 및 아랍지역 국가들의 첨예한 대립 구조 속에서 새로운 네트워크적 변환을 이루어내고자 하였다. 이러한 브라질의 시도는 브라질의 룰라 행정부 이후 형성된 브라질의 외교적 관념 및 정체성으로부터 기인한다. 브라질은 미국 주도하의 글로벌 인터넷 거버넌스의 구조에서 탈피하기 위한 전략으로 세계 최초의 인터넷 이용자의 권리를 보장하는 '마르코 법안'의 제도적 변화를 이루어 낸다. 더 나아가 '마르코 법안'을 제정하는 과정에서 습득한 경험을 살려 '넷문디알' 회의를 개최한다. 이를 위해 브라질은 신흥세력의 중국과 러시아, 그리고 더 나아가 구세력의 독일, 영국, 프랑스 등의 유럽국가들과의 협력을 통해 새로운 네트워크를 형성한다. 결과적으로 브라질은 정부중심다자간모형의 효율성을 널리 알리고 미국 주도하에 형성된 글로벌 인터넷 거버넌스의 구조에서 탈피함과 동시에 자신의 영향력을 증진시키고자 하였다. 브라질이 ICANN 개혁 담론에서 새롭게 떠오르는 국가 행위자로 등장하게 된 것은 기존 연구에서도 잘 드러나 있는 사실이다. 그러나 브라질의 전략이 구체적으로 무엇이었는가, 그리고 이러한 전략에 있어서의 함의는 무엇인가에 대한 답은 기존 연구에서 잘 드러나 있지 않은 부분이다. 이 글은 네트워크 이론을 활용하여 위의 질문들의 답을 명확히 하고자 한다.

I. 머리말

2014년 인터넷을 중심으로 전 미국 CIA요원 스노우든의 폭로, 북한의 한국 디도스 공격, 미국의 이란 스턱스넷 바이러스 공격 등과 같은 굵직한 사건들이 벌어졌다. 인터넷을 둘러싼 사건들 중에서도 가장 주목할 만한 사건은 바로 인터넷의 근간이라 할 수 있는 인터넷 IP주소의 분배를 책임지는 국제도메인관리기구(Internet Corporation for Assigned Names and Numbers: ICANN)를 둘러싼 개혁의 움직임이다. ICANN은 인터넷이 세계적으로 상용화되어 감에 따라 미상무부의 주관으로 1998년 6월 추진되어 미국 상무부와의 상호이해 조약을 통해 설립된 민간, 비영리 국제기구이다. ICANN은 1998년 11월부터 기존의 미국연방정부가 총괄하고 있던 인터넷 도메인 이름, IP주소, 그리고 프로토콜의 범주와 포트 번호를 할당하는 업무 등을 이어 받아 운영하고 있으며 인터넷과 관련된 정책 및 도메인 체계 관련 기능을 감독하며 도메인 분쟁의 조율과 중재 등을 담당한다(Maclean 2004).

간단히 말하자면 전 세계 IP 주소는 미국 상무부와 계약을 맺은 ICANN에 의해 총괄 관리되고 있는 것이다. 그러나 ICANN과 계약을 통해 인터넷의 루트서버 관리권을 가지고 있는 미국과 ICANN의 상호이해 관계를 두고 1990년대 후반부터 브라질, 중국, 러시아, 그리고 아랍권 국가들은 이에 대해 강한 불만을 지속적으로 토로한 바 있다(Mathiason 2009). 이러한 불만을 가진 국가군들 중에서도 가장 주목하여 살펴보아야 할 국가는 바로 브라질이다. 브라질은 인터넷 주소 자원의 관리권을 가지고 있는 미국에 대해 지속적으로 문제를 제기한 비서구권 국가의 중국과 러시아와는 달리 달리 경제적 그리고 정치적 면에서 다소 그 영향력이 부족함에도 불구하고 현재 글로벌 인터넷 거버넌스 상 영향력 있는 행위자로 새롭게 부상하고 있다.

브라질의 지우마 호세프 대통령은 2013년 6월 5일 스노우든의 폭로 이후 미국가안보부(NSA)의 광범위한 도청이 사실로 밝혀지자 이에 대해 2013년 9월 24일 제68차 UN 총회 연설에서 자신과 브라질의 자국민, 그리고 국영기업을 감시한 미국에 대해 "타국의 주권을 넘어서는 주권은 존재하지 않는다. 미국의 행동은 테러전의 명분이라는 이름하에 용납될 수 없으며 사이버 공간이 전쟁의 무기가 되는 것을 막아야 한다."라고 직접적으로 비판한다. 이러한 브라질의 대외적 문제제기를 시작으로 각 국가들의 비판의 움직임이 더욱 거세지자 미국정부는 2014년 3월 14일 ICANN과의 계약을 연기하지 않을 것임을 발표한다(김보미 2014; Rousseff 2013). 이는 즉 미국과 ICANN의 계약이 공식적으로 종료하는 시점인 2015년 12월 31일의 시기까지만 ICANN 체제에 있어서의 미국의 루트서버 관리권한이 지속적으로 행사되는 것임을 의미한다.

미국의 발표 이후 ICANN은 먼저 민간에 의해 경영되고 다양한 비국가 행위자들이 국가행위자들과 동등하게 참여할 수 있는 국제기구로 거듭날 것을 표명하는 몬테비데오 선언[1]을 통해 ICANN과 루트 서버 관리 역할을 도맡고 있는 IANA의 기능을 세계화할 것을 발표한다. 그러나 현재의 ICANN의 체제를 유지할 것을 요구한 미국의 입장이 몬테비데오 선언의 일부분 포함되어 있음을 확인한 각 국가들은 미국이 여전히 자신의 '인터넷 주소 권력'을 포기할 용의가 없음을 비난한다. 이후 ICANN의 CEO인 파디 셰하디는 브라질의 지우마 호세프 대통령과의 만남을 통해 각 국가들의 불만을 잠재우기 위해 새로운 인터넷 거버넌스의 틀을 논의하는 회의를 개최할 것을 제안한다(BBC 2013). 브라질의 지우마 호세프 대통령은 파디 셰하디와의 만남 후 2014년 4월 23일부터 24일까지 "Global Multistakeholder Conference on the Future of Internet Governance(NetMundial, 이하 넷문디알)"을 개최함과 동시에 미래의 인터넷 거버넌스가 다양한 이해관계자들이 참여하는 장이 되어야 함을 강조하며 자신이 속해있는 BRICS[2] 네트워크의 중국, 러시아, 그리고 인도 등의 국가들과 함께 인터넷이 미국의 영향력에서 벗어나기 위해서는 ICANN이 향후 UN산하의 국제정보통신기술연합(International Telecommunication Union: ITU)

---

1   몬테비데오 선언이란 에콰도르 몬테비데오에서 발표된 ICANN의 선언으로 동 선언의 내용은 다음과 같다. 첫째, 최근 미국의 도청사건으로 벌어진 각 국가들의 균열을 방지하고 둘째, 다양한 이해관계자들이 참여할 수 있는(multistakeholderism) 인터넷 거버넌스를 구축하며 셋째, ICANN과 IANA의 기능을 더욱 더 발전시킬 것을 약속한다. 자세한 내용은 https://www.icann.org/news/announcement-2013-10-07-en 참조.
2   BRICS 국가란 2000년대를 전후로 빠른 경제 성장을 보이는 러시아, 중국, 인도, 브라질, 그리고 남아프리카 공화국 5개국을 일컫는 말이며 미국의 증권회사인 골드만 삭스의 2003년 보고서에서 처음 등장한 용어이다.

과 같은 정부간 기구에서 다루어져야 할 것임을 역설한다(NetMundial 2014).

앞서 살펴본 것과 같이 스노우든의 폭로와 이를 기점으로 미국과 ICANN의 관계에 대해 각 국가들이 의구심을 계속적으로 제기하는 상황 속에서 넷문디알이 "인터넷 거버넌스의 원칙과 향후 로드맵"이라는 주제로 2014년 4월 23일 브라질의 상파울로에서 개최된다. 넷문디알은 기존의 인터넷 관련 국제회의의 선언문들이 정부간 합의문서 혹은 시민사회의 선언문이었던것과는 달리 기존의 인터넷 거버넌스 회의방식에서 벗어나 전 세계 다양한 참여자들의 의견을 규합하여 '최초'의 선언문인 상파울로 선언문을 채택하였다는 점과 선언문의 내용에 있어서도 인터넷 거버넌스의 원칙으로 '사용자의 권리'를 최우선적으로 명시하고 있다는 점에서 기존의 인터넷 거버넌스 회의들과는 다른 매우 높은 평가를 받고 있다.

현재 21세기 글로벌 인터넷 거버넌스는 스노우든 사태 이후 ICANN과 계약을 맺어 인터넷 루트서버 독점적 관리권 및 신설에 대한 지배권을 가지고 있는 미국의 1인 지배 체제에 대한 문제가 다시 한 번 수면위로 떠오르는 상태이다. 또한 이로 인해 브라질, 중국, 러시아 등의 제3세계 신흥국들에 대한 매우 강한 비판이 동시에 지속적으로 제기되고 있는 실정이기도 하다. 그러나 미국 그리고 신흥국들의 대립 구조 속 강대국도 약소국도 아닌 중견국 브라질은 스노우든 사태를 기점으로 넷문디알 회의를 개최하며 새로운 인터넷 거버넌스의 틀을 제공하고자 하는 시도와 노력을 펼친다. 이러한 맥락에서 본 연구에서는 인터넷 거버넌스 상에서 브라질이 다른 서구권 국가들과 제3세계 진영의 중국, 그리고 러시아와 비교하였을 때 정치적, 경제적 영향력이 부족한 중견국임에도 불구하고 갑자기 왜 인터넷 거버넌스상에서

ICANN과 미국과의 관계를 재편성하는 데 있어서 중추적인 역할을 할 수 있었던 것일까를 살펴보고자 한다. 더 나아가 브라질이 BRICS 국가들과의 네트워크를 어떻게 이용하여 미국과 제3세계 진영의 세력 대결이라는 네트워크 구조 속 자신의 주장을 어떠한 전략을 사용하여 관철시켰는가라는 문제제기를 통하여 이에 대한 답을 구해보고자 한다.

앞서 제기한 문제의 질문을 답해보고자 먼저 글로벌 인터넷 거버넌스 관련 기존의 연구들을 검토하여 본다면 기존의 연구들을 크게 국가행위자의 역할을 강조한 현실주의적 시각의 연구와 국제 제도의 중요성을 강조한 자유주의적 시각의 연구로 분류할 수 있다. 먼저 국가행위자의 역할을 강조한 현실주의적 시각의 연구들은 현재 ICANN의 개혁 과정에서 민간행위자들의 역할보다는 중국, 러시아, 그리고 브라질과 같은 국가 행위자들의 역할이 두드러짐을 강조한다. 또한 인터넷 거버넌스 상에서의 국가 행위자들의 역할이 보다 네트워크화된 거버넌스의 방향으로 나아가야 할 것을 주장한다(Muller 2013; McGillivray 2014). 자유주의적 시각에서 제도의 강점을 둔 연구들은 브라질, 그리고 러시아와 같은 권위주의적 국가들이 글로벌 인터넷 거버넌스에서 영향력을 발휘하게 될 경우 인터넷의 망 중립적 성향이 '나쁜 규범(Bad Norms)'으로 물들여질 수 있음을 시사하며 이들 국가에 의해 미래의 글로벌 인터넷 거버넌스가 주도적으로 형성되어서는 안 됨을 주장하며 향후의 ICANN이 다양한 행위자들의 의견을 수렴할 수 있는 형태로 나아가야 할 것을 강조한다(Hans 2002; Ian 2004; Deibert and Nishihata 2006; Malcolm 2008).

앞서 살펴본 기존의 연구들은 먼저 거시적인 차원에서 인터넷 거버넌스 상에서 어떠한 일이 이루어지고 있는지를 살펴보고 각 국가 행위자들과 시민사회, 그리고 전문가 그룹, 인터넷과 관련된 세계기구들의 의견을 설명하고는 있으나 단지 이들의 쟁점만을 설명할 뿐 글로벌 인터넷 거버넌스 상에서 이들의 의견이 어떠한 함의점을 내포하고 있는지에 대한 분석력을 결여하고 있다. 동시에 기존의 연구들은 인터넷의 망 중립적 성격에도 불구하고 글로벌 인터넷 거버넌스라는 구조 속에서 국가 행위자의 역할이 최근 두드러지게 나타나고 있음을 지적하나, 왜 이들의 역할이 최근 영향력 있게 행사되는지와 더 나아가 세계 정치의 구도 속에서 바라보았을 때 강대국도 약소국도 아닌 중견국 브라질의 외교 전략을 구체적으로 설명하지 못한다는 점에서 분석력을 결여한다. 더 나아가 기존의 연구들은 민간 기구인 ICANN 체제의 개혁 담론에서의 국가 행위자가 영향력을 갖게 되었음을 설명하고는 있으나 이러한 국가 행위자의 등장이 어떻게 다시 부각되었는지에 대한 설명력을 결여하고 있다.

본 연구는 앞서 살펴본 기존 연구들의 한계점을 보완하기 위하여 앞서 제시한 질문에 대한 해답을 네트워크 이론을 원용하여 찾아 보고자 한다. 본 연구와 기존연구들의 가장 큰 차별점은 약소국도 강대국도 아니며 인터넷 거버넌스 상에서 주요한 행위자로 자리잡고 있지 않던 브라질이 어떻게 새롭게 자신의 입장을 공고화하였으며 어떠한 전략을 다채적으로 펼쳤는가의 문제의식을 가지고 논지를 전개한다는 점이다. 이러한 문제의식을 중심으로 본 연구에서는 먼저 브라질의 룰라와 호세프 정부의 집권기인 2000년대 초반부터 현재 2014년까지의 브라질의 외교적 정체성을 살펴 본 후 이와 관련된 외교적 변환을 네트워크적 시각을 원용하여 구체적으로 살펴보고자 한다. 이러한 변화와 변환들이 왜 나타나게 되었으며, 변화의 내용은 구체적으로 무엇인지를 분석하여 보고 이러한 변화를 통해 룰라 정부와 호세프 정부가 얻으려 했던 효과는 과연 무엇이었는지를 중점적으로 살펴보고자 한다.

특히 본 연구에서는 인터넷 거버넌스 상에서의 민간기구인 ICANN 개혁 담론을 통해 민간 행위자들의 역할을 강조하는 미국과 국가 행위자의 역할을 전면적으로 내세우는 중국의 세력 구도 속에서 브라질이 어떠한 전략을 펼쳤는가와 브라질이 속해있는 BRICS 네트워크 구조 속에서 브라질이 중국과 러시아와 어떠한 협력을 펼쳤는가를 주로 다룰 것이다. 본 연구는 단순히 브라질이 마주하고 있는 대내외적 요인에 의해 어떤 영향을 받아 어떠한 선택을 하였는가와 같은 인과관계를 일차원적으로 살펴보는 것을 넘어서서 룰라 정부부터 호세프 정부까지의 대외정책과 정보커뮤니케이션의 정책 상에서의 외교적 변환을 네트워크적 시각을 통해 입체적으로 분석하고자 한다는 점에서 의의가 있다.

본 연구는 크게 세 부분으로 구성된다. 다음 II절에서는 본 연구의 이론적 틀이 되는 네트워크 이론의 내용을 살펴본 뒤 III절에서는 글로벌 인터넷 거버넌스 상에서의 쟁점안, 즉 어떠한 구조적 공백이 존재하는가를 논하고자 한다. IV절에서는 이러한 공백을 브라질이 어떻게 효과적으로 메울 수 있었는지를 브라질의 외교 정체성 및 관념과 룰라 정부부터 호세프 정부까지의 정보커뮤니케이션 정책 변환을 살펴보고 V절에서는 앞서 논한 글로벌 인터넷 거버넌스 상의 구조적 공백을 극복하기 위해 브라질이 어떠한 네트워크적 전략을 펼쳤는지를 살펴보고자 한다.

II. 이론적 틀

본 연구에서는 글로벌 인터넷 거버넌스 상의 브라질의 역할을 분석하고자 네트워크 이론의 시각을 원용하고자 한다. 네트워크적 시각을 바탕으로 하는 이론은 그 종류가 매우 다양한데, 본 연구에서는 III절의 글로벌 인터넷 거버넌스 상에서의 다양한 행위자들이 형성하는 구조를 파악하기 위해 사회-네트워크 이론(Social Network Analysis Theory)의 구조적 공백의 개념을 그리고 V절의 BRICS 네트워크를 이용한 브라질의 전략을 분석하기 위해 ANT 이론을 원용하고자 한다.

먼저 III절에서 원용할 사회-네트워크 이론의 구조적 공백(Strucutural holes)이란 Ronald S. Burt에 의해 제시된 개념으로 Burt는 네트워크 구조 내부에서 링크의 단절이 일어나게 됨으로써 노드간의 흐름이 끊기게 되는 지점을 구조적 공백이라 정의한다. 네트워크 구조는 노드, 즉 구조를 이루는 각 행위자들 간의 상호작용을 통해 자금과 같은 물질적 자원뿐만 아니라 문화, 정체성, 그리고 정보 등과 같은 비물질적 자원의 흐름이 지속되어 소통의 통로가 마련되는 것이라고 정의할 수 있다. 이러한 네트워크 구조는 사회적, 문화적 소통의 장이며 네트워크 내부에서는 특정 지식이나 행동이 정당성을 가질 수 있게 된다.

그러나 이러한 네트워크 내부의 각 행위자들의 소통이 구조적 공백의 존재로 말미암아 네트워크의 구조가 분절되거나 파편화되기도 하는데, 예를 들어 노드 사이에서 문화가 제대로 공유되지 않아 공감대 형성에 실패하고 결과적으로 정보, 자원, 그리고 정체성 등이 소통되지 못하고 흐름이 단절되는 일종의 '구멍'이 생기게 된다면 이를 '구조적 공백'이라 칭하게 되는 것이다. III절에서는 이러한 '구조적 공백'의 개념을 통해 현재 인터넷 거버넌스 상에 어떠한 공백이 존재하는

지를 살펴보고자 한다.

V절에서는 IV절에서 살펴 볼 브라질이라는 행위자의 특징이 구체적으로 어떠한 전략으로 연결되었는가를 살펴보기 위해 행위자-네트워크 이론(이하 ANT)를 원용하고자 하는데, ANT 이론은 다양한 네트워크 이론들 중 하나로, 네트워크 자체가 인간 행위자뿐 아니라 다양한 지식, 각종 물질들과 같은 비인간 행위자들의 집합으로 형성된 하나의 행위자라는 것을 전제로 한다. ANT 이론은 구체적으로 번역(translation)의 네 단계를 거치게 된다.

번역이란 인간 행위자가 각종 비인간 행위자와 인간 행위자를 동원하고 조직하여 네트워크를 형성하는 과정을 의미한다. 네트워크의 성패와 네트워크 속에서의 권력의 크기는 네트워크에 참여하는 행위자들이 얼마나 이 번역을 잘 하는가에 달려있다(김상배 2013). 본 연구에서는 국제정치학적 함의를 포함시켜 ANT 이론의 네 단계를 변용한 김상배의 프레임 짜기, 맺고 끊기, 내 편 모으기, 표준 세우기를 원용할 것이다.

먼저 프레임 짜기란 한 행위자가 다른 행위자들을 정의하고 네트워크의 전체 상황을 파악하는 것을 의미한다. 이를 통해 기존의 네트워크를 해체하고 다른 행위자들을 자신의 네트워크로 끌어들여 새로운 프레임을 만드는 것을 의미한다. 두 번째의 맺고 끊기 단계란 말 그대로 새로 만들어진 프레임을 바탕으로 기존 네트워크 속의 행위자들을 분리시켜 자신의 네트워크로 끌어들이는 것을 의미한다. 세 번째의 내 편 모으기 단계에서는 끌어들인 행위자들에게 새로운 역할을 부여하고 새로운 관계를 적극적으로 설정하는 것을 의미한다. 마지막으로 표준 세우기 단계에서는 새롭게 끌어들인 행위자들과 함께 형성한 네트워크의 보편성을 획득하는 것을 의미하며 이 단계에서 새롭게 형

성된 네트워크는 네트워크 내에 포함된 행위자들의 이익을 대변하는
역할을 한다. 이러한 네 단계를 거치게 된다면 기존의 네트워크를 중
심으로 또 다른 하나의 표준이 설정되는 것이다(홍성욱 2010; 김상배
2011)

다음의 III절에서는 본 연구의 중심내용이 되는 글로벌 인터넷 거
버넌스의 개념과 특징, 그리고 거버넌스 상에 존재하는 구조적 공백이
무엇인지에 대해 살펴보고자 한다.

III. 글로벌 인터넷 거버넌스와 한계: 협력의 한계와 소통의 부재

1. 글로벌 인터넷 거버넌스의 형성

글로벌 인터넷 거버넌스의 정의는 국제연합(United Nation: UN) 주도
하의 인터넷 거버넌스 워킹그룹 WGIG에 의하면 먼저 인터넷 거버넌
스란 인터넷 인프라, 교류, 내용에 관한 사회적 행위자들의 기대, 관
념, 그리고 상호작용이 이루어지도록 해주는 집단적 규칙과 절차 및
프로그램을 의미한다. 또한 이러한 인터넷 거버넌스의 집행결정과정
절차로서는 다자주의적이며 투명하고 민주적인 제도, 각국 정부와 민
간영역, 그리고 시민사회와 국제기구를 포괄하는 대표성과 균형을 갖
추도록 하는 체제를 가질 것을 목표로 한다(Muller 2002). 먼저 인터넷
거버넌스의 핵심적인 기능으로는 기술표준, 자원배분 및 할당, 그리고
공공정책의 세 가지의 기능이 존재한다.

기술표준이란 네트워크의 프로토콜과 더불어 소프트웨어 개방,
데이터 포맷 등에 관한 기본적인 기술적 요소들을 의미한다. 자원배

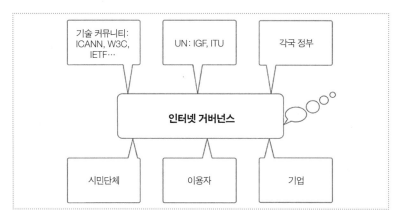

출처: 한국인터넷거버넌스협의회, http://kiga.or.kr/

그림 1. 인터넷 거버넌스 상의 다양한 행위자들의 도식화

분 및 할당이란 도메인 네임과 IP주소 자원의 배분 및 할당을 의미하는데, 인터넷의 일부 자원들은 희소하거나 배타적 속성을 지니고 있기 때문에 이것을 어떻게 관리하고 혹은 사용하는가의 문제는 '조정(coordination)' 문제를 야기한다(김지연 2013). 특히 자원배분 및 할당의 문제는 '조정'의 문제와 긴밀히 연결되어 있으며 이는 결국 인터넷 구조의 핵심이라고 할 수 있는 DNS 루트 서버에 대하여 누가 관리책임을 맡을 것인가의 논리적 귀결로 이어진다.

    이외에도 공공정책의 기능이란 인터넷과 관련한 다양한 정책 형성, 실행, 그리고 갈등해결의 이슈들을 어떠한 방식으로 처리할 것인가의 문제를 의미한다. 이는 인터넷 관리의 문제가 단순한 기술적 차원을 넘어서서 사람들과 조직의 문제를 다루는 공공정책 혹은 정치적속성을 함께 내포하고 있음을 의미한다(DeNardis 2009). 현재 21세기글로벌 인터넷 거버넌스는 특히 자원 배분 및 할당과 공공정책의 기능을 둘러싸고 다양한 행위자들의 참여를 보장하는 다중이해당사자 모형(Multi-Stakeholder Model)과 정부중심 다자간 모형(Intergovern-mental Model)을 각기 다르게 주장하는 국가군들로 그 축(axis)이 나뉘어져 어떠한 모델이 과연 향후 인터넷 거버넌스의 틀로 자리잡게 될 것인가의 문제는 현재 교착상태에 빠져있다.

먼저 다중이해당사자모형이란 기업의 자본에 대한 지분을 소유한 주주의 이익을 극대화하는 영미계 주주중심주의(stakeholderism)에 대항하여 새롭게 등장한 지배구조 모형을 의미한다. 다중이해당사자모형은 ICANN 수립 이후 지속적으로 제기되어온 정책결정구조 개방 요구에 대하여 미국 정부가 적극적으로 대응하면서 제창된 주소자원 관리모형이라고 할 수 있는데, 이는 민간 행위자를 중심으로 다양한 이해당사자들이 참여하는 민주적 절차를 강조하는 모형을 의미한다 (Bowie 2011). 다중이해당사자모형과 관련된 문제점으로는 누가 다중 이해당사자인가의 질문에 대하여 명확한 기준을 제시하지 못하고 있다는 점이 존재하며 이와 더불어 과연 민간 기구인 ICANN이사회 자체가 인터넷 공동체를 정당하게 대표하고 있는가 하는 근본적인 질문이 제기될 수 있다.

다중이해당사자주의와는 달리 정부중심다자간 모형(Intergovern-mental Model)이란 이해당사자의 역할에 더하여 정부의 역할이 전면에 등장하기 시작한 새로운 협력 메커니즘 모형이라 할 수 있다. 이는 인터넷 발전과 기능을 위한 기술조직(technical organization)의 기여가 중요하다는 사실과 공공정책의 문제를 해결하는 데 있어 정부 역할이 중요하다는 사실이 대두되며 나타난 모형이다. 즉, 정부와 국제기구가 힘을 합쳐 인터넷 정책을 형성하는 데 있어 모든 이해당사자의 참여와 의사결정 과정의 투명성이 적극적으로 고려되어야 함을 강조한 모델이다. 더 나아가 정부중심다자간모형이란 정부, 국제기구,

그리고 비정부기구 사이의 여러 층위에서 강화된 협력, 특히 개방성 (openness), 포괄성(inclusiveness), 봉사(outreach)의 원칙에 기반을 둔 강화된 협력이 중심이 되어야 함을 주장하는 모형이기도 하다(Chiroshi *et al.* 2007).

그러나 이 원칙 자체에는 일관성이 결여되어 있다. 바로 다중이해 당사자들의 참여를 당연시하면서도 정부의 역할을 강조하고 있다는 점이다. 언뜻 보기에 다중이해당사자들의 입장을 대변하는 듯 보이지만, 이는 결국 정부라는 대표성을 갖춘 행위자를 전면에 내세우고 있기 때문에 각 행위자들의 이해관계가 충돌할 경우 국가라는 강력한 행위자의 영향력에 의해 원활한 합의에 도달하기 어렵다는 한계가 존재한다. 상기에서 살펴보았듯이 글로벌 인터넷 거버넌스 상에는 인터넷을 사용하는 이용자, 기업, 기술전문가들, 시민사회, 국가행위자, 국제기구 등의 다양한 행위자가 존재하며 이를 도식화하여 그림으로 살펴보면 이는 다음과 같다.

2. 거버넌스상 행위자들의 입장 차이와 구조적 공백

앞서 살펴본 바와 같이 다양한 행위자들이 존재하는 글로벌 인터넷 거버넌스와 관련하여 현재 가장 뜨겁게 떠오르고 있는 주제는 바로 미국이 ICANN과의 관계를 어디까지 끊을 수 있을 것인가의 문제이다. ICANN은 미국에 있는 민간 재단으로 1998년 출범한 뒤 미국 정부와의 계약을 통해 지속적으로 세계의 인터넷 주소를 관리해왔으며 지금까지 이 체제에 대한 큰 변동은 존재하지 않았다. 그러나 인터넷 사용인구가 늘어나게 되고 인터넷이 우리의 삶에 필수불가결한 존재로 자리잡게 됨에 따라 ICANN과 계약을 맺은 미국의 영향력이 막강하다는 문제는 지속적으로 제기되어 왔다. 특히 ICANN이 주로 다루고 있는 인터넷 주소 자원, 즉 루트서버(Root Server)에 대한 통제권과 일반 최상위도메인(Generic Top Level Domain: gTLD)[3]의 신설과 추가등에 대한 결정권이 미국의 제어하에 있다는 사실은 2003년을 기점으로 브라질, 중국, 그리고 러시아와 같은 제3세계 신흥국가들이 중점적으로 문제를 제기한 부분이다(Muller 2013).

이상의 루트서버에 관한 통제권이 ICANN과 계약을 맺은 미국의 제어 하에 있다는 쟁점 외에도 인터넷 도메인이 미국의 모국어인 영어 이외의 언어로는 등록이 되지 못한다는 실정은 또한 중국, 러시아, 브라질, 그리고 아랍국가들과 같은 비영어권의 국가들에 의해 주로 제기되었던 쟁점 중 하나이다. 특히 인터넷 거버넌스 상에서 막강한 경제력을 바탕으로 신흥국으로 떠오르는 중국과 러시아와 같은 경우 인터넷 루트 서버권과 일반최상위도메인의 신설과 추가 등에 대한 결정권을 가지고 있는 미국의 독점적 지위뿐만 아니라 자국의 언어로 인터넷 도메인을 등록하지 못하는 ICANN의 시스템에 대해 가장 불만을 많이 표명한 국가들이다.

중국은 특히 2005년 12월 튀니지에서 열린 세계정보화정상회의(WSIS)에서 자국어를 사용할 수 없는 도메인네임시스템과 미국의 절대적인 영향 하에 움직이는 ICANN의 글로벌 인터넷 거버넌스의 체제가 미국의 독재에 불과하다며 강도 높은 비판을 하였으며 정보의 자유로운 이용을 위한 다국어도메인시스템(Internationalized Domain

---

3　일반최상위도메인이란 인터넷 IP주소를 문자화하여 표현한 인터넷 주소 표기 방식으로 특정한 조직계열에 따라 사용되는 최상위도메인(Top Level domain)의 하나이다. 일반최상위도메인은 .com, .net, .info, .org, .edu, .gov, .mil, .int 등의 22개의 일반문자열을 사용하며 이 중 .gov와 .mil은 미국의 정부기관과 미국의 군사기관에 독점적 사용권이 있다.

Name System: IDNs) 체계가 필요함을 역설하였다(Pare 2003; Muller 2010). 2005년의 회의를 기점으로 2006년 중국의 신식사업부는 한자로 구성된 최상위도메인 도입을 발표하면서 자국어도메인의 필요성을 중점적으로 부각시킨다. 또한 중국은 미국이 인터넷 글로벌 거버넌스 상에서 행사하고 있는 독점적 '위치 및 권리'로 인해 야기되는 서구권 국가와 비서구권 국가 사이의 불공평한 구조로 인한 정보 격차에 대해 강한 불만을 표명하며 이를 해결하기 위한 방안으로 미국 이외의 더 다양한 국가 행위자들이 글로벌 인터넷 거버넌스 상에서 더 많은 발언권 및 권리를 가져야 할 것을 주장한다(Muller 2010).

　그러나 미국은 중국의 자국어도메인 도입이 인터넷 체계의 혼란만 가져올 것임을 발표한다. 더 나아가 미국이 주도하는 ICANN 체제에 대해 큰 불만을 표시하지 않은 채 만족을 표명한 영국, 독일 및 유럽국가들은 중국과 러시아와 같은 비서구권 국가들이 인터넷 거버넌스 상에서 주도권을 가지게 될 경우 인터넷의 '망 중립성'이 흔들리게 될 것을 발표하며, 더 많은 국가 행위자들의 참여가 보장되어야 한다는 중국 및 러시아를 필두로 한 비영어권 국가들의 주장을 외면한다. 이로 인해 기존의 ICANN 체제를 고수하겠다고 발표한 미국과 이를 압도적으로 지지한 유럽 서구권 국가들의 행보로 인해 미국과 비서구권 국가들 사이의 대립은 계속된다(Muller 2013).

　한편 중국과 같이 계속적으로 미국의 1인 지배 체제에 대해 문제를 제기한 러시아는 그동안 국내 인터넷 인프라 시설 미비 문제로 인해 영향력 있는 행위자로 주목받지 못한 국가이다. 그러나 러시아는 이러한 자국의 문제를 해결하기 위해 1990년대 후반부터 자국의 인터넷 인프라 수준을 끌어올리기 위한 다양한 사업을 시작한다. 이후 2008년 푸틴 행정부를 시작으로 하여 러시아의 인터넷 사업은 최고조에 이른다. 러시아의 푸틴 대통령은 2009년 6월 15일 정부 연례 회의에서 "최근의 정부 웹사이트의 중앙화와 지방자치제 인터넷 서비스가 12월 15일 시작되었다. 그러나 여기서 중요한 점은 앞으로 다가올 미래를 위해 꾸준히 기술을 발전시켜 나가는 것이다."라고 밝히며 러시아의 인터넷 인프라 구축과 다양한 서비스를 위한 당부를 아끼지 않는다(Pare 2003; Putin 2009; Muller 2010, 2013).

푸틴 행정부를 기점으로 러시아는 이후 IGF, ICANN, ITU 등의 기술표준 및 인터넷 관련 국제회의기구에 계속적으로 참여하며 국내적으로 축적된 IT 관련 경험을 토대로 인터넷 거버넌스를 구축하는 움직임에 적극적으로 동참한다. 그러나 ICANN과의 계약을 통해 인터넷 권력을 쥐고 있는 미국과 이를 지지하는 유럽 국가에 의해 야기되는 문제점을 체감한 러시아는 이를 해결하기 위한 첫 번째 방안으로 중국과 함께 ICANN에게 다국어도메인시스템을 도입하고자 하는 의견을 지속적으로 제안한다. 또한 더 나아가 미국과 유럽 국가의 패권적 지위에 대해 대항하고자 러시아는 중국과 같은 입장에서 미래의 글로벌 인터넷 거버넌스는 더 다양한 국가 행위자들의 참여를 보장하는 체제로 탈바꿈되어야 할 것을 주장한다(ICANN 2009).

세계화가 진행됨에 따라 인터넷이 경제 시설 및 국가의 필수요소로 자리잡게 됨을 느낀 중국과 러시아가 미국의 독점적 지위와 이를 지지하는 서구권 국가들의 진영 속에서 자신들의 불만을 보다 적극적으로 표명하기 시작했던 것처럼 브라질 또한 이들과 같은 맥락에서 이해될 수 있다. 브라질은 인터넷이 자국의 경제 산업 및 국가의 필수불가결한 요소로 자리잡게 되자 인터넷의 중요성을 느끼기 시작했다. 브라질의 대표인 Maria는 2005년 ICANN 연례 회의에서 미국에 의해 주도되는 글로벌 인터넷 거버넌스의 구도에 대해 "인터넷 거버넌스가 미국으로 대표되는 한 국가에 의해 지배되고 있으며 따라서 개발도상국들을 포함시키는 새로운 개혁이 필요하다."라고 발표하며 미국에 의해 지배되는 ICANN 체제의 변환이 이루어져야 할 것을 주장한다(Maria 2005).

앞서 살펴본 것과 같이 중국, 러시아, 그리고 브라질을 필두로 한 비영어권 국가들과 이들의 요구를 저지하는 미국 및 서구권 국가들의 서로 다른 두 목소리는 2003년 세계연합(UN)이 주관하는 세계정보사회정상회의(WSIS)에서 처음 부딪혔다. 이 회의에서 미국은 중국, 러시아, 브라질이 미국 지배하의 ICANN 구조를 재편성하고, 인터넷 다국어도메인시스템을 도입하자고 주장할 것을 예측하였다. 이들의 이러한 일관된 입장은 인터넷 주소자원의 관리 권력을 쥐고 있는 미국의 역할을 다시 재조정해야 한다는 맥락으로 이해할 수 있다.

그러나 비서구권 국가들의 움직임을 미리 감지한 미국의 상무부는 회의가 열리기 직전 "때가 된다면 인터넷의 통제권을 넘기겠다"고 밝히며 지금은 시기가 적절치 않다는 발언과 함께 민간 행위자들이 주축이 되어 운영되는 ICANN 체제의 기존 방식을 고수하겠다는 발표를 한다. 이러한 비서구권 국가들의 미국 중심의 글로벌 인터넷 거버넌스의 재구조화 노력의 시도는 불발에 그치게 되며 세계 인터넷 주소자원은 여전히 미국과 계약을 맺은 민간 기구인 ICANN의 관리 하에 놓이게 된다(Muller 2013).

그러나 미국 주도하의 ICANN 체제의 변환을 가져오지 못하였다 하더라도 2003년의 중국, 러시아 그리고 브라질을 필두로 한 제3세계 국가들의 시도가 아주 의미가 없었던 것은 아니다. 2003년 WSIS 이후 UN은 제3세계 국가들의 의견을 수렴하여 향후의 인터넷 거버넌스 체제를 위한 대안으로 ICANN의 독자적 지위권을 창설하는 ICANN 개혁 방안과 UN 산하의 새로운 국제기구 창설 등의 안건을 제시한다. 이는 인터넷 주소자원을 관리하는 미국의 1인 지배체제 및 이로 인해 발생하는 영어권 국가 및 비영어권 국가 사이의 정보 격차 및 불공평한 구조가 바람직하지 못하다는 사실을 우회적으로 표명한 것이었다 (UN 2005).

UN의 이러한 입장에 힘입어 제3세계 신흥국가들은 현 ICANN 체제 내에서의 자신들의 역할이 미미하여 '아래로부터의 의사결정 방식(Bottom up decision making process)'에 참여할 공정한 기회가 없음을 비판한다. 더 나아가 중국, 러시아, 그리고 브라질은 비서구권 국가와 서구권 국가 사이의 디지털 격차(Digital Divide)를 비난하며 ICANN 체제에서 정부중심다자간모형이 채택되어야 할 것을 강조한다. 그러나 미국은 이들의 의견에 대해 민간 주도하의 ICANN 체제를 유지할 것을 강조함과 동시에 제3세계 신흥국가들의 주장처럼 정부간 기구인 UN 산하의 ITU와 같은 기구에서 인터넷 주소자원 관리체계를 관리하게 될 경우 중국과 같은 권위주의적 국가에 의해 인터넷의 중립성 및 개방성과 같은 원리들이 작동되지 않을 것임을 지적한다(Muller 2010).

또한 비록 국제기구가 인터넷의 기본원칙을 훼손하지 않도록 틀을 마련한다 하더라도 중국과 같은 국가의 참여 그 자체가 인터넷 정책 결정 과정에서의 부작용을 야기하게 될 것임을 발표하며 제3세계 국가들의 입장과 주장에 대해 부정적 견해를 표명한다. 미국의 1인 지배 체제에 대한 논란은 앞서 살펴보았듯이 현상유지 입장을 고수하겠다는 미국의 발표와 미국 주도하의 글로벌 인터넷 거버넌스의 지지를 표명한 영국, 프랑스 및 독일을 포함한 유럽 국가들의 입장 표명과 함께 미궁 속으로 빠져들게 된다(ICANN 2003; Muller 2010).

　상기의 일련의 사건들은 글로벌 인터넷 거버넌스라는 네트워크 구조 속 ICANN과 계약을 맺은 미국이 행사하고 있는 배타적 권리와 이로 인해 야기되는 글로벌한 차원에서의 디지털 격차(Digital Divde)에 대해 불만을 가진 신흥국가들의 대립적 구도로 인해 나타나게 된 것이다. 또한 이러한 대립 구조로 인해 각 행위자들은 어떠한 결론에도 도달하지 못한 채 유착상태에 빠져있다. 이는 사회-네트워크 이론에서 말하는 구조적 공백(structural holes)의 내용과 상응하는 부분이다. 특히 글로벌 거버넌스 상에서의 구조적 공백은 중국, 러시아, 브라질을 필두로 한 제3세계 국가들과 미국 및 프랑스, 영국, 독일 등의 유럽 국가 간의 세력 대결 구도로 인해 다층적으로 형성된 것으로 이를 세 가지의 차원에서 분석할 수 있다.

　먼저 첫 번째 차원에서의 구조적 공백을 살펴보자. 이는 미국 주도하에 형성되는 글로벌 거버넌스의 구조에서 탈피하고자 하는 움직임과 관련이 있다. 즉, 미국 이외의 국가들이 보다 더 참여할 수 있는 정부중심다자간모형을 주장하는 제3세계 신흥 국가의 세력과, 권위주의적 국가들의 참여가 이루어질 경우 인터넷의 망 중립성의 가치가 훼손될 것을 주장하며 민간이 중심이 되는 다중이해당사자모형을 주장하는 구세력과의 대립으로 인해 형성된 것이다. 두 번째 차원에서의 구조적 공백이란 제도적인 차원에서 이해할 수 있다. 이는 ICANN을 UN의 ITU와 같은 국제기구에서 다루어져야 할 것임을 주장하는 신흥세력과 현 ICANN 체제를 고수하는 미국 및 이를 지지하는 유럽국가들의 입장 차이로 인해 벌어진 것이다. 마지막으로 표면적으로는 글로벌 인터넷 거버넌스의 구조적 공백은 신흥세력과 구세력 사이의 디지털 격차로 인해 형성된 것으로 보이나 이는 실제와는 다르다. 즉, 글로벌 인터넷 거버넌스 상의 구조적 공백이란 자신의 패권적 지위를 유지하고자 하는 미국과 이러한 미국의 행보를 저지하고자 하는 중국과 러시아 사이에 벌어지는 패권 싸움으로 인해 형성된 것이다.

상기에서 살펴본 바와 같이 글로벌 인터넷 거버넌스 상에는 다층적으로 형성된 구조적 공백이 존재한다. 그러나 강대국도 약소국도 아닌 중견국 브라질이 이러한 구조적 공백을 메꾸고자 시도한다. 특히 브라질의 이러한 시도는 룰라 정부 시절을 기점으로 형성되어 호세프 정부까지 이어진 브라질의 외교적 정체성 및 관념에 의한 것이라 할 수 있다. 또한 브라질은 세계 최초로 인터넷 사용자의 권리를 보장하는 마르코 법안을 통해 권위주의적 이미지에서 탈피하는 한편, 미국이 브라질을 제3세계로 분류하여 배제시키려는 움직임에서 벗어나고자 했다. 이는 세계무대에서 브라질의 독자성을 드러냄으로써 글로벌 인터넷 거버넌스 상의 정치적 다극화를 꾀한 것이라 할 수 있다.

더 나아가 브라질은 마르코 법안을 채택하는 과정의 경험을 기반으로 미국과 유럽국가 사이의 패권 대결 구도 속에서 기술관계자 및 시민사회 행위자들의 참여를 보장하는 회의 진행 방식을 채택한다. 이는 미국 및 중국과 같은 패권국의 주도적 역할 없이도 글로벌 인터넷 거버넌스가 형성될 수 있음을 대외적으로 알린 것이다. 이러한 브라질의 일련의 행태 및 전략들은 글로벌 인터넷 거버넌스라는 네트워크의 구조적 공백을 메꾸고자 하는 중견국의 외교적 시도로 칭할 수 있다.

다음 IV절에서는 먼저 브라질의 정치 역사를 간략히 살펴보고자 한다. 이후 룰라정부 시절와 호세프 정부까지의 외교적 정체성 및 관념이 이전의 브라질의 행정부들과 어떻게 다른지를 살펴본 뒤 이러한 관념을 바탕으로 형성된 브라질의 정보커뮤니케이션 정책의 특징과 변천이 무엇인지를 살펴볼 것이다.

IV. 브라질의 정보커뮤니케이션 정책의 특징과 변천

1. 브라질의 외교의 정체성 및 관념적 특징

먼저 브라질의 정치 역사를 간략히 살펴보도록 하자. 브라질은 1889년 11월 15일 왕정정치의 종식을 알린 후 연방공화국으로 거듭날 것을 선포한다. 그러나 이후 1935년을 기점으로 빈번한 정권 교체로 인한 정치 혼란기를 겪게 된다. 특히 브라질은 1964년 3월, 카르텔르 브랑쿠 장군이 쿠데타를 일으켜 대통령에 취임한 후 군부 정권시기(Military Junta)에 접어들며 브랑쿠 대통령 이후 5명의 대통령이 군부출신에서 선발된다. 그러나 브라질은 사회민주당의 페르난드 엔히크 카르도주 대통령을 기점으로 정치적 안정기를 맞이하게 되는데, 2002년 10월 노동자당의 룰라 후보가 당선된 후 브라질은 룰라 행정부 하의 좌파적 성향에 근간을 둔 복지, 교육, 경제 정책과 함께 역사상 가장 안정적인 정치 안정기를 맞이하게 됨과 동시에 경제적으로도 큰 부흥을 일구어 낸다(Scott 1988; 강석영 2001; Adriano 2006; Chasteen 2011).

룰라 정부 이후의 지우마 호세프는 룰라 대통령의 신임을 받으며 탄탄한 정치 이력을 쌓아온 정치인으로 2011년 10월 제40대 브라질 대통령으로 선출됨으로써 브라질 역사상 최초의 여성 대통령이 되었다. 호세프는 과감한 정책 추진력과 함께 '브라질의 철의 여인'이라는 칭호로 불리우며 대통령에 당선된 이후 중도좌파 성향의 룰라정부의 정치 및 경제 사회복지정책들과 대외정책을 계승하는 행보를 선보이고 있다. 호세프 대통령은 2011년 1월 1일 브라질의 제40대 대통령으로 취임연설에서 룰라 전 대통령에게서 대통령 휘장을 건네받은 뒤 "룰라 전 대통령이 이뤄놓은 성과를 더욱 공고히 할 것이며 빈곤과 기아 퇴치, 정치개혁, 교육과학 기술 투자 확대를 통한 지속성장, 여성의 지위 향상 등을 위해 노력해 더 많은 국민이 더 많은 기회를 가질 수 있게 하겠다."라고 발표하며 룰라 행정부의 외교 관념 및 국내 정책들을 이어나갈 것을 대외적으로 공표한다(Hurelle 2011; Dauvergne and Deborah 2012; 장석준 2013).

앞서 살펴본 바와 같이 룰라 행정부는 브라질 역사상 최초로 정치 및 경제적 안정기를 일구어낸 행정부이다. 또한 룰라 행정부 시기의 브라질은 기존 브라질의 패권국 의존적 외교 노선에서 탈피하여 '독특한' 외교 노선을 걸었다. 룰라 대통령의 전임 대통령이였던 카르도주 대통령 하의 브라질은 미국 주도하의 워싱턴 컨센서스(Washington Concensus)로 대표되는 신자유주의 경제 정책을 받아들이며 패권국가에 대해 문제제기를 하기보다는 이들과의 동맹관계를 돈독히 하는 것을 목표로 하는 외교적 정체성 및 관념을 형성하여 왔다. 그러나 룰라 행정부하의 브라질은 카르도주 행정부 하의 브라질의 기존 외교 노선에서 탈피하는 과감한 행보를 걷게 된다(Dauvergne and Deborah 2012).

이는 룰라 행정부 하의 외교장관인 세우스 아모링(Celso Amorim)의 연설에서 잘 드러나는 부분이기도 하다. 세우스 아모링 외교장관은 "브라질의 가장 큰 능력은 모두와 친구가 되는 것이다."라고 언급하며 브라질의 능력은 군사력 및 경제력과 같은 경성권력(Hard Power)에 기반하기보다는 매력과 같은 연성권력(Soft Power)에 있음을 시사한다. 또한 룰라 행정부 하의 브라질은 패권국의 일방주의적인 태도에 대해 의문을 제기한다. 더 나아가 룰라 행정부는 선진국들과 개도국들 사이의 차이(Gap)를 줄이는 것을 목표로 두고 브라질을 성장하고 진화하는 국가로 대외적으로 알리는 데 우선순위를 둔다. 이러한 브라질의 목표를 달성하기 위한 방안으로 룰라 대통령은 이미 후보시절부터 "미래의 브라질 외교는 인류적 가치에 기반하고 국가적 발전에 초점을 맞춰 전개될 것입니다."라고 재차 언급하며 새롭게 탄생될 브라질은 인류적 가치에 기반한 규범 전파를 통한 '연성권력'에 초점을 맞춘 외교 전략을 구사하게 될 것을 강조한 바 있다(Dauvergne and Deborah 2012).

룰라 행정부 시절 형성된 연성권력에 기반한 인류적 가치를 전파하고자 한 브라질의 외교적 정체성 및 관념은 특히 보건안보의 HIV/AIDS 의약품 접근권(Access to Medicine) 활성화 분야와 환경안보의 재생가능한 에너지(Renewable Energy) 분야 등에서 개도국 국가들과의 협력을 통한 브라질의 리더십(Leadership)에서 잘 드러나는 부분이다. 예를 들어 보건안보 분야에서 브라질은 남아메리카 지역의 국민들이 주로 걸리는 HIV/AIDS, 폐렴, 말라리아 등의 질병 치료제들의 가격을 낮추기 위해 노력한 바 있다. 브라질은 앞서 언급한 질병 치료제들의 가격이 미국 주도하에 형성된 TRIPS협정과 특허권을 가지고 있는 선진국 다국적 제약회사들에 의해 높게 형성되어 있자, 이러한 개도국들의 의약품 접근권(Access to Medicine)의 어려움을 해결하기 위해 앞장선다.

의약품 접근권의 어려움을 해결하기 위한 방안으로 브라질은 지난 15년 동안 개도국들과 보건 관련 기술 협정을 맺어 이들과 관계를 돈독히 함과 동시에 의료 관련 정책 및 복제약품 제약 기술들을 개도국들과 공유하며 남아메리카 국가들의 질병 관리 능력 향상을 위한 노력을 꾸준히 펼쳐온 바 있다. 더 나아가 브라질은 개도국 국가들과의 협력 및 약 200여 개가 넘는 시민사회들과의 협업을 통해 건강 권리에 관한 UN 특별조사위원(UN Special Rapporteur on the Right to

Health)과 UN 인권위원회(Human Right Commission)에서 말라리아, HIV/AIDS, 폐렴과 같은 질병에 관한 의약품 접근권이 인간의 기본 권리임을 주장했다. 더 나아가 브라질은 위의 질병들의 의약품 접근권이 인류의 보편 가치임을 제정하는 UN 결의안을 채택하는 과정에도 일조하였다. 이러한 보건분야에서 개도국가들과의 협력 및 미국 주도하의 세계질서에 대항하는 브라질의 외교 전략을 룰라 정부하의 외교장관인 세우스 아모링은 "개도국 국가들과의 협업을 공고화 하고 이를 통해 국제 사회에서 브라질의 위치를 견고히 하는 것"이라고 설명한 바 있다(Hurrell 2010).

보건분야 이외에도 브라질은 특히 환경분야의 재생가능한 에너지에서 또한 두각을 나타내는 국가이기도 하다. UN 반기문 총장은 2011년 6월 브라질 방문을 통해 "2012년의 UN 지속가능한 발전 회의(UN Conference on Sustainable Development: Rio+20)에서의 브라질의 리더십을 기대한다."라고 밝힌 바 있다. 룰라 행정부부터 지우마 호세프 정부 하의 브라질은 환경 거버넌스 분야의 "공통의 그러나 차별화된 책임(Common but differentiated responsibilities)"의 원칙을 철저히 지키는 것을 원칙으로 삼으며 선진국과 개도국 진영 사이에서의 리더십을 발휘한다. 이는 이미 경제발전을 일구어낸 선진국들의 환경파괴 책임을 물음과 동시에 환경파괴를 이유로 들어 개도국들의 경제 발전을 저지하고자 하는 선진국들의 요구에서 개도국들의 권리를 지키는 것으로 해석할 수 있다.

브라질의 룰라 대통령은 "선진국들은 자국의 영토를 마음껏 이용하고 황폐화시킨 뒤에 아마존을 보호할 필요가 있다고 주장한다."라고 개도국들을 향한 선진국들의 환경보호 의무를 비판한 뒤 "이들은 '아주 아름다운' 의정서를 채택할 줄만 안다."라고 덧붙이며 선진국들의 환경보호를 위한 소극적인 움직임을 비판한 바 있다(MBN 2007). 또한 룰라 행정부시기부터 호세프 정부하의 브라질은 2008년부터 Pluri-annual Plan을 통해 식물, 나무 등의 폐기물을 발효시켜 만드는 바이오 연료(Biofuel) 사용에 앞장서며 남아프리카 공화국, 아르헨티나, 베네수엘라 등 45개가 넘는 개도국들과 독일, 프랑스 및 영국 등 15개 선진국들과의 양허협정을 통해 개도국들의 지속가능한 발전(Sustainable Development)을 증진시키는 데 앞장서고 있다.

더 나아가 브라질은 바이오 연료 사용의 촉진을 통해 선진국들의 무늬뿐인 기후변화와 환경보호 운동을 비판하며 환경 분야에서의 규범(Norm)을 확산하는 데 총력을 기울이고 있다. 이러한 브라질 외교를 도뵈르뉴(Dauvergne)는 개도국과 선진국 사이의 진영에서 남남협력을 기반으로 규범 전파를 이루어내며 국제정치상에서의 자신의 위치를 공고화시킨 '브라질의 중견국 외교 전략' 및 '소프트 밸런싱(Soft Balancing)'이라 칭한 바 있다(Dauvergne 2012).

이상의 논의들을 통하여 룰라 행정부 시기부터 호세프 정부 시기하의 브라질의 외교적 관념은 연성권력을 기반으로 하여 공통의 가치(Shared Values) 창조와 규범적 헌신(Normative Commitments)을 전파하는 데 그 일차적 목적이 있음을 알 수 있다. 또한 이러한 외교적 정체성 및 관념을 바탕으로 브라질은 미국과 같은 패권국 및 선진국들의 개도국을 향한 일방주의적 노선을 비판하고 선진국 위주의 국제정치 구조를 타파하고자 하는 전략을 구사함과 동시에 국제정치상에서 자국의 위치를 견고히 하는 전략을 펼치고 있음을 알 수 있다.

최근 글로벌 인터넷 거버넌스 상에서의 미국 및 유럽 국가들과 중국을 필두로 한 신흥 국가 사이의 세력 대결 구조 속에서 브라질은 이러한 정체성 및 관념의 연속선상에서 구조적 공백을 메꾸게 되는데,

이는 인터넷 사용자의 권리를 보장하는 국내 제도적 변화를 통해 나타나게 된 것이다. 특히 브라질은 앞서 지속적으로 언급된 바와 같이 마르코 법안을 만드는 과정과 이를 통해 습득한 경험을 살려 2014년의 넷문디알 회의를 개최하며 새로운 '규범' 제공자로 등장하게 된다.

다음 제2항에서는 브라질의 21세기 정보 커뮤니케이션 정책 중 세계 최초의 인터넷 사용자들의 권리를 보장하는 마르코 법안의 제정 과정과 이에 따른 제도적 변화가 글로벌 인터넷 거버넌스 상에서의 브라질의 중견국 외교와 어떻게 연관되어 있는지를 살펴보고자 한다.

2. '검열의 논리에서 '사용자의 권리'로서의 제도적 변화

브라질은 국내적으로 '정치 안정성 및 사이버 안보'의 명목하에 매우 강한 인터넷 검열을 실시한 것으로 알려져 있다. 특히 이러한 검열은 '아제르두 법안'의 필두 아래 주로 실시되어 왔다. 동 법안은 주로 정부 혹은 정부시설과 관련된 내용들이 SNS상에 게시될 경우 정부가 나서 직접 이를 제한하거나 혹은 삭제할 것을 허가하는 내용과 더 나아가 사이버 관련 문제에 대해 형사 처벌권을 행정부에게 부여하는 내용 또한 담겨져 있다(Muller 2013; Symentec Corporation 2014).

이러한 법안의 내용에 따라 브라질 행정부는 2009년부터 구글(Google)이 발표한 바와 같이 평균 3,000건의 정부 관련 내용을 담은 콘텐츠(Contents)들에 대한 삭제 요청을 하고 있는 것으로 집계된다(Google 2014). '아제르두 법안'은 브라질의 산업 경제 시설 전반뿐만 아니라 정부 운영 시스템이 점점 네트워크화되어 감에 따라 보안 및 정치적 안정성을 강화하기 위한 목적으로 제정된 것이었으나, 브라질 국내 SNS 사용자 수의 증가 폭이 날로 성장해 감에 따라 룰라 행정부

시기부터 인터넷 검열을 주 목적으로 한 아제르두 법안은 인터넷 사용자들과 시민사회들의 문제 제기와 함께 논란에 휩쌓이게 된다(Symentec Corporation 2014).

나날이 늘어가는 SNS 사용자들로 인해 행정부에게 인터넷 검열 권한과 정부와 관련된 내용들을 담고 있는 게시글들을 삭제할 수 있는 권리를 부여하고 더 나아가 사이버 범죄의 형사처벌권을 행사할 수 있는 아제르두 법안에 대한 관심 및 이에 따른 불만과 저항운동은 점점 거세어졌다. 이에 대해 룰라 대통령은 2009년 6월 제10회 국제 자유 소프트웨어 포럼(Free Software Forum)의 회의장에서 "인류는 혁명적인 시기에 살고 있다고 생각합니다. 언론은 더 이상 예전과 같은 힘이 없습니다. 정보를 소유한다고 하더라도 이제는 쿠데타를 일으킬 수 없습니다. 정보는 더 이상 선별적이거나 사유화된 것이 아닙니다. 아제르두 법은 인터넷 남용을 고치는 것이 아니라 오히려 검열을 강요하게 됩니다. 우리에게는 책임이 필요하지만 금지나 처벌이 필요한 것은 아닙니다."라고 밝히며 아제르두 법안의 개정과 함께 브라질의 인터넷 권리장전법의 시작을 대외적으로 공표한다(Silva 2009).

룰라 대통령의 연설을 시작으로 브라질의 정보커뮤니케이션 정책을 총괄 담당하며 아제르두 법안을 처음 제시한 브라질 인터넷운영위원회(Brazilian Internet Steering Committee)는 먼저 다층적이고 투명하며 민주적 원칙에 기반을 둔 다중이해당사자 접근을 강조하였다. 이에 따라 자유, 프라이버시, 인권, 민주적 · 협력적 관리, 보편성, 다양성, 혁신, 네트워크의 중립성 및 합법적이고 규제적인 환경의 내용 등을 보장하는 2009년 '인터넷의 사용과 관리를 위한 원칙'으로 발표한 후 아제르두 법안의 개정에 착수한다(Fornazari 2006; CGI 2009, 2014; Parra 2012; Symentec Corporation 2014).

그러나 마르코 법안을 채택하기까지 크나큰 장애물들이 있었다. 먼저 인터넷 상에서의 시민의 권리를 보장하는 법안이라는 이름을 슬로건으로 내세우고 있는 만큼 시민들의 입장과 의견을 얼마나 많이 포괄적으로 수용할 수 있는가에 대한 문제가 가장 중요한 쟁점으로 대두되었다. 이러한 문제를 해결하기 위하여 2009년의 대통령이었던 룰라 대통령과 이후 당선된 지우마 호세프 대통령은 브라질 인터넷운영위원회의 주도하에 대학교수, 정보활동가들과 협력하여 법안의 내용을 온라인 상에 공개한다. 이후 약 17만 명 이상의 일반 인터넷 사용자들의 서명과 의견을 받은 온라인 청원서를 작성토록 하고 이를 정부에 제출할 것을 요구한다. 이후 청원서를 받은 브라질 법무부는 형사처벌이 아닌 시민들의 권리에 대한 법적 장치와 체계를 마련하기 위한 업무에 착수한다.

브라질 법무부는 인터넷을 사용하는 시민들의 권리를 보다 더 법적으로 보호할 수 있는 장치를 마련하기 위하여 리오데자네이루의 로스쿨 교수들과 인터넷을 사용하는 비율이 가장 많다고 할 수 있는 일반 대학생들과 함께 인터넷과 관련되어 있는 여러 이해당사자들이 법안의 내용 구성 과정에 참여할 수 있게 하는 프로젝트를 시작한다. 브라질 행정부는 상기 프로젝트를 통하여 룰라 행정부 시기인 2009년 10월 29일부터 지우마 호세프 행정부 시기인 2011년까지 약 2년 동안 온라인과 오프라인을 통하여 시민들이 자유롭게 법안을 토론할 수 있도록 보장하고 또한 브라질 법무부에서 마련한 법안을 모두에게 인터넷 상에서 공개한다(Parra 2012; UN 2013; 김지연 2013; NetMundial 2014).

인터넷 권리장전법인 마르코 법안의 초기 내용은 2007년 레무스 교수가 제안한 인터넷 이용자의 권리를 보다 더 법적으로 보장 받을 수 있도록 법제화할 것을 요구한 논문의 내용을 토대로 작성되었다. 이 초안을 기본으로 하여 마르코 법안은 누구든지 포털사이트에 로그 인하여 자유롭게 의견을 게재하고 토론을 하는 방법을 통해 보다 더 구성·발전되어 간다. 더 나아가 지우마 호세프 행정부는 다양한 시민 들의 참여를 유도하기 위해 블로그, 트위터 등 다양한 SNS 서비스들 을 동원하였으며 이에 따라 시민들은 다른 사람들의 의견에 대한 찬반 투표 또한 인터넷 상에서 자유롭게 실시한다. 특히 마르코 법안의 개 정 과정에서 브라질 법무부는 사회 이해관계자들을 대표하는 시민들, 회사들, 그리고 정부의 세 가지 영역을 구분하고 초안을 제시하며 세 계 최초로 정부 행위자들뿐만 아니라 민간 행위자들의 역할이 포괄적 으로 보장되는 정부중심다자간모형(Intergovernmental Model)적 접 근을 시도한 것으로 평가된다(김지연 2013; NetMundial 2014).

　이상에서의 일련의 과정을 통해 브라질의 인터넷 권리장전법 인 마르코 법안의 제정 과정에서는 약 1,100개 코멘트를 포함하여 총 2,400여개의 의견제시가 이루어졌으며 성공적인 상향식(Bottom-up) 의사형성 과정을 거쳐 차츰차츰 완성되어 간다. 이러한 협의 절차는 2010년 5월까지도 계속되었으며 브라질 법무부 장관은 토론과 코멘 트들을 다시 한 번 취합하여 최종 법안 초안을 작성하였으며 이후 최 종 법안은 지우마 호세프 대통령에게 보고된다. 이후 2011년 8월 24 일 브라질 대통령 지우마 호세프는 마르코 법안을 브라질 의회에 제출 하였으며 브라질 연방상원에서 심의를 통해 2014년 4월 24일 개최된 넷문디알 회의 직전에 통과되어 대통령의 서명을 받아 최종적으로 제 정된다. 특히 넷문디알 회의 직전 통과된 브라질의 마르코 법안은 회 의 시작과 함께 세계적인 찬사를 받게 되며 브라질은 '인터넷 검열'의 국가 이미지에서 벗어나 인터넷 상에서의 '사용자의 권리 및 인권'을 최초로 보장한 국가라는 수식어를 얻게 된다(UN 2013; 김지연 2013; NetMundial 2014).

앞서 살펴 본 바와 같이 브라질의 룰라 정부와 호세프 정부는 정부가 중심이 되며 동시에 인터넷 상에서의 모든 이해관계자들의 의견을 포괄적으로 내포할 수 있는 상향식 의사형성 과정의 방식을 통하여 마르코 법안을 성공적으로 만들어 낸다. 특히 브라질은 인터넷의 망중립성 원칙과 사용자의 '권리'를 존중하기 위한 수단의 하나로 아제르두 법안의 개정 과정에서 정부 행위자들 중심의 폐쇄적 개정 진행 방식에서 탈피하여 세계에서 최초로 인터넷 상에 법안의 개정 내용을 공개하는 개정 방식을 채택한다. 또한 인터넷을 이용하는 일반인들 또한 개정작업에 참여할 수 있는 방식을 통해 인터넷 상에서 시민의 권리(Bill of Rights)를 한층 더 보장하는 전 세계 최초의 마르코 법안과 이 법안의 독특한 개정 방식을 통해 브라질은 대외적으로 인터넷 이용자들의 인권의 측면을 생각하는 국가 브랜드의 이미지를 구축하게 되며 글로벌 인터넷 거버넌스 상에서 새로운 행위자로 떠오르게 된다.

지금까지 살펴 본 바와 같이 브라질은 룰라 정부 시기부터 호세프 정부 시기까지 환경 및 안보 분야에서 미국을 포함한 선진국가들의 일방주의적인 모습을 비판하는 외교 전략을 펼쳤음을 알 수 있다. 또한 브라질은 개도국 국가들과의 협력을 통해 국제정치상에서의 정치 다극화를 꾀함과 동시에 자신의 위치를 공고화하기 위한 전략을 시행한다. 이러한 브라질이라는 행위자의 고유한 특징은 글로벌 인터넷 거버넌스 상에서 스노우든 사태를 비판하며 미국의 패권적 위치에 대항하는 브라질의 최근 행보와도 일맥상통한다. 이외에도 브라질은 마르코 법안의 개정 과정을 통해 습득한 경험을 통해 넷문디알 회의를 개최하며 글로벌 인터넷 거버넌스 상에서의 새로운 '규범

제공자'로 등장하게 되는데, 다음 V절에서는 이러한 브라질이라는 행위자의 자기 자신의 고유한 특성과 내부 제도적 변화의 복합적 양상을 기반으로 글로벌 인터넷 거버넌스상에서의 미국을 포함한 선진국과 중국을 필두로 한 신흥세력 사이의 구조적 공백을 브라질이 어떠한 전략을 사용하여 메꾸었는지 ANT 이론을 원용하여 살펴보고자 한다.

V. 네트워크로 보는 브라질의 정보커뮤니케이션 전략

1. 프레임 짜기

2014년 브라질은 넷문디알 회의를 개최하며 글로벌 인터넷 거버넌스 상의 새로운 '규범 창설자'로 등장하는데 이는 미국 주도하에 형성된 글로벌 인터넷 거버넌스 구조를 탈피하고자 ANT 이론에서의 번역의 과정을 시도한 것이라 할 수 있다. 그러나 새로운 네트워크를 형성하고자 한 브라질의 번역의 시도는 최근 급격히 이루어진 것이 아니라 이미 2000년대부터 시작되었던 것임을 ANT 이론을 원용하여 살펴볼 수 있다.

　　브라질은 자국의 인터넷 망이 활성화되고 인터넷이 생활의 필수 불가결한 요소로 자리잡게 되자 2000년대 초반을 기점으로 하여 IGF, ICANN, ITU, CENTR(Center of European national Top Level Registries), APTLD(Asia Pacific Top Level Domain Association) 등의 다양한 인터넷 관련 회의에 지속적으로 참석하며 글로벌 인터넷 거버넌스가 어떻게 형성되고 있는지를 파악한다. 이후 브라질은 매우 흥미로운 점을 발견하게 된다. 바로 아랍국가들을 포함하여 자국이 속해 있고 통합과 협력에 박차를 가하고 있는 BRICS 국가들 중 중국과 러시아 및 인도의 비영어권 국가의 신흥세력들이 기존 미국 질서의 글로벌 인터넷 거버넌스에 대해서 매우 강도 높은 불만을 표출하고 있었다는 점이다(Pavan 2012; McGillvray 2014).

앞서 III절에서 살펴본 바와 같이 브라질은 중국과 러시아를 포함한 제3세계 국가들로 이루어진 신흥세력들과 함께 인터넷 거버넌스 관련한 다양한 국제회의에서 자국의 언어로 이루어져 있는 인터넷 도메인이 등록되지 못하는 실정과 루트서버 및 gTLD 신설권이 미국의 통제로 이루어지는 이른바 미국의 '1인 지배 체제'의 글로벌 인터넷 거버넌스라는 구조에 강한 문제제기를 지속해 온 바 있다. 그러나 이러한 신흥세력국들의 문제제기에도 불구하고 미국 및 유럽국가들로 이루어진 구세력은 중국, 러시아, 그리고 아랍국가들이 포함된 신흥국가들의 인터넷 검열을 문제 삼아 인터넷 망 중립성의 이유를 들어 이들의 요구를 계속적으로 거절한다.

브라질은 다양한 글로벌 인터넷 거버넌스 회의 참석 등을 통해 기존 네트워크 상에서의 다른 행위자들, 즉 중국과 러시아 및 아랍권 국가들을 포함한 신흥세력들과 미국을 각각 '내 편'과 '네 편'으로 정의한다. 이후 브라질은 '내 편'인 러시아와 중국을 자신의 네트워크로 끌어들여 새로운 프레임을 만드는 시도를 한다. 이는 바로 ANT 이론의 번역의 첫 번째 단계인 '프레임 짜기'의 부분에 해당한다. 네트워크 상의 전반적인 상황을 파악한 브라질은 이후 단순히 글로벌 인터넷 거버넌스에 관여하는 중국과 러시아가 각각 어떠한 정체성을 가지고 있는지를 규명하는 것을 넘어서서 글로벌 인터넷 거버넌스와 관련하여 자신의 목적과 다른 행위자들 각각의 이해관계와 어떻게 연결되어 있는지

를 살펴본다. 이는 바로 ANT 이론의 프레임 짜기 단계의 핵심인 의무
통과점 설정에 관한 부분이다.

브라질은 2003년부터 지속적으로 참여해 온 UN정보화사회정상
회의(WSIS)와 ITU 및 ICANN 등의 연례 회의에서 글로벌 인터넷 거
버넌스 내 미국 중심 질서를 당연한 식으로 바라보는 인식의 틀을 깨
고자 했다. 이를 위해 미국의 패권적 지위로 인해 오는 불편함을 지적
하면서, 브라질이 제시하는 대안이 각 행위자들에게 중요하며 이익을
주는 것임을 상기시키기 위한 노력을 펼친다. 이러한 브라질의 노력은
룰라 대통령의 2009년 ITU 연례 회의에서도 알 수 있다.

룰라 대통령은 "보다 많은 이들에게 단순히 첨단 기술 인프라를
전파하는 데 그치지 않고 사용자들이 인터넷으로 양방향 소통을 할 수
있도록 해야 할 것"이라고 밝히며 글로벌 인터넷 거버넌스의 구조 속
에서 구세력과 신흥세력의 정보 격차가 해소되어야 한다는 메시지를
담은 연설을 한다. 이를 통해 브라질은 미국이 글로벌 인터넷 거버넌
스 체제에 참여하면서도 미국 이외의 행위자들의 참여를 용이하게 하
는 정부중심다자간체제라는 의무통과점을 설정하여 지지세력의 구축
을 시도한다.

브라질이 다중이해당사자모형과 정부중심다자간모형 중 정부중
심다자간모형을 새로운 인터넷 거버넌스의 틀 및 의무통과점으로 제
시한 것은 미국과 계약을 맺어 인터넷 주소 자원을 관리하는 현재
의 ICANN 체제에서 정부자문위원회(Government Advisory Council:
GAC)의 역할이 미미한 것과 이로 인해 인터넷에 관련된 이슈들이 각
국가 행위자들의 의견이 배제된 채로 다루어지는 실정에 대해 지적한
것이다.

2. 맺고 끊기

이후 '프레임 짜기'의 단계를 거쳐 각 행위자들의 이해관계를 파악한 브라질은 그 다음 번역의 단계인 '맺고 끊기'의 단계에 들어서며 기존의 글로벌 인터넷 거버넌스 상에서 미국의 패권적 지위에 대항하고 이와 관련된 네트워크를 끊기 위한 전략을 위해 먼저 자신과 같은 의견을 피력하고 있는 러시아와 중국 및 인도와의 협력관계를 도모한다. 특히 룰라 행정부 시기 브라질은 중국과 러시아 그리고 인도와의 관계를 돈독히 하기 위한 방안으로 2000년대 초부터 BRICS 네트워크를 창설하여 협력을 다져온 바 있는데, 브라질은 인터넷 글로벌 거버넌스 상의 미국의 패권적 위치에 대항하여 이를 끊어내기 위한 방안으로 중국과 러시아 그리고 인도와 함께 2011년 BRICS 정상회담에서 제1차와 제2차 브릭스 정상회담에서는 논의되지 않던 인터넷 및 과학·기술 협력을 제시하며 'Sanya Declaration'을 통해 새로운 전략적 파트너십을 추진할 것을 발표한다(BRICS 2011; McGillivray 2014).

이외에도 브라질을 포함한 인도, 중국, 그리고 러시아는 2013년 10월 4일 BRICS 국가들만의 독자적 인터넷 네트워크 망을 건설할 것을 발표하고 이러한 네트워크 망은 러시아와 중국, 그리고 인도뿐만 아니라 아프리카 대륙에도 설치될 예정임을 명시한다. 이는 인터넷 망을 건설하기 원하였으나 경제적 부담으로 인해 이를 실행하지 못하였던 아프리카 대륙의 국가들까지도 자신들의 네트워크에 포함시키고자 펼쳐진 전략이라 할 수 있다(BRICS Post 2013).

또한 브라질은 중국과 함께 1988년부터 추진한 CBERS 인공위성 발사 계획에 박차를 가한다. 이미 브라질과 중국은 CBERS-1과 2, 2B, 3, 4등의 5개 인공위성을 공동개발한 상태이며 2014년 12월 다섯 번

째 인공위성을 발사하며 스노우든 사태가 터진 약 1년이 지난 이후 중
국과 브라질의 전략적 협력 관계를 대외적으로 다시 한 번 재명시한
다. 더 나아가 브라질은 러시아와 중국 및 인도 등 신흥세력 국가들뿐
만 아니라 스노우든 사태 이후 미국의 역할에 대해 강한 의구심을 품
게 된 글로벌 인터넷 거버넌스 상의 구세력인 유럽연합(European Un-
ion: EU) 국가들과의 사이버 협력을 통해 미국이 세워놓은 기존의 인
터넷 글로벌 거버넌스 네트워크의 구조를 해체하는 시도를 한다.

중국을 포함한 신흥세력과의 협력을 공고화한 브라질은 더 나아
가 독일을 포함한 구세력들과 번역의 과정의 '맺고 끊기'를 시도하는
데 이러한 시도를 위해 브라질은 2013년의 스노우든 폭로 사태를 이
용한다. 브라질은 스노우든 사태를 이용하여 제68차 UN 총회에서
"NSA의 정보수집 행위는 인권과 시민적 자유를 심각하게 침해한 것이
며 국가 주권을 무시한 것"이라 연설하며 미국의 불법적 행동을 강력
히 비판한다. 연이어 호세프 대통령은 미국에게 해명과 사과 및 재발
방지를 요구하였으나 미국 정부가 이를 받아들이지 않았음을 동 총회
에서 밝히며 '도덕' 및 '규범'에 입각하여 패권국 미국의 일방주의적인
태도를 지적한다(UN 2013).

스노우든 사태를 기점으로 브라질은 도덕 및 규범에 입각하여 구
세력 국가들 중 미국 NSA의 도청대상에 포함되어 있던 독일과의 협력
을 꾀한다. 특히 독일을 포함한 EU 국가들은 미국이 주장하는 다중이
해당사자모형을 지속적으로 주장한 바 있으나, 미국의 도청사실이 폭
로된 후 자국의 사이버 안보 관련 위험성을 염두하여 미국의 역할에
회의적인 시선을 품게 되었으며 이후 브라질과 함께 사이버 안보에 관
한 회의를 넷문디알 회의 전 상의할 것을 약속한다. 넷문디알 회의 시
작 전 브라질의 지우마 호세프 대통령은 독일의 메르켈 총리와의 회담

을 통해 EU 국가들과 브라질의 새로운 사이버 기술 및 협력을 도모할 것을 약속하며 구세력 국가들을 자신의 네트워크에 포함시키게 된다 (NetMundial 2014).

3. 내 편 모으기

ANT의 번역의 과정 중 '프레임 짜기'와 '맺고 끊기'의 단계를 거친 브라질은 이후 군사력에 바탕을 둔 하드파워의 측면이 아닌 설득과 협력이라는 소프트파워의 측면에서 미국 중심의 글로벌 인터넷 거버넌스의 네트워크 구조에 대해 이의를 제기하는 과정을 통해 새로운 글로벌 표준을 세워나가고자 시도한다. 이는 번역의 세 번째 단계에 해당하는 '내 편 모으기'와 '표준 세우기'에 상응하는 내용으로 볼 수 있다. 먼저 '내 편 모으기'에서 브라질은 이전 단계들을 통해 파악된 지지 세력의 행위자들에게 새로운 역할을 부여하고 새로운 관계를 적극적으로 설정해 나가는데, 브라질의 지우마 호세프 대통령은 이를 위해 2013년 발생한 스노우든 사태를 이용하여 자신의 불법적 행위에도 불구하고 사과를 하지 않는 미국이라는 패권국의 일방주의적 노선의 이의를 제기하는 규범에 입각한 전략을 펼친다.

　브라질의 지우마 호세프 대통령은 앞서 누차 언급된 바와 같이 제68차 UN총회에서 미국의 불법 도청 사실을 공개적으로 비난하며 이는 국가주권을 침범하는 행위이자 미국 중심의 글로벌 인터넷 거버넌스의 부당함을 전적으로 보여주는 예임을 역설하고 자신과 의견을 함께 하는 동지국가(like-minded)와 협조하는 방식을 선택하는 전략을 구사한다. 브라질의 지우마 호세프 대통령의 연설 이후 인도, 남아프리카 공화국의 외교장관들은 "개인과 기업, 정부의 통신과 정보에 대해 불법적으로 이뤄지는 도·감청 행위를 크게 우려한다."라고 밝혔으며 또한 러시아, 중국, 그리고 EU 국가들까지도 이에 동조하는 의견을 연달아 발표하며 브라질의 지우마 호세프 대통령의 연설을 향한 찬사와 격려를 표현한다(연합뉴스 2013; BRICS Post 2013).

　이러한 일련의 과정에서 주목하여야 할 점은 바로 브라질이 다른 회의가 아닌 UN이라는 세계기구의 장을 이용하였다는 것이다. 이는 미국이라는 패권국가와의 양자적 관계가 아닌 여러 국가 행위자들이 참여하는 다자의 장에서 자신과 의견을 같이하는 국가들의 의견을 모으고 이들과 도모하여 미국이 구성하여 놓은 글로벌 인터넷 거버넌스라는 기존 질서에 대한 이의를 보다 글로벌하게 공식화하기 위한 전략이라고 할 수 있다. 김상배는 이를 네트워크를 구성한 행위자들이 그렇지 못한 행위자들에 대해서 행사하는 집합 권력을 기반으로 하는 '협업외교(collective intelligence)'라고 설명한다(김상배 2014b).

　이후 브라질은 '내 편 모으기'의 단계를 공고화하기 위한 전략으로 미국의 주요 도청 대상국이었던 독일과 함께 협력하여 디지털 시대에 걸맞은 개인의 사생활(Privacy)을 보장하기 위한 초안을 UN 총회(UN General Assembly)에 요구한다. 이 초안의 내용은 먼저 과도한 도청과 불법적으로 개인과 관련된 정보(Information) 및 데이터(Data)를 수집하는 것을 금지하는 것을 주요 골지로 한다. 이후 초안은 UN 총회의 193개국 회원들의 주의(Attention)를 요청하는 것을 시작으로 투표에 붙여져 'Anti-Spying Resolution'이라는 이름하에 독일, 프랑스, 벨기에 등의 구세력들과 중국, 인도, 러시아 및 북한을 포함한 신흥세력 등 55개 국가들의 지지를 받아 제196차 UN 산하 인권위의 결의안으로 채택된다(BRICS Post 2013). 비록 UN 총회의 결의안이 구속력(Binding Force)이 없다 하더라도 UN 총회 하의 결의안이 중대한 도덕적 그리고 정치적 영향력을 충분히 행사할 수 있다는 사실을 염두한다면 이는 매우 큰 파급력을 불러 올 수 있는 정치 이벤트(Political Event)에 해당한다 할 수 있다.

4. 표준 세우기

'내 편 모으기'의 과정을 거친 후 브라질은 2014년 4월 23일부터 24일까지 넷문디알 회의를 개최하며 ANT 이론의 마지막 단계에 해당하는 '표준 세우기'의 번역의 과정을 시도한다. 넷문디알 회의는 글로벌 인터넷 거버넌스 관련 회의 중 가장 성공적인 회의라고 대외적으로 평가받는 회의 중 하나이다. 특히 동 회의에는 기존의 글로벌 인터넷 거버넌스 관련 회의들이 미국을 주축으로 하는 미국계 전문가 집단들과 이에 반대하는 다른 국가군들의 행위자들이 중심이 되어 개최되었던 것과는 달리 학계, 정부, 시민단체 등을 포함한 약 800여 명의 다양한 분야에서의 이해관계자들이 참여하였다는 점에서 매우 긍정적이고 높은 평가를 받고 있다.

  브라질은 마르코 법안의 개정을 통해 쌓아 온 자국의 경험을 살려 회의 시작 전 180여 개의 사전 의견과 1,370여 개의 온라인 코멘트 등을 바탕으로 상향식 의사형성 과정을 통해 불가능해 보였던 중국, 러시아, 인도, 쿠바, 이란을 포함한 제3세계 국가들의 열렬한 지지와 함께 상파울로 멀티스테이크 홀더 선언문(San Paulo Multistakeholder Declration)을 성공적으로 채택한다(NetMundial 2014). 상파울로 멀티스테이크 홀더 선언문은 투명하고 민주적이며 정부를 포함한 모든 이해당사자들의 입장이 평등하게 반영되는 포괄적인 글로벌 인터넷 거버넌스의 형성을 선언하는 내용이 담겨 있다.

또한 상파울로 멀티스테이크 홀더 선언문에는 글로벌 인터넷 거버넌스의 형성이 UN 산하의 IGF에서 이루어져야 한다는 내용을 포함하고 있는데, 이는 기존의 다중이해당사자모형에서 미국이라는 국가의 역할이 전면적으로 배제되고 다양한 국가들의 정부 역할이 조금 더 강조되어야 함을 주장하고 있는 것이다(NetMundial 2014). 이외에도 동 선언문에는 기존의 ICANN 체제 하에서는 미미하였던 정부의 역할을 강조하기 위하여 글로벌 인터넷 관련 이슈들이 UN 산하의 '세계기구'에서 다루어져야 하였음을 우회적으로 표현한 것이다(Symentec Corporation, 2014).

앞서 살펴본 바와 같이 넷문디알 회의의 준비과정과 의사결정 채택방식, 그리고 상파울로 멀티스테이크 홀더 선언문의 채택은 번역의 과정에서 마지막에 해당하는 '표준 세우기'의 단계에 상응한다고 볼 수 있다. '표준 세우기'의 단계란 새롭게 끌어들인 행위자들과 함께 형성한 네트워크의 보편성을 획득하는 것을 의미한다. 달리 표현하여 번역의 과정을 통하여 국제정치상의 전체적인 구도에서 또 다른 표준을 세울 수 있는지에 대한 문제인 것이다. 그러나 상파울로 멀티스테이크 홀더 선언문 및 넷문디알의 의사결정 방식이 인터넷의 주소자원을 둘러싼 논의들이 UN 산하의 세계기구에서 과연 다루어질 것이며 또한 다루어진다면 넷문디알의 의사결정 방식을 따를 것이냐의 결과로 이루어지지 않았기 때문에 이는 번역의 마지막 과정인 '표준 세우기'의 단계가 현재 진행의 상태에 놓여 있다고 할 수 있다.

이러한 한계점에도 불구하고 넷문디알과 기존의 글로벌 인터넷 거버넌스 관련 회의들을 비교하였을 때, 기존의 미국 중심의 질서에 대한 문제제기를 국제 사회에서 표명하였을 뿐만 아니라 성공적으로 넷문디알이라는 인터넷 거버넌스 회의를 개최하여 인터넷 공공정책의 결정 과정에 정부, 시민사회, 기업, 기술 및 학술 커뮤니티, 그리고 개인 이용자들이 동등하고 민주적으로 참여하여야 한다는 내용을 내포하고 있는 상파울로 멀티스테이크 홀더 선언문을 채택한 것은 매우 의미있는 일이다. 특히 상파울로 멀티스테이크 홀더 선언문은 기존의 글로벌 인터넷 거버넌스 회의들에서 채택되었던 국제 선언문들이 단지 제한적인 행위자들의 의견만을 담은 정부간의 '합의문서'이거나 혹은 시민사회 내의 '선언문'이었던 것과는 달리 온라인을 통한 상향식 의사결정 과정을 통해 여러 이해당사자들이 수평적 입장에서 투명하게 함께 논의하여 합의점에 다달아 채택된 '최초'의 선언문이라는 점에서 크나큰 의미가 존재한다.

VI. 맺음말

본 연구에서는 글로벌 인터넷 거버넌스 상에서의 구조적 공백을 메꾸며 강대국도 약소국도 아닌 브라질이 중견국으로서 어떠한 전략을 통하여 자신이 주장하는 정부중심다자간모형을 효과적으로 전 세계에 확산시켰는가를 네트워크적 시각을 통해 살펴보았다. 글로벌 인터넷 거버넌스 상에서의 구조적 공백은 미국과 유럽국가들을 포함한 구세력들과 중국을 필두로 한 신흥세력 국가들과의 세력 대결 구도로 인해 형성된 것으로 이는 세 가지의 차원에서 분석될 수 있다. 먼저 신흥세력과 구세력 간의 세력대결과 미국 주도 하의 ICANN이 UN의 ITU와 같은 세계기구에서 다루어질 것인가, 정부중심다자간 모형과 다중이해당사자 모형 중 어떠한 것이 새로운 인터넷 거버넌스의 틀로 채택될 것인가와 더 나아가 미국과 중국의 패권 대결에서 누가 승자가 될 것인가이다.

　이러한 세력대결 구도 속에서 브라질은 다층적으로 형성된 글로벌 인터넷 거버넌스 상의 구조적 공백을 룰라 정부시기부터 형성된 외교적 관념을 기반으로 메꾸는 전략을 펼치게 된다. 본 연구에서는 이러한 브라질의 구조적 공백 메꾸기 전략을 ANT 이론의 4단계를 원용하여 살펴 보았다. 브라질은 먼저 다양한 글로벌 인터넷 거버넌스 회의 등에 참석하며 중국, 러시아, 그리고 아랍국가들을 포함한 비영어권 국가들이 기존의 미국 중심의 글로벌 인터넷 거버넌스의 불평등한 구조에 불만을 가지고 있음을 파악하게 된다. 또한 미국이 주장하는 다중이해당사자모형에 대한 의문점들을 제기하고 있는 전체적인 상황도 알게 된다. 이후 브라질은 각각의 행위자들을 정의하는 것을 넘어서서 중국을 포함한 신흥세력들과의 협력의 과정을 통해 미국의 주도 하에 구성하여 온 기존의 네트워크를 끊고 새로운 행위자들과의 관계를 맺는 네트워크적 전략을 펼친다.

　이러한 상황 하에서 브라질의 호세프 행정부는 미국이 지속적으로 도청을 하였던 대상 국가에 브라질 및 독일을 포함한 유럽국가들이 포함되어 있다는 사실을 이용하여 미국의 패권적 지위에 대항하였던 신흥세력의 국가들뿐만 아니라 미국 주도 하의 ICANN 체제에 순응하였던 유럽국가들까지도 자신의 네트워크 속으로 끌어들이는 전략을 구사한다. 이후 브라질은 마르코 법안을 개정하였던 자국의 경험을 바탕으로 다양한 이해당사자들의 의견을 아우를 수 있는 상향식 결정방식을 통해 넷문디알 회의를 개최한다. 넷문디알 회의 개최와 함께 브라질은 상파울로 멀티스테이크 홀더 선언문을 채택한다.

　이는 미국이 제시하여 온 다중이해당사자모형에 대항하고, 정부 중심다자간모형의 효율성을 대외적으로 공표하며 새로운 표준을 제공하고자 한 것이다. 비록 상파울로 멀티스테이크 홀더 선언문이 새로운 표준으로 제정되지는 못하였으나, 브라질이 채택하였던 온라인을 통한 다양한 이해당사자들의 의견을 살펴보고 포함할 수 있는 상향식 의사결정 방식은 향후 국제 인터넷 공공정책의 결정을 보다 투명하고 민주적이며 다양한 참여자들의 협력 속에서 이루어질 수 있게 하는 초석으로 평가받을 수 있을 것이다.

글로벌 인터넷 거버넌스와 관련된 논쟁은 국제정치의 전반에서 일어나고 있는 패권 질서의 변화를 잘 보여주는 사례이기도 하다. 특히 글로벌 차원에서 적용되는 법, 즉 규범에 대해 미국 패권 중심의 질서에 이의를 제기함과 동시에 새로운 표준을 성립해 나가는 과정에서 브라질은 자신과 같은 의견을 가진 동지국가들과 새로운 강대국으로 부상하고 있는 중국, 러시아, 인도 및 비서구권 국가들과의 협력을 통하여 군사력에 바탕을 둔 하드파워의 측면보다는 의사소통과 설득을 통한 소프트파워의 외교 전략을 구사한다. 특히 브라질은 이러한 과정을 통하여 미국이라는 강대국의 일방주의적 외교 노선을 비판하며 '정의자'의 국가 이미지를 구축하는 시도를 꾀함과 동시에 이에 대항하는 새로운 규범을 창출하고자 하는 '규범 제공자'의 역할을 시도한다.

본 연구에서 살펴 본 브라질의 이러한 네트워크 전략은 브라질과 같은 강대국도 약소국도 아닌 국가들이 인터넷과 같은 다양한 비전통 안보 문제들 속에서 패권국에 대항하여 새로운 위치를 구축하고자 하는 전략을 구사하는 데 있어 보다 의미 있는 논의가 될 수 있을 것이다.

참고문헌

김보미. 2013. "호세프, 미국이 브라질 감시 UN회의서 공개비판." 경향신문 2013.9.25.
　　http://news.khan.co.kr/kh_news/khan_art_view.html?artid=201309252237225&co
　　de=970201 (검색일: 2014.11.30.).
김상배. 2006, "문화제국과 네트워크 지식국가."『네트워크 지식국가』. 을유문화사.
＿＿＿. 2011a. "한국의 네트워크 외교 전략 : 행위자-네트워크 이론의 원용."
　　『국가전략』17(3)(2011년 가을). 세종연구소.
＿＿＿. 2011b. "네트워크로 보는 중견국 외교 전략: 구조적 공백과 위치권력 이론의
　　원용."『국제정치논총』. 51(3), pp.51-77. 한국국제정치학회.
＿＿＿. 2011c.『거미줄 치기와 벌집 짓기: 네트워크 이론으로 보는 세계정치의 변환』.
　　한울아카데미.
＿＿＿. 2014a. "Roles of Middle Power in East Asia: A Korea Perspective", pp. 1-35. East
　　Asia Institute. Jan 2014.
＿＿＿. 2014b.『아라크네의 국제정치학』. 한울아카데미.
김지연. 2013. "인터넷 거버넌스와 전문성의 정치: 도메인네임시스템의 '중심과' 정치'."
　　『경제와 사회』, pp 304-339.
서성현. 2011. "성공한 대통령 브라질 룰라의 비결."『조선일보』. http://monthly.chosun.
　　com/client/news/viw_contentA.asp?nNewsNumb=201102100016&ctcd=D&cPag
　　e=1(검색일: 2014.12.14.).
외교부. 2012. "브라질의 역사." http://www.mofa.go.kr/main/index.jsp.
이투데이. 2010. "브라질 룰라 호세프 미·중 환율 전쟁 비판." 2010.11.4. http://www.
　　etoday.co.kr/news/section/newsview.php?TM=news&SM=3002&idxno=373432
　　(검색일: 2014.11.25.).
장석준. 2013. "안으로는 제3의 길, 밖으로는 국제주의."『한겨레21』. 2013. 6.17. http://h21.
　　hani.co.kr/arti/world/world_general/34681.html(검색일: 2015.1.13.).
홍성욱 편. 2010.『인간·사물·동맹: 행위자네트워크 이론과 테크노사이언스』. 이음.
MBN. "룰라, 아마존은 브라질 땅." 2007.9.20. http://mbn.mk.co.kr/pages/news/
　　newsView.php?news_seq_no=261771(검색일: 2015.1.13.).

BBC. 2014. "Brazil: Internet 'Bill of Rights' Approved in Key Vote." 2014.3.27. http://
　　www.bbc.com/news/blogs-news-from-elsewhere-26771713(검색일: 2014.11.12.).
Bowie, Norman B. and Meg Schneider. 2011. *Business Ethics for Dummies*. Indianapolis.
　　IN: Wiley Publishing.
Brands, Hal. 2012. *Dilemmas of Brazilian Grand Strategy*. Strategic Studies Institute.
BRICS. http://www.bricsforum.com(검색일: 2014.11.13.).
CGI.br. http://www.cgi.br/english/about/members.htm(검색일: 2014.11.8.).

Chilosi, Alberto and Mirella Damiani. 2007. "Stakeholders vs Shareholders in Corporate governance." MPRA Paper No. 2334.

Daniel Flemes. 2013. *Regional Leadership in the Global System*. Farnham. Ashgate Publishing Limited. 2.

De Freitas Barbosa, Alexandre, Thais Narciso, and Marina Biancalana. 2009. "Brazil in Africa: Another Emerging Power in the Continent?" *Politikon*. 36(1), pp.59-86.

Deibert, Ronald. 2008. *Access denied the practice and policy of global Internet filtering*. Cambridge, Mass: MIT Press.

Deibert, Ronald, John G. Palfrey, Rafal Rohozinski, and Jonathan Zittrain. 2010. *Access controlled: the shaping of power, rights, and rule in cyberspace*. Cambridge, Mass: MIT Press.

DeNardis, Laura. 2009. *Protocol politics: the globalization of Internet governance*. Cambridge, Mass: MIT Press.

_____. 2014. *The global war for Internet governance*. New Haven, Yale University Press.

Flemes, Daniel. 2010. "Brazil: Strategic Options in the Changing World Order." In: Daniel Flemes (ed.). *Regional Leadership in the Global System. Ideas, Interests and Strategies of Regional Powers*, p.101. Ashgate.

Fornazari, F. K. 2006. "Instituições do Estado e políticas de regulação e incentivo ao cinema no Brasil: o caso Ancine e Ancinav." *RAP Rio de Janeiro*, 40(4), pp.647-677.

Google. 2014. "Google Transparency Report." http://www.google.com/transparencyreport/removals/government/notes/?hl=ko(검색일: 2015.1.14.).

Hurrell, Andrew. 2010. "Brazil: What kind of Rising State in What Kind of Institutional Order?." In: Andrew F. Cooper, Alan S. Alexandroff (eds.). *Rising States, Rising Instituti-ons. Challenges for Global Governance*, pp.128-150. Waterloo, Washington.

International Conference on Artificial Neural Networks (European Neural Network Society), Konstantinos I. Diamantaras, W. Duch, and Lazaros S. Iliadis. 2010. *Artificial neural networks - ICANN 2010 20th International Conference, Thessaloniki, Greece, September 15-18, 2010, Proceedings. Part II Part II*. Berlin: Springer-Verlag. http://site.ebrary.com/id/10409206(검색일: 2015.1.11.).

King, Ian. 2004. "Internationalising internet governance: does ICANN have a role to play?." *Information & Communications Technology Law*. 13(3), pp.243-258.

Klein, Hans. 2002. "ICANN and Internet Governance: Leveraging Technical Coordination to Realize Global Public Policy." *The Information Society*. 18(3), pp.193-207.

MacLean, Don F. 2004. *Internet governance: a grand collaboration : an edited collection of papers contributed to the United Nations ICT Task Force Global Forum on Internet Governance, New York, March 25-26, 2004*. New York: United Nations Information and Communications Technologies Task Force.

Mathiason, John. 2009. *Internet governance: the new frontier of global institutions.* London: Routledge.

Maxwell, S., & Stone, D. L. (eds.). 2004. *Global knowledge networks and international development.* Routledge.

McCarthy, C. and M. B. da Cunha. 2002. "Reducing the Information Gap: Digital Library Development in Brazil." *Proceedings of the ASIS Annual Meeting.* 39, pp.559–561.

McGillivray, Kevin. 2014. "Give it away now? Renewal of the IANA functions contract and its role in Internet governance. (internet assigned numbers authority) (Special Issue: Contemporary Issues in Internet Governance)." *International Journal of Law and Information Technology.* 22(1), pp.3–26.

Mueller, Milton. 2002. *Ruling the root: Internet governance and the taming of cyberspace.* Cambridge, Mass: MIT Press.

_____. 2010. *Networks and states the global politics of Internet governance.* Cambridge, Mass: MIT Press.

National Strategy of Defense, Brazilian Ministry of Defense. 2008 pp.33–34.

NetMundial. http://netmundial.br(검색일: 2014.10.30.).

Paré, Daniel J. 2003. *Internet governance in transition: who is the master of this domain?* Lanham, Md: Rowman & Littlefield Publishers.

Parra, H. 2012. "Controle social e prática hacker: tecnopolítica e ciberpolítica em redes digitais." *Sociedade e Cultura.* 15(1). DOI-10.

Pavan, Elena. 2012. *Frames and connections in the governance of global communications: a network study of the Internet Governance Forum.* Lanham, Md: Lexington Books.

Richardson, Hadley. 2011. "Brazil raises cyber defense game." [it]decisions, une 15, 2011.

Rula. 2009. "President of Brazil's Address to FISL 2009." *IT Software Forum.* June 24, 2009(검색일: 2015.1.12.).

Scott, Shane. "EX-Contractor Is Charged in Leaks on N.S.A Surveillance", *NYTimes,* June21,2013.http://www.nytimes.com/2013/06/22/us/snowden-espionage-act.html?pagewanted=all(검색일: 2014.10.30.).

SOARES DE LIMA, MARIA REGINA, and MÔNICA HIRST. 2006. "Brazil as an intermediate state and regional power: action, choice and responsibilities." *International Affairs.* 82(1), pp.21–40.

Sotero, Paulo. 2010. "Brazil's Rising Ambition in a Shifting Global Balance of Power PAULO SOTERO BRAZIL'S RISING GLOBAL AMBITION." *Politics.* 30.

Spektor, Matias. 2009. "Anti-Americanism in Latin America and the Caribbean-Edited by McPherson, Alan." *Bulletin of Latin American Research.* 28(1), pp.146–147.

Symentec Corporation. 2014. "Latin American and Caribbean Cyber Security Trends." *Organization of American States.* Available at http://www.oas.org/cyber/

documents_en.asp(검색일: 2015.1.16.).

UN 68th General Assembly Meeting. 2013. *United Nations*. Available at http://www. un.org/en/ga/68/resolutions.shtml(검색일: 2014.11.8.).

Vladimir Golubev. 2013. ˝Fighting cybercrime in CIS: strategies and tactics.˝ Computer Crime Research Center.

˝ICANN Panel to Report On Internet Governance.˝ 2013. *Telecommunications Reports*. 79(23).

제8장

에이즈의 세계정치와 중견국 외교:
브라질과 남아공의 전략

황예은

이 장에서는 신흥 중견국으로 부상한 브라질과 남아공이 에이즈라는 탈근대 보건 안보 위협에 대응해 펼친 전략 속에서 찾을 수 있는 세계정치적 함의를 고찰한다. 1990년대 중반 이후 주요 에이즈 피해국들이 직면했던 가장 큰 문제 중 하나는 에이즈 약물치료에 대한 수요와 공급 간에 존재하는 공백이었다. 그런데 국가의 역량이나 국제체제 내 위치의 측면에서는 비등한 탈냉전기 신흥 부상 국가들이 의약품에 대한 특허권 보호를 강화하는 무역 관련 지적재산권(TRIPS) 협정의 이행과 에이즈 치료정책을 동시에 전개해야 하는 구조적 도전을 극복하기 위해 선택한 전략은 각각 상이하게 나타났다. 이 연구에서는 그중 국내 정부 및 비정부 행위자 간에 형성된 복합적 협력 네트워크를 바탕으로 글로벌 에이즈 거버넌스에 적극적으로 참여하여 선도한 브라질의 사례와 국내 거버넌스의 분열 및 에이즈나 지재권에 대한 국제 사회의 접근 방식과의 대립을 겪은 남아공의 경우를 집중적으로 살펴본다. 특히 네트워크 이론의 관점을 도입하여 브라질의 성공적인 에이즈 통제 및 대외 영향력 증대와 남아공 에이즈 전략의 실패를 가른 결정적인 요소를 국내 거버넌스 차원이 아닌 국제질서 속 위치설정의 과정에서 찾고자 한다. 이러한 사례의 비교연구는 점점 더 많은 비전통 재난 혹은 위기의 상황이 요구하는 '중견국'의 대응 방식, 즉 적절한 상황 지성을 바탕으로 다른 행위자들과의 관계를 주도적으로 설정하고 이를 활용하는 중견국의 유동적 태도와 외교적 능력에 대해 중요한 시사점을 던져준다.

I. 머리말

최근 세계를 공포로 몰아넣은 에볼라(Ebola) 바이러스는 글로벌 보건 거버넌스의 취약성을 드러내고 사람들에게 보건 안보의 중요성을 환기시켜 주었다. 2000년대 이후 사스(SARS)나 신종 인플루엔자A(H1N1) 유행 등 여러 차례의 보건 위기를 겪으면서 국제 사회는 보건 문제의 복합성에 대해 인식하게 되었고 이를 바탕으로 다층적인 협력의 필수성을 강조하는 목소리가 커졌다. 그럼에도 불구하고 2013년 12월 서아프리카 기니에서 시작되어 다른 지역으로 급속히 퍼져간 에볼라는 다시 한번 세계를 당황하게 만들었다. 특히 이번 에볼라 사태는 그 공격성, 심각성 측면에서 '현대의 흑사병', '20세기의 악마'와 같은 악명을 떨쳐 온 에이즈(AIDS)의 경우에 종종 견주어졌고 각 국가마다 전염병 확산의 위협에 대한 자신의 대응 방식을 점검해보게 하는 계기가 되었다.[1]

1   미국 질병통제예방센터(CDC)는 에볼라 바이러스를 에이즈 출현 이후 세계 보건 분야의 최대 도전 과제라고 규정하고 반기문 유엔 사무총장과 김용 세계은행 총재 등 국제

에이즈와 에볼라라는 유행성 전염병은 여러 가지 측면에서 유사성을 보인다. 먼저, 유행 초기에 해당 질병에 대한 정보 자체가 절대적으로 부족하여 초기 진압이 쉽게 이루어지지 못했다는 것이다. 다음으로는 특정 지역이나 이슈 영역을 뛰어넘는 발생 경로를 통해 전파되며 복합적인 파급효과를 낳는다는 공통점을 갖는다. 특히 아프리카와 동남아시아와 같은 주요 발병 지역의 수많은 환자들은 치료제를 사용하기 어려운 상황에 놓인 것에 반해 서구권에서는 치료약물에 대한 접근이 용이하며 치료제를 생산 및 취급하는 제약회사들의 이해관계를 중시하는 경향을 보인다. 즉, 질병의 확산과 통제와 얽혀 있는 국제정치적 구조의 성격이 닮아 있기 때문에 에이즈 대응 경험이 에볼라를 퇴치하는 데에 교훈을 제공할 수 있다는 전문가들의 지적이 나오고 있다. 이러한 측면에서 에이즈라는 위협에 대해 다양한 국가들이 취했던 기존 대응 방식의 허와 실을 재고해볼 필요가 있을 것이다.

1990년대 중반 이후 저개발 지역에서 발생하는 에이즈 피해를 최소화시키는 데 있어 '치료'의 측면이 강조되어 왔다. 에이즈는 완치 가능한 치료제나 HIV 백신이 존재하지 않으며 그 치료법인 항레트로바이러스(Anti-retroviral: ARV) 요법은 이 질병을 지속적인 약물 복용과 관리를 필요로 하는 만성질환으로 변형시킨다는 특징을 갖는다. 따라서 의약품 접근권은 효과적인 에이즈 치료정책에 있어 핵심적인 사안이라고 할 수 있다.[2] 그런데 무역 관련 지적재산권협정(TRIPS Agree-

---

사회의 수장들도 에볼라가 '제2의 에이즈'가 되지 않도록 신속한 지원을 요청하였다: Noah Rayman, "CDC Director Compares Ebola Outbreak to AIDS Epidemic," *Time*, Oct. 9, 2014; Steven Petrow, "Why 'Fearbola' reminds of the early AIDS panic," *Washington Post*, Oct. 15, 2014.

2   '의약품 접근권'은 특정 질병이나 증상을 치료함에 있어 필요한 약물을 필요한 때에 취할 수 있는 권리를 의미한다. 이 개념은 1977년 세계보건기구(WHO)에서 첫 번째 필수

ment)의 등장과 함께 한층 강화된 글로벌 지재권 보호 체제는 에이즈 퇴치를 위한 개발도상국의 노력에 도전을 가하기 시작하였다. 전통적으로 대부분의 개도국에서는 의약품이 공공재로서의 성격을 갖는다는 이유로 제약 산업을 특허법 예외대상으로 분류해 왔다. 그러나 모든 기술 분야의 제품 및 제조과정에 대한 특허권을 인정하는 TRIPS협정의 등장은 개도국이 복제 ARV 의약품(generic drugs)을 구입하여 에이즈 환자들을 위한 의약품에의 원활한 접근을 보장하는 데에 치명적이었다. 즉, 각 개도국은 국제 자본 유입에 유리한 환경 조성을 위해 자유무역체제를 수용하면서도 국내 공중보건을 지켜야 하는 딜레마에 직면하게 된 것이다.

이러한 상황에서 의약품 특허보호와 에이즈 치료정책 간 조화를 추구하는 과정은 국가마다 다르게 나타났다. 그중 남아공과 브라질은 유사한 국력과 내적 특징을 지녔지만 1990년대 중반 이후 대응 방식과 성과 측면에서 대조적인 양상을 보인 대표적인 사례이다. 브라질은 1996년에 개도국 중 처음으로 공공의료체계를 통해 고활성 항레트로바이러스 치료요법(HAART)을 무상으로 제공하기 시작한 이후 비교적 신속히 탄탄하고 일관성 있는 에이즈 프로그램을 구축하여 에이즈 통제에 성공했다. 반면, 남아공의 경우 에이즈 정책이 오랜 기간 파편화되어 비효율적으로 운영되었으며 시민들의 에이즈 치료정책 요구에 더디게 응답하여 2000년대 중반까지 지속적으로 에이즈 감염사례가 증가하는 모습을 보였다. 이와 관련해 이 연구에서는 "초기 확산 패턴이 유사했음에도 불구하고 왜 1990년대 중반 이후 브라질에서는 에이

의약품 목록(Model List of Essential Medicines)을 발표한 이후 대중화되었다. 필수의약품 목록의 가장 최신 버전인 제18차 EML 개정안(2013)에 따르면 대부분의 ARV 약물은 특허보호의 대상이다.

즈 사태가 안정화된 반면 남아공은 에이즈 감염 사례 및 사망률의 증가를 보였는가?"라는 질문을 던지고자 한다. 구체적으로는 두 국가가 글로벌 에이즈 거버넌스라는 전체적인 구도 내에서 자신의 위치를 어떻게 설정하였고 이를 에이즈 퇴치에 어떻게 활용하였는지에 초점을 맞추어 살펴보고자 한다(황예은 2014).

　기존에는 TRIPS협정이 에이즈 및 의약품 접근권 문제에 미치는 영향과 이에 대한 브라질과 남아공의 대응을 국내 제도의 변화와 더불어 법적, 경제적 측면에서 설명하고자 한 분석이 주를 이루었다. 그러나 이러한 분석은 국제 체제 변수에 대한 고려가 결여되어 있거나 특정 행위자의 물질적 여건이나 행태의 측면에 초점을 맞추는 속성론적 시각에서 출발한다는 한계를 안고 있다.[3] 이와 달리 관련 현상 속에 담겨 있는 국제정치학적 구조 및 의미를 포착하기 위해 본 연구에서는 네트워크 이론(Network Theory)의 시각을 도입하고자 한다. 탈냉전기가 도래한 이후 세계정치에서는 기존의 국제정치이론에서 제시하는 국민국가 간의 관계 및 전통적 권력과 질서의 개념만으로는 설명할 수 없는 다양한 현상들이 발생했다. 행위자들을 규모나 권력의 크기에 상관없이 하나의 노드(node)로 바라보는 유연한 관점을 견지하는 네트워크 이론은 다양한 행위자의 정치활동과 그 영향력을 분석할 수 있는 기반을 제공한다. 특히, 어떤 특정 노드를 관념적으로 우선시하지 않

3　먼저 일부 연구에서는 국내 에이즈 관련 기관의 정치적 리더십을 중심으로 에이즈 정책의 변화를 살펴보았다(Schneider & Stein 2001; Biehl 2004; Gomez 2011; Flynn 2013). 다음으로, 시민사회와 사회적 압력이라는 변수에 주목하는 논의들이 있다(Jones 2005; Nunn *et al.* 2012). 한편, 남아공과 브라질 및 기타 국가들과의 비교 연구를 통해 국내 사회, 정치 그리고 문화적 구조가 에이즈에 대한 국가 간 대응 차이를 낳았음을 지적한다(Gauri & Lieberman 2006; Vieira 2011; Klug 2012). 또한 우가트 외(Wogart *et al.* 2008)와 같이 에이즈와 ARV 약물 접근권에 대한 남아공과 브라질의 전략을 법, 자원, 제도, 담론과 같은 여러 영역(interface)으로 나누어 비교한 연구도 있다.

기 때문에 최근 보건과 같은 비전통 안보 영역의 거버넌스에서 두드러
지는 민관파트너십, NGO, 제약회사 등 비국가 행위자들의 활동을 설
명하기 용이하다.

특히 이 글에서는 에이즈 치료정책과 TRIPS협정 이행을 둘러싸고
형성된 네트워크형 거버넌스와 거버넌스 내 브라질과 남아공의 역할
을 이해하기 위해 구조적 공백(structural holes)과 중개자(broker) 개
념을 적용해본다.[4] 구체적으로는 강대국과 약소국 사이의 중간적 위치
에서 자신의 정체성을 재설정하기 위해 에이즈 퇴치를 동기이자 수단
으로 동원하는 과정에서 글로벌 에이즈 거버넌스 내에 존재하는 구조
적 공백을 극복하지 못하고 오히려 고립되었음을 보여줄 것이다.

한편, 사물이나 기술과 같은 비인간 행위자에게도 인간의 행위에
영향을 미칠 수 있는 행위능력을 부여하는 행위자네트워크이론(Ac-
tor-Network Theory: ANT)의 시각 또한 개도국의 에이즈 대응을 설명
하는 데에 유용하다.[5] 의약 기술의 발전과 글로벌 차원의 생산 및 분배
네트워크의 강화를 통해 최근 에이즈는 기능적 완치가 가능한 것으로
그 질병 자체의 성격이 변했다. 또한 에이즈 의약품은 글로벌 에이즈
거버넌스의 우선순위 혹은 목표가 예방에서 치료로 재설정되게 만든
독립변수이기도 하다. 더 나아가 바이러스가 변이하거나 1차 ARV 치

---

4   로널드 버트(Ronald Burt)는 사회적 구조에서 집단 간에 존재하는 취약한 링크를 구
     조적 공백이라고 정의하고 특정 노드가 이 구멍을 메움으로써 권력을 획득할 수 있다
     고 설명한다. 여기에서 사회적 구조는 노드 간의 상호작용을 통해 지속적으로 이루어지
     는 물질적 자원 및 정보 등의 비물질적 요소의 교환과 소통을 바탕으로 형성되는 것이다
     (Burt 2005). 더 나아가 스테이시 고다드(Stacie Goddard)는 이러한 역할을 수행하는
     행위자를 중개자 그리고 그에 부여되는 권력을 위치권력이라고 구분하였다(Goddard
     2009).

5   ANT는 행위능력과 구조 또는 행위자로서의 네트워크를 구별하는 이분법을 거부하는
     탈근대적 인식론에 입각하여 인간 및 비인간 행위자들이 이종(異種)적 네트워크를 구성
     해가는 동태적 과정을 탐구한다(김상배 2014).

료제에 대해 내성이 생길 경우로 인해 새로운 2차, 3차 치료를 위한 신약이 지속적으로 개발되어야 한다는 에이즈의 특징은 접근가능한 약물 가격의 책정과 의약품 특허 보호 제도 간의 줄다리기를 현재진행형으로 만드는 데에 결정적이다.

　분석틀로서 ANT가 갖는 유용성은 권력에 대한 그 관점에도 기인한다. ANT는 권력의 원천으로 단순히 행위자의 자원력이나 카리스마와 같은 성질에만 주목할 것이 아니라 특정 영역에서 다양한 이해관계를 조율하고 주변 행위자들과 협력적 네트워크를 구축할 수 있는 관념이나 규범, 설득의 힘이 중요함을 강조한다(김상배 2014). 특히 다양한 다자주의적 장을 활용해 초국적 연대 의식을 형성하고 에이즈 이슈에 있어 권위를 획득한 브라질의 전략을 분석하기 위해서 ANT 이론가 칼롱(Callon)이 제시한 '번역(translation)'의 과정을 국제정치학적으로 변용한 네트워크 전략 틀을 사용하고자 한다. 네트워크 전략은 '프레임 짜기', '맺고 끊기', '내 편 모으기' 그리고 '표준 세우기'라는 4단계로 이루어지는데 그 과정이 항상 순차적, 고정적으로 나타나지는 않는다. 네트워크 전략을 성공적으로 전개한 브라질과 대조적으로 남아공은 국가 차원의 공고한 에이즈 네트워크 구축에 실패했다. 그러나 동시에 남아공 시민사회의 경우 의약품 특허를 상업적 권리에서 인권에 대한 문제로 전환시키는 과정에서 초국적 NGO, 미디어 및 여론과 네트워크를 형성하여 (부분적인) 목표 달성에 성공하는 모순적인 상황을 보였다.

　이후 II절에서는 먼저 강대국과 약소국 사이에 있는 중간 수준의 중견국이 의약품 특허보호와 에이즈 문제 간에 생긴 공백에 대처하는 방식을 유형화하여 브라질과 남아공의 사례를 일반론적 논의 내에 위치시킬 것이다. III절에서는 양 국가가 동일하게 유예 기간 없이 TRIPS

협정을 이행하는 가운데 직면한 딜레마를 해결하기 위해 어떤 조치를 고려했는지 그리고 미국과의 무역 분쟁에서 어떤 주장을 펼쳤는지를 살펴볼 것이다. 그 다음 V절과 VI절을 통해 네트워크 이론의 관점을 적용하여 브라질과 남아공이 에이즈와 의약품 접근권에 대한 글로벌 규범을 변화시키기 위해 펼친 대외전략의 방향설정과 내용을 분석할 것이다. 이렇게 두 국가의 사례를 통해 보건과 같은 비전통 안보 영역에서 중견국이 선보일 수 있는 전략을 검토하는 것이 이 글의 전체적인 목표라 할 수 있다.

II. 의약품 특허보호와 에이즈의 세계정치

1990년대에 들어서 에이즈 치료를 위해 개발된 다양한 약물이 상업화되자 다수의 개도국 내에서는 에이즈 환자들을 위한 안정적인 약물 제공의 여부가 에이즈를 퇴치함에 있어 관건이 되었다. 이미 미국을 비롯한 대부분의 선진국에서는 여러 가지 치료제를 병행투여하는 트리플 치료법[6]을 통해 에이즈 통제가 가능함을 보여주었다. 하지만 정작 HIV 감염 사례가 확연히 많은 남반구 국가들의 에이즈 약물치료 정책은 오랜 기간 논란의 대상이 되었다(Halbert 2002).

그 중에서 ARV 약물의 높은 가격과 에이즈에 수반되는 기회감염 치료 약물이나 기타 진통제 사용으로 인해 발생하는 비용이 의약품 접

---

6   '칵테일 요법(cocktail therapy)'으로도 통하는 트리플 치료법은 세 가지 약제를 병행
     투여하는 에이즈 치료 방법이다. 하나의 약제로 치료할 경우에는 내성을 가진 변종 바이
     러스가 생기기 쉽기 때문에 이를 억제하기 위해 개발된 칵테일 요법은 현재까지 가장 큰
     효과를 낳고 있는 에이즈 치료법으로 알려져 있다.

근성 향상에 관해 개도국이 직면하는 가장 큰 장애물이었다. 특히 모든 산업 부문에 대해 무차별적으로 지적 재산권 보호를 적용할 것을 명시하는 TRIPS협정이 약물 보급에 제동을 걸었다. TRIPS협정은 지재권 보호가 신약 개발 및 혁신에 기여한다고 주장하는 대형 제약기업들의 입장을 잘 반영하였다. 또한 특허 보호를 제공하지 않는 WTO 회원국에게는 보복 조치를 취할 수 있는 패널티 시스템도 함께 도입하였다. 그러나 많은 개도국과 옥스팜, 국경없는의사회(MSF) 등 초국적 NGO 등으로 구성된 글로벌 시민사회 측에서는 TRIPS협정이 저개발 지역의 의약품 접근권에 미칠 부정적인 영향에 대해 강한 우려를 표하며 대항 운동을 펼치기 시작했다. 이들은 ARV 약물 처방이 선진국에서는 용이해졌지만 신약의 특허권을 보유하고 있는 다국적 제약회사들이 그 가격을 일방적으로 책정하고 시장성이 높은 의약품 개발에만 집중하는 모습을 보임을 지적하며 신자유주의적 논리가 아닌 인도적 차원에서 보건 이슈에 접근할 것을 촉구했다.

　이러한 갈등이 팽팽한 가운데 1990년대 후반부터 주요 에이즈 피해국들이 주안점을 두었던 부분도 바로 에이즈 약물치료에 대한 수요와 공급 간의 불균형 완화였다. 그런데 TRIPS협정의 이행 의무와 에이즈 치료정책 전개 사이의 조화를 위해 선택한 전략은 나라마다 상이하게 나타났다. 이는 탈냉전기 신흥 부상국이면서 에이즈 최대 피해국이라고 할 수 있는 브라질, 남아공, 인도 그리고 태국의 경우를 비교해 보면 쉽게 알 수 있다. 이 네 국가는 국가 역량이나 국제체제 내 위치의 측면에서는 비등하지만 각각 다른 에이즈 전략을 펼친 사례들이다. 에이즈 퇴치 전략의 특징은 세부적으로 국내, 글로벌 차원으로 나누어 생각해 볼 수 있다. 먼저, 대내적으로 공공 의료 체계를 비롯한 공공 부문과 비정부 집단 간에 형성된 관계의 성격을 규정해볼 수 있다. 정

표 1. 중견국의 에이즈 대응 방식

		글로벌 에이즈 거버넌스와 지재권 레짐에 대한 전략	
		편승 및 참여형	대립 및 고립형
국내 거버넌스의 양상	복합형	**브라질**	태국
(정부-비정부 집단 관계)	분열형	인도	**남아공**

부와 비정부 행위자들 간의 협력을 바탕으로 유동적인 네트워크가 구축되는 복합형과 이해당사자들 간에 합의가 이루어지지 않고 정부라는 특정 노드의 하향식 접근 방식을 통해 에이즈 치료정책이 결정되는 경우인 분열형으로 구분해볼 수 있다. 또 다른 축은 글로벌 에이즈 거버넌스 및 무역 레짐에 동조 및 편승하는지 아니면 그 접근방식에 반하는 정책을 주장하는지에 따라 국가 종류를 구분한다. 이 기준들을 종합해 브라질, 남아공, 인도, 태국에 적용해 보면 〈표 1〉과 같은 네 가지 유형으로 구분해 볼 수 있다.

우선, 브라질에서는 연방정부, 보건 당국, NGO, 의약산업, 미디어 등 다양한 행위자들로 구성된 '보건 네트워크'가 점진적으로 형성되었다. 이 네트워크 내 협력 및 분업을 통해 브라질 정부는 여러 공여 기관의 원조를 바탕으로 예방을 강조하던 국제사회의 통념을 뛰어넘는, 예방과 치료가 결합된 에이즈 프로그램을 제도화시켰다. 그 정점은 1996년 "사르네이 법(Sarney's Law)"을 채택하여 개도국 중 최초로 공공의료체계를 통해 에이즈 환자들에게 고활성 항레트로바이러스 치료요법(HAART)을 무상으로 제공하기 시작한 것이었다. 이 치료 프로그램을 지켜내기 위해 TRIPS협정을 받아들이는 과정에서 시장 중심의 세계 경제 질서에 가담하면서도 적극적으로 남-남 연대 및 글로벌 시민사회와의 연합을 펼쳐 의약품 접근권 규범을 변화시키는 중개자의 역할을 담당했다. 그 결과 자국의 에이즈 치료정책의 정당성을 강화하고 에이즈 사태를 안정시킬 수 있었다.

　태국도[7] '100% 콘돔 사용 프로젝트'와 같은 예방 프로젝트 및 국가 차원의 약물치료 정책을 통해 에이즈 억제에 성공한 또 하나의 개도국이다.[8] 다만, 대규모 ARV 치료 공급이 실질적으로 '30바트 프로젝트(The 30 Baht Treat All)'라는 국민의료보험계획이 입법화된 2002년 이후부터 이루어져 브라질보다는 조금 늦었다고 할 수 있다. 일반적으로 태국 에이즈 프로그램의 성공요인으로 지도층의 강한 주도력, 충분한 예산 배분, 강력한 시민사회의 형성 등이 언급된다(Ford *et al.* 2007). 즉, 국내 에이즈 통제에 한해서는 공공 부문과 비정부 단체들의 협력을 토대로 긍정적인 성과를 일구었다. 그러나 이것이 유의미한 외교적 수완 혹은 영향력 증가로 이어지지는 못했으며 국제적으로는 특허보호와 의약품 접근권 사이에서 많은 혼란을 겪었다. 태국의 국영제약회사 GPO(Government Pharmaceutical Organization)는 2006년 제약회사 메르크 앤 코(Merck & Co.)의 에파비렌즈(Efavirenz)라는 ARV 약물에 대해, 그리고 2007년에는 애봇(Abbott)의 칼레트라(Kaletra)와 사노피-아벤티스(Sanofi-Aventis)의 혈전 치료제 플라빅스(Plavix)에 대한 강제실시권을 발동하였다. 이로 인해 애봇사가 내열성 칼레트라를 포함해 7개의 의약품을 태국 시장에서 철수하겠다고 발표하고 미국의 2007/2008 스페셜 301조(Special 301) 연례보고서에서 태국을 우선감시대상국으로 다루는 등 여러 보복 조치를 받게 되면서 국제적으로 논란의 대상이 되는 부작용을 겪었다.

7　태국의 에이즈 치료정책에 대한 연구로는 Ainsworth *et al.*(2003), Chasombat *et al.*(2006), Ford *et al.*(2007), Tantivess & Walt(2008) 등 참고 가능.

8　1991년에 143,000건으로 보고된 새로운 HIV 감염사례가 2003년에는 20,000건으로 급격히 감소했다(UNDP 2004).

한편, '개도국의 약국(Pharmacy of the developing world)'으로 부상한 인도는 선진국과 (암묵적인) 전략적 제휴 상태를 보였다는 점에서 다른 세 국가와 차별되는 특징을 갖는다.[9] 또한 인도의 사례에서는 인도의 제약회사들이 대량으로 생산하는 복제 ARV 약품이 다른 국가의 에이즈 환자들은 살리지만 정작 국내에 있는 수백만 명의 감염자들은 그 제조 능력의 혜택에서 소외되었다는 아이러니를 발견할 수 있다(Olsen & Sinha 2013). 인도 정부가 2007년에 들어서야 에이즈를 국가비상사태로 선포하는 등 보건 이슈로서 에이즈는 오랫동안 국가의 관심 대상이 되지 못하였다. 실제로 인도의 인구 전체에서 에이즈 감염집단이 차지하는 비중은 극히 작았지만 인구 자체가 워낙 크기 때문에 그 에이즈 환자의 수는 다른 국가에 비해 절대적으로 많은 것이었다. 그러나 국가 차원의 정책과 에이즈 환자들이 집중적으로 분포되어 있는 북쪽과 동쪽 시골 지역 정부의 대응책 간의 조율이 잘 이루어지지 않았으며 에이즈나 의약품 및 의료서비스에 대한 접근이라는 이슈에 초점을 맞추어 사업을 진행하는 현지 NGO도 소수에 불과했다는 문제점도 있었다(Olsen & Sinha 2013). 즉, 공공 부문의 정책과 민간 부문의 필요가 조화되지 못한 것이다. 이러한 상황은 1990년대 후반 이후 뛰어난 제조 기술을 바탕으로 성장한 인도의 제약회사들이 복제 약품을 세계적으로 수출하기 시작하면서 국제적 요인과 얽혀 더 복잡하게 되었다. 미국과 EU, 브라질 등의 제약 시장에서 높은 점유율을 차지하게 된 인도 회사들은 TRIPS협정의 기준을 따르고 인도의 특허

---

9   인도의 에이즈와 의약품 접근권 이슈를 다룬 연구로는 Chandrasekaran *et al.*(2006), Ganji(2009), Rehman(2009) Guennif(2011), Popp(2011), Reddy(2013) 등이 있음. 특히 이 글에 이어 나오는 고지명(2015)의 연구는 지재권과 보건안보에 관한 인도의 글로벌 전략에 대한 심도 있는 분석을 제공한다는 측면에서 본 연구와 함께 참고하기를 권함.

제도를 강화할 것을 주장한다. 자신의 경제적 이익 보호로 인해 국내 시장에의 저가 약물 공급은 도외시하였다.[10] 이러한 무관심은 에이즈를 우선적인 안보 문제로 생각하지 않았으며 TRIPS협정의 유연성 조항 사용 시 선진국과 생길 수 있는 마찰로 인한 비용을 피하고자 했던 정부의 입장과 일치하였다. 따라서 인도는 ARV 약품의 수출 증대를 위해 국제 무역, 상업 규칙 생성에 있어서는 적극적인 편승 정책을 펼치되 글로벌 에이즈 네트워크와의 소통에는 미지근한 모습을 보였다.

마지막으로 남아공은 1990년대 초반에는 새로 수립된 민주 정권의 모멘텀을 바탕으로 통합적인 접근을 통해 에이즈 문제를 해결하겠다는 강한 의지를 보였다. 그러나 현실적인 재정 및 사회적 역량이 부족했으며 분야 간 협력이 원활하게 이루어지지 못했다. 더욱이 사회적 공감대를 형성하는 데에 핵심적인 NGO 활동에 대한 정부의 지원이 약화되며 에이즈 통제는 실패로 돌아갔다. 국제적으로는 만델라 정부 시기에는 의약품 접근권 이슈를 상업적 시각이 아닌 인권의 시각에서 접근해야 함을 주장했다. 그러나 정권이 교체된 이후에는 남아공의 자주성 회복과 영향력 증대라는 목표가 더 우선시되어 에이즈 부정론을 수용하여 에이즈 환자들을 위한 국가의 약물치료 제공을 거부한 나머지 글로벌 거버넌스 내에서 고립되었고 이는 국내에서 에이즈 감염이 급속도로 확산되는 부정적인 결과를 초래하였다.

지금까지 살펴본 각기 상이한 에이즈 전략에 따라 네 국가의 국내 에이즈 유행 추이 또한 다르게 나타났다. 〈그림 1〉은 시간의 흐름에 따른 브라질, 태국, 인도 그리고 남아공의 에이즈 유병률 변화를 잘 보여준다. 이 네 가지의 사례 중 브라질과 남아공은 다음과 같은 측면

---

10   오히려 시플라(Cipla) 등 인도의 제약회사에서 제조한 약품의 가격이 브라질이나 아프리카에서보다 인도 내에서 두 배로 높은 경우도 많았다.

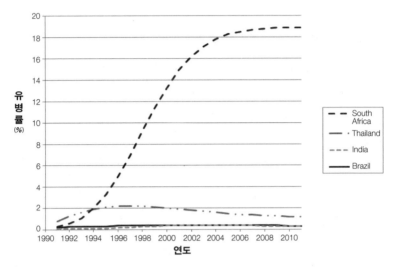

출처: World Development Indicators, World Bank

그림 1. 브라질, 태국, 인도, 남아공의 HIV 유병률(15세-29세) 비교

에서 좋은 비교연구의 대상이 된다. 먼저, 두 국가는 같은 시기 민주화라는 국가적 변화를 겪으며 에이즈 사태 및 의약품 접근권의 측면에서 상당히 유사한 상황에 직면했었다. 남아공에서는 아프리카민족회의(African National Congress)의 넬슨 만델라(Nelso Mandela)를 수장으로 한 첫 민주정부가 1994년에 등장했고 브라질에서도 군사정권의 종식 이후 1995년에 까르도주 정부가 출범했다. 이러한 민주화의 물결을 바탕으로 양 국가에서는 에이즈 문제를 기본적인 인권 이슈로 접근할 것에 대한 시민사회의 요구가 증대하였다. 한편, 1990년대 중반에는 유예기간 없이 TRIPS협정을 이행하는 과정에서 제약회사 및 선진국의 연합 세력으로부터 거센 반격을 당해 어려움을 겪은 대표적인 국제 분쟁 사례로 꼽힌다는 공통점도 갖는다.

두 국가가 더 거시적인 국제체제 내에서 차지하는 구조적 위치 또한 유사성을 보인다. 브라질과 남아공은 2000년대에 이후 지속적으로 신흥 경제 강대국으로 주목을 받아왔다. 브릭스(BRICS)나 G20 회원국으로 두 국가는 다양한 분야에 있어 국제사회 내에서의 자국의 적절한 역할과 위치를 모색해 왔다. 실제로 브라질과 남아공은 각각 아프리카와 남아메리카 정치 및 경제 분야의 지역 통합을 주도하는 역내 강대국의 위상을 차지하지만 국제적 차원에서는 강대국과 약소국의 중간자로서의 정체성을 갖는다. 이러한 조건들을 고려해볼 때 두 국가에게는 비슷한 기회와 제약의 구조가 주어졌다고 할 수 있다. 하지만 2000년대 초반부터는 국내, 국제적으로 모두 에이즈 치료 프로그램과 의약품 접근권에 대해 제기한 주장의 내용과 대응 방식이 대조적으로 나타났으며 이것이 에이즈 사태의 개선과 악화라는 정반대의 결과로 이어졌다는 점에서 중요한 비교연구의 대상이 된다. 브라질은 국내적으로 협력적이고 복합적인 에이즈 네트워크가 발생했고 국제적으로도 적극적인 참여와 '중개자' 역할을 통해 네트워크 전략을 구사하여 에이즈 퇴치 및 대외적 영향력 강화라는 목표를 달성하였다. 반면, 남아공에서는 에이즈를 둘러싸고 국내 이해당사자들 간에 분열이 생겼고 더 중요하게는 국제적으로 에이즈 치료정책의 효능성에 반대하고 의약품 접근권의 중요성을 외면하는 고립형 전략을 구사함으로써 에이즈로 인한 피해가 극대화되는 최악의 상황이 벌어졌다. 다음 절에서부터는 이 두 가지 상반된 태도 및 전략을 네트워크 이론의 관점을 통해 더 구체적으로 살펴보고자 한다.

III. 브라질, 남아공과 국제 지재권 레짐의 갈등 표면화

1996-97년은 브라질과 남아공의 에이즈 치료정책의 발전에 있어 흥

미롭고 중대한 시기였다. 양 국가 모두 의약산업의 지적 재산권을 인정 및 보호하는 TRIPS협정에 맞춰 국내 산업재산권법을 개정하는 동시에 각각 에이즈 치료서비스 확대에 힘을 실어주는 "사르네이 법(Sarney's Law, 1996, 브라질)"과 "의약품 및 의약 관련 물질에 대한 개정안(Medicines and Related Substances Control Act Amendments, 1997: 이하 의약품 통제법, 남아공)"이 통과되었기 때문이다. 브라질과 남아공의 경우 이렇게 서로 상반된 목적을 위해 고안된 두 법적 조치가 충돌하여 관계 당국이 발휘할 수 있는 정책적 영향력(leverage)을 제한시키게 되었다는 점에서 유사성을 보였다. 이후에 국내 공중보건을 지키기 위해 마련한 보호 조치로 인해 미국을 위시한 제약회사 및 선진국 연합 세력으로부터 거센 반격을 당하는 대외적인 어려움도 공통적으로 겪으며 국제법적 분쟁의 대표 사례들로 떠올랐다.

　　민주주의로의 전환 이후 경제 재건이 최우선적인 목표였던 남아공에서는 국내 자본세력과 IMF, 세계은행이 중심이 되어 이른바 "워싱턴 합의(Washington Consensus)"라 불리는 자유무역체제를 적극적으로 수용해야 한다는 목소리가 커졌다. 이러한 맥락 속에서 남아공은 WTO에 가입하였고 선진국으로부터의 기술 이전 및 투자 유입을 위해 TRIPS협정에 의거한 지재권법 개정안(Intellectual Property Laws Amendment Act 1997)도 통과시키게 되었다. 이 때 에이즈 정책에 특히 치명적이었던 부분은 국제 무역 네트워크로의 편입에 따르는 이익을 최대한 이용하기 위해 남아공이 가트(General Agreement on Tariffs and Trade: GATT) 체제 시절에 부여받았던 '선진국' 지위를 유지하기로 결정했던 것이다(Klug 2012). 선진국으로 남는다는 것은 TRIPS협정이 개도국들에게 허용하는 유예기간이나 기타 유연성 조항을 활용할 수 없음을 의미했다. 이는 남아공이 무역경쟁과 공중보건 네트워크 양쪽 모두에서 다른 개도국에 비해 상당히 불리한 위치설정을 감행하였다고 볼 수 있다.

한편, 1990년대 후반 이후 세계에서 가장 높은 에이즈 감염률을 갖게 된 남아공은 효과적인 에이즈 치료정책 수행이라는 목표 하에 1997년 의약품 통제법 개정안을 채택하는 중요한 행보를 보였다. 이 법안의 의도는 국가의약품정책에 이어 WHO에서 필수의약품 접근권 향상을 위해 권장하는 방안들을 남아공의 상황에 맞게 규정하는 것이었다. 이 개정안을 통해 국내 공중보건 비상시 국민들에게 구입 가능한 가격대의 약품을 제공할 수 있도록 강제실시권과 병행수입을 실시할 수 있는 법적 권한이 보건부 장관에게 부여되었다(Medicines and Related Substances Control Amendment Act 1997: 10). 개정안의 15(c) 조항에서는 강제실시권과 병행수입이라는 용어를 정확히 사용하고 있지는 않지만 이에 상응하는 내용을 담고 있었는데 ANC(아프리카민족회의, 남아공의 집권당) 정부는 이 부분이 TRIPS협정에 나와 있는 유연성 조항 사용과 어긋나지 않는다고 판단하였다.

하지만 대형 제약회사들과 미국 그리고 곧 이어 유럽 측에서는 법안의 통과에 대해 즉각적으로 반대하고 나섰다. 당시 미국의 앨 고어(Al Gore) 부통령과 샬린 바셰프스키(Charlene Barshefsky) 미국무역대표부(USTR) 대표 등을 포함한 미국 측 관계자들은 그 해 7월 타보 음베키(Thabo Mbeki) 부통령에게 남아공의 개정안을 비판하는 내용을 담은 서한을 보냈다. 이어서 1998년 2월에는 남아공 제약 연구 및 제조사 협회(South African PhRMA: 이하 제약협회)와 39개의 남아공 제약사들이[11] 남아공 정부를 상대로 프레토리아(Pretoria) 고등 법원

---

11   다국적 제약회사들로부터 라이센싱을 받아 남아공에서 운영되는 제약사들을 말한다.

에서 의약품 통제법 개정안의 위헌 소송을 제기하였다. 구체적으로 이들은 15(c) 조항이 TRIPS협정에 위배되며 남아공이 이대로 법 제정을 추진해서는 안 된다고 주장했다. 남아공의 법률이 우루과이 라운드에서 미국이 일구어 낸 성과에 정면으로 도전한다고 경고하는 미국 제약협회의 청원서에 근거하여 미국 또한 남아공을 통상법 301조의 "감시대상국" 목록에 추가하고 최혜국대우(Most Favored Nation)를 유예하겠다고 발표했다(셸 2009). 이러한 공격에도 불구하고 남아공은 에이즈 문제를 포기할 수 없다며 법의 폐기를 거부하였고 궁극적으로 프레토리아 고등 법원에서도 남아공 정부의 손을 들어 주었다. 이 때 액트업(Act-Up)과 같은 에이즈 운동 단체들의 초국적 시민 운동도 중요했지만 복제 ARV 의약품을 활용해 에이즈 치료 확대에 성공하고 있다는 브라질의 소식이 남아공 정부의 선택을 크게 지지해 주었다. 그럼에도 불구하고 남아공은 국제적 수준에서는 미국과 유럽 그리고 대내적으로 국내 제약협회와의 갈등이 쉽게 해소되지 않았고 음베키 정부의 등장 이후에는 글로벌 시민사회와의 대립구도 또한 심화되었다.

남아공의 소송 사건에 이어 몇 년 뒤 브라질 또한 미국이 WTO에서 제기한 소송에 휘말리게 되었다. 바이러스 변이로 내성이 생긴 환자의 경우 2, 3차 약물로 변경해야 하는데 이 고가의 최신 약물들은 TRIPS협정하에 특허보호를 받았기 때문에 브라질 공공의료체계의 재정적 부담은 가중되어 갔다. 따라서 브라질 정부에서는 이 약물들에 대한 강제실시권 발동을 고려하고 있었다.[12] 이를 경계한 미국은 브라질이 TRIPS협정 이행 과정에서 발생할 수 있는 피해를 최소화하기 위

---

12   당시 칵테일 요법 처방에 드는 평균 비용은 환자 한 명당 연간 $12,000에 달했다. 이 액수는 브라질 국민 평균소득의 3배에 달하는 것으로 가난한 사람들은 물론 정부의 입장에서도 엄청나게 부담스러운 정도였다고 볼 수 있다(Cardoso & Winter 2006).

해 산업재산권법 개정안에 포함했던 제68조의 "국내 실시 요건(local working requirement)"에 대해 문제를 제기했다. 이 조항에 의하면 특허권자가 특허제품을, 혹은 최소한 제품의 일부라도 브라질 내에서 생산해야 한다. 특허를 받은 후 3년 내에 국내에서 특허품이 제조되지 않으면 특허권자의 의사와 상관없이 브라질 정부는 타인에게 강제실시권을 부여할 수 있는 권한을 갖게 된다.

미국 제약협회가 가장 우려했던 부분은 국내 실시 요건에 근거해 특허품의 수입이 아닌 국내 생산이 이루어지게 되면 관련 기술 이전이 훨씬 쉬워진다는 점과 브라질의 TRIPS협정 해석 및 적용 방식이 다른 개도국들에게 선례가 될 가능성이 높다는 것이었다. 실제로 당시 브라질 에이즈 프로그램은 강제실시 위협을 저가(低價)의 약물을 저소득층 지역에 제공하여 에이즈 감염자들의 생명을 연장시키고 에이즈에 수반되는 각종 비용을 감소시키면서 에이즈 치료제도의 모범 사례로 떠오르고 있었다.[13] 미국무역대표부(USTR)는 브라질 산업재산권법 68조가 외국 의약제조회사에 대한 차별적 조치이며 TRIPS협정의 27.1항과 28.1항을 위반한다고 주장하며 WTO 무역 소송을 제기하였다. 이때 미국은 표면적으로는 브라질 에이즈 치료정책을 소송의 핵심 쟁점으로 겨냥하지는 않았지만 간접적으로 이를 국제적 논란의 대상으로 만들고자 했다.

남아공과 브라질의 사례를 통해 공중 보건 등 사회 공공의 목적을 위해 활용할 수 있는 TRIPS협정의 유연성의 내용과 범위가 너무 모호하며 그 해석에 대한 국가 간 이견 차이가 크다는 문제점이 드러났다(황예은 2014). 또한 에이즈 및 의약품 접근권 그리고 지재권 레짐을

---

13   Miriam Jordan, "Merck Vows AIDS Help for Brazilians." *Wall Street Journal*, March 29, 2001; *The Economist*, "AIDS in Brazil: Roll out, roll out," July 28th 2005.

둘러싼 통상과 보건, 사적 부문의 이익과 공익이라는 상이한 영역 간
의 충돌이 국내, 국제적 수준에서 모두 발생한다는 것이 발견되었다.
특히 남아공의 경우 미국뿐만 아니라 국내 제약협회와의 갈등이나 음
베키 정부와 시민사회의 주장 간 불거진 대립구도는 이를 잘 보여준
다. 궁극적으로 두 국가에게는 선진국과의 비대칭적 파워게임 속에서
국내 에이즈 치료정책을 원활히 운영할 수 있는 독자적 권력을 확보
하는 것이 중요했다. 그런데 기존의 의약품 접근권 규범에 대한 대항
담론을 형성하고 지재권 제도가 가하는 제약을 극복하기 위해 브라질
은 다양한 국제기구에서의 토의와 미디어 홍보를 통해 적극적으로 자
신에게 유리한 질서를 구축해간 반면 남아공은 에이즈 부정론(AIDS
Denialism)을 통해 기존의 글로벌 에이즈 거버넌스와의 분리를 고집
하는 대외전략을 전개했다. 이제 이 두 가지 상이한 에이즈 전략의 내
용과 그 근거(rationale) 그리고 전개 방식에 대해 구체적으로 살펴보
고자 한다.

IV. 브라질의 네트워크 에이즈 전략

1. 글로벌 에이즈 규범 변화에의 참여

강제실시를 통해 현지에서 에이즈 약물을 생산하겠다고 발표한 브라
질에 무역 제재를 가해야 한다는 미국 제약협회의 로비활동에 맞서 브
라질은 글로벌 차원에서 공개적으로 에이즈 치료 및 의약품 접근권을
추진하는 전략을 선택했다. 국내 에이즈 치료의 경험이 바탕이 된 브
라질의 대외적 에이즈 전략은 ANT에서 말하는 성공적인 번역의 과정

을 펼친 사례라고 할 수 있다. 우선 몇 가지 기회를 통해 브라질은 의약품 접근권과 TRIPS협정 문제를 세계적 이슈로 확장시켜 어떤 행위자가 어느 쪽 가치를 옹호하는지 확인할 수 있었다. 이는 미셸 칼롱이 '문제제기'라고 명명한 번역의 첫 번째 단계에 해당한다. 이 단계에서는 네트워크의 전체적인 구도가 파악되고 의무통과점 설정을 통해 자신의 입지와 역할을 부각시키는 방식으로 네트워크 상황을 재구성하는 이중적인 움직임이 나타난다.[14]

에이즈 및 의약품 접근권에 대한 글로벌 규범을 변화시키는 과정에서 브라질은 WHO를 종종 활용했다. 그 첫 행보로 브라질 대표단은 2000년 제53회 세계보건총회(WHA)에서 "HIV/AIDS: Confronting the Epidemic"이라는 결의안을 제출하였다. 이 결의안은 WHO에서 지정한 필수의약품의 국제 가격 데이터베이스를 생성하고 지속적인 업데이트를 통해 의약품 가격에 대한 투명성을 확보할 것을 촉구했다. 결과적으로는 이 결의안이 통과되지 않았지만 남아공을 비롯해, 프랑스, 짐바브웨, 태국 등 브라질의 제안을 지지한 편과 미국과 대형 제약기업들은 이에 대해 강한 반대 의견을 견지함을 파악할 수 있었다.

당시 브라질의 대통령이었던 까르도주를 위시한 보건 및 외교 관련 정책가들은 미국의 WTO 제소에 직면해 순전히 경제적인 대결만으로는 대형 제약회사나 미국에 대항할 수 없음을 깨달았다. 또한 여

---

14 의무통과점(obligatory passage point) 설정이란 기존의 네트워크를 교란시키고 다른 행위자들을 자신의 네트워크로 끌어들이기 위해 전체 구도 가운데 자신의 역할을 필수 불가결한 것으로 만들어 자신의 편으로 끌어들이는 것을 의미한다. 즉, 특정 상황에서 자신이 원하는 방향으로 문제를 규정하고 그러한 구도 내에서 다른 행위자들이 자신과 동일한 방식으로 문제를 인식하고 행동하게 만들어 권력을 생성하는 것이다. 이러한 프레임 짜기의 권력은 국제정치학계에서 탐구되어 온 구성 권력, 담론 권력, 상징 권력 등과 밀접한 관련이 있다(김상배 2014).

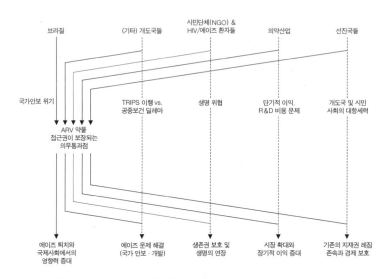

그림 2. 브라질의 프레임 짜기 속 행위자들과 그들의 목표

전히 국제사회가 개도국의 에이즈 치료정책 실시에 대해 곱지 않은 시선을 보내는 가운데 의약품 접근권 문제가 단순히 자국의 보건안보뿐만 아니라 다른 행위자들의 이해관계와도 관련이 있음을 밝혀줄 필요가 있었다. 이 부분이 바로 칼롱이 문제제기 단계의 핵심이라고 본 의무통과점 설정에 관한 것이다. 브라질은 에이즈 운동가들 및 초국적 NGO들과 연합하여 지재권 보호를 자연스러운 게임의 법칙(rule of the game)으로 바라보는 인식의 틀을 깨고 의약품 접근권 강화를 바탕으로 한 에이즈 통제가 다양한 행위자에게 이익을 주는 것이라는 인식을 심어 주도록 노력했다. 브라질이 문제제기를 통해 만들고자 한 구도는 칼롱(1986)의 논의를 참고하여 〈그림 2〉와 같이 정리해 볼 수 있다. 이러한 전략은 네트워크에 존재하는 '빈틈'을 찾아 메움으로써 새로운 역할이나 가치를 창출해 내는 "틈새지성(niche intelligence)"의 개념과 연관이 있다. 즉, WTO 프레임워크 내에서는 경제 후발주

자인 브라질이 영향력을 발휘할 공간이 협소했기 때문에 개발, 인권의 측면에서 에이즈 문제를 다루지만 그동안 비중이 상대적으로 작았던 UNHCR이나 WHO 등을 활용해 국제적 논의를 촉진한 것이다.

다음으로, 브라질은 한편으로는 서구 제약회사들을 상대로 여러 차례의 강제실시 위협을 통해 ARV 약물 가격 인하를 이끌어내면서 다른 한편으로는 다른 개도국과의 협력 및 미디어 활용을 통해 서구 진영의 여론, 남반구 파트너 국가들 그리고 시민사회와의 연합전선을 공고히 했다. 이는 번역의 두 번째 단계인 '관심끌기'에 해당하는 것으로 브라질이 제약회사와의 관계를 적당히 끊어 기존의 의약산업 네트워크를 해체하고 후자의 진영과 새로운 관계를 맺음으로써 자신에게 유리함 힘의 균형을 생성해냄을 의미한다.

먼저 2001년 브라질은 인디나비르(Indinavir)와 에파비렌즈 두 가지 에이즈 약물에 대해 강제실시를 하겠다는 위협을 통해 그 특허권 보유자인 메르크 사(社)와 각각 64.8%, 59%의 가격 인하에 합의했다. 또한 호프만-라로쉬(Hoffman-LaRoche), 애봇 등 다른 제약사와도 협상에 성공했다. 여기에서 중요한 것은 다른 개도국들에게 강제실시를 하겠다는 위협만으로도 협상력을 강화시킬 수 있다는 선례를 제공했다는 점이다. 치료 약물뿐만 아니라 예방 의약품에까지 강제실시를 적용하여 선진국들로부터 보복조치를 겪었던 태국의 경우와 달리 브라질은 먼저 제약회사들과 충분한 협상 과정을 갖고 2007년에 들어서야 처음으로 치료제만 생산하는 적절한 수준의 끊기 접근을 취했다고 평가할 수 있다.

한편, 브라질의 보건부와 외교부(Itamaraty)가 의약품 접근권에 대한 글로벌 규범을 변화시키기 위해 주력했던 또 다른 측면은 세계적으로 여론의 공감을 얻어내고 설득하는 것이었다. 즉, '트랙-1' 외교 수단와 함께 민간 행위자들까지도 적극적으로 포함시키는 '트랙-2' 외교 혹은 공공외교도 추진하는 멀티트랙 방식을 활용했던 것이다. 브라질 정부는 뉴욕 타임즈(New York Times), 워싱턴 포스트(Washington Post) 등 미국 국내외적으로 영향력을 자랑하는 대형 신문사들의 광고란을 사 에이즈 치료프로그램에 대해 알렸다. 그리고 뉴욕 타임즈의 "브라질에 주목하라(Look at Brazil)"라는 심층 분석을 포함해 2001년 한 해에만 브라질의 에이즈 정책에 대해 수백 건 이상의 미디어 보도가 이루어졌다.

이에 더해 남반구 국가들과의 정보 공유를 강화하고 시민사회와의 협력하에 대중적인 에이즈 캠페인 및 교육 또한 확대하며 세(勢) 불리기에 착수하였다. 그런데 이 과정에서 주의깊게 볼 부분은 브라질이 무조건 선진국에 반대하는 입장을 취하기보다는 선진국과 개도국 간의 중개자 역할을 선택했다는 것이다. 네트워크 이론에서 설명하는 중개자의 유형 중 '변환자'와 '번역자'와 같이 브라질은 대립적 관계의 두 입장 사이에서 TRIPS 유연성 조항들의 모호한 언어와 해석의 여지를 명시하고 공중보건, 사회발전과 공평성을 강조하는 의약품 접근권 규범과의 호환성을 제공하고자 했다(김상배 2014). 이때 지재권 강화가 공중보건에 미치는 부정적 영향이나 공중보건-인권의 연계성과 같이 브라질이 제시한 담론의 '내용'이 아예 새로운 것은 아니다. 즉, 중개자의 위치권력이란 내용 그 자체보다는 내용을 중심으로 주위 행위자들을 얼마나 잘 엮어내는지에 따라 달라질 수 있다는 의미이다. 이제 이러한 논의를 바탕으로 다음 절에서는 지재권 레짐과 에이즈 치료정책의 균형에 대한 새로운 글로벌 표준을 완성시키기 위한 브라질의 노력에 대해 살펴볼 것이다.

2. 브라질 에이즈 프로그램의 확산

2001년은 브라질의 에이즈 전략과 글로벌 차원의 에이즈 관련 제도 구축에 있어 결정적인 시기였다. 이 시기 브라질 정책 책임자들은 강대국과의 양자 관계가 아닌 여러 다자적 장에서 에이즈 운동 단체들 및 동류국가(like-minded)들과 협조하는 방식을 통해 인권으로서의 의약품 접근권을 공식화하고자 했다. 브라질과 같이 강대국에 비해 국제체제에서 갖는 영향력이 상대적으로 작은 국가의 경우 자신의 입장에 동조하는 중견국 및 약소국을 모아 '집합권력'을 구축하는 '협업외교(collective intelligence/diplomacy)' 방식이 상당한 이점을 가질 수 있다(김상배 2014).

구체적으로 2001년 4월에는 브라질이 유엔인권위원회(UN Commission on Human Rights: UNCHR)에 제출한 결의안인 "HIV/에이즈와 같은 유행성 전염병 상황에서의 의약품 접근권(*Access to Medication in the Context of Pandemics such as HIV/AIDS*)"이 미국의 단독 기권을 제외하고 만장일치로 통과되었다. 서문에서부터 에이즈 치료가 보건에 대한 권리의 근본적인 요소 중 하나라고 한 '경제적, 사회적 및 문화적 권리에 관한 국제규약(CESCR)'과의 연계성을 강조한 이 결의안은 의약품 접근에 대한 권리를 명시한 첫 국제 인권 결의안이었다. 한편 브라질이 WHO, HIV/에이즈에 관한 유엔총회 특별 세션(UNGASS) 그리고 WTO에서 펼친 활동도 주목해 볼 만하다. 2001년 5월 제54차 WHA에서는 브라질이 앞서 제출하였던 WHO 약물 전략 개정안(*WHO Revised Drug Strategy*, WHA 52.19)의 내용을 이어받는 WHO 약물 전략(*WHO Medicines Strategy*, WHA54.11)이 통과되었다. 브라질의 제출안보다는 완화된 어투를 사용하긴 했지만 이 약물 또한 위급 시 복제의약품 사용의 가능성을 인정하며 에이즈 약물을 포함한 필수의약품 접근권 보호에 대한 국가들이 의무를 갖는다는 내용을 포함하였다. 또한 WHO 사무총장에게 글로벌 약물가격 모니터링 체계를 만들 것을 요청하였다. 이러한 내용을 정하는 과정에서 브라질 대표단 측 로비는 비중 있는 역할을 하였고 이 결의안의 영향으로 2002년 처음으로 ARV 약물이 WHO의 필수의약품 목록에 추가되었다(WHO 2013).

의약품 접근권과 무역 정책 간 균형을 재설정하고자 한 브라질 및 다른 개도국들 그리고 글로벌 시민사회의 연합세력은 WTO 도하 회의의 협상 과정에도 큰 영향을 미쳤다. 회의가 진행되는 가운데 실질적인 유연성 사용에 있어서 모호한 표현을 취하고 있는 TRIPS협정을 더 명확하게 하고자 하는 개도국들과 이에 반대하는 미국 및 제약산업 간의 대립이 뚜렷하게 드러났다. 이 때 브라질은 두 입장 사이의 절충점을 찾고 "TRIPS협정과 공중보건에 관한 도하 선언"을 이끌어내는데 핵심적인 역할을 했다. 당시 브라질 측의 협상 대표였던 프란시스코 카나브라바(Francisco Cannabrava) 외교관은 "우리[브라질]의 목적은 TRIPS 자체를 타파하는 것이(do away with) 아니라 TRIPS 유연성을 지켜내는 것이었다."라며 공공부문과 지재권에 관한 권리의 재조정이 그 목표임을 지속적으로 밝혔다고 회상하였다(Nunn *et al.* 2009). 애봇(Abbott 2002)에 의하면 도하 선언문은 개도국의 대표인 브라질과 미국 간의 비공개적 의견 조율을 통해 도출되었다고 볼 수 있다. 비록 도하 선언문이 법적 구속력을 갖지는 않지만 브라질 등의 개도국들이 에이즈 해결을 위해 TRIPS 유연성 조항을 실행할 수 있는 근거로 작용해왔다.

이후에도 브라질은 제약회사들과의 협상을 통해 ARV 의약품의 가격인하를 달성하면서 글로벌 차원에서 의약품 접근권 향상을 위해 지속적으로 노력했다. 브라질의 복제 ARV 약물 현지 생산은 복제의약품 시장 내 경쟁을 자극하였으며 가격 협상과 시장 내 경쟁은 ARV 약품(특히 2차 약제) 가격이 전반적으로 낮아지는 데 일조하였다(MSF 2013). 2003년 브라질과 몇몇 개도국이 WHA에 제출한 결의안을 바탕으로 WHO에서는 지재권 보호가 개도국의 공중보건 수준에 미치는 영향에 대한 독립적인 조사 권한을 갖는 "지적재산권·혁신·공중보건에 관한 위원회(Commission on Intellectual Property Rights, Innovation, and Public Health)"를 창설하였다. 이 위원회에서는 2006년 보고서를 통해 글로벌 지재권 제도가 개도국들에게 가장 문제가 되는 질병들에 대한 적절한 의학 및 진단 기술의 개발을 촉진시키기 못하였다고 지적하였고 이 결과는 더 평등한 의약품 및 에이즈 치료서비스에의 접근권에 대한 세계적 요구에 정당성을 부여하였다(Nunn *et al.* 2009).

이제 브라질이 번역의 마지막 단계인 '동원하기'까지 완수하였는지 보고자 한다. 동원하기는 세계정치의 전반에서 수용되는 표준을 세울 수 있는지에 대한 문제이다. 현실적으로 에이즈 및 의약품 접근권 이슈가 미해결된 문제이며 브라질의 에이즈 프로그램 또한 현재진행형이기 때문에 브라질이 아직 이 분야에서 하나의 완전한 표준을 세웠다고 하기에는 무리일 것이다. 그럼에도 불구하고 브라질이 에이즈 거버넌스 내에서 새로운 모델 혹은 표준을 세워가고 있음을 보여주는 예들이 존재한다. 2003년 이종욱 전 WHO 총장은 브라질 NAP의 역량 및 성과를 높이 평가하여 이를 지휘하고 있던 빠울로 텍세이라 박사를 WHO의 HIV/에이즈, 결핵 및 말라리아 국장으로 임명하였다.[15] 또

---

15 Jong-Wook Lee, "Address to WHO Staff," WHO, July 21, 2003, http://www.who.int/dg/lee/speeches/2003/21_07/en(검색일: 2013.10.29.).

한 2003년 빌&멜린다 게이츠 재단은 "무상 에이즈 치료법 제공과 적극적인 HIV 예방 사업을 결합하는 브라질 NAP는 개도국 에이즈 퇴치의 모델이다."라며 브라질 NAP 앞으로 '2003년 게이츠 세계보건상(Gates Award for Global Health)'과 100만 달러의 에이즈 퇴치 기금을 수여하였다.[16] 더 나아가 2001년 브라질이 WHA에 결의한 "Scaling up the Response to HIV/AIDS"로부터 부분적인 영향을 받아 생성된 에이즈·말라리아·결핵 퇴치를 위한 세계기금(GFTAM)은 HIV/에이즈 치료서비스 제공 및 에이즈 관련 질병 퇴치 사업을 위한 가장 큰 민관 파트너십 중 하나로 활동하고 있다.

에이즈 관련 정보 및 기술 국제협력 또한 브라질에서 주력하는 영역 중 하나이며 그동안 남-남 협력(SSC)을 특히 강조해왔음을 알 수 있다. 구체적으로 2005년 이후 브라질 정부의 성병 및 에이즈부는 라틴 아메리카의 21여개 이웃 국가들과 에이즈 경험 공유를 위한 수평 기술 협력 그룹을 만들었다.[17] 또한 31개의 개도국들이 에이즈 예방 및 치료에 관한 브라질의 가이드라인을 수용하겠다는 뜻을 밝혔으며[18] 카리브 공동체(CARICOM)에서는 '에이즈에 관한 범 캐리비안 파트너십(PANCAP)'의 지식 및 기술 교환을 위한 제1의 파트너로 브라질을 지목하기도 하였다(UWI Consulting, 2011). 이러한 예들은 브라질형 에이즈 모델이 글로벌 거버넌스 내 다른 행위자들을 이미 유인하고 설득

16 Gates Foundation, "2003 Gates Award for Global Health – Brazilian National AIDS Program,"(press release), May 28, 2003, http://www.gatesfoundation.org/Media-Center/Press-Releases/2003/05/Brazilian-National-AIDS-Program(검색일: 2013.10.29.).

17 이 그룹의 활동에 대한 더 자세한 설명은 브라질 정부의 성병 및 에이즈부 홈페이지 참고 가능, http://www.aids.gov.br/en/pagina/horizontal-technical-cooperation-group

18 Patrice M. Jones, "Brazil AIDS Program Touted as Model for World," *Chicago Tribune*, June 8, 2003.

하기 시작했음을 보여준다.

V. 남아공 에이즈 전략의 실패

1. 정체성의 정치와 거버넌스의 분열

에이즈라는 위협에 직면한 남아공에게는 매번 대외적 압력이나 위협 요소들의 제지 없이 국내 에이즈 프로그램을 운영할 수 있는 독자성을 확보하는 것이 중요했다. 그런데 이를 추구하는 과정에서 국가 존속이라는 정치적 목표와 보편적 인권으로서의 의약품 접근권이라는 가치 간에 대립이 심화되고 음베키 정부가 국제 사회와의 단절이라는 전략을 고집하면서 남아공의 에이즈 사태가 악화되는 상황이 전개되었음을 볼 수 있다.

90년대 중후반 의약품 접근권과 무역 레짐 간의 충돌이 국제적으로 확장되어 어떤 이해당사자가 어느 쪽의 가치를 옹호하는지 확인시켜준 사건은 바로 "거대 제약회사(Big Pharma) 대 만델라 정부"의 법적 공방이었다. 에이즈 문제는 지재권법 틀 내에서 다루어야 한다며 남아공의 의약품 통제법 개정안을 반대한 세력에 맞서 남아공에서는 에이즈 치료정책을 위해 의약품에 대해 강제실시 및 병행수입을 발동할 수 있는 남아공 정부의 권리를 지지하는 담론이 형성되었다. 특히 만델라 정부는 강제실시를 통해 자체적으로 ARV 약물을 생산해 저가에 판매하더라도 에이즈 약품에 대한 아프리카 전체 수요의 규모가 절대적으로 크기 때문에 제약회사들의 입장에서도 손해가 아닌, 상당한 이익을 창출해낼 수 있는 기회임을 강조했다(Sternberg 1999). 또한 브라질을 비롯한 다른 남반구 개도국들과 함께 남아공 대표단은 여러 국제회의를 통해 에이즈 사태의 긴급성을 알리고자 노력했다. 1998년에 조직된 현지 NGO 치료행동캠페인(이하 TAC)을 주축으로 남아공 내부적으로뿐만 아니라 초국적으로 형성된 남-남 연대 세력의 활동은 매스컴의 주목을 끌어 에이즈 및 의약품 접근권 이슈를 세계적으로 공론화하는 것에 기여하였다(Armstrong 2003). 이런 측면에서 2000년 7월 남아공 더반(Durban)에서 열린 제13차 국제에이즈회의(International AIDS Conference)는 중요한 의미를 가졌다. 남아공은 국제에이즈회의를 개최한 첫 개도국이었고 주요 논의 대상으로 선진국과 개도국 간에 나타나는 불공평한 에이즈 치료에의 접근이 다루어지는 등 이 회의는 아프리카 색채를 강하게 띠었다.

그러나 아이러니하게도 이러한 노력과 대조적으로 1999년 음베키 정부 출범 이후 정작 남아공 내에서는 에이즈 사태가 더 악화되는 상황이 전개되었다. 그 배경에는 남아공 정부의 에이즈 부정(denialism) 및 반체제적(dissident) 태도로 인한 글로벌 에이즈 거버넌스 내 남아공의 고립과 에이즈의 과학 및 치료법을 둘러싼 첨예한 정치적 대립이 자리했다. 다시 말해, 국가 차원의 에이즈 치료 제공이 시급함을 주장하는 글로벌 보건 커뮤니티와 국내 비정부 행위자 간 연합세력이 국가 정체성 설정을 우선시하는 정부의 접근방식과 충돌하는 가운데 국가 에이즈 프로그램(National AIDS Program)은 대내외적으로 신뢰성을 잃었으며 사실상 실패사례로 전락하게 된 것이다. 특히 새로 출범한 음베키 정부는 ARV 약물 무상 보급을 제한하고 시범운영 병원 외의 공공병원에서 모자감염(PMTCT)이나 강간으로 인한 HIV 감염 방지를 위해 네비라핀(Nevirapine)을 투여하는 의사를 징계하는 정책을 시행하면서 에이즈 환자와 시민사회로부터 큰 반감을 사게 되었다.

당시 남아공 지도자들은 에이즈 문제를 '아프리카의 부흥(African Renaissance)'이라는 관념 하에 역내 패권국으로서의 남아공과 아프리카 대륙의 자주독립성을 국제사회에 주장할 수 있는 수단으로 간주하였다. 또한 에이즈의 병리학과 ARV 약물의 실제 효과에 관해 이미 정립된 학계의 시각의 정당성 그리고 국제적 합의에 대해 반기를 들어 국가의 미온한 에이즈 대응을 정당화하고자 했다(Karim & Karim 2010). 이렇게 당시 HIV 및 에이즈 치료의 과학적 메커니즘이 많은 검증을 통해 이미 잘 밝혀졌음에도 불구하고 남아공 지도층이 의도적으로 에이즈 부정론을 전개한 이면에는 보건 안보에 대한 고려를 넘어 남아공이 더 거시적인 세계정치 구조 차원에서 추구한 전략적 목표가 있었다고 할 수 있다.

일차적으로는 음베키 대통령 개인의 에이즈 관(觀)이 남아공의 에이즈 부정론 발전에 큰 영향을 주었다. 음베키 대통령은 만델라 정부의 부통령이자 국립에이즈 위원회 회장으로 있을 당시 신약 개발을 위해서 지재권 강화가 이루어져야 한다고 주장하는 제약산업의 의도에 대해 의심을 갖게 되었고 대통령이 된 이후 에이즈 치료정책 지원으로 인해 막대한 재정적 부담을 안고 있었다. 따라서 그는 HIV가 아닌 빈곤이 에이즈의 원인균이며 서구의 치료법을 아프리카에도 그대로 적용하는 것은 극도로 위험하다는 의학계의 소수파인 불찬성자들의 이론을 쉽게 받아들일 수 있었다. 그러나 이러한 설명은 에이즈 부정론이 어떻게 타보 음베키라는 한 개인을 넘어서 ANC 전반에서 설득력을 얻을 수 있었는지는 논하지 않는다. 남아공 리더십 가운데 ARV 약물치료 제공에 반대하는 시각이 득세하게 된 배경에는 ANC가 근본적으로 반인종주의적, 반식민주의적 성향이라는 것과 외부세력의 개입 방지와 아파르트헤이트 정권의 잔재 척결이라는 국가적 과제가 자리하였다.

남아공의 정책 방향과 국제 보건 커뮤니티 사이의 갈등의 골은 음베키 대통령과 ANC 인사들이 국제에이즈회의, 청문회, 보도자료 등 공식적인 소통의 채널과 타임지(TIME)와 같은 대중매체와의 인터뷰를 통해 반복적으로 부정주의적 태도를 표명하면서 더 깊어져갔다. ANC는 "(남아공 시민들은) 일부 제약회사와 그 대행자들의 포퓰리즘, 교조 그리고 판매 광고에 굴해서는 안된다. … (국가 정책을 어기고 칼릿쳐 지방에서 시행된 HAART 프로그램을 언급하며) 이는 기니피그와 같이 건강에 치명적인 위험하고 유독한 약물을 복용하도록 속임을 당하는 우리[남아공] 국민의 안녕과 안전을 완전히 무시하는 것이다. … 이는 아파르트헤이트 시대에 자행된 생물전(biological warfare)을 연상시킨다."라고 주장했다.[19] 또 다른 한편으로는 음베키 대통령은 클린턴 미 대통령을 비롯해 일부 세계 지도자들에게 에이즈에 대한 자신의 의견을 담은 서신을 보내고 더반 회의 개회사를 통해 '서구의 해결책'에 대한 불신을 피력하였다.[20] 여기에서 빈곤과 불평등성 및 에이즈 간 연관 관계를 강조하는 레토릭 그 자체는 새롭거나 문제시될 만한 것은 아니었다. 하지만 백악관 및 에이즈 거버넌스의 다른 구성원들은 에이즈의 생의학적 메커니즘과 ARV 약물치료의 필요성에 대한 합의를 빈곤이라는 요소만 조명하는 담론으로 완전히 대체함은 잘못된 것이라

---

19   ANC Press Statements, "HIV and AIDS as an Electioneering Tool," October 23, 2000: ANC 홈페이지 참고, http://www.anc.org.za/show.php?id=7538(검색일: 2014.5.13.).

20   2000년 4월 워싱턴 포스트에서 음베키 대통령의 서신과 이에 대한 워싱턴의 반응에 대해 다루었다. 음베키 대통령은 이 서신에서 "HIV/에이즈라는 중대한 이슈에 대한 서양의 경험을 통해 우리[남아공]가 배워야 하는 혹은 배울 수 있는 교훈이 무엇이던지 그 경험을 아프리카 현실에 부과하는 것은 비합리적이다."라며 '서구의 해결책'에 대한 불신을 피력하였다. 워싱턴 포스트에 의하면 백악관에서는 이 편지의 내용을 상당히 충격적인 것으로 받아들였다. Media AIDS, http://www.mediaaids.org/content/page/mbekis_letter_to_world_leaders_2000(검색일: 2014년 3월 5일).

고 경고했다. 따라서 남아공의 국가 에이즈 전략은 '프레임 짜기'라는 네트워크 전략의 첫 번째 단추부터 잘못 끼었고 따라서 글로벌 에이즈 거버넌스 내에서 고립되어갈 수밖에 없었다.

2. 초국적 에이즈 네트워크의 형성과 한계

점차 남아공 안팎으로 미흡한 에이즈 치료프로그램과 정부의 강경한 부정론적 태도에 반발하는 세력이 커져갔다. 2000년대 초기 차발랄랄-음시망(Tshabalala-Msimang) 보건부 장관은 '남아공의 2000-2005 HIV/AIDS/STD 전략계획'을 발표하며 에이즈는 단순히 의학적 개입만을 통해서 해소될 수 있는 보건 문제가 아니기 때문에 다부문적 접근방식을 동원할 것을 강조했다. 그러나 이 계획 또한 ANC 정부의 반체제론적 정책방향의 연장선상에서 진행되었기 때문에 ARV 치료요법에 대한 내용과 구체적인 시행 일정은 빠져 있었다. 따라서 보건부의 에이즈 정책은 에이즈 및 의약품 접근권에 대한 상향식 접근을 강조한 프레토리아의 일부 엘리트들로부터 비난을 받게 되었다. 대표적으로 남아공의 제1야당 민주동맹(Democratic Alliance)의 수장 토니 리옹(Tony Leon)은 음베키 대통령에 반대하여 국가 차원에서 에이즈 치료제인 AZT와 모자감염방지 프로그램을 구축할 것을 주장했다.

또 다른 한편으로는 시민사회를 포함한 비국가 행위 네트워크가 에이즈 이슈에 있어 음베키 정권의 신뢰성을 떨어뜨리고 정책 개선을 이끌어낸 추동 세력으로 작동했다. 구체적으로 에이즈 환자 및 그들의 가족과 지인들 그리고 보건 종사자들로 구성된 TAC가 주축이 되어 국가 의료 및 치과 협회(NAMDA), 남아공 노동조합회의(COSATU), 교회로 대표되는 종교 집단 등의 지원을 이끌어냈다. 하지만 무엇보다 중요했던 부분은 글로벌 NGO 및 비영리 재단, 미디어, 해외 여론과 협력하여 초국적 네트워크를 형성한 것이다. 이 네트워크를 통해 TAC 는 강제실시를 비롯한 유연성 조항에 대한 양질의 정보를 입수할 수 있었다. 또한 국경없는의사회(Medecins Sans Frontieres: MSF), 액트 업(Act Up), 미국의 기술에 관한 소비자 프로젝트(CPTech)와 같이 의약품 접근권 향상을 지지하는 글로벌 움직임을 선도하는 단체들과 접촉이 가능해지면서 더 효과적인 캠페인을 전개할 수 있게 되었다. 그 중에서도 남아공에서 국가 정책과 별개로 에이즈 치료 프로그램을 지속적으로 운영해 온 MSF와 가장 안정적인 파트너십을 쌓을 수 있었는데 TAC관계자들은 이것이 "일방적인 관계가 아니라 TAC 또한 자신이 쌓은 경험 및 교훈을 공유함으로써 세계의 다른 파트너들이 추진하고 있는 작업을 강화시키는 역할을 한다."라고 지적했다(Morgan Njogu 인터뷰; Friedman & Mottiar 2005).

이러한 파트너십을 바탕으로 남아공의 다양한 시민단체들과 언론 매체는 공개시위, 법정에서의 위헌성 제기, 비폭력 캠페인 등을 통해 ARV 약물에 대한 정부의 정보가 허위임을 알렸다. 즉, NGO들이 세계 여론을 동원하여 인권침해 행위에 대해 공공연히 비난함으로써 가해자 혹은 책임 국가에게 도덕적 및 정치적 압력을 가하는 전형적인 '비난하기와 망신시키기(blaming and shaming)' 전략이 사용된 것이다(Keck & Sikkink 1998). 그리고 남아공의 비정부 에이즈 네트워크는 2001년 11월 프레토리아 고등법원에 제소하는 법적 조치를 취했다. 길고 긴 소송 끝에 에이즈 환자들은 네브라핀 공급을 전면확대하라는 판결을 얻어낼 수 있었으며 2003년에 들어서 비로소 공공의료체계를 통한 ARV 무상 보급이 시작되었다. 국제적 논의의 장에서도 남아공 정부가 에이즈 정책을 개선하지 않는다면 음베키 대통령이 제안한 '아프리카 발전을 위한 새로운 협력관계(NEPAD)'를 G8 협상안에서 제외시키겠다는 장 크레티앵(Jean Chretien) 당시 캐나다 수상의 위협과 같은 압력이 가해지자 음베키 대통령은 부정론 입장에서 한 걸음 물러나는 제스처를 취했다. 그럼에도 불구하고 2009년에 정권이 교체된 이후에야 포괄적인 에이즈 치료약물 제공이 본격화된 것은 그만큼 남아공의 에이즈 및 보건이 뿌리 깊은 구조적 문제를 안고 있었음을 잘 보여주었다.

　지금까지의 논의를 통해 남아공의 에이즈 치료정책이 정부의 정책적 선택과 비정부 행위자들의 요구 사이에 갇혀 시기적절하게 변화하지 못했음을 볼 수 있다. 여기에서 남아공의 에이즈 전략은 정부와 관련 부처, 지자체, 공중보건 종사자, 사회 운동가들을 포함한 인간 행위자들과 국가 에이즈 프로그램으로 대표되는 제도, 미디어, 의약산업 인프라나 ARV 의약품과 같은 비인간 행위자들의 상호작용을 통해 끊임없이 변화하는 과정적 존재로 인식하는 것이 중요하다. 이러한 분석은 기존의 국제정치이론들이 상정하고 있는 국가나 행위자의 이미지와는 상이한 것이다.

　〈그림 3〉은 에이즈 및 의약품 접근권 이슈를 둘러싸고 발생한 네트워크형 거버넌스를 남아공 국내와 글로벌 차원으로 구분해 대략적으로 그려본 것이다. 에이즈 네트워크를 구성하는 여러 가지 노드 중 도해의 왼편을 차지하고 있는 에이즈 환자 당사자들, 에이즈 운동가, 자생적 NGO들의 경우 ARV 약물 접근권 문제에 관여하게 된 데에는 에이즈를 퇴치하는 지극히 개인적인 혹은 구체적이면서 즉각적인 목표가 동기로 작용했다. 그러나 이를 추구하는 과정은 네트워크적 형태로 나타났다고 할 수 있다. 이들은 특허 보호 강화와 의약품 접근권 문제를 무역 이슈로 취급하고자 하는 사적 부문의 로비에 대항하여 공

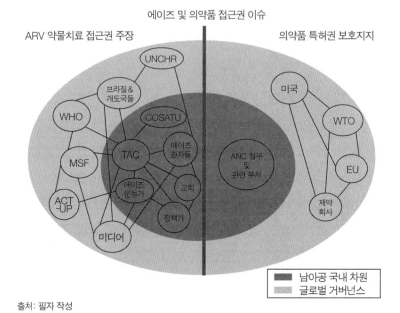

에이즈 및 의약품 접근권 이슈

ARV 약물치료 접근권 주장

의약품 특허권 보호지지

출처: 필자 작성

그림 3. 남아공 및 글로벌 에이즈 거버넌스의 네트워크

중보건과 인권이라는 권리 담론에 힘을 실어주기 위해 초국적 네트워크를 형성했고 특히 세계 여론을 '설득'하여 파트너십을 확장해나가는 모습을 보였다.

반면, 민주화가 시작된 이래로 남아공 정부에게는 국제체제 내 남아공의 위치 재설정이라는 국가적 과제가 지속적으로 남아 있었다. 이와 관련해 2000년대 초반 음베키 정부는 에이즈 정책을 통해 서구 세력에 반대하여 자국의 정체성을 강화시키고 국제사회에 행위주체성을 증명하고자 하였다. 따라서 아파르트헤이트 정권의 잔재와의 투쟁 및 남아공과 아프리카의 부흥이라는 넓은 이데올로기적 틀 안에서 에이즈 부정론의 시각을 수용했다. 즉, 에이즈 문제는 남아공의 새 정체성 형성을 위해 핵심적인 사안으로 변하게 된 것이다. 구체적으로 셰켈스

(Sheckels 2004)는 에이즈 약물치료 도입을 권하는 서방 진영이나 전문가 단체들을 적으로 만들어 아프리카 사람들 간의 연대를 강화시키려는 음베키 정부의 접근 방식을 전가(scapegoating) 전략이라고 설명한다(Sheckels 2004). 그렇지만 현실적으로 서구권 국가들은 남아공의 입장에서 경계의 대상이었지만 동시에 경제, 개발의 측면에서는 이들과의 우호적인 관계가 필수적이었다. 이런 국제정치경제적 이해관계와 보편적 인권 사이에서 다양한 국내 행위자들이 합의에 이르지 못하면서 남아공의 에이즈 치료정책은 일관성을 잃고 혼란에 빠졌다고 볼 수 있다.

결과적으로 에이즈의 정치화는 불필요한 자원 및 시간 낭비로 인해 에이즈 사태가 훨씬 악화되고 남아공이 오히려 국제사회에서 고립되는 상황을 초래했다. 2003년의 데이터에 따르면 산전(産前) HIV 유병률은 27.9%로 상승했으며 에이즈로 인한 사망사례는 1997년의 317,123건에서 556,779건으로 급증했다.[21] 또한 음베키 정부의 전가 전략은 HIV/에이즈 전염을 막기 위해서는 개인 차원에서부터 책임감 있는 행동을 해야 한다는 남아공 국민들의 경각심을 저해하기도 했다. 이러한 전략의 실패로 남아공의 에이즈 및 의약품 접근권 정책은 대내외적으로 어리석은 고집의 대명사로 통하게 되었다.[22]

21　AVERT(Averting HIV and AIDS), South Africa HIV & AIDS Statistics, http://www.avert.org/south-africa-hiv-aids-statistics.htm(검색일: 2014.4.30.).

22　Edwin Cameron, "The Dead Hand of Denialism," Edaward A Smith Annual Lecture at Harvard Law School's Human Rights Programme(2003), http://www.africa.upenn.edu/Urgent_Action/apic-90503.html(검색일: 2014.3.6.); Cullinan, "Infected by toxic ideas," *Financial Mail*(Johannesberg), May 7, 2004.

VI. 결론

에이즈로 인해 고통을 겪고 있던 개도국들에게 1990년대 중반 이후 에이즈 퇴치에 있어 중요한 사안으로 떠오른 것은 의약품 특허 보호와 의약품 접근권 사이의 균형을 어떻게 달성할 것이냐는 문제였다. 많은 에이즈 피해 국가 중에서도 본 연구는 에이즈 감염률에 있어 세계 1, 2위를 다투던 브라질과 남아공이 에이즈 치료정책에 관해 펼친 대외전략에 대해 살펴보았다. 여기에서 브라질과 남아공이라는 행위자는 기존의 국제정치이론들에서 상정하고 있는 국가의 이미지와는 다르다는 점이 중요하다. 즉, 두 국가를 연방정부 및 관련 부처, 주 정부, 지자체, 공중보건 네트워크, 시민사회 등을 구성하는 인간 행위자들과 국가 에이즈 프로그램과 같은 제도, 미디어, 의약산업 인프라, ARV 의약품과 같은 비인간 행위자들 간의 상호작용을 통해 계속 변화하는 과정이자 행위자 네트워크로 인식할 필요가 있다.

앞서 살펴본 바와 같이 두 국가의 에이즈 통제의 성패 여부에 있어 가장 핵심적인 부분은 글로벌 에이즈 거버넌스라는 전체적인 구도 내에 존재하는 공백이나 틈새(niche)를 어떻게 인식하고 잘 활용하였는가이다. 브라질의 경우 신자유주의적 글로벌 무역 레짐에 적극적으로 참여하면서도 남반구 지역 협력 세력의 일부로 의약품 접근권 이슈를 인권의 문제로 접근하는 대안적 시각을 제시하는 중개자 역할을 담당하였다. 특히 WHO, UNHCR, UNGASS 등 다자적 논의의 장에서 동시다발적으로 문제제기를 하여 에이즈 치료 및 의약품 접근권 이슈를 새로이 공론화하고, 재정의하고, 동류 국가와 세계 시민사회와 같은 다른 행위자들을 자신의 편으로 끌어들이는 네트워크 전략을 사용하였다. 이런 글로벌 차원에서의 활약은 역으로 국내 에이즈 프로그램의 정당성을 강화하고 브라질이 중견국으로서 외교적 역량을 증진시키는 데 기여했다고 할 수 있다.

남아공의 경우, 만델라 정부 시기에는 자국의 에이즈 프로그램의 자율성을 보호하기 위해 공중보건 및 인권보호라는 렌즈를 통해 의약품 접근권을 다루고자 하는 글로벌 움직임에 가담했다. 그러나 2000년대 초반의 음베키 정부는 반식민주의라는 정치적 이데올로기에 근거하여 자국과 아프리카 대륙 고유의 정체성 회복이라는 목표를 더 우선적으로 추구하였다. 그리하여 에이즈 이슈에 있어서도 HIV와 에이즈의 연관성을 부정하고 이 질병을 서구의 음모론의 일부로 보는 불찬성론자들의 시각을 수용한 나머지 국내의 비정부 세력과 큰 마찰을 빚고 글로벌 에이즈 거버넌스 내에서 고립되었다. 결국 에이즈 부정론이라는 정책 방향은 에이즈 사태 악화라는 치명적이고도 자기제한적인 결과를 초래하였다. 이렇게 남아공 에이즈 전략의 착오는 자국의 안보 이익에 부합하는 방향의 가치, 규범, 정책 등을 무조건적으로 내세우기보다는 다른 국가 행위자들이 공감 및 동의할 수 있는 것을 제시할 수 있는 능력이 더 중요함을 보여준다. 다행히도 2009년에 출범한 주마(Zuma) 행정부가 이전과 달리 개방적인 에이즈 정책으로 노선을 바꾸고 치료 프로그램의 확장을 적극적으로 지원하기 시작하면서 남아공의 에이즈 사태는 차츰 개선되는 모습을 보이고 있다.

브라질과 남아공의 에이즈 치료정책 사례는 비전통(non-traditional) 안보 위협을 중심으로 형성되고 있는 글로벌 거버넌스에 대한 논의와 깊은 관련성을 갖는다. 보건, 환경, 사이버공간과 같은 비전통 안보 영역에서 발생할 수 있는 문제들에 효과적으로 대응하는 데 있어 긍정적인 요소와 부정적인 요소 혹은 접근방식에 대해 생각해 볼 필요가 있다. 브라질이 연방 및 주 정부, 보건 종사자 집단, 현지 NGO, 미디어, 에이즈 프로그램 등 다양한 국가 및 비국가 행위자들이 네트워크형 거버넌스 형성을 통해 에이즈 사태 개선에 성공할 수 있었던 반면에 남아공은 분열 및 자기고립형 거버넌스가 국가정책의 후퇴로 이어지는 실패의 사례를 제공한다고 할 수 있다. 흥미로운 점은 최근 에볼라 사태에 대한 국가 및 비국가 행위자들의 대응 방식에 대한 평가 속에서도 유사한 분석들과 비판이 제기되었다는 것이다.

또한 TRIPS협정과 의약품 접근권 사이에서 브라질과 남아공이 경험한 갈등은 신흥 국가, 특히 신흥 중견국이 겪을 수 있는 고민의 일면을 보여준다. 탈근대기가 도래한 이후에는 대부분의 국가에서는 에이즈와 에볼라 같은 보건 문제뿐만 아니라 글로벌 경제 위기, 쓰나미와 같은 자연재해, 식량 위기, 기후 변화를 포함한 환경 이슈, 사이버 테러 등 광범위한 스펙트럼의 안보 위협에 대한 효과적인 대응 체제를 어떻게 구축할 것인가가 지속적인 화두로 떠올랐다. 브라질의 에이즈 사례가 보여주듯이 최근에는 예리한 상황 지성에 바탕을 둔 '중견국'의 유동적인 태도와 대외전략이 빛을 발할 수 있는 재난 혹은 위기의 상황이 점점 더 늘어나고 있다. 즉, 군축경쟁과 같은 전통적인 안보 문제와 달리 비전통 안보 문제에 대한 해결책을 모색하는 과정에서는 국가의 물질적 혹은 자원적 능력과 별개로 다른 행위자들과의 관계 구도를 어떻게 자신에게 유리한 구도로 구성하는지, 그 관계적 위치를 얼마나 잘 활용하는지가 중요한 권력의 원천이 될 수 있다. 즉, 힘의 정치를 넘어서 설득과 협력의 방식이 권력을 강화시키기에 유리한 선택지가 되기도 한다. 이는 오늘날 국제 위기 대응 체제에 참여하고 있는 한국에게도 시사점을 준다. 북한과의 대치 속에서 사이버 공격의 위험에 상당히 노출되어 있으며 자연 재해가 종종 발생하는 동북아에 자리한 한국의 입장에서는 다양한 비전통 안보 위협을 둘러싼 네트워크 형성에 적극적으로 참여하고 다양한 이해당사자들 간에 존재하는 구조적 공백을 메워 안보 문제 해결과 외교적 역량 증대가 동시적으로 가능한 전략을 모색하는 것이 최대의 과제일 것이다. 네트워크 이론의 시각에서 브라질과 남아공의 에이즈 전략을 살펴본 이 글은 이러한 측면에서 참고할 수 있는 중요한 논의가 될 수 있을 것이다.

참고문헌

김상배. 2014. 『아라크네의 국제정치학: 네트워크 세계정치이론의 도전』. 한울아카데미.

수잔 셀 저, 남희섭 역. 2009. 『초국적 기업에 의한 법의 지배: 지재권의 세계화』. 후마니타스.

조명선. 2003. "의약품특허보호와 공중보건의 균형." 『지식재산21』. 78, pp.113-134.

하영선·김상배 엮음. 2010. 『네트워크 세계정치: 은유에서 분석으로』. 서울대학교출판문화원.

홍성욱 엮음. 2010. 『인간·사물·동맹: 행위자네트워크 이론과 테크노사이언스』. 이음.

황예은. 2014. "글로벌 보건 거버넌스와 브라질 및 남아공의 에이즈 치료정책: TRIPS협정과 의약품 접근권 사이의 균형 탐색." 서울대학교 대학원 석사학위 논문.

_____. 2014. "글로벌 보건 거버넌스와 브라질의 에이즈 전략." 『네트워크 시대의 외교안보-중견국의 시각』. 사회평론.

Abbott, Frederick M. 2002. "The Doha Declaration on the TRIPS Agreement and Public Health: Lighting a dark corner at the WHO." *Journal of International Economic Law*, 5, pp.469-505.

African National Congress. 1994. *The Reconstruction and Development Programme (RDP): A Policy Framework*. www.anc.org.za

Ainsworth *et al.* 2003. "AIDS and Public Policy: the lessons and challenges of 'success' in Thailand." *Health Policy*, 64, pp.13-37.

Armstrong, Sue. 2003. *Stepping Back from the Edge: The Pursuit of Antiretroviral Therapy in Botswana, South Africa and Uganda*. Joint United Nations Programme(UNAIDS).

Bass, Naomi A. 2002. "Implications of the TRIPS Agreement for Developing Countries: Pharmaceutical Patent Laws in Brazil and South Africa in the 21st Century." *George Washington International Law Review*, 34.

Biehl, João Guilherme. 2004. "The Activist State: Global Pharmaceuticals, AIDS, and Citizenship in Brazil." *Social Text*, 22(3), pp.105-132.

Bliss, Katherine E. (ed.). 2010. *Key Players in Global Health: How Brazil, Russia, India, China, and South Africa are Influencing the Game*. Washington, DC: CSIC.

Buse, Kent, Wolfgang Hein and Nick Drager. 2009. *Making Sense of Global Health Governance: A Policy Perspective*. London: Palgrave Macmillan.

Burt, Ronald. 2005. *Brokerage and Closure: An introduction to social capital*. Oxford University Press.

Butler, Anthony. 2005. "South Africa's HIV/AIDS Policy, 1994-2004: How Can it be Explained?." *African Affairs*, 104(417).

Cameron, Edwin. 2003. "The Dead Hand of Denialism." Edward A. Smith Annual Lecture at Harvard Law School's Human Rights Progremme. http://www.africa.upenn.edu/

Urgent_Action/apic-90503.html(검색일: 2014.3.6.)

Chamsobat et al. 2006. "The National Access to Antiretroviral Program for PHA(NAPHA) in Thailand."

Chandrasekaran et al. 2006. "Containing HIV/AIDS in India: the unfinished agenda." *The Lancet infectious diseases*, 6(8), pp.508-521.

Cullet, Philippe. 2003. "Patents and Medicines: The Relationship Between TRIPS and the Human Right to Health." *International Affairs,* 79(1).

Cullinan, Kerry. May 7, 2014. "Infected by Toxic Ideas." *Financial Mail* (Johannesberg).

Economist. 2005. "AIDS in Brazil: Roll out, roll out." July 28, 2005.

Flynn, Matthew. 2008. "Public Production of Anti-Retroviral Medicines in Brazil, 1990 - 2007." *Development and Change*, 39(4), pp.513-536.

_____. 2013. "Origins and Limitations of State-Based Advocacy: Brazil's AIDS Treatment Program and Global Power Dynamics." *Politics & Society*, 41(1), pp.3-28.

FM'T Hoen, Ellen. 2002. "TRIPS, Pharmaceutical Patents and Access to Essential Medicines: Seattle, Doha and Beyond." WTO.

Ford, N., D. Wilson, G. C. Chaves, M. Lotrowska and K. Kijtiwatchakul. 2007. "Sustaining access to antiretroviral therapy in the less-developed world: lessons from Brazil and Thailand." *AIDS*, 21, pp.S21-S29.

Fourie, Pieter and Melissa Meyer. 2013. *The Politics of AIDS Denialism: South Africa's Failure to Respond.* Ashgate Publishing.

Friedman, Steven and Shauna Mottiar. 2005. "A Rewarding Engagement? The Treatment Action Campaign and the Politics of HIV/AIDS." *Politics & Society*, 33(4).

Ganji, Sarath K. 2009. "TRIPS Implementation and Strategic Health Policy in India and Brazil." *Josef Korbel Journal of International Studies*, 29, pp.29-58.

_____. 2011. "TRIPS Implementation and Strategic Health Policy in India and Brazil." *Josef Korbel Journal of International Studies*, 29, pp.29-58.

Gauri, Varun and Evan S. Liberman, 2006. "Boundary Institutions and HIV/AIDS Policy in Brazil and South Africa." *Studies in Comparative International Development*, 41(3).

Gevisser, Mark. 2009. *A Legacy of Liberation: Thabo Mbeki and the Future of South African Dream.* New York: Palgrave Macmillan.

Goddard, Stacie. 2009. "Brokering Change: Networks and entrepreneurs in international politics." *International Theory*, 1(2), pp.249-281.

Gomez, Eduardo J. 2009. "The Politics of Receptivity and Resistance: How Brazil, India, China, and Russia Strategically Use the international Health Community in Response to HIV/AIDS: a theory." *Global Health Governance*, 3(1), pp.1-29.

_____. 2011. "Pursuing Centralization Amidst Decentralization: The politics of Brazil's innovative response to HIV/AIDS." *Journal of Politics in Latin America*, 3(3), pp.95-126.

Guennif, Samira. 2004. "AIDS in India: Public health related aspects of industrial policy and intellectual property rights in a developing country."

Halbert, Deborah. 2002. "Moralized Discourses: South Africa's intellectual property fight for access to AIDS drugs." *Seattle Journal for Social Justice*, 1.

Jones, Peris S. 2005. "'A Test of Governance': Rights-based struggles and the politics of HIV/AIDS policy in South Africa." *Political Geography*, 24(4).

Jordan, Miriam. 2001. "Meck Vows AIDS Help for Brazilians." *Wall Street Journal*. March 29, 2001.

Karim, S. Abdool and Q. Abdool Karim. 2010. *HIV/AIDS in South Africa*. London: Cambridge University Press.

Keck, Margaret and Kathryn Sikkink. 1998. *Activists Beyond Borders: Advocacy networks in international politics*. NY: Cornell University Press.

Klug, Heinz. 2012. "Access to Medicines and the Transformation of the South African State." *Law & Social Inquiry*, 37(2).

Lee, Jong-Wook. "Address to WHO Staff." WHO. July 21, 2003. http://www.who.int/dg/lee/speeches/2003/21_07/en(검색일: 2013.10.29.).

List, Franklyn. 2009. *Global Institutions and the HIV/AIDS Epidemic*. Routledge.

MSF Access Campaign. 2013. *Untangling the Web of Antiretroviral Price Reduction: 16th Edition*. Geneva: Switzerland.

Nattras, Nicoli. 2008. "AIDS and the Scientific Governance of Medicine in Post-apartheid South Africa." *African Affairs*, 107(427).

_____. 2013. *The AIDS Conspiracy: Science Fights Back*. Columbia University Press.

Nunn, Amy, E. Da Fosenca, and S. Gruskin. 2009. "Changing Global Essential Medicines Norms to Improve Access to AIDS Treatment: Lessons from Brazil." *Global Public Health*, 4(2), pp.131–149.

Olsen, Tricia D. and Aseema Sinha. 2013. "Linkage Politics and the Persistence of National Policy Autonomy in Emerging Powers: Patents, Profits, and Patients in the Context of TRIPS Compliance." *Business and Politics*, 15(3), pp.323–356.

Popp, David and Tamara Hafner. 2011. *China and India as Suppliers of Affordable Medicines to Developing Countries*. National Bureau of Economic Research.

Reddy, G. B. and Kadri, Harunrashid. 2013. "Local Working of Patents: Law and implementation in India." *Journal of Intellectual Property Rights*, 18, pp.15–27.

Rehman, Hafiz Aziz ur. 2010. "India, TRIPS-plus Free Trade Agreements and the future of access to essential medicines." *Information & Communications Technology Law*, 19(3), pp.267–300.

Schneider, Helen and Lucy Gilson. 1999. "Small Fish in a Big Pond? External Aid and the Health Sector in South Africa." *Health Policy and Planning*, 14(3).

Schneider, Helen and Joanne Stein. 2001. "Implementing AIDS Policy in Post-apartheid South Africa." *Social Science and Medicine*, 52(5).

Sell, Susan K. 2001. "TRIPS and the Access to Medicines Campaign." *Wisconsin*

International Law Journal, 20(3).

Sheckels, Theodore F. 2004. "The Rhetoric of Thabo Mbeki on HIV/AIDS: Strategic Scapegoating?." *Howard Journal of Communications*, 15(2).

Sternberg, Steve. 23/5/1999. "Victims Lost in Battle Over Drugs Patents." USA Today.

Tantivess, Sripen and Gill Walt. 2008. "The Role of State and Non-state Actors in the Policy Process: the contribution of policy networks to the scale-up of antiretroviral therapy in Thailand." *Health Policy and Planning*, 23, pp.328–338.

UNAIDS. 2008. *The United Nations and the Response to AIDS in Brazil*. UNAIDS Brasil.

UNCHR. 2003. *Access to Medication in the Context of Pandemics such HIV/AIDS, Tuberculosis, and Malaria*. Geneva: UNCHR.

UNDP. 2004. *Thailand's Response to HIV/AIDS: Progress and Challenge (Thematic MDG Report)*. UNDP. Bangkok.

UWI Consulting. 2011. *Technical Cooperation on HIV/AIDS between CARICOM/PANCAP and the government of Brazil*. 4th High Level Forum on Aid Effectiveness.

Van der Vliet, Virginia. 2004. "South Africa Divided against AIDS: A Crisis of Leadership." In *AIDS and South Africa: The Social Expression of a Pandemic*. New York: Palgrave Macmillan.

Viera, Marco A. 2011. "Southern Africa's Response(s) to International HIV/AIDS Norms: the Politics of Assimilation." *Review of International Studies*, 37.

Whiteside, Alan and Clem Sunter. 2000. *AIDS: The Challenge for South Africa*. Human & Rosseau.

WHO. 2010. *Intellectual Property and Access to Medicines: Papers and Perspectives*. India.

_____. 2012. *Antiretroviral Treatment as Prevention(TASP) of HIV and TB: Programmatic Update*. Geneva: WHO.

_____. 2013. *WHO Model List of Essential Medicines: 18th list*. http://apps.who.int/iris/bitstream/10665/93142/1/EML_18_eng.pdf?ua=1)

WTO. 1995. *Agreement on Trade-related Aspects of Intellectual Property Rights*. Geneva: WTO.

WTO and WHO. 2002. *WTO Agreements & Public Health*. A joint study by the WHO and the WTO Secretariat. Geneva: WTO.

Wogart, Jan Peter. 2008. "AIDS, Access to Medicines, and the Different Roles of the Brazilian and South African Governments in Global Health Governance." *German Institute of Global and Area Studies Working Papers*, No. 86.

Wouters, Edwin, H. C. J. Van Rensburg, and H. Meulemans. 2010. "The National Strategic Plan of South Africa: What Are the Prospects of Success after the Repeated Failure of Previous AIDS Policy?." *Health Policy and Planning*, 25(3), pp.171–185.

Youde, Jeremy R. 2013. *AIDS, South Africa, and the Politics of Knowledge*. Cornwall: Ashgate Publishing, Ltd.

제9장

지적재산권의 세계정치와 인도의 중견국 전략:
TRIPS협정과 의약품특허법을 중심으로

고지명

지적재산권의

담론을 두고 남과 북이 대립하고 있는 상황에서, 인도가 제네릭 의약품(generic medicine)을 통하여 국제 사회에서 어떻게 영향력을 행사할 수 있게 되었는지를 살펴본다. '의약품 특허권'의 보호를 옹호하는 선진국 진영과 '의약품 접근권'의 보장을 주장하는 개발도상국 진영은 각각 지식의 사유화와 공유화의 담론을 가지고 첨예하게 대립하고 있다. 실제로, 의약품과 관련된 특허의 대부분은 선진국에 기반을 둔 다국적 제약회사들로 국제 사회에 유통되고 있는 대부분의 의약품 또한 이들로부터 공급되고 있다. 하지만 이러한 의약품을 생명을 유지하는 데 필요로 하는 환자들 대부분은 개도국진영의 국민들이다. 따라서 '의약품 보건안보'를 둘러싸고 남북 진영이 대립하고 있는 상황에서 중견국으로서 인도는 제네릭 의약품을 통해 개도국의 약국 역할을 수행해냈다. 2세기 가량의 식민지 역사를 가지고 있는 인도는 냉전시기에 어느 진영과도 동맹을 맺지 않으면서도, 모든 국가들과 우호 관계를 유지하는 비동맹 외교(nonalignment foreign policy) 전략을 펼쳐왔다. 이러한 인도의 외교 정책은 행위자들의 상호작용 과정에서 창출되는 관계적 구도와 네트워크를 파악하고, 파악된 네트워크 상의 구조적 공백에서 창출되는 권력을 활용하는 중견국 외교와 닮아있다. 이러한 인도의 독특한 외교 정책의 경향성은 오늘날까지 지속적으로 나타나고 있으며, 이 글에서는 네트워크 이론을 활용하여 인도가 글로벌 보건 거버넌스에서 '개도국의 약국'으로서 영향력을 발휘할 수 있었던 과정을 살펴보고자 한다.

I. 서론

2013년 4월 1일 전 세계의 다국적 제약 회사와 백혈병 환자 및 시민 단체가 긴장하며 지켜보는 가운데 인도의 대법원에서 암 치료제인 글리벡(Gleevec)의 특허권에 대한 최종 판정이 있었다. 동 판결은 '개도국의 약국(Pharmacy of the Developing World)'으로 여겨지는 인도와 다국적 제약회사의 대표주자 격인 노바티스(Novartis)사 간의 무려 7년 동안 지속된 법정 분쟁에 마침표를 찍는 최종 판결로서, 단순히 한 분쟁만을 다루는 일회성의 판결이 아닌 앞으로 국제 의약품 특허의 전례를 세우는 상징적인 판결로 세계적인 이목을 끌었다.[1] 결국 대법원은 인도의 손을 들어 주며 노바티스가 특허 신청한 기술은 이전 버전

---

1   노바티스: 인도, 암 치료제 글리벡에 대하여 특허 청원 거절(Norvatis: India rejects patent plea for cancer drug Glivec) http://www.bbc.com/news/business-21991179 (검색일: 2015.1.2.).

기술과 유사하며, 인도 특허법이 요구하는 '기존 물질 대비 진보된 효능(enhanced efficacy)'을 가지고 있음을 노바티스가 입증하는 데 실패하였으므로 특허를 받을 수 없다고 최종 판결을 내렸다.[2]

동 법적 분쟁에서 패소한 노바티스사의 대표는 인도의 대법원 판정이 의학적인 발전을 지연시키는 조치로 향후 인도에 신약을 출시할지에 대해 신중히 검토할 것이라고 밝히며, 인도가 혁신에 대한 보호와 보상을 하지 않으면 앞으로 거래가 성사되기 힘들 것이라는 입장을 표명하였다. 노바티스를 비롯한 다른 다국적 제약회사들 또한 동 판결이 인도의 혁신과 투자 환경을 악화시킬 것이라며 우려를 표함으로써 인도 대법원의 판정을 비난하였다. 반면 국경 없는 이사회(Médecins Sans Frontières: MSF)는 저가의 제네릭 의약품(generic medicine)[3] 생산하고 수출하는 인도의 제약회사들에게 보다 많은 법적 보호를 제공해주게 됐다며 인도 대법원의 결정을 지지했다.[4] 이번 분쟁은 표면적으로는 '다국적 제약회사'와 '인도의 제네릭 제약회사' 간의 대립 구도로 나타나고 있으나, 인도의 의약품 특허 문제는 '기업행위자 간'의 경쟁 구도를 넘어 '국가행위자 간'의 갈등 구도 또한 나타나고 있다.

2013년 인도의 대법원 판정에 대해 가장 적극적인 대처를 하고 있는 국가행위자는 미국으로 "2013년 스페셜 301조 보고서(2013 Special 301 Report)"를 발행하면서 인도를 우선감시대상국(Priority Watch

---

2   인도 대법원 민사 항소 관할 – 민사 항소 Nos. 2706-2716.
3   특허 보호 중인 의약품에 반대되는 개념으로 특허가 만료됐거나 특허 보호를 받지 않는 의약품을 통칭하며, 그중 주로 브랜드(brand) 의약품과 같은 성능을 갖는 복제 의약품을 일컫는다.
4   노바티스, 인도와의 글리벡 특허 전쟁에서 지다(Norvatis Loses Glivec Patent Battle in India). http://online.wsj.com/news/articles/SB10001424127887323296504578395672582230106(검색일: 2015.1.2.).

List)으로 선정하면서, 인도 정부의 최근 조치가 인도의 혁신 환경에 관한 심각한 문제를 초래하였고 혁신 중심의 경제를 향한 인도의 진전을 방해할 위험을 야기하였다고 우려를 표명하였다. 구체적으로 의약품 분야에서 인도의 특허 보호 및 권리 행사에 있어서 심각한 문제를 겪고 있다고 언급하며, 인도 대법원의 최근 판결에 대해 직접 언급하며 우려를 표명하고 있다(미국무역대표부 2013). 즉, 미국은 지적재산권에 대한 인도 정부의 행보가 미국 기업을 차별하였다고 주장하며 미국 정부에게 모든 무역수단을 동원하여 문제제기 할 것을 촉구해왔다. 하지만 지금까지 인도 정부의 공식적인 입장은 인도 특허법은 무역 관련 지적재산권 협정(Trade-Related Aspects of Intellectual Property Rights, 이하 TRIPS협정)에 합치한다는 것이며, 로이터에 따르면 "2013년 스페셜 301조 보고서" 발표와 함께 인도의 지적재산권 정책에 대한 집중 공격이 다시 불붙자 인도 정부는 WTO에 제소할 준비를 하고 있다고 전했다.[5] 이러한 미국과 인도의 대립 구도는 더 나아가 '의약품 특허권의 보호'를 옹호하는 선진국과 '의약품 접근권 확보'를 추구하는 개도국 간의 대립구도로 '국가행위자 간'의 갈등으로 발전하였다.

이처럼 인도의 글리벡 특허 판정 분쟁을 현실주의 혹은 자유주의의 전통적인 국제정치학적 분석틀로만 파악한다면, 동 사건은 '미국 vs. 인도' 국가행위자 혹은 '다국적 제약회사 vs. 제네릭 의약품 제조회사'의 기업행위자들이 자국 혹은 자사의 경제력이라는 권력 자원을 보호하기 위한 갈등으로 이해할 수 있을 것이다. 하지만 인도는 수많은 개발도상국들의 의약품 보급을 책임지고 있으며, 개도국 또한 인도

---

5   인도, 미국과 WTO에서의 전투를 준비하다(India to block U.S. trade probes, ready for fight at WTO) http://in.reuters.com/article/2014/02/25/india-trade-usa-idINDEEA1O08X20140225(검색일: 2014.11.2.).

의 제네릭 의약품에 전적으로 의존하고 있는 상황에서 동 분쟁을 단순히 국가행위자 및 기업행위자들의 이해를 둘러싼 법적 갈등으로 이해해선 안될 것이다. 국제정치학에서 안보 및 권력의 개념에 대한 이해방식은 거듭 변해왔으며, 동 사건의 이면에는 21세기 국제정치학에서 새롭게 부각되고 있는 글로벌 보건안보의 신흥 안보 이슈와 오늘날의 국제정치학에서 중요한 변수로 이해되는 지식 및 네트워크 권력이라는 신흥 권력 이슈가 직결되어 있다.

먼저 국제정치학에서 '안보'에 대한 전통적 이해방식은 무정부 상태의 국제사회에서 국가생존이 가장 최우선의 가치를 갖는 국가중심적인 이해방식이었다. 따라서 전통적으로는 국가의 생존을 위한 군사력 및 경제력의 물질적 능력의 최대화가 안보의 핵심으로 여겨져왔으나, 최근 들어 세계화가 가속화되면서 기존의 현실주의적인 국가중심의 안보관으로는 해결 불가능한 범지구적인 새로운 유형의 안보 문제들에 직면하게 되었다(Fidler 2003). 따라서 새로운 종류의 안보관이 형성되었으며, 새로운 안보 문제는 더 이상 국가 자체에 가해지는 전쟁과 같은 물질적인 문제에 국한되지 않고, 환경 오염 및 질병의 확산 등과 같이 개별 인간의 안보에 위협을 가하는 모든 문제를 포괄하는 공동안보(common security)의 문제로 발전되었으며 나아가 본 연구에서 다뤄질 '의약품 접근성'과 같이 개개인의 일상생활에 직접적인 영향을 미치는 인간안보(human security)로까지 확장되었다(김성원 2007). 또한 국제정치학에서는 안보의 개념뿐만 아니라 '권력'에 대한 이해방식 또한 수차례 변해왔다. 전통적으로 국제정치에서 권력은 군사력과 경제력과 같은 권력 자원으로 이해되어 왔으나 오늘날 세계정치에서 이러한 군사력과 경제력이 행사되는 데 있어 지식변수는 나날이 그 중요성을 더해가고 있다(김상배 2014). 이 글에서 다뤄지는 인도의 제약기술은 인도가 보유한 지식기술의 권력 자원으로 제네릭 의약품 산업의 발전을 가능케 하여 궁극적으로 제네릭 의약품 수출을 통해 인도의 경제력에 기여했다고 이해할 수 있을 것이다. 이처럼 21세기 세계정치에서 지식 자원의 중요성이 커지고 있을 뿐만 아니라 권력정치가 작동하는 방식 또한 변모하고 있다. 권력의 전통적 작동방식이 '강제와 제재'라는 하드 파워(hard power)의 메커니즘을 따랐다면, 오늘날에는 소프트파워(soft power)의 작동방식인 '설득과 동의'의 메커니즘과 더불어 '정보와 소통'의 메커니즘인 네트워크 파워(network power)의 작동방식이 부각되고 있다. 따라서 오늘날 권력 과정에서는 행위자들이 구성하는 관계적 맥락이 보다 부각되면서, 이러한 관계를 통해 형성된 네트워크에서 세(勢)를 모아 표준을 세우는 권력이 중요해졌다(김상배 2014). 같은 연장선상에서 이 글에서 다뤄질 인도의 사례는 선진국의 다국적 제약회사들이 우수한 기술자원을 바탕으로 생산되는 높은 품질의 '브랜드 의약품'보다 인도의 제네릭 제약기술이 생산해내는 '복제 의약품'에 실제로 더 많은 개도국들이 관계를 맺고 의지하게 되면서 인도가 의약품 네트워크에서 사실상(de facto) 표준을 세울 수 있는 기회를 모색할 수 있는 사례로서, 네트워크 권력이라는 신흥권력의 관점에서 큰 의의를 갖고 있다.

　　이 글에서 다루어질 인도의 의약품 특허권에 대한 연구는 기존에 존재하던 국제정치학적 틀로는 파악할 수 없는 이슈의 복합성뿐만 아니라 행위자의 복합성이 나타나는 전형적인 탈근대적 네트워크 구도를 형성하고 있다. 그럼에도 불구하고, 기존 연구들에서는 현실주의적으로 미국과 인도 사이에 벌어지는 갈등을 중심으로 하는 국가중심적인 접근법을 원용하고 있으며, 인도가 제네릭 의약산업 보호라는 자국의 경제적 이익만을 위해 브라질이나 남아공과 달리 미국과 전략적 제휴 관계 속에서 TRIPS협정 이행을 지연시켰다고 보았다. TRIPS협정과 관련한 기존 연구들의 경우, TRIPS협정을 경제·통상·보건 그리고 나아가 새로운 형태의 안보 이슈까지 맞물려 있는 복잡한 중층적 구조를 띄고 있는 국제레짐으로 이해하기보다는 법적 이슈에 치중해 있는 연구가 대부분이다. 따라서 기존 연구들은 관련 행위자들이 맺고 있는 관계적 맥락에 주목하지 못하고 의약품 네트워크라는 큰 구도를 그려내지 못하고 있다. 오히려 인도의 의약품 특허권 사례를 선진국과 개도국 간의 갈등으로 파악하여 인도를 개도국으로 분류하는 이분법적인 이해방식을 택하여, 의약품 네트워크의 '구조적 공백'을 파악하지 못하고 있다.

하지만, 인도의 의약품 특허권 사례는 선진국과 개도국의 '국가 행위자'들은 물론 다국적 제약회사 및 제네릭 제약회사라는 '기업행위자', 의약품에 의존하고 있는 환자 등의 '민간 행위자' 그리고 인권 옹호 단체의 '비정부기구행위자' 모두가 긴밀하게 연결되어 있다. 이때 관련 행위자들은 네트워크를 형성하는데, 이때 인도는 동 네트워크에 나타나는 '구조적 공백'을 택하는 네트워크 전략을 채택하였고, 이는 앞서 소개한 사례에서와 같이 의약품 특허권의 골자라고 할 수 있는 TRIPS협정이 현재까지도 불완전적이며 유동적인 측면을 갖고 있는 데서 비롯된다. 특히 동태적 이슈인 지적재산권의 경우 상대적으로 느슨한 거버넌스와 짧은 역사를 가지고 있음을 고려할 때, 기존의 국제정치학적 틀이 갖는 한계가 존재하므로 보다 적합하게 해석하기 위해서는 다층적이며 입체적인 네트워크 이론의 접근법이 요구된다. 따라서 이 글의 II절에서는 의약품 특허권이 가지고 있는 네트워크 국제정치학적 함의를 살펴본 후, III절에서는 의약품 특허권의 관념(idea), 이익(interest)과 제도(regime)를 둘러싼 남북의 갈등을 살펴볼 것이다. 나아가 IV절에서는 비대칭적인 의약품 네트워크에서 구조적 공백을 차지하고 있는 인도의 역할을 살펴보고자 한다. 마지막으로 V절은 TRIPS협정의 발효 이후에 인도가 펼친 의약품 네트워크 전략에 대하여 행위자-네트워크이론(Actor-Network Theory: ANT)을 통해 연구를 진행하고자 한다.

II. 의약품 특허권과 네트워크 이론의 적용

21세기 세계정치에서 주목하는 권력의 작동방식은 '군사력과 경제력'의 권력 자원을 바탕으로 작동되는 '강제와 제재'의 하드파워(hard power)보다는, '지식(knowledge)'이라는 권력 자원에 기반한 '설득과 동의'의 소프트파워(soft power), 나아가 국가들간의 '관계와 소통'에 주목하는 네트워크 파워(network power)이다. 즉, 세계화가 가속화되면서 오늘날 국제정치학에서는 행위자들이 구성하는 관계적 맥락이 보다 부각되고, 이러한 관계를 통해 형성된 네트워크에서 세(勢)를 모아 표준을 세우는 권력이 중요해졌다(김상배 2014). 네트워크(network)라는 개념 자체는 외연과 내포가 모호한 개념이지만, 네트워크 국제정치학이 일컫는 네트워크는 국가행위자와 비국가행위자를 포함한 여러 노드(node)들 간의 링크(link)가 종합된 망으로 이해한다. 따라서 한 네트워크 안에서 노드들은 서로 협력적 혹은 적대적 관계를 맺게 되고, 이러한 링크의 맺고 끊기를 통해 자신에게 유리한 방향으로 네트워크를 설정하여 궁극적으로는 자신의 이익을 추구하게된다(김상배 2011). 이때 네트워크 상에서 존재하는 수많은 노드들 중에 보다 '중심적'인 역할을 맡고 있는 허브(hub)노드가 존재하며, 이러한 허브노드의 역할을 수행할 수 있을 때 네트워크 파워(network power)을 갖게 된다. 이때의 허브노드가 추구할 수 있는 중심성은 연결성(degree), 근접성(closeness) 그리고 매개성(betweeness)의 세 가지 특징을 가질 수 있다. 먼저 연결중심성은 허브 노드에 연결된 '링크의 수'가 많을수록, 근접중심성은 허브 노드와 연결된 '링크의 거리'가 짧고 두터울수록, 매개중심성의 경우 네트워크가 존립하는 데 있어 '링크의 의존도'가 클수록, 그 중심성은 커지게 된다(김상배 2011). 이 글에서는 지적재산권과 의약품 특허권 및 접근권에서의 네트워크 구도를 그려낸 후, 네트워크의 구조적 공백을 파악하여 궁극적으로는 허브노드의 역할을 수행하게 되는 네트워크 권력(network power) 추구 과정을 살펴보고자 한다.

의약품 특허권을 둘러싼 기존에 형성되어 있는 지적재산권 네트워크에서는 지식을 공공재로 이해하는 입장(Public-regarding dissemination)인 '지식 사용자 진영'과 지식의 독점적인 사적 소유권을 강조하는 입장(monopolized private ownership)인 '지식 생산자 진영'간의 대립이 나타나고 있다(Sell and May 2001). 먼저, '지식 사용자 진영'에서는 지식이란 공공재(public good)로 공유되어야 하며, 지식이 세계정치에서 권력 행사의 중요한 변수로 자리매김하고 있는 오늘날 지식의 불평등이 초래하는 결과는 매우 치명적이며 심화될 것임을 주장한다(Schiller 1996). 반면, '지식 생산자 진영'은 지적재산권의 관념과 제도의 성립이 창출된 지식의 성과를 보호할 수 있으며, 지식 생산 및 혁신의 동기를 유발할 뿐만 아니라 지식 생산을 촉진시켜 장기적으로 국제 사회의 지식 네트워크(knowledge network) 전체에 유리한 제도임을 강조한다(Patterns 1988). 이렇듯 지적재산권에 반대하는 '지식 사용자 진영'과 지적재산권 보호를 옹호하는 '지식 생산자 진영'에서, 후자는 실제로 지식 및 기술을 생산해 낼 수 있는 역량을 가진 다국적기업행위자들과 선진국가행위자들의 이해관계가 반영되어 있으며, 전자는 그러한 역량을 갖추지 못한 수많은 개도국행위자들 및 비정부기구행위자들의 이해관계가 반영되어 구성되었다. 이러한 지적재산권을 둘러싼 양 진영의 대립은 특히 인간의 생명권과 직결되는 '의약품 특허권' 문제에서 더욱 불거지게 되며, 이러한 갈등은 결국 TRIPS협정이라는 지적재산권의 국제 레짐(regime)의 체결 과정에서 표면화된다.

TRIPS협정은 미국의 여러 다국적 기업행위자들이 자사의 이익을 보호할 목적을 가지고 기업행위자들끼리의 네트워크가 형성되면서 등장하게 된다. 이들은 미국이라는 국가행위자가 WTO라는 국제통상 네트워크를 통해 자신의 이해관계를 관철시키고자 하였으며, 이에 따라 미국 및 선진국가행위자들은 WTO 설립협정의 의제로 지적재산권을 보호하는 TRIPS협정을 제출하게 된다. 따라서 선진국가행위자들의 경제력을 기반으로 한 강제의 메커니즘과 WTO의 독특한 메커니즘으로 인하여 개도국가행위자들은 동 협정을 받아들이게 된다(Preeg 1995). 하지만 TRIPS협정이 체결된 후, 자국민의 생명과 직결되고 나아가 국가의 안보위협으로 이어질 수 있는 의약품과 관련하여 개도국들은 크게 우려를 표명하면서 대항 네트워크를 형성하게 된다. 이러한 대항 네트워크는 2001년 개최된 WTO의 TRIPS이사회 회의에 공중 보건 문제를 제기한 아프리카 네트워크로 구체화된다. 아프리카 네트워크를 대표하는 짐바브웨는 상기한 의약품에 관련된 개도국의 우려를 표명하며 'TRIPS협정과 공중보건'에 관한 제안서를 제출하고, TRIPs이사회가 이를 수용하여 특별 회의를 개최하기로 결정(Abott 2002)하게 되면서, TRIPS협정을 둘러싼 선진국과 개도국의 네트워크의 경합,

즉 의약품 특허권과 의약품 접근권의 본격적인 경합이 시작된다. 아프리카 네트워크는 TRIPS협정의 어느 조항도 공중보건을 위한 목적으로 조치를 취하는 것을 금지할 수 없음을 주장하였으며, TRIPS협정이 요구하는 지적재산권 보호의 범위를 완화시키기 위해 '동남아시아국가연합(Association of South-East Asian Nations: ASEAN)'의 동남아시아의 네트워크 등 의약품 접근권에 대하여 이해관계를 같이하는 네트워크들이 협력하여 노력하게 된다(정재환·이봉수 2013).

개발도상국의 국가행위자를 노드로 하는 국가행위자네트워크와 더불어 비국가행위자의 네트워크 또한 TRIPS협정의 대항네트워크로서 중요한 역할을 담당하여 왔다. 국제건강행동(Health Action International), 액션에이드(Action Aid)와 국경 없는 의사회(Medicins Sans Frontiers) 등의 비정부단체(Non-Governmental Organization: NGO)의 국제 보건 옹호 네트워크들의 협력을 바탕으로 개최된 회의에서는 TRIPS협정과 의약품의 수급과 관련된 WTO 작업그룹을 설립할 것을 요구하였다. 그뿐만 아니라 의약품에 대한 R&D 관련 비용부담 등에 대한 해결방안을 제시할 것을 주장하고 의약품에 대한 접근권을 보장하기 위한 노력을 하였다(임호 2006). 나아가 셀(Sell)은 국제건강행동(Health Action International)의 비정부단체 주도로 시간이 지나면서 국경 없는 의사회(Medicine Sans Frontiers: MSF), Oxfam, the Treatment Access Campaign, Health Gap, ACT UP Paris 등의 크고 작은 다양한 행위자를 네트워크로 끌어들였으며, 나아가 수많은 개도국의 국가행위자들을 동 네트워크에 포함시킴으로써 글로벌 보건 거버넌스에 큰 기여를 했다고 설명한 바 있다(Sell 2001).

이렇게 다국적 기업행위자와 선진국가행위자로 구성된 '지적재산권 옹호의 네트워크'와 수많은 가난한 환자들의 개별행위자와 개도국

행위자, 나아가 인권옹호단체의 비정부기구행위자로 구성된 '지적재
산권 반대의 네트워크'는 글로벌 보건 거버넌스를 두고 의약품 네트워
크 안에서 치열한 경합을 벌여왔다. 이렇게 극명히 이해관계를 달리하
는 행위자들로 '지적재산권 네트워크' 및 '의약품 네트워크' 나아가서
는 '국제 보건 거버넌스의 네트워크'에서 행위자들 간의 링크가 성기
게 형성된 부분이 명백히 존재했으며 이를 미국의 사회학자 로날드 버
트(Ronald Burt)가 고안해 낸 개념인 '구조적 공백'으로 이해할 수 있
다. 버트에 따르면, 연결하지 않으면 단절될 집단들의 사이에서 전략
적으로 중요한 '위치'를 잡는다는 의미에서 구조적 공백을 공략하는
행위자는 그렇지 못한 행위자들에 대해서 경쟁력을 갖게 된다(Burt
2005). 따라서 지적재산권 및 의약품 특허권을 둘러싼 논의에서 상반
된 이해관계를 갖고 있는 행위자들로 분절되어 있는 네트워크가 존재
함을 확인하였다. 이제 이러한 구조적 공백을 메우는 역할을 담당하는
행위자는 네트워크의 전체 구도에서 중심의 위치를 장악하게 되고, 아
울러 다양한 상호작용을 통제하는 중요한 노드, 즉 허브(hub)로서 자
신의 역할을 강화하게 된다. 이때 허브 행위자의 역할은 그 행위자의
속성이나 기질에서 나오는 것일 뿐만 아니라, 그보다는 더 중요하게
네트워크 상의 구조적 특성, 즉 구조적 공백의 존재 여부에 의해서 부
여된다. 따라서 전략의 특성상 강대국이 아닌 중견국의 전략과 합치되
며(김상배 2011), 이 글에서 다루고자 하는 지적재산권 및 의약품 네트
워크의 경우 강대국과 약소국이 극명히 대립하고 있는 상황에서는 더
욱 그러하다.

　　따라서 본 연구에서는 이러한 네트워크의 구조적 공백을 차지
하고 활용하기 위한 전략을 파악하기 위해서 행위자-네트워크이론
(Actor-Network Theory: ANT)을 원용하고 있다. 이러한 과정을 '번역

(translation)'이라 표현하고 '프레임 짜기', '맺고 끊기', '내 편 모으기', 그리고 '표준 세우기'의 네 단계로 구분할 수 있다(김상배 2011). 먼저 첫 번째 단계인 '프레임 짜기' 단계에서는 네트워크상에 존재하는 다른 행위자들을 확인하고 정의함으로써 전체적인 상황을 파악한다. 이 단계에서는 이해당사자들이 누구인지 그리고 그들의 관계 설정을 살피고 이를 바탕으로 전체 맥락을 파악하는데, 여기서 다른 행위자들이 자신에게 반드시 의존하게 만들기 위해 네트워크상에서 다른 행위자들을 반드시 거치게 하여 자신에게 끌어들이는 '의무통과점(obligatory passage point: OPP)'을 선점하는 것이 중요하다. 두 번째 단계인 '맺고 끊기' 단계는 다른 행위자들을 기존의 네트워크에서 분리하고 이들의 관심을 끌어 새로운 협상을 진행하는 단계를 의미한다. 나아가 세 번째 단계인 '내 편 모으기' 단계에서는 새로운 관계를 맺게 된 다른 행위자들에게 좀더 적극적인 의미에서 새로운 역할을 부여하는 단계이며, 마지막 단계인 '표준 세우기'는 새 역할을 부여받은 행위자들을 완벽히 자신의 네트워크로 편입시켜 보편성을 획득하는 것을 의미한다. 하지만 이러한 네 단계를 거쳤다고 해서 그 네트워크가 고정되었다거나 최종적인 것으로 이해해선 안되며, 번역된 새로운 네트워크에 이의가 제기될 경우 '반역'이 발생할 수 있다. 만일 이러한 반역이 성공적일 경우 치환이 발생하여 결과적으로는 새로운 네트워크의 대표가 기존 대표를 대체하는 '치환(displacement)'으로 이어지게 된다.

앞으로 보다 상세하게, 행위자들의 관념 및 이해관계의 대립으로 단절되어 있는 지적재산권 및 의약품 네트워크에서의 구조적 공백을 확인하고, 파악된 구조적 공백을 차지할 수 있었던 중견국으로서 인도라는 국가행위자의 속성을 파악할 것이다. 끝으로 이러한 중견국의 인도가 펼쳤던 네트워크 전략을 보다 동태적으로 이해하기 위하여 번역의

4단계를 제시하는 행위자-네트워크 이론을 통해 활용하고자 한다.

III. 의약품 특허권의 남-북 대립 구조

1. 지식의 사유와 공유의 관념(idea): 의약품 특허권과 접근권

'의약품 특허권(Patent Right)'은 '지식의 사유화'에, '의약품 접근권 (Access Right)'은 '지식의 공유화'라는 관념(idea)에 각 뿌리를 두고 있다. 먼저, '지식의 사유화'의 논리는 지적재산권이라는 개념을 통해 나타나며, 주로 '공공재'로 인식되던 지식 자원에 '사유재'의 성격을 부여함으로써 배타적이며 독점적인 사적 소유 개념을 도입시킨 것으로, 주로 지식 '생산자'의 이해관계를 반영하고 있다. 따라서 '의약품 특허권' 또한 지적재산권의 일종으로, 의약품 특허권의 설계자 및 지지자들은 '의약품 생산자'들로서 의약품 생산과 관련 법제도의 도입을 통해서 의약품 사용자에 대해서 비용을 치르게 하여, 자신들의 투자를 효과적으로 회수하는 법률상 방어 메커니즘을 추구하려 노력해 왔다 (김상배 2007).

　반면, '의약품 접근권'의 경우 인간보건안보와 함께 '지식의 공유화' 논리에 그 근거를 두고 있다. '지식 공유화'의 입장은 '지식 사용자'의 입장을 대변하며, 지적재산권이 강화될 경우, 기존에 공공재로서 사용해 왔던 지식을 이용하기 위해서는 추가적인 비용을 부담해야 하므로 지적재산권 개념의 강화 및 확장에 반대해왔다. 이러한 논리는 '의약품 접근권'에 적용되어, 의약품 특허권이 강화될 경우, 의약품을 복용해온 환자들은 기존보다 추가적인 비용을 부담하므로 의약품을 필요로 하는 입장에서는 의약품의 특허권의 강화 및 확장에 반대해 왔다고 볼 수 있다.

결국 '의약품 특허권'과 '의약품 접근권'은 '지식 생산자'와 '지식 사용자' 혹은 '의약품 생산자'와 '의약품 사용자'의 대립으로 이해할 수 있으며, 이는 곧 지식을 공공재로 이해하는 입장(Public-regarding dissemination)과 지식의 독점적인 사적 소유권을 강조하는 입장(monopolized private ownership)의 대립으로 나타난다(Sell and May 2001). 먼저, '의약품 생산자' 진영은 의약품 특허권의 관념과 제도의 성립이 의약품 생산자가 창출한 지식의 성과를 보호할 수 있으므로 단기적인 차원의 지식 생산의 동기 유발(Patterns 1968)뿐만 아니라 지식 생산을 촉진시켜 장기적으로 국제 사회의 '지식 네트워크(knowledge network)', 나아가 글로벌 보건안보에 유리한 제도라고 주장한다. 반면, '의약품 사용자' 진영에서는 지식은 본래 이용에 배타성이 없는 재화로서 공공재에 해당한다고 주장하며, 특히 정보기술의 사회적 이용이 보편화되고 정보지식의 경제적 역할이 크게 강조되는 정보사회에서, 정보 '부자'와 정보 '빈자'의 불평등은 더욱 심화될 수밖에 없다고 주장한다(Schiller 1996). 나아가 의약품과 관련된 지식의 경우, 인간의 생명에 직접적으로 연관된 지식에 해당하므로, 그러한 지식의 공유는 더욱 필수적으로 보장되어야 함을 주장한다.

여기서 의약품의 특허권과 접근권을 둘러싼 대립구조는 단순히 의약품을 생산하는 제약회사와 의약품을 사용하는 환자들에게만 국한되는 것이 아니라, 동일한 담론을 공유하는 '네트워크 행위자 간의 대립'으로 귀결된다. 크게 '의약품 특허권' 보호를 강조하며 제약기술 및 새로운 의약품에 대한 독점적인 사적 소유권을 적극적으로 지지하는 네트워크와 제약기술 및 새로운 의약품은 공중보건안보에 기여할 수 있는 공공재로 인식하고 제약 기술의 공유를 강조하는 네트워크의 두 개의 네트워크가 대립하는 구도로 이해할 수 있다(Sell and May 2001). 국제정치학적 관점에서, 이러한 '의약품 특허권 옹호 네트워크'와 '의약품 접근권 옹호 네트워크'는 특히 선진국 진영과 개도국 진영이 주도해나가고 있으며, 이 둘의 네트워크의 '지식의 사유화'와 '지식의 공유화'라는 관념(idea)의 대립은 이해관계(interest)의 대립으로 표면화된다.

2. 특허권을 둘러싼 이해관계(interest): 의약품 공급과 수요의 비대칭성

선진국 진영은 '지식의 사유화'라는 관념을 앞세워 '의약품 특허권'을 옹호하는 네트워크를 주도해 온 반면, 개도국 진영은 '지식의 공유화'라는 관념을 앞세워 '의약품 접근권'을 주장하는 네트워크를 주도해 왔다. 이러한 대립은 관념으로만 국한되지 않으며, 선진국과 개도국의 직접적인 이해관계의 대립으로 표면화된다는 사실은 아래 제시된 '국내 연구 및 개발 비용(Gross Domestic Expenditure on Research & Development)'과 '제약기술 분야 특허권 개수 (Number of Patent on Pharmeceutical Industry)'를 통해 확인할 수 있다.

양 표에서 볼 수 있듯이 미국, 일본, 독일, 프랑스, 영국, 이탈리아, 캐나다, 네덜란드, 스웨덴과 스위스의 세계 10위의 선진국 진영은 전 세계 R&D 투자비용의 84%, 특허의 94.4%를 차지하고 있으며, 이는 지식 네트워크에서 개도국들이 선진국들에게 매우 크게 의존하고 있다는 것을 알 수 있다(OECD 2014). 이러한 각 진영의 이해관계의 차이는 현재 비대칭적인 의약품 네트워크 구도에서 더욱 여실히 드러난다.

표 1. 2005-11년 국내 연구 및 개발 비용의 세계 10위 국가

Countries	R&D Expenditure of 2005-11 (million PPP $)	R&D Expenditure of 2005-11 (% in total)
USA	2,713,752	33.5
China	1,103,192	13.6
Japan	989,658	12.2
German	558,426	6.9
France	325,783	4.0
Korea	307,184	3.8
U.K.	266,183	3.3
Russia	200,478	2.5
Canada	171,414	2.1
Italy	106,266	1.3
Subtotal	**6,742,336**	**83.2**
World	8,098,883	100

출처: OECD, "Main Science and Technology Indicators, Gross Domestic Expenditure on R&D of 2005-2011"

표 2. 2005-11년 등록된 제약 관련 특허수 세계 10위 국가

Countries	Pharmeceutical Patents during 2005-11 (numbers)	Pharmeceutical Patents during 2005-11 (% in total)
USA	4,979	46.0
Japan	960	8.8
Germany	926	8.5
France	644	5.9
U.K.	587	5.4
Switzerland	356	3.2
Italy	296	2.7
Canada	252	2.3
Korea	181	1.6
Sweden	159	1.4
Subtotal	**9,340**	**86.2**
World	10,823	100

출처: OECD "Patents by Technology Index, Triadic Patent Family Office, Pharmeceutical Domain 2005-2011"

먼저, 의약품 접근권을 옹호하는 네트워크는 의약품의 사용자의 이해관계를 반영하고 있음을 상술한 바 있다. 이때 이러한 네트워크를 주도하는 진영은 개도국 진영임을 가정하였는데, 그러한 가정의 성립은 현재 글로벌 보건의 상황을 통해서 확인할 수 있다. WHO에 따르면, 매년 세계적으로 1,700만 명에 달하는 전염병 사망 인구 중 90% 이상이 아프리카, 아시아와 남아메리카로 개도국 진영에 속해 있다. 특히 세계 사망원인 1위를 차지하고 있는 HIV의 경우, 2008년 새로운 감염자의 72%가, 말라리아의 발병건수 중 약 89%가 아프리카에서 발생하고 있음(UN 보고서 2010)을 고려할 때, 의약품을 가장 필요로 하는 개도국 진영이 의약품 접근권을 옹호하는 네트워크를 구성하는 주된 노드임을 확인할 수 있다.

반면, 의약품 특허권을 옹호하는 네트워크의 경우에는 의약품의 생산자의 이해관계를 반영하고 있으며, 이 네트워크를 구성하는 주된 노드는 선진국 진영임은 확보하고 있는 특허권 수의 비교를 통해 확인한 바 있다. 이러한 특징은 특허권 이외에도 실제 의약품 생산 및 판매 비율을 통해서도 확인된다. WTO의 보고서에 따르면 의약품을 포함하는 건강 제품(health product)의 총 수출의 92%는 세계 상위 10개국을 통해 이뤄지고 있으며 이 중 중국, 인도, 멕시코의 3개국을 제외하곤 모두 선진국들로 구성되어 있다. 이 그룹 중 유럽연합, 미국 그리고 스위스가 수출의 73%를 담당하고 있으며, 그나마 동 그룹에 포함된 중국, 인도 그리고 멕시코의 수출량을 모두 합쳐도 국제적인 수출량의 9%에 못 미치고 있음을 볼 때, 현재 세계 의약품 공급 대부분 선진국이 독식하고 있음을 알 수 있다(WTO 2012).

이렇게 개도국 진영은 '의약품에 대한 수요' 측면, 선진국 진영은 '의약품에 대한 공급' 측면을 담당하여 양분되어 있는 의약품 네트워

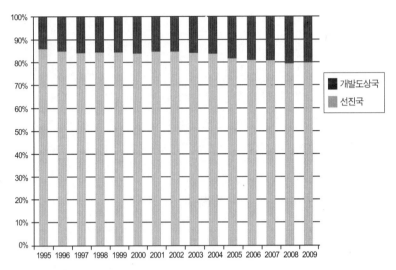

출처: WTO. 2012. "More trade for better health? International trade and tariffs on health products."

그림 1. 선진국과 개도국의 건강 제품(Health Product) 수출 비율

크 구조는 '의약품 특허권'과 '의약품 접근권'의 갈등을 야기하며, 이는 첫째, 필요한 의약품이 존재하지 않는 경우 그리고 둘째, 의약품은 존재하나 높은 가격으로 책정되어 있는 경우를 발생시킨다. 먼저, 말라리아나 폐결핵과 같이 주로 개도국에서 발병률이 높은 질병의 경우, 개도국 진영에서는 높은 수요가 존재한다. 그럼에도 불구하고 신약 개발 투자를 결정함에 있어 의약품의 이윤을 최우선으로 고려하는 제약회사가 속한 선진국 진영은 이러한 질병에 대한 연구 및 개발을 꺼리기 때문에 많은 경우, 약품이 개발되지 않는 상황이 발생한다. 실제로 폐결핵을 위한 치료제는 1960년대 이후 새로 개발된 바 없음은 사태의 심각성을 잘 나타내주는 예라고 하겠다. 두 번째 상황은 이윤의 극대화를 추구하는 제약회사들이 의약품 특허권을 통하여 시장을 독점하게 되며, 이는 높은 의약품 가격설정으로 귀결되는 경우에 해당한다

(최태현·정다운 2011). 위 두 가지 경우에서 의약품 특허권이 결과적
으로는 의약품 접근권을 저해하므로 두 진영간의 갈등은 더욱 불거지
는 상황을 발생시키는 것을 확인할 수 있다. 이러한 지적재산권을 둘
러싼 선진국과 개도국 네트워크의 이해관계의 대립은 TRIPS협정이라
는 무역관련지적재산권 레짐의 체결과정에서 표면화된다.

3. 특허권과 지적재산권 레짐(regime): TRIPS협정의 체결

의약품 특허를 포함하는 지적재산권에 대한 보호는 1995년 WTO의
설립과 함께 마련된 TRIPS협정으로 본격화되었다. 동 협정의 등장 이
전에는, WIPO라는 국제기구가 지적재산권보호에 대한 단일화된 국
제적 기준을 마련하기 위해 노력했으나 지적재산권의 침해 시, 제재
수단을 갖추지 못함으로써 여전히 보호수준이 미흡하다는 한계점을
갖고 있었다. 이러한 문제가 제기되며 미국을 중심으로 한 선진국들
이 앞서 설명한 것과 같이 WTO설립협상인 우루과이 라운드에서 정
식 협상의제로 채택하게 되면서 TRIPS협정 마련에 대한 논의가 본격
화된다(최승환 2006).

우루과이 라운드에서 논의된 TRIPS협정은 결국 1994년 4월 15
일 WTO설립협정인 마라케쉬협정(Marrakesh Agreement)의 부속협
정 중 하나로서 마련된다(윤선희 2010). 동 협정은 저작권(copyright),
특허권(patent), 컴퓨터 프로그램(computer program) 등 8개 분야[6]
의 지적재산권의 보호 기준(standard)과 시행 절차(procedure)를 정

---

6   TRIPS협정에는 다음 8가지 분야를 포함한다. 1) 저작권 및 저작인접권, 2) 상표, 3) 지
     리적 표시, 4) 의장, 5) 특허, 6) 집적회로 배치설계, 7) 미공개정보의 보호, 8) 사용허가
     계약에 있어서 반경쟁 관행의 통제.

한 다자조약이다. 특히, TRIPS협정은 파리협약, 베른협약, 로마협약[7]
과 워싱턴협약 등 전통적으로 존재하던 지적재산권관련 협약에 기초
를 두고, 이를 더 확장시킨 "Convention-Plus" 협약이다. 즉, TRIPS협
정의 체결은 다양한 네트워크를 통해 구축된 기존의 지적재산권 협약
을 묶어내는 과정으로, 이러한 체결 과정에서 부여 받게 된 권력을 바
탕으로 지적재산권에 관련된 게임의 룰을 정하고 있다(Krasner 1985).
TRIPS협정이 채택한 보호 기준에 따라 지식을 분류하여, 보호 기준
을 충족하는 지식은 협정이 마련한 시행 절차를 통해 지적재산권이라
는 의미를 부여 받게 되고, 나아가 경제적인 보상을 받을 수 있는 지
적재산권의 질서를 구축한다는 점에서, 동 협정은 메타 지식의 권력
을 행사하고 있다. 하지만 지적재산권과 관련한 게임의 룰을 설정하는
TRIPS협정의 메타 권력은 전통적으로 개발 및 연구의 역량을 갖춘 선
진국만 행사 가능하다는 점에서 선진국을 위한 협정으로 이해할 수 있
다. 따라서 다국적 제약회사의 기업행위자들과 선진국은 동 협정이 실
행 가능하도록 자신들의 이해가 반영된 네트워크 전략을 추구해 왔다.

먼저 의약품 특허권 보호 및 강화를 위한 작업은 선진국의 국가행
위자가 아닌, 미국의 다국적 제약업계의 기업행위자들의 주도로 시작
된다. 미국의 다국적 제약업계는 자신들의 특허를 침해하여 제네릭 의
약품을 생산하는 개도국의 제약업계에 대해 오랜 기간 골머리를 앓아
왔다. 미국의 제약업계의 기업행위자들은 개도국의 제네릭 의약업계
의 기업행위자들에게 압력을 가하기 위해 국가행위자로 구성된 '국제
통상 네트워크' 활용을 모색한다. 즉, 미국의 제약업계는 다국적 네트

---

7 로마협약(Rome Convention)은 실연자, 음반 제작자 및 방송기관의 지적재산권의 보
호를 목적으로 하는 국제협약으로 WIPO가 동 협약을 관리하고 있다(외교통상용어사
전, 대한민국 정부).

워크를 활용해 미국의 국가행위자로 하여금 의약품 특허권 침해를 일
삼는 개도국 국가행위자들에게 압력을 행사하여, 궁극적으로는 개도
국 제약업체의 제네릭 의약품 생산 중단을 꾀한 것이다. 따라서 미국
의 제약업계는 국가행위자로 구성된 '국제적 네트워크'를 활용하기 위
한 준비 작업으로, 국가행위자에게 정치적 압력을 행사할 수 있는 '국
내적 네트워크'를 형성하기 위한 각종 단체나 위원회를 설립했으며,
국내적 네트워크 간의 협력도 모색한다. 1986년에 설립된 '지적재산
위원회(Intellectual Property Committee: IPC)'는 지적재산권을 보호
할 목적을 가지고 만들어진 국내적 차원의 네트워크로 13개의 기업행
위자로 구성[8]되어 설립되었으며, 동 위원회의 주도적인 역할을 담당했
던 행위자 중 하나는 대표적인 제약회사의 파이저(Pfizer)였다. 파이
저의 회장인 프랫(Pratt)은 당시 '무역정책 및 협상 자문위원회(Advi-
sory Committee on Trade Policy and Negotiations: ACTPN)'의 위원장
를 맡아, 두 개의 국내적 차원의 네트워크의 협력을 꾀하였다. 제약업
계는 이러한 국내적 네트워크를 통하여 미국의 국가행위자에게 지적
재산권 보호의 중요성에 대한 교육을 진행하거나 지적재산권을 보호
할 수 있는 법을 마련하기 위한 세미나와 안내책자 발간을 지원하는
등의 네트워크 전략을 모색해 왔다(Ryan 1998).

　　IPC와 ACTPN등의 국내적 네트워크를 통하여 미국의 의약품 관
련 기업행위자들은 미국의 정부행위자에게 자신의 입장을 피력하게
된다. 국내적 네트워크가 행사하는 정치적 압력에 의해 이들의 이해

8　1986년도 설립 당시, Bristol-Myers, Dupont, FMC Corporation, General Electric,
　General Motors, Hewlett-Packard, IBM, Johsnon & Johnson, Merck, Monsanto,
　Pfizer, Rockwell International 그리고 Warner Communications이었으나 1994년도에
　들어서면서 Dupont 등 몇 개의 기업행위자가 탈퇴하고 Digital Equipment Corpora-
　tion, Procter & Gamble 그리고 Time Warner가 네트워크에 가입한다(Sell 2003).

관계를 대변하게 된 미국의 국가행위자는 WTO의 전신인 GATT라는 다자간 통상 네트워크를 활용하는 네트워크 전략을 펼쳐 그 부속협정으로 TRIPS협정을 포함시키고자 한다(Preeg 1995). 미국의 위와 같은 네트워크 전략의 수립은 WTO만이 갖는 독특한 네트워크 속성을 고려한 것으로 이해할 수 있다. 미국은 다국적 제약회사들의 특허보호를 관철시키는데 WTO의 큰 규모의 아키텍쳐에서 파생되는 '집합권력'과 엄격한 작동방식의 '강제관할권'에 주목하였다.

미국과 그 동맹국들에 의해 주도된 GATT체제는 제1차 세계대전과 제2차 세계대전 사이에 국가행위자들이 취한 보호무역정책이 세계대전 발발의 원인으로 판단하여 무역장벽을 허물고 국제적으로 자유무역 분위기를 성립하기 위해 마련되었으며, 1995년 이러한 GATT체제를 전신으로 WTO가 출범하게 된다. II절에서 전술한 바와 같이 WTO는 국제기구 중 통상 문제를 다루고 있는 유일한 국제기구로 전 세계에 존재하는 국가행위자 193개국[9] 중 159개국[10]이 가입해 있다. 즉, 전세계의 80%가 넘는 국가행위자들은 WTO의 체제 안에 들어와 있음을 의미하며, 이렇게 커다란 아키텍쳐는 WTO행위자에게 내재되어 있는 집합권력을 부여해 주고 있다. 즉, 미국은 WTO에 내재돼있는 집합권력을 활용하여 지적재산권을 보호하려는 자신의 이해관계를 범세계적으로 관철시킬 수 있다는 점에서 유용하다는 판단을 내린 것이다.

하지만 TRIPS협정을 WTO의 다자간 통상 네트워크의 작동원리로 포함시키는 데 있어 선진국 연합세력과 개도국 연합세력들 간에

9　남수단 오늘 분리 독립, 세계 193번째 국가 탄생: http://news.naver.com/main/read. nhn?mode=LSD&mid=sec&sid1=104&oid=001&aid=0005984415(검색일: 2015.1.2.).

10　WTO 홈페이지: http://wto.org/english/thewto_e/whatis_e/tif_e/org6_e.htm(검색일: 2015.1.2.).

큰 의견 대립을 보이게 된다. 개도국들은 지적재산권의 개념 및 제도가 지식 사용자인 개도국에 불리함을 인지하였으며 WTO의 집합권력과 강제관할권에 대한 우려로 지적재산권 문제를 WTO라는 '통상' 네트워크에서 관할하는 것에 반대하며 WIPO라는 지적재산권 전문기구에서 다뤄지는 것이 합리적이라고 주장한다. 위와 같은 선진국 연합과 개도국 연합 간의 의견대립으로 TRIPS협정의 최종안이 채택될 때까지 7년간의 고착상태를 겪게 된다(Evans 1994). 하지만 이러한 고착상태를 타개한 요인은 지적재산권의 강화 없이는 선진국으로부터의 기술 이전이 어려울 수 있으며, 기술이전이 전혀 없는 것보다는 다소 비용을 부담하더라도 선진국의 첨단기술의 이전 받고자 하는 개도국 진영의 판단을 바탕으로 한다(Preeg 1995). 하지만 더욱 결정적인 요인은 WTO와 GATT의 네트워크 작동방식이 일괄타결방식(single-undertaking)[11]으로 이뤄지는 데 있다. 즉, WTO협상결과에 서명할 때 일부 분야를 제외하고 서명할 수 없고 모든 협상결과를 수용해야 한다. 이 때문에 TRIPS협정에 대하여 반대하더라도 지적재산권 분야를 제외할 수 없으므로, TRIPS협정을 수용하지 않고서는 다자간 무역 네트워크에 들어오지 못함을 의미한다. 따라서 다자간 통상 네트워크에 참여하지 못하여 큰 피해를 입기보다는 차라리 지적재산권문제를 일단 수용하고 추후에 적극적으로 논의하는 것이 낫다는 판단에 의해 개도국 행위자들은 WTO의 다자간 통상 네트워크의 작동원리에 지적재산권 항목이 추가되는 것에 찬성하게 되었다(Ryan 1988).

---

11   일괄타결방식(Single Undertaking)이란 GATT이래의 협상원칙으로 개별 사안별로 하나씩 협상을 타결하는 것이 아니고 모든 의제를 하나의 package로 간주하여 한꺼번에 타결하는 방식을 의미한다. 이에 따라 회원국은 협상결과에 서명할 때 일부 분야를 제외하고 서명할 수 없으며, 모든 협상결과를 수용해야 한다(기획재정부).

즉, TRIPS협정은 '지식의 공유화'보다는 '지식의 사유화'라는 관념 (idea)을 보호하는 국제 레짐(regime)으로 선진국 진영의 이익(interest)를 보장해주고 있는 한편, 개도국 진영은 동 협정의 체결이 필연적으로 자국의 보건안보 위협으로 귀결될 것을 우려하게 된다. 이러한 비대칭적인 의약품 네트워크의 구도 속에서 개도국의 약국 역할을 수행해온 인도는 상당한 중요성을 갖는다.

IV. 의약품 네트워크에서 인도의 역할

1. 인도 외교 정책의 특징 및 배경

인도는 2세기에 걸쳐 영국의 지배를 받은 국가로서 인도 중견국 외교 전략의 기원은 영국의 인도에 대한 식민지배시기로 거슬러 올라간다. 1757년 인도의 지배권을 두고 영국의 동인도회사(East India Company) 군대와 프랑스의 벵골 토후 연합군이 벌인 플라시(Plassey) 전투에서 영국이 승리하게 되면서 영국의 동인도회사는 인도경영을 본격화하게 된다. 1858년 영국 직할지로 편입된 이후, 인도는 동인도회사가 아닌 영국 국왕의 직접 지배를 받게 되었다(외교부 2010). 2세기 동안의 식민 통치로 인도에서 싹트기 시작한 반제국주의와 반식민주의의 경향성은 결국 1947년 독립 이후 자와할랄 네루(Jawaharlal Nehru)의 지도하에 진행된 비동맹 외교(Nonalignment Foreign Policy)로 표면화된다(고경희 1996).

인도의 비동맹주의는 기본적으로 어떤 국가와도 군사적 동맹을 맺지 않는 외교정책으로 서방 진영 혹은 공산 진영 중 그 어떠한 진영과도 동맹을 맺지 않는 정책으로 정의된다(Appadorai and Rajan 1985). 독립 이후, 미국과 소련을 거두로 한 냉전이 본격화되고, 동서 양 진영은 서로 앞다퉈 군사 및 재정 원조 제공을 통해 신생국들을 자신의 진영으로 끌어들이려는 전략을 펼쳐왔다. 그러나 당시 인도의 수상이었던 자와할랄 네루(Jawaharlal Nehru)는 국제 정치에 뛰어난 감각을 가지고 있던 정치적 인물로, 인도가 냉전이라는 경쟁적 양극 체제에 휘말리기를 원치 않았으며, 오히려 인도가 동서 양 진영 간의 중재자(mediator) 역할을 할 수 있는 외교 노선을 추구하게 된다(Hingorani 1989). 인도가 선택한 비동맹주의 외교 정책은 인도의 독자적인 판단에 따라 외교적 행동을 취하는 것을 가능케 했다. 냉전 시대에 양 진영 중 어느 한 진영에도 속하지 않으므로 특정 노선의 추종을 강요받지 않았으며, 그 영향력에서 자유로울 수 있었으므로 인도의 독자적인 외교 노선을 추구할 수 있었다(Appadorai and Rajan 1985). 인도의 이러한 독자 노선의 추구는 1956년 수에즈 운하 사건에서 영국, 프랑스, 이스라엘에 대한 비난, 헝가리에서의 소련의 군사적 개입에 대한 비난, 한국, 베트남 그리고 콩고에서의 미국의 행동에 대한 비난 등의 경우에서 잘 드러난다(Hingorani 1989).

이렇게 인도는 냉전 시대에 양 강대국 중 어느 국가와도 동맹을 맺지 않았지만, 강대국을 포함해 모든 국가들과 우호적인 관계를 유지하기를 희망하였다. "우리는 지배를 원치 않는다. 따라서 어떤 국가의 내정이나 그 외의 모든 것들이 타국에 의해 간섭받기를 원하지 않는다. 우리의 주요한 목적은 세계 평화와 억압된 민중의 자유이다."라는 네루의 발언을 통해 전 세계의 모든 국가들과 우호 관계를 유지하려는 입장을 밝힌 바 있다(Hingorani 1989). 이러한 인도의 외교노선은 1954년 중국과의 협정에서도 잘 나타났다. 동 협정에서 인도와 중국은 빤쯔실(Panchsheel)이라는 이름의 평화공존에 대한 다섯 가지 원칙을 선언하였는데, 그 내용은 평화공존, 영토와 주권에 대한 상호 존중, 상호 불가침, 상호 내정불간섭, 상호 평등과 상호이익에 대한 인정에 대해 다루고 있다. 이러한 원칙이 발표되자 아시아 및 아프리카 국가들은 곧바로 지지를 표명했으며, 동 원칙은 제3세계국들의 최초 국제회의였던 1955년 인도네시아 반둥회의(Bandung Conference)에서 제3세계 국가들의 공식적인 외교정책의 기조로서 선포된 바 있다(Macridis and Art 1976).

인도가 위와 같은 외교노선을 추구한 배경에는 네 가지의 요인이 자리하고 있다(고경희 1996). 첫째, 인도의 전통적인 문화 유산인 관용(tolerance)과 평화주의적 정향(pacifist orientation)의 영향을 받았다고 할 수 있다. 인도의 고대 문명이 드라비디안(Dravidian) 인도 원주민 문화와 아리안(Aryan)문화의 융합에 의해 탄생했다[12]는 점으로부터 알 수 있듯이, 관용은 인도 문화의 고유한 특성 가운데 하나이다. 뿐만 아니라, 이후 8세기부터 인도에 이슬람 문화가 스며들기 시작해 결국 16세기에 들어와서는 무굴(Mughal)제국[13] 문화가 힌두 문화와 융합되었고, 나아가 18세기에 이르러서는 영국을 통하여 유럽 문화의 영향까지 수용하게 된다. 인도는 이러한 문화적 수용과 융합 과정을 통해 이념적 차이를 초월한 평화적 공존을 추구하는 외교적 자세를 취

---

12   인도의 민족은 토착인종 드라비디아인(Dravidian)과 이후 이주해온 아리안인(Aryan)이 대다수를 차지하고 있다. 드라비디아인의 경우 인더스 문명을 일으킨 인종으로 기원전 4세기경 아리안의 침입으로 남인도로 피신하여 현재도 남인도에 주로 거주한다. 아리안은 유럽의 아리안과 구분하여 인도-아리안으로 불려지기도 하는데 비교적 하얀 피부를 갖고 있으며 주로 인도 북부와 중부에 거주한다. 지배계층인 아리안들이 드라비디아인들과 자신들을 구분하기 위해 만든 것이 바로 바르나(varna) 4성제 카스트 제도이다.

13   무굴제국은 16세기부터 19세기까지 인도에 있었던 마지막 이슬람 제국을 지칭한다.

하게 된다. 더불어, 인도의 독특한 평화주의적 정향은 힌두교의 이론적·사상적 토대인 우파니샤드(Upanisad)적 세계관 혹은 그에 뿌리를 두고 있는 간디의 사상에서 볼 수 있듯이, 비폭력주의(Ahimas)와 인류동포주의적인 지적원리에 바탕을 두고 있다(김덕 1972).

둘째, 인도의 독특한 외교노선의 배경에는 지정학적 요인이 자리하고 있다. 인도는 소련과 중국이라는 두 공산주의의 종주국과 국경을 접하고 있다. 이때 공산 진영과 서방 진영 사이에 전쟁이 발발할 경우, 만일 인도가 두 진영 중 어느 한 진영에 속하게 된다면 인접국인 인도는 필연적으로 분쟁에 휘말려 직접적이고 즉각적인 전쟁의 영향을 받게 된다. 이 때문에 인도는 양 진영 중 어느 한 진영과의 동맹을 지양하였던 것으로 이해할 수 있다(고경희 1996).

셋째, 신생 독립국인 인도는 국내 및 외교 정책 입안시 자국의 독립성 보유를 강하게 희망했다. 즉, 특정 강대국과의 동맹은 곧 인도가 추구해오던 정책의 포기로 귀결될 것이라는 두려움이 인도가 비동맹 정책을 추구하게 된 중요한 배경이 된다(Appadorai and Rajan 1985). 2세기를 걸쳐 인도가 겪었던 식민 통치의 경험은 인도로 하여금 강대국의 세력 침투에 대해 거의 본능적인 거부 반응을 보이게 만들었다. 따라서 인도 지도자들은 어떤 서구 국가이든간에 그들과의 동맹 관계는 식민주의 국가로의 간접적 복귀를 촉진하는 촉매제가 될 것으로 보았다. 이러한 서구 세력과 더불어 인도 북방에 위치하고 있는 공산주의 강대국들 또한 인도에게 심리적 위압감을 주었다고 이해할 수 있다(김덕 1972).

넷째, 인도의 독특한 외교정책은 인도의 국가 사회 및 경제 건설의 당위였던 것으로 이해할 수 있다. 200여 년간의 영국 식민 통치를 겪고, 신생 독립국의 지위를 갖게 된 인도에게 가장 시급한 과제는 대내적인 치안 행정 질서의 확립과 독립 당시 인도의 3억 5천만 인구의 식량 자급 문제 등의 경제 건설과 국가적 통합이었다. 이러한 상황에서 인도가 양극체제에 가담해 군비 확장 등에 막대한 예산을 할애한다는 것은 국가 건설에 있어 현명치 못한 판단이라는 것이 당시 인도 지도층의 중론이었다. 그뿐만 아니라, 인도는 그 어떤 진영에도 속하지 않는 외교 노선을 선택함으로써 미·소 양 진영 모두로부터 대외 경제 원조 또한 기대하고 이었다. 실제로 네루 수상은 1948년 인도 제헌 의회에서 "계란을 한 광주리에 모두 담아 두는 것은 현명치 못하다"는 연설을 통해 경제원조공여국을 분산시키려는 뜻을 분명히 한 바 있다. 즉, 인도의 외교정책은 국가 통합 및 경제 성장에 주력을 가능케하고, 주권국가로서의 위신을 확보할 수 있을 뿐만 아니라 소모적인 블록 정치의 지양을 골자로 한다고 이해할 수 있다(고경희 1996).

이처럼 200여 년간 영국의 식민 통치를 받은 인도는 냉전시기에 어느 진영과도 동맹을 맺지 않았지만, 모든 국가들과 우호 관계를 유지하려는 외교 전략을 펼쳐왔다. 이러한 인도의 외교 정책은 행위자들의 상호작용 과정에서 창출되는 관계적 구도에 주목하여 네트워크 자체를 구조로 파악하고, 파악된 네트워크 상의 구조적 공백에서 창출되는 권력을 활용하려 했다는 점에서 중견국 외교와도 닮아있다. 이러한 인도의 독특한 외교 정책의 경향성은 오늘날까지 지속적으로 나타나고 있으며, 글로벌 보건 거버넌스에서 인도가 '개도국의 약국' 역할을 담당하고 있다는 점 또한 이러한 경향성을 그대로 반영하고 있다고 이해할 수 있다.

2. '개도국의 약국'으로서 인도의 역할

비록 의약품 생산에 있어 개도국이 열세에 있으나, 제네릭 의약품(generic medicine)의 생산에 있어 가장 높은 역량을 발휘하고 있는 국가는 개도국 진영과 이해관계를 같이하는 '인도'이다. 제네릭 의약품이란, 오리지널 브랜드(original brand) 의약품 중 특허가 만료되었거나 특허보호를 받지 않는 약품에 한하여 매우 비슷한 정도의 성능을 갖는 일종의 복제품이지만, 브랜드이름을 달지 않고 매우 싼 가격에 판매되는 약품을 의미한다. 따라서 가난한 개도국들이 유일하게 취득할 수 있는 의약품은 매우 높은 가격으로 판매되는 브랜드 의약품보다는 비슷한 성능을 가지지만 싼 가격에 취득할 수 있는 제네릭 의약품들이다.[14] 이러한 제네릭 의약품에 있어 인도가 차지하는 총 시장점유율은 1/5에 달하며, 인도의 제네릭 의약품 제조업체는 제네릭 의약품의 생산공법에 대한 노하우(manufacturing know-how)를 가지고 있다(Perlitz 2008). 인도의 제네릭 의약품 시장은 매우 치열하여, 인도의 제네릭 의약품 생산자들은 의약품의 질을 증진시키는 동시에 비용을 감축시키기 위한 방법을 지속적으로 개혁하려는 노력을 보이고 있다. 실제로 인도는 자국에서 생산되는 의약품의 67%를 개발도상국으로 수출하고 있으며, UNICEF가 개발도상국에 지원하고 있는 의약품의 50%가 인도산 제품으로 개도국들의 의약품 접근권에 큰 기여를 하고 있기 때문에 '개도국의 약국(the pharmacy of the developing world)'이라는 별명을 얻고 있다(MSF 2007).

인도는 위에 제시된 표와 같이 여러 질병 중 특히 개도국에 가장 큰 위협인 에이즈(AIDS)와 관련된 바이러스(AIDS-Related Virus: ARV)를 치료하는 데 큰 역할을 담당하고 있다.

---

14   WHO의 무역, 외국 정책, 외교 그리고 보건(Trade, foreign policy, diplomacy and health) 중 제네릭 의약품(Generic Medicine) 참조 http://www.who.int/trade/glossary/story034/en(검색일: 2015.1.3.).

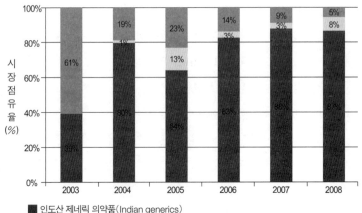

출처: Waning et al. 2010

그림 2. 2003~2008년간 에이즈 관련 바이러스 치료제(ARV) 총 국제시장점유율

〈그림 2〉와 같이 인도는 ARV치료제에 있어 2005년부터 지속적인 성장세를 보여왔으며, 2008년 87%의 시장점유율 차지했다. 더불어 660만 명에 육박하는 개도국 에이즈 환자를 치료하는데 소아(pediatric) ARV치료제는 91%를, 어른을 위한 ARV치료제는 89%를 공급하고 있다(Waning et al. 2010).

인도산 제네릭 ARV 의약품이 시장지배적인 지위를 차지함으로써 특히 혜택을 입고 있는 국가들은 개도국들이다. 특허 보호를 받고 있는 신약의 가격에 대비되게 무척 저렴한 가격으로 공급되고 있는 인도의 제네릭 의약품은 개도국 사이에서 인기를 끌고 있으며, 실제로 2000년에는 개인별 연간 1만 달러 이상으로 책정됐던 ARV치료제의 가격을 80달러로 감축시키는 데 실질적인 기여(material contribution)를 해왔다(MSF 2007). 특히, 인도산 제네릭 ARV 치료제를 구매하는 대부분의 국가는 아프리카 대륙에 위치한 개도국들이며 82~99%에

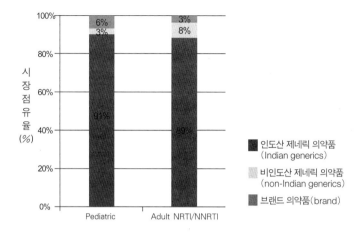

출처: *Journal of International AIDS Society* 2010

그림 3. 소아 및 어른에게 발병한 에이즈 관련 바이러스 치료제(ARV) 총 국제시장점유율

이르기까지 인도의 의약품에 전적으로 의존하고 있다는 사실을 통해 인도의 글로벌보거넌스에 대한 실질적 기여를 확인할 수 있다(*Journal of International AIDS Society* 2010). 인도의 우수한 제네릭 의약품의 발전은, 인도의 발전된 화학 및 화학가공처리 분야와 더불어 우수 기술인력을 보유하여 '기술 권력'을 확보하고 있었다는 점에 기인하고 있다. 나아가 인도의 풍부한 기술노동력으로 선진국과 비교해 의약품 생산단가를 30% 이상 저렴하게 생산할 수 있다는 인도의 독특한 환경에 의해 제네릭 의약품 발전이 가능했다(김희상 2007). 이러한 국가의 속성을 기반으로 인도가 의약품 네트워크에서 구조적 공백을 차지하여 권력을 행사할 수 있었던 배경에는 인도의 '의약품 특허법'이라는 독특한 제도 또한 기여하고 있다.

3. 인도의 의약품 특허법

인도의 의약품 특허법의 기원 또한 영국의 인도에 대한 식민지배시기로 거슬러 올라가게 된다. 물론, 영국의 지배 이전의 시기에 인도는 이미 수많은 종류의 인도 고유의 전통약재(indigenous forms of medicine)을 사용하고 있었으나, 영국 식민지 지배 이후에야 병을 치료하기 위한 목적으로 마련된 역증 요법의 약품(allopathic form of medicine)이 인도에게 소개되었다. 하지만 외국 기업들은 이러한 치료목적의 약품들을 인도에서 생산하는 대신, 인도의 전통 약재를 수출하고, 약재를 약의 완성품으로 변형시킨 후에 다시 인도로 수입시키는 방법을 택했다(Chaudhuri 1984). 따라서 식민지배 당시 인도는 현재 '개도국의 약국'이라는 명성과는 대비되게 85%가량의 의약품을 외국 제약회사로부터 공급받고 있는 실정이었다. 인도의 최초 특허법인 "Patent Act of 1856" 또한 영국의 특허법인 "British Patent Act of 1852"를 그대로 따르고 있었으며, 식민지 지배를 받던 시기에 마련되게 된다(Ragavan 2006).

결국 인도는 1947년 8월 15일 영국으로부터 독립을 하게 되면서 1950년 새로운 헌법(Constitution of India)를 공포하게 되는데, 이때 영국으로부터 독립할 당시 인도 정치지도자들의 심적 갈등을 인도의 새 헌법에서 찾아볼 수 있다. 냉전시기 독립한 인도는 소련 및 사회주의적 모델을 받아들여 급진적인 사회 및 경제 개혁을 추진하려는 바람을 새로운 헌법에 국가의 지시지침 원칙(Directive Principle)조항을 통해 마련했다. 동시에 자국 국민의 자유를 보장하고 개인의 권리를 보호하는 영-미 전통을 계승하고자 기본 인권 보호의 원칙(Fundamental Rights of the People)의 조항을 포함하고 있다(Brass 1994). 이

때 인도의 의약품 특허법 개정의 근거 또한 헌법 제21항에 마련된 '생명과 개인의 자유 보호 조항(Protection of life and personal liberty)'에서 찾아볼 수 있다.

같은 연장선 상에서 영국으로부터 독립한 인도는 새로운 자국의 법을 마련하는 데 있어 '특허법 조사 위원회(Patent Enquiry Committee: Tek Chand Committee)'와 '특허법 개정 위원회(Committee on Revision of Patents Law: Ayyangar Committee)'를 설치해 특허법 개정을 시도했다. 상기한 바와 같이 당시 대다수의 인도 의약품은 외국 제약회사를 통해 공급되고 있던 실정으로, '특허법 조사 위원회'에서는 인도의 특허법이 외국제약회사로 하여금 필요 이상으로 특허를 얻을 수 있게 한다고 판단하였다. 그뿐만 아니라, '특허법 개정 위원회'도 상기한 인도 헌법의 제21항을 근거로 식품이나 의약품과 같이 인간의 기본권과 직결되는 분야에서는 특허의 승인을 보다 엄격히 할 것을 권고했다. 이 위원회는 더 나아가 '식품, 의약품 그리고 화학제품' 분야에 대해서는 특허권의 승인을 제한할 것을 제안하였다. 즉, 새로운 제품을 만드는 방식(process)에 대해서는 특허를 승인하되, 새로운 완성품(final product)에 대해서는 특허를 승인하지 않는 방식을 권했다. 이러한 권고사항이 반영되어 인도의 Patent Act 1970이 설계되고, 1972년 4월에 발효된다. 이러한 특허법(Patent Act)의 골자는 바로 제법 특허(process patent)는 유지하되, 물질 특허(product patent)의 무효를 통해, 다국적 제약회사들이 이미 개발한 약이라도 제법 방식이 다국적 제약회사의 방식과 상이하기만 하다면 인도의 Patent Act 1970을 위반하지 않고도 같은 약의 생산을 가능케 하였다. 따라서 동법은 자국 국민의 이익 보호와 특허권 보호 사이의 균형(balance)를 맞추기 위해 설계되었다(Ragavan 2006).

표 3. 다국적 제약회사와 인도 제약회사의 시장점유율

연도	다국적 제약회사(%)	인도 제약회사(%)
1970	68	32
1978	60	40
1980	50	50
1991	40	60
1998	32	68
2004	23	77

출처: Chaudhuri 2005

　　더불어 의약품의 높은 가격 문제를 해결하고 인도의 의약품 수요
를 충족시킬 수 있는 합리적인 의약품 정책(rational drug policy)을 마
련하기 위해 기존의 Patent Act 1970을 추가 개정하였으며 인도 정부
는 1974년도에 하시 위원회(Hathi Committee)를 구성하여 1973년에
는 '해외 교류 규제 법령(Foreign Exchange Regualation Act: FERA)'을,
1978년에는 '신약 정책(New Drug Policy: NDP)'을 제정한다. 그 결
과, 특허부여기간을 획기적으로 감축한 개정된 Patent Act 1970와 더
불어 FERA와 NDP는 유연한 법안을 마련하여 인도 고유의 제약회사
(indigenous company)가 다국적 제약회사의 의약품을 모방(imitate)
할 수 있게 하였을 뿐만 아니라, 궁극적으로 보다 나은 제약 방식을 연
구해 낼 수 있게 했다. 실제로, 〈표 3〉과 같이 1980년대 말에는 제약시
장에서 다국적 제약회사가 차지하는 시장점유율은 약 70%에서 50%로
급감하였을 뿐 아니라, 이 당시 인도의 제약회사는 급진적으로 성장하
였으며 다양한 종류의 제네릭 의약품이 생산되었고 그 결과 의약품의
가격을 획기적으로 낮출 수 있었다(Mazumdar 2013).
　　이렇게 인도는 값싼 제네릭 의약품 산업에서 두각을 나타냈으며,
그 결과 개도국들이 크게 의존하게 되면서 인도는 '개도국의 약국' 역

할을 수행할 수 있게 된다. 이 당시에도 다국적 제약회사와 미국이 큰 불만과 우려를 표하였으나, 당시까지 인도의 Patent Act 1970은 국내 적으로 지적재산권 보호를 위한 법의 마련만을 의무화하고, 그 내용에 있어서는 아직까지 국가의 재량을 발휘할 수 있었던 당시의 지적재산 권과 관련된 국제법과 합치하는 제도였다. 따라서 미국이 주장하는 지 식의 해적질(piracy)은 당시에는 법적 근거가 부재하였으므로, 인도는 큰 문제 없이, 활발히 제약의 역설계(reverse engineering)의 전문성을 길렀으며, 제네릭 제약산업을 주도적으로 발전시켜 왔다.

　하지만 선진국 진영의 지적재산권보호의 이해관계가 더욱 커지 게 되자 앞 절에서 설명 한바와 같이 미국을 중심으로 한 선진국 진 영이 WTO의 설립협상인 우루과이 라운드(Uruguay Round)에서 정 식 협상의제로 채택하게 되면서 무역관련지적재산권 협정인 TRIPS 협정의 마련에 대한 논의가 본격화되고, 인도 또한 WTO의 가입 국으로서 여기에서 자유롭지 못하게 된 상황에 처하게 된다(최승환 2006). 이러한 TRIPS협정의 등장으로 지식의 네트워크뿐만 아니라 국제 의약품 네트워크의 판도가 크게 변하게 되었는데, 이에 대한 인 도의 대응을 다음 절에서 행위자-네트워크 이론(ANT)를 통해 살펴 보고자 한다.

V. TRIPS협정과 인도의 중견국 외교 전략

1. 미국 및 제네릭 의약품과 인도의 관계

TRIPS협정이 발효되기 전까지는 강경하게(vocal) TRIPS협정이 통상

협정에 포함되는 데에 반대해왔으나 선진국 진영의 무역압력으로 결국 TRIPS협정이 발효하면서, 인도는 새로운 전략의 구상을 강구하게 된다. 이는 네트워크 외교 전략의 첫 번째 단계인 '프레임 짜기'에 해당하며 앞서 설명한 바와 같이 이 단계에서는 어떤 행위자들이 네트워크 상에 존재하고, 이들 간의 이해관계가 어떻게 설정되어 있는지를 파악하여 네트워크 전체적인 구도를 파악하는 단계이다(김상배 2011). 따라서 '프레임 짜기' 단계에서 인도는 자신의 편이 누구인지를 확인하고, 새롭게 구성된 네트워크에서 자신의 위치 설정을 통해 자신의 역할을 부각시켜 네트워크의 담론을 자기의 이해관계에 맞게 주도해 나갈 기회를 모색하고자 했다. 이때 인도는 브라질과 남아프리카공화국 등의 개도국행위자들과는 사뭇 다른 전략을 구상하게 된다.

먼저 인도는 네트워크를 쳐가는 과정에서 '제네릭 의약품'이라는 비(非)인간 행위자에 보다 특별한 관심을 가지고 살폈다. 행위자-네트워크 이론(ANT)에서는 어떤 행위자가 네트워크를 쳐나가는 과정에서 인간 행위자뿐 아니라 비(非)인간변수, 즉 다른 수많은 물체들과의 상호작용을 포함한다(김상배 2011). 인도는 발전된 화학 및 화학가공 처리기술, 우수한 인력과 풍부한 노동력을 바탕으로 제네릭 의약품 산업을 발전시켜왔으며(김희상 2007), 따라서 인도는 '환자'라는 인간 행위자, '선진국 및 개도국'의 국가행위자, 수많은 '다국적 제약회사 및 인권옹호단체'의 비국가행위자와 더불어 '제네릭 의약품'이라는 비인간 행위자들과의 상호작용에서 비롯되는 관계적 효과에 주목했다고 볼 수 있다.

더불어 이러한 비인간 행위자는 수동적인 존재가 아닌 농동적인 존재로 그려지며, 행위능력(agency)를 갖는데(김상배 2011), 이때 '높은 품질, 저렴한 개발 비용, 낮은 가격'(식품의약품안전처 2013)의 독특한 속성을 갖는 제네릭 의약품이라는 비인간 행위자가 수많은 '개도국 행위자'들과 깊은 관계를 맺고 있는 데 주목하였다. III절에서 살펴본 바와 같이 거의 모든 원개발사 의약품(original medicine)은 선진국에 위치한 다국적 제약회사가 생산해내는 데 비해, 전염병 사망 인구 중 90%이상이 개도국에 속해 있다(UN보고서 2010). 하지만 이들은 비싼 가격의 원개발사 의약품을 지불할 능력이 없으므로 크게 제네릭 의약품에 의존하고 있었고, 따라서 이러한 제네릭 의약품의 가격을 인상시키는 TRIPS협정의 체결을 강경히 반대하는 입장은 브라질 및 남아프리카공화국 등 대부분의 개도국가행위자들로 구성된다. 따라서 인도의 발전된 화학 및 화학가공처리기술, 우수한 인력과 풍부한 노동력을 바탕으로 맺을 수 있었던 제네릭 의약품이라는 비인간 행위자와의 동맹(alliance)은 곧 개도국행위자들과의 동맹을 의미했다.

　마지막으로, 인도가 네트워크 전략을 펼치는 데 있어 작용한 또 다른 중요한 변수는 바로 미국-인도 양자관계의 특수성이 자리하고 있다. 앞서 살펴본바, 미국은 TRIPS협정을 지지하는 가장 적극적인 국가행위자의 역할을 맡아왔다(Preeg 1995). 이러한 미국과 인도가 맺고 있는 관계는 핵무기와 지역안보 질서라는 비(非)경제적 안건을 중심으로 강화된 협력관계가 존재했다(Ganji 2009). 실제로 이러한 미-인도 양자관계는 인도가 개도국 진영과 선진국 진영 사이에서 확실한 입장을 밝히지 않은 채, 두 진영 사이에서 줄타기를 하는 중견국 외교 전략을 펼칠 수 있었던 중요한 변수로 작용하게 된다. 결과적으로 인도는 제네릭 의약품 생산을 중단하여 개도국의 약국 역할을 포기하지도, 선진국이 옹호하는 TRIPS협정의 이행을 강경히 반대하지도 않은 채 그 어떠한 진영도 크게 자극하지 않는 전략을 택하게 된다. 결과적으로, 제네릭 의약품을 둘러싼 네트워크에서 자신을 선진국 진영

과 개도국 진영 사이의 의무통과점(obligatory passage point: OPP)[15]
에 설정시켜 자신의 역할과 입지를 부각시킬 수 있는 단초를 마련하게
된다.

2. 인도의 국내특허법작업반

인도는 제네릭 의약품의 '비인간 행위자', 제네릭 의약품에 의존하는
수많은 환자의 '인간행위자', 브라질 및 남아프리카공화국의 '개도국
행위자'와 더불어 미국 등의 '선진국행위자' 간의 관계 설정을 살피고
파악한 전체 네트워크 구조를 바탕으로, 다른 행위자들을 기존 네트워
크에서 분리시키고, 그들로부터 새로운 관심을 끌어 기존 네트워크를
해체시키는 단계인 '맺고 끊기'의 작업에 착수한다(김상배 2011). 이
단계에서도 인도는 중견국적인 전략을 택하는데, 이는 브라질 및 남아
프리카 공화국과는 다소 다른 면모를 보여주고 있다.

먼저 TRIPS협정 체결 당시, 1989년 4월 타임즈 오브 인디아
(Times of India)의 기사에 따르면 인도는 당시 미국의 "스페셜 301조
보고서"에 인도가 "불공정 거래자(unfair trader)"로 지정되면서 지적재
산권 문제에 대하여 강경한 입장을 철회하고 TRIPS협정 체결에 동의
하게 되었다고 전하고 있다. 앞서 설명한 대로 인도는 미국과 핵무기
와 지역안보 질서 이슈에 있어 긴밀한 협력 관계에 있었기 때문에, 미
국이 실제로 인도에게 무역제재(sanction)을 가하여 다른 이슈에서 인
도와의 외교관계를 악화시킬 확률은 매우 미미했다. 따라서 다른 개도
국들과는 달리, 인도의 경우 미국의 위협은 실질적(substantive)이기

---

15   의무통과점(obligatory passage point: OPP)은 네트워크의 전체 구도 가운데 자신의
역할을 필수불가결한 것을 만들 수 있는 지점을 의미한다.

보다는 상징적(symbolic)인 제스처에 지나지 않았다(Ganji 2009). 그럼에도 불구하고, 인도는 선진국들의 논리에 전면적으로 반대하여 완전히 브라질 및 남아프리카공화국 등의 개도국의 편을 들기보다는, TRIPS협정 체결에 있어 강경한 입장을 철회하고 선진국의 제안을 결국 받아들임으로써 개도국들과의 관계도 완전히 끊어버리지 않지만, 동시에 선진국과 관계를 맺으려는 네트워크 전략을 엿볼 수 있다.

　인도의 지적재산권에 대한 '대외적' 입장은 지적재산권을 보호해야 한다는 주의로 옮겨간 듯했지만, 국내의 '인간행위자'인 자국의 환자들과 '비정부기구행위자'에 해당하는 인권옹호단체들과의 관계 또한 유지하기 위해 TRIPS협정이 오로지 '무역과 관련된' 지적재산권의 경우에만 해당하는 매우 좁은(narrow) 범위에만 적용됨을 거듭 강조하여 국내의 자국민과 NGOS들을 안심시키려는 노력을 벌였다(Ramanna 2002). 하지만 인도는 TRIPS협정의 체결에 따라서 자국의 의약품 특허법인 Patent Act 1970을 개정해야 했고, 협정의 의무조항으로 유예기간 동안에도 의약품의 특허를 보호하는 'Mailbox 시스템'[16]의 도입이 마련되어 있어, 인도 또한 이러한 의무에서 자유로울 수 없었다(Macdonald-Brown and Ferera 1998). 결국 인도가 TRIPS협정에 적법한 Mailbox 시스템을 마련하지 않았다는 이유로 1996년 WTO의 분쟁해결기구(Dispute Settlement Body: DSB)에 인도가 응소하게 되면서, 비로소 인도의 의약품 특허법인 Patent Act 1970과 TRIPS협정과의 갈등은 표면화된다. 하지만 이때 인도는 갈등을 심화시키기 보다

16　Mailbox 시스템이란, TRIPS협정 제70조 8항에 마련된 의무조항으로, 의약품 및 농산품의 특허를 보호하지 않고 있는 회원국에게 특허권을 등록(filing)할 수 있는 시스템과, 이렇게 등록된 특허상품에 대한 독점적 판매권(exclusive marketing right: EMR)을 부여할 수 있는 시스템을 마련할 것을 의무화한다(WTO glossary).

는 조용히(mutely) 점진적(gradually)으로 갈등을 해소해나가는 다소 완화된 전략을 펼쳤다고 평가된다(Matthews 2011; Ganji 2009).

당시 TRIPS협정을 국내적으로 실행하는 데 있어 의약품 특허와 관련해, 그 의무를 다하지 않았다는 이유로 브라질과 남아프리카공화국 또한 법정 앞에 세워진 적이 있었다. 남아프리카공화국의 경우, 국내 고등법원에서 강제실시(compulsory licensing)와 관련하여 다국적 제약회사로부터 제소당한 적이 있으며[17] 브라질의 경우, 인도의 사례처럼 미국이 WTO의 분쟁해결기구에 강제실시에 대하여 제소한 바 있다.[18] 두 사례의 경우 강제실시가 제소의 주된 이유였으나, 모두 의약품 특허와 관련되어 있다는 점에서 인도의 사례와 매우 흡사하다. 하지만 이러한 법적 문제에 대한 인도의 반응은 이 둘과는 사뭇 달랐다. 남아프리카공화국과 브라질의 경우, 상기한 법적 분쟁들이 촉매제(catalyst)로 작용하여 다양한 비정부기구(Non-governmental organizations: NGOs)들이 TRIPS협정의 의약품 특허법에 대해 적극적인 문제제기를 하게 했던 반면, 인도의 사례는 이 두 국가에 비해 다소 완화된 방식(mutely)으로 반응했다. 인도가 상대적으로 조용히(mutely) 반응한 배경에는[19] 브라질과 남아프리카공화국과는 달리, 인도는 WTO법정에 세워지기 무려 20년 전부터 TRIPS협정의 의약품 특허가 의약품 접근권에 야기할 문제에 대한 연구를 진행해왔으며, 결과적으로 미국의 제소를 예견하고 있었다

17   남아프리카공화국은 South African Medicins and Related Substances Control Amendment Act 1997과 관련해서 제소를 당하였다.
18   브라질의 강제실시와 더불어 Industrial Property Law 9.279/96과 관련하여 미국이 WTO의 법정에 제소한 바 있다.
19   물론 주된 법적 쟁점의 내용이 브라질과 남아프리카공화국의 경우에는 강제실시에인데 반해, 인도가 제소된 이유인 'Mailbox의 마련'과 '독점적 판매권(EMR)'라는 두 사안은 기술적 본질상(technical nature) 강제실시의 문제보다 문제의 긴박성(immediacy)이 다소 떨어졌다는 점도 존재한다(Matthews 2011).

는 점이 중요한 변수로 작용했다(Matthews 2011).

인도는 WTO 설립 협상에 인도가 참여하게 됨에 따라 1988년에 '국내특허법작업반(National Working Group on Patent Laws, 이하 인도특허법작업반)'이라는 별도의 국내적 네트워크를 구성하여 '맺고 끊기'의 작업에 착수했다. 이들은 1993년에 특수 위원회를 구성해 인도의 전직 대법원 판사이자 장관인 키리시나 이어(Kirishna Iyer)와 친나파 레디(Chinnappa Reddy)를 비롯해 전직 고등법원장인 라진다르 사차르(Rajindar Sachar)와 관계를 구축했다. 즉, 소규모의 전 정부관료, 사법관료 및 학계의 전문가들이라는 기술집약적 인간행위자들과 관계를 맺었고, 정치적 이목을 끄는(high political profile) 그들의 발언이 갖는 상당한 정치적 무게(substantial political weight)를 이용하고자 했다. 이들은 TRIPS협정이 인도의 의약품 특허법에 끼칠 수 있는 영향에 대한 연구를 지속해왔으며, 청문회를 개최하여 학자, 경제학자, 과학자, 기자, 변호사, 정치인 및 인권 활동가들의 적극적인 발언 및 서면 제출을 환영하였다. 1996년 발간된 최종 위원회 TRIPS협정이 '후기식민의 외국 간섭(post-colonial foreign intervention)'이라고 표명하면서, TRIPS협정의 발효로 인한 인도의 특허법 개정 의무는 '특허를 통한 정복(conquest by patent)'이라는 발언(Kirishna Iyer *et al.* 1996)을 통해 TRIPS협정이 인도의 특허법과 의약품 접근권에 미칠 악영향에 대한 우려를 지속적으로 표현하여, 기존의 의약품 네트워크에 대해 경각심을 일으킴으로써 TRIPS협정이 정하고 있는 지적재산권 및 의약품 네트워크로부터 분리시키려는 노력을 펼쳤다(Matthews 2011). 즉, 브라질과 남아프리카공화국과는 달리, 인도는 소수의 전문가 집단과 관계를 맺음으로써 상대적으로 체계적으로 '맺고 끊기'의 작업을 진행하였다. 이때, 인도는 TRIPS협정의 이행을 최대한 점진적

(gradual)으로 진행하라는 보다 전문적인 진단을 내리는 것을 가능케 했다.

3. 인도 의약품 특허법 개정 및 국제 심포지움 개최

프레임 짜기를 통해 네트워크의 구도를 파악하고 맺고 끊기의 단계를 거친 인도는 이제 새로운 관계를 맺게 된 행위자들에게 역할을 부여하는 '내 편 모으기' 전략을 펼치게 되는데(김상배 2011), 이 단계에서도 마찬가지로 인도는 적극적으로 나서서 내 편을 모으기보다는, 최대한 눈에 띄지않게 조용히 자신의 편을 만드는 방법을 선택한다. 즉 선진국 혹은 개도국의 편을 들기보다는 눈치를 살펴 자신이 취할 수 있는 여지를 최대한 많이 확보하려는 중견국적인 전략이 돋보인다. 인도는 감정에 호소하기보다는 '전문성(professionalism)'을 강조하였고, 전문적인 처방인 자국의 특허법 개정에 있어서도 '점진성(gradualism)' 및 '유연성(flexibility)'을 강조했다는 점 또한 브라질 및 남아프리카공화국 등의 개도국과 구별된다.

　　우선, 브라질 및 남아프리카공화국의 경우, NGO 등의 다양한 비국가행위자들이 적극적이고 자발적으로 의약품 특허를 반대하는 '벌집형 네트워크'를 쳐나가면서 내 편을 모았다면, 인도의 경우 인도특허법작업반이라는 보다 전문적인 단일 행위자가 방사형의 네트워크를 펼쳐나가는 '거미형 네트워크' 전략을 활용했다고 이해할 수 있겠다. 거미형 네트워크의 경우, 기본적으로 하나의 행위자가 주도적으로 네트워크를 짜는 단 허브형의 네트워크에 해당하며, 중심에서 밖으로 퍼져나가는 방사형 네트워크의 아키텍쳐를 가지고 있다(김상배 2014). 즉, 인도는 거미형 네트워크 전략에 따라 제네릭 의약품이라는 '비인간 행위자' 그리고 이러한 제네릭 의약품에 의존하고 있는 '개도국행위자'와 인권옹호단체의 '비정부기구행위자'들로부터의 협력을 모색해 '내 편 모으기' 단계에 들어서게 된다.

비인간 행위자인 제네릭 의약품을 인도의 편으로 끌어들이기 위해서 인도특허법작업반은 인도 특허법개정을 통한 TRIPS협정의 이행(implementation)을 최대한 천천히 진행하되 무역제재는 받지 않을 정도 수준을 유지했다. 브라질의 경우, TRIPS협정에 합치되도록 자국의 특허법을 서둘러(hurriedly) 개정해, TRIPS협정 타결의 1년 후인 1996년에 완료했다. 반면, 인도는 인도 특허법 개정을 최대한 지연시키는 점진적인(gradual) 방식을 채택해 1999년에서야 개정을 시작했으며 7년 후인 2005년에서야 비로소 마무리지었다. 즉, 인도는 제네릭 의약품 산업을 보호하고 인도를 개도국의 약국으로 발전시킨 '인도 Patent 1970'을 최대한 유지하는 방법을 사용하여, 제네릭 의약품이라는 비인간 행위자를 인도의 편으로 만들 수 있었다. 따라서 인도는 미국의 압력이 느껴질 때만 자국의 특허법을 선진국진영이 원하는 방향으로 개정하려는 움직임을 보여왔으며, 개정할 때도 무역제재만 피할 수 있는 가장 최소 수준으로 개정하였다(Bird 2006).

더불어 인도는 제네릭 의약품에 크게 의존하는 환자 및 개도국행위자들을 인도의 편으로 만들기 위한 작업에 착수한다. 인도특허법작업반은 'TRIPS협정과 국제 공중보건'을 주제로 개최될 제4차 WTO 각료회의에 대한 일종의 도움닫기(run-up)로서 2001년 6월에 국경 없는 이사회와 함께 'TRIPS and Access to Medicine'이라는 국제 심포지움을 인도의 뉴델리(New Delhi)에서 주최하게 된다. GATT에서 인도의 주 협상가로 활동하던 슈클라(S.P. Shukla) 등 다양한 국제적인 NGO들의 대표들을 포함해 수많은 인도의 활동가(activist)들이 동 심포지움에 참여했다.[20] 이러한 네트워크 장의 마련을 통해, 인도는 TRIPS협정이 미치는 인도의 제네릭 의약품 산업의 피해가 결과적으로 개도국들의 공중보건과 의약품 접근권의 문제로 이어지게 된다는 경각심을 불러 일으켜 내 편을 만드는 노력을 보였다. 이때 인도 활동가의 참여로 인도의 TRIPS협정에 대한 우려가 단순히 '국제적 의약품 접근권의 보호'라는 레토릭(rhetoric)에 그치지 않고, 실제로 어떻게 TRIPS협정의 발효가 생명을 구하는 의약품의 입수 가능성(availability)에 제한을 가하는지에 대한 구체적인 증거(concrete evidence)를 제시함으로써 보다 설득력을 얻게 된다.

이렇게 국제 심포지움을 성공적으로 수행해냄으로써, 다섯 달 뒤인 2001년 11월 14일 카타르 도하에서 열린 제4차 WTO 각료회의에 대한 철저한 준비를 할 수 있었으며 결과적으로 'TRIPS협정과 공중보건에 관한 선언문(Declaration on the TRIPs Agreement and Public Health)'이 채택되는 데 큰 기여를 했다고 평가할 수 있다(정재환·이봉수 2013). 이때 인도는 점진성(gradualism)과 더불어 유연성(flexibility)을 강조한다. 즉, 채택된 'TRIPS협정과 공중보건에 관한 선언문'을 바탕으로 TRIPS협정에 의해 새롭게 개정될 인도의 Patent Bill의 초안에서 최대한 TRIPS협정의 빈틈을 활용하라는 역할을 부여하였으며, 인도 의회는 그러한 권고사항을 받아들여 Patent bill의 초안이 개정되게 된다(Matthews 2011). 그 결과, 인도는 계속해서 개도국의 약국 역할을 담당할 수 있었고 수많은 개도국행위자들을 인도의 편으

---

20   인도의 'TRIPS and Access to Medicine'의 국제 심포지움에는 국경없는 이사회(medicine sans frontiére: MSF)의 대표 Ellen't Hoen과 James Orbinski가 참여했으며, CPTech의 James Love가 참여했다. http://saffron.pharmabiz.com/article/detnews.asp?articleid=4226&sectionid=9(검색일: 2014.12.19.).

출처: *Journal of International AIDS Society* 2010

그림 4. 2008년 인도산 제네릭 ARV치료제를 구매한 국가들

로 만드는 데 성공하게 된다. 2008년 ARV 치료제와 관련된 〈그림 4〉
를 통해 나타나는 뚜렷한 경향성을 살펴 볼 수 있듯, 선진국 다국적 제
약회사들의 우수한 기술자원을 바탕으로 생산되는 높은 품질의 '브랜
드 의약품'보다 인도의 제네릭 제약기술이 생산해내는 '복제 의약품'에
실제로 더 많은 개도국들이 의지하고 있으며, 인도와의 두터운 링크를
형성하고 있는 상황을 확인할 수 있다.

　　즉, 인도는 생명권 보호라는 구호를 앞세워 감정에 호소하는 자극
적인 방법에 의존하기보다는 실제로 개도국이 필요한 의약품을 낮은
가격에 제공함으로써 조용하지만 보다 효과적으로 내 편을 모으는 데
성공하게 된다.

　　〈표 4〉에서와 같이, ARV치료제의 경우 모잠비크, 잠비아, 나미비
아, 콩고 공화국은 99%를 인도 제네릭 의약품에 의존하고 있으며, 탄

표 4. 2008년 인도산 제네릭 ARV치료제를 가장 많이 구매한 국가 순위

구매순위	국가	인도로부터 공급받는량(%)	구매순위	국가	인도로부터 공급받는량(%)
1	인도	100	6	잠비아	99
2	탄자니아	96	7	나미비아	99
3	나이지리아	84	8	콩고공화국	99
4	에티오피아	96	9	케냐	82
5	모잠비크	99	10	카메룬	93

출처: *Journal of International AIDS Society* 2010

자니아, 나이지리아, 에티오피아, 케냐, 카메룬도 어마어마한 양을 인도로부터 공급받고 있다. 따라서 이러한 개도국들의 경우, 인도의 제네릭 의약품을 제공받음으로써 인도의 네트워크에 편입할 수 밖에 없었으며, 인도 또한 개도국의 약국을 명목으로 자국의 특허법 개정을 지연시키고 TRIPS협정이 제공하고 있는 유연성을 최대한 확보할 수 있었다.

이러한 인도특허법작업반의 노력에 동조하여 인도의 NGO들 또한 의약품 접근권 및 인간의 생명권을 강조하는 방향으로 동원(mobilize)되었는데, 이때도 마찬가지로 인도의 전문성이 강조된다. 즉, '인간의 생명권'이라는 관념을 앞세워 호소하기보다는 의학적 지식 및 법적 지식에 기반하여 대중에게 TRIPS협정이 초래하는 악영향을 알리고자 했다. 먼저 'The Federation of Medical Representatives Association of India(FMRAI)'의 경우, 의학 전문가인 의사들의 네트워크로 대중에게 관련된 기술 지식을 제공해 TRIPS협정에 대한 경각심을 일으켰다. 나아가 인도의 법학 전문가인 변호사들의 네트워크인 'Lawyers' Collective HIV/AIDS Unit' 또한 "The Affordable Treatment and Action Campaign(AMTC)"을 통해 TRIPS협정과 보건안보의 이

슈를 널리 알렸으며 구체적인 법적 개혁을 제안(concrete proposal for legal reform)한 바 있다. 즉, 특정 이슈의 전문가들로 구성된 비정부기구들 또한 인도특허법작업반과 마찬가지로 '내 편 모으기'에 있어 보다 실질적인 기여를 할 수 있었다(Ramanna 2002).

4. 인도 의약품 특허법의 법적 장치

행위자-네트워크 이론의 마지막 단계에 해당하는 '표준 세우기'는 앞서 설명한 바와 같이, 새롭게 만들어진 네트워크가 일반적인 보편성을 갖는 것을 의미한다(김상배 2011). 선진국과 다국적 제약회사가 TRIPS협정을 통해 구축해놓은 의약품 네트워크를 인도의 네트워크가 완전히 대체했다고 볼 순 없으나, 인도는 자신이 설계하고자 한 의약품 네트워크를 지속 가능하게 만들려는 노력을 꾸준히 보여왔다는 점에서 긍정적으로 평가된다. 인도특허법작업반은 인도의 국내 특허법이 전체 글로벌 보건안보에 미칠 영향력에 대해 인지하고 있었고, 자국의 의약품 특허법이 네트워크에서 권력을 행사하는 데 매우 중요한 변수라는 것을 이해하고 있었다. 따라서 인도는 보다 각별한 주의를 기울여, 천천히 개정하되 무역제재를 당하지 않을 정도의 속도로 TRIPS협정이 제공하는 유연성을 최대한 살리려는 노력을 보였다. 즉, 개정된 자국의 특허법이 다국적 제약회사들과 선진국들이 설계한 TRIPS협정에 위반되지는 않지만, 여전히 개도국들에게 제네릭 의약품을 공급할 수 있도록 여러 법적 장치를 마련해 의약품에 있어 하위 표준(sub-standard)을 마련하려 노력했다고 평가할 수 있을 것이다.

인도의 경우 자국의 국내 의약품 특허법 개정이 의약품 네트워크를 유지하는 데 매우 중요한 변수로 이해할 수 있는데, 그 이유는 여타의 개도국행위자들이나 공중보건을 옹호하는 비정부기구들과는 달리 인도는 개도국들에게 값싸게 판매될 수 있는 제네릭 의약품을 직접 생산하고 공급한다는 점에서 공중보건안보에 보다 '실질적인 기여(material contribution)'를 해 왔다는 점에서 찾아볼 수 있다. 만일 인도의 의약품 특허법이 제네릭 의약품의 생산과 공급을 더 이상 허용치 않는 방향으로 개정될 경우, 인도가 구상한 의약품 네트워크는 존립 불가능하게 된다. 반대로 인도의 의약품 특허법이 TRIPS협정에 반하는 방향으로 개정될 경우, 선진국에 의해 WTO에 제소당할 것이며 만일 인도가 패소하게 된다면 글로벌 의약품 네트워크는 다시 한 번 다국적 제약회사들이 설계한 네트워크로 필연적으로 회귀하게 될 것이다. 따라서 인도는 특허법작업반의 권고에 따라 TRIPS협정과 'TRIPS협정과 공중보건에 관한 선언'이 제공하는 유연성을 최대한 활용하여 자국의 의약품 특허법에 세 가지 법적 장치를 마련했다. 먼저 '강제실시권'을 보장했으며, 이와 더불어 인도특허법이 포함하고 있는 '사전특허이의장치(pre-grant opposition)'와 '특허권 부여 가능한 발명 범위 제한' 장치의 경우, 서론에서 소개한 노바티스의 인도법원에서의 패소와도 밀접한 관련이 있다.

먼저 노바티스사와 인도의 법적 분쟁의 시발점은 바로 인도 특허법의 Section 25가 보장하고 있는 '사전특허이의장치(pre-grant opposition)'였다. 인도 암환자단체(cancer patients aid association)는 동 법령을 이용하여 노바티스의 글리벡 특허신청에 대해 사전이의신청을 하였고, 2006년 1월 첸나이 특허청은 이를 받아들여 글리벡 특허신청을 거절하면서 법적 분쟁이 시작하였다.[21] 만일 인도의 특허법에

---

21   http://www.angijong.com/131(검색일: 2014.12.20.).

사전이의장치라는 법적 조항이 부재했다면, 수많은 환자들, NGO와 제네릭 의약품 기업행위자들은 오로지 '사후특허소송절차(post-grant proceeding)'에만 의지할 수밖에 없게 된다. 하지만 수년간 지속될 수 있는 사후특허소송절차의 경우, 소송절차가 진행되는 동안에도 특허는 유효하므로 사전특허이의장치에 비해 그 효율성이 매우 낮다고 볼 수 있다. 특히 인도 특허법이 제공하는 사전특허이의장치는 그 어떠한 사람(any person)도 이의를 제기할 수 있게 마련되어, 실제로 많은 NGO들과 환자집단들은 이 조항을 실질적으로 의약품 특허 부여를 막을 수 있는 방법으로 파악하여 이를 적극 사용하고 있다(Muller 2007).

다음으로 노바티스의 사례에서 노바티스사가 특허 신청한 물질이 기존 물질 대비 '진보된 효능(enhanced efficacy)'의 입증을 실패하였으므로 패소하였다는 판결을 내릴 수 있던 근거는 바로 인도의 특허법 Section 3(d)에서 찾을 수 있다.[22] 인도특허법작업반의 위원회는 특허를 부여 받기 위해 필요한 조건(requirement)을 규정하는 TRIPS협정의 27.1조[23]가 제공하고 있는 빈틈을 공략했다. 우선 TRIPS협정의 동 조항은 '발명(invention)'이 무엇인지를 명확하게 정의하지 않고 있으며, 오로지 특허를 부여 받을 수 있는 발명의 조건을 '새롭고 독창적인 단계를 포함할 것(new, involve an inventive steps)'으로만 규정하

---

22   Norvatis: India rejects patent plea for cancer drug Glivec http://www.bbc.com/news/business-21991179(검색일: 2014.6.22.).

23   TRIPS협정의 27.1조는 다음과 같다. 모든 기술 분야에서 발명이 제품이든 과정이든간에 특허를 얻을 수 있어야 한다. 이때의 조건은 그러한 발명이 새로워야 하고, 창의적인 단계(inventive step)를 포함해야 하며, 산업에 적용가능해야 한다(patents shall be available for any inventions, whether products or processes, in all fields of technology, provided that they are new, involve an inventive step and are capable of industrial application).

고 있다. 따라서 인도는 이 조항에 합치하되, 보다 엄격한 해석을 부여하여 인도의 의약품 특허의 대상을 '새로운 종류의 화학 물질(new chemical entity)'로 제한시킬 것을 권고했으며, 이는 인도가 무엇이 특허를 받을 수 있는 발명인가를 판단하는 데 있어 상당한 재량권을 갖게 했다고 평가된다(Correa 2000). 인도는 이를 받아들여 인도의 특허법 Section 3(d)에 위와 같은 특허 부여의 엄격한 기준을 포함시킴으로써, 다국적 제약회사들의 '에버그리닝(ever-greening)'전략[24]을 효과적으로 막을 수 있게 하였다(Garde 2009).

동 법적 조항들과 깊이 관련 있는 노바티스의 사례의 경우, 단순히 한 분쟁만을 다루는 일회성의 판결이 아닌 앞으로 국제 의약품 특허의 전례를 세우는 상징적인 판결로 여겨진다고 상술한 바 있다. 만일 인도대법원 판결에서 노바티스의 주장대로 Section3(d)항이 TRIPS협정에 위반한 것이라 결정되었다면, 다국적 제약회사의 특허신청에 걸림돌이었던 동 조항은 인도특허법에서 개정 또는 삭제되었을 것이다. 이는 다국적 기업의 시장독점으로 이어져 약가 폭등 현상이 나타나, 궁극적으로 그 피해는 복제의약품을 공급받고 있는 환자들에게 돌아갈 것이었다. 현재 우리나라에서 판매되는 글리벡의 경우 노바티스의 요구대로 높은 약가가 결정되었기 때문에, 인도에서 생산하는 복제의약품을 공급받지 못할 경우에는 국내 글리벡 복용 환자의 연간 약값이 약 200만 원에서 4,000만 원으로 증가하는 결과를 초래할 수 있었다(최태현·정다운 2011).

따라서 인도의 의약품 특허법은 TRIPS협정의 공백을 활용하여,

---

24 에버그리닝(evergreening)전략은 다국적 제약회사들이 사용하는 특허방어전략으로 오리지널 약의 화학구조를 부분적으로 바꾸는 등 관련 후속 특허를 지속적으로 추가해 회사의 특허권을 유지하는 전략을 의미한다.

궁극적으로는 인도가 의약품 네트워크에서의 구조적 공백을 메우는 역할을 수행함으로써 지적재산권 및 의약품 네트워크의 허브노드 역할을 담당하려는 전략을 펼쳐왔다고 이해할 수 있다. 결과적으로 인도는 개도국의 의존도를 바탕으로 매개중심성을 추구하고자 했으며, 그 결과 오늘날까지 개도국의 약국 역할을 수행하고 있다. 실제로 수많은 개도국들이 선진국의 다국적 제약회사들이 우수한 기술자원을 바탕으로 생산하는 높은 품질의 '브랜드 의약품'보다 인도의 제네릭 제약기술이 생산해내는 '복제 의약품'에 더 의지하고 있다는 점은 인도의 제네릭 의약품이 사실상(de facto) 일종의 하위 표준(sub standard)을 세웠다고 이해할 수 있을 것이다.

VI. 결론

앞의 논의를 통해 지적재산권을 둘러싸고 '지식의 사유화'와 '지식의 공유화'라는 두 개의 아이디어가 대립하고 있으며, 특히 높은 투자 비용을 요구하는 동시에 인간 생명과 직결된 '의약품' 문제의 경우, 더욱 치열하게 대립하고 있다는 사실을 확인할 수 있었다. 먼저, '지식의 사유화' 논리를 옹호하는 '의약품 생산자' 진영은 의약품 생산 관련 법제도의 도입을 통해 의약품 사용자들로부터 비용을 치르게 함으로써 자신들의 투자를 효과적으로 회수하는 법률상 방어 메커니즘을 구축하려 노력해왔다. 이들은 '의약품특허법'이 의약품 생산자가 창출해 낸 지식의 성과를 보호하여 지식 생산의 동기를 유발해 지식 생산을 촉진시키는 제도라고 주장해왔다. 반면 '의약품 사용자' 진영에서는 '지식의 공유화' 논리를 지지하여 지식은 본래 이용에 배타성이 없는 재화로서 공공재에 해당한다고 주장했다. 특히 의약품과 관련된 지식의 경우, 인간의 생명에 직접적으로 연관된 지식에 해당하므로 그러한 지식의 공유는 더욱 필수적으로 보장되어야 함을 주장해왔다.

이 글을 통해 이러한 의약품을 둘러싼 대립구조는 단순히 의약품을 생산하는 제약회사와 의약품을 사용하는 환자들에게만 국한되지 않고 동일한 담론을 공유하는 '네트워크 행위자 간의 대립'으로 귀결됨을 검토한 바 있다. 즉, '의약품 특허권' 보호를 강조하며 제약기술 및 새로운 의약품에 대한 독점적인 사적 소유권을 적극적으로 지지하는 진영과 '의약품 접근권'의 보장을 강조하며 제약기술 및 새로운 의약품을 공중보건안보에 기여하는 공공재로 인식해 제약 기술의 공유를 강조하는 진영이 대립하고 있었다. 특히, 의약품 특허권을 강조하는 진영은 의약품 생산 능력을 갖추고 있는 선진국행위자가 주도하고 있으나, 실제로 의약품을 필요로 하는 행위자들의 대부분이 개도국가 행위자들임을 확인한 바 있다. 따라서 의약품 수급의 측면에서 연결되어야만 하는 두 개의 네트워크가 의약품을 둘러싼 관념 및 이해관계의 차이로 인하여 분절되어 있음을 다시 한 번 확인할 수 있었다.

이러한 상황에서 인도는 의약품 네트워크의 구조적 공백을 차지하기 위해서 브라질 및 남아프리카공화국과는 차별되는 네트워크 전략을 개진했음은 주목할 만하다. 2세기에 걸쳐 식민 지배의 역사를 가지고 있는 인도는 반제국주의와 반식민주의의 경향성을 가지고 있었다. 이러한 경향성은 냉전시기에 그 어떠한 진영과도 동맹을 맺지 않지만, 모든 국가들과 우호 관계를 유지하려는 인도의 외교 전략을 통해 검토한 바 있다. 이러한 비동맹주의의 인도는 행위자들의 상호작용 과정에서 창출되는 관계적 구도에 주목함은 물론, 네트워크 자체를 구조로 파악하고, 파악된 네트워크 상의 구조적 공백에서 창출되는 권력

을 활용하려 했는데, 이는 중견국 외교의 실천과 닮아있는 부분이라
할 수 있다. 구체적으로 인도는 냉전시기와 마찬가지로, 미국을 필두
로하는 '의약품 특허권' 옹호 진영과 개도국들 및 인권옹호 NGO단체
로 구성된 '의약품 접근권' 옹호 진영 중 어느 진영도 적극적으로 지지
및 선택하지 않았다. 즉, 냉전시기부터 지속적으로 나타나고 있는 인
도 외교노선의 경향성은 글로벌 보건 거버넌스에서 인도가 '개도국의
약국' 역할을 담당할 수 있게 한 토대가 되고 있다.

　인도는 높은 품질, 저렴한 개발 비용, 낮은 가격의 독특한 속성
을 갖는 제네릭 의약품이라는 비인간 행위자와 관계를 이용하여, 제네
릭 의약품에 의존하고 있는 수많은 개도국행위자들과 깊은 관계를 맺
을 수 있는 데 주목하였다. 나아가 인도는 지적재산권에서 매우 중요
한 행위자인 미국과 맺고 있는 특수한 양자관계를 활용해 의약품 수급
의 네트워크에서 구조적 공백을 차지하여 개도국의 약국 역할을 성공
적으로 수행할 수 있었다. 나아가 인도는 의약품 특허권을 옹호하는
선진국행위자에 대해 적극적인 반대의사를 펼치지도, 의약품 접근권
을 옹호하는 개도국행위자를 적극적으로 지지하지도 않은 상태를 유
지하여, 양 진영 모두를 자극하지 않은 채로 조용히(mutely) 네트워크
전략을 펼쳤음을 확인했다. 이때 인도는 국내특허법작업반(national
working group on patent laws)이라는 전문가 집단을 적극 활용하였
으며, 따라서 의약품 문제에 보다 전문적인 접근이 가능했다. 이러한
전문가 집단이 제시한 해결책은 TRIPS협정이 제공하는 유연성을 최
대한 활용하되 TIRPS협정을 정면으로 위반하지 않을 것을 강조했다.
제시된 해결책을 바탕으로 인도는 제네릭 의약품 생산을 지속할 수 있
었으며, 현재 개도국들도 인도로부터 낮은 가격에 의약품을 공급받게
되었다.

이 글에서 다룬 인도와 의약품 특허법 사례는 21세기 국제정치학에서 새롭게 부각되고 있는 글로벌 보건안보의 신흥 안보 이슈와 지식 및 네트워크 권력이라는 신흥 권력 이슈가 맞물려 있다. 나아가 동 사례는 선진국과 개도국의 '국가행위자'들은 물론 다국적 제약회사 및 제네릭 제약회사라는 '기업행위자', 의약품에 의존하고 있는 환자 등의 '민간 행위자' 그리고 인권옹호 단체의 '비정부기구행위자' 모두가 긴밀하게 연결되어 있다. 이때 인도는 동 네트워크가 안고 있는 '구조적 공백'을 잘 파악하였으며, '비인간 행위자'인 제네릭 의약품과의 동맹과 미국과의 특수한 양자관계를 활용해 조용하지만 전문적인 네트워크 전략을 펼쳐 나갈 수 있었다. 물론, 인도가 설계한 새로운 의약품 네트워크는 고정되었다거나 최종적인 것은 아니며 번역된 새로운 네트워크에 이의가 제기될 경우 '반역'이 발생할 수 있다. 만일 이러한 반역이 성공적일 경우, 결과적으로는 새로운 네트워크의 대표가 기존 대표를 대체하는 '치환(displacement)'으로 이어지게 된다. 따라서 인도가 번역의 네 단계를 통해 적어도 의약품 네트워크에서 서브표준을 세웠음에도 불구하고, 결코 의약품 네트워크를 장악했다고 볼 수 없으며 언제나 변형 가능하다는 사실을 염두에 두어야 할 것이다.

참고문헌

고경희. 1996. "탈냉전 이후의 인도의 외교정책." 『남아시아연구』 1.
김덕. 1972. "인도의 중립주의에 관한 연구." 『외대논문집』 제5집.
김상배. 2007. 『정보화시대의 표준경쟁: 윈텔리즘과 일본의 컴퓨터 산업』. 한울아카데미.
_____. 2011. "네트워크로 보는 중견국 외교 전략." 『국제정치논총』 51(3).
_____. 2014. 『아라크네의 국제정치학: 네트워크 세계정치이론의 도전』. 한울아카데미.
김성원. 2007. "공법: 국제법상 인간안보개념의 전개에 관한 일고찰-국제공중보건레짐의
　　　전개를 중심으로." 『법학논총』 24(4).
김일규. 2014. "인도 대법원의 글리벡 특허소송 최종 판결 및 인도 특허법의 WTO
　　　TRIPS협정과의 합치성에 대한 고찰." 『지식재산연구』 9(1).
김호철. 2012. "국제사회, 통상분쟁 시 'WTO 분쟁해결절차' 적극 활용." 『나라경제』 10월호.
김희상. 2007. "인도의 의약품 특허제도와 TRIPs 규범." 『통상법률』 74호.
미국무역대표부. 2013. "2013년 스페셜 301조 보고서." 『한국지식재산연구원』.
박덕영. 2004. "WTO 무역분쟁의 이행과정과 무역보복조치." 『한국무역학회 세미나 및
　　　토론회』.
박지현. 2008. "한미 FTA 속의 TRIPs-Plus." 『국제법학회논총』 53(2).
윤선희. 2010. 『지적재산권법』. 세창.
이윤주. 2007. "특허권과 개발도상국에서의 의약품에 대한 접근과의 조화를 위한 모색."
　　　『산업재산권』 24호.
임호. 2006. "공중보건과 국제 지적재산권법." 『한국학술정보』.
정재환·이봉수. 2013. "TRIPS협정의 성립과정과 진전에 관한 연구." 『무역학회지』 38(1).
최승환. 2006. 『국제경제법』. 경영사.
최태현·정다운. 2011. "TRIPS협정상 개발도상국의 의약품 접근권에 관한 연구-인도
　　　개정특허법 소송을 중심으로." 『법학논총』 28(4).
홍성태. 2000. "지적재산권과 '현실 정보사회'의 모순." 『디지털은 자유다-인터넷과
　　　지적재산권의 충돌』. 이후.

Abbott, Frederick M. 2002. "The Doha declaration on the TRIPS agreement and public
　　　health: lighting a dark corner at the WTO." *Journal of International Economic
　　　Law*, 5.
Abbot, Federick, Thomas Cottier and Francis Gurry. 1999. "The International Intellectual
　　　Property System: Commentary and Materials." *Kluwer Law International*.
Appadorai, Angadipuram, and Mannaraswamighala Sreeranga Rajan. 1985. *India's
　　　Foreign policy and Relations*. Delhi: South Asian Publishers.
Bird, Robert. 2006. "Defining Intellectual Property Rights in the BRIC Economies."
　　　American Business Law Journal.

Brass, Paul R. 1994. *The politics of India since independence*. Cambridge: Cambridge University Press.

Burt, Ronald S. 2005. *Brokerage and Closure: An Introduction in Social Capital*. New York: Oxford

Correa, M. 2000. *Intellectual property rights, the WTO and developing countries: the TRIPS agreement and policy options*. New York: Zed books.

Chaudhuri, Sudip. 1984. *Indigenous Firms in Relation to the Transnational Corporations in the Drug Industry in India*. New Delhi: Jawaharlal Nehru University.

_____. 2005. *The WTO and India's pharmaceuticals industry: Patent protection, TRIPS, and developing countries*. New Delhi: Oxford University Press.

Evans, Gail E. 1994. "Intellectual property as a trade issue – the making of the agreement on trade-related aspects of intellectual property rights." *World Competition*, 18(2).

Fidler, David P. 2003. "Public health and national security in the global age: infectious diseases, bioterrorism, and realpolitik." *Washington International Law Review*, 35.

Ganji, S. K. 2009. "TRIPS Implementation and Strategic Health Policy in India and Brazil." *Josef Korbel Journal*.

Garde, Tanuja V. 2009. "Circumventing the Debate over State Policy and Property Rights: Section 3 (d) of the Indian Patents Act Law." *Patents and Technological Progress in a Globalized World*. Springer Berlin Heidelberg.

Hingorani, Rupchandra Chandumal. 1989. *Nehru's foreign policy*. New Delhi: Oxford & IBH Publishing Company.

Iyer, Krishna *et al.* 1996. *People's Commission on the constitutional Implications of the Final Act Embodying the Results of the Uruguay Round of Multilateral Trade Negotiations*. New Delhi: Centre for Sutudy of Global Trade System and Development.

Krasner, Stephen D. 1985. *Structural conflict: The third world against global liberalism*. Los Angeles: University of California Press.

Macdonald-Brown C. and L. Ferera. 1998. "First WTO Decision on TRIPS: India-Patent Protection for Pharmaceutical and Agricultural Chemical Products." *European Intellectural Property Review*, 20(2).

Macridis, Roy C. and Robert J. Art. 1976. *Foreign policy in world politics*. New Jersey: Prentice-Hall.

Maskus, Keith E. 2001. "Ensuring Access to Essential Medicine: Some Economic Consideration." *Wisconsin International Law Journal*, 20.

Matthews, Duncan. 2011. *Intellectual property, human rights and development: the role of NGOs and social movements*. Cheltenham: Edward Elgar Publishing.

Mazumdar, M. 2013. "An Overview of the Indian Pharmaceutical Sector." *In Performance of Pharmaceutical Companies in India*. Physica-Verlag HD.

Medicins Sans Frontieres. 2007. *Examples of the Importance of India as the Pharmacy for the Developing World*. Geneva: Médecins Sans Frontières Access to Essential Medicines Campaign.

Mueller, Janice M. 2007. "The tiger awakens: the tumultuous transformation of India's patent system and the rise of Indian pharmaceutical innovation." *University of Pittsburgh Law Review,* 68(3).

OECD. 2014. "Main Science and Technology Indicators, Gross Domestic Expenditure on R&D of 2005-2011."

Omer, Assad. 2001. "Access to Medicines: Transfer of Technology and Capacity Building." *Wisconsin International Law Journal,* 20.

Patterns, I. 1968. *Organizations: Culture and Environment*. Cambridge, MA: Ballinger.

Perlitz, Uwe *et al.* 2008. "India's pharmaceutical industry on course for globalisation." *Deutsche Bank Research*, 9.

Preeg, Ernest H. 1995. *Traders in a brave new world: The Uruguay round and the future of the international trading system*. Chicago: University of Chicago Press.

Ragavan, S. 2006. "Of the Inequals of the Uruguay Round." *Marquette Intellectual Property Review*, 10(2).

Ramanna, Anitha. 2002. "India's Patent Policy and Negotiations in TRIPs: Future Options for India and Other Developing Countries." *National Conference on TRIPs: Next Agenda for Developing Countries, Hyderabad, India.*

Ryan, Michael Patrick. 1998. *Knowledge diplomacy: global competition and the politics of intellectual property*. Washington: Brookings Institution Press.

Rose, Mark. 2003. *Authors and Owners: The Invention of Copyright*. Cambridge: Harvard University Press.

Scherer, Frederick M. 2000. "Pharmaceutical Industry and World Intellectual Property Standards, The." *Vanderbilt Law Review*, 53.

Schiller, H. 1996. *Information Inequality - the Deepening Social Crisis in America*. London: Routledge.

Sell, Susan and Christopher May. 2001. "Moments in law: contestation and settlement in the history of intellectual property." *Review of international political economy,* 8(3).

_____. 2001. "TRIPS and the Access to Medicines Campaign." *Wisconsin International Law Journal,* 20.

_____. 2003. *Private Power, Public Law: The Globalization of Intellectual Property Rights*. Cambridge: Cambridge University Press.

_____. 2007. "TRIPS-plus free trade agreements and access to medicines." *Liverpool Law Review,* 28(1).

UN. 2010. *The Millennium Development Goals Report 2010*.

Vivas-Eugui, David. 2003. *Regional and Bi-lateral Agreements and a TRIPs-Plus World: The Free Trade Area of Americas*. New York: Quaker United Nations Office.

Waning, B., E. Diedrichsen and S. Moon. 2010. "A lifeline to treatment: the role of Indian generic manufacturers in supplying antiretroviral medicines to developing countries." *Journal of the International AIDS Society*, 13(1), p.35.

WTO. 2012. "More trade for better health? International trade and tariffs on health products." No. ERSD-2012.

제4부

중견국 정체성과 공공외교

제10장

중견국 외교와 정체성 변수: 캐나다의 사례

정은희

이 장은 중견국 연구에 있어서 정체성 변수가 미치는 영향은 무엇이며 어떠한 과정을 통해 형성되고 그 의미는 무엇인지 살펴보고자 한다. 대부분의 중견국에 대한 기존 연구들은 국가행위자 차원의 속성론적 시각에서 중견국을 정의하며 국가에 미치는 외부적 변수들을 상대적으로 강조하면서 국가의 능동적 주체성을 간과하는 경향이 있다. 중견국으로 분류되는 국가들 중에서 캐나다는 특히 1940년대 초중반에 중견국이라는 정체성과 관련하여 대내외적으로 다양한 논의와 고민이 있었고 실제로도 국제사회에서 최초로 중견국으로 정의된 국가이기 때문에 캐나다를 연구사례로 선택하였다. 캐나다가 중견국이라는 국가정체성을 형성하는 구체적인 과정을 파악하기 위해서 본 논문은 당시의 국제적 상황과 캐나다를 포함한 국가 간의 관계양상과 이를 통해 형성되는 국제구조를 살펴본다. 또한 관계적 맥락 속에서 캐나다 핵심관료들이 가지고 있었던 개인적인 경험들과 국내적 상황 속에서 구조를 인식하는 행위자들의 인식적 특성들을 살펴보고 마지막으로는 구조와 인식이 상호작용하면서 구체적으로 캐나다 내부에서 형성된 외교이념과 정체성의 내용을 살펴볼 것이다. 정체성 변수와 관련된 본 논문은 보다 더 복잡해진 국가 간 관계와 국제구조의 환경 속에 처해 있는 제3세대 중견국들에 대한 연구에 중요한 함의를 줄 수 있을 것이다.

I. 서론

캐나다는 1, 2차 대전 이후 새롭게 형성된 국제사회에서 처음으로 중견국으로 규정된 국가로서, 대표적인 전통적 중견국가(middle power)로 분류된다.[1] 2차 대전이 일어나고 있던 시기에 캐나다는 스스로를 '중견국'으로 규정하였고 강대국들로부터 중견국으로서 약소국들과는 구별되는 권리를 보장받고자 노력하였다. 그 결과 캐나다는 국제연합(United Nations)의 설립 과정에서 비강대국에 속하지만 비군사분야의 높은 기능적(functional) 능력을 인정받아 안전보장이사회(United Nations Security Council: UNSC)의 비상임이사국 선출의 우선권을 보장받을 수 있었지만 '중견국'으로서의 지위는 주권평등의 원칙에 위배된다는 이유로 보장받지 못했다. 그럼에도 불구하고 캐나다

---

1   캐나다의 중견국 지위에 대한 논의는 다음을 참고할 것. J. King Gordon ed.(1966), John Holmes(1963, 1976).

는 중견국으로서의 지위확보를 포기하지 않았고, 1950년대 냉전의 시작 이후 호주와 함께 국제주의(internationalism)와 다자주의(multilateralism)를 표방하면서 국제원조와 국제평화활동을 지속적으로 수행함으로써 현재까지 전통적 중견국으로서 인정받고 있다.

　이처럼 중견국의 구체적인 정의와 외교정책의 내용은 냉전시기 이후에 본격적으로 형성되었기 때문에 캐나다를 포함한 중견국들에 대한 연구도 냉전 이후에 중견국들이 보여준 정책의 내용과 변화에 초점이 맞추어져 온 것이 사실이다(김치욱 2009: 13-16). 대부분의 기존 연구들은 국가행위자 차원의 속성론적 시각에서 정의 방식의 차이에 따라 분류될 수 있는데 대표적으로 군사력·경제력과 같은 능력에 초점을 맞춘 연구[2]와 특정한 외교적 행태에 초점을 맞춘 연구[3]들이 있다.

　이러한 속성론적 연구는 국제정치이론과 연결될 수 있는데 국가의 능력으로 중견국을 분류하는 연구는 현실주의적 시각과 연결되며 국가의 행태로 중견국을 분류하는 연구는 자유주의적 시각과 연결된다. 현실주의와 자유주의는 모두 국가이익을 정의하는 데 있어 '힘의 균형'과 '제도'라고 하는 외부적 요인을 강조하는 경향이 있다. 이에 따라 중견국의 외교정책을 연구할 때 국가에 미치는 외부적 변수들을 상대적으로 강조하며 국가의 능동적 주체성을 간과하는 경향이 있다.

　국가의 물리적 능력이나 외교적 행태도 중견국을 정의하고 분류하는 중요한 기준과 연구의 주제가 될 수 있지만 이와 함께 중견국의 외교정책에 영향을 주는 것은 정체성 변수이다. 정체성이라는 것은 능

2　능력에 따른 중견국 연구는 다음을 참조할 것. David Vital(1967), John W. Burton(1965), Jonathan H. Ping(2005).

3　행태에 따른 중견국 연구는 다음을 참조할 것. Andrew F. Cooper, Richard A. Higgot, Kim R. Nossal(1993), Andrew F. Cooper, ed.(1997), Cranford Pratt, ed.(1990)

력이나 행태와 비교할 때 상대적으로 능동적인 성격을 지니며 한 국가가 다른 국가들과 관계를 맺음으로써 형성된 구조와 국내적 상황이 상호작용하면서 국가 내부적으로 형성될 수 있는 것이다. 중견국의 정체성에 초점을 맞춘 연구는 구성주의적 시각과 연결지을 수 있다. 국가들의 관계로 형성된 국가 외부의 구조적 환경과 국가 행위자가 상호작용하면서 국가 내부적으로 중견국이라는 정체성이 형성되기 때문이다 (Katzenstein 1996; Wendt 1999).

이 글은 중견국 연구에 있어서 정체성 변수가 어떠한 영향을 미치며 어떠한 과정을 통해 형성되고 그 의미는 무엇인지 살펴보고자 한다. 중견국으로 분류되는 국가들 중에서 캐나다는 특히 1940년대 초중반에 중견국이라는 정체성과 관련하여 국가 내외적으로 다양한 논의와 고민이 있었고 실제로도 국제사회에서 최초로 중견국으로 정의된 국가이기 때문에 캐나다를 연구사례로 선택하였다. 캐나다가 중견국이라는 국가정체성을 형성하는 구체적인 과정을 파악하기 위해서 본 논문은 당시의 국제적 상황과 캐나다를 포함한 국가 간의 관계양상과 이를 통해 형성되는 국제구조를 살펴본다. 또한 관계적 맥락 속에서 캐나다 핵심관료들이 가지고 있었던 개인적인 경험들과 국내적 상황 속에서 구조를 인식하는 행위자들의 인식적 특성들을 살펴보고 마지막으로는 구조와 인식이 상호작용하면서 구체적으로 캐나다 내부에서 형성된 외교이념과 정체성의 내용을 살펴볼 것이다.

이러한 접근 방식은 국가들을 둘러싼 국제적 구조와 행위자의 상호작용을 통해 정체성변수의 형성 과정과 의미를 찾아간다는 점에서 구성주의 시각과 연결될 수 있지만 캐나다를 둘러싼 강대국들과 캐나다가 상호작용하면서 형성하는 관계라는 의미에서 구조와 행위자의 상호작용을 보는 것이기 때문에 네트워크 이론적 시각과도 그 맥이 닿

아있다고 할 수 있다. 중견국을 연구하는 네트워크 이론은 중견국의 개념을 행위자의 속성 차원에만 한정짓는 것이 아니라 시스템상의 구조적 위치로 정의하고 중견국으로 정의되는 국가들이 다른 국가들과 관계 맺는 네트워크상의 구조적 위치를 중심으로 행위자의 구체적인 역할을 설명하기 때문이다(김상배 2011: 58).

이 글에서 '캐나다'라고 행위의 주체를 언급할 때 캐나다 정부와 국민을 모두 포함한 추상적 주체로서 국가를 언급하는 것이 아니라 실제적으로는 캐나다 정부를 일컫는 말로 사용한다. 당시 캐나다의 여론은 정부의 외교정책을 적극적으로 지지하고 있었고 캐나다 외교정책의 실질적인 내용은 몇몇 핵심관료들이 주도적으로 관여하였기 때문이다. 따라서 본 논문에서도 캐나다의 정체성 형성 과정을 살펴보기 위해서 국가의 핵심 정책 결정자들의 인식을 분석하고자 한다. 1940년대 초반 캐나다가 중견국으로서 정체성을 형성해 가는 과정에서는 핵심적 관료들의 영향력이 다른 국내적인 요인들보다 훨씬 높았기 때문에 본 논문은 핵심 지도자들의 인식을 분석함으로써 캐나다의 정체성 형성 과정을 규명해 나가고자 한다.

지도자들의 인식을 분석하고 그 의미를 해석하며 캐나다의 정체성이 형성되는 과정을 서술하기 위해 정부의 공식문서나 비공식 외교문서, 정책결정자의 연설 등을 활용하고자 한다. 본 논문에서는 주로 1942년부터 1945년까지 작성되었던 캐나다 정부의 메모랜덤을 중심으로 살펴보고 이를 보완하기 위해 캐나다 수상의 일기와 주요 외교부 핵심 관료들의 연설문, 일기 등을 1차 자료로 활용하고자 한다.

이 장은 총 다섯 절로 구성되어 있다. II절에서는 1942년부터 1943년까지 캐나다 정부가 강대국들과의 교류를 통해 강대국들의 인식을 파악하면서 캐나다의 실제적인 국제사회 내에서의 위계적 지위

를 인식해가는 구체적인 과정을 살펴본다. 캐나다가 경험한 여러 가지
외교적 사건들 중 캐나다 관료들이 국제사회 내에서 자국의 지위를 인
식하는 데 있어 비교적 큰 영향을 미친 사건 네 가지를 살펴보고자 한
다. III절에서는 구체적으로 이러한 사건들이 캐나다의 주요 핵심관료
들의 인식에 어떠한 영향을 주었는지 살펴보고 이러한 경험의 의미를
분석하고자 한다. IV절에서는 구체적으로 II절에서 살펴 본 국제경험
들을 통해 캐나다가 약소국이라는 실제적 지위를 파악하고 나서 국내
적으로 국가이익을 높이기 위한 구체적인 전략이 무엇이었으며 그 과
정에서 중견국이라는 정체성이 어떻게 형성된 것인지 구체적으로 살
펴보고자 한다. 특히 기능이론과 중견국 개념이라는 두 가지 국가전략
의 각 특성 대비를 통해 중견국 개념이 갖는 구체적인 의미가 무엇인
지 분석하고자 한다. V절의 결론에서는 이 글의 전체 내용과 그 함의
를 요약함으로써 마치고자 한다.

II. 캐나다의 타자경험: 1942-1943년

1. 국제적 상황과 캐나다의 외교정책 변화

2차 대전이 발발하기 전부터 강대국의 지도자들은 전후 국제질서 재
건에 대한 의견을 교환하고 있었고 1941년 말, 1942년 초부터는 본격
적으로 국제구호(international relief)에 대해서 논의하기 시작했다.
당시 국제사회에서 가장 중요한 국제적 사안은 전후 유럽국가에 대한
구호와 국가재건을 위한 원조와 관련된 것이었다. 또한 종전 후에 세
계전쟁의 재발을 방지하고 국제평화를 유지하기 위한 국제기구를 설

립하는 것도 중요한 사안이었다. 이에 따라 미국과 영국을 중심으로
하는 강대국 정상들의 모임이 빈번하게 개최되었다. 강대국들은 전
후 국제정치를 안정시키고 세계 질서를 다시 바로 세우기 위해서는 강
대국이 주도적으로 참여해야 한다는 데에 모두 동의하였다(Chapnick
2005: 25). 이와 달리 캐나다는 1941년까지 고립주의 정책을 취하고
있었고 국내문제에만 몰두하고 있었다.

미국은 1차대전뿐만 아니라 1942년 진주만 공격이 일어나기 전
까지 중립적 위치에 있었다. 하지만 1941년 12월 진주만 공격 이후 미
국은 실질적으로 참전할 수 밖에 없었고 이에 따라 1943년에는 미국
과 영국의 정상회담이 빈번하게 이루어졌다. 루즈벨트와 처칠은 여러
차례의 회담에서 연합국의 전쟁 전략에 대한 것과 함께 새로운 국제기
구에 대해 논의하였다. 영·미 양국의 정상회담뿐만 아니라 처칠과 루
즈벨트를 중심으로 하여 소련과 중국을 포함한 강대국 지도자들의 회
담도 진행되었다. 이들이 국제기구에 대한 논의에서 가장 중요하게 합
의한 사안은 바로 세계 질서의 재건이 강대국들의 주도하에 이루어져
야 한다는 것이었다. 그렇기 때문에 새로운 국제기구를 위한 예비적인
회담들도 모두 강대국의 대표들로만 구성되었다. 1943년 3월과 5월의
영·미 정상회담을 포함하여 10월 모스크바 회담과 11월 카이로 회담,
테헤란 회담은 모두 강대국들만 참여하였다. 1943년 11월 전쟁물자
조달과 전쟁지역의 구제를 위해 만들어진 UNRRA가 최종적으로 설립
되었는데, 한 달 전인 10월에 있었던 모스크바 회담에서는 미국, 영국,
소련, 중국의 대표가 참석하여 강대국 중심의 국제기구에 대한 프레임
을 확정하였다.

이와 같이 미국, 영국, 소련 등의 강대국들은 세계를 강대국과 비
강대국으로 나누어 인식하고 있었다. 따라서 각종 정상회담에서 캐나

다는 비강대국의 영역에 포함될 수밖에 없었으며 캐나다의 실질적 국력에 맞는 지위를 행사할 수 없었다. 하지만 미국과 소련이 캐나다를 비강대국들과 구별시키는 것에 반대했던 것과 달리 영국은 캐나다에 대해 다른 입장을 가지고 있었다(Chapnick 2005: 16). 당시 영국은 유럽전쟁에 참여하게 되면서 쇠락해진 국력으로 인해 미국에게 주도권을 넘겨줄 수밖에 없는 상황이었고 미국과 소련에 대한 세력균형을 위해서 영국은 자국의 식민지였던 영연방국가들의 지원이 절실한 상황이었다. 특히 캐나다와 같은 국가는 2차 세계대전이 일어나던 당시 군사력과 경제력이 월등히 높았기 때문에 영국이 자신의 국력을 유지하기 위해서 캐나다의 도움이 필요했다. 이러한 상황으로 인해 캐나다가 1940년대 초반에 국제기구의 창설과정에 적극적으로 참여하기 시작하면서 캐나다의 참여권과 대표권을 얻는 데 영국의 도움을 상당히 받을 수 있었다.

하지만 영국의 도움 또한 미국, 소련 등과 마찬가지로 캐나다를 비강대국의 지위로서 인정한 상태에서 주어진 것일 뿐 영국의 캐나다에 대한 지지가 캐나다를 강대국에 포함시킬 수 있는 근거가 되지는 못했다. 세계를 3강대국(미국, 영국, 소련), 또는 4강대국(미국, 영국, 소련, 중국)과 그 이외의 비강대국 등 두 영역으로만 구성되어 있다고 바라보는 강대국들의 인식을 통해 볼 때 캐나다는 분명히 비강대국에 속하는 약소국의 지위를 가질 수 밖에 없었다. 캐나다는 강대국들의 이해관계에 있어서 우선적으로 고려해야 할 만큼의 영향력을 가지고 있지 않았던 약소국에 불과했다.

강대국들이 1940년대 초반에 국제구호에 대한 논의를 이미 끝마친 것과 대조적으로 캐나다는 1942년까지 고립주의 정책을 고수하고 있었다. 캐나다는 영연방에 속하여 영국의 준식민지적 위치에 있었기 때문에 1차대전이 발발할 당시 선택의 여지 없이 영국을 따라 참전할 수밖에 없었다. 이에 따라 캐나다는 많은 인명피해를 입게 되었고, 국내적으로도 징병제도에 대한 논쟁이 벌어지면서 전 국민적인 반발로 인해 많은 정치적 비용을 감수해야 했다. 이러한 이유로 캐나다 외교정책의 목표는 영국으로부터 실질적인 독립을 이루고 미국과 양자적 관계를 유지하면서 세계 문제에 관여하지 않는 것이었다(Keating 2002: 6).

하지만 1942년 이후부터는 적극적으로 세계문제에 관여하기 시작했다. 2차대전이 발발하면서 캐나다는 전쟁물자의 생산을 통해 높은 경제력과 군사력을 보유하게 되었고, 점점 높아지는 국가적 자신감을 통해 1942년부터 정부, 여론, 언론 등 모든 분야에서 국제사회에 관심을 갖기 시작했다(Holmes 1963: 138). 오랫동안 고립주의를 고집해 오던 스켈톤(Oscar D. Skelton) 외교부 차관(undersecretary of state for external affairs)이 사망함으로써 보다 적극적인 외교정책을 추구하던 로버트슨(Norman Robertson)이 그 뒤를 잇게 되면서 1942년에 캐나다 외교부는 로버트슨 차관을 중심으로 외교부의 조직을 개편하고 정부, 비정부기관의 다양한 논의를 통해 앞으로 캐나다의 국가이익을 결정할 외교이념을 수립하는 데 집중했다.

이러한 캐나다의 적극적인 노력은 현실적인 국가이익으로 연결될수 없었다. 앞서 살펴보았듯이 강대국들은 이미 국제구호와 국제기구의 창설논의에 대해서 강대국 중심으로 이루어질 것이라는 점에 대해서 합의한 상태였기 때문이었다. 1942년 미국이 전쟁에 참여하기 전까지 캐나다는 영연방의 회원국이라는 점과 미국과 이웃관계에 있다는 점을 이용하여 미국과 영국의 관계를 중재하는 역할을 담당하고 있었다. 하지만 미국이 2차대전에 참전하면서 캐나다는 더 이상 양국의 정상회담에서 중재자 역할을 할 수 없었고, 미국과 영국은 캐나다를 배제한 채 일대일 양자회담을 더 자주 갖게 되었다. 미국과 영국은 연합국의 주축국으로서 원활한 전쟁의 수행을 위해서 여러 가지 양국의 연합위원회를 결성하였다. 또한 미국과 영국에 더하여 국제구호를 위해 소련과 중국을 포함하여 국제구호기구를 창설하였지만 캐나다는 그 어떤 연합기구에도 강대국과 동등한 지위로서 참여할 수 없었다.

2. 외교적 사건과 타자경험

1941년 12월 미국이 2차 대전에 참전하기 시작하면서 미국과 영국을 중심으로 강대국 정상들과 고위급 관료들의 모임이 확대되었다. 1942년에 미국과 영국은 연합국의 전쟁수행과 전후 국제구호를 효과적으로 진행시키기 위해서 여러 가지 연합위원회(Combined Boards)를 구성하였다. 또한 미국과 영국 뿐만 아니라 소련, 중국 등의 다른 강대국들도 포함하여 전후 평화유지와 국제구호를 위한 국제기구를 창설하기 위해서 여러 가지 예비모임들이 진행되었다.

　캐나다는 강대국은 아니었지만 2차 대전에 높은 기여를 하고 있었고, 1942년부터 적극적으로 국제문제에 관여하기 시작했기 때문에 강대국들의 모임에 공식적, 비공식적으로 참여할 수 있었다. 캐나다는 2차대전으로 인해 전쟁물자를 생산하면서 국가 경제가 성장하여 국민들의 국가적 자신감이 높아졌고, 이러한 배경 위에서 캐나다 정치관료들도 국제사회에서 캐나다가 차지하고 있는 위상이 비교적 강대국과 가까이 있다고 판단했다. 그렇기 때문에 새로운 국제기구에서 캐나다는 세계 평화를 위해서 중요한 역할을 맡을 것이라는 자신감이 있었다. 하지만 이미 국제기구의 틀은 강대국에 의해서 정해진 상태였다.

1942년과 1943년은 캐나다가 본격적으로 강대국들에게 냉대와 멸시를 경험하면서 존재의 좌절을 겪는 시기였다. 이하에서는 1942년에서 1943년에 걸친 시기에 있었던 캐나다와 강대국들과의 일련의 경험 중에서 캐나다 관료들의 인식에 큰 변화와 깨달음을 주었던 사건 네 가지를 간략하게 살펴보고자 한다.

1) 1941년 8월 뉴파운드랜드 회담(Newfoundland Conference)

미국이 제2차 세계대전에 참전하기 4개월 전인 1941년 8월 9일부터 14일까지 미국 대통령 루즈벨트와 영국 총리 처칠은 대서양 해상에 위치한 뉴파운드랜드(Newfoundland)의 플라센티아 만(Placentia Bay)에 정박해 있던 영국 군함 프린스 오브 웨일스호에서 만나 회담을 가졌다. 두 정상은 이 회담에서 전쟁의 방향과 목적을 설정하였고 앞으로 평화적 질서를 세우고 세계질서를 재구축하기 위해서 전 세계 국가가 참여하는 세계기구를 만들 필요성이 있다는 데 합의하였다. 양국 정상은 이러한 합의를 기초로 8월 14일 대서양 헌장(Atlantic Charter)을 발표하였다. 이 회담을 통해 미래의 국제질서에 대한 양국의 구체적인 논의가 시작되었다. 또한 대서양 헌장은 후에 국제연합선언문(Declaration by the United Nations)의 기초가 되었으며 1945년에 창설된 국제연합의 이념적 기초가 되었다. 이처럼 1941년 8월의 회담이 갖는 의미가 컸음에도 불구하고 캐나다 정부는 두 정상의 만남에 대해 전혀 모르고 있었다. 그 동안 캐나다는 미국과 여러차례 정상회담을 가진 바 있었고 영국과는 영연방으로서 가까운 사이를 유지하고 있었기 때문에 미국과 영국의 정상회담에 대해서 어떠한 정보도 공식적으로 받지 못했다는 사실은 캐나다 정부에게 큰 충격일 수 밖에 없었다. 또한 뉴파운드랜드는 캐나다 동부에 위치한 섬이기 때문에 캐나다 지역에서 회담을 가졌음에도 불구하고 캐나다 정부에 미리 알리지 않았다는 사실은 캐나다가 강대국들 사이에서 큰 존재감이 없다는 사실을 깨닫기 시작한 중요한 계기가 되었다.

2) 1942년 1월 워싱턴 회담(Washington Conference)

1941년 8월 영·미 정상회담을 통해 캐나다 정부와 킹 수상이 겪은 약소국으로서의 존재자각과 좌절은 이제 시작에 불과했다. 1942년 1월에는 아카디아 회담(Arcadia Conference)이 있었고, 이 회담에서 또 한 번 캐나다는 배제되는 모욕을 겪었다. 아카디아[4] 회담은 공식적으로는 제1차 워싱턴 회담(First Washington Conference)으로 알려진 것으로서 1941년 12월 22일부터 1942년 1월 14일까지 워싱턴에서 개최되었다.[5] 이 회의에는 영국의 수상과 미국의 대통령은 물론 각국의 군사 관련 지도자들도 참석하여 전쟁에 중요한 전략적 결정에 대한 중요한 논의가 이루어졌다. 이 회담으로 여러 가지 전쟁수행을 위한 위원회가 조직되었고, 1942년 1월 1일에는 26개 국가들이 모여 1941년 8월 처칠 수상과 루즈벨트 대통령이 서명한 대서양 헌장의 내용을 따르는 국제연합선언문(Declaration by the United Nations)을 발표하였다. 이 선언문은 1941년 8월에 영국 수상과 미국 대통령이 만나 전쟁의 목적에 대해 논의한 내용을 담은 '대서양 헌장'의 내용을 재확인하는 것이었으며, 후에 1943년 11월에 만들어진 국제연합 구제부흥사업

4　ARCADIA는 회담을 일컫는 코드네임(code name)으로 사용된 단어이다.

5　1942년 1월 1일 미국, 영국, 소련, 중국 등의 4강대국을 포함하여 26개 국가들이 워싱턴에 모였다. 이들은 미국 국무부(State Department)에 의해 작성된 선언문 초안에 합의함으로써 연합국으로서 2차 세계대전에서 일본, 독일, 이탈리아를 중심으로 하는 추축국에 대항하여 상호 협력하여 끝까지 싸울 것임을 약속하고, '연합국공동선언(Joint Declaration by the United Nations)'을 발표하였다.

국(United Nations Relief and Rehabilitation Administration: UNRRA) 설립의 이념으로 이어져, 1945년에 국제기구로서 국제연합이 창설되는 중요한 계기가 되었다.

1941년 12월에 킹과 캐나다의 군사관련 관료들도 워싱턴에 머무르고 있었다. 캐나다의 대표들은 처칠과 루즈벨트와 함께 3개국의 회담에 참석할 수 있었다. 하지만 이는 형식적으로 영·미 국가 대표가 참석하여 표면상으로만 회담이 진행된 것일 뿐이었고, 캐나다 대표들과는 전략적으로 중요한 사안을 하나도 공유하지 않았다. 킹 수상은 3국 정상회담에 참여했음에도 불구하고 미국과 영국 정상으로부터 어떠한 정보도 얻을 수 없었으며 국제연합선언문도 워싱턴에 머물고 있던 영국 대사로부터 짧게나마 확인할 수 있었을 뿐이다.

캐나다 지도자가 미국, 영국 지도자와 함께 회담에 참석할 수 있었지만 이는 사실상 캐나다가 배제된 것과 동일한 의미를 지닌 형식적인 회담이었다는 사실을 깨닫게 된 경험과 국제연합선언문에 캐나다가 아무런 관여를 할 수 없었다는 경험 등은 캐나다가 강대국과의 거리보다는 약소국과 거리가 더 가깝다는 사실을 알아차릴 수 있게 만든 사건들이었다.

3) 연합위원회(Combined Committees)

1942년 1월 26일 루즈벨트와 처칠은 워싱턴 회담에서는 국제연합선언문을 작성했을 뿐만 아니라 영국과 미국이 원활하게 군사전략을 구상하고 전쟁을 승리로 이끌기 위해서 여러 가지 연합위원회를 조직했다. 이 위원회 중에는 식량이나 군수품의 생산과 운송을 담당하는 위원회도 있었고 연합국의 전쟁전략을 형성하고 지휘하기 위한 최고연합위원회(Combined Chiefs of Staff Committee)도 만들어졌다. 이 중에서 가장 중요한 것은 영국과 미국의 모든 군사전략의 최종결정을 내리는 최고연합위원회였고, 군수품이나 원료(raw materials)와 같이 전쟁과 관련된 경제적 문제들을 해결하는 세 가지 부위원회(subordinate boards)가 추가적으로 만들어졌다.[6]

사실상 캐나다는 영국과 미국 못지 않게 군수품을 생산하고 있었고 영국에게는 직접 현금으로 재정적인 지원도 병행하고 있었기 때문에 이러한 연합위원회에 캐나다도 참여할 권리가 있었다. 하지만 미국과 영국은 캐나다 정부와 전혀 상의하지 않고 양국이 합의하여 연합위원회를 조직하였다. 오타와 정부는 직접적으로 의사를 전달하였고 워싱턴 주재 캐나다 대사관을 통해서도 간접적으로 참여 의사를 설득했지만 영미연합국은 캐나다에서 생산된 전쟁물자를 어떻게 통합할 것인지에 대해서는 전혀 논의하지 않았다. 캐나다는 식량을 조달하는 주요 국가였기 때문에 다른 위원회보다도 특히 식량조달위원회에 캐나다의 이해관계가 크게 걸려 있었고, 지속적인 캐나다 정부의 요청과 설득에 따라 1942년 11월에 식량조달위원회의 참여권을 겨우 얻을 수 있었을 뿐이었다(Miller 1980: 315).

4) UNRRA의 창설

국제연합구제부흥사업국(United Nations Relief and Rehabilitation Administration: UNRRA)은 전쟁으로 폐허가 된 유럽의 전후 구호와 구제를 위해 미국 주도하에 44개국이 참여하여 1943년 11월 9일 창설된 국제구호기구이다. UNRRA는 미국 대통령 루즈벨트가 1943년 6월

---

6   1942년 1월 26일에는 전쟁원료조달위원회(Combined Raw Materials Board)가 만들어졌고, 1942년 6월 9일에는 추가적으로 전쟁물자생산위원회(Combined Production and Resources Board)와 식량조달위원회(Combined Food Board)가 만들어졌다.

에 제안하였고, 11월 백악관에서 44개국 대표들의 합의로 창설되었으며 1945년 국제연합이 창설되면서 국제연합의 산하기구에 속하게 되었다. UNRRA에 참여한 국가들은 유럽구호에 필요한 식량, 원료, 원자재 등을 원조하였다. UNRRA의 주요 정책사안을 결정하는 중앙위원회(Central Committee)는 미국, 영국, 중국, 소련이 대표로 참여하였다.[7]

당시 캐나다는 중앙위원회에 소속된 4개국 중 미국과 영국 다음으로 많은 돈을 내는 국가였다(Armstron-Reid, Murray 2008: 375). 캐나다는 재정적으로 전후 유럽대륙의 구호에 상당한 기여를 하고 있는 국가였기 때문에 UNRRA의 중앙위원회에 참여할 권리를 충분히 갖추고 있는 상태였다. 하지만 소련은 캐나다가 중앙위원회의 참여국 권리를 계속해서 요구한다면 UNRRA에 참여하지 않을 것이라고 주장하면서 중앙위원회의 참여국 수를 늘리는 것에 대해서 강하게 반대했고, 소련의 입장과 반대의사를 무시할 수 없었던 미국의 소극적인 자세로 인해 캐나다는 결국 중앙위원회에 참여할 수 없었다.[8]

하지만 캐나다 정부는 UNRRA에서 다른 약소국들과는 구별되는 권리를 줄 것을 강대국들에게 계속해서 요구했다. 미국 워싱턴에 캐나다 대사로 있던 피어슨은 캐나다의 대표권에 대한 강대국의 반대의사를 잘 이해하고 있었기 때문에 캐나다 정부관료들에게 UNRRA에서 중앙위원회에 참여할 수는 없지만 캐나다가 물자조달에 관해서는 높은 기여를 하고 있기 때문에 물자조달위원회 의장국의 권리를 갖는 것으로 타협할 것을 설득했다. 또한 중앙위원회의 권리를 요구하는 캐나다

---

7   UNRRA의 창설에 관한 내용은 다음을 참조할 것. Woodbridge 1950: Part 1 3-32; Armstrong-Reid 2008: Chapter 1.

8   Chapnick 2005: 31; Robertson to King, 18 January 1943, in Published Documents, Department on Canadian External Relations(DCER), vol. 9, 1942-1943, John F. Hilliker ed., (Ottawa: Minister of Supply and Services Canada, 1980), pp.773-774.

정부를 설득하기 위해서 영국의 외교부장관인 이든(Anthony Eden)이 1943년 3월 오타와를 방문했고, 캐나다의 킹 수상은 물자조달위원회의 참여만으로는 만족할 수 없었지만 자유당에 대한 국내여론을 의식하면서 UNRRA의 사안에 대해 물자조달위원회 의장국의 대표권을 얻는 것으로 타협할 수밖에 없었다(Granatstein 1990: 300–307).[9]

III. 캐나다의 국제적 지위에 대한 관료들의 인식변화

1. 관료들의 인식변화

II절에서는 1942년과 1943년에 있었던 여러 가지 국제적 사안들 중 캐나다의 국가정체성 형성에 큰 영향을 주었던 핵심적인 사건 네 가지를 살펴보았다. III절에서는 II절에서 살펴 본 캐나다의 국제적 경험을 통해 캐나다의 핵심적 관료들이 캐나다의 위상에 대해 겪었던 인식변화의 내용에 대해서 살펴보고자 한다. 당시 캐나다의 국민여론과 언론, 비정부기구 등은 캐나다가 국제사회에서 강대국들과 나란히 할 정

---

9 당시 캐나다 국민들과 언론, 비정부기관 등은 연합위원회나 UNRRA 등에서 캐나다가 미국, 영국과 대등한 대표권을 얻지 못하며 여러 가지 회담에서 지속적으로 무시받고 있는 상황에 대해서 모르고 있었다. 국내적으로는 징병제 논란이 종결되면서 국민들은 자유당정부에게 좀 더 적극적이고 능동적인 외교정책을 펼칠 것을 요구했다. 이러한 상황에서 영국의 외교부장관이 1943년 3월 오타와에 방문한 사실은 캐나다 국민들을 보다 더 열광적으로 만드는 사건이었다. 킹 수상이 UNRRA에 대해서 경제분야에서만 대표권을 확보하는 것에 대해서 만족할 것을 제시하는 타협안을 거부한다면 국민들로 하여금 미래의 평화를 구축하는 데 자유당 정부가 방해하는 일이 될 것이라는 비난을 받을 염려가 있었다. 이러한 여론을 의식했던 킹 수상은 국민들의 반발을 피하면서 동시에 경제분야에서 캐나다가 대표국이 되는 것은 국민들에게 자신감을 줄 수 있을 것이라는 판단하에 영국이 제시한 타협안을 수용하였다(Chapnick 2005: Chapter 3, 4).

도로 높은 국제적 지위를 얻고 중요한 역할을 맡을 것을 적극적으로 지지하였다. 따라서 본 논문에서는 당시 캐나다의 국가정체성과 외교 정책을 형성하는 데에 구체적인 내용을 제시하고 주도적으로 이끌어 간 주체를 캐나다 정부의 핵심 관료들로 설정하고 연구를 진행하였다.

　이 글에서 살펴볼 핵심적 관료들은 캐나다의 국가정체성과 외교 정책을 형성하는 데 가장 큰 영향을 준 인물로서 캐나다 수상(Prime Minister)이었던 메켄지 킹(Mackenzie King), 외교부 차관(Under-Secretary of State for External Affairs)이었던 노먼 로버트슨(Norman Robertson), 외교부 부차관(Assistant Under-Secretary of State for External Affairs)이었던 흄 롱(Hume Wrong), 그리고 워싱턴 주재 캐나다 대사관에 근무하던 레스터 피어슨(Lester Pearson)이다. 특히 롱과 피어슨은 캐나다 정부에서 외교정책과 중견국이라는 국가정체성을 형성하는 데 주도적인 역할을 했던 인물이기 때문에 III절에서는 이들을 주로 다루기로 한다.

　위에서 언급한 네 명의 핵심 관료들은 II절에서 살펴본 주요한 국제적 경험들을 통해서 강대국들이 캐나다를 위계적 위치 상에서 약소국으로 파악하고 있다는 것을 인식할 수 있었으며 이를 통해 국제사회의 국가관계를 수직적 위계질서라는 구조로 해석하였다. 즉 강대국과 약소국, 특히 강대국과 캐나다의 상호작용을 통해 캐나다 관료들은 자국이 강대국들보다는 아래에 위치해 있지만 약소국들보다는 위에 존재하는 구별되는 존재라는 위계적 위치를 인식하게 된 것이다. 이러한 구체적인 내용에 대해서는 네 명의 특정 관료들의 인식을 통해 살펴보기로 한다.

1) 약소국으로서의 지위 인식: 메켄지 킹과 노먼 로버트슨

캐나다의 수상 킹은 미국이 2차대전에 참전하기 전까지 일대일 양자관계를 유지하고 있었다(Creighton 1976: 56-57). 이러한 미국과의 우호적인 관계는 사실상 미국이 전쟁참여국이 아니었기 때문에 가능한 것이었다. 그동안 캐나다는 미국과의 지리적 근접성과 영국과의 동맹관계를 이용하여 미국과 영국을 연결하는 역할을 담당하고 있었다. 하지만 미국이 1941년 12월 2차대전에 참전하면서 미국은 영국과 직접적인 관계를 갖게 되었고, 이후 캐나다의 지위는 떨어지게 되었다.

　　앞서 살펴보았듯이 1941년 8월 영·미 정상이 만난 뉴파운드랜드 회담에 캐나다 수상은 초대받지 못했으며 심지어 사전에 회담에 대해서 공지받지도 못했다. 캐나다의 배제에 대한 사실을 확인하고자 회담 직후 킹 수상은 처칠 수상을 만나기 위해서 영국으로 갔지만 미국과 논의한 전쟁전략과 관련해서는 어떠한 정보도 들을 수 없었다. 이뿐만 아니라 킹은 1942년 1월 워싱턴 회담에서도 중요한 논의사안에 대해서 영·미 정상으로부터 배제되었다. 킹은 1941년과 1942년의 회담에서 배제된 것에 대해 심한 모욕감을 느끼고 있다고 기록하고 있다(Pickersgill 1960: 233-235). 이러한 경험들에 더하여 워싱턴 회담에서 발표한 국제연합선언문에 서명한 국가들이 서류상에 나열된 순서는 킹에게 더욱 모욕을 주었다. 선언문에 서명한 28개 국가들은 강대국과 약소국으로 나뉘어 각 범주 안에서 알파벳순으로 나열되었는데 강대국에는 미국, 영국, 소련, 중국만 포함되었을 뿐 캐나다는 포함되지 않았다. 이러한 구분은 캐나다가 다른 약소국들과 전혀 구별되는 국가가 아님을 공식적으로 확인하는 계기가 되었다(Creighton 1976: 65).

　　1941년 1월 외교부차관이었던 스켈톤이 사망하고 그의 후계자로 로버트슨이 임명되었다. 1942년 캐나다 정부는 본격적으로 국제사회에 참여하기 시작하였고 이에 따라 로버트슨은 1942년 8월 새로운 국제기구 창설을 위한 예비단계인 UNRRA를 형성하는 데 캐나다가 선택할 수 있는 외교 전략 세 가지를 제시하였다. 로버트슨이 제시한 외교 전략의 내용을 통해 당시 로버트슨의 인식을 살펴볼 수 있다. 로버트슨이 제시한 세 가지 내용은 다음과 같다.

첫째, 캐나다는 강대국과 동등한 위치에서 모든 국제적 사안에 대하여 참여하고 영향력을 발휘할 수 있다. 둘째, 약소국들과는 다른 종류의 중간국가들로 구성된 그룹(medium belligerents)[10]을 만들 수 있다. 셋째, 기능이론(functional principle)에 따라서 캐나다는 강대국들에게 다른 국가들과 구별되는 캐나다만의 독특한 지위를 가질 수 있다(Chapnick 2005: 27).

로버트슨이 제시한 세 가지 외교 전략은 표면상으로는 캐나다의 국가이익을 극대화하고자 하는 외교 전략의 여러 가지 방안들이지만 그 이면에는 강대국과 약소국 사이에서 어디에 캐나다를 위치시켜야 하는지 캐나다의 위계적 지위에 대한 로버트슨이 고민이 담겨 있다. 첫 번째 전략은 1942년 당시 캐나다의 높은 국력과 그에 따른 국내적 자신감에 비추어볼 때 캐나다를 강대국과 동일한 위상에 있는 것으로도 판단하고 있었다고 볼 수 있는 증거가 될 수 있다.

두 번째와 세 번째 전략은 로버트슨이 국제사회를 단순히 강대국과 약소국으로만 나누지 않았고, 강대국과 약소국 사이에 캐나다와 같은 다른 종류의 국가그룹이 있다고 인식하고 있었던 증거라고 할 수 있다. 당시 로버트슨을 포함한 캐나다 정부관료들과 국민들은 국제사

---

10   로버트슨은 medium belligerents라는 단어를 사용하였는데, 여기서 belligerents는 2차 세계대전에 참전할 만한 국력을 갖지 못한 약소국들과 구별하기 위해서 이와 같이 '참전'을 강조하는 단어를 사용한 것으로 볼 수 있다.

회를 강대국과 약소국으로만 나누게 될 경우 1941년까지의 캐나다는 스스로를 미국, 영국과 나란히 할 수 있는 강대국의 위치에 둘 수 있다고 믿었다. 하지만 이미 1941년 8월에 영국과 미국 정상들의 양자회담에 대해 사전에 어떠한 정보도 받지 못했으며, 1942년 1월 1일 발표된 연합국 선언의 내용에 대해서도 미리 초안에 대한 정보를 얻을 수 없었던 경험을 통해서 자국에 대한 새로운 규정이 필요함을 느끼게 되었다. 바로 이러한 경험을 통해서 두 번째와 세 번째의 전략이 고안되었다고 볼 수 있다.

두 번째 전략에서 로버트슨은 '중간국가들로 구성된 그룹(a group of medium belligerents)'이라는 용어를 사용하고 있는데 이는 캐나다가 강대국에는 속할 수 없지만 중간국가라는 새로운 그룹을 만들어서 다른 약소국들과는 구별되고자 하는 의지의 표현으로 해석할 수 있다. 참전 유무를 중간국가와 약소국을 구분하는 기준으로 설정한 것이다.

로버트슨의 세 번째 전략은 기능이론에 대한 것으로서 로버트슨의 가장 가까운 정치적 동료였던 롱이 처음 제시한 이론이었다. 1942년 7월 롱이 워싱턴 대사관에서 오타와 정부로 옮겨오게 되면서 기능이론은 1943년 이후부터 캐나다의 핵심적인 국가 외교철학으로 작용하게 되었고, 이는 1944년부터 전개된 중견국전략에도 영향을 미치게 된다. 롱이 오타와 정부로 합류하기 전인 1942년 1월부터 롱은 워싱턴에서 로버트슨에게 캐나다의 외교정책에 대한 지침을 서면을 통해 꾸준히 제시하였고, 바로 이러한 롱의 기능이론의 내용이 로버트슨의 외교 전략에 포함된 것이다. 롱의 기능이론에 대해서는 IV절에서 자세히 설명하도록 한다.

2) 오랜 국제경험을 통한 현실적 외교 전략 형성: 흄 롱과 레스터 피어슨

캐나다가 1940년대 국제사회에 중요한 정치적 참여자로 등장하면서
중견국으로서 정체성을 형성할 수 있도록 하는 데 가장 큰 기여를 한
인물은 바로 롱과 피어슨이었다. 이들은 UN 창설과정에서 다른 국가
들과의 경험을 통해 국제사회에서 캐나다가 가진 한계와 가능성을 동
시에 인지하고 있었고 캐나다의 실제적인 위상을 파악하고 있었다. 두
관료는 캐나다가 적극적으로 국제활동을 시작한 1942년 이후 중견국
으로서 국제사회에서 인정받기까지 가장 큰 역할을 한 인물들이기 때
문에 이 글에서도 이들의 인식과 행위를 중심으로 살펴보고자 한다.

롱은 역사학자이자 외교관, 정부관료로 활동하면서 '기능이론'이
라는 외교철학을 고안하여 캐나다가 외교정책을 형성하는 데 주도적
인 역할을 했다. 반면 피어슨은 캐나다가 '중견국'이라는 국가정체성
을 형성하고 국제사회에서 중견국으로서 인정받는 데 가장 큰 기여를
한 인물이다. 다른 정부관료들과 비교할 때 이들의 가장 두드러진 차
이점은 바로 오랜 국제경험이 있었다는 것이다. 롱과 피어슨은 1차 세
계대전에 참전하면서 강대국들의 대립과 국가들 간의 충돌이 얼마나
참혹한 것인지 직접 체험하였고, 영국과 미국 등에서 캐나다 대사로
서 활동하면서 다양한 국제경험을 쌓아 나갔다. 이러한 국제경험은 강
대국들의 대립이 국제사회에 세계전쟁이라는 참혹한 결과를 가져오는
것이라는 점을 몸소 알게 해 주었고, 또한 캐나다는 영국의 준식민지
국가로서 약소국일 수밖에 없다는 점을 깨닫게 해 주었다. 바로 이러
한 국제경험은 이들이 외교정책을 형성하는 데 다른 관료들보다 더 현
실적인 감각을 갖도록 해 주었다.

롱은 1942년 7월까지 워싱턴에서 캐나다 대사로 근무하였기 때문
에 미국과 캐나다의 관계가 미국의 참전 이후로 급격하게 변화하게 되

는 것을 직접 목격했다. 미국이 중립국으로 있을 때 롱은 캐나다와 미국 사이에 방위와 경제분야에 관한 오그덴스버그 조약(Ogdensburg Agreement)과 하이드 파크 선언(Hyde Park Declaration)을 1940년과 1941년에 걸쳐 체결하는 데 캐나다의 대표로서 중요한 역할을 하였다. 오그덴스버그 조약과 하이드 파크 선언은 미국과 캐나다가 군사적, 경제적으로 가까운 관계를 보장하는 것으로서 상대적으로 캐나다에게는 큰 의미를 갖는 것이었다. 사실상 이러한 조약을 통해서 캐나다의 수상을 비롯한 관료들은 독립국으로서의 자부심을 가졌고, 미국과 대등한 지위에 있다는 인식을 갖게 되었다. 하지만 미국의 참전으로 인해 캐나다는 더 이상 미국과 양자적 관계를 유지할 수 없었다. 롱은 미국이 참전하기 전에는 미국과 영국에게 있어 캐나다가 대등한 협력적 관계에 있었으나 미국이 영국과 직접적으로 협력을 맺게 되면서 캐나다의 지위는 필수불가결하게 줄어들게 되었음을 깨달은 것이다 (Granatstein 1990: 124-127 참조).

롱은 이러한 경험을 바탕으로 캐나다가 나아가야 할 방향에 대해 오타와 정부에 조언했다. 롱은 캐나다가 국제사회에 기여한 바가 크지만 그에 맞지 않게 약소국으로밖에 인정받지 못하며 강대국들에게는 약소국으로 인식되고 있음을 잘 알고 있었다. 이에 따라 롱은 국제사회에서 각 국가들은 전쟁에 기여한 비율대로 영향력을 발휘해야 하며 국제문제에 대해서 해당 국가가 직접적으로 관여되어 있는 사항에 대해서는 그 국가가 가장 큰 영향력을 발휘해야 한다고 주장했다. 당시 오타와 정부는 현실감각이 부족했고, 높아진 캐나다의 국력에 맞게 영향력을 발휘할 수 있다고 생각했다. 하지만 롱은 국제사회에서 오타와 정부가 인식하고 있는 캐나다의 지위와 달리 실제로는 캐나다가 강대국과 동등한 지위에 있지 않으며 강대국의 인식에서 캐나다는 단지 약소국이며 부차적인 파트너일 뿐이라는 점을 인지하고 있었다. 이에 따라 롱은 캐나다의 영향력을 높이기 위한 전략으로 약소국들을 전쟁에 대한 기여도에 따라 구별하고 높은 기여도를 가진 국가의 영향력도 높아야 한다고 주장한 것이다.

피어슨은 국제연합의 창설과정에 참여하여 중견국이라는 언어와 관련된 담론을 형성하면서 실질적으로 국제사회에서 중견국에 대한 논의가 시작될 수 있도록 한 인물이다.[11] 피어슨은 18살의 나이에 1차대전에 참전하였고 1927년부터 캐나다 외교부에서 일하기 시작하면 1941년부터 1942년간 오타와에서 일하던 것을 제외하고는 모든 시간에 캐나다 밖에서 국제적 경험을 쌓아 나갔다(English 1989: 268).

피어슨은 오랜 국제경험을 통해 미국과 영국의 세력전이가 일어나고 있음을 직접적인 경험으로 이해하고 있었다. 미국의 세력이 커지고 있었으며 이에 더하여 미국이 2차대전에 참전하게 되면서 미국은 더 이상 캐나다의 파트너국이 될 수 없다는 사실을 깨닫게 되었다. 피어슨이 워싱턴에서 대사로 근무하면서 담당했던 임무는 캐나다의 입장을 미국 정부에 전달하고 설득하는 것과, 미국 정부의 입장을 캐나다에 전달하는 것이었다. 그렇기 때문에 피어슨은 미국이 캐나다에 대해서 가지고 있는 입장과 인식을 제일 먼저 가장 가까운 곳에서 경험했다. 피어슨에 따르면 "미국 관료들은 종종 캐나다를 다른 국가들 중의 하나로 보는 것이 아니라 미국의 일부라고 여기는 경향"이 있으며 이에 따라 "미국이 전쟁긴급상황으로 캐나다에게 갑작스런 협력을 요

11　피어슨은 1927년부터 캐나다 외교부(Department of External Affairs)에서 일하기 시작하였고, 그 후 국제연맹에서 캐나다 대표로서 활동한 바도 있다. 1935년부터 1941년까지 런던에서 외교관으로 일하였으며 1948년부터 1957년까지 외교부 장관(Secretary of State for External Affairs), 1963년부터 1968년까지 캐나다 수상으로 활동하면서 캐나다의 외교정책에 핵심적인 영향을 주었다.

청할 때 캐나다가 독립국으로서 충분히 그들의 요청에 반응하지 않을 경우 미국은 우리의 태도에 대해 이해하지 못하기"도 했다.[12] 이렇듯 미국이 캐나다 정부를 무시하는 행위를 피어슨은 워싱턴에서 수차례 경험했다.

당시 오타와 정부는 1942년 연합위원회의 구성과 1943년 UNRRA 의 설립에 있어서 미국, 영국과 동등하거나 거의 비슷한 수준의 지위 를 인정해 주기를 요구했다. 킹 수상은 UNRRA의 핵심의사결정을 담 당하는 정책위원회에서 캐나다가 대표권을 얻을 수 없을 경우 캐나다 가 제공하는 모든 원조를 중단하겠다고 할 만큼 캐나다 정부의 입장은 다소 강한 성격을 띠었다.[13] 하지만 미국의 세력부상과 세력전이로 인 한 국제정치상의 구조변화를 인식하고 워싱턴에서 미국 정부의 입장 을 직접적으로 경험했던 피어슨은 오타와 정부의 입장을 옹호할 수 없 었다. 피어슨은 캐나다의 위치가 그들과 동등하지 않으며 강대국들의 인식상에서는 단순히 약소국에 위치해있음을 직감하고 있었기 때문에 오타와 정부의 주장을 받아들일 수는 없었다. 피어슨은 캐나다의 제한 적 지위를 받아들여야 하며 UNRRA의 협상에서 캐나다가 정책위원회 가 되는 것은 현실적으로 불가능하므로 정책위원회의 권한은 포기하 고 물자조달위원회의 주도적인 위치를 차지해야 한다는 타협안을 제 시했다.[14]

피어슨의 이러한 제안은 오타와 정부의 로버트슨을 설득시키지 못했다. 로버트슨은 피어슨의 제안에도 불구하고 미국 관료들을 만나 서 캐나다의 입장을 더 설득할 것을 제안했다. 하지만 로버트슨의 이

12　Pearson to McCarthy, 18 March 1943, Hilliker ed., 1980: 1138–1142.
13　King to Pearson, 8 February 1943, Hilliker ed., 1980: 778.
14　Memorandum by Robertson, 26 February 1943, Hilliker ed., 1980: 782.

러한 제안은 소련의 입장을 이해하지 못하고 있었기 때문에 가능했던 것이다. 당시 UNRRA의 구성을 결정할 때 캐나다와 같이 실질적으로 전쟁에 많은 기여를 한 국가에게 정책위원회의 대표권을 주자는 의견에 대해서 가장 많은 반대를 했던 국가는 소련이었다. 피어슨은 이미 소련의 입장을 잘 이해하고 있었다(Chapnick 2005: 30-31). 워싱턴에서 근무하면서 미국과 소련 등의 강대국을 직접 경험하고 있었던 피어슨은 강대국들에게 인식되는 캐나다의 지위가 약소국에 불과하다는 사실을 가장 정확하게 인지하고 있었다.

2. 관료들의 인식 분석

롱과 피어슨은 1차대전의 참전 경험과 외교관으로서의 오랜 경력으로 강대국 중심의 국제정치 구조에 대해서 이미 이해하고 있었고 캐나다는 여전히 강대국들에게 약소국일 뿐이라는 사실을 알고 있었지만, 킹과 로버트슨은 상대적으로 제대로 이해하고 있지 못했다(Chapnick 2005: 44-45).[15]

캐나다는 경제력과 군사력의 증가로 국가적 자신감이 높았던 1940년대부터 본격적인 외교활동을 시작하였다. 1942년 당시 핵심 외교관료였던 롱과 피어슨 등을 제외하고 킹 수상을 포함한 대부분의 정부관료들은 국력의 상승과 1940년, 1941년에 걸친 미국과의 조약체

---

15 일례로 킹은 1941년 1942년의 잇단 모욕적 경험에도 불구하고 1943년 5월에 있었던 영미회담에서 킹은 이전과 마찬가지로 중요한 군사회담에서 배제되었지만 캐나다의 지위를 긍정적으로 평가하였다. 미국은 중립국이었던 당시와 마찬가지로 캐나다를 동등한 입장에서 대해줄 것이라고 판단한 것이다. 하지만 1943년 5월은 이미 영국과 미국이 UNRRA에 대한 논의를 끝마친 상태였다. 반면 킹 수상은 미국과 영국의 새로운 세계질서 수립 구상은 아직 형성당계에 불과하다고 생각했다.

결을 통해서 캐나다의 국제적 지위를 높게 평가하고 있었다. 캐나다는 강대국과 동등한 지위를 누릴 수 있다는 주관적인 판단이 있었기 때문에 1941년 8월에 뉴파운드랜드 회담에서 배제되었던 경우나 1942년 1월 워싱턴 회담에서 강대국의 범주에 포함되지 않았던 경우에 강대국들에게 강력한 비판을 제기했던 것이다.

1941년 1월 국제연합선언문이 발표되었던 워싱턴 회담에서 미국과 영국 중심의 연합위원회가 형성되었고, 그 후 추가적인 위원회가 구성되었을 때에도 캐나다 정부는 적극적으로 영국과 미국 정부에 캐나다도 함께 포함될 권리가 있다는 주장을 전달하였다. 앞서 살펴본 바와 같이 킹 수상은 외교문서를 통해 연합위원회의 정책위원회에 미국, 영국과 함께 회원국으로 참여하지 못할 시에는 캐나다의 지속적인 원조가 이루어지기 어려울 것이라고 강하게 의견을 제시하기도 했다.

킹은 캐나다의 수상이었지만 다른 관료들보다 인식의 변화가 더디게 나타났던 이유는 세계대전 참전으로 인한 징병제 문제가 국내적으로 불거지면서 국내적 분열이 우려되었고 이에 따라 외교정책의 이념이나 원칙 등을 고민할 수 있는 시간이 없었기 때문이다. 이러한 이유로 킹은 외교문제에 대해서는 로버트슨을 중심으로 하여 롱과 피어슨 등의 외교부 핵심 관료들에게 의지할 수 밖에 없었다(Gecelovsky 2011: 85). 반면 로버트슨은 롱과 피어슨에 비해 로버슨은 비교적 젊었고 1차대전의 경험도 없었기 때문에 롱과 피어슨의 조언을 수용하는 편이었다. 롱과 피어슨은 다른 관료들보다도 강대국들 간의 관계와 강대국과 약소국들 간의 관계양상과 이에 따라 형성되는 전체 구조의 성격을 이미 파악하고 있었다.

캐나다도 1942년 영국과 미국을 중심으로 형성된 연합위원회에 대해서는 미국, 영국과 이전부터 우호적인 동맹관계를 유지해 오고 있었기 때문에 캐나다가 깊게 관여하고 있는 물자조달분야에 한하여 물자조달위원회에서 캐나다가 대표권을 갖는 것으로 하여 부분적인 성과를 거둘 수 있었다. 하지만 UNRRA의 경험은 연합위원회의 경험과 확연히 달랐다. UNRRA는 미국과 영국 뿐만 아니라 소련과 중국도 함께 포함되었기 때문에 캐나다 관료들이 자국의 위상을 대상화시켜서 강대국들의 캐나다에 대한 인식을 확인할 수 있는 기회가 되었다. 당시 미국과 영국이 캐나다 정부의 기여도를 인정해 줄 수도 있는 우호적인 관계에 있었지만 당시 상황은 국제평화가 긴급사안으로 가장 우선시되었기 때문에 미국과 영국도 소련의 반대를 무시할 수는 없었다. 캐나다는 UNRRA에 대한 재정적 기여도가 미국과 영국 다음으로 높은 국가였다. 심지어 소련과 중국보다 훨씬 더 높은 기여를 하고 있었음에도 불구하고 이들은 강대국에 속했지만 캐나다는 약소국들과 함께 묶일 수밖에 없다는 사실을 경험하였고, 이러한 UNRRA의 경험은 앞선 1940년, 41년의 경험들보다 직접적으로 캐나다의 실제적 지위를 인식하는 계기가 되었다.

롱과 피어슨은 캐나다 정부 관료들 중에서도 특히 국제경험이 많았기 때문에 강대국들의 인식을 오래 전부터 경험해 왔었고, 두 관료 모두 국제연맹의 경험, 워싱턴 대사관에서의 경험 등을 통해서 미국, 소련 등 강대국들의 캐나다에 대한 관점을 인지하고 있었다. 이들은 강대국들의 관점을 내면화시켰고, 실질적으로 캐나다가 약소국들과 같은 지위상에 있다는 것을 알고 있었지만, 이에 그치지 않고 동시에 약소국들과 구별될 수 있는 전략을 구상했다. 이와 같은 타자경험을 통해 국제사회가 평면적이지 않으며 수직적인 위계적 질서로 이루어져 있다는 국제사회에 대한 이해에 관한 지평이 형성되었고, 타자경험과 위계적 지평을 통해 '중견국'이라는 자기정체성을 형성할 수 있었다.

IV. 캐나다의 정체성 형성 과정 : 1944-1945년

롱과 피어슨은 국제적 경험을 통해 국제사회가 국가의 스펙트럼이 다
양한 위계적인 상태로 분화되어 있다는 인식을 갖게 되었고, 이러한
인식을 기반으로 하여 캐나다의 지위를 보장하고 국가의 이익을 확보
하기 위한 구체적인 이념과 외교 전략을 세워나가기 시작했다. 1944
년 전까지 캐나다의 외교 전략은 롱의 '기능이론'이 중심이념이었다.
하지만 1944년부터 피어슨이 '중견국' 개념을 고안하기 시작하면서
캐나다의 외교이념이 오타와 정부 관료와 워싱턴 주재 캐나다 대사관
관료들로 양분되어 나타났다. 즉, 롱과 로버트슨을 중심으로 하여 기
능이론이라는 외교이념을 추구한 오타와 정부 관료들과, 중견국이라
는 개념을 형성하여 강대국들에게 캐나다의 지위로서 인정받고자 노
력한 피어슨 중심의 워싱턴 대사관에서 근무하는 관료들이었다. 기능
이론과 중견국이라는 개념 모두 캐나다를 다른 약소국들과 구별짓고
자 하는 전략이었으며, 캐나다의 특별한 기능과 특별한 지위를 통해서
국제연합의 안전보장이사회에 포함되고자 하는 것이 캐나다 정부의
목표였다.

이 절에서는 롱의 기능이론과 피어슨의 중견국 개념에 대해서 각
각 살펴보고 강대국들이 기능이론의 내용은 수용했지만 피어슨의 중
견국 개념은 반대했던 구체적인 이유와 그 의미를 분석해보고자 한다.

1. 현실적 외교 전략으로서 롱의 기능이론

롱은 새로운 국제기구를 창설하는 데 있어 주요한 아웃라인은 강대국
중심으로 결정될 것이며 비강대국은 영향력을 발휘할 수 없을 것이라

고 주장하였다. 즉, 캐나다를 비롯한 비강대국은 충분히 영향력을 발휘할 수 없으므로 중요 안건을 제시할 수는 없지만 적어도 강대국이 제시한 사안들 중에서 받아들일 수 있는 것과 없는 것의 기준을 정하고 강대국의 입장에 더하여 캐나다만의 특별한 국가이익을 덧붙여 추가적인 사안으로 제시할 수 있도록 준비해야 한다고 주장하였다.[16]

외교부 부차관이었던 롱과 롱의 가장 가까운 정치적 동료이며 롱의 이념을 공유하고 있던 당시 외교부 차관 로버트슨은 캐나다의 약소국으로서의 한계를 받아들이면서도 동시에 다른 약소국과 차별적인 지위를 얻기 위한 구체적인 전략을 구상했다. 캐나다는 강대국에 속할 수 있을 만큼 높은 물리적 국력과 영향력을 가지고 있었지만 강대국으로부터 인정받을 수 없었기 때문에 다른 약소국들과 구별시켜 줄 특별한 외교 전략이 필요했다. 롱의 가장 큰 업적으로 평가되는 기능이론은 국제연합이 창설되는 과정에서 캐나다가 국제사회에 참여하면서 국가가 외교 전략을 형성하는 데 중요한 바탕이 된 외교 전략 지침이자 국가 철학이었다(Miller 1980: 309).

롱의 기능이론은 국제정치에서 처음 나온 개념이 아니다. 롱보다 앞서 1933년 미트라니(David Mitrany)는 그의 책 'The functional theory of international politics'를 통해서 기능주의(functionalism)를 설명했다. 미트라니의 이론과는 달리 롱의 기능이론(functional principle)은 미트라니의 기능주의(functionalism)보다 더 좁은 개념을 담고 있다.[17] 롱이 고안한 캐나다의 외교정책으로서 기능이론은 국가가 국제사회에 기여할 수 있는 영역에 대한 능력에 따라 책임감과 대표권을 보유해야 한다는 것으로, 국제정치에서 비정치적 영역을 강조하는 미

16　Memorandum by Wrong, 23 February 1944, Hilliker ed., 1980: 1.
17　미트라니의 기능주의에 대해서는 Mitrany 1975 참조.

트라니의 기능주의와 내용이 다르다. 즉, 미트라니의 기능주의에는 배타적 국가이익의 추구, 이익을 추구하지 않는 국제주의의 정신이 내포된 것이라면 캐나다의 기능이론은 근본적으로 국가의 이익을 추구하기 위해서 만들어진 이론이기 때문에 국가의 이익 추구와 미트라니가 추구하는 국제주의의 정신이라는 가치 사이에 긴장관계가 놓이게 되는 것이다.[18]

　기능이론의 구체적인 내용은 각각의 국가는 각 국가가 가진 특정 영역에 대한 능력에 맞추어 국제사회 내에서 그만큼의 권리와 책임을 가져야 한다는 것이다. 강대국의 경우는 강대국을 제외한 다른 국가들에 비해서 군사력 측면에서 더 우위의 능력을 가지고 있다. 그렇기 때문에 강대국은 안보 문제에 대해서 책임감을 가지고 강대국만의 기능을 발휘하면 된다. 이와 달리 경제력 측면에서 무역에 특수한 능력을 가지고 있는 국가는 국제사회의 상업적 측면에서 특별한 능력과 책임감을 발휘할 수 있다. 이 국가들이 경제적 측면에서 기능을 발휘하는 데에는 군사력에 어떠한 능력이 있는지와는 아무런 관련이 없다. 즉, 롱의 기능주의는 특별한 영역에서 특별한 자질을 가지고 있거나 그 영역에 대해서 국가의 이해가 크게 걸려 있다면 그에 대해서 책임감을 가져야 한다는 이론이라고 할 수 있다(Holmes 1963: 139).

　캐나다가 대외적으로 다른 국가들에게 캐나다 외교정책의 방향을

18　캐나다의 기능이론에 대한 자세한 내용은 Miller 1980: 314-315 참조. 미트라니의 논문을 포함하여 다른 논문에서도 미트라니의 이론을 설명할 때에는 functionalism이라는 용어를 사용하지만 캐나다의 외교정책을 다루고 있는 모든 논문에서는 롱의 기능주의를 설명할 때 모두 fucntional theory라는 용어를 사용했다. 따라서 캐나다의 외교정책을 언급하는 표현으로 functional theory 또는 functional principal을 기능주의라고 번역하면 미트라니가 설명하는 기능주의와 이해에 있어 혼란이 있을 수 있으므로 본 논문에서는 funtional principle을 기능이론이라고 번역하였다.

결정하는 정치 이론으로서 기능이론을 공식적으로 발표한 것은 1942
년 7월이었다(Chapnick 2005: 46). 이렇게 공식적으로 정부의 정책 전
략으로 발표할 수 있었던 것은 1942년 7월 롱이 워싱턴에서 오타와로
이동해서 캐나다 정부에 합류함으로써 그의 이론을 정부정책에 반영
했기 때문이었다.

2. 대타적 자기규정으로서 피어슨의 중견국 개념

롱은 약소국들이 강대국들의 결정에 어떠한 영향력도 미칠 수 없으며
강대국들의 조화로운 상태를 깨뜨려서는 안 되고 약소국의 지위에 맞
는 위치를 지켜야 한다고 생각했다. 하지만 피어슨은 롱과 달리 약소
국의 영향력에 대해서 긍정적인 입장을 가지고 있었다. 즉, 피어슨은
국제정치의 장에 약소국들이 영향을 미칠 수 있는 공간이 있으며, 특
히 캐나다 호주와 같은 중견국의 지위에 있는 국가들은 '중간'이라는
새로운 위계적인 개념 속에서 적극적인 약소국의 리더역할을 해야 한
다고 주장했다. 다음은 중견국으로서 캐나다의 위계적 지위에 대한 피
어슨의 인식을 살펴볼 수 있는 내용이다.

> 사실 작은 강대국(little Big Power) 또는 큰 약소국(big Little Power)이
> 라는 위치는 매우 어려운 것입니다. 만약에 작은 강대국이면서 큰 자치
> 령(big Dominion)일 경우가 특히 그렇습니다. "큰 국가(big fellows)"
> 는 힘(power)과 책임감(responsibility)을 가지고 있고 동시에 지배권
> (control)도 가지고 있습니다. 작은 국가(little fellows)는 힘도 없고 책
> 임감도 없습니다. 그러므로 지배에도 관심이 없습니다. 우리는 사이에
> 긴(in between) 국가로서 때때로 두 세계에서 가장 최악을 경험합니

다. 우리는 충분하면서도 충분하지가 않습니다!¹⁹

피어슨은 "litte Big Power"와 "big Little Power"라는 용어로서 캐나다를 설명함으로써 '중간'이라는 캐나다의 위계적 위치를 인식하고 있다. 캐나다는 강대국(Big Power)에 속하기에는 조금 부족하지만(little) 약소국(Little Power)로 분류되기에는 큰(big) 국가이다. 즉, 강대국에 속하기에는 충분하지만 그렇다고 강대국으로 분류되기에는 충분하지 않은 것이다. 피어슨은 오랜 시간동안 국제적 경험을 통해서 강대국들이 보는 캐나다의 지위에 대해서 이해하고 있었다. 1942년 본격적으로 외교활동을 시작하던 캐나다 관료들과 국민들에게 자국의 지위란 강대국에 속할 만큼 큰 국가(Big Power)였다. 하지만 1942년부터 겪어 온 여러 가지 강대국이라는 타자경험들을 통해 캐나다는 큰 국가(Big Power)이기는 하지만 강대국으로 인정받기에는 부족(little)하다는 인식을 갖게 된다. 하지만 여전히 캐나다는 전쟁물자조달과 같은 경제분야나 군대파병과 같은 군사적 분야, 민간항공분야와 같은 특정분야에서 높은 기능을 가지고 있다는 점은 분명했다. 그렇기 때문에 약소국들과 하나로 묶여 취급받기에는 큰 약소국(big Little Power)이었다. 바로 이러한 대타적인 인식을 통해 결국 피어슨은 캐나다를 중견국(middle power)으로서 규정하게 되는 것이다.

3. 국가 존재로서 중견국의 의미

기능이론을 고안했던 롱과 로버트슨은 피어슨의 중견국전략을 반대

---

19   Pearson to Robertson, 1 February 1944, Hilliker ed., 1980: 1174-1175.

했다. 국가들을 구별하는 기준은 국가의 '기능적 능력'에 따른 것이어야 하며, 국가들을 특정한 지위로서 구별하는 것을 반대한 것이다. 롱은 '중간'이라는 특정한 계급적인 지위를 부여하는 것에는 반대했지만 국가를 구별하는 것 자체를 반대한 것은 아니었다. 피어슨뿐만 아니라 롱도 약소국들 사이에서 나타나는 위계의 스펙트럼을 인식하고 있었다. 롱에게 있어 세계를 강대국과 그 나머지로만 나누는 것은 비현실적인 것이었다. 약소국이라는 하나의 집단으로 묶인 국가들이라 할지라도 그 안에서는 국제사회의 평화유지에 기여할 수 있는 수치상의 기능적 능력이 0에서부터 강대국에 미치는 수준까지 다양하게 나타났다. 롱은 '기능의 수준'이라는 기준에 따라 국가를 위계적으로 나누었다. '전쟁에 대한 기여도'의 기준에서 보았을 때 강대국들은 막대한 군사력을 가지고 전쟁을 지휘했기 때문에 강대국의 위치에 있어야 하며, 리베리아나 엘살바도르와 같은 국가들은 전쟁에 대한 기여도가 적기 때문에 캐나다보다 높은 위계적 위치에 있을 수 없다.[20] 이러한 롱의 국가 구분은 곧 국제사회에서 맡을 수 있는 책임과 권리의 정도와 맞물리는 것이었다. 기여도가 높은 국가는 더 높은 수준의 책임과 권리를 맡을 수 있으며 구체적으로는 국제연합에서 안전보장이사회의 대표권을 획득할 수 있는 권리를 갖게 된다.

롱과 마찬가지로 피어슨에게도 캐나다의 자기규정에 대한 고민이 위계적인 형태로 나타난다. 오히려 롱보다는 피어슨의 경우가 더 구체적인 형태로 캐나다의 위계상 위치에 대한 질문이 드러나고 있었다. 캐나다는 'Big Power'인가 'Little Power'인가라는 질문이 그것이었다. 다른 국가들과의 경험을 통해 피어슨을 포함한 캐나다 관료들에게 드

---

20   Wrong to King, 7 March 1945, Hilliker ed., 1980: 701-702.

러난 캐나다 정부의 위상은 Big도 아니었고 Little도 아니었다. 피어슨은 캐나다가 그 사이에 끼인 존재로서 더 이상 강대국의 수준으로 올라갈 수 없는 한계를 지니면서도 동시에 전쟁에 기여한 바가 전혀 없는 약소국들과는 구별되어야 하는 존재로서 위치를 상승시켜야 하는 고민을 가지고 있었다.[21]

캐나다 관료들은 캐나다가 강대국과 나란히 '위에 있는 존재'인 줄 알았지만, 강대국들의 냉혹한 외면과 무시는 '위에 있는 존재'로서의 자기규정에 의문을 던져 주었고, 그렇다고 '아래에 있는 존재'에 머물기에는 캐나다의 국력이 다른 약소국들에 비해 대단히 높은 수준에 있었다.

롱과 피어슨을 포함한 캐나다 관료들은 기능적 능력으로 캐나다를 다른 약소국들과 구별시켜야 한다는 점에 동의했다. 하지만 피어슨은 기능적 능력으로 다른 국가들과 구별되는 것으로만 만족할 수 없었다. 여기에서 더 나아가 강대국 못지 않은 높은 기능을 가지고 있는 국가들의 그룹들 즉, 'little Big Power'이면서 동시에 'big Little Power'인 국가들을 묶어 '중견국'이라고 하는 하나의 위계적, 지위적, 계급적 속성의 이름을 부여해서 하나의 존재적 특성을 나타나는 정체성을 형성하고자 했다. 롱은 캐나다를 구별시키고 국가의 외교적 이익을 극대

---

21 캐나다의 지위에 대해서 롱은 현실적인 국가이익을 확보하기 위한 외교 전략적으로만 접근했다면 피어슨은 좀 더 존재론적으로 접근하며 국제사회 내에서 국가의 존재수준을 높이고자 했다고 해석할 수 있는 근거는 피어슨의 민족주의적 성향에서 찾아볼 수 있다. 피어슨이 로버트슨에게 보낸 1944년 2월 1일 문서에서 피어슨은 캐나다가 영국에 의해 세계전쟁에 참여할 수밖에 없었던 기억을 언급하면서 캐나다가 외교적으로는 영국에 실질적으로 종속되어 있음을 밝히고 있다. 그렇기 때문에 국제사회에서 하나의 독립된 국가로서의 지위를 가지고 독자적으로 행동하기 위해서 캐나다는 영연방에서 벗어나 중견국이라는 하나의 독립적 정체성을 확보해야 한다고 주장했다. Pearson to Robertson, 1 February 1944, Hilliker ed., 1980: 1174-1175; Pearson to Robertson, 18 July 1944, Hilliker ed., 1980: 617 참조.

화시키기 위한 전략을 형성하는 수준에서 멈췄다면 피어슨에게 외교 전략보다 더 중요했던 문제는 바로 국가의 존재문제였던 것이다.

피어슨은 중견국이라는 개념을 캐나다에 부여한 뒤 1944년과 1945년에 걸쳐 강대국의 대표들과 잦은 만남을 가지면서 중견국의 개념을 구체적으로 정의하기 시작했다. 하지만 피어슨이 제시한 중견국의 개념은 그 정의와 구분기준에 있어서 모호한 것이었다. 이러한 이유로 캐나다의 중견국으로서의 지위를 강대국들에게 쉽게 설득할 수 없었다.

하지만 이들이 제시한 중견국 개념을 연구하는 데 있어 중심을 두고 분석해야 할 점은 이들의 중견국 정의와 기준이 무엇이었느냐가 아니라, 이들은 왜 중견국개념을 제시했느냐 하는 것과 관련된 질문이다. 이들이 중견국의 정의와 기준으로서 암묵적으로 전제한 것은 롱이 제시한 개념인 기능적 능력이었다. 즉, 캐나다처럼 강대국은 아니지만 높은 기능을 가지고 있기 때문에 국제사회 내의 대표권과 특별한 지위를 가질 수 있는 국가에 한하여 중견국의 지위를 부여하고자 한 것이었다. 이들에게 중견국의 정의는 '높은 기능을 가지고 국제사회에 큰 기여를 할 수 있는 국가'로 요약될 수 있었고, 기준은 '기능적 능력'이라고 할 수 있었다. 이처럼 피어슨에게 중견국의 정의와 기준은 캐나다, 호주 등의 국가가 갖는 공통적인 특징으로서 암묵적으로 이해되고 있었기 때문에 이들에게 중견국의 정의와 구분기준은 중요한 문제가 아니었다. 따라서 그들이 정의와 기준을 제시하기도 전에 '중견국'이라는 단어를 먼저 형성하여 제시할 수밖에 없었을 만큼 이들에게 해결되어야 했던 중요한 과제는 무엇이었는가가 중요한 질문이라 할 수 있다.

1945년 1월 피어슨은 미국무부 관료와의 미팅에서 "캐나다와 다른 이등국가들이 기여할 수 있는 잠재적인 능력이 중국보다 작지 않음에도 불구하고 이를 인정하지 않고, 또한 룩셈부르크나 파나마와 같이 아무런 기여를 할 수 없는 국가들과 캐나다 사이에 엄청난 차이가 있다는 점도 인정하지 않는 것은 모두 비현실적인 것"이라고 말한 바 있다(English 1989: 286). 이처럼 이들에게 해결되어야 할 일차적 과제는 다른 약소국들과의 구별과 이를 통해 존재의 가치수준을 높이는 일이었고 이를 중견국이라는 개념을 통해 해결하고자 한 것이다.

구별되기 위한 전략으로 캐나다 관료들은 기능주의와 중견국의 개념을 제시했지만 강대국들은 기능주의만 인정하였고, 피어슨이 제시한 중견국 개념은 미국과 소련뿐만 아니라 캐나다에게 우호적이었던 영국까지도 인정해주지 않았다. 강대국이 중견국 개념을 인정하지 않는 이유로 제시한 것은 주권평등의 원칙이었다. 캐나다를 약소국들 중에서 중견국이라는 지위로 구별하고 약소국과 다른 특별한 권리를 인정해준다면 이는 주권평등의 원칙에 위배된다는 것이었다. 하지만 이러한 이유는 표면적인 것일 뿐 강대국들이 중견국을 인정하지 않을 수밖에 없는 근본적 이유가 있었다. 기능주의와 중견국 개념은 비슷하지만 다른 성격을 가지고 있는 것이기 때문이었다.

첫째, 중견국이라는 개념은 국가에 존재 가치를 부여하는 개념이다. 캐나다는 충분히 물리적 국력을 갖추었음에도 불구하고 중견국으로 인정받을 수 없었던 것에 반해 프랑스는 물리적 국력이 강대국 수준에 미치지 못했음에도 불구하고 강대국의 위치에 여전히 남아있을 수 있었다. 이는 바로 강대국, 중견국과 같은 지위를 나타내는 개념이 존재의 가치수준을 나타내는 것이기 때문이다.

둘째, '기능'은 유동적인 반면 '중간'이라는 위계적 위치는 고정되는 것이다. '기능'이라는 것은 유동적인 것이다. 예를 들어 한 국가가 경제분야에서 탁월한 기능을 발휘하기 때문에 경제분야에 있어서 기능적 능력의 크기에 맞는 대표권을 얻었다고 할 지라도 그 경제적 능력이란 국제적 상황이나 국내적 상황에 따라 언제나 사라질 수 있는 불안정한 것이다. 그렇기 때문에 기능적 능력의 유동적 성격에 따라서 그에 상응하는 권리도 박탈될 수 있는 불안정성을 공유하고 있을 수밖에 없다(Chapnick 2005: 190-191).

기능주의에만 의존한다면 캐나다는 유동적이고 불안정한 권리를 유지할 수밖에 없지만 높은 기능적 능력에 맞는 '중견국'이라는 지위를 부여받는다면 캐나다는 고정적이고 불변적인 지위를 유지할 수 있었다. 앞서 언급하였듯이 프랑스는 독일의 공격으로 인해 오랫동안 유지해 오던 강대국의 지위에서 약소국으로 떨어져야만 하는 국력의 상태에 있었다. 하지만 강대국들은 프랑스를 약소국으로 인식하지 않았다. 1945년 국제연합이 창설될 때 강대국들은 안보이사회의 상임이사국으로서 프랑스를 포함시켰다. 이러한 결과는 강대국들이 프랑스를 기능수준에서 강대국으로 인식하고 있었던 것이 아니라 존재적 차원에서 강대국이라고 인식하고 있었기 때문에 발생한 결과였다.

중견국으로서 중간적 존재의 가치를 인정받게 되고, 중견국으로서의 지위를 유지하게 될 때 국제사회의 장(field)에는 강대국과 약소국 사이에 '중견국'이라는 하나의 새로운 카테고리가 생겨나게 된다. 1944년 덤바턴오크스 회의(Dumbarton Oaks Conference)와 1945년 샌프란시스코 회의(Sanfrancisco Conference)[22]가 진행되었을 때 강대국들은 기능이론의 내용은 받아들였지만 피어슨과 레이드가 제시한 중견국 개념은 받아들이지 않았다. 기능이론은 강대국과 약소국이라

---

22 덤바턴오크스 회의는 1944년 8월 21일부터 10월 7일까지 진행된 회의로서 미국, 영국, 소련, 중국의 대표가 참여하였고 국제연합 설립의 기초가 되었다. 샌프란시스코 회의는 1945년 4월 25일부터 6월 26일까지 진행된 회의로서 46개국의 대표들이 참여하였으며 국제연합의 창설이 결정되었다.

는 이미 고정된 두 개의 카테고리를 수정할 필요가 없이 약소국들 중에서도 전쟁에 기여도가 높은 국가들에게 각 국가들이 가지고 있는 높은 기능적 능력에 따라 해당분야의 대표권을 인정해줌으로써 그들의 불만을 해결할 수 있었다. 하지만 만약 중견국 개념을 받아들이고 캐나다를 중견국으로서 규정한다면 국제사회에는 중간이라는 하나의 새로운 장이 형성되는 것이고 이는 곧 강대국들에게는 국제정치의 영역에서 그들의 영향력을 발휘할 수 있는 장의 한 부분을 내어줘야 하는 것을 의미했다. 이는 곧 그 영역만큼 강대국들이 약소국에게 미칠 수 있는 영향력의 범위를 중견국들과 공유해야 함을 뜻했다. 또한 중견국들이 지속적으로 약소국들과는 다른 권한을 요구한다면 이 또한 무시할 수 없는 것이 되기 때문에 하나의 고정된 범주로서 국제정치의 장이 요구하는 중견국 개념은 기능이론과 다르게 강대국들이 받아들일 수 없는 것이었다(Holbraad 1984: 64).

V. 결론

지금까지 캐나다가 중견국이라는 하나의 국가정체성을 형성하는 세부적인 과정과 함께 그 과정에서 나타난 여러 가지 의미들을 해석해 보았다. 캐나다는 1, 2차 세계대전의 발발 속에서 국제사회에 등장했다는 특이성을 가지고 있었다. 참혹한 세계대전의 재발을 방지하기 위해 국제사회는 강대국 중심으로 이루어지게 되었고, 캐나다가 고립주의를 취하며 국제문제에 대해서 개입하지 않고 있었을 때 이미 강대국들은 전후 국제질서의 구체적인 아웃라인을 정해놓았다.

캐나다는 미국이 전쟁에 참여하기 시작한 이후 1942년부터 본격

적으로 국제사회에 등장하여 강대국들과의 경험을 이루어나가며 국가
이익을 확보하기 위해 노력하였다. 하지만 캐나다의 높은 국력에도 불
구하고 강대국들은 캐나다를 약소국으로 인식하였기 때문에 자국에
대해서 높은 자신감을 갖고 있던 캐나다 정부와는 인식의 괴리를 가질
수밖에 없었다.

　국제사회에서 지속적으로 캐나다의 존재를 부각시키기 위한 일련
의 과정에서 캐나다는 강대국들로부터 존재를 거부당하는 좌절을 경
험하였다. 이를 통해 캐나다 관료들은 국제사회가 수직적 위계질서로
이루어져 있으며 캐나다의 국제적 위치가 강대국이 아닌 약소국에 속
하게 됨을 깨닫게 되었고 그러한 인식을 기반으로 국가이익을 확보하
기 위해 기능이론이라는 현실적인 외교이념을 형성하게 되었다. 하지
만 이러한 국가의 외교 전략에서 더 나아가 강대국에 포함될 수는 없
지만 약소국들과 구별됨으로써 국가의 존재 위치를 더 높이고자 했던
피어슨이라는 인물은 '중견국'이라는 개념을 고안하였고 캐나다의 국
가정체성으로 형성하기 위해 국내, 국외적으로 노력하였다.

　중견국으로서의 국가정체성은 단지 캐나다의 물리적 국력상의 위
계성으로만 해석될 수 없는 것이었다. 피어슨이 워싱턴에서 미국관료
들로부터 무시당하고 인정받지 못했을 때 끊임없이 고민하던 문제는
바로 캐나다의 존재가치를 인정받는 것이었다. 강대국 또는 중견국으
로 인정받기 위해서 국력을 쌓기 위한 전략을 세웠던 것이 아니라 '중
견국'이라는 하나의 존재적 개념을 만들었던 것이다. 중견국이라는 개
념은 통계적으로 물리적 국력의 순위를 매기고 그에 따라 국가를 수직
선상에 분류하여 얻어진 지위가 아니라, 무수한 타자경험을 통해서 형
성된 '자기규정'의 결과로서의 '나'라는 존재적 수준의 의미에서 중간
이며 강대국은 아니지만 다른 약소국들과는 구별되어야 하는 존재의

가치수준에서 중간적 존재였던 것이다. 그렇기 때문에 기능주의의 지위를 인정한다는 것과 중견국의 지위를 인정한다는 것은 근본적으로 다른 의미를 지니게 된다는 점을 살펴본 바 있다. 1940년대 형성된 캐나다의 중견국이라는 자기정체성은 무수한 타자경험을 통해서 형성된 '자기규정'의 결과로서의 '나'라는 존재적 수준의 의미에서 중간이며 강대국은 아니지만 다른 약소국들과는 구별되어야 하는 존재로서 인정받고자 하는 욕망에서 얻고자 했던 존재의미로서 '중간'이었던 것이다.

중견국을 다루는 기존의 연구들은 국력이나 구체적인 외교적 행태 등 객관화시킬 수 있는 변수들의 구도 속에서 중견국의 특징을 다루어왔다. 그렇기 때문에 중견국들의 정체성은 객관화시킬 수 없는 것으로 여겨져 상대적으로 소홀히 다루어져 왔거나 국제적 구조에 따라서 외부적으로 주어진 것으로 여겨져 왔다. 하지만 본 연구에서 다루었던 캐나다 사례를 통해 보았을 때 정체성 변수는 국가간 관계를 통해 형성된 국제구조와 행위자 간의 상호작용을 통해 국가 내부적으로 만들어진 능동적이고 역동적인 행위의 산출이며 중견국으로서의 외교정책을 만들어나가는 데도 큰 영향을 미치는 중요한 변수로 작용하였다. 또한 정부관료들의 구체적인 인식의 변화 내용을 추적함으로써 상대적으로 비객관적인 것으로 평가받았던 정체성의 내용도 보다 객관화시켜 살펴볼 수 있었다.

1세대 중견국으로 평가받는 캐나다나 호주를 지나 현재는 경제적 성장을 뒷받침하여 제3세대 중견국으로 부상하고 있는 여러 국가들이 등장하고 있다. 한국 또한 제3세대 중견국으로 평가받고 있으며 중국, 일본, 미국 등의 강대국 속에서 중견국적 지위를 통해 외교정책을 구상해야 하는 시점에 놓이게 되었다. 당시 캐나다는 높은 군사력과 경제력을 보유하고 있으며 강대국들과 우호적인 관계를 유지하면서도 국력에 맞는 외교 전략을 형성하고 국제적 지위를 확보해야 하는 복잡한 상황에 놓여 있었던 것과 마찬가지로 한국도 높은 경제력을 뒷받침하여 강대국들 사이에서 한국의 지위를 높일 수 있고 외교적 이익을 확보할 수 있는 전략을 형성해야 하는 상황 속에 있다. 한국은 아시아권에 속해 있으며 중국과 같은 문화권을 공유하고 있지만 오랫동안 미국과 동맹관계를 가져왔기 때문에 중국의 부상 속에서 한국의 정체성을 고민하고 형성해가야 하는 의무를 지니고 있다는 점에서 중견국으로서의 캐나다 사례연구를 통해 많은 함의를 찾아볼 수 있을 것이다.

참고문헌

김상배. 2011. "네트워크로 보는 중견국 외교 전략." 『국제정치논총』 51(3).
김치욱. 2009. "국제정치의 분석단위로서 중견국가(Middle Power): 그 개념화와 시사점."
　　『국제정치논총』 49(1).

Armstrong-Reid, Susan and David Murray. 2008. *Armies of Peace: Canada and the Unrra Years*. Toronto: University of Tronto Press.
Burton, John W. 1965. *International relations: a general theory*. Cambridge: Cambridge Univ. Press.
Chapnick, Adam. 2000. "The Canadian middle power myth." *International Journal*, 55(2).
_____. 2005. *The middle power project: Canada and the founding of the United Nations*. Vancouver: UBC Press.
Cooper, Andrew F., Richard A. Higott, and Kim R. Nossal, 1993. *Relocating Middle Powers: Australia and Canada in a Changing World Order*. Vancouver: UBC Press.
Cooper, Andrew F. (ed.). 1997. *Niche Diplomacy: Middle Powers After the Cold War*. New York: Macmillan Press.
Creighton, Donald. 1976. *The Forked Road: Canada, 1939-1957*. Toronto: McClelland and Stewart.
English, John. 1989. *Shadow of Heaven: The Life of Lester Pearson. Vol. 1, 1897-1948*. Toronto: Lester and Orpen Dennys.
Gecelovsky, Paul. 2011. "Constructing a middle power: Ideas and Canadian foreign policy." *Canadian Foreign Policy Journal*, 15(1) (Mar).
Gordon, J. King (ed.). 1966. *Canada's Role as a Middle Power*. Toronto: Canadian Institute of Internaitonal Affairs.
Granatstein, J. L. 1990. *Canada's War: The Politics of the Mackenzie King Government 1939-1945*. Toronto: University of Toronto Press.
Hilliker, John F. (ed.). 1980. *Documents on Canadian External Relations*, Vol. 9, 1942-1943. Ottawa: Minister of Supply and Services Canada.
_____. 1990. *Documents on Canadian External Relations*. Vol. 11, 1944-1945. Part. 2. Ottawa: Minister of Supply and Services Canada.
Holmes, John. 1963. "Canadian External Policies since 1945." *International Journal*, 18(2) (Spring).
_____. 1976. *The better Part of Valour: Essays on Canadian Diplomacy*. Toronto: McClelland & Stewart.

_____. 1976. *Canada: A Middle-Aged Power*. Toronto: McClelland & Stewart.

_____. 1979. *The Shaping of Peace: Canada and the Search for World Order, 1943-1957*, Vol. 1. Toronto: University of Toronto Press.

Katzenstein, P. (ed.). 1996. *The Culture of National Security: Norms and Identity in World Politics*. New York: Columbia University Press.

Keating, Tom. 2002. *Canada and the world order: The Multilateralist Tradition in Canadian foreign policy*. Toronto: Oxford University Press.

Miller, A. J. 1980. "The Functional Principle in Canada's External Relations." *International Journal*, 35(2) (Spring).

Mitrany, David. 1975. *The Functional Theory of International Politics*. London: Martin Robertson.

Pickersgill, J. W. 1960. *The Mackenzie King Record, Vol. 1, 1939-1944*. Toronto: University of Toronto Press.

Ping, Jonathan H. 2005. *Middle Power Statecraft: Indonesia, Malaysia and the Asia-Pacific*. London: Ashgate.

Pratt, Cranford (ed.). 1990. *Middle Power Internationalism: The North-South Dimension*. Kingston and Montreal: McGill-Queen's University Press.

Stokke, Olav. 1989. *Western Middle Powers and Global Poverty: The Determinants of the Aid Policies of Canada, Denmark, the Netherlands, Norway and Sweden*. Uppsala: Scandinavian Institute of African Studies.

Vital, David. 1967. *The Inequality of States: A Study of Small Powers in International Relations*. Oxford: Claredon Press.

Wendt, Alexander. 1999. *Social Theory of International Politics*. Cambridge: Cambridge University Press.

Woodbridge, George. 1950. *UNRRA: The history of the United Nations Relief and Rehabilitation Administration Vol. 1*. New York: Colombia University Press.

제11장

터키의 중앙아시아 공공외교:
교육 부문을 중심으로

김가희

과거 강대국의 전유물로 간주되었던 공공외교는 21세기 지구화, 정보화의 맥락 속에서 중견국에
      게도 효과적인 외교 전략이 될 것으로 기대되고 있다. 공공외교는 그 개념상 국내외 대중과의
소통을 통한 공감과 설득을 핵심으로 하는바, '마음을 끄는 힘'인 소프트파워의 활용을 전제로 한다. 따라서
중견국에게 소프트파워와 공공외교는 하드파워의 상대적 열세를 극복할 수 있는 매력적인 도구로 주목을
받게 되었다.
이러한 맥락에서 이 장은 3세대 중견국 중 하나로 꼽는 터키의 소프트파워와 이를 활용한 공공외교 전략을
살펴보고자 했다. 터키는 흔히 그 지리적, 문화적, 종교적 경계에 있다는 점에서 '동서 문명의 교차로'로 표
현된다. 그러나 경계국가로서 터키의 정체성은 자연적 조건에 의해 형성된 것이 아니라 1990년대 초 국제
정치적 환경의 변화 속에서 고안된 전략의 산물이자 소프트파워 자원이었다. 본 논문에서는 이렇게 개발된
정체성이 중앙아시아 지역에서 공공외교를 수행하는 데 활용되었음에 주목했으며, 특히 교육 분야에 터키
의 노력이 집중되었음을 설명했다.

I. 머리말

최근 군사·경제 문제를 넘어 기술, 문화, 지식 등에 대한 관심이 늘
어나면서 국제정치학 분야에서 공공외교(public diplomacy)가 주목
을 받고 있다. 일반적으로 공공외교는 '상대국의 정부가 아닌 국민들
을 대상으로 벌이는 외교'를 의미하는데, 1960년대 중반 미국에서 활
용되기 시작한 외교 전략으로, 이 시기에는 일종의 체제 선전(propa-
ganda)의 성격이 강했다. 그러나 오늘날의 공공외교는 과거에 비해
개방과 참여의 맥락이 더욱 도드라지는데(멜리센 편 2008), 이 같은 점
을 강조하기 위해 신(新)공공외교나 공공외교 2.0 같은 용어가 사용되
기도 한다(김상배 2012). 이러한 새로운 공공외교 논의는 권력의 차원
에서 소프트파워(soft power) 개념과 밀접한 관련이 있다. 우선 공공
외교는 그 내용상 국내외 대중과의 소통을 그 핵심으로 하는데, 여기
서 그 '소통'의 목적이 '지적 교감과 감정적 공감을 통한 설득과 동의
(김상배 2014b: 447)'에 있다는 점에서 '사람의 마음을 끄는 힘으로 원
하는 것을 얻는 능력(나이 2004)'이라고 정의되는 소프트파워의 활용

을 그 전제로 깔고 있기 때문이다.

　이러한 점에서 공공외교는 최근 중견국(middle power)에게 매력적인 외교 전략으로 간주되고 있다. 약소국보다 많은 국력을 확보하고 있지만, 강대국의 그것에는 비견될 정도가 되지 않는 중견국에게 소프트파워와 이를 활용한 공공외교는 그러한 강대국과의 간극을 메워줄 것으로 기대되기 때문이다. 그렇다면 여기서 중견국의 시각이 반영된 공공외교 이론과 전략은 무엇인지, 강대국의 그것과의 차별점은 무엇인지 하는 의문이 자연스럽게 제기될 수 있을 것이다. 그러나 '중견국의 공공외교 전략'을 논의하기에 앞서 우선 '중견국' 개념에 대한 검토가 필요하다.

　일반적으로 중견국은 강대국도 약소국도 아닌 국가로 간주되었으나, 국제정치의 분석단위로서 그 개념은 아직 합의된 바가 없다. 따라서 기존의 중견국 논의들은 주로 '중견국'이라는 존재를 어떻게 규정하느냐의 문제에 초점을 두었다. 이들은 개별 국가의 물질적 능력의 지표를 토대로 그 능력이 중간 정도 되는 국가를 중견국으로 파악하거나(Holbraad 1984), 국제제도 및 규범을 준수하고 인류의 보편적 가치와 정의를 추구하는 소위 '중견국 스타일(middlepowermanship)'이라는 행태적 속성을 통해 중견국을 파악했다(Cooper, Higgot and Nossal 1993). 그러나 이러한 속성론만으로는 중견국의 범주화만 가능할 뿐, 중견국 외교가 발현되는 환경이나, 그 구체적인 내용을 설명할 수 없다는 비판을 바탕으로 네트워크 세계정치 이론의 관점에서 중견국의 개념과 외교 전략을 설명하려는 분석틀이 시도되었다(김상배 2014a, 2014b).

　네트워크 이론은 기본적으로 사회적 인과관계를 파악하는 데 있어 속성(attribute)이 아닌 관계(relations)에 주목해야 한다는 발상에서 출발하는 바(장덕진 2009), 중견국의 외교를 이해하기 위해서는 행위자 자체의 속성을 넘어 행위자가 놓여있는 구조적 환경과 그 안에서 행위자가 차지하는 '위치'에 주목해야 한다고 지적한다. 쉽게 말해 비슷한 속성을 가진 행위자 중 누군가가 더 효과적인 중견국 외교를 수행한다면, 그것은 곧 그 행위자가 다른 행위자들과 맺고 있는 관계나 전체 시스템 상에서 차지하는 역할에 기인한다는 것이다. 같은 맥락에서 네트워크 이론의 시각을 반영한 이러한 논의는 중견국의 소프트파워나 공공외교를 이해하는 데 있어 속성론이 일정한 한계를 가질 수밖에 없다고 본다. 앞서 설명했던 것처럼, 소프트파워나 공공외교는 주관적인 맥락에서 영향력을 발휘하는 종류의 것이기 때문에 전체 시스템 상에서의 구조적 위치와 행위자 간 관계의 패턴을 파악하는 네트워크의 시각이 특히 더 필요하다는 것이다(김상배 2014b: 466-468).

이 글은 최근 제3세대 중견국의 하나로 거론되는 터키를 사례로 한다. 터키는 지리적으로 북쪽으로는 러시아, 북동쪽으로는 캅카스, 남동 방향의 중동 및 남서쪽의 그리스와 키프로스, 서쪽으로는 유럽과 마주하고 있다. 또 유럽연합의 가입 후보국이자 인구의 99%가 무슬림인 이슬람 국가이면서 서구식 민주주의를 성공적으로 정착시킨 국가로서 지리적, 문화적, 종교적 경계에 놓여있다는 점에서 흥미를 끄는 국가이다. 그리고 경계국가로서 터키의 복합적 정체성은 흔히 '동서 문명의 교차로'라고 표현된다. 그러나 이러한 정체성은 터키의 지리적 위치나 역사적 경험에 의해 자연스럽게 형성된 것이 아니라, 국익을 추구하기 위해 고안된 전략적 선택의 산물이었다. 1991년 소련의 붕괴는 터키를 둘러싼 구조적 환경을 극적으로 변화시켰고 이에 따라 터키는 근본적으로 자국의 존재론적 위상을 재고찰하고 국가의 새로운 위치 짓기에 나서게 되었다. 동양도 서양도 아닌 독특한 정체성은 바로 이러한 맥락에서 탄생한 것인데, 당시 터키는 새로운 구조 하에서 자국의 위치를 탐색하고 그에 따른 외교 전략을 모색하면서 정체성을 소프트파워 자원으로 '개발'하고자 했다.

이 글은 이처럼 탈냉전기 들어 새롭게 나타난 구조적 환경 속에서 개발된 복합적 정체성에 주목하고, 이러한 정체성이 중앙아시아 지역에서 공공외교를 수행하는 데 적극적으로 활용되었음에 주목했다. 당시 터키는 탈냉전기의 새로운 환경 속에서 지역강국으로서의 도약을 추진했는데, 새로 독립한 중앙아시아 국가들을 통해 그 목표를 실현하고자 했다. 이때 터키는 중앙아시아 국가들에게 튀르크계 무슬림으로서 역사적, 문화적, 종교적, 인종적 정체성의 토대를 제공하는 동시에 이슬람과 서구식 정치경제 시스템을 조화시킨 소위 '터키 모델(Turkish model)'을 새로운 국가모델로 제시했는데, 그 물질적 한계로 인해 문화 교류를 적극적으로 활용했다. 이 중 터키는 특히 교육 부문에 외교적 노력을 집중했다. 공식적으로 터키 정부는 중앙아시아에서 수행된 노력들을 공공외교나 문화외교, 혹은 교육외교가 아닌 '교육정책(eğitim politikası)'이라는 용어를 통해 표현했다. 기존의 교육부 내에 해외 교육청을 설치한 점 등으로 보아 터키는 제도적 차원에서 이러한 전략을 국내 정책의 연장선상이라고 간주한 듯하나, 정책의 외교적 효과 역시 기대했음이 자명하다. 이러한 점에서 본고는 이러한 정책이 그 명칭이나 구체적 제도 및 절차와 상관없이 궁극적으로 중앙아시아 대중들의 정체성과 생각에 직접 영향을 미치는 데 그 목적이 있었다는 점에서 '공공외교'라는 표현을 사용하였다.

기존의 탈냉전기 터키의 외교 전략에 관한 연구는 주로 현실주의적 시각에서 행해졌는데, 이 연구들은 구미와 러시아 간의 갈등관계에서 파생되는 지정학적 구조 속에서 터키가 취했던 행태를 주로 분석했다(Ertekin 2012; Aydın 1998). 이러한 연구에서는 터키를 서방 세계에 내재된(embedded) 행위자로 평가하여 터키의 외교 전략 역시 큰 틀에서는 서구 국가들의 그것과 크게 다르지 않다고 본다. 또 어떤 연구들은 1990년대 터키 외교정책의 변화는 기본적인 원칙이나 목표, 우선순위의 변동에서 기인한 것이 아니라 국제체제의 구조 변동의 결과일 뿐이라고 주장한다(Rubin & Kirişçi 2002). 다시 말해 터키의 외교적 노선 자체는 현상유지적이었으나 터키를 둘러싼 지역의 환경이 변화했을 뿐이라는 것이다. 그러나 이러한 시각에서는 당시 터키가 자국의 영향력을 확대하기 위해 능동적으로 자신의 외교 전략을 변화시켰음을 보여주지 못한다. 반면 구성주의적 시각[1]에서는 당시 터키의 외교정책이 독립적인 의지로 행해진 것임은 인정하지만, 터키의 변화한 외교노선을 설명하는데 있어 터키의 국내적 문제에서 파생되는 정체성 문제에만 집중한 나머지, 터키를 둘러싼 관계적 맥락과 그에 따른 이익의 변화를 포착하지 못한다는 한계를 가진다. 또한 교육부문에서 나타난 터키의 중앙아시아 공공외교를 분석한 논문은 일부 존재하지만, 이들은 주로 교육정책의 내용 자체나 효과성 측면에 집중하고 있다(Akçalı and Demir 2012; Akkok, Balci and Demir 2000; Yanık 2004; Balci 2003). 따라서 본 연구는 네트워크의 시각을 원용해 당시 구조적 환경의 변화와 이에 따른 터키라는 행위자의 정체성 및 외교 전략이 재구성되는 과정에서 중앙아시아에 대한 공공외교가 나타났음을 총체적으로 보여준다는 점에서 연구의 의의를 찾을 수 있다.

구체적으로 이 글은 크게 네 부분으로 구성되었다. II절에서는 이 글에서 원용하고자 하는 네트워크 이론을 국제정치학적 시각에서 개

---

1   터키의 외교 전략에 관한 구성주의적 시각에 관해서는 Bozdağlıoğlu 2003; Yanık 2011을 참조.

괄적으로 살펴본 후 네트워크 이론의 개념들을 통해 중견국 외교 전략의 구체적인 내용을 탐색했다. 특히 효과적인 중견국 외교를 펼치기 위해서는 세(勢)를 모으는 것이 중요한데, 이때 소프트파워를 활용하는 것이 유용한 방법임을 지적했다. III절에서는 1990년대 들어 주변 국가들과의 관계의 맥락이 변화하는 과정 가운데 터키가 겪은 시행착오를 살펴봄으로써 터키가 새로운 위치 짓기를 시도하게 된 배경을 살펴보았다. IV절에서는 III절에서 살펴본 배경을 바탕으로 나타난 터키의 소프트파워 외교 전략을 '터키 예외주의'와 '터키 모델' 개념을 통해 짚어보았으며 '터키 모델'이라는 일종의 표준을 세우는 데 있어 어려움에 봉착한 터키가 정체성상의 연대감을 강화하기 위해 교육 부문에서 공공외교를 펴는 과정과 구체적인 내용을 V절을 통해 살펴보았다. 맺음말에서는 본 논문의 주장을 요약하고, 터키의 구조적 환경 및 외교 전략이 한국과 매우 유사함을 지적하면서 중견국 외교를 펼치는 데 있어 향후 동류국가(like-minded country)로서 양국의 협력 가능성을 제시하였다.

II. 네트워크의 시각에서 본 중견국의 외교 전략

머리말에서 간략히 살펴보았던 것처럼, 속성론에 기반한 중견국론은 중견국의 구체적인 역할을 설명하지 못한다는 점에서 한계를 가진다. 그러나 여기서 염두에 두어야 할 것은 그 한계에도 불구하고 속성론이 결코 무의미한 것은 아니라는 것이다. 행위자의 속성은 여전히 중견국의 자격을 결정하는 중요한 요인이다.

그렇지만 일정 정도의 국력이 확보된다고 하더라도, 이는 강대국

의 그것에 비견될 정도는 아니기 때문에 중견국의 입장에서는 국제정
치의 장에서 외교적 역할과 영향력을 확대하기 위해 흔히 '하드파워'
라고 지칭되는 물리적 힘 이외의 '무언가'가 여전히 필요할 수밖에 없
다. 이러한 맥락에서 네트워크의 시각은 물리적 지표로는 드러나지 않
는 중견국 외교의 기회와 전략에 대한 실마리를 제공해 준다.

그렇다면 이 글에서 원용하는 '네트워크'는 무엇을 의미하는 것일
까? 네트워크는 간단히 말해 '상호 연결되어 있는 노드(node)들의 집
합'을 의미하는데, 여기서 노드는 국가뿐만 아니라 개인이나 조직, 또
는 도시가 될 수도 있다(카스텔 2009). '네트워크'는 이들 노드들이 상
호 연결되면서 형성되어 다시 행위자들의 행동에 영향을 미치는 일종
의 '구조'가 된다. 앞서 머리말에서 네트워크 이론은 속성보다 관계에
주목함을 지적한 바 있는데, 이는 바로 행위자들 간의 관계구도(rela-
tional configuration)와 상호작용의 패턴 자체를 네트워크 '구조'로 파
악하는(Goddard 2009: 254) 개념화 과정을 통해 드러난다고 볼 수 있
다. 다시 말해 네트워크의 시각에서 구조는 고정된 개념이 아니라 행
위자들 간의 관계가 어떻게 구성되느냐에 따라 변화하는 동태적 존재
로 이해되는 것이다.

이러한 관점은 네트워크 구조상에서 특정 '위치'가 가지는 전략적
의미를 반영하고 있는데, 네트워크에서 어떤 위치에 자리하느냐에 따
라, 행위자가 활용할 수 있는 자원과 정보, 나아가 권력의 수준이 달
라지기 때문이다(Goddard 2009). 따라서 네트워크의 시각에서 볼 때,
중견국 외교의 기회는 네트워크상에서 특정 국가가 차지하는 위치와
이를 통해 다른 국가들과 관계를 맺는 과정에서 열릴 수 있다(김상배
2014a: 9).

김상배(2014a)는 구조적 위치로부터 도출되는 중견국의 역할을

행위자들을 연결하는 중개자(broker), 주위의 세력을 모아 권력을 행사하는 소집자(convener), 세계질서 내에서 대안, 응용프로그램 등을 설계하는 시스템의 하위 설계자(programmer)로 구분한 바 있다. 이중 행위자들을 연결해 이들 간의 정보나 의미가 원활하게 흐를 수 있도록 하는 중개자의 역할은 네트워크 구조 내에 존재하는 '구조적 공백(structural hole)'과 밀접한 관계가 있다. 구조적 공백이란 네트워크 내 행위자들 간의 링크가 불규칙적, 비공식적이거나 간접적으로만 형성되어 있어 정보의 원활한 흐름을 방해하는 빈틈을 의미한다(Burt 1992). 이때 중견국은 이러한 빈틈을 메우는 행위를 통해 이른바 '위치 권력(positional power)'을 행사할 수 있게 된다. 중개의 역할을 논하는 데 있어 또 중요한 점은 네트워크 내 행위자들 간의 공백이 단순히 '정보의 단절'이 아닌 '의미의 단절'일 수도 있다는 것이다. 다시 말해 네트워크상의 공백은 행위자들의 정체성이나 문화의 차이로 인해 근본적으로 생길 수밖에 없는 '문화적 공백(cultural hole)'일 수도 있다(Pachucki and Breiger 2010). 이때 중개자에게는 행위자들 간의 전혀 다른 의미와 맥락을 호환해주는 능력이 필요하게 된다.

냉전 시기에 단절되어 있었던 서구와 구소련 신생 독립국들 간의 '가교' 역할을 모색했던 터키의 시도는 이러한 구조의 빈틈을 공략하려는 외교의 일환으로 볼 수 있다. 더욱이 서구 국가들과 중앙아시아 국가들은 정치경제 체제나 이데올로기의 성격 자체가 달랐기 때문에 이들 간의 공백은 일종의 '문화적 공백'의 성격을 띠었다고 볼 수 있을 것이다. 이러한 측면에서 터키가 중앙아시아 국가들과 종교적, 역사적, 민족적 정체성을 공유하는 특수한 관계에 있었다는 점은 이들 국가들을 중개하는 데 있어 중요한 역할을 했다. 특히 V절에서 소개할 '터키학교(Turkish school)'는 이러한 공동 정체성을 바탕으로 중앙아시아 국가들에 서구의 정치경제 시스템을 이어주는 독특한 중개외교의 도구로 작용하였다.

또한 '터키 모델(Turkish Model)'이라고 불리는 터키의 발전 모델은 흔히 서구식 정치경제모델이 작동하기 어려운 것으로 인식되는 이슬람 사회에서 민주주의와 시장경제를 정착시킨 성공사례로 중앙아시아에 전수할 만한 중개 모델이었다. 당시 터키는 지역 강대국의 지위를 둘러싼 이란과의 경쟁에서 상대적인 우위를 점할 수 있었는데, 이는 터키 모델이 중앙아시아와 서구 국가들 모두에게 더 매력적인 것으로 간주되었기 때문이다. 이러한 점에서 터키 모델은 중개외교의 아이템인 동시에 터키의 소프트파워 자원이기도 했다.

소프트파워를 추구하는 매력외교는 중견국의 중요한 관심의 대상이다. 비록 그 개념적 기원은 미국의 세계전략 구상 차원에 있었지만, 하드파워의 상대적 열세를 면치 못하는 중견국에게 소프트파워는 그러한 차이를 좁힐 수 있을 것이라는 기대를 갖게 하기 때문이다. 소프트파워란 "강제나 보상보다는 사람의 마음을 끄는 힘으로 원하는 것을 얻는 능력"을 말한다(나이 2004). 소프트파워는 주로 국가가 보유한 물질적 권력 다시 말해, 행위자가 가진 속성이나 자원을 바탕으로 이해되던 전통적인 권력 개념에서 벗어나 문화나 정체성, 이념, 제도나 가치 등 비물질적인 자원을 기반으로 한 설득과 동의의 측면을 조명했다는 점에서 그 의미가 깊다. 또 소프트파워 개념의 중요한 특징은 권력의 관계적 성격을 내재하고 있다는 것이다. 하드파워가 행위자 자체의 속성에 의해 고정된 것이라면, 소프트파워는 상대방이 누구인지에 따라 그 효과가 크게 달라질 수 있기 때문이다(김상배 편 2009: 29). 이러한 점에서 소프트파워 개념은 네트워크의 시각과도 연결될 수 있는데, 특히 위에서 제시한 중견국의 역할에 비추어 볼 때, 소프트파워는 '소집자'의 역할과 관련이 깊다. 구조적 위치를 메우기 위해 강대국 사이에서 홀로 고군분투하더라도 원하는 바를 달성하기 어렵기 때문에, 중견국은 주위 세력들을 모아 힘을 발휘하고자 한다. 이렇게 내 편을 끌어 모으는 데 있어 활용할 수 있는 물질적 자원이 부족한 상황에서 중견국이 소프트파워에 의존하게 되는 것은 어쩌면 당연한 일일 것이다. 그러나 이 때 염두에 두어야 할 것은 전략적 차원에서 주변 국가를 도구적으로 활용하는 데에만 그치는 것이 아니라, 함께 공유할 수 있는 이익을 추구해야 한다는 점이다(김상배 2014b: 387).

터키는 탈냉전기 환경에서 '범튀르크주의' 관념을 통해 중앙아시아 지역에서 일종의 튀르크 세력화를 꿈꾸었다. 그리고 터키는 이러한 과정을 통해 지역 차원에서 터키 모델을 전파하고 튀르크 종주국으로 자리매김하고자 하였다. 그러나 결과적으로 터키의 시도는 실패로 끝나게 되었는데, 가장 큰 이유는 하드파워상의 한계 때문이었고, 또 터키의 계획에 중앙아시아 국가들이 동의하지 않았기 때문이다. 따라서 터키는 단순한 정체성의 강요가 아닌 새로운 설득 전략을 필요로 하게 되었는데, 이때 교육교류 프로그램은 새로운 '튀르크 연대주의'를 확산시키기 위한 전략적 수단이었다.

III. 외부적 환경과 외교노선의 변화

1. 1990년대 외부적 환경의 변화

1) 유럽공동체 가입 좌절
1923년 터키 공화국 건국 직후부터 터키는 국가, 사회 전반에 걸쳐 서구화 및 근대화를 추진해왔다. 그러나 외교정책에 있어서는 중립을 추구했는데, 이는 1차 세계대전에서의 패배로 인한 후유증 때문이었다. 터키 독립의 아버지이자 초대 대통령인 케말 아타튀르크(Kemal Atatürk)는 'Yurtta Barış, Dünyada Barış(모국의 평화는 곧 세계의 평화)'라는 표현을 통해 '일국 내 터키주의(Turkism in one country)'를 고수하고 국제문제에 대한 개입을 회피하면서 현상유지 정책을 추구하고자 했다. 그러나 냉전 시기 들어 소련의 직접적인 위협에 직면하면서 터키는 북대서양조약기구(NATO)를 포함한 서방의 안보 및 정치기구에 가입하는 등 미국을 위시한 서방세계에 편입하게 되었다. 특히 냉전 기간 그 지정학적 위치로 인해 소련의 침공에 대항하기 위한 완충국가 역할을 부여받으면서(브레진스키 2000: 47) 서방의 중요한 동맹국으로 평가받았다. 같은 맥락에서 터키는 유럽공동체의 일원이 되는 것을 가장 중요한 외교적 목표로 설정했다. 유럽경제협력기구(Organization for European Economic Cooperation: OEEC, 1948), 유럽이사회(the Council of Europe, 1949)에 차례로 가입했던 터키는 1963년 유럽경제공동체(European Economic Community: EEC)의 준회원국이 되면서 이러한 꿈을 실현시킬 수 있을 것으로 기대하였다.

그리고 1987년 4월 14일 터키는 마침내 유럽공동체[2] 정회원국 가입을 신청했다. 그러나 유럽집행위원회는 1989년에 제시한 의견서를 통해 정치적, 경제적 이유로 말미암아 터키를 새로운 가입협상국에 포함시키는 것이 부적절하다고 밝혔다. 여기서 정치적, 경제적 이유로는

---

[2]　유럽경제공동체(EEC)는 이후 유럽석탄철강공동체(European Coal and Steel Community: ECSC), 유럽원자력공동체(European Atomic Energy Community: EURATOM)와 함께 1967년 유럽공동체(European Community: EC)로 통합되었으며, 1993년에는 마스트리히트 조약을 통해 유럽연합으로 발전했다.

쿠르드족 문제, 터키의 민주주의 상황, 경제적 후진성, 그리스와의 분쟁 등이 지적되었다. 이러한 유럽의 선언이 터키에 미친 파급력과 충격은 매우 컸다. 유럽공동체 가입은 터키의 정치 지도자들과 세속주의자들에게 유럽화의 마지막 관문으로 간주되었기 때문이다. 자신을 '유럽인'이라고 인식하고 있었던 터키인들은 크게 분노했으며, 유럽이 터키를 받아들이지 않는 것은 자신들을 유럽의 이방인이자 이슬람국가로 치부하는 편견 때문이라고 반발하며 기독교 클럽(christian club)의 편견이 매우 인종주의적이라고 비난했다(Martin, Keridis 2004: 327). 이에 따라 터키 내부에서는 반-유럽(anti-European), 반-서구(anti-Western) 정서가 확산되었고 터키인의 새로운 정체성을 모색해야 한다는 주장이 제기되었다.

2) 소련의 붕괴와 중앙아시아 국가들의 독립

이러한 분위기 속에서 1991년 소련의 붕괴는 터키의 외교노선에 대한 변화를 불가피하게 만들었다. 냉전의 종식으로 서방에 대한 소련의 위협이 완화되면서 터키의 지정학적 중요성이 감소하게 된 것이다. 급박하게 변화하는 주변 환경 가운데 터키는 자신의 외교정책 전반을 점검하고 변화를 모색해야만 하는 시기를 맞게 되었다.[3]

그러나 역설적으로 소련의 붕괴는 중앙아시아에서 터키에게 새로운 기회의 창을 열어주었다. 소연방의 해체로 15개의 독립국이 새롭

---

3   그러나 터키는 국제정세의 변화에도 여전히 미국, 유럽과의 협력이 중요하다는 것을 인지하고 있었다. 같은 맥락에서 터키는 변화하는 서방의 안보 아키텍처 내에서 자신의 새로운 역할을 찾고 스스로를 재발견하고자 했으며, 터키의 이러한 노력은 이스라엘과의 관계 강화로 나타나게 되었다. 터키와 이스라엘의 관계에 관해서는 Burris(2003), Oğuzlu(2010) 참조. 다만, 이 시기는 서구 중심적 외교노선에 처음으로 변화의 조짐이 나타나고, 주변 국가들의 가치가 새롭게 조명되었다는 데에 그 의미가 있다.

게 등장하게 된 것이다. 연방해체 이전부터 이미 다양한 방식으로 독립을 준비하고 있었던 러시아, 우크라이나, 벨라루스, 아르메니아 등 슬라브계 국가들과는 달리, 6개의 비(非)슬라브계[4] 국가들에게 독립은 외부로부터 갑작스럽게 얻어진 것과 다름없었다. 이들 비슬라브계 국가로는 카자흐스탄, 우즈베키스탄, 키르기스스탄, 투르크메니스탄, 타지키스탄과 아제르바이잔이 있는데, 이 중 타지키스탄은 이란과 같은 페르시아 민족이며, 나머지 5개 국가는 터키와 민족적 뿌리가 같은 튀르크계 국가들이었다. 그러나 대표적인 시아 무슬림 국가인 이란과 다르게 타지키스탄 역시 인구의 대다수가 수니 무슬림이었기 때문에, 종교적 측면에서는 터키와 상당한 유사성을 공유하고 있었다. 다시 말해 이들 6개 국가들은 각각 언어나 민족, 문화, 종교의 측면에서 터키와 밀접한 관련을 가지고 있다고 볼 수 있다.

슬라브계 국가들이 러시아와의 긴밀한 연계 속에서 비교적 빠르게 국가정체성을 정립해 나간 반면, 비(非)슬라브계 국가들은 상당한 정체성의 혼란을 겪고 있었으며 탈소련화, 사회주의 경제 체제에서 시장경제로의 이행, 세계시장으로의 편입을 통한 경제발전 등 다양한 과제에 직면하고 있었다. 따라서 이들 국가들이 국가정체성 확립에 필요한 역사적, 문화적 토대를 제공해주고, 서방세계와의 통로 역할을 해줄 국가로 터키를 주목한 것은 매우 자연스러운 일이었다.

외교적 방향 전환을 모색하던 터키에게도 언어와 종교, 문화, 민

---

4   이 글에서 연구 범위로 상정하고 있는 '중앙아시아(Central Asia)'는 일반적으로 위의 6개국 중 캅카스 지역으로 분류되는 아제르바이잔을 제외한 5개 국가를 지칭하지만, 분류기준이나 학자에 따라 그 포함 국가가 달라지기도 한다. Daniel Pipes(1983)는 같은 이슬람권 국가라는 의미에서 아제르바이잔을 포함한 6개 국가를 중앙아시아로 분류하였는데, 본 연구 역시 이러한 기준에 따라 6개의 비슬라브계 국가를 중앙아시아 지역으로 상정하였다.

족 등 많은 측면에서 자신과 밀접한 관련을 지닌 중앙아시아 국가들의
독립은 유럽에게서 받은 모멸감을 극복할 기회이자 새로운 돌파구로
인식되었다. 사실 이전까지 터키는 튀르크계 국가들을 단지 '먼 친척'
으로 여길 뿐, 별다른 관심을 보이지 않았다(Hunter 2001). 왜냐하면
건국 이후 터키의 가장 중요한 외교적 목표는 '서구 세계로의 편입'이
었을 뿐더러, 1920년대 소련과의 안보협정을 통해 터키 내에 공산주의
확산 방지를 보장받는 대가로 과거 오스만 제국의 신민이었던 소련 내
튀르크인들의 민족주의가 확산되는 것을 방지하기로 한 바 있었기 때
문이다(오종진 2007b: 66-71). 냉전 시기에도 소련에 대한 지하드를 주
장하는 일부 극단적 민족주의 세력을 제외하고, 터키 사회는 아나톨리
아 반도 바깥의 튀르크 민족들에 대해 큰 관심을 두지 않았다.

그러나 소련 붕괴 직전부터 터키는 이 지역 튀르크 민족들에게 관
심을 기울이기 시작했으며, 카자흐스탄, 키르기스스탄, 우즈베키스탄,
투르크메니스탄이 독립을 선포하자마자 곧바로 그들의 독립을 공인하
고, 세계에서 가장 먼저 공식적인 외교 관계를 수립했다.

당시 앙카라를 방문한 중앙아시아 지도자들의 발언은 터키의 분
위기를 더욱 고조시켰다. 예를 들어 1991년 9월에 터키를 방문한 나
자르바예프(Nursultan Nazarbayev) 카자흐스탄 대통령은 "21세기는
튀르크 민족의 세기가 시작되는 시기"라고 언급했으며 같은 해 12월
카리모프(Islam A. Karimov) 우즈베키스탄 대통령과 아카예프(Askar
Akayev) 키르기스스탄 대통령은 공식적으로 터키의 적극적인 정치·
경제·문화적 지원을 요청하면서 터키를 중앙아시아 국가들의 떠오르
는 별이라고 묘사하기도 했다(오종진 2007b: 75).

또한 신정주의 이슬람 국가인 이란이 중앙아시아에서 영향력을
발휘하거나 이 지역이 러시아에 재편입되는 것을 원치 않는 유럽과

미국의 입장에서도 터키와 중앙아시아의 협력은 환영할 만한 일이었
다. 이들은 서구식 민주주의와 시장경제모델을 받아들인 온건하고 현
대적인 이슬람 국가로서 '터키 모델(Turkish Model)'을 새로운 국가
모델로 채택할 것을 중앙아시아 국가들에게 권유했다.[5] 중앙아시아
국가들 역시 국가 발전을 위해 서방 세계, 특히 미국과 관계를 맺고자
노력하고 있었으며 이란의 이슬람 신정정치가 정권의 안보에 위협이
될 것을 우려했기 때문에 터키의 협력제안에 우호적인 반응을 보였
다. 이러한 분위기에 한껏 고무된 터키 지도자들과 국민들은 튀르크
계 국가들의 '큰 형' 역할을 자처하며 일종의 '튀르크 블록'을 형성할
단꿈에 젖어 있었다.

2. 범튀르크주의(Pan-Turksim)[6]의 한계

그러나 얼마 지나지 않아 터키의 야심은 실현 불가능한 것임이 드러나
게 되었다. 그 이유는 첫째, 터키의 열망을 실현시킬 만한 현실적 수단
이 부재했기 때문이다. 터키는 1993년까지 중앙아시아 신생국들과 약
140여 건 이상의 협약을 체결하고 적극적인 지원과 협력을 공언했으
며 1992년 봄, 터키를 방문한 신생독립국 정상들에게 11억 달러 상당
의 차관과 원조를 약속하기도 했다. 그러나 당시 터키의 경제 규모로

---

5   그러나 미국을 비롯한 서방국가들은 터키가 지역의 강대국으로 부상하는 것에는 부정
     적인 시각을 가지고 있었다. 이들에게는 러시아가 구소련 지역에 대한 영향력을 회복하
     는 것만큼이나 거대한 튀르크연합의 탄생이 염려스러웠던 것이다(최한우 2011: 263).
     1992년 2월 미국을 방문한 데미렐(Süleyman Demirel) 총리가 '마셜 플랜'에 버금가는
     경제적 지원을 요청한 것을 미국이 거부한 것도 이러한 이유에서 비롯된 것이었다.
6   중앙아시아 튀르크계 공화국들의 독립과 더불어 터키인들은 아타튀르크에 의해 창조된
     '아나톨리아 반도의 튀르크인' 관념에서 벗어나 유라시아 전역의 튀르크인들을 포함하
     는 튀르크 정체성을 '범튀르크주의'라는 관념을 통해 표현하게 되었다.

는 중앙아시아 국가들이 기대한 만큼의 경제적 지원을 하는 것이 사실
상 불가능했다. 중앙아시아 국가들 역시 시간이 흐르면서 터키가 자신
들이 기대한 만큼의 경제적 지원을 해줄 능력이 없다는 것을 점차 인
식해갔다. 터키와의 실질적인 경제협력이 어렵게 되자, 1994년 즈음
부터 이들 국가들은 러시아, 중국과의 적극적인 경제협력을 모색했으
며, 독자적으로 서방국가와의 협력 관계를 구축하기 위해 노력하기 시
작했다.

더불어 중요한 점은 소련이 붕괴된 지 불과 1, 2년 만에 러시아가
이 지역에 적극적으로 영향력을 행사하기 시작했다는 것이다. 소연방
해체 직후 러시아는 옛 소비에트 위성국들에 많은 관심을 기울이지 않
았는데, 해체 이후 러시아 역시 심각한 경제 위기를 맞아 서방으로부
터 원조를 얻기 위해 총력을 기울여야만 했던 것이다. 나아가 당시 옐
친 러시아 대통령은 경제 부흥을 위해 유럽공동체에 대적할 슬라브 경
제블록을 구상했으나 이 블록의 파트너로 참여할 것으로 기대된 슬라
브계 동유럽 국가들은 러시아의 구상에 냉담한 반응을 보였을 뿐만 아
니라, 오히려 나토나 EC 등의 가입을 추진했다. 이밖에 체첸-러시아
분쟁 등 다양한 요인들이 상호작용하면서 러시아는 다시 중앙아시아
지역에 관심을 보이기 시작했다. 이는 '근외지역(near abroad)' 개념
에 기반한 프리마코프 독트린이나 1992년 러시아와 중앙아시아 4개국
이 맺은 집단안보 조약 등을 통해 드러났다(이문영 2007: 262).[7]

중앙아시아 국가들 역시 여전히 '러시아 의존형' 경제구조에서 탈
피하지 못했고, 이들의 에너지 수송로 대부분이 러시아와 연계되어 있
었기 때문에 러시아의 경제적 압력에 취약할 수밖에 없었다. 이들 사

---

7   이후 민족주의적 성향이 강했던 옐친이 물러나고 푸틴 정권이 출범하면서 중앙아시아의
     지역적 가치는 더욱 적극적으로 인정되었다.

이에는 반러시아 감정이 팽배해 있었지만 과거 구소련과의 경제적 연대가 파괴된 상태에서 터키와의 협력이 이러한 공백을 메우지 못했고, 이에 따라 지속적으로 경제가 악화되면서[8] 러시아와의 경제적 협력이 불가피했던 것이다.

게다가 정치적으로도 중앙아시아 국가들은 전적으로 터키의 영향력 하에 놓이는 것을 거부했다. 이들은 새로운 조국의 역사적, 문화적 정체성과 현대국가의 모델을 터키로부터 찾으려고 했지만 또 다른 종속관계를 원한 것은 아니었기 때문에 터키의 접근에 경계심을 보였다. 또 서방국가들과의 관계 수립을 통해 국제적 고립 상태에서 벗어나고자 했던 신생독립국들은 그들의 협력대상이 한 국가에 한정되는 것을 원하지 않았다. 이러한 중앙아시아 국가들의 태도는 1992년 튀르크계 정상회의(Turkish Summit)에서 단적으로 드러났다. 터키의 주최로 1992년 10월 앙카라에서 열린 제1차 튀르크계 정상회의에서 터키는 튀르크 공동 시장 구성, 튀르크 개발 및 투자 은행 설립 등의 야심찬 사업을 추진했으나, 중앙아시아 지도자들은 터키가 주도하는 정치-경제협력 방안에 동의하기를 거부했으며, 광범위한 협력을 모호하게 표현한 '앙카라 선언'을 발표하는 데에만 동의를 표했다. 카자흐스탄의 나자르바예프 대통령은 인구의 다수를 차지하고 있는 러시아계를 의식해 종교나 민족을 기반으로 한 관계를 발전시키지 않을 것이라는 성명을 내는 등 터키와의 종속적 관계 설정을 거부하겠다는 의지를 표명해 터키를 당혹스럽게 했다(오종진 2007b: 80).

마지막으로 중앙아시아에 대한 터키의 접근 방식은 러시아를 비롯한 주변국들의 반발을 가져왔다. 당시 데미렐 총리의 "아드리아 해

---

8   일례로 카자흐스탄의 GDP, 공업생산량, 농업생산량은 각각 독립 이전의 45.9%, 48.1%, 56.1%로 감소되었다(이문영 2007: 258).

에서 만리장성에 이르는 튀르크 세상이 열렸다."라는 발언은 터키가 새로운 제국을 건설하기 위한 길에 들어섰다는 비판에 직면하게 되었다(Baskın eds. 2010: 756). 특히 러시아의 정치 엘리트들은 터키의 대중앙아시아 정책에 강한 불만을 표했는데, 당시 신생 러시아가 상정한 중요 이익 중 하나는 소련의 붕괴로 '외국'에 거주하게 된 러시아 국민의 권리를 옹호하는 것이었기 때문이다(최종기 2005: 79). 일례로 1994년 이스탄불에서 열린 제2차 튀르크계 정상회의에서 터키와 튀르크계 5개국이 채택한 이스탄불 선언에 대해 러시아는 즉각적으로 범튀르크주의의 확산에 반대한다는 입장을 표명했다.

IV. 정체성과 소프트파워 외교 전략

이성보다는 주로 감정에 호소했던 터키의 외교 전략은 곧 실패로 끝나고 말았다. 그리고 당시 구조적 환경 속에서 자국의 위치와 한계를 파악한 터키는 기존의 전략을 수정하고 이성적이고 현실적인 접근이 필요함을 절감하게 되었다. 그 첫 번째 노력의 일환으로, 터키는 우선 정치·안보 영역에 있어 미국과의 협력을 더욱 강화하기 시작했다. 애초의 기대와는 달리 터키가 러시아와 대등하게 경쟁하는 것이 현실적으로 불가능함이 드러남과 동시에 중앙아시아 천연자원의 중요성이 증가하면서 미국 역시 이 지역에 좀 더 직접적으로 개입해야 할 필요성을 느끼고 있었다. 또한 러시아의 귀환으로 터키에게 있어 미국에의 편승은 불가피한 선택이었다.[9] 더불어 터키는 튀르크 세계의 정치적·

---

9   터키는 특히 안보와 에너지 분야에서 미국의 대리인(proxy) 역할을 수행했다. 우선 신생독립국들과 NATO의 협력에 있어 터키는 이들 국가들의 군사훈련과 군사현대화사업

경제적 통합이 현실적으로 불가능하고, 따라서 튀르크블록이 유럽공
동체에 대한 대안이 될 수 없다는 점 역시 깨닫게 되었기 때문에, 유럽
공동체 가입에 다시 공을 들이게 되었다.

그러나 터키는 여전히 문화·인종·종교상의 공동 정체성이 중앙
아시아 지역에서 일종의 권력적 함의를 가진다고 판단했다. 여기서 흥
미로운 점은 터키 정치엘리트들이 서구에게 자국의 가치를 재증명하
고, 유럽연합 가입을 촉진하기 위해 중앙아시아 지역과의 정서적 관계
를 활용하고자 했다는 것이다(Bozdağlıoğlu 2003; Landau 1995). 다시
말해, 서구와 중앙아시아에서 동시에 국익을 추구하는 데 있어 터키는
자국의 정체성을 소프트파워의 일환으로 간주했던 것이다. 그러나 공
통의 정체성을 일방적으로 강요하는 것은 오히려 주변 국가들의 거부
감을 불러일으켰기에, 터키는 새로운 방식으로 자신의 정체성을 구성
해야만 했다. 손열(2009)이 지적하듯이, 자신이 가진 복수의 문화나
가치, 이념 중 어느 것을 구성하여 발산할 것인가 하는 자기 정체성 구
성의 문제는 소프트파워를 증진하는 문제와 깊게 결부되어 있기 때문
이다.

1. 터키 예외주의

그렇다면 정체성을 어떻게 구성, 강화하는 것이 소프트파워를 발휘할
수 있는 길일까? 김상배(2014a)에 따르면 많은 중견국들은 일정 정도

등을 통해 지역적 축(regional pillar)의 역할을 담당했다. 또 에너지 분야에서 터키는
미국의 지역전략에 있어 중앙아시아 에너지 생산국가와 유럽의 소비자들을 연결하는 에
너지 동서회랑(East-West energy corridor)으로서 중심 축(pivotal role)의 가치를 인정
받았다.

의 국력을 갖추게 되면 소프트파워를 활용한 외교 전략을 펴게 되는데, 이러한 중견국의 소프트파워 외교는 과거 개도국 시절의 외교나 다른 개도국들과의 차별화를 위해 '구별짓기(distinction)' 또는 '예외주의(exceptionalism)' 전략을 추구하는 양상으로 나타난다.

1990년 이전까지 터키의 정체성은 '유럽적/서구적 정체성'과 '아나톨리아 반도의 터키인'으로 요약할 수 있다. 터키공화국의 창시자인 케말 아타튀르크는 국가의 생존과 근대화를 위해서는 세속화를 바탕으로 한 서구화가 필요하다고 보았으며, 일련의 서구 지향적 정책을 통해 현대 터키 공화국의 서구적 정체성을 형성시켰다. 또한 그는 오스만 제국의 유산과 이슬람 전통을 제거하고자 아나톨리아 반도에 국한하는 순수한 터키 민족의 개념을 상정하여 새로운 터키의 국가정체성을 창조하였다.

그러나 1989년 유럽공동체 가입 거부와 1991년 소련의 붕괴로 유럽의 자격(credential)을 유지하려던 기존의 전략이 한계에 봉착하면서 터키 국내에서는 '터키인은 누구이며 터키는 어디에 속해야 하는가'에 대한 논쟁이 촉발되었다.[10] 이러한 상황에서 유럽에 대한 대안을 모색하면서 터키는 '터키 예외주의(turkish exceptionalism)'라는 프레임을 창조했다(Yanık 2011). '터키 예외주의'는 역사와 문명, 지리적 위치 등에서 나타나는 터키의 경계적(liminal), 혼성적(hybrid) 성격, 간단히 말해 이도저도 아닌 어중간한(betwixt and between) 위치를 점하고 있는 국가로서의 성격을 강조하면서 시작되었다. 이런 은유적인 표현은 좀 더 간단한 단어들을 통해 드러났는데, 당시 터키의 정치 엘리트들은 '문(door)', '자물쇠와 열쇠(latch and key)', '교차로

---

10 구체적인 내용은 Martin & Lenore(2004) 참조

(crossroads)', '가교(bridge)' 등의 용어를 사용했다. 이러한 용어들을 통해 터키는 국가 정체성을 재정의하고 동서 간의 중개자(broker)이자 피스 메이커(peacemaker)로서의 외교적 비전을 제시한 것이다. 당시 데미렐 총리는 "지금의 세계에서 터키는 동에서 서로, 서에서 동으로 향하는 문(gate)이라는 예외적인 중요성을 가지고 있다"고 주장했으며, 외잘 대통령은 다음과 같이 역설했다(Yanık 2011: 83).

"터키는 서구 선진국들과 이슬람 국가군 사이에 위치해있으며, 우리는 두 사람 사이를 이어주는 다리(bridge)처럼 서로 다른 문화를 연결해야만 한다. 다시 말해 우리는 서구의 과학 기술과 중동의 믿음, 가치체계를 종합해야만 하는 것이다. 이러한 가교 역할을 수행한다는 측면에서 터키는 지역과 세계평화에 기여할 수 있을 것이다."

1995년부터 7년간 터키 문화부 장관과 외무부 장관을 역임했던 젬(Ismail Cem) 장관 역시 전통적인 터키의 외교 정책은 '동 아니면 서, 혹은 유럽 아니면 아시아'의 이분법을 강요해왔다고 강하게 비판하면서, 터키는 이들 간의 '통합(synthesis)'과 '화해(reconciliation)'를 추구해야 한다고 주장했다.

그러나 앞서 잠시 언급했던 것처럼, 이러한 시도는 서구로 하여금 터키의 전략적 가치를 재고하게끔 하려는 측면이 강했다. 특히 데미렐의 뒤를 이은 칠레르(Tansu Ciller) 총리는 터키가 유럽과 아시아 사이의 전략적 링크가 될 수 있음을 유럽의 지도자들에게 설득하고자 노력했다. 칠레르는 1994년 1월 나토 정상회의에서 '터키는 평화를 위한 가교이자, 구소련 지역 신생독립국들의 가교이며, 중동에 서구적 가치를 전달하는 가교'라고 역설했다. 터키의 정치인들 역시 유럽공동체

가입을 위해 동서양의 가교이자 서구적 가치의 담지자로서 터키의 중
요성을 반복적으로 언급했는데, 이들의 주장은 주로 터키가 유럽의 전
폭적 지지를 받는다면, 서방의 대 중동, 중앙아시아 정책에 기여할 수
있을 것이며, 만약 그렇지 못할 경우 유럽의 평화 역시 담보되기 어려
울 것이라는 것이었다(Bozdağlıoğlu 2003: 103).

2. 중앙아시아 지역과의 관계 재설정

한편 '터키 예외주의'는 기존의 서구 편향성에서 벗어나 중앙아시아 지
역 국가들과의 협력 강화가 필요함을 의미하는 것이기도 했다. '동서 간
의 가교'라는 담론에는 '중앙아시아 지역과의 관계 강화'라는 맥락이 포
함되어 있는바, 터키는 이 지역에서 국가 건설과 평화 구축의 조력자가
되고자 했다. 이러한 점에서 '터키 예외주의' 담론 하에서 파생되는 튀
르크 연대주의는 터키가 구소련 붕괴 직후 상정했던 '거대한 튀르크 세
계' 혹은 '튀르크 블록' 등의 개념과는 차별성을 가지는 것이었다.

　　1991년 소련 붕괴 직후 터키는 중앙아시아 신생국들의 '탈소비
에트'를 유도하고 자국의 영향력 하에 편입시키고자 노력한 바 있다.
학계와 언론에서는 이러한 터키의 외교 전략을 '신오스만주의(Neo-
Ottomanism)'라는 표현을 통해 표현했다. 신오스만주의는 과거 오스
만제국의 일부였던 영토와 사람들에게 관심을 돌리고, '유럽의 동쪽
끝'이 아닌 새로운 세계의 중심으로서 터키를 재발견하자는 담론이었
다. 터키 정부는 이러한 개념에 기초한 외교정책을 수행했는데,[11] 당시

11　당시 터키의 외교노선은 학계와 언론에서 '신오스만주의' 외교의 시초로 평가받고 있으
　　나 터키의 정치 지도자들은 이러한 용어가 제국주의적, 팽창주의적 의미를 내포한다고
　　보고, 이러한 용어를 결코 사용하지 않았다(Yanık 2011).

의 정책은 터키의 현실적 상황판단과 국익에 기초한 것이라기보다 감상에 기댄 측면이 강했다(Aydin 1999; Rubin & Kirişçi 2002; Landau 1995). 유럽의 태도에 큰 실망감과 무력감, 분노를 느끼던 터키인들은 유라시아의 튀르크인들을 재발견하면서 그들이 더 이상 혼자가 아니라는 기대감을 바탕으로 외교 전략을 구상하게 되었던 것이다.

그러나 터키가 이 지역으로 진출해야 하는 전략적 이익 역시 분명히 존재했다. 1991년 걸프 전쟁이 발발하자 터키는 미국을 위시한 다국적군에 가담, 다국적군 공군기의 발진 기지를 제공하는 등 전쟁에 적극적으로 참여하였다. 이는 국가 안보를 수호하고, 미국 중심의 세계 체계에서 자국의 위치를 보존하기 위함이었다. 하지만 터키의 이러한 선택은 당시 터키 석유 수입의 약 20%를 차지하고 있던 이라크의 반감을 사게 되었는데 이를 계기로 터키는 에너지 수입에 있어 중동에의 의존을 줄이기 위해 중앙아시아산 에너지 수입 및 유럽으로의 수송에 관심을 갖게 되었다(Landau 1995: 202).

더불어 III절에서 언급되었던 일련의 환경변화로 인해 터키 정부는 서구와 밀접한 협력을 추구하는 동시에 다른 외교적 대안들 역시 탐색하고자 했다. 유럽이 아니라면 터키가 뻗어나갈 수 있는 방향은 남쪽의 중동이나 북쪽의 발칸반도, 중앙아시아, 캅카스를 포함하는 유라시아 지역이었다. 이 중 이란이나 아프가니스탄, 다른 중동국가들은 이슬람의 정치세력화를 그 무엇보다 경계하는 터키에게 결코 고려할 만한 선택지가 될 수 없었기 때문에, 그에 대한 대안 중 하나로 터키 정부는 유라시아 지역, 특히 튀르크 민족과의 협력 및 재접근을 시도하게 된 것이다. 또한 터키 국내의 튀르크 디아스포라 집단의 로비는 터키정부로 하여금 구 소연방 지역에서 더욱 적극적으로 활동하게 하는 추가적인 압력으로 작용했다(Bozdağlıoğlu 2003: 97). 이는 전적

으로 터키 외무부와 터키 군의 주도로 이루어졌던 이전의 터키 외교정
책결정과는 전혀 다른 양상이 나타난 것으로, 이후 외교정책 결정에
있어 국내 정치사회 세력의 역할 증대를 가져온 터키 외교사의 중요한
분기점이기도 했다.

이러한 맥락에서 시도된 적극적 외교정책의 첫 번째 이니셔티브로
터키는 1992년 6월에 흑해경제협력기구(Organization of the Black Sea
Economic Cooperation: BSEC)를 창설했다. 이 기구는 1990년 초에 주
미 터키 대사 쉬크뤼 엘렉다으(Şükrü Elekdağ)에 의해 처음 제안되었
으며, 외잘 대통령이 이를 수용하면서 추진되었다. 이 기구의 주된 목
적은 시장경제원칙을 기반으로 회원국들 간의 경제적 협력을 강화하는
것이었으며 터키는 이를 통해 유럽연합의 대안을 설정하고 외교노선을
다양화하고자 했다. 그러나 회원국들의 국내 정치 문제와 회원국들 간
의 갈등 때문에 초창기 BSEC는 성공적으로 작동하지 못했다.

또 소련이 사라진 권력의 공백 속에서 터키는 튀르크계 신생 독립
국들에 루블화 사용권에서 탈퇴해 자국의 화폐인 리라를 사용할 것을
제안하였으며, 사용 문자를 키릴에서 터키식 라틴 알파벳으로 바꾸도록
설득했다. 그러나 중앙아시아 국가들은 터키의 제안을 거부하고 오히려
1992년 독립국가연합(CIS)에 가입하면서 러시아와 루블화 공동은행 창
설에 합의하였으며 문자 채택 과정에서도 1992-1993년 기간 동안 국내
적 대립과 갈등 끝에 원칙적으로 터키 문자의 채택을 결정했으나, 결과
적으로 터키 문자는 이들 국가에서 성공적으로 정착하지 못했다.

이 지역에서 러시아를 대체하려던 터키의 시도는 역시 과거 구소
련의 영토에 대한 영향력을 수호하려는 러시아를 자극했다. 일례로 터
키는 아제르바이잔에서 탈CIS와 친터키 외교노선을 표방한 엘치베이
(Əbülfəz Elçibəy) 대통령을 적극 후원하였는데, 이에 러시아는 구소

련의 정치국 국원이자 KGB 출신인 알리예프(Heydar Aliyev)를 앞세
워 엘치베이 정권을 전복시켰다.

일련의 사태들을 통해 터키 정부는 러시아와의 갈등을 최대한 피
해야 하며, 러시아와 갈등하기보다 상호 보완적인 존재가 되어야 함
을 깨닫게 되었다. 이러한 재평가 결과는 1993년 이후 터키 관료들의
발언을 통해 드러났다. 정도당(DYP, True Path Party)의 당수였던 칠
레르는 1993년 총리가 되자마자, 외잘 정부의 정치적 레토릭이 터키
와 러시아의 신뢰관계를 크게 훼손시켰다고 비판했다(Bozdağlıoğlu
2003: 101). 또 일부 언론에서는 터키의 '지나친 공통성 강조'가 튀르
크계 국가들의 분노를 촉발시켰다고 평가하기도 했다(Rubin & Kirişçi
2002: 236).

이후 '튀르크족의 빅 브라더'나 '튀르크 세계' 같은 표현은 더 이
상 사용되지 않았다. 이제 터키 지도자들은 이들 신생 독립국들의 독
립적이고 민주적인 세속국가 건설과 자유로운 시장경제의 발전을 촉
진하는 후원자로서 터키의 모습을 강조하기 시작했다. 따라서 터키
의 대 중앙아시아 지역 정책의 목표는 (i) 터키계 공화국들의 국가 건
설과정을 돕고, (ii) 이 국가들의 경제를 세계시장과 연결해주는 다리
역할을 하며, (iii) 평화적 대화를 통해 지역 갈등을 중재, 문제 해결에
기여할 것으로 재설정되었다. 같은 맥락에서 터키는 1992년 1월, 총
리실 직속기관으로 터키국제협력단(Türk İşbirliği ve Kalkınma Ajansı:
TIKA, 영문명 Turkish International Cooperation Agency: TICA)을 창
설했다.[12] TICA의 공식적인 설립목적은 (i) 터키계 국가들과 터키 국

---

12   당시 터키 행정부 내에서는 외무부와 별개로 운영되는 터키계 공화국 담당 외무부를 신
     설하자는 의견도 존재했으나, 실현되지 못했다(Findan 2010).

경 인근 국가들에게 개발 원조를 제공하는 것과[13] (ii) 경제, 상업, 기술, 교육, 문화 등 각종 부문에서 진행되는 각종 프로젝트와 프로그램을 통해서 이들 국가들과의 협력을 제고하는 것이었다.

3. 터키 모델

이러한 원조를 통해 터키는 자국의 경험과 지식을 새로운 국가건설 과정에 투영함으로써 지역적 영향력을 확보하고자 했다. 그리고 이러한 이니셔티브를 가지고 터키가 궁극적으로 제시하고자 했던 것은 '터키 모델'이었다. 다시 말해 터키 모델은 미국과 중국의 정치경제적 발전 모델인 '워싱턴 컨센서스(Washington Consensus)'와 '베이징 컨센서스(Beijing Consensus)'처럼 터키가 세우고자 하던 '표준'의 일종이었다고 볼 수 있다.

1990년대 동안 터키의 정치 엘리트들과 서구 국가들은 터키를 민주주의, 세속주의, 자유시장경제의 모델로 홍보했다. 특히 터키 모델은 미국과 유럽에 의해 적극적으로 장려되었는데, 이는 역으로 터키의 입장에서는 터키 모델이 서구에게 자신의 역할을 홍보할 수 있는 수단이기도 했다는 점을 보여준다. 서구세력은 중앙아시아 세력 공백 상태에서 이란과 러시아의 영향력 증대와 이슬람 근본주의의 출현을 크게 경계했다. 소련이 붕괴하자마자 중앙아시아 지역에는 이미 이란뿐만 아니라 사우디아라비아, 파키스탄 등이 진출하기 시작했던 것이다. 이

---

13   1992년 설립 당시 TICA의 개발원조액은 전적으로 중앙아시아에 분배되었으며, 1992년과 1999년, 2002년, 2003년에 대 중앙아시아 원조 총액이 10억 달러에 이르러 정점에 달했다. 그러나 이후 TICA의 사업장이 다양화하면서 2005년에 이르러 TICA의 사업 중 55%만이 중앙아시아 지역에서 수행되었다.

란은 투르크메니스탄에서 이란에 이르는 천연가스 파이프라인과 철로를 건설하는 프로젝트 등의 경제적 유인책과 더불어 이란의 시아파 신정주의 체제를 전파하고자 했다. 이러한 이란의 행보의 반작용으로 사우디아라비아 역시 대규모 투자액을 바탕으로 중앙아시아 지역에 진출해 있었다.

이러한 상황에서 미국은 터키 모델 확산을 통해 이란의 영향력을 저지하고 이 지역에서 이슬람 정치세력이 등장하는 것을 억제할 수 있을 것이라고 판단했다. 1992년 2월 데미렐 총리가 워싱턴을 방문했을 때 부시(George H. W. Bush) 대통령은 터키가 '중앙아시아 신생독립국들뿐만 아니라 이 지역 전체의 모델'이라고 설명했다. 한편, 당시 중앙아시아를 순방 중이었던 베이커(James Baker) 국무장관 역시 중앙아시아 정상들에게 국가 발전을 위해 '터키 모델'을 받아들이라고 설득했다(Hale 2000: 290).

그러나 터키 안팎에서는 터키 모델이 사실상 존재하지 않는다거나, 존재하더라도 다른 국가의 모범이 될 만한 것은 아니라는 회의주의가 대두되었다. 이들은 쿠르드족 문제나 군부의 정치 개입, 경제 문제 등을 고려하면, 터키 모델 — 만약 그것이 실재한다면 — 은 터키 그 자체에서도 제대로 작동되고 있지 않다고 주장했다. 하지만 오스만 제국의 유산 속에서 현대적 민족 국가를 건설한 1920년대의 경험이나 일당제에서 다당제 민주주의로의 이행 경험, 국가계획경제에서 시장경제로의 전환, 세속국가 시스템과 무슬림 다수 사회의 공존 등의 역사적 경험들이 중앙아시아 국가들에게 하나의 '모범'으로 간주된 것은 분명한 사실이다. 중앙아시아 지역의 정치 엘리트들은 독립 직후부터 국가 발전을 위해 소련이 아닌 다른 발전 모델을 탐색했다. 서구는 그들에게 가장 이상적인 모델로 여겨졌는데 아무런 공통점도 없는 데다가, 오랫동안 관계가 단절되어 있던 서구 국가들 대신 그들은 터키나 이란이 자신들의 새로운 정체성을 탐색하고, 산적해있는 문제들의 해결을 도울 수 있는 국가로 적합할 것이라고 판단했다. 그리고 이 두 국가 중 터키는 중앙아시아 국가들이 궁극적으로 닮고 싶어 하는 서구와의 정치적·경제적 가교 역할을 수행한다는 점에서 특히 매력적인 국가였다.

정리하면, 소련 붕괴 직후 시도했던 중앙아시아 국가들의 '큰 형님' 역할은 좌절되었으나 터키의 국가 모델은 이 지역 국가들에게 여전히 국가 발전의 모범사례로 간주되었다. 다시 말해 이슬람과 민주주의 및 시장경제를 융합시키는 터키 모델은 터키의 소프트파워를 보여주는 대표적인 사례로 볼 수 있다. 또한 터키 모델은 서구세계 및 중앙아시아 지역과의 관계에 있어 터키의 핵심적인 외교정책의 도구였으며, 이란이나 러시아 같은 지역 경쟁자들과의 경쟁에서 승리할 수 있는 외교적 자산이기도 했다.

그러나 지역의 '모범'이 되고자 했던 터키의 기대만큼 터키 모델이 성공적이었다고 평가하기는 어렵다. 이러한 모델을 적극적으로 홍보하기에 터키의 경제적 능력은 여전히 부족했다. 다시 말해 터키의 매력과 국가모델은 중앙아시아 국가들에게 일정한 호소력을 발휘하기는 하였으나, 궁극적으로 터키 모델을 수용할 만한 정치적·경제적 동인은 상대적으로 부족하였던 것이다. 더불어 터키가 굳게 믿고 있던 튀르크 정체성이라는 것 역시 중앙아시아 국가들 사이에서 점차 그 의미를 잃어가고 있었다. 사실 이 지역에서 범튀르크 정체성은 70년이 넘는 소련의 지배와 민족정책[14]에 의해 상당히 약화된 상태였다. 독립

---

14 소련은 중앙아시아 지역에서 튀르크 민족주의가 출현하는 것을 방지하고 국가의 동질성을 약화시키기 위해 의도적으로 러시아인을 포함한 다양한 민족구성으로 각 국가들을

초기 잃었던 가족을 만난 듯한 기쁨과 기대감이 고조되었던 것은 사실
이었으나, 이러한 감정은 곧 사라졌고 '튀르크 블록'이나 '형제'와 같은
말은 수사적 표현에 지나지 않게 되었다. 이러한 상황에서 터키는 이
들과의 유대감을 회복하는 것이 우선이라고 판단, 이를 극대화하는 방
안으로서 문화·교육 부문에 외교적 노력을 집중시키기 시작했다.

V. 중앙아시아 공공외교: 교육 부문을 중심으로

중앙아시아 국가들과의 연대감을 회복하기 위한 일환으로 터키는 튀
르크 역사, 문화 유산 발굴, 공동 언어 및 알파벳 사용 환경 조성 등
을 목표로 하는 '튀르크 문화 및 예술 공동 협의회(Türk Kültür ve
Sanatları Ortak Yönetimi Genel Müdürlüğü: TÜRKSOY)'를 설립했으
며, 중앙아시아 현지에 튀르크 문화 및 언어센터(TÖMER) 설립, 자
만(Zaman), 튀르키예(Türkiye) 등 튀르크 민족주의 성향 신문 배포,
터키 위성방송 전파[15] 등의 활동을 벌였다. 여러 가지 문화교류 정책
중 터키가 가장 중점을 둔 것은 교육부문이었다. 1920년대 문자 개혁
과 서구식 교육을 통해 오스만제국에서 탈피한 새로운 터키의 정체성
을 성공적으로 확립시켰던 역사적 전통[16]을 통해 터키는 '교육'이 공동

출범시켰다. 또한 튀르크계 민족을 우즈벡, 카작, 키르기즈, 투르크멘, 아제리 등으로 세
분화하여 개별적인 민족 정체성을 부여하였다.

15   여기서는 주로 다루고 있지 않지만, 터키 위성방송 역시 중앙아시아에서 상당한 영향력
을 발휘하고 있는 것으로 알려져 있다. 1992년부터 터키국영방송 TRT는 TRT EURASIA
라는 위성 방송을 통해 중앙아시아 국가들에 터키어 방송을 송출하고 있으며, 현재 70
여 개의 터키 공중파와 유선방송 채널이 방영됨에 따라 중앙아시아 지역의 약 5천만 명
의 대중들이 터키 방송을 시청하고 있다.

16   공화국 초기부터 터키 정부는 새로운 '터키인'을 만들기 위해 다양한 교육적·문화적 조

의 정체성을 함양하는 최적의 수단이라고 판단했던 것이다. 이러한 점
에서 터키 일각에서는 대 중앙아시아 문화정책을 '제2의 교육 캠페인'
이라고 명명하기도 했다(Milli Eğitim Bakanlığı 1998: 20). 대 중앙아시
아 교육정책을 추진하는 데 있어 가장 중점적인 역할을 수행한 것은
터키 교육부였다. 교육부는 TICA보다 더 많은 개발원조액을 집행하
였으며(TICA 2008), 관련 사업을 효율적으로 운용하기 위해 1992년 5
월, 교육부 산하에 해외교육청(Milli Eğitim Bakanlığı Yurtdışı Genel
Müdürlüğü)을 신설하기도 했다. 이 기구는 터키정부 차원의 학생교
류 프로그램과 중앙아시아 지역에서 진행되는 교육 프로젝트 전반을
담당했으며, 특히 중앙아시아 터키학교들에 교과서와 교육 기구 등 각
종 물품을 공급하는 역할을 수행했다. 또한 TICA 역시 예산의 60% 이
상을 교육부문 사업에 배분할 정도로 사업의 대부분을 교육 분야에 집
중시켰으며 주로 해당 수혜국의 초·중·고등 교육기관 설립과 기존 학
교의 시설 보수 및 인프라 확충 사업을 전개했다.

　여기서 중요한 점은 이전까지 터키의 외교정책이 전적으로 정부
의 관할 하에서 정부 주도적으로 수행되었다면, 대 중앙아시아 교육
정책을 수행하는 데 있어 비정부 행위자들의 역할이 두드러졌다는 점
이다. 소련 붕괴 후 터키 사회에서는 같은 종교적, 인종적, 역사적 뿌
리를 가진 튀르크 민족들에게 대한 관심이 매우 높았고 독립 초기부터
종교단체, 기업, 개인사업자, 시민 단체 등의 수많은 비정부 행위자들
이 중앙아시아에 진출해 있었다. 대표적인 비정부 단체로는 튀르크 세

치를 취했는데, 그 대표적인 정책이 1928년에 시행된 문자개혁이었다. 기존에 사용되던
아랍문자 대신 라틴어에서 차용된 문자가 도입되면서 사실상 모든 터키인들은 학교에
다녀야 했다. 새로운 근대식 학교와 '국민의 집(Halkevleri: 성인교육을 위해 설립된 교
육기관)'에서 터키인들은 새로운 터키문자와 터키인 중심의 역사를 배우며 근대적 터키
인으로서의 정체성을 확립하게 되었다(서재만 2006: 64; 로데릭 1998: 175-177).

계 연구 재단(Türk Dünya Araştırmaları Vakıf, 영문명: Turkish World Research Foundation)과 세계 튀르크 청년 연합(Dünya Türk Gençler Birliği), 그리고 종교단체의 일종인 귈렌 운동(Gülen Movement: GM) 등을 들 수 있으며, 이 단체들은 튀르크 국가들 간의 활발한 교류와 동질성 회복을 목표로, 주로 각종 장학사업, 교육기관 운영, 학술대회 개최 등의 사업을 전개했다. 터키 정부는 직접적으로 튀르크 정체성을 홍보하는 데 부담을 느끼고 있었기 때문에 이러한 비정부 행위자의 활동은 외부의 의심을 불식시키고 외교적 목표를 달성할 수 있는 효과적인 수단으로 인식되었다. 따라서 터키 정부는 민간 단체들의 중앙아시아 진출을 적극적으로 장려하고 지원하게 되었다. 이처럼 대 중앙아시아 문화·교육 정책에 다양한 비정부 행위자들이 참여함에 따라 TICA는 이들을 연계·지원해주는 중앙아시아 교육 정책의 컨트롤 타워 역할을 수행하게 되었다.

정리하면 터키 모델을 전파하는 데 어려움을 겪던 터키는 그에 앞서 중앙아시아 국가들과의 관계를 재강화하기 위해 문화·교육 분야를 중심으로 한 대 중앙아시아 외교 전략을 수립하였는데, 그중 터키가 가장 적극적으로 추진한 정책은 학생교류 사업과 터키학교(Turkish School)[17]의 설립이었다.

---

17 'Turkish School'은 '터키식 학교', '터키형 학교', '터키학교' 등으로 번역된다. 그러나 본 논문은 중앙아시아 내 학교들의 구조나 교육과정 등이 터키교육의 그것을 일부 차용한 것이 아니라, 터키 국내 교육체계 내의 학교와 같은 형태로 지어진다는 점을 감안해 '터키학교'라는 용어를 사용하였다.

1. 학생교류 프로그램

나이(Joseph S. Nye)와 앳킨슨(Carol Atkinson)에 따르면 교육교류 프
로그램은 유학생들을 통해 자국의 규범·가치 등을 타국에 전파함으로
써 정치적 영향력을 행사할 수 있는 중요한 공공외교의 수단이자 소프
트파워의 일종이다(나이 2004; Atkinson 2010). 미국의 풀브라이트 프
로그램은 이러한 설명의 대표적인 예라고 볼 수 있는데, 터키가 정부
차원에서 실행한 가장 대표적인 학생교류 프로그램은 교육부의 주도
하에 1992년부터 실시한 '대규모 학생 교류프로젝트(Büyük Öğrenci
Projesi, 영문명 Great Student Project)'이다. 터키는 이 프로그램을 통
해 주로 중앙아시아 출신 학생들을 초청해 중·고등교육의 기회를 제공
하고자 했다. 터키 정부는 공식 문서를 통해 이 프로그램의 목표는 (i)
터키계 공화국의 교육 수준을 제고하고, (ii) 터키 문화에 친숙한 세대
를 기르며, (iii) 이들 공화국에 필요한 인재를 양성하고, (iv) 튀르크
세계 간의 친밀감을 유지하는 데 필요한 영구적인 가교를 건설하는 것
에 있음을 밝혔다(Akçalı 2012: 12). 그러나 궁극적으로 터키는 이러한
정책을 통해 튀르크 정체성을 가진 엘리트와 친 터키 성향의 대중들을
양성하고 이를 통해 터키와 중앙아시아 국가들 간의 관계를 강화할 토
대를 만들고자 했다. 이러한 시각은 터키 고위 관료들의 발언들을 통
해 드러났는데, 1992년 당시 교육부 장관은 "학생들은 다양한 교육교
류 기회를 통해 터키 친구들을 사귈 기회를 얻게 될 것이고, 점차 공통
의 사고방식을 가지게 될 것이다. 나아가 이들이 교육을 마치고 자국으
로 돌아가면 하나의 튀르크 세계를 만드는 데 중요한 토대가 될 것이
다."(Demir 2000: 142)라고 언급하였으며 일부 정부 문서에서 역시 '터
키어를 사용하는 학생들이 자국으로 돌아가 러시아어를 구사하는 엘리

트를 대체'하기를 바라는 기대감이 표출되었다(Hunter 2001: 138).

　터키는 1992년에 처음으로 고등교육과정에서 7,000명, 중등교육과정에서 3,000명의 학생을 모집했는데, 터키정부는 모든 국가들이 터키에게 똑같이 중요하다는 것을 보이기 위해 중앙아시아 5개국에서 각각 2,000명씩 학생을 선발하는 등 장학생의 수까지 고려하기도 했다(Yanik 2004: 295). 특히 주목할 만한 점은 다른 국가들에서 운영하는 정부 차원의 장학 프로그램들이 주로 대학원 과정이나 단기 어학연수를 지원하는 반면, 터키는 기초교육(중·고등학교 과정)에도 장학금을 지원했다는 것이다. 이러한 점은 터키 학생들과 중앙아시아 국가 학생들이 '공통된 정서와 사고방식'을 갖도록 하기 위해 터키정부가 장학사업을 전략적으로 운영했음을 암시해준다. 실제로 TICA의 한 관료는 '고등교육뿐만 아니라 모든 수준의 교육과정에서 교사와 학생, 학자들이 교류하는 것은 터키와 튀르크계 국가들 간의 연대를 회복하는 데 반드시 필요하다. 그러므로 교육은 우리의 목표를 실현하는 가장 중요한 수단이자 정치 영역인 것이다'고 밝히기도 했다(2008년 TICA 인터뷰, Akçalı 2012에서 재인용).

　그러나 장학생들을 '21세기 튀르크 현대화의 첨병'으로 삼고자 했던 터키의 야심찬 프로젝트는 1990년대 중반 이후 모멘텀을 잃게 되었다. 〈표 1〉에서도 나타나는 바와 같이, 1990년대에서 2000년대로 넘어가면서 장학생의 숫자는 확연히 줄어들었는데, 이러한 감소의 주요 원인은 터키 정부의 재정적 능력에서 기인했다. 정책 시행 초기에 터키는 많은 수의 학생들을 초청하면서 재정을 마련하는 데 어려움을 겪었으며, 이에 따라 장학금 지급이 제때에 이루어지지 않는 경우도 있었고, 학생 1인당 지급되는 장학금의 절대적인 액수도 매우 적었다.[18]

18　2012년을 기준으로 매달 학부 장학생에게는 114달러, 대학원생에게는 131달러가 지급되고 있다.

표 1. 1997년, 2002년도 터키 정부 장학프로그램 초청 인원

	1997	2002
아제르바이잔	1,793	616
우즈베키스탄	438	3
투르크메니스탄	2,226	822
카자흐스탄	1,178	617
키르기스스탄	804	699
기타 발칸, 아시아 국가	3,106	2,894
합계	9,545	5,651

출처: Milli Eğitim Bakanlığı, Milli Eğitim Sayısal Veriler 2003

터키의 정책결정자들 역시 낮은 장학금 액수가 터키 교육정책의 가장 큰 장애물이자, 근본적인 실패 원인이었음을 지적하기도 했다(Akçali 2012: 13).

　두 번째 문제는 학생 선발 기준에 있었다. 장학 프로그램을 운영하는 데 있어 터키 정부는 장학생의 자질이나 역량보다는 장학생의 수를 늘리는 데 집중하였다. 또한 많은 학생들이 실질적으로 현지의 연줄이나 집안의 배경에 의해 선발되면서 교육 및 학위 과정을 마친 학생의 비율이 전체 장학생의 약 50% 정도에 지나지 않았다.[19]

　또 다른 문제는 터키와 우즈베키스탄 간의 정치적 긴장관계에서 비롯되었다. 양국 간의 첫 번째 정치적 위기는 1993년 우즈베키스탄의 대표적인 반정부 인사인 무함마드 살리흐(Muhammad Salih)와 압둘라흐만 폴랏(Abdurrahman Polat)이 터키로 망명하면서 시작되었

19　1992~2000년 동안 터키정부 초청 장학생 21,871명 중 교육 과정을 이수하고 자국으로 돌아간 학생은 10,854명에 불과했다(Yanik 2004: 297). 이러한 낮은 성취는 엄격하지 못한 선발 과정뿐만 아니라 턱없이 부족한 장학금액, 중앙아시아 국가들과 전혀 다른 교육 시스템과 수준으로 인한 학생들의 부적응 문제 등이 종합적으로 작용한 것으로 평가되었다.

다. 카리모프 대통령은 터키에 이들을 즉각 추방할 것을 요구하였으나, 터키는 이러한 요구를 거절했다. 또 1996년 이슬람 정당인 복지당이 선거에서 승리한 후, 우즈베키스탄 정부는 복지당이 자국의 유학생들을 이슬람 원리주의자로 만든다고 주장하면서 1994년과 1997년에 걸쳐 터키 내 유학생들의 송환을 지시했다. 이와 더불어 1999년 발각된 우즈베키스탄 카리모프 대통령에 대한 암살계획에 터키가 일조했다는 의혹이 일면서 양국 간의 정치적 긴장감이 고조되었고 2002년에는 단 3명의 우즈베키스탄 유학생만이 터키에 남게 되었다. 터키정부는 곧바로 우즈베키스탄 반체제 인사들과의 관련성을 부정했지만 이에 따른 여파는 결코 적지 않았다. 비록 다른 중앙아시아 국가들과 직접적으로 관련된 사건은 아니었으나, 이들은 자국의 유학생들이 터키 내에서 반체제 인사들과 접촉할 것을 우려했던 것이다. 따라서 이 사건을 기점으로 중앙아시아 장학생의 규모가 크게 축소되었다.

실제로 터키 정부 스스로도 1993년 무렵부터 교육교류 프로그램에 많은 문제점과 한계가 있었음을 자각하고 있었다(MEB 1998). 그러나 결과적으로 볼 때, 1992년부터 10년간 터키에서 장학 혜택을 받고 본국으로 귀환한 중앙아시아 장학생의 숫자는 21,871명에 달한다. 이 숫자는 터키 정부 초청 장학생만을 집계한 것으로, 정확한 통계자료는 없지만, 다른 민간단체에 의해 유입된 정확한 학생의 수를 포함하면 전체 학생의 수는 상당할 것으로 예측된다. 이러한 점에서 터키 정부는 궁극적으로 교육 교류 정책이 터키와 튀르크계 국가들 간의 관계 증진에 기여했다고 평가하면서[20] 교육교류 정책을 지속해야 함을 역설

---

20 일부 터키 관료들은 이 지역 학생들의 터키 유학 수요가 여전히 높다는 것은 약 15년간의 터키 교육정책이 매우 유용하고 성공적이라는 점을 증명해준다고 주장하기도 했다. 그들의 주장에 따르면, 터키의 국가 장학프로그램은 중앙아시아 개별 국가들에게 각각

했다. 2001년 국회의 교육예산 배분 논의 동안 당시 쳄 외무부 장관의 "소연방에서 분리 독립한 튀르크계 공화국들의 안정적인 시장자본주의와 민주주의로의 전환을 위해, 터키와 중앙아시아 국가 간의 정치·경제·문화 관계 발전을 위해 터키 정부는 장학사업을 통한 교육교류를 활성화해야 한다(오종진 2007a)."라는 발언은 터키가 중앙아시아에서 외교적 목표 실현에 있어 교육이 매우 중요한 수단임을 인식하고 있었음을 확인시켜준다.

최근에는 기존의 문제들과 더불어 많은 중앙아시아 학생들이 터키가 아닌 미국이나 유럽 대학으로 유학하는 경우가 증가하면서 더욱 체계적이고 적극적인 정책을 펴야 할 필요성이 제기되었다. 이에 따라 터키정부는 기존에 지속해오던 대규모 학생 교류 프로젝트와 더불어 2012년 EU의 'Erasmus Mundus' 프로그램을 벤치마킹해 'MEVLAVA' 고등교육교류 프로그램을 시작했고, 2014년에는 'Study in Turkey' 프로젝트를 발족했다. 이 프로젝트는 2014년 5월 미국 샌디에고에서 열린 국제교육자협회(NAFSA) 주최 연례 컨퍼런스에서 터키 고등교육원(YOK) 원장 Gökhan Çetinsaya에 의해 처음 소개되었는데, 그는 현재 20,000~30,000명 수준인 학생 수를 70,000명까지 확대하는 것이 목표이며, 궁극적으로는 이 프로젝트를 통해 세계적인 교육허브(educational hub)로 발돋움하겠다고 밝혔다.[21] 또 그는 터키의 다문화주의, 다인종주의, 다종교주의적 특징과 더불어 고등교육이 터키의 중요한 소프트파워 자산임을 강조하기도 했다.

1,500명씩 할당되어 있으나, 이들은 이 숫자를 2,000~3,000명까지 확대해줄 것을 지속적으로 요청하고 있다(2008년 터키 총리실 인터뷰; Akçalı 2012에서 재인용).

21　http://scholarship-positions.com/blog/study-in-turkey-foreign-students/201406 (최종검색일: 2014.7.7.)

2. 터키학교

많은 국가에서 국제 학생교류 프로그램이 공공외교의 일환으로 활용되고 있음은 잘 알려진 사실이다. 또 같은 목적으로 다른 국가에 언어·문화 센터를 설립하는 경우도 있는데 프랑스의 알리앙스 프랑세즈(Alliance Française)나 독일의 괴테 인스티튜트(Goethe-Institute), 중국의 공자학원 등이 이러한 예에 속할 것이다. 특히 최근 그 수가 폭발적으로 증가하고 있는 공자학원은 그 자체만으로도 국제정치학 분야의 주요 연구주제로 다루어졌다(Paradise 2009; Wang 2008).

그러나 터키의 독특한 점은 이러한 언어·문화 센터 이외에도 초·중·고등학교[22]에서 대학교에 이르는 일반 교육기관을 주로 설립했다는 것이다. 터키 정부가 이 지역에 최초의 교육기관을 설립한 것은 1995년으로, 당시는 터키가 대 중앙아시아 정책을 펴는 데 있어 문화·교육 분야에 더욱 집중하기 시작한 시기였다. 터키는 친 터키성향의 엘리트를 직접 중앙아시아 현지에서 선발해 육성하겠다는 목표를 가지고 1995년, 각각 네 곳의 초등학교와 아나톨리아 고등학교, 두 곳의 비공식 직업교육 센터 및 투르크-카작 호카 아흐멧 야세위 대학교(Turk-Kazak Hoca Ahmet Yasevi University)를 설립했으며 1998년에는 민간재단과 합작해 키르기스스탄에 '튀르크-키르기스 마나스 대학교(Turk-Kyrgyz Manas University)'를 설립했다. 또 정부 차원에서 수천 명의 교사 인력을 중앙아시아 학교들에 파견했다.

---

22 여기서 고등학교는 터키의 일반 고등학교에 해당하는 리세(lise)가 아니라 한국의 특수목적고에 해당하는 아나톨리아 고등학교(Andadolu Lisesi)를 의미한다. 터키 정부는 공교육의 경쟁력 강화를 목적으로 '아나톨리아 고등학교'와 과학고(Fen Lisesi)를 운영하고 있으며, 모든 수업을 영어로 진행한다(오종진 2007a: 145).

　그렇다면 터키가 국가 차원에서 이러한 학교들을 설립하게 된 계기는 무엇일까? 여기에는 터키 내 비국가 행위자들의 역할이 컸다. 이들은 터키 정부가 이 지역에서 본격적으로 학교를 설립하기 이전인 1991-1992년부터 이 지역에 진출해 다양한 종류의 교육기관을 설립하였다. 1990년대에 중앙아시아에는 약 200여 개 이상의 초·중·고등학교와 10여 개의 대학이 설립되었는데, 〈표 2〉와 〈표 3〉에서 확인할 수 있듯이, 중앙아시아에서 운영된 교육 기관 중 대부분은 터키 정부가 아닌 민간단체들에 의해 설립되었다.

　이 중 GM은 중앙아시아에서 가장 광범위하고 활발한 교육 네트워크를 보유한 민간단체로, 터키가 적극적인 교육정책을 펴는 데 중요한 계기이자 원동력으로 작용했다. GM의 창립자인 페툴라 귈렌(Fetulla Güllen)은 터키의 종교 지도자이자 교육 운동가로, '근대성(modernity)'이 이슬람 부흥의 열쇠라고 주장했던 종교 사상가 사이드 누르시(Said Nursi)[23]의 영향을 받아 이슬람의 현대화를 주장했다. 같은 맥락에서 GM은 현대 세계 속의 이슬람 세대를 양성하기 위해서는 교육이 핵심이 되어야 한다는 발상 하에 탄생하였다.[24] 이러한 신념 하에서 GM은 1980년대 터키 내에 많은 학교를 건설했는데, 소련 붕괴 이후 1992년부터 중앙아시아에 진출해 터키학교를 건립하기 시작했다. 터키 내의 귈렌 학교가 종교적 색채를 많이 띠고 있었다면, 중앙아시아에 진출한 귈렌 학교[25]는 튀르크 민족주의적인 성향을 가지고 있던

23　누르시의 생애와 철학에 관해서는 Balcı(2003) 참조.

24　귈렌은 현대 교육의 중요성을 강조하기 위해 정치적 이슬람과 반대되는 담론으로서 '교육적 이슬람(educational islamism)'이라는 용어를 고안하기도 했다(Silova 2009).

25　GM이 세운 중앙아시아에 설립한 학교들은 '귈렌 학교'라고 불리기보다, 터키정부 설립학교나 다른 사립학교들과 더불어 통칭 '터키학교'로 명명된다. 그러나 본 논문에서는 이들을 다른 학교들과 구분하기 위해 '귈렌 학교'라는 용어를 사용하였다.

표 2. 터키 교육부가 설립한 초·중·고등학교 및 터키어 교육센터(TÖMER)

	학교	학생 수	TÖMER	학생 수
아제르바이잔	2	452	1	40
우즈베키스탄	1	98	–	–
타지키스탄	–	–	1	97
투르크메니스탄	2	999	3	399
카자흐스탄	–	–	2	101
키르기스스탄	3	698	1	480

출처: Milli Eğitim Bakanlığı, Milli Eğitim Sayısal Veriler 2003

표 3. 비정부단체들에 의해 설립된 터키학교 현황

국가	GM		튀르크 세계 연구재단	
	고등학교	대학교	고등학교	대학교
아제르바이잔	11	1	1	2
카자흐스탄	27	1	3	2
우즈베키스탄	18	–	–	–
키르기스스탄	11	1	–	1
타지키스탄	5	–	–	–
투르크메니스탄	12	1	–	2

출처: Milli Eğitim Bakanlığı, MİLLÎ EĞİTİM İSTATİSTİKLERİ 2013

귈렌의 영향으로 민족적·문화적 요소를 가미하고 있었으며 1992년에
서 2000년 사이에 GM이 중앙아시아에 설립한 교육기관의 수는 100
여 개에 육박했다.[26] 이러한 GM의 활동은 터키 정부에게 큰 주목을 받
았다. 터키의 외교정책결정자들, 특히 외잘 대통령과 데미렐 총리는
귈렌 학교를 중장기적인 터키문화 및 정체성의 전파 수단으로 간주했
고, 이들 학교에 경제적 지원을 아끼지 않았을 뿐만 아니라 신생 독립

26   GM은 중앙아시아 튀르크계 국가들뿐만 아니라, 세계 여러 지역에 학교를 설립해 각 국가
      의 튀르크계 민족을 교육시키고자 했다. 전 세계에 분포한 귈렌 학교의 현황은 〈부록〉 참조.

국들이 이 학교들을 수용하고 설립하도록 적극적으로 설득하기도 했다. 그러나 귈렌 학교 역시 이슬람 교육 운동의 일부였기 때문에 터키 외교부 일각과 중앙아시아 현지 대사관에서는 이들 학교가 자유 민주주의의 가치를 부정하고 학생들에게 급진적인 이슬람을 전파할 것이라는 의혹을 제기하기도 했다(Kirişci 2012: 325). 특히 그들은 귈렌 학교가 종교 교육에 집중할 것이라고 의심했는데, 이 학교들이 터키 교육부의 지침에 의거한 교육 과정을 수용하고, 궁극적으로 자신들과 귈렌 학교가 같은 목표를 공유하고 있음을 확인하면서 협력관계를 강화해나갔다. 그들 스스로도 인정했다시피, GM은 터키 문화와 튀르크주의를 전파하는 일종의 '로비스트'가 된 것인데, 귈렌 역시 학교의 성공은 곧 터키의 성공이라고 밝히기도 했다(Yanik 2004: 300).

또 다른 중요한 교육 단체인 튀르크세계연구재단 역시 아제르바이잔, 카자흐스탄 등지에 교육기관을 설립했는데, 이들은 신생 독립국들의 국가건설에 전문경영인과 행정가가 필요하다는 인식 하에 주로 행정대학과 경영대학을 설립했다. 이 재단이 운영하는 교육기관으로는 아제르바이잔 바쿠에 위치한 아제르바이잔 국립경제대학교와 키르기스스탄 잘랄아바트(Jalal-Abad)의 경제-경영대학교 등이 있다.

터키학교는 당시 중앙아시아 사회에서 큰 호응을 얻었다. 정부 차원에서 볼 때, 소련으로부터 막 독립한 신생 중앙아시아 국가들은 소련식 사회주의 사회 시스템에서 벗어나 새로운 사회를 건설해야 하는 전환기에 놓여있었으며, 교육체계 역시 예외는 아니었다. 또한 사회적 전환기의 혼란 속에서 교육재정의 부족[27]으로 교육의 질이 현저하

27　국가 경제 악화로 GDP 대비 교육재정의 비율은 우즈베키스탄의 경우 독립 이전의 3분의 1, 아제르바이잔, 카자흐스탄, 키르기스스탄에서는 2분의 1 수준으로 대폭 하락했다(Silova 2009: 182).

게 저하되어 있었고 해당 정부들 역시 교육 문제를 사실상 방치해 둔
상태였다. 이러한 상황에서 중앙아시아 정부들은 수준 높은 교육 서비
스와 투명성을 앞세운 터키학교의 설립을 적극적으로 환영하였다. 특
히 GM은 현지에 방치되어 있는 오래된 학교들을 인수해 리모델링하
는 방식으로 학교를 설립·운영했는데 중앙아시아 지방 정부들은 이들
과 업무 협약을 체결하고 전기나 상·하수도 등의 기본 인프라 시설을
지원했다. 또한 중앙아시아 국가 정부들은 터키학교가 소련의 색채를
지우고 튀르크 정체성과 더불어 개별 국가의 정체성이 확립되도록 돕
는다는 점에서 이들 학교의 설립을 긍정적으로 인식했다.

중앙아시아 대중들 역시 터키학교를 긍정적으로 인식했는데, 이
는 주로 터키가 제공하는 높은 수준의 교육 때문이었다. 중앙아시아
터키학교의 교육과정은 터키와 동일하지만, 현지 교사가 역사·문학
·러시아어를, 터키 교사는 영어·컴퓨터·터키어·수학·과학 과목을
맡는다는 특징을 가지고 있다(Engin-Demir 2000: 152). 또한 대부분
의 수업이 영어로 진행되고 터키어와 러시아어, 현지 투르크어를 필
수선택 언어로 채택해, 학교의 국제적 경쟁력과 수준을 향상시켰다는
평가를 받았다(오종진 2007b: 77). 특히 이들 학교에서는 생물학, 수
학, 물리학, 컴퓨터 같은 과목들이 가장 중요하게 취급된다. 현지 학부
모들은 터키학교의 교육과정에 상당한 만족감을 드러냈는데, Engin-
Demir의 연구 결과에 따르면, 현지 학부모들은 현지 학교에 비해 터
키학교의 교육의 질과 학교 기반 시설이 좋다는 점과 컴퓨터를 배울
기회가 주어진다는 점, 최대 3개 국어(영어, 러시아어, 터키어)를 배울
수 있다는 점 때문에 터키학교를 선호하고 있었다(Engin 2000: 144).
또 터키학교 학생들의 대학 진학률이 90%를 상회하고, 각종 국제 올
림피아드 대회에서 뛰어난 성적을 거두는 등 터키학교의 교육 수준이

높다는 점이 알려지면서 많은 정부 관료들이 자신의 자녀를 터키학교에 진학시키고 있고, 이에 따라 입학 경쟁 역시 매우 치열한 것으로 알려져 있다.[28] 이러한 점에서 터키학교는 중앙아시아에서 현대식 교육의 이상적인 모델로 인식되고 있다.

또한 터키학교의 중요한 점은 중앙아시아 학생들이 '시장경제'나 '민주주의'와 같은 생소한 개념들을 이해하고 급격한 사회변동을 원만하게 수용하도록 돕고 있다는 점이다. 특히 직업전문학교들은 중앙아시아 국가들의 산업과 시장경제를 발전시킬 것으로 기대되었는데, 이곳에서 시장경제의 운영원리나 경제발전에 필요한 신기술들을 중점적으로 가르쳤기 때문이다. 당시 중앙아시아 국가들은 구소련 시절의 오래된 산업·농업 생산기술들을 발전시킬 능력이 부재했기 때문에 중앙아시아 정부의 입장에서 터키학교에서 가르치는 기술과 지식은 국가발전에 필요한 터키만의 노하우로 간주되었던 것이다(Balci 2003: 157). 그리고 많은 터키학교들은 중앙아시아에 진출한 터키 기업들[29]이나 비영리 교육 재단에 의해 운영되었는데, 특히 기업들은 현지 회사와 공장 운영에 필요한 인재를 발굴하기 위해 터키학교에 많은 자본을 투자했다. 중앙아시아 학생들은 터키학교의 교육과정을 통해 자본주의를 이해하고, 졸업 후에는 터키 기업에서 시장경제의 원리와 새로운 기술들을 체득할 수 있었던 것이다. 각 국가의 관료들도 터키학

28　진출 초기 터키학교의 수업료는 무료였으나, 시간이 흐르면서 일부 학교들이 높은 수업료를 책정하면서 터키학교는 점차 부유층과 정부 고위관료의 자녀들이 다니는 엘리트 학교로 자리 잡게 되었다.

29　중앙아시아에서 여러 교육기관을 운영한 대표적인 회사로는 Silm Anomim Şirketi(우즈베키스탄), Feza et Şelale(카자흐스탄), Sebat(키르기스스탄), Başkent(투르크메니스탄), Cag Oyrertim-Isletmetleri(아제르바이잔), Şalola(타지키스탄) 등이 있는데, 이들은 대부분 GM과 밀접한 관계를 유지하고 있었다.

교를 통해 서방세계를 이해하고 서구식 시스템에 익숙해지는 데 도움
을 받고 있다고 밝히기도 했다(Akkok 2000; Balci 2003; Engin-Demir
2000). 이러한 점을 볼 때, 터키는 터키학교를 통해 중앙아시아 국가
들을 자유민주주의와 자본주의 시장경제로 대표되는 서구세계를 연결
해주는 중개자 역할을 수행했다고 볼 수 있다.

　　그러나 중앙아시아 터키학교의 구체적인 정책적 효과는 아직 입
증된 바가 없다. 특히 개별 국가에서의 효과성에 대해서는 더욱 그렇
다. 터키 정부의 목적이 달성되었는지 확인하기 위해서는 각 학교의
졸업생에 대한 추적 조사가 필요한데, 아직 이러한 조사가 이루어진
바가 없기 때문이다. 그러나 카자흐스탄, 투르크메니스탄, 키르기스스
탄에서는 사법부에 터키학교 출신들이 일부 포진해있는 것으로 알려
져 있다(Yanik 2004: 303). 또 학부모들이 터키학교를 선호하는 주된
이유로 문화적·종교적·언어적 친밀성을 꼽은 점, 학생들 역시 학교를
통해 터키에 대한 선호가 높아졌다고 밝힌 점 등을 볼 때(Akkok 2000;
Balci 2003; Engin-Demir 2000), 터키학교가 중앙아시아에서 터키 친
화적 분위기를 형성한 데에 일조했다고 볼 수 있다.

　　하지만 또 다른 사실은, 2000년대 이후 일부 국가에서 터키학교
의 수가 감소하기 시작했다는 것이다. 터키와 우즈베키스탄의 정치적
갈등은 교육교류 프로그램뿐만 아니라 터키학교의 축소 역시 초래했
는데, 1999년 카리모프 대통령 암살 미수 사건으로 우즈베키스탄 정
부는 6개 터키학교와 TÖMER를 폐쇄했다. 나아가 2010년에는 우즈
베키스탄 내 터키학교가 완전히 폐쇄되었으며, 2012년에는 터키 방송
방영을 전면적으로 금지시키기도 했다. 이러한 점을 고려할 때, 우즈
베키스탄에서는 이른 시일 내에 터키학교가 다시 운영되기 어려울 것
으로 전망되며, 이에 따라 터키학교가 영향력을 발휘할 가능성 역시

봉쇄되었다. 따라서 터키 정부는 우즈베키스탄 사태의 재발을 방지하기 위해 터키학교의 설립과 교육과정 및 교과서 전반을 검토하는 시스템을 마련하게 되었다. 또 최근 투르크메니스탄은 스스로 자국의 교육 시스템을 관리·운영할 수 있다는 계산하에, 2010년에 상징성이 높은 투르굿 외잘학교와 국제 투르크멘 터키 대학을 제외한 모든 터키학교를 투르크메니스탄 국내 교육체계에 편입시키기로 결정하였으나 여전히 아제르바이잔, 카자흐스탄, 키르기스스탄, 타지키스탄 등에서는 터키학교가 활발히 운영되고 있다(Balci 2003).

VI. 맺음말

본고에서는 네트워크의 관점에서 본 중견국의 소프트파워 외교 전략을 바탕으로 1990년대 터키의 외교 전략의 변화와 거기에서 파생된 중앙아시아 공공외교 정책을 살펴보았다. 터키는 1923년 공화국 탄생 이후 서구화를 지향해왔다. 터키 독립의 아버지인 케말 아타튀르크는 국가 발전을 위해서는 터키가 유럽에 속해야만 한다고 굳게 믿었고, 터키의 세속주의자들에게 서구화는 현대화와 동의어로 간주되었다. 이러한 관념은 터키의 유럽적 정체성을 강화시켰고, 서구 지향 외교라는 터키의 기본적인 외교정책의 틀을 확립시켰다. 이와 더불어 2차 세계대전 이후 소련의 등장으로 완충국가로서 터키의 지정학적 중요성이 증가함에 따라 터키는 미국의 군사적·경제적 지원을 받으며, 서구 세계에 완전히 편입되는 듯했다.

그러나 1991년 소련의 붕괴를 계기로 자국의 전략적 가치가 하락하면서 터키는 새로운 정체성과 외교노선을 모색하기 시작했다. 이와 더불어 1940년대부터 유럽공동체 가입을 준비해온 터키는 1989년 유럽집행위원회로부터 가입을 거부당하면서 큰 충격에 빠지게 되었다. 유럽적 정체성을 완성해나가고 있던 터키인들은 크게 분노했으며, 터키인의 새로운 정체성을 모색해야 한다는 주장이 제기되었다. 이때 중앙아시아 지역 국가들의 독립은 터키의 정체성과 외교정책의 재정립에 있어 중요한 계기가 되었다. 중앙아시아에서 새로 독립한 국가들은 터키와 민족적, 언어적, 종교적으로 밀접한 연관성을 가지고 있었으며, 이러한 유대감을 바탕으로 터키는 지역 강대국이라는 새로운 역할을 추구했다. 그러나 물질적 한계로 인해 그러한 목표를 달성하는 데 실패하면서 터키는 중앙아시아 지역과 서방 세계 간의 중개자로 자국의 정체성을 재구성하면서 서구에게는 자신의 전략적 가치를 인정받고, 중앙아시아 지역에서는 자국의 영향력을 더욱 확대하고자 하였다. 궁극적으로 터키는 이슬람과 서구식 정치경제 시스템이 공존하는 소위 '터키 모델'을 새로운 국가모델로 제시하고 전파하고자 하였는데, 이때 터키는 문화와 교육 교류를 적극적으로 활용하였다.

그러나 본문의 내용에서 확인할 수 있듯이, 사실상 터키의 이러한 시도는 성공적이었다고 보기 어렵다. '범튀르크주의'부터 '터키 모델', 또 이 글에서 주목했던 교육 분야에서의 공공외교 정책까지 그 내용과 영향력 측면에서 볼 때, 이러한 전략들은 결과적으로 자기 선언적 담론과 전략 수준에 그쳤다는 평가를 받을 수 있을 것이다. 또 속성론의 잣대로 볼 때, 본 논문에서 주된 배경으로 삼고 있는 1990년대의 터키가 과연 중견국의 범주에 포함될 수 있는가 하는 의문이 제기될 수 있다. 그러나 당시 터키의 행태는 전체 구도 속에서 자국의 위치를 설정하고 그에 맞는 역할과 전략을 모색하고자 했던 최초의 시도였다는 점에 그 의의가 있다. 더불어 당시 터키가 펼친 외교 전략은 소프트파워 외교와 공공외교를 펼치려는 중견국들에게 일정한 함의를 준다.

첫째, 소프트파워 외교 전략을 짜는 데 있어 국가 정체성의 구성이 중요하다는 것이다. 한 국가가 가지고 있는 다양한 측면의 정체성 중 어떤 부분을 부각시키고 강조하느냐에 따라 국제정치의 장에서 국가의 운신의 폭이 달라질 수 있기 때문이다. 이런 점에서 국가 정체성은 단순히 국내 정치적인 문제가 아니라 외교 전략의 도구가 될 수 있다. '터키 예외주의'와 '튀르크 연대주의'가 터키 외교의 새로운 공간을 열어주었던 것처럼, 다른 중견국들 역시 나름의 예외주의와 연대주의의 발상에 관심을 기울임으로써 소프트파워 외교를 펼칠 수 있을 것이다.

둘째, 다양한 비물질 자원을 통해 상대방을 설득하고 끌어당김으로써 부족한 하드파워를 보충한다는 점에서 소프트파워 전략은 중견국의 국익을 추구하는 데 효과적인 방안일 수 있다. 그러나 간과해서는 안 되는 점은, 중견국 외교를 수행하는 데 있어서도 하드파워가 여전히 중요한 원천이라는 것이다. 중앙아시아에서 터키 모델이 '표준'으로 자리하지 못한 것도, 대 중앙아시아 교육정책이 한계에 부딪힌 것도 결국은 터키의 하드파워가 부족했기 때문이다. 따라서 소프트파워로 설득되지 않는다면, 완력을 이용해서라도 내 편으로 끌어들이는 전통적 권력의 의미가 소프트파워 외교의 저변에 깔려 있음을 잊어서는 안 될 것이다(김상배 2014b: 390).

그러나 터키의 사례가 주는 진정한 함의는 비록 많은 성과를 거두지는 못했으나, 동양과 서양 사이에서 자국의 위치를 모색하고 양자와의 관계 속에서 힘을 발휘하고자 하는 '네트워크 권력'의 모습을 초보적이나마 보이고 있다는 데 있을 것이다. 그리고 같은 맥락에서 중견국의 네트워크 권력은 비슷한 처지와 이해관계에 있는 국가들과 힘을 합침으로써 발휘될 수 있다. 김상배(2011)의 표현을 빌리자면, 중견국에게는 '거미줄 치기'가 아닌 이른바 '벌집 짓기'의 전략이 요구되는 것이다. 이런 맥락에서 터키와 한국은 협력할 여지가 많은 동류국가(like-minded country)라고 볼 수 있다. 터키가 이슬람과 튀르크 정체성을 바탕으로 서방세계와 중앙아시아, 나아가 중동 지역을 중개하는 역할을 수행한다면, 북한과 민족적 뿌리가 같은 한국에게는 동아시아 세력 구조 속에서 형성된 북한과 주변 국가들 사이의 문화적 공백을 메우는 중개자의 역할을 기대해 볼 수 있다. 이러한 위치상의 유사함 이외에도 두 국가는 각각 이슬람과 서구의 정치경제 시스템을 호환하는 '터키 모델'과 선진국과 개발도상국 모델을 융합한 '서울 컨센서스(Seoul Consensus)'를 제시한다는 공통점을 가지고 있다. 또 터키는 최근 '아랍의 봄' 이후 중동 지역에서 정치 불안이 가중되고 있는 상황에서 인근 국가들에게 매력적인 국가 모델로 인식되고자 더 많은 소프트파워 자산을 발굴 및 활용하고자 노력하고 있으며(Kalin 2011), 한국 역시 한류를 필두로 한 소프트파워 외교 전략을 모색하고 있다. 상기한 사실들을 고려할 때, 터키와 한국은 각각 아시아의 동쪽 끝과 서쪽 끝에서 비슷한 고민을 공유하는 국가라 볼 수 있을 것이다.

이처럼 네트워크 세계정치의 시각은 기존의 중견국론에서 드러나지 않았던 '구조적 위치'에 따른 행위자의 역할을 이해하고 나아가 이를 바탕으로 비슷한 위치에 놓인 국가들을 탐색, 이들과의 협력 가능성을 타진할 수 있게 해준다. 지난 2013년 터키와 한국을 포함한 5개국이 발족한 중견국 협력 매커니즘 MIKTA는 이들 국가들이 공통된 이익과 이해관계를 공유할 수 있을지, MIKTA가 펼칠 중견국 외교의 실체가 무엇인지 많은 의문을 남겼다. 이러한 맥락에서 네트워크 정치의 시각에 천착한 본 논문은 MIKTA의 구성원 중 하나인 터키의 외교 전략을 이해하고, 동류국가로서 협력의 지점을 모색하는 데 도움을 줄 수 있을 것이다.

참고문헌

김상배. 2011. 『거미줄 치기와 벌집 짓기: 네트워크 이론으로 보는 세계정치의 변환』.
　　　한울아카데미.
＿＿＿. 2012. "21세기 공공외교의 도전과 과제." 『한일협력』 봄호, pp.70-78.
＿＿＿. 2014a. "중견국 외교안보 전략의 이론." 『네트워크 시대의 외교안보』. 사회평론.
＿＿＿. 2014b. 『아라크네의 국제정치학: 네트워크 세계정치이론의 도전』. 한울아카데미.
김상배·이승주·배영자 편. 2013. 『중견국의 공공외교』. 사회평론.
김연규. 2010. "터키의 범(汎)투르크주의 신(新)외교노선과 중앙아시아, 러시아와의 유라시아
　　　연대." 『중소연구』 34(1), pp.175-208.
김치욱. 2009. "국제정치의 분석단위로서 중견국가(Middle Power): 그 개념화와 시사점."
　　　『국제정치논총』 49(1), pp.7-36.
라피두스 M. 아이라. 신연성 역. 2008. 『이슬람의 세계사 2』. 이산.
로데릭 H. 데이비슨. 이희철 옮김. 1998. 『터키사 강의』. 펴내기.
박상남. 2004. "중앙아시아 신생국의 국가형성과 터키의 역할." 『중동연구』 22(2), pp.19-38.
멜리센 얀 편. 박종일·박선영 역. 2008. 『신공공외교』. 인간사랑.
브레진스키 Z. 김명섭 옮김. 2000. 『거대한 체스판: 21세기 미국의 세계전략과 유라시아』.
　　　삼인.
서재만. 2006. "터키공화국의 정치발전과 이슬람." 21세기 중동이슬람문명권 연구사업단.
　　　『중동정치의 이해 3』. 한울아카데미.
손열. 2009. "소프트파워의 정치-일본의 서로 다른 정체성." 『일본연구논총』 29(0), pp.35-57.
오종진. 2007a. "터키의 교육교류를 통한 대 중앙아시아 정책 연구." 『한국이슬람학회 논총』
　　　17(2), pp.135-155.
＿＿＿. 2007b. "소연방 해체 후 터키의 대 중앙아시아 정책 변화 연구." 『중동문제연구』 6,
　　　pp.63-97.
＿＿＿. 2008. "중앙아시아 튀르크계 국가들의 정치변혁과 내부적 정치역동성."
　　　『중동문제연구』 7, pp.37-69.
＿＿＿. 2011. "터키의 ODA(공적개발원조) 정책방향과 기여외교." 『한국중동학회논총』
　　　32(1), pp.33-62.
이규영. 2005. "터키의 유럽연합 회원국 가입연구: 이슈와 전망." 『유럽연구』 21(0), pp.1-26.
이문영. 2007. "러시아의 대 중앙아시아 관계의 역사와 전망." 이웅현 편. 『중앙아시아 문명과
　　　반문명』. 리북.
이희철. 2012. 『문명의 교차로, 터키의 오늘』. 문학과지성사.
장덕진. 2009. "정치권력의 사회학적 분해: 자원권력과 네트워크 권력." 김상배 편.
　　　『소프트파워와 21세기 권력』. 한울아카데미.
조지프 나이. 홍수원 옮김. 2004. 『소프트파워』. 세종연구원.
최종기. 2005. 『러시아 외교정책』. 서울대학교출판부.

최한우. 2011. 『중앙아시아연구(상)』. 펴내기.

카스텔 마누엘. 박행웅 역. 2009. 『네트워크 사회』. 한울아카데미.

AkÇalı, Pınar and Cennet Engin Demir. 2012. "Turkey's educational policies in Central Asia and Caucasia: Perceptions of policy makers and experts." *International Journal of Educational Development*, 32, pp.11-21.

Akkok, Fusun and Ayse Balci and Cennet Engin Demir. 2000. "The role of Turkish schools in the educational system and social transformation of Central Asian countries: the case of Turkmenistan and Kyrgyzstan." *Central Asian Survey*, 19(1), pp.141-155.

Atkinson, Carol. 2010. "Does Soft Power Matter? A Comparative Analysis of Student Exchange Programs 1980-2006." *Foreign Policy Analysis*, 6, pp.1-22.

Aydin, Mustafa. 1998. Turkey at the threshold of the 21st century: global encounters and vs regional alternatives. Ankara: International Relations Foundation.

_____. 1999. "Determinants of Turkish foreign policy: historical framework and the Traditional inputs." *Middle Eastern Studies*, 35(4), pp.152-186.

Aypay, Ahmet. 2004. "Turkish Higher Education Initiatives Toward Central Asia." In Stephen P. Heyneman and Alan J. (eds). *The Challenges of Education in Central Asia*. Information Age Publishing.

Bal, İdris. 1998. "The Turkish Model and the Turkic Republics." *Perceptions Journal of International Affairs*, 3(3).

Balci, Baýram. 2003. "Fethullah Güllen's Missionary Schools in Central Asia and their Role in the Spreading of Turkism and Islam." *Religion, State & Society*, 31(2), pp.151-177.

_____. "Sait Nursi and Fethullah Gülen: Religious and educational activities between Turkey and Central Asia 20 years after the end of the USSR." Ferghana News. 2013.1.27. http://enews.fergananews.com/articles/2815(최종검색일: 2014.7.15.).

Baskın, Oran *et al.* (eds.). 2010. *Turkish foreign policy, 1919-2006: facts and analyses with documents*. Salt Lake city: University of Utah Press.

Bingol, Yilmaz. 2009. "Language, Identity and Politics in Turkey: Nationalist Discourse on Creating a Common Turkic Language." *Alternatives: Turkish Journal of International Relations*, 8(2), pp.40-52.

Bozdağlıoğlu, Yücel. 2003. *Turkish foreign policy and Turkish identity : a constructivist approach*. New York: Routledge.

Burris, Gregory A. 2003. "Turkey-Israel: Speed Bumps." *Middle East Quarterly*, 10(4), pp.67-80.

Burt, Ronald S. 1992. *Structural Holes: The Social Structure of Competition*. Cambridge, MA: Harvard University Press.

Cagaptay, Soner. 2013. "Defining Turkish Power: Turkey as a Rising Power Embedded in the Western International System." *Turkish Studies*, 14(4), pp.797–811.

Cooper, Andrew F. (ed.). 1997. *Niche Dilomacy: Middle Powers After the Cold War*. London: Macmillan. pp.1–38.

Cooper, Andrew F, Richard A. Higgott, and Kim Richard Nossal. 1993. *Relocating Middle Powers: Australia and Canada in a Changing World Order*. Vancouver: UBC Press.

Ertekin, Aydın Bülend. 2012. "Could Turkey be a dominant regional power: the rise of Turkey as a country of Middle-East and Europe." *Turkish Journal of International Relations*, 11(1), pp.18–50.

Falk, Richard. 2013. "Turkey's new multilateralism: a positive diplomacy for the twenty-first century." *Global Governance*, 19, pp.353–376.

Findan, Hakan. 2010. "Turkish foreign policy towards Central Asia." *Journal of Balkan and Near Eastern Studies*, 12(1), pp.109–121.

Goddard, Stacie E. 2009. "Brokering Change: Networks and Entrepreneurs in International Politics." *International Theory*, 1(2), pp.249–281.

Hale, William M. 2000. *Turkish foreign policy*, 1774–2000. London: Frank Cass.

Holbraad, Carsten. 1984. *Middle Powers in International Politics*. New York: St. Martin's Press

Hunter, Shireen. 2001. "Turkey, Central Asia, Caucasus: ten years after independence." *Southeast European and Black sea Studies*, 1(2), pp.1–16.

Jordaan, Eduard. 2003. "The Concept of a Middle Power in International Relations: Distributing between Emerging and Traditional Middle Powers." *Politikon*, 30(2). pp.165–181

Kalin, İbrahim. 2011. "Soft Power and Public Diplomacy in Turkey." *PERCEPTION*, 16(3).

Kaya, M. K and Karaveli M. Halil. 2009. "Vision or Illusion? Ahmet Davutoglu's State of Harmony in Regional Relations." *The Turkey Analyst*, 2(11). http://www. silkroadstudies.org/new/inside/turkey/2009/090605A.html(최종검색일: 2014.6.22.).

Kirişci, Kemal. 2012. "Turkey's Engagement with Its Neighborhood: A "Synthetic" and Multidimensional Look at Turkey's Foreign Policy Transformation." *Turkish Studies*, 13(3), pp.319–341.

Landau, Jacob M. 1995. *Pan-Turkism: From Irredentism to Cooperation*. Bloomington: Indiana University Press.

Martin, Lenore G. and Dimitris Keridis. 2004. *The future of Turkish foreign policy*. Cambridge, Massachusetts: MIT Press.

Mastny, Vojtech and Craig R. Nation. 1996. *Turkey between East and West: new challenges for a rising regional power*. Colorado: Westview Press.

Murinson, Alexander. 2006. "The strategic Depth doctrine of Turkish foreign policy."

Middle Eastern Studies, 42(6), pp.945-964.

Najibullah, Farangis. "Turkish Schools Coming Under Increasing Scrutiny In Central Asia." Radio Free Europe Radio Liberty. 2009/04/26. http://www.rferl.org/content/Turkish_Schools_Coming_Under_Increasing_Scrutiny_In_Central_Asia/1616111.html(최종검색일: 2014.7.7.).

Oğuzlu, Tarik. 2010. "The Changing Dynamics of Turkey-Israel Relations: A Structural Realist Account." *Mediterranean Politics*, 15(2), pp.273-288.

Pachucki, Mark A. and Ronald L. Breiger. 2010. "Cultural Holes: Beyond Relationality in Social Networks and Culture." *The Annual Review of Sociology*, 36, pp.205-224.

Paradise, James. F. 2009. "China and International Harmony: The role of Confucius Institutes in Bolstering Beijing's Soft Power." *Asian Survey*, 49(4), pp.647-669

Pipes, Daniel. 1983. *In the path of God: Islam and political power*. New York: Basic Books.

Robins, Philip. 2013. "Turkey's 'double gravity' predicament: the foreign policy of a newly activist power." *International Affairs*, 89(2), pp.381-397.

Roslycky, L. L. 2011. "Russia's smart power in Crimea: Sowing the Seeds of turst." *Journal of Southeast European & Black Sea*, 11(3), pp.299-316.

Rubin, Barry M. and Kemal Kirişçi. 2002. *Turkey in world politics : an emerging multiregional power*. İstanbul: Boğaziçi Üniversitesi.

Scholarship Positions. 2014. "New Project 'Study in Turkey' To Draw In More Foreign Students"(2014.6.13.) http://scholarship-positions.com/blog/study-in-turkey-foreign-students/201406(최종검색일: 2014.7.4).

Silova, Iveta. 2009. "Reclaiming the Empire: Turkish Education Initiatives in Central Asia and Azerbaijan." In L. Chisolm & G. Steiner-Khamsi (eds.). *South-south cooperation in education and development*. New York, NY: Teachers College Press.

Sjoberg, Andrée F. 1993. "Language Structure and Cultural Identity: a Historical Perspective on the Turkic Peoples of Central Asia." *Central Asian Survey*, 12(4), pp.557-564.

Wang, Yiwei. 2008. "Public Diplomacy and the Rise of Chinese Soft Power." *The ANNALS of the American Academy of Political and Social Science*, 616(1), pp.257-273.

Winrow, Gareth M. 1996. "Turkey's Relations with the Transcaucasus and the Central Asian Republics." *Perceptions*, pp.128-145.

Yanık, Lerna K. 2004. "The politics of Educational Exchange: Turkish education in Eurasia." *Europe-Asia Studies*, 56(2), pp.293-307.

_____. 2011. "Constructing Turkish "Exceptionalism": Discourses of Liminality and Hybridity in Post-Cold War Turkish Foreign Policy." *Political Geography*, 30, pp.80-89.

Zakir, Chtoev. 2003. "The Turkish Factor in the Evolution of the Central Asian Republics."

Central Asia and The Caucasus, 2(20).

Zkan, Güer and Mustafa Turgut Demirtepe. 2012. "Transformation of a Development Aid Agency: TIKA in a Changing Domestic and International Setting." *Turkish Studies*, 13(4), pp.647-664.

TICA. 2002. Tüurkiye Kalkınma Yardımları Raporu.

_____. 2008. Tüurkiye Kalkınma Yardımları Raporu.

_____. 2012. Tüurkiye Kalkınma Yardımları Raporu.

Milli Eğitim Bakanlığı. 1998. Türk Cumhuriyetleri ile Tüurk ve Akraba Topulukları ile Eğitim İlışklerimiz. Ankara: Mili Eğitim Basımevi.

_____. 2003. Milli Eğitim Sayısal Veriler.

_____. 2013. MİLLÎ EĞİTİM İSTATİSTİKLERİ 2012-201

〈부록〉귈렌 운동 설립 학교의 전 세계 분포현황(1997)

국가	학교	학생	터키 파견 교사
카자흐스탄	29	5684	580
아제르바이잔	12	4023	338
우즈베키스탄	18	3334	210
투르크메니스탄	13	3294	353
키르기스스탄	12	3100	323
타지키스탄	5	694	107
타타르스탄*	6	1802	217
러시아	5	323	63
취바쉬*	2	311	79
바쉬키리아*	3	462	88
카라차이*	1	93	13
크리미아*	2	218	47
시베리아*	4	438	101
다게스탄*	5	938	123
조지아	3	244	48
몽골	4	442	85
불가리아	4	523	123
몰도바	2	225	40
루마니아	4	415	78
알바니아	2	966	74
보스니아	2	109	22
마케도니아	1	102	16
이라크	4	184	26
오스트레일리아	5	718	37
인도네시아	1	41	18

출처: Milli Eğitim BakanlığıYurtdışı Genel Müdürlüğü 1997
* 첨자 • 가 표시된 국가는 러시아 연방 내 자치공화국임
* 상세한 학교명과 위치는 http://turkishinvitations.weebly.com 참조

제12장

한국의 공공외교: 유학생 유치정책의 사례

타일러 라쉬

1990년대 탈냉전 이후 국제질서 패러다임이 변함과 더불어 유학생의 국제이동 패턴이 또한 다양화되기 시작했다. 유학생의 국제이동에 있어서 탈냉전 이전과 달리 새로운 행위자가 등장하고 있다. 기존에는 미국과 영국, 프랑스, 독일 등 구미국가들이 유학생 유치를 통하여 국익에 유리한 관계를 맺고 경제적 수익도 보고 풀브라이트와 같은 외교적 사업도 적극적으로 추진해 왔다. 그런데 현재 유학생 국제이동 패턴을 확인하면 이 그림은 더 이상 현실을 있는 그대로 반영하고 있지는 않다. 이제는 유학생 국제이동이 기존의 전통적 유학생유치국에 한정돼 있지 않으며, 유학생 송출로 알려졌던 국가 중에 유학생 유치에 힘을 기울이는 몇 개국이 있다. 그리고 그들도 전통적 유학생유치국처럼 유학생 유치를 통해서 외교적 사업을 펼칠 가능성이 있다.

이 장에서는 신흥 유학생유치국으로서 한국은 어떻게 유학생 유치를 하게 되었는지, 그 사업의 외교적 측면을 조명하는 데에 목적을 둔다. 네트워크적인 시각을 빌려 한국 유학생 유치 사업을 구조, 과정, 행위자라는 세 가지 각도에서 접근한다. 국제질서 패러다임이 변하면서 구조적 압력을 받은 한국은 세계표준을 수용하여 유학생 유치를 위한 기반을 마련했으나 그 사업에 힘을 기울이기 시작했다. 그런데 구조적인 설명만으로 2000년대에 유학생 유치 성과를 가지고 이 사업이 지닌 외교적 함의가 완전히 설명되지 못한다. 따라서 한국이 행위자로서 유학생 교류를 통하여 기존 유학생유치국의 소프트파워 전략처럼 매력을 발산하려고 하는지를 살펴본다. 그리고 한국이 유학생 유치를 펼치고 있는 과정을 검토하면서 중견국 외교 네트워크 전략의 여부를 확인한다.

이러한 접근을 통해서 한국은 국제질서로부터의 구조적 압력을 느끼고 불가피하게 세계표준을 받아들여야만 했지만 그럼으로써 결국 고등교육 국제화라는 세계표준의 기반 위에서 자국에 유리한 방식으로 유학생 유치를 외교적 목표를 위하여 추진하고 있다고 알 수 있다. 외국 여론 형성 및 지도계층과의 관계 구축을 통하여 매력 발산의 공공외교를 펼치고 있다. 말레이시아와 같은 기타 신흥 유학생유치국이 펼치고 있는 전략만큼 중개를 잘 하고 국제질서에서 자기만의 지정학적 틈새를 차지하지 못한다고 할지라도 한국은 유학생 유치 사업을 통하여 자국을 중심에 두고 집합권력을 강화시킬 수 있는 '허브'를 겨누고 있다는 것은 알 수 있다.

I. 머리말

유학(留學)이라고 하면 대부분은 머나먼 타지에서 외국어로 말을 더듬고 고생하다가 온갖 노력 끝에 마침내 졸업하고 고진감래 학위를 따는 젊은 20대 한국인의 모습을 떠올리겠다. 유학에 대한 규정이 완화되는 1980년대 후반부터는 물론, 이광수가 일본에서 유학하던 일제강점기 때도, 유길준이 미국 땅을 밟았던 한말기 때도, 최치원을 배출한 통일신라 때도 학문적 목적으로 누군가 해외를 찾아가는 일은 우리에게 늘 있어 온 듯싶고 매우 익숙한 이야기이기 때문이다.

해외유학은 세계적으로 20세기 중반부터, 특히 탈냉전 이후 이른바 세계화를 수반하여 국제교류로서 유학이 크게 증가했다. 1960년에 25만 명이었던 세계 유학생 수가 2010년에는 337만 명에 이르렀으며, 세계 각국 경제성장에 따른 고등교육 수요증가와 더불어 이는 장차 지속적으로 늘 것으로 예상된다(杉村美紀 2008: 14). 아시아도 물론 유학생 국제이동 증가에 있어서 예외가 아니다. 2003년에는 아시아권 출신 유학생이 세계 유학생 전체의 45%라는 매우 큰 비중을 기록했고 2025년까지 아시아권 출신 유학생 비중이 세계 전체의 70%를 차지할 것으로 예상하고 있다(杉村美紀 2008: 14). 이 통계는 어느 나라보다도 아시아권 국가들이 교육수요를 해외유학으로 해결한다는 인상을 준다. 하지만 그것이 내릴 만한 결론이라고 해도 유학생 송출이 대폭 증가하는 과정의 이면에 있어서 특히 주목해야 하는 부분이 있다. 그것은 바로 기존에 유학생 송출로 알려져 있는 국가 중 유학생 유치가 새로 돋보이는 국가이다.

유학생 송출로 알려진 아시아권 국가 중에 유학생 수입이 꾸준히 증가하는 사례가 있다. UNESCO의 유학생 국제이동 통계를 활용해서 세계 각국의 평균 수입 유학생 수를 분석한 결과, 이집트와 남아프리카공화국, 우크라이나, 말레이시아, 한국 등 전통적 유학생송출국이 2000년대에 신흥 유학생유치국으로 등장했다(Neumayer & Perkins 2013). 유학생 송출이 매우 두드러진 아시아권에서는 한국이 1980년대 중반부터 유학생 송출국 순위에서 10위권에 오를 정도로 아웃풋(output, 송출)이 높은 국가임에도 불구하고, 2000년대 유학생 인풋(input, 유입)이 급증했다. 본격적인 유학생 유치 사업을 1983년에 비교적으로 일찍 시작한 일본은 1990년대 후반부터 2000년대 후반까지 유치 정책을 계속하면서 유학생 수입이 약 2.3배 증가한 데 비하여, 한

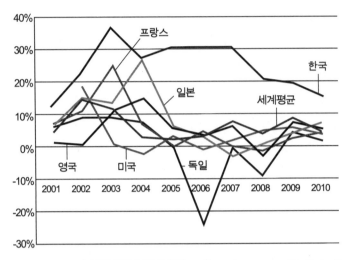

출처: UNESCO 통계원 유학생 국제이동 통계집(http://www.uis.unesco.org/DataCentre/Pages/
BrowseEducation.aspx), 필자 작성

그림 1. 유학생 유치 연간 증감률 2001-2010년

국은 유학생 수가 같은 10여 년간 17.4배나 늘었으며, 전통적 유학생
유치국과 전 세계의 평균 유치 성과에 비해서 더 놀라운 성적을 보였
다(〈그림 1〉 참고).

이 글에서는 이러한 신흥 유학생유치국의 유학생 유치 성과가 갖
고 있는 외교적 함의를 묻고자 한다. 한국이 왜 2000년대에 놀라운 유
학생 유치 성과를 보였을까? 외교적으로 활용하려고 했는가? 물론 교
육도 사업이라 경제적으로도, 규범적으로도 국제질서에서 고등교육
교류에 나설 수밖에 없는 구조적 압력이 있었을 것이다. 그러면서도
그 와중에 한국이 일종의 기회를 잡고자 하는 외교적 움직임을 보인
것일 수도 있다. 사람과 사람 사이에서 이루어지는 국제관계라는 점에
서 유학생 교류는 민간 차원의 문화외교로서 영향력을 발휘한다거나
외교적 가치를 드러낼 수 있는 그림이 조금만 상상해봐도 윤곽이 곧

바로 그려진다. 이러한 유학생 유치 활동에 외교적 함의가 있다고 기존 연구에서 확인할 수 있다. 소프트파워라는 개념을 고안한 조지프 나이는 2005년에 유학생 유치가 해외 지도계층에 자국의 규범과 이념, 가치관 등을 전파할 수 있다며, 외교적으로는 일종의 소프트파워 증진 수단으로서 작동한다고 주장했다(Nye 2005). 미국의 풀브라이트와 같이 영미권 국가들이 추진해 온 유학생 사업을 통한 소프트파워, 혹은 공공외교를 검토하는 선행연구가 있고(안영진 2008: 224), 캐나다와 호주에 대해서 이 점을 논하는 연구도 있다(Byrne & Hall 2011; Trilokekar 2010).

그러면 한국은 어떨까? 외교로서 유학에 대한 기존 논의는 사례도, 도출하는 이론도 늘 영미권이나, 속된 말로 제1세계의 전(前) 지배국에 속한 서방 강대국을 위주로 한다. 전(前) 피지배국에 속한, 21세기에 등장하는 신흥 유학생유치국은 과연 그들과 같은 외교 전략을 유학생 유치를 통해서 펼치고 있는지가 의문으로 남는다. 따라서 이 글에서는 신흥 유학생유치국으로서 한국이 어떻게 유학생 유치 활동에 나섰으며, 그것을 어떻게 외교적으로 활용하려는지를 조명하고자 한다. 유학생 유치는 많은 행위자가 상호작용하는, 매우 복잡한 초국가적 현상이기 때문에 기존 국제정치이론 대신 행위자와 구조, 과정의 모든 차원을 포괄하는 네트워크 이론의 시각으로 이 질문을 다룰 것이다.

위와 같은 질문에 대해서 답을 찾기 위하여 II절에서는 유학생 교류의 외교적 측면을 바라본 국제정치이론의 시각을 정리하고 복합 네트워크 외교의 관점을 고려한다. 이어서 III절에서는 한국이 유학생 유치에 나서게 된 구조적 압력의 맥락을 파악하기 위하여 세계화 대응과 유학의 표준화를 경제와 규범, 그리고 교육정책이라는 면에서 들여다본다. IV절과 V절은 한국 유학생 유치의 외교 전략에 대한 논의로 구성된다. 행위자로서 한국이 세계표준의 플랫폼 위에서 매력을 발휘하고자 소프트파워 증진과 유사한 메커니즘을 어떻게 세웠는지를 IV절에서 살펴본 후, V절에서는 유학생 유치사업의 외교적 과정을 밝히면서 한국이 중견국 네트워크 외교 전략을 시도한 양상을 검토한다. 마지막으로 VI절은 이 글에서 논하는 바를 정리하면서 결론한다.

II. 네트워크로 보는 유학생의 세계정치

1. 기존 국제정치이론의 시각

이 글에서는 한국과 같은 비영미권, 비패권국 국가행위자가 유학생 국제이동이라는 초국가적 현상을 어떻게 활용하는지에 대해서 실마리를 얻고자 한다. 그런데 아쉽게도 기존 연구는 서방 국가의 사례만 외교적으로 살펴보고 있어, 한국과 같은 신흥 유학생유치국의 사례를 다루는 작업이 없다. 물론 지리학과 행정학, 교육학 관점에서는 한국의 유학생 유치 정책과 고등교육 국제화 등에 대한 정보가 많이 분석되었지만 국제정치학 관점에서 바라보는 시도는 아직 부재한다. 한국이 유학생 유치 활동을 어떻게 활용하는지에 대해서는 권력을 강화시킨다거나 국익에 유리한 관계를 맺고 관리한다든지 - 지리, 행정, 교육적인 설명을 넘어서 외교적인 차원에까지 분석을 이끌고 유학을 더 큰 틀에서 파악하고자 하는 국제정치학적 시도가 필요하다. 따라서 한국 사례를 본격적으로 다루기 앞서 국제정치이론 중 어느 관점이 유학을 보기에 제일 적합한지를 논하고자 한다. 기본적으로 국제정치학에서 특별히 큰 진영을 이루는 이론으로서 현실주의와 자유주의, 구성주의가 있다. 이러한 각 시각은 유학생 교류, 특히 유학생 유치를 어떻게 해석할까?

첫째, 현실주의는 핵심 논리가 국민국가를 기본 행위자 단위로 설정하고 국가가 어떻게 경제와 군사 등 물질적 견성 권력을 강화하고자 하는지, 세력균형이라는 행위자 게임 속에서 관계를 어떻게 맺고 하는지를 분석하는 데에 초점을 둔다(김상배 2014: 31). 현실주의자 시각에서 한국과 같은 신흥 유학생유치국의 유학생 유치 활동을 볼 때는 국가행위자의 물질적 권력 강화라는 렌즈 때문에 유학생이 지출하는 학비를 통해 발생하는 수익창출 모델을 평가하는 분석으로 그칠 가능성이 높다. 물론 이 자원적인 해석은 유학생 유치라는 현상에서 빼놓을 수 없는 요소이지만, 유학생이 귀국한 후 유학체류국가에 대해 느끼는 우호감이나 학생이 행위자로서 형성하는 사회적 관계망이 행사하는 영향력을 감안하지 못한다는 한계점이 있다.

그러면 자유주의는 어떨까? 자유주의는 국가행위자의 속성을 중시하면서 관계적 맥락에도 관심을 두는 측면이 있다(김상배 2014: 32). 자유주의에는 비국가행위자 역할을 인정하고 공통된 이익에 대해서 복수의 행위자가 협력할 수 있다는 전제 하에서 협력과 상호의존이 가능하다고 본다. 그리고 관계가 국제적 제도와 규범을 이룬다고 본다. 유학생 교류를 보는 자유주의 관점에서는 국가 간에 주고받는 영향에 관심을 두고 비국가행위자로서 수많은 유학생들이 이루는 전체를 주목한다는 것이 강점이라고 하겠다. 하지만 결국 행위자의 속성을 위주로 결론 내리면서 행위자를 둘러싼 구도를 행위능력을 보유한 주체로서 고려하지는 않을 것이다. 국제현상으로서 교류가 가진 구조적 의미를 놓칠 가능성이 높다.

국제정치이론 3대 축의 마지막 진영, 구성주의는 어떨까? 구성주의의 핵심 논리는 관념 변수가 이익 변수를 구성한다는 것이다(김상배

2014: 33). 행위자 간의 아이디어 교류를 본다는 점에서 구성주의는 관계적 맥락에 관심을 두기는 하지만 관계 그 자체가 갖고 있는 행위능력을 주목하지 않기 때문에 행위주체를 중심으로 본다는 한계점이 있다. 유학생 교류를 바라보는 구성주의자는 국가가 유학생 교류를 어떻게 인식하는지, 인적자원을 어떻게 인식하는지 등을 살펴보는 데에 집중하느라 구조적인 측면을 간과할 위험성이 있다. 국제정치이론 3대 축은 각각 나름대로 유용한 시각을 제공하지만 노드가 보유하는 자원 권력이나 인식론에 치중해서 속성론적인 발상에 얽매인다. 이 때문에 기존 국제정치이론은 행위자의 환경이 갖고 있는 행위능력과 그것을 구성한 복합요소까지 다루는 데에 다소 어려움이 있다.

2. 복합 네트워크 외교의 관점

현실주의와 자유주의, 구성주의가 갖고 있는 관점을 모두 종합해서 행위자와의 관계, 환경의 복합적인 맥락을 포괄적으로 보는 관점을 만들어볼 수 있다. 신흥 유학생유치국의 유학생 유치 외교를 밝히고자 하는 이 글에서는 복합 네트워크 외교의 관점을 설정할 수 있기 때문이다. 복합 네트워크 이론은 네트워크를 구성하는 행위자, 과정, 구조라는 세 가지 요소에 대해서 세 가지 이론을 함께 아우르는 관점이다(김상배 2014: 61). 첫째, 관계망의 행위능력을 인정하고 네트워크를 하나의 행위자로 보는 네트워크 조직 이론(Network Organization Theory)이다. 둘째, 관계망의 건설적 특징에 따라 네트워크를 하나의 구조로 보는 소셜 네트워크 이론(Social Network Theory). 그리고 마지막으로, 여러 행위자로 구성된 관계망에 가동성과 가변성이 있다고 여기는 행위자-네트워크 이론(Actor-Network Theory)이다(김상배 2014: 61).

행위자, 환경, 과정이라는 세 가지 요소를 종합해서 복합적으로 바라보는 이 관점은 유학생 유치에 대해서 어떤 접근법을 제공할까?

행위능력을 보유한 관계망으로서 네트워크를 하나의 행위자라고 여길 수 있는 관점은 고등교육서비스의 소비자든, 제공자든, 중개자든 간에 유학생 교류에 참여하는 다양한 행위자가 모두 상호작용을 하면서 구성하는 환경 혹은 구조를 조명할 수 있다. 유학생 유치는 국제이동이라는 큰 초국가적 현상의 일부이다. 국가와 그들 간의 경제적 경쟁, 국제기구와 세계적으로 보편화된 경제적·정책적 표준, 소비자와 홍보대사로서의 유학생과 유학생 생활권으로서 도시와 대학 등 천차만별의 수많은 행위자 및 그들 간의 상호작용은 결국 하나의 국제적 환경을 조성한다. 이 환경은 수많은 실로 뜬 천처럼 한 맥락이다. 천 조각의 전체가 각 실이 어떤 자리에 놓여 있는지에 따라 큰 영향을 미친다. 21세기에 신흥 유학생유치국으로서 한국은 이런 천 조각의 실과 같다면 거기에 구조적인 측면이 있을 터이고, 이를 포괄적으로 살필 수 있는 관점이 필요하다.

복합 네트워크 외교라는 관점은 근본적으로 네트워크 시각을 적용하여 행위자, 구조, 과정이라는 세 가지를 종합해서 바라보는 것이다. 첫째, '행위자'를 바라보는 네트워크 시각이다. "노드들이 구성하는 네트워크 전체를 하나의 행위자로 이해할 수 있다"는 것이 핵심이다(김상배 2014: 105). 이것을 유학생 유치사업에 적용한다면 어떻게 볼 수 있을까? 행위자가 노드로 구성된 주체라는 점은 정부기관 및 정치인 등으로 구성된 국가주체를 말하며, 또한 고등교육기관이 외국 고등교육기관 등과 맺는 초국가적 협력까지도 포함할 수 있다. 다시 말하자면, 유학생 유치와 같이 많은 노드들이 함께 움직이면서 일으키는 현상을 볼 때 네트워크 시각은 아주 복잡한 그림을 포괄하면서도 전체적으로 행위를 분석할 수 있도록 주체 혹은 행위자에 대하여 융통성 있는 틀을 제시한다.

두 번째 네트워크 시각은 '구조'를 바라보는 것이다. "네트워크는 그 구성 요소인 노드들의 행위를 촉진하고 제약하는 하나의 구조로 이 해할 수 있다"는 점이 그 핵심에 있다(김상배 2014: 105). 즉, 한 행위 자가 노드에 해당된다고 한다면 그 행위자가 자기 환경으로부터 영향 을 받으며, 노드집합 속에서 다른 노드와의 관계로부터 영향을 받는 다는 것이다. 이러한 시각으로 본 유학생 교류가 국가, 혹은 고등교육 기관이 그 활동에 나서게 하는 구조적인 측면을 밝힐 수 있게 해 준다. 다른 국가들이 하는 행동의 영향을 받고 그 전체적인 구조로부터 어떠 한 행위를 취하는 데에 압력을 받거나 동기를 부여받을 수도 있다. 그 렇기 때문에 국제적으로 주변 국가, 혹은 주변 고등교육기관 간에 유 학생유치 경쟁을 벌인다면 결국 이것이 환경적 변화로서 구조적으로 어떤 한 행위자로 하여금 특정한 행태를 밟도록 촉진할 수가 있다. 다 시 말하자면 환경을 구성하는 다른 행위자들로부터 영향을 받는 것까 지 고려할 때 유학생 유치에 대한 구조적인 설명도 가능해진다.

네트워크 시각의 마지막 분석 대상으로 '과정'을 들 수 있다. "네 트워크는 노드들의 네트워킹 과정, 즉 지속적 상호작용을 통해서 노 드와 노드가 관계 맺기를 하는 동태적 과정"이라는 점이 핵심이다(김 상배 2014: 105). 즉, 네트워크를 구성하는 노드들이 서로 관계를 맺 고 끊고 옮기고 또 맺고 하면서 관계망을 형성하는 과정을 바라본다는 것이고 그 관계망의 가변성을 인정하는 것이다. 유학생 유치에 있어 서 이 시각은 수많은 행위자의 다양한 관계를 포괄할 수 있어서 유용 하다. 국가가 유학생과의 관계를 맺는 것은 단순히 양자적인 것이 아 니라, 고등교육기관이나 교육 사업을 벌이는 비영리단체 및 기업 등을 통한 양자적 관계일 수도 있고, 또한 다자적일 수도 있으며, 심지어 여론과 같은 추상적인 형태로 나타날 때도 있다. 유학생 교류에 많은 행위자들이 복잡하게 상호작용하면서 참여하는 과정을 포괄할 수 있는 시각이다.

앞서 말한 각 네트워크 시각이 유학생 유치에 대하여 제공하는 분석틀이 조금씩 다르지만 함께 사용했을 때 철저한 접근을 제공한다. 국가라는 행위자에 얽매이지 않고 국가가 참여하는 국제적 환경을 구성하는 학생과 고등교육기관, 비영리단체, 외국 정부 등도 행위자로 볼 수 있다. 그리고 그들이 구성하는 국제질서라는 주체가 갖고 있는 행위능력을 살펴보면서 구조적 설명을 찾을 수도 있고, 네트워크 그 자체가 만들어지고 상호작용이 그 안에서 이루어지는 과정의 동태적 그림을 그릴 수 있기에 유학생 교류의 흐름과 그것을 설계하는 관계망, 그리고 그 관계망의 변화까지 이해할 수 있게 해 준다.

그럼으로써 이 글은 유학생 송출로 알려진 국가들의 유학생 유치에 대해서 권력을 노드, 혹은 행위자의 속성으로서 보는 선을 넘어서 외교적 함의를 도출하는 데에 네트워크적인 시각을 차용한다. 따라서 한국 유학생 유치의 배경을 확인한 다음에 상술한 복합 네트워크 관점에서 유학생 유치의 구조와 행위, 그리고 과정을 살펴보자.

III. 세계표준의 구조적 압력과 유학생 유치

한국의 유학생 유치를 본격적으로 논하기 위해서 이 현상이 이루어진 구조, 그리고 그 구조가 국가행위자에게 행사할 수 있는 행위능력을 파악해야 한다. 강물이 자기가 원하는 방향으로 흐르도록 지류를 돌리

듯이 유학생 유치는 세계적으로 이루어지는 국제이동 현상의 일류를
확보하여 자기 나라로 돌리고자 하는 것과 마찬가지이다. 여기서 잊지
말아야 할 것은 강이 흐르기에 지류가 있다는 사실이다. 신흥 유학생
유치국의 등장은 구조로부터 어떻게 영향을 받았는지를 살펴보자.

1990년대부터 한국은 세계화라는 흐름으로부터 규범적으로도,
경제적으로도 고등교육 국제화에 나서라는 구조적인 압력을 줄곧 받
아왔다. 세계화는 1990년대 이후 세계질서의 체제가 변화를 겪는 복
합현상이다(河英善 편 2000: 116). 이와 같은 변화를 당면한 행위자는
적응하기 위하여 개혁을 시도한다. 이것과 경쟁구도 속에서 자국을 스
스로 강화시키고자 새로운 방도를 모색하는 것은 곧 세계화 대응이라
고 본다(河英善 편 2000: 116). 요컨대 세계화 대응은 곧 1990년대에
국가행위자가 새로운 구조에 적응하는 차원에서 경쟁력 제고를 모색
하며 개혁을 시도하는 것이다.

이와 같은 세계화를 1990년대에 겪는 한국은 구조적으로 압력을
받았다면 결국 그것이 어떤 대응을 야기했으며, 어떻게 유학생 유치로
이어졌는가? 한국 정부는 고등교육 국제화의 세계표준을 수용해서 국
내 고등교육시장을 개방할 수밖에 없었다. 이 세계화 대응의 구조적
맥락을 밝히기 위하여 이 절에서는 유학생 유치의 역사적 배경을 간략
하게 정리한 다음, 한국이 세계화를 당면하여 느꼈던 구조적 압력과
그것에 대응한 양상을 살펴보자.

1. 유학생 유치 배경

유학 배경은 세 가지 시기로 나눌 수 있다. 첫째, 피지배국 엘리트 학생
들의 지배국 교육기관 입학을 통하여 지배국이 국익을 추구하는 '제국

시대'이다. 행정과 경제, 정치에 있어서 노하우를 나눔으로써 지배국은 피지배국 엘리트로 하여금 자국의 이익에 유리한 피지배국 국가운영을 보장받을 수 있었다. 이와 더불어 피지배국 사회통합을 뒷받침하며, 중심부와 주변부의 수직적 관계를 유지할 수 있었다(Peyré 2013: 27).

둘째, 2차 세계대전을 전환점으로 제국시대의 논리를 계승하는 '냉전시기'이다. 교육서비스를 제공하는 국가의 입장에서는 전국시대와 다소 유사한 외교적 목적이 있었다. 단, 피지배국 대신 협력국과의 관계를 유지하고 발전시키는 것, 그리고 자국의 가치관을 해외, 특히 제3세계로 전파하는 것이 그때 유학의 외교적 용도였다(Peyré 2013: 27).

셋째, 오늘날의 이른바 '세계경제 시기'이다. 유학생 교류 사업은 세계를 가르는 이념의 돌담이 무너지고 국제적 경제통합이 이루어지는 통에 기존의 외교적 목적이 없어지지는 않았지만 경제적 측면의 그림자 속으로 가려졌다. 그런데 교육사업을 벌이는 국가들은 경제적인 이익을 추구하는 동시에 학생이동을 전략적으로 유의미한 지역으로 돌리려고 하면서 국익에 중요한 지역과의 관계를 설계하기도 한다(Peyré 2013: 27). 이렇게 유학생 유치를 포함한 고등교육교류 사업은 현재 경제적이면서도 외교적인 가치를 살리려는 이면이 특징이다. 국가가 비자 발급과 장학제도 등 수단을 활용하여, 산업적일 수밖에 없는 교육사업을 국익에 부합되게끔 외교적으로 맞춰가는 식이다. 그리고 제국시대와 냉전시기의 학생이동 패턴과 달리, 세계경제 시기에는 국가 간의 지배-피지배 논리를 벗어나 복합적인 국제 이동 패턴이 나타나고 있다. 이런 패턴 중에서 이 글이 특별히 주목하는 것은 세 번째 시기로서 세계경제 맥락에서 새로 등장한 유학생유치국이다.

2. 구조적 압력으로서 세계화

세계화 흐름 속에 한국은 어떤 구조적 변화를 당면하여 어떻게 대응했을까? 한국처럼 유학생을 대규모로 송출해 온 국가들이 유학생 유치에 나서게 된 것은 앞서 말한 세계경제 시기에 그들이 세계화 흐름 속에 세계표준을 수용해야만 생존문제를 해결할 수 있기 때문이었을지도 모른다. 한국 정부는 1990년대에 새로운 국제질서에 적응해야 한다는 구조적 압력을 느꼈던 것은 사실이다. 유학생 유치를 포함하여, 고등교육 국제화를 불러일으킨 이 구조적 압력은 큰 틀에서 봤을 때 두 가지 차원에서 가해졌다. 첫째, 탈냉전 이후 세계경제가 통합되면서 세계무역기구(WTO)의 출범과 그곳에 적극적으로 참여해야 한다는 규범과 더불어 경제적 변화를 일으킨 고등교육서비스의 산업화가 있었다. 둘째, 경제적 세계화가 부각시킨 무한경쟁이 있다.

1990년대 탈냉전 이후에는 새로 개편된 국제사회에 참여해야 한다는 압박감이 강했다. 자본주의권과 사회주의권의 이분법적인 대립구조가 없어지면서 모든 나라가 함께 한 판에서 경쟁도 하고 협력도 해야 되는 새로운 경쟁구조가 마련됐다. 이는 국제기구의 확대에서 확인할 수 있다. 1995년에 세계무역기구(WTO)가 설립되면서 이집트, 남아공, 우크라이나, 말레이시아 등 신흥 유학생유치국이 가입했다. 한국은 물론 예외가 아니다. 탈냉전기에는 한때 갈라져 있던 경제권이 하나로 통합되는, 바로 이 시점에서 고등교육 서비스에 대한 무역 문제가 거론되었다. 전통적으로 유학생을 많이 받아왔던 영어권 국가들, 특히 미국과 영국이 자유화된 교육시장을 원했다. 미국은 이즈음에 고등교육을 서비스산업 수출부문에 포함시키자고 제안한 바가 있었다. 그래서 2001년 도하 4차 각료회의와 2003년 칸쿤 5차 회의 때 안건으로서 계속 논의되다가 2004년에 협정이 체결되었다(大塚豊他 2004: 12). 결국 고등교육이 서비스산업으로서 무역 대상이 될 수 있다는 것이 2000년대 중반에 확인됐지만 사실상 고등교육 서비스 무역에 대한 패권국의 문제제기가 WTO 설립과 맞물리던 것이다.

세계화의 무한경쟁구조 속에서 한국은 다른 나라와 마찬가지로 국가의 경쟁력을 제고하는 것이 시급한 문제였다(김수희 2009: 269). 1997년에 금융위기가 터질 때부터 IMF 관리체제를 벗어난 후까지 약 5년 동안 한국의 국제경쟁력은 22위에서 37위로 하락했다(김수희 2009: 270). 이 와중에 고등교육서비스가 무역부문이 된 것은 IMF금융위기가 가한 경제적 압력을 더했다. 세계 각국이 교육분야에서마저 경쟁하기 때문에 경제적 부담이 커졌다. 그리고 고등교육이 국제무역에서 차지하는 경제적 비중이 커졌기 때문에 유학생 교류가 세계표준으로서 더욱 부각됐다. 한국은 그런 압력을 느끼면서 재정적 조치를 우선시했으며 고등교육 국제화를 더욱 산업적으로 보게 됐다고 한다(Byun *et al.* 2011: 470). 결국, 유학생 교류에 있어서 수지가 더욱 중요해지면서 유학생 송출로 인한 적자 때문에 유학생 유치를 고려하게 됐다(Byun *et al.* 2011: 470).

고등교육시장이 세계적으로 차지하는 경제적 비중이 매우 크다. 물론 정확한 계산이 어려우나, 66조 5,700억 원에서 110조 9,250억 원까지 측정된다(Ruby 2009). 더 낮은 숫자를 기준 삼아서 시장가치가 66조 5,700억원이라고 봐도 유학생 교류가 갖고 있는 자원적 의미를 결코 부정할 수 없다. 또한, 고등교육 서비스부문이 큰 시장이라 수익을 볼 수 있는 만큼 손해 볼 가능성도 존재한다. 특히 유학생 송출이 익숙하고 두뇌유출을 겪고 있는 신흥 유학생유치국이 그렇다. 한국은 1990년대 후반부터 적자를 기록해 왔고 현재 연간 유학수지 적자가 4

조 원이 넘는다(구자억 2013). 이 점에서 고등교육 서비스 무역으로부터 한국 정부와 대학이 실감하는 경제적 압박감을 우리는 짐작할 수 있다.

3. 한국의 세계표준 수용

위와 같은 세계화로부터의 구조적 압력을 규범과 경제 차원에서 당면한 한국 정부는 구체적으로 어떻게 대응하려고 했을까? 우선, 복합현상으로서 세계화가 불러일으키는 변화에 적응하기 위하여 행위자가 개혁을 시도하고, 다른 행위자와의 경쟁구도 속에서 자국을 스스로 강화시키려는 것이 대응이라고 볼 수 있다(河英善 편 2000: 116). 즉, 개혁과 경쟁력 제고의 대응을 통하여 국가행위자는 세계화 흐름에서 제시된 세계표준을 수용하게 된다. 세계화에 편승하는 행위자는 그것이 창출한 구조 속에서 스스로 무장하듯이 경쟁자가 되면서 스스로 강화시키고자 한다. 한국 같은 경우에는 리더십과 교육개혁, 그리고 경제적 차원에서 대응하면서 유학생 유치로 이어지는 발판을 깔았다.

　세계표준에 대한 한국 정부의 대응은 김영삼 대통령이 1990년대 초반에 세계화추진위원회를, 1990년대 중반에 교육개혁위원회를 출범시킨 것으로 대표된다. 냉전의 국제질서에서 경쟁이란 사회주의국가를 통제하기 위해서 달려가는 것이었다면, 탈냉전기에는 모든 행위자를 포함한 지구규모의 경주이다. 이를 김영삼 대통령은 알고 한국이 "변해야 살아남을 수 있다"며, 세계화를 받아들여야 된다고 주장했다. 왜냐하면, 지구규모 경쟁 속에서 이 커다란 변화가 불가피하다고 생각했기 때문이다(이숙종·장훈 편 2010: 15).

　한국의 고등교육 국제화도 지구규모의 변화와 경제적 경쟁이 가하는 외부적 압박과 시간적 관련이 있다. 한국은 WTO에 가입한 넉

달 뒤, 교육개혁위원회가 '신교육체제 수립을 위한 교육개혁방안', 이른바 '5·31 교육개혁'을 실시함으로써 규정완화에 따라 고등교육이 국제시장에 개방되기 시작했다. 이듬해에는 교육개혁위원회가 고등교육을 국제화시키기 위하여 외국교육기관에게 국내 교육시장을 제한적으로 열어주는 계획안을 마련했다. 이 계획안에 따라 한국이 1996년 연말에 경제개발협력기구(OECD)에 가입한 지 1년 된 1997년에는 한국과 해외 간의 교육과정 개발 등 협력이 추진되고 1998년과 1999년부터는 해외 고등교육기관의 국내 진출, 즉 분교 설치가 점진적으로 허용되었다(大塚豊他 2004: 1-2; Byun *et al.* 2011: 469-470).

고등교육시장을 개방하면서 한국이 고등교육교류의 경제적인 측면 때문에 느끼는 압박감의 다른 경제적 압력과 같이 계속되었다. 한국에게 제일 큰 경제적 압력을 가한 요소는 1997년 금융위기와 해외로 빠져나가는 유학생 송출로 인한 유학수지 적자였다. 김대중의 세계화는 탈냉전에 진영을 탈출하여 전 세계를 포용하는 김영삼의 이념적 발상과 달리 경제를 핵심에 두고 경제재건과 구조조정에 집중하는 방향을 설정했다. 1997년 이후 세계화가 선택이 아니라, 불가피한 전략이 되어 버린 것이다(大塚豊他 2004: 2). 금융위기로 한국의 거시경제적 상황이 어려워진 가운데 1990년대에 걸쳐 고등교육 수요가 증가하면서 한국인들이 해외에 유학하는 추세 때문에 경제적인 부담이 계속되었다. 금융위기가 닥치자 한국 정부는 재정적인 조치에 집중하게 되면서 한국인의 유학을 막기 위하여 국내 고등교육을 반드시 국제 수준에 끌어올려야 한다는 등 주력을 기울이기로 했다(Byun *et al.* 2011: 470). 그래야 한국인들의 고등교육 수요가 국내에서 해결되고 유학 아웃풋이 줄어들 것이라는 논리였다.

아웃풋을 감소시키는 방법 이외에 유학수지 적자를 제한적으로나마 개선할 수 있는, 또 하나의 방도가 있었다. 그것은 바로 유학 인풋, 혹은 유학생 유치를 통한 수익 창출이었다. 이 길도 역시 고등교육 국제화가 관건이었다. 국내 대학 수준이 다른 나라의 대학 수준에 미치지 못하면, 한국에 유학 올 인센티브가 부족하기 때문이다. 한국 정부는 대학 수준을 높일 수 있는 방법을 고민하다가 1999년에 7년 계획으로 '두뇌한국 21세기(BK21)' 정책을 채택했다(Byun et al. 2011: 475). 이 정책은 광범위하지만 외국인 유학생 유치를 통한 국내대학 수준 개선을 목표로 하는 부분이 있었으며 한국이 2000년대에 이어서 펼치는 유학생 유치 사업의 첫걸음과 같다. BK21은 국제경쟁력이 있는 대학을 만들기 위한 투자 계획으로서 1999년부터 2006년까지 배분했다(大塚 豊他 2004: 6). 벤치마킹(benchmarking) 대학 간의 연구협력 단체 설립 및 해외 대학과의 자매관계 체결, 외국인을 포함하여 대학원 교수와 연구자의 채용과 연구 지원 등으로 사용되었다(大塚豊他 2004: 7).

　　요약하자면, 한국은 유학수지 적자를 줄이기 위해서 국내 고등교육 기관의 매력을 강화시킴으로써 국내 소비자가 국내에 머무르게 하고 해외 소비자가 한국을 찾게 하려고 했던 것이다. 현재 한국 정부가 추진하는 목표치와 같이 2020년까지 주한 유학생을 20만 명으로 성공적으로 늘릴 경우, 생산 유발 8조 원과 부가가치 유발 4조 원 이상을 기대할 수 있다는 것으로 예상하고 있다(구자억 2013). 따라서 한국 유학생 유치 사업은 세계화 대응으로써 시장을 개방함에 따라 경쟁이 치열해졌고, 유학수지 적자와 같은 여러 경제적 부담이 있었기 때문에 고등교육기관을 개선하기 위하여 추진되었다.

IV. 매력전략으로서 유학생 유치

고등교육 개혁 이후 한국이 2000년대에 추진한 유학생 유치 사업은 규범적·경제적 외부 환경, 혹은 구조로부터 압력을 받으면서 불가피한 세계화 대응으로서 시작되었다고 확인했다. 하지만 이 구조적 압력론만 가지고 한국 유학생 유치에 대하여 해석을 마무리한다면 국가행위자의 의도와 행위능력을 경시하여 외부적인 조건에 환원의 위험성이 있다. 따라서 행위자가 수많은 관계로 구성된 맥락 속에서 어떻게 자기 행위능력을 실행하는지도 이해할 필요가 있다. 즉, 복합 네트워크 외교의 관점에서 한국 유학생 유치를 이해하려면 행위자 차원도 살펴봐야 한다.

국가가 자익을 대외적인 사업을 통해서 왜 추진하느냐고 질문했을 때 소프트파워, 혹은 매력 강화에 대한 이야기를 빼놓을 수가 없다. 따라서 자국의 소프트파워를 증진시켜서 매력을 발휘하는 차원에서 유학생 유치 활동을 적극적으로 추진했는가 하는, 행위능력에 대한 질문을 살펴본다. 이 장에서는 기존연구에서 밝혀졌듯이 유학생 유치를 통한 소프트파워 증진 전략 모델이 한국의 유학생 유치사업에 반영되는지를 알아보도록 한다. 기존 연구에서 국가는 세계질서에서 국가의 지위에 영향을 미치고 대외적으로 위상을 강화시키려고 유치한 유학생들에게 긍정적인 인식을 심어놓고, 유학생 출신국가에서 좋은 여론을 형성하며, 지도계층과의 관계를 구축하고자 한다. 이는 모두 국제질서에서 한 국가가 유리한 대외관계를 맺고 든든한 대외위상을 구축하는 외교적 행위를 뒷받침하며, 곧 매력전략이다.

1. 유학 경험의 질적 보증

먼저, 소프트파워 증진 메커니즘에 대하여 유학 경험의 질적 보증 조건을 보자. 앳킨슨(Atkinson)의 연구에서는 미국의 국제교류 사업에 대한 질적 경험 보증을 두 가지로 나눠 다음과 같이 정리하고 있다. 첫째, 사회적 접촉의 질적·양적 수준이다(the depth and extent of social contacts). 체류국 현지인과의 개인적 관계가 친밀하게 유지될수록, 그리고 그러한 관계가 많을수록 교육교류 사업 참가자, 혹은 유학생이 체류국가에 대해 호의적·긍정적 태도를 갖게 된다(Atkinson 2010: 5). 둘째, 체류국 현지인과의 공통된 정체성(common identity) 형성이다. 공통된 정체성이라 함은 공감대가 형성될 정도로 유학생이 체류국가의 정체성을 내재화한다는 것을 의미한다. 그 결과, 유학생이 체류국가에 대하여 소속감을 느끼고 우호적 태도를 갖게 된다. 질적·양적 수준이 높은 현지인과의 관계와 체류국가 정체성 내재화라는 두 가지 조건은 모두 유학생의 경험을 말하며, 유학생이 출신국가와 유학 체류국가 간에 가교가 될 잠재력, 그 성향을 얼마나 갖고 있는지를 정한다(Atkinson 2010: 6-7).

한국은 2004년에 스터디코리아(Study Korea) 프로젝트를 처음 도입한 시점부터 유학생의 경험을 고려했는데 유학생 유치가 계속 증가하고 양적 목표를 달성할수록 정책에서 질적인 요소를 다루게 되었다. 2004년에 스터디코리아 프로젝트를 위한 인프라 부족이 유학생들에게 불편을 끼칠까 우려하는 한국 정부는 인프라를 개선한다는 목적을 세웠다(교육인적자원부 2004: 3). 그중 숙소와 같은 기초적 편리 시설과 출입국 과정에 관한 사증발급 등이 주된 개선 대상이었다. 언어적인 측면에서는 한국어 실력을 향상하기 위한 서비스도 확대할 필요를 언급하고 있다(교육인적자원부 2004: 12-16). 이렇게 유학생 유치를 처음으로 적극적으로 추진하는 시점인 2004년부터 한국은 유학생이 실제로 유학생활을 하는 데에 있어서 느끼는 불편을 줄이려는 것이 곧 경험에 대한 질적 보증을 하려는 노력과 같다.

2007년에 스터디코리아 프로젝트가 보다 일찍 좋은 유학생 유치 성과를 거두어 성공적인 정책으로서 평가받을 때 더 좋은 프로그램을 개발하기 위한 발전방안이 나왔다. 이 방안에서 유학생 경험에 관해서 추가된 개선사업은 졸업 후 구직 활동을 위한 체류자격 변경이었다(교육인적자원부 외 2007: 11). 이렇게 작은 일들이 거시적으로 국가의 매력강화와 상관이 없다고 생각할 수도 있겠지만 사실대로 말하자면 서비스가 안 좋은 식당에 손님이 다시 찾아가지 않는다. 유학생활을 위한 시설이 좋아야 좋은 유학경험이 가능하며, 유학생 유치 사업이 계속될 수 있다.

위와 같은 일상적인 경험 이외 외교적인 의미를 가지는 질적 보증 조건도 있다. 유학생이 얼마나 현지인들의 문화와 정체성을 받아들이고 그들과 관계를 맺고 우호적인 태도와 공감대를 형성할 수 있는가의 문제이다. 한국 유학생 유치 정책은 2010년대에 이 측면까지 반영하게 된다. 유학생들이 한국에서 공부하면서 부정적인 경험을 하면, 한국을 비하하거나 귀국하고 한국에 대한 부정적인 이야기를 하는 경우가 있었는데, 이러한 이른바 '반한정서(反韓情緖)'가 결국 부정적인 경험으로서 한국 위상을 손상시킬 수 있다.

반한정서의 잠재적 악영향에 대하여 한국교육개발원이 2010년에 실시한 연구에서 말하듯이, "반한정서 문제가 심각하지 않을 수도 있으나 언제라도 중대한 사안이 될 수 있는 잠재 위험성을 갖고 있다"며(구자억 2010: 54), 외교적으로는 부정적인 입김을 우려하여서 주한 중국인 유학생의 반한정서에 대해서 다음과 같이 경고하고 있다. "적극적인 정책 대처를 통해 반한정서가 적절히 해결되지 않을 경우 향후 한중 관계에 부정적 영향을 끼칠 뿐 아니라 유무형의 피해를 가져올 수도 있다"(구자억 2010: 101). 이렇게 한국 위상에 손해가 될 수 있는 반한정서의 위험성을 인정하고 한국 정부는 스터디코리아 발전에 관한 2012년 보도자료에서 유학생들이 반한정서를 불식하게 하고 친한 감정을 키우도록 할 필요를 강조하고 있다(교육문화여성정책관실 2012: 4). 한국 정부는 2004년에는 유학생활의 일상과 편리함을, 2007년에는 유학생의 장기적 발전을, 2012년에는 유학생의 심리적인 상태까지 주한 유학 경험의 질을 유학생 유치 정책에서 보장하려고 했다.

2. 해외 여론 형성

앞서 말한 유학생 경험의 질적 보증 조건이 갖춰져 있으면 유학생 개개인마다 소프트파워를 증진시키는 역할을 맡을 수 있게 되고 소프트파워 증진 메커니즘의 두 가지 방법이 가능해진다. 그 두 가지 방법은 유학생을 통하여 목적지 국가와 외국 지도계층 관계 육성 및 대외적 여론 영향력 발휘이다. 외국 여론에 대한 영향력 제고는 학생이 유학 중인 나라에서 접한 정보, 가치관, 의견, 생각 등을 해외에 전달하는 것을 의미하며, 이는 출신국가 사람들이 쉽게 접하지 못하던 것을 소개시킴으로써 해외 여론을 형성하는 데에 작용한다. 이런 메커니즘은 주로 개인과 가족 관계, 언론, 초국가적 커뮤니티(Transnational community) 등 비공식적인 경로로 이루어지지만, 이러한 대외적 정보 전달이 장기적으로 유지되었을 때 긍정적으로든 부정적으로든 국가 이미지를 좌우하고 외국 여론에 반영되며, 어떤 때는 외국 정부의 대외

정책에까지 영향을 미칠 수 있다고 한다(Peyré 2013: 45).[1] 한국은 유학생 유치 사업을 통하여 여론 영향력을 확보하거나 행사하려는 측면이 있을까?

한국은 유학생 유치 정책에서 구체적으로 긍정적인 여론 영향력을 키우려는 노력은 없어 보이지만 그렇다고 이 메커니즘이 전혀 작동하지 않는다고 볼 수는 없다. 오히려 위와 같이 부정적인 경험을 한국 정부가 고려해서 반한 정서를 막겠다는 것 자체가 부정적인 여론 영향력을 방지하는 것이라고 이해할 수 있겠다. 왜냐하면 그 부정적인 경험은 확산될 수 있기 때문이다. 한국교육개발원의 주한 중국인 유학생 인식 조사에 따르면, 반한정서를 느끼는 중국인 유학생 중 82%나 그 정서를 다른 중국인과 공유한다는 점에서 한국에 관한 부정적인 유학 경험이 곧 부정적인 여론으로 확산할 수 있다고 봐야 한다(구자억 2010: 101).

외국 여론이 유학생 경험과 연관이 있다는 사실을 한국 정치인들도 인정한다. 2013년 국회의원회관에서 개최된 유학생 정책발전 토론회에서 이자스민과 박영선, 신용학 등 국회의원들이 유학생 유치에 대해서 연설하면서 '긍정적인 이미지', '한국의 이미지' 등 한국의 대외 위상에 대한 표현을 썼다(국회다정다감포럼 2013). 박영선은 "유학생들은 자국의 '민간외교가'라고 할 수 있다"며, "한국에서의 경험이 자국

---

1   여기서 구체적인 예를 하나 들자면, 2008년에 인도에서 호주로 온 유학생이 인종차별적인 폭력 사건에서 피해를 입게 되자 인도에서 호주가 인종차별 문제 때문에 위험할 수도 있다고 미디어를 통해서 보도가 나왔다. 2008년부터 2010년까지 인도의 평등 인식 지수에서 호주가 7등에서 24등으로 추락했고 호주에 유학 가는 인도학생 수가 줄어들면서 경제적으로 호주는 어려움을 느끼게 되었다. 결국, 수습하기 위해서 호주는 총리까지 포함해서 여러 정치인이 인도를 방문하고 호주 유학이 위험하지 않다는 내용의 연설을 했다고 한다(Byrne & Hall 2011: 6-9).

으로 돌아갈 경우, 그것이 그대로 한국에 대한 간접적인 평가가 되어 잠재적으로 한국의 위상과도 연관이 된다"고 말했다(국회다정다감포럼 2013). 한국 유학생 유치 정책에서 직접적으로 여론 영향력을 키우겠다는 말은 찾기가 힘드나, 정치인이 하는 발언을 보거나 한국 정부의 지원을 받은, 유학생 관련 연구 결과를 보면 한국 정부가 유학생 경험이 곧 해외에서 본 한국, 한국의 대외 이미지, 한국에 대한 외국 여론 등과 연관성이 있다고 인정한다는 것을 확인할 수 있다.

3. 지도계층 관계 구축

유학생 유치를 통해서 소프트파워를 증진시킬 수 있는 두 번째 방법은 지도계층 관계 구축이다. 제국시대부터 유럽 제국들이 피지배국 지도계층의 자식들을 중심부 고등교육기관에 입학시킴으로써 그들을 통해서 피지배국 운영에 대한 보장 및 지배국-피지배국 관계의 사회문화적 통합을 꾀했던 역사에서 볼 수 있듯이, 유학생을 통해서 지도계층과 엘리트층 관계를 국가가 전략적으로 활용하려는 것은 예전부터 있어 왔다는 것을 알 수 있다(Peyré 2013: 36). 냉전 시기에도 이 소프트파워 증진 메커니즘이 계속되고 가장 대표적인 유학생 사업을 통한 소프트파워 전략들이 냉전 시기부터 시작했다. 미국 풀브라이트 사업은 좋은 예로 들 수 있다.

풀브라이트는 2차 세계대전이 끝나면서 소련과 미국이 제3세계를 두고 펼친 외교전에서 비롯되었다. 2차 세계대전 이후 대외 개발원조와 평화주의는 명분이었지만 국제적 교육교류를 통해서 자유민주주의와 자본주의적 가치관 전파가 미국의 의도였다. 1946년부터 시작한 풀브라이트 사업은 간단하게 말하면 정부초청장학이고 이에 참여한 인원 전체에서 200여 명이 귀국하여 자국의 나랏일을 고위간부로서 맡게 되었다고 한다(Nye 2005: 43). 그중 한국 국무총리가 3명이나 있었다(United States Department of State). 이렇게 국가가 직접 지원하는 프로그램이 다른 나라의 정치까지 영향력을 미칠 수 있는지에 대해서 조지프 나이는 파키스탄의 예를 들고 있다. 미국이 테러와의 전쟁에서 무샤라프 대통령의 협조가 필요할 때 무샤라프의 아들이 미국에서 대학을 졸업하고 보스턴에서 살고 있다는 사실을 언급하는 것만으로 설득력을 가진다고 했다(Nye 2005: 42). 정치인은 물론, 영향력이 있는 기업가도 많이 배출했다고 생각해 보면, 미국 풀브라이트 프로그램처럼 특정한 국가가 직접 지원하는 유학생 유치 사업을 통해서 타국 엘리트층과의 관계를 직접·간접적으로 맺는 것이 가능하고 장기적으로 운영했을 경우, 외국 엘리트층을 통해서 정책결정과정에 직접 영향력을 행사하며 외교관계를 뒷받침할 수 있다. 이것은 바로 유학생을 통한 지도계층과의 관계 체결·유지 소프트파워 증진 메커니즘이 된다(〈그림 2〉 참고).

한국 유치 정책에서 유학생 경험과 외국 여론 영향력보다 더 두드러지게 강조되는 것은 지도계층과의 관계 구축이다. 그것은 한국이 실시하는 정부초청장학 사업에서 볼 수 있다.

정부초청장학 사업은 외국인이 한국 정부 지원을 받아 한국 고등교육기관에서 공부할 수 있게 해 주는, 1967년부터 시작한 유학생 유치 사업이다(長島万里子 2011: 4). 1967-1994년에는 연간 평균 정부초청장학생 유치 인원수는 아주 제한적인 11명에 그쳤지만 1990년대 중반부터 2003년까지는 1년에 약 56명을 유치하게 되었다. 그 전환점은 1995년이었는데 한국의 WTO 가입과 '서비스무역에 관한 일반 협정' 협상 때 논의되고 있던 교육의 산업화와 같은 시점이었다. 스터디

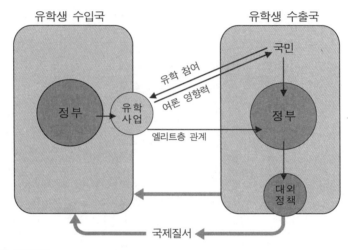

출처: 필자 작성

그림 2. 유학생 교류 소프트파워 메커니즘

코리아 프로젝트가 시작된 2004년부터는 꾸준히 정부초청장학생 수를 확대해 가면서 2004년부터 2012년까지의 기간에는 연간 평균 유치 인원수가 약 352명에 달했다(長島万里子 2011: 4; 교육문화여성정책관실 2012). 이는 물론 인원수가 많아지는 만큼 예산 확대를 의미한다. 그런데 정부초청장학생 유치 사업은 인원수만 늘어난 것이 아니라 연차적 유치 인원수와 함께 2006년부터 학부 프로그램이 추가되면서 사업 규모가 전체적으로 확대되었다(교육인적자원부 외 2007: 50-51). 〈그림 3〉에서 볼 수 있듯이, 정부초청장학 사업은 1967년부터 2005년까지의 38년 동안 971명밖에 한국으로 유치하지 못했다. 그런데 2006년부터 2012년까지의 6년 만에 3,033명을 더 유치했다. 그리고 2000년대에 사업이 커지면서 인원수만 아니라, 국적 수도 2배 이상 다양해진 바가 있다(교육인적자원부 외 2007: 51).

정부초청장학 사업은 지도계층 관계가 중요한 사업 과제이다.

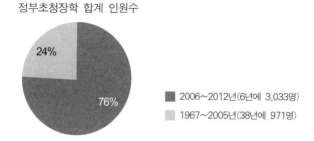

정부초청장학 합계 인원수

24%

76%

■ 2006~2012년(6년에 3,033명)
■ 1967~2005년(38년에 971명)

출처: 교육문화여성정책관실 2012년 10월 29일 보도자료 통계 활용하여 필자 작성

그림 3. 주한 정부초청장학생 합계 인원수

2007년 스터디코리아 발전 방안을 준비하면서 정부는 차세대 지도자를 육성하는 데에 목적을 두기로 했고, 특히 브라질과 러시아, 인도, 중국과 아시아권 국가 등 개발도상국과 지하자원부국의 미래 지도계층을 중심으로 유학생을 유치하려는 의도를 밝힌 바가 있다(교육인적자원부 외 2007: 50). 풀브라이트처럼, 귀국 후 한국에 유리한 고위 인사가 될 사람을 구하는 것이며, 교육문화여성정책관실 자료에서 설명되듯이 한국은 스터디코리아 프로젝트를 자국의 풀브라이트로 만들려고 하고 있다(교육문화여성정책관실 2012: 2). 풀브라이트가 60년 이상 운영되면서 국가대표 수백 명을 배출했는데 스터디코리아는 아직 그만큼 성과를 거두고 있지 못하지만 동창 중에 필리핀 대법원 판사와 교수 약 340명이 있다는 것은 방향이 잘 설정되어 있다는 의미로 받아들여도 무방하다(교육문화여성정책관실 2012: 3). 위에서 살펴본 점을 생각해 보면 스터디코리아 프로젝트의 중요한 일부를 차지하는 정부초청장학생 사업은 한국에게 외국 지도계층, 혹은 엘리트층과 관계를 맺고 발전시킬 수 있는 좋은 수단이다.

한국 유학생 유치 정책 중 정부초청장학 사업 이외에 지도계층과의 관계를 맺으려는 노력이 또 있다. 공적개발원조 사업과 기타협력

사업에 연계된 주한 유학 패키지이다. 2010년 교육과학기술부 자료에
서 유학생 유치를 다변화시킬 수 있는 방법을 모색한다. 그중 하나는
공적개발원조를 더 효과적으로 실시하는 데에 일조할 친한(親韓) 전
문가 육성이 있다. 친한 전문가 육성은 공적개발원조 사업에 한정되
지 않고 기타 사업에서도 똑같이 제안하고 있다(교육과학기술부 2010:
352). 그 방법은 지원금만 제공하는 것이 아니라, 사업의 일부로서 관
련 인사를 교육이나 훈련을 목적으로 한국에 초청해서 그들의 유학과
생활을 지원하는 유학 패키지이다(교육과학기술부 2010: 354). 결국 이
것은 현재 진행 중인 협력 사업에 직접적으로 권한을 가지게 될 인사
와 밀접한 관계를 맺기 위하여 국내로 유치해서 교육을 시켜 주는, 유
학을 통한 인맥 축적, 즉 지도계층 관계 구축 전략에 해당된다.

한국은 유학생 유치 정책을 매력전략으로서 활용하는지를 확인하
는 목적으로 각 나라가 그에 전제가 되는 유학생 경험에 대한 질적 보
증과 여론 영향력 메커니즘, 지도계층과의 관계 체결·유지라는 세 가
지를 추진하는지를 앞서 살펴봤다. 유학생 경험에 있어서 한국은 많은
노력을 기울이는 것으로 보인다. 일상생활과 시설 등 관련된 유학생의
경험을 중요시하고 그것을 개선하려고 했으며, 시간이 지나면서 한국
은 한발 더 앞서 유학생의 정서적·심리적 주한 유학 경험을 질적으로
보장할 필요성을 깨닫고 일부 노력을 취했다.

유학생 유치를 통한 여론 영향력에 있어서도 한국이 노력하는
것으로 보인다. 한국은 자국의 위상에 대한 인식이 강하며, 그것을
대외적으로 잘 하는지를 신경 쓰고 있다고 위에서 상술한 바가 있다.
한국의 정부초청장학 사업은 4,000명을 넘고 대학원생에 한정되지
않는다. 한국은 이렇게 큰 규모의 정부초청장학 사업을 추진할 뿐만
아니라 공적개발원조 프로젝트에서 볼 수 있듯이 기타 협력 사업에

서도 주한 유학을 패키지로 제공함으로써 협력사업과 직접적으로 관련되어 있는 외국 인사를 국내로 유치해서 친한파(親韓派)로 만들려고 하면서 외국 지도계층과의 관계를 전략적으로 추진하고 있다. 이를 모두 종합해서 보면 한국은 세계경제 속에서 이루어지는 유학생 교류라는 사업에 있어서 대외적으로 매력을 발휘하려는 부분들이 분명히 있다. 그것은 주로 유학생이라는 행위자를 향한 노력이지만 '반한정서' 방지와 같은 경우에는 유학생을 통해서 타국의 국민이 대상이 된다. 이렇게 보면 한국은 유학생 유치를 자국의 매력을 발휘하는 일종의 공공외교적 매커니즘으로서 인식하고 활용하려는 것으로 보인다.

V. 중견국의 네트워크 전략으로서 유학생 유치

신흥 유학생유치국 한국은 세계표준을 받아들여서 유학생 사업에 나설 때 앞서 살펴봤듯이 자국의 매력을 발휘하려는 행태를 보여주고 있다. 한국정부가 유학생을 유치하면서 그들의 경험을 질적으로 보증하려고 하고, 반한정서를 막고 긍정적인 이미지를 전파하면서 해외에 있는 국민까지 영향을 행사하도록 여론을 형성하려고 하며, 인재육성을 통하여 해외 지도계층과 관계를 구축하고자 한다는 것을 확인했다. 다시 말하자면, 한국은 세계경제가 통합되면서 고등교육 산업화와 유학생 교류의 세계표준을 수용했을 때 그 구조 속에서 자신의 소프트파워를 증진할 수 있는 메커니즘을 설치한 것으로 보인다. 그런데 그렇다고 결론이 나기에는 아직 이르다. 이 메커니즘을 한국이 어떻게 설치하고 추진하고 있는지, 네트워크적인 중견국 전략으로서 추진하고 있는지를 밝히려면 중견국 네트워크 외교의 과정적인 측면을 봐야 한다.

여기서 네트워크 권력론에서 차용한 중견국 외교 전략의 기본잣대가 유용하다. 그것은 설계와 소집, 그리고 중개라는 세 가지 전략단계로 구분하여 볼 수 있다(김상배 편 2014). 이 세 가지 중 한국은 중개가 아직 미흡하나, 설계와 소집이라는 두 가지는 추진하는 것으로 보인다. 고등교육국제화의 세계표준을 수용한 구조적 플랫폼 위에서 한국은 소프트파워 메커니즘이 작동하는 프로그램으로서 허브전략을 설계한 것이다. 그리고 이 디자인은 국가, 유학생, 대학, 사회단체 등 행위자와의 접촉 및 협력이 많으면 많을수록 한국이 중심성을 얻는다. 이 때문에 두 번째 중견국 외교 전략 단계로는 한국의 노드 소집을 통한 허브구축 전략이 있다.

1. 설계로서 허브구상

첫째, 중견국 외교 전략 단계로서 설계가 있다. 설계는 강대국, 혹은 표준을 세우는 행위자가 만들어 낸 플랫폼을 수용해서 그 위에 자국에 유리한 응용프로그램 같은 관계구도를 만들어보는 것이다. 행위자가 "네트워크 전체의 판세를 읽고 프레임을 짜는" 과정이라고 보면 된다(김상배 편 2014: 49). 그러면 한국은 네트워크 전체의 판세를 인식하고 유학생 유치 사업에 대한 외교적 프레임을 어떻게 짰을까? 앞서 살펴봤듯이 한국은 국제기구 가입과 고등교육서비스 산업화 등 구조적 압력에 따라 고등교육국제화라는 표준을 받아들였고, 이 표준은 영미권을 중심으로 한 국가들이 WTO의 설립과 맞물리는 시점에서 서비스무역에 대한 일반협정 협상을 통하여 주도했던 것이 분명하다. 그들이 설정한 방향에 한국도 맞춰서 같이 움직이게 됐던 것은 한국이 네트워크 전체의 판세를 읽고 자국의 위치를 파악했기 때문이다. 국제질서가 변하고 있음에도 불구하고 한국이 세계화 대응으로서 고등교육 개혁과 개발을 실시하지 않았더라면 한국은 네트워크 전체의 판세를 인식하는 데에 실패한 것이라고 보겠다. 하지만 그렇지 않았다. 한국이 네트워크 전체의 판세를 읽는 데에 성공하고 다른 행위자들이 세워 놓은 표준이라는 플랫폼을 수용했다.

그러면 설계의 두 번째 조건으로서 프레임을 어떻게 짰을까? 수용한 플랫폼 위에서 자국에 유리한 응용프로그램을 개발한다는 것은 기존 조건에 맞춘 다음에 자국에 알맞고 유리한 관계구도를 만든다는 것이다. 한국과 같은 경우에는 그 관계구도로서 프레임이 허브라는 구상이다. 한국은 세계표준을 수용한 고등교육국제화와 유학생 교류 플랫폼 위에다가 자국에 유리한 관계를 구축하고 앞서 살펴본 매력 발휘 증진 메커니즘을 포함하여 자국의 경쟁력을 강화할 수 있도록 허브전략을 구상했다. 이 설계는 유학생 유치 정책을 2000년대 초반에 적극적으로 추진하기 시작했을 때부터 오늘까지 이어져 왔으며, 한국 유학생 유치활동의 외교적 프레임이다.

한국이 허브 구상을 처음 제시할 때 그리 구체화된 콘셉트는 아니었다. 자국을 동북아시아의 중심에 두고 싶다는 생각 이외에 자세한 비전이 없었다. 그래도 얼마나 추상적이든지 유학생 유치 활동에 나서는 시초부터 유학생 교류와 중심국가로서의 도약이 관련돼 있다고 인식하면서 2004년 스터디코리아 프로젝트 방안에서 최종적 목표를 동북아 중심국가 도약이라고 정의하고 있다(교육인적자원부 2004: 8). 처음에 이렇게 추상적이던 목표는 지정학적인 의미에서 비롯됐겠지만 유학생 유치가 전개되면서 교육과 더 묶이게 된다. 2007년 고등교육 국제화 전략 추진계획에서 최종적 목표는 단순한 동북아 중심국가에서 "동북아 지식·인력허브"로 도약하는 것으로 수정되었다(교육인적자원부 외 2007: 11). 결국 이는 "교육허브"로 다듬어지면서 2011년 외국교육기관 국내 유치 활성화 방안에서 다시 언급되고 있다(교육과학기술부 2011: 3). 한국이 고등교육을 국제화시켜 오면서 유학생을 유치함으로써 '허브'를 구축하겠다는 방향을 설계한 것이다. 이 '허브'라는 단어가 문서에서 자주 사용되고 있다. 그리고 한국의 유학생 유치와 국제고등교육에 대한 기존 연구에서 교육학자들은 허브가 이 글에서 논한 매력 발휘 메커니즘과 같은 장치로 활용해서 소프트파워를 강화시키기 위한 것이라고 주장하고 있다(Mok & Yu 2014: 139).

한국은 유학생 유치를 포함한 고등교육국제화 표준을 수용해서 일종의 플랫폼으로 삼고 그 위에 매력을 발휘하는 메커니즘을 활용할 수 있는 '허브', 혹은 중심성 강화 전략을 설계했다. 유학생 유치와 고등교육 국제화 관련 정책 전개에서 계속 중요한 목표로서 언급이 되고 있다는 점에서 이 허브 구상은 한국이 추진하는 설계라는 것이 확실하다. 허브가 자국을 중심에 두겠다는 프레임이라고 볼 수 있다면 이 중심 프레임에 맞아떨어지는 식으로 한국이 자기 편으로 다른 행위자를 모으고, 설계한 전략을 실천하도록 두 번째 중견국 외교 전략 단계로서 노드를 소집하는가?

2. 노드 소집으로서 허브구축

중견국 외교 전략의 두 번째 유형은 소집이다. 소집은 말뜻대로 세(勢)를 모으는 작업이다. 행위자가 힘을 발휘할 수 있는 역량은 소집한 노드의 양과 정비례한다(김상배 편 2014: 49). 어떻게 보면 소집은 관계를 몇 개 갖고 있는지, 얼마나 다양한지의 문제이다. 소집을 실시하려면 다른 행위자를 가급적 많이 인식하고 그들과 관계를 맺어야 한다. 한국은 유학생 유치를 통하여 자국을 중심에 두고자 하는 허브전략을 추진하려고 그 구상에 맞게끔 많고 다양한 행위자와 관계를 적극적으로 체결하는 데에 주력을 기울여 왔다. 한국은 2000년대에 거쳐 많고 다양한 행위자와 관계를 맺고자 했는데 그중 국가행위자와 비국가행위자 모두가 있다. 허브전략을 위한 한국의 소집 과정을 이해하기 위해서 조금 구분하여 볼 필요가 있다. 유학생과 국가, 교육기관, 사회단체 등 한국이 다양한 노드를 소집하려는 양상을 살펴보자.

1) 유학생 다양화

우선, 유학생 수와 한국에 학생을 송출하는 국가를 보자. 학생에만 해당되는 것이 아니지만 유학생 통계, 특히 스터디코리아 프로젝트 일환으로서 정부초청장학생 통계를 보면 한국이 더 많은 노드를 소집하고 있다는 것이 눈에 띈다. 2004년부터 2012년까지 정부초청장학을 받아서 한국 땅을 밟은 학생 수가 물론 늘었지만 더 중요한 것은 국적이 다양화됐다는 것이다. 2004년에는 약 40개국에서 온 학생들은 2012년까지 100개국이 넘는 다양한 곳에서 왔다(〈그림 4〉 참고). 이는 아래 그림에서 확인할 수 있듯이, 한국이 유학생을 통해서 맺고 있는 관계를 늘림으로써 유학 관계망에 참여하는 국가, 혹은 국가행위자 노드를 2배 이상 늘린 것과 같다(교육인적자원부 외 2007: 51).

한국의 유학생 교류 관계망에 참여하는 국가 수를 장차 더욱 다양화될 것으로 예상된다. 2010년에는 한국이 유학생 다변화 전략을 세우면서, 특별히 관심을 가지고 유학생을 유치해야 할 지역을 선정했다. 주로 중동과 아프리카, 중남미 국가로서 이 나라들은 한국과 교류

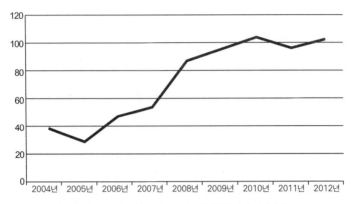

출처: 교육문화여성정책관실 2012년 10월 29일 보도자료 통계 활용하여 필자 작성

그림 4. 주한 정부초청 장학생 국적 수

가 점증하고 있거나 비교적으로 큰 지원을 받거나 한국에 대한 선호
도가 높거나 성장 가능성이 높거나 외교적으로 특별한 위치를 차지하
고 있다는 기준에 따라 뽑혔다(교육과학기술부 2010: 27). 사우디아라
비아와 아랍에미리트, 터키, 이란, 이스라엘, 요르단, 남아공, 이집트,
나이지리아, 알제리, 가나, 에티오피아, 멕시코, 브라질, 칠레, 파나마,
러시아, 우크라이나, 카자흐스탄, 우즈베키스탄, 아제르바이잔 총 21
개국이다. 이 나라 중 이미 100명 넘게 한국에 유학생을 송출하고 있
는 곳으로 이란과 러시아, 카자흐스탄, 우즈베키스탄 총 4개국이 있
다. 여기서 주목할 것은 다변화 전략에 뽑힌 나라 중 총 17개국이 이
에 포함되지 않지만 추가하려고 하고 있다는 것이다. 이렇게 스터디코
리아 프로젝트와 유학생 다변화 전략을 통하여 한국은 유학생을 유치
함으로써 더 많은 노드를 자국의 관계망에 포함시키고 기존 노드와 더
가까운 관계를 가지려고 하고 있다는 것으로 보인다.

2) 국가행위자와의 다자적 · 양자적 협력

한국 정부가 장학금을 통해서 직접적으로 더 많은 유학생을 유치함으로써 노드를 늘리려는 노력 이외에 노드 소집을 시도하는 다른 방법도 있다. 그중 하나는 직접적으로 다른 정부와 다자적 · 양자적 협력을 하는 방식이 있다. 여기서 제일 대표적인 다자적 프로그램 3가지로서 CAMPUS Asia와 ASEMDUO, ICI-ECP도 있고, 한국이 양자적으로 인도와 말레이시아와 추진하는 협력도 있다. 이 프로그램을 통해서 더 많은 국가행위자를 자기 관계망에 포함시키는 동시에 유학생 수와 다양성을 계속 늘릴 수 있다.

한국은 아시아와 유럽에 있는 국가와 특별히 G2G(government to government · 정부 간의 협력)를 통해서 유학생 유치 활동을 강화시키려고 하고 있다. CAMPUS Asia는 유럽의 에라스무스(ERASMUS) 프로그램을 본뜬 사업으로서 한국과 중국, 일본이 참여하는 학생 교류 사업이다. 2012년부터 대학 10개교에서 학생교류 규모를 확대하려고 하고 있다(Park & Song 2013: 35). 해마다 각국이 100명을 파견하고 100명을 초청받는 구조로서 이 프로그램은 미래 리더를 양성하면서 상호이해를 증진시키는 목적을 삼고 있다는 점에서 외교적인 측면도 뚜렷하다(www.campusasia.kr). 그리고 한국이 참여하는 다른 다자적 유학생 교류 프로그램도 있다. ASEMDUO와 ICI-ECP이다.

ICI-ECP는 선진국 간의 교류 프로그램으로서 한국과 유럽 국가의 6-8개 대학이 학생교류에 참여하는 프로그램이다. 물론 이 프로그램의 목적은 학생교류의 규모를 확대하는 것이다. ASEMDUO도 유럽 국가에 있는 대학과의 교류를 증진시키기 위한 프로그램으로서 유럽과의 유학생 교류 규모를 확대시키는 것을 목적으로 하고 있다(Park & Song 2013: 36). CAMPUS Asia와 ICI-ECP, ASEMDUO라는 프로그램 세 가지는 모두 유학생 교류를 확대하는 것을 목적으로 하고 있는 데 한국이 여기에 참여하는 것은 유학생 교류 관계망에 더 많은 국가 행위자를 포함시키고, 더 많은 학생을 끌어당기려는 다자적 노드 소집 노력으로 보인다.

같은 맥락에서 한국이 추진하는 양자적 교류 프로그램도 있다. 최근에 눈에 띄는 협력은 위와 같은 프로그램과 달리 동북아시아와 선진국가 이외의 비선진국과의 교류를 확대하려는 노력이다. 첫째, 한국 - 인도 학생교류 사업이다. 2012년 회담에서 나온 방침으로서, 이 협력 프로그램은 한국과 인도 간에 해마다 대학(원)생 50명을 서로 초청해서 교육시켜 주는 구조이다. 그리고 이 관계가 발전되기 위해서 양국 간의 MOU(Memorandum of Understand · 양해각서)를 체결하여 교육협력 확대를 위한 기반을 마련하겠다고 발표한 바가 있다(교육과학기술부 2012: 3). 인도와의 프로젝트는 과학에 초점을 맞추고 있다. 말레이시아와도 양자적 유학생교류 프로그램을 진행해 왔다. 말레이시아 정부의 '동방정책'의 일부로서 말레이시아 유학생을 한국에 파견하는 프로그램이 있다. 덕분에 한국은 해마다 600명 넘는 말레이시아 유학생을 받는다(구창환 2014). 브라질도 같은 개념으로 한국에 이공계 학생을 보낸다. 브라질 정부는 2011년부터 '국경 없는 과학(Ciência sem Fronteiras)'이라는 프로그램을 시작했는데 브라질 학생의 국제경쟁력을 강화하려고 이공계 대학(원)생을 한국에 유학 보내고 한국의 국립국제교육원에 운영을 맡기는 형식이다(Mok & Yu 2014: 149).

위와 같은 양자적 · 다자적 유학생교류 프로그램에 참여하는 것을 보면 유학생 유치 사업의 규모를 확대하려고 하고 있다는 것을 확인할 수 있다. 그것도 이 교류는 한 지역으로 한정돼 있지 않고 세계적으로 추진되고 있고 늘 더 많은 국가행위자를 유학생 교류 관계망에 포함시키고자 하는 노력이다.

3) 국내외 대학 노드 동원

한국 정부의 노드 소집은 국가행위자와 학생에 한정되지 않는다. 유학은 결국 대학에서 이루어지는 일이라 고등교육기관의 역할도 역시 중요시하고 있다. 따라서 한국 정부는 가능한 만큼 국내 대학의 유학생 유치 활동을 장려함으로써 더 많은 고등교육기관과 학생을 유학생 교류 관계망에 포함시키고자 한다. 그리고 국내에 분교를 두면 외국에서 학생을 데리고 올 수 있는 해외대학도 누리고 있다.

한국 고등교육기관도 노드로서 한국의 유학생 유치 관계망에 크게 기여하고 있다. 물론 III절에서 살펴봤던 고등교육 시장 개방에 따른 치열한 경쟁이 큰 압력을 국내 대학에 가한 바가 있었지만, 한국 정부가 국내 대학의 유학생 유치 활동을 허용하고 그것을 장려한 측면을 간과하면 안 된다. 국내 대학은 주로 세 가지 방법으로 유학생 유치 활동 관계망에 더 많은 노드를 소집하는 데에 기여한다. 해외 한국유학 박람회 참여와 해외 고등교육기관과의 MOU 체결, 그리고 한국 대학이 해외 분교를 설치하거나 합작프로그램을 개설하여 운영하는 것도 있다.

우선 한국정부가 추진한 해외 한국유학 박람회를 보면, 2008년부터 2014년까지 연간 평균증가율이 10%에 달한다. 총 26개국에서 참여한 박람회 수가 84개나 된다(〈그림 5〉 참고).

그리고 이런 박람회는 그리 작은 규모가 아니다. 2014년에 베트남에서 한국이 개최한 한국유학박람회만 해도 한국 대학 45개교가 참여했고 베트남 쪽 방문객이 1,500명을 넘었다. 그들에게 한국유학이 어떤 것인지를 전달하기 위해서 재학 중인 베트남 유학생 대표도 데리

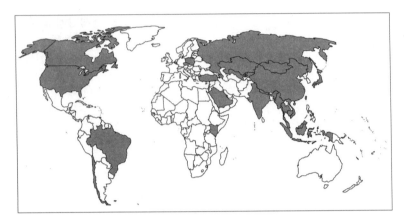

출처: 필자 작성

그림 5. 2008-2014년 한국유학박람회

고 가서 발표시키기도 했다(www.studyinkorea.go.kr). 이런 현장에서 학생 말고 교수와 외국 대학 대표자, 정부 관계자도 참석하기 때문에 대학 간의 교류협력을 할 수 있는 기회들이 종종 얻어지기도 한다.

한국 대학들이 현재 해외 고등교육기관과 맺고 있는 협력관계를 보면 그 규모가 1990년대부터 크게 확대됐다. 연세대학교와 고려대학교는 1996년에는 각국 19개국에 있는 270개교, 16개국에 있는 68개교와 협력관계를 갖고 있었다(이경오 1996: 80). 그런데 2013년 기준으로는 각각 37개국에 514개교와 38개국에 520개교에 달했다(www.academyinfo.go.kr). 해외 대학과의 협력관계와 유학생 수가 국내 대학의 순위를 매기는 데에 작용하기 때문에 한국 대학들은 1994년에 중앙일보, 2009년에 조선일보가 대학순위를 평가하기 시작할 때부터 특별히 경쟁해야 한다는 압박을 느끼고 있다. 그 결과, 수많은 해외 대학들이 한국대학과 관계를 맺고 학생을 교류하면서 국내외 고등교육기관과 학생들이 한국의 유학생 유치 관계망에 흡수된다.

그리고 국내 대학이 한국의 유학생 유치 관계망에 참여하는 방식 또 하나가 있다. 그것은 분교를 설치하면서 해외에 캠퍼스를 두거나 외국 대학과 협력을 하는 차원에서 공동프로그램을 운영하거나 외국 대학 내에 하위과정이나 학과를 개설하는 해외진출 방식이다. 중국은 특히 이런 전략의 대상이 되는 경우가 많다. 고려대학교는 중국에서 학회관을 설립하여 운영 중이고, 대진대학교는 2005년부터 캠퍼스 분교를 두고 있다. 성균관대학교는 2004년에 중국 복단대학교(复旦大学)와 중국전문대학원을 공동으로 신설했고 서울대학교와 한양대학교는 지원을 받아서 칭화대(清华大学) 내부에 한국어 강의를 개설하여 운영하고 있다(이경자 2013: 311). 물론 중국 이외에 고려대학교의 국제대학원이 미국 아메리칸 대학교(American University)와 함께 운영하는 합작 석사과정(www.american.edu) 및 성균관대학교가 포담 대학교 법학대학원(Fordham University School of Law)과 국내에서 함께 운영하는 하계 계절학기 프로그램(Mok & Yu 2014: 150) 등 미국과 다른 나라의 대학과 수많은 프로그램이 진행 중이다. 이런 대학간의 네트워크는 한국에 외국인 유학생을 유치하는 관계망에 새로운 노드를 가져다 주고 한국으로 이어지는 수많은 경로와 착지(着地)를 만들어 준다.

한국 정부가 대학 노드를 동원하는 마지막 노력으로는 해외 대학의 국내 분교 유치가 있다. 기존 연구에서 허브구축 전략 중 많은 관심을 받는 방법으로서 해외 대학 분교를 유치하여 설치하는 것이 특히 유학생 유치를 확대하려는 동아시아 국가들 사이에서 유행이라고 한다(Knight 2011: 234). 한국은 외국 대학의 국내 분교 유치는 지리적으로 한정돼 있지만 2000년대 초반부터 인천의 송도와 제주시에서 설치하고 활성화하려고 했다.

2003년 3월 31일에 한국은 교육개방화 법을 제시한 바가 있었는

표 1. 송도글로벌대학캠퍼스 참여 대학

학교명	국가	교육부 승인
한국 뉴욕주립대학교(SUNY Korea)	미국	2011년
조지메이슨대학교(George Mason University)	미국	2013년
겐트대학교(Ghent University)	벨기에	2013년
유타대학교(University of Utah)	미국	2014년

출처: www.sgu.or.kr 내용을 활용하여 필자 작성

데 이는 '제주국제자유도시 및 경제자유구역 내 외국 교육기관 설립 운영에 관한 특별법'이었다. 외국교육기관 설립을 전면적으로 허용하고 자율적 운영권을 부여하면서 국내 교육 관련법에서 제외해 주는 식으로 수많은 지원과 인센티브로 해외 대학의 국내 분교를 유치하려고 노력했다(김장기·지경배 2007: 84). 결국 이 방안이 성공하지 못했다고 보고 있으나, 정부는 이렇게 해외 고등교육기관을 유치하려고 노력했다는 점에서 역시 더 많은 노드를 끌어당기려고 했다. 제주 말고도 송도에서 외국 고등교육기관의 분교를 유치하려는 송도글로벌대학 캠퍼스 사업도 있다. 2009년에 계획이 확정되었는데 현재 100대 외국 명문대 분교를 국내에 유치하는 것을 목적으로 삼고 있다(www.sguc. co.kr). 그 목적달성이 아직 매우 멀기는 하지만 현재로서 송도에 들어오기로 결정된 대학은 총 2개국의 4개교가 있다(〈표 1〉 참고). 그리고 러시아와 미국 교육기관과 협상 중이라고 한다(www.sguc.co.kr).

이렇게 대학들이 해외에 교육서비스를 제공하고 해외에 있는 대학들이 국내에 진출해서 교육활동을 할 수 있도록 허용하는 것과 해외 한국유학 박람회 참여, 대학 간의 교류협력이 증가한 것 등 한국 정부가 고등교육기관을 노드로서 동원시키고 자국의 유학생 유치 관계망을 늘리려고 한 바가 있다.

4) 비영리단체 노드 동원

한국 정부가 유학생 유치 관계망에 더 많은 노드를 소집하려는 과정은 국가행위자와 유학생, 고등교육기관에 한정되는 것은 아니다. 생각보다 매우 광범위하고 포괄적인 사업을 펼치면서 한국 정부는 심지어 민간차원까지, 비영리단체를 유학생 유치 관계망에 노드로서 추가하려는 행태를 보이고 있다.

비영리단체 중에서 유학생 유치 활동에 기여하는 제일 대표적인 곳은 아마도 세종학당일 것이다. 해외에 한국어를 보급함으로써 잠재적 유학생의 관심을 자극해서 한국에 유학 올 경로를 만들어 주는 역할을 한다. 세종학당은 유학생 유치 정책들이 성공적으로 평가가 돼서 다시 수정되는 2007년에 문화체육관광부와 국립국어원이 공동으로 발표한 설립계획에 따르면 외국인의 한국어 교육 확산이 목적이었다(이경자 2013: 313). 2007년에 하나도 없었던 세종학당은 2010년에 22개소로 확대되고 2012년에 90개소까지 대폭 늘었다. 세종교실까지 포함할 경우에는 2012년 기준으로 총 44개국에서 130개소 운영하고 있다(이경자 2013: 313). 세종학당은 이렇게 한국어 교육을 해외에 보급함으로써 새로운 한국유학 경로를 개척했다.

다른 비영리단체로 꼽힐 수 있는 공립기관 한국국제교류재단도 유학생 유치 관계망에 한 노드로서 작동하고 있으며, 한국유학으로 이어지는 경로를 만들어 주는 데에 기여하고 있다. 해외에 본사를 둔 유학생교류 전문 비영리단체 국제교육교류위원회와 협력하면서 한국 유학 프로그램을 개발했다. 단기유학 프로그램이지만 한국 문화를 공유하고 한국에 대한 이해도를 높이면서 우호관계를 증진시키는 목적으로 운영하고 있다(Mok & Yu 2014: 158). 유학생뿐만 아니라 한국국제교류재단은 비국가행위자로서 해외 사회단체까지 한국 유학생 유치

관계망에 추가하는 역할을 하고 있다는 뜻이다.

5) 소결론

앞서 살펴봤듯이 수용한 유학생 교류 표준이라는 플랫폼 위에서 한국이 설계해서 설정하려고 하는 허브전략 구상이 있는데 자국을 고등교육교류 중심에 두고자 하는 네트워크적인 구상이기 때문에 협력할 수 있는 외국정부와 고등교육기관, 비영리단체, 학생 등 다양한 행위자를 필요로 한다. 따라서 한국은 이들 다양한 행위자를 하나씩 더 가까이에 끌어당기도록 협정도 맺고 지원도 하면서 자국의 유학생 유치 메커니즘을 노드 소집을 통하여 강화시키려고 하고 있다. 물론 이 양상은 매우 복잡하고 행위자가 다양하니만큼 다양한 이해관계가 겹쳐져 있겠지만 결국 천 한 조각을 수많은 실로 뜨개질하듯이 한국 정부는 이 천차만별의 노드를 가급적 많이 끌어당겨서 단단히 묶고 적극적으로 교류를 위하여 활발하게 활용하고자 하는 양상은 부정하기가 어렵다. 한국은 많은 노드를 자국의 관계망에 포함시키고 기존 노드와 더 가까운 관계를 가지려고 하고 있다는 것으로 보인다. 이 소집은 외교적인 용어로 표현하자면, 유학생 유치를 통해서 연결 중심성과 근접 중심성을 추진하는 것이며, 앞서 언급했듯이 한국이 설계한 '허브' 프레임과 또한 부합한다.

3. 미흡한 중개

V절의 마지막 중견국 외교 전략 단계로서 중개가 있다. 중개는 "네트워크상에서 자기를 통하지 않고는 소통이 되지 않는 유충지를 차지하고 '통(通)'하는 과정을 통제하는" 역할로 설명된다(김상배 편 2014:

48-49). 그리고 현실세계에서는 주로 지정학적 유형으로서 권력구도에서 서로 대립하거나 관계가 분절된 복수 행위자들 사이에서 소통, 혹은 연결을 대리해서 제공할 때 목격된다. 또한, 규범적 유형으로서 이슈구조에서 단절된 소통을 중개자가 됨으로써 가교하는 경우에 확인할 수 있다. 어떻게 보면 중개는 누구와 어떤 관계를 갖고 있느냐를 묻는 상대적인 문제이기도 하다. 그런데 한국은 설계와 소집에 비해서 중개 전략이 상대적으로 강조되고 있지 않고 말레이시아와 같은 다른 신흥 유학생유치국에 비해서 노력이 미흡하다.

1) 틈새를 못 찾은 한국의 중개전략

한국이 유학생 유치를 통해서 중개를 하는가라는 질문은 허브 구상과 구축에서 명확한 답을 찾기가 어렵다. 우선, 중개를 하려면 한국은 규범적이나 지정학적으로 어떤 비어 있는 공간, 혹은 구조적 공백을 먼저 인식해야 한다. 유학생 국제이동의 흐름은 송출국과 유치국, 유학생, 대학, 기업, 국제기구 등 수많은 행위자로 구성돼 있는데 그들이 구성하는 관계망 같은 구도 속에 통하지 않는 관계를 알아차린 다음에 그를 연결하는 역할을 해야 한다는 말이다. 2000년대에 한국이 유학생 유치에 나서게 된 것은 앞서 설명한 바와 같이 세계표준을 받아들인 결과이긴 했지만 매력을 발휘하는 행위를 낳았다. 그 매력 발휘는 그러면 어떤 중개를 했을까?

스터디코리아 프로젝트의 정책적 발전을 보면 미국과 중국, 일본 삼국이 구성하는 권력구도가 있다는 것을 맥락으로 하면서 동북아 중심국가로의 도약을 최종적 목표로 설정한다(교육인적자원부 2004; 교육인적자원부 외 2007). 그리고 한강의 기적으로 유명한 국가로서 한국은 유학생 유치에 있어서 처음부터 선진국과 개발도상국을 잇는 "중

추적 역할"을 목표로 삼기도 했다(교육인적자원부 2004). 그리고 이 목
적을 스터디코리아 프로젝트를 발전하면서 계승했다(교육인적자원부
외 2007; 교육과학기술부 2010). 이 목적은 유학생 유치 통계에서 반영
되고 있다. 한국에 1,000명 넘게 유학생을 보내는 국가로는 미국과 중
국, 일본, 몽골, 베트남이 있다. 동북아 권력구도를 형성하는 나라 3개
국(미국, 중국, 일본), 선진국 2개국(미국, 일본), 그리고 개발도상국 3
개국(중국, 몽골, 베트남)이다. 100명 넘게 유학생을 한국에 보내는 국
가를 더하면, 캐나다와 러시아, 카자흐스탄, 우즈베키스탄, 이란, 파키
스탄, 인도, 네팔, 방글라데시, 미얀마, 태국, 캄보디아, 말레이시아,
인도네시아, 필리핀 총 15개국을 추가하게 된다. 여기서는 캐나다와
러시아를 제외해서 모두가 개발도상국 국가군에 속하며 아시아권 국
가이다(〈그림 6〉 참고).

　이 성과는 물론 나름 성공적이라고 봐야 하지만 어떤 면에서는 말
레이시아나 태국, 일본 등 유학생 유치에 나서는 아시아권 국가와 잘
차별화되지 않는다. 모두가 개발도상국과 선진국 출신 유학생을 유치
하고 있다(UNESCO). 일본인 학생들이 동남아시아 국가는 잘 안 가면
서 한국을 찾는다는 것을 특징이라고 주장하는 사람이 있을지 모르겠
으나, 이는 거의 의미가 없는 해석이다. 중국은 한국인과 일본인, 일본
은 중국인과 한국인이 각국의 제일 많은 유학생 비중을 차지하고 있기
때문이다(杉村美紀 2008: 15). 이 점에서는 한국이 유학생 유치를 통해
서 어떤 '동북아시아 중심' 공백, 혹은 선진국과 개발도상국 사이의 공
백을 채워서 관계를 통하게 해 주는지가 전혀 안 두드러진다고 지적할
수 있겠다.

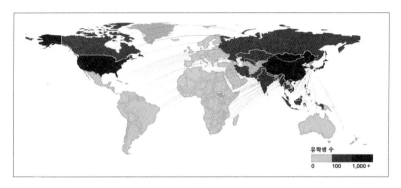

출처: UNESCO 통계원 홈페이지(http://www.uis.unesco.org/Education/Pages/international-student-flow-viz.aspx) 활용하여 필자 수정

그림 6. 주한 유학생 출신지역

2) 이슬람권과 영미권을 잇는 말레이시아의 환승(transit) 중개전략

중개에 있어서 한국과 대조되는 사례로 같은 시기에 등장한 신흥 유학생유치국 말레이시아를 들 수 있다. 말레이시아는 한국처럼 전통적으로 유학생을 송출하는 국가임에도 불구하고 2000년대에 놀라운 유학생 유치 성과를 거두었다. 1999년부터 2009년까지 한국 유학생 수가 17.43배 늘어난 바와 매우 유사하게 말레이시아는 16.48배 늘었으며, 한국처럼 유학생 유치를 통하여 교육허브를 만들려고 하고 있다는 것이 기존 연구에서 밝혀진 바가 있다.

그러나 한국과 달리 말레이시아는 지정학적 구조에서도, 이슈구조에서도 틈새를 기회로 만들어 중개를 하고 있는 것이 명백한 사실이다. 대강 요약하여 설명하자면 이슬람권과 영미권 간의 유학생 교류를 중개하고 있다. 2001년 9월 11일, 뉴욕 그라운드제로에서 무역센터가 무너지자 서방 국가, 특히 영미권 국가들이 이슬람권을 향한 태도가 적대시하는, 매우 엄격한 쪽으로 변했다. 그날 뒤로 이어지는 대립은 지정학적으로도 치열해진 데다가 두 문명 간 여러 이슈가 뜨거운 감자처럼 줄곧 대두됐다.

1980년대 초반에 마하티르 총리가 국가경영에 나설 때부터 이슬람적 분위기가 완성하게 되고, 한때 영국식민지였던 말레이시아는 갑자기 두 문명을 들락거리고 그 사이에 설 수 있게 됐다. 국제이동 분야에 있어서, 미국과 영국 등 9·11테러의 충격이 컸던 서방 국가들은 이슬람권 국가 출신 사람에 대한 비자발급을 크게 삭감하게 됐다. 학생도 물론 예외가 아니었다(Lian 2011: 115). 그래서 말레이시아는 기회를 잡아서 이슬람권 출신 학생을 대상으로 4년간 특별한 장학금을 제공하면서 총 1,000여 명을 말레이시아에 있는 고등교육기관에 입학시켜 주었다(Sirat 2008: 88).

장기적으로 그 결과는 말레이시아에서 공부하는 유학생의 패턴을 대대적으로 혁신했다. 말레이시아에 제일 많은 유학생을 보내는 국가가 2005년까지는 중국이었지만 1년 뒤에는 인도네시아였다. 2005년 전까지 2위부터 4위를 차지한 인도네시아와 방글라데시, 파키스탄도 몇 년 뒤에 다른 순서였다. 2위에는 중국이 내려갔지만 3위는 이란, 4위는 나이지리아가 차지했다(Lian 2011: 115). 이때부터 나이지리아와 같은 아프리카와 이슬람권 국가들이 말레이시아 고등교육의 아주 중요한 외국 소비자층이 됐다.

그런데 말레이시아는 9·11테러부터 분절된 이슬람권과 영미권 사이에 끼어들어도 왜 교육적으로 아프리카와 이슬람권 국가들에게 인기가 있었을까? 바로 말레이시아가 자국의 고등교육 시장을 의무통과점으로 만들었기 때문이다. 아프리카와 이슬람권 학생들이 말레이시아를 찾아갈 때 말레이시아의 고등교육기관에 입학하는 경우도 있지만 대부분은 원래 가려고 하다가 비자발급 문제로 인해서 발을 딛지 못한 영미권에 말레이시아를 통해서 갈 가능성이 있기 때문이다.

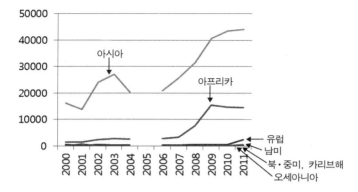

출처: UNESCO 통계원 유학생 국제이동 통계집(http://www.uis.unesco.org/DataCentre/Pages/
Browse Education.aspx). 필자 작성

그림 7. 말레이시아 외국인 유학생 유치 2000-2011년

즉, 말레이시아는 영미권 대학의 분교와 서방 국가 대학들과의 학점인정 프로그램, 이중재적 프로그램 등 덕분에 말레이시아에서 공부하는 유학생들은 영미권의 문턱이 애초에 높았다고 해도 필요한 조건을 모두 말레이시아에서 충족시킨 다음에 언젠가 원하는 목적지를 향해 갈 수 있는 것이다. 싱가포르도 아니고, 홍콩도 아니고, 한국도 아닌 말레이시아에 가야 이렇게 환승(transit)이 가능한 것이 요점이다(杉村美紀 2010: 44). 아프리카 유학생을 대상으로 실시한 설문조사 결과에 따르면 51.7%가 합작대학과 학점이수, 편입 프로그램 등 환승기능이 있는 교육제도 때문에 말레이시아를 택했다고 보고한다(Lian 2011: 117).

3) 소결론

말레이시아는 자국의 교육제도를 영미권으로 이어가는 환승역으로 만들 때 관계가 거의 단절된 영미권과 이슬람권에게 말레이시아 유학이 의무통과점이 됐다. 두 문화권 간에 유학생 이동을 통하게 해 주는 역할을 담당하게 되었으니 말레이시아는 유학생 유치를 통해서 중개를 하고 있는 것이 두드러지고 이 점은 앞서 논한 한국의 미흡한 중개와 대조된다.

유학생 유치를 통한 말레이시아의 중개전략은 자국의 교육허브 구축에 많은 도움이 된다는 것 이외 말레이시아 사례는 한국에게 좋은 본보기가 되는 이유가 몇 가지 있다. 첫째, 중개를 하려면 지정학적 구조 속에서 단절되거나 충분히 활성화되지 못한 두 네트워크 간에 가교를 해야 한다는 점이다. 말레이시아 같은 경우는 이것이 이슬람권과 영미권이고 이 전략이 말레이시아의 특색을 살려서 다른 유학생유치국과 경쟁적인 차별화를 두기 때문에 보다 효과적일 것이다.

한국은 그러면 자국의 지정학적 위치, 그리고 세계질서를 둘러싼 이슈구조 속에 차지하는 위치를 인식해서 틈새를 찾아 볼 필요가 있다는 뜻이다. 둘째, 말레이시아 중개에 있어서 제3국의 교육기관을 국내에 유치하고 외국인 유학생을 유치하다가 다시 내보내는 것이 비결이라는 점이다. 자국은 최종적 목적지가 아니라는 사실도 깨닫고 그것을 인정할 뿐만 아니라 심지어 그것을 강점으로 살리면서 자국을 고등교육국제 시장의 중심에 두려고 하지 않고 그 시장에 있는 어떤 틈새를 메우려고 했을 뿐이다. 한국은 자국을 최종적 목적지로 설정하면서 기존의 전통적 유학생유치국과 치열한 경쟁을 벌이려고 할 것인지, 아니면 그들을 중심으로 한 시스템 속에 자국이 차지하는 위치에 맞아떨어지는 역할을 맡을 것인지를 또한 결정할 필요가 있을 것이다.

VI. 결론

21세기 유학생 교류가 증가하면서 학생이든 고등교육기관이든 국가이든 이 고등교육 국제교류 게임에 참여하는 행위자가 많아지고 있다. 물론 기존에 주도적인 역할을 해 왔던 영미권과 서방 강대국 플레이어가 아직 중요한 역할을 하고 있겠지만, 한국처럼 자국 학생을 해외로 내보내기만 하다가 2000년대부터 다른 어떤 유학생유치국보다 유학생 유치 활동에 힘을 입어 활약을 보여주는 플레이어도 있다. 이러한 신흥 유학생유치국 중 하나로서 한국은 왜 2000년대에 유학생 유치 활동에 나서고 그것이 어떤 외교적 의미를 갖느냐고 물었다.

　이 질문에 대한 답을 얻기 위하여 이 글에서는 네트워크적인 시각을 가지고 한국이 유학생 유치 활동을 펼친 행위자와 구조, 그리고 과정적인 차원을 살펴보았다. 첫째, 한국이 구조적 압력으로 인하여 유학생 유치에 나섰다고 봤다. 구조적인 맥락은 한국의 세계화 대응과 세계표준 수용을 유도했으며, 유학생 유치 활동의 기반을 마련했다고 봤다. 둘째, 행위자 차원에서는 기존 전통적 유학생유치국이 소프트파워 메커니즘을 활용하듯이 한국이 매력을 발산하기 위하여 유학생 유치에 나섰다고 봤다. 그리고 셋째, 과정적인 차원에서는 한국이 교육 허브가 되려는 위계네트워크적 발상에 따라 중견국 외교 전략을 펼치면서 유학생 유치 활동을 추진했다고 봤다.

　한국이 유학생 유치사업을 추진하는 데에 있어 구조적인 설명을 부정할 수 없다. 앞서 봤듯이 복합현상으로서 세계화가 1990년대 탈냉전 이후부터 세계질서에 큰 변화를 가져왔다. 경제적 통합과 국제기구의 등장 등 변화를 당면한 한국과 같은 나라가 여러 구조적 압력을 느끼고 대응했다. 우선, 세계화 흐름에 따르는 대응으로서 한국은 세계무역기구와 같은 국제기구에 가입하고 그때 당시에 논의되고 있던 GATS협정에서 내세워진 규범을 받아들이며, 세계표준을 수용하는 길을 택했다. 그리고 경제적인 측면에서는 한국이 이 표준에 따라 국내 고등교육 시장을 여러 차례의 개혁을 통하여 산업화하고 국제화시켰다. 경제적으로도 큰 구조적 압력을 느꼈다. 1990년대 IMF위기와 함께 유학생 송출로 인한 수지적자의 부담을 예로 들 수 있다. 결국 세계화 대응에 따른 세계표준 수용은 고등교육 국제화라는 환경을 마련하면서 유학생 유치라는 외화벌이 사업이 가능해졌고 1990년대 후반부터 외국인 유학생을 유치하는 것이 한국의 시야에 들어왔다.

그런데 구조적인 설명만으로 행위자를 간과해서가 안 된다. 한국은 2000년대에 유학생 유치 활동이 왕성했다. 이는 앞서 봤듯이 1990년대에 도입된 국제적 고등교육제도와 유학생 교류는 기존 전통 유학생유치국에게 소프트파워 수단이었던 것처럼 한국에게도 매력을 발산할 기회가 되었다. 2000년대 초반부터 한국은 유학생의 주한 유학 경험을 질적으로 보증하고 좋은 경험과 인식을 심으려고 했다. 이는 결국 해외에서 여론을 형성하는 데에 큰 영향을 미치지 못했다고 해도 반한정서를 저해하는 것과 같이 이는 한국에게 해외 위상을 보장할 수 있는 수단이 되기는 했다. 유학생 교류 사업을 통해서 2004년부터 한국이 미국의 소프트파워 장치인 풀브라이트 장학금을 보고 자기 버전으로서 '스터디코리아'라는 이름으로 정부초청장학을 출시했다. 한국 정부가 우수한 외국인 유학생을 국내 대학에 유치해서 한국에 대한 긍정적 이미지를 심고, 외국의 지도계층과의 관계를 장차 구축해 줄 수 있는 해외 우군을 형성하려고 했다. 구체적인 결과를 측정하기가 어려우나, 이 사업의 규모를 계속 확대하고 학생의 다양성을 늘리려고 했다는 점에서 한국은 행위자로서 유학생 유치를 통하여 매력을 발산하려고 한다는 것으로 보인다.

이 글에서는 한국이 유학생 유치를 과정적으로 어떻게 하는지도 살펴보면서 중견국 네트워크 외교 전략을 구성한 설계와 노드 소집, 중개라는 세 가지 단계를 확인했다. 한국은 구조적 압력에 따라 수용한 세계표준으로서 국제적 고등교육과 유학생 교류를 가지고 이 구조를 플랫폼으로 삼아 IV절에서 봤듯이 부분적으로 자국의 매력을 발산했다. 또한 V절에서 봤듯이 한국이 자국을 국제교류의 중심에 두는 허브구축 전략을 설계했다. 이 허브구축은 유학생이든 외국 정부든, 고등교육기관이든, 비영리단체든 수많은 유형의 행위자를 가급적 많이 끌어당겨서 자기 교류 관계망에 넣으려는 노드 소집 전략을 통하여 실천되고 있다. 한국은 이렇게 다원적으로, 그리고 다자적으로 유학생 유치에 나서고 있다는 것은 국가가 네트워크적 전략을 펼치고 있다는 것이다. 그러나 세 번째 중견국 네트워크 외교 전략 단계로서 중개는 아직 다소 미흡한 상태라고 지적 받을 만하다. 중개는 지정학적이거나 규범적으로 국제질서에 뚫린 구조적 공백을 채우려는 형식으로 이루어져야 한다. 그런데 말레이시아가 이슬람권과 영미권을 이어주는 유학생 유치를 함으로써 자국에 알맞은 중개에 나서고 있는 반면, 선진국과 개발도상국을 이어주겠다는 한국의 중개전략이 다른 국가의 유학생 유치 양상과 그리 달라 보이지 않으며 특별히 두드러지지가 않는다. 이 점에서는 한국은 자국의 지정학적 포지션을 고려해서 외교적인 차원에서 유학생 유치를 더 효과적으로 활용할 여지가 있다.

종합해서 말하자면 네트워크 시각에서 한국 유학생 유치 활동의 행위자와 구조, 과정적인 측면을 보면서 한국이 구조적 압력을 받아서 유학생 유치를 위한 기반을 마련했지만 외교적으로는 매력발산을 시도하고 있으며 부분적으로 네트워크적 전략을 펼치고자 한다고 이 글에서 확인했다. 이 결론은 한국의 외교 전략에 대해 전체적으로 큰 함의는 못 갖는다고 지적 받아도, 오늘날 유학생 교류와 같은 초국가적 현상이 공공외교 차원에서 활용되고 있기 때문에 더 큰 틀에서는 의미를 갖는 듯싶다.

국제질서에서 자국의 위치를 확인하고 외교력을 강화하려는 수많은 국가 중에 그러한 위치를 특별히 중요하게 여기는 중견국이 있다. 이들 중견국 중에 한국과 같이 신흥 유학생유치국으로 등장한 남아공과 말레이시아 등이 있다. 전통적 유학생유치국으로서 미국과 영국, 프랑스 등 서방 강대국이 유학생 유치를 소프트파워를 위하여 활용한다는 기존 연구가 있었지만 그 이외 남아공이나 말레이시아, 한국과 같이 중견국 위치에 있는 신흥 유학생유치국에 대한 연구는 거의 없었다. 그들 중 한 사례밖에 안 되지만, 이 글에서는 구조적 변화를 겪고 자국의 위치에 알맞게 유학생 유치를 시작하고, 그를 통하여 매력을 발산하고자 하며, 자국을 중심으로 두려고 교육허브를 네트워크 구축으로 설치하려는 사례가 있다고 봤다. 따라서 신흥 유학생유치국에 대한 큰 결론은 내릴 수 없다고 해도 그 중 한 사례로서 한국은 외교적으로 유학생 유치를 하고 있으며, 매력발산과 네트워크적 전략을 펼치고 있다는 것은 신흥 유학생 유치 국가군에 대하여 후속연구를 요구한다고 본다.

참고문헌

교육과학기술부. 2010. "외국인 유학생 유치 다변화 전략 방안." 2010.11.19.

_____. 2012. "한-인도 교육 · 과학기술 협력, 한층 더 Upgrade!." 2012.12.12.

교육문화여성정책관실. 2012. 보도자료. 2012.10.29.

교육인적자원부. 2004. "해외 인적자원개발을 위한 외국인 유학생 유치 확대 종합방안(Study Korea 프로젝트) 마련." 보도자료. 2004.12.7.

교육인적자원부 외. 2007. "고등교육의 국제화 전략 2007년도 추진계획." 2007.2.28.

구자억. 2010. 『2010년 대중국 종합연구 한중 양 국민간 우호정서 저해원인 연구―국내체류 중국인 유학생실태조사를 중심으로―』. 한국교육개발원. 경제 · 인문사회연구회 대중국 종합연구 협동연구총서.

_____. 2013. "스터디 코리아와 한국교육의 미래." 한국일보 시론. 2013.10.10. 게재. 인터넷신문 기사. 2013.12.9.

구창환. 2014. "박근혜 대통령, 나집 말레이시아 총리와 정상회담." 업코리아. 2014.12.11. 게재. 인터넷신문 기사. 2015.1.4.

국회다정다감포럼 · 주한유학생지원협의회. "유학생정책의 글로벌스탠다드 I: Study Korea Project를 진단하다." 제2회 외국인 유학생 정책발전 대토론회. 2013.4.10.

김상배. 2014. 『아라크네의 국제정치학: 네트워크 세계정치이론의 도전』. 한울아카데미.

김상배 편. 2014. 『네트워크 시대의 외교안보: 중견국의 시각』. 사회평론.

김수희. 2009. 『세계화와 한국의 대응전략』. 신아사.

김장기 · 지경배. 2007. "교육개방화 시대에 따른 지방정부의 정책대응―해외 우수대학 유치를 중심으로―." 『지방행정연구』 21(3), pp.81-104.

안영진. 2008. "세계의 유학생 동향과 국제적 이동 특징." 『지리학연구』 42(2), pp.223-236.

이경오. 1996. "외국 대학과의 자매결연 현황 및 개선 방안: 학생교류를 중심으로." 『대학교육』 11~12월, pp.79-87.

이경자. 2013. "한중 고등교육 교류의 현황과 과제." 『中國學論叢』 41, pp.301-321.

이숙종 · 장훈 편. 2010. 『세계화 제2막』, pp.11-34. 동아시아연구원.

河英善 편. 2000. 『國際化와 世界化: 韓國 · 中國 · 日本』. 峨山財團 硏究叢書 第57輯. 集文堂.

大塚豊 他. 2004. "アジア諸国におけるグローバリゼーション対応の高等教育改革戦略に関する比較研究." 科学研究費補助金 (基盤研究(B)(1)) 研究成果報告書 (課題番号14310120). 名古屋大学大学院国際開発研究科.

杉村美紀. 2008. "アジアにおける留学生政策と留学生移動." 『アジア研究』 54(4), pp.10-25.

_____. 2010. "高等教育の国際化と留学生移動の変容 ―マレーシアにおける留学生移動のトランジット化―." 上智大学教育学論集 44, pp.37-50.

長島万里子. 2011. "韓国の留学生政策とその変遷." ウェブマガジン『留学交流』 4.

Atkinson, Carol. 2010. "Does Soft Power Matter? A Comparative Analysis of Student Exchange Programs 1980-2006." *Foreign Policy Analysis*, 6, pp.1-22.

Byrne, Caitlin and Rebecca Hall. 2011. "Australia's International Education as Public Diplomacy: Soft Power Potential." *Clingendael Discussion Papers in Diplomacy*, 121, p.27.

Byun, Kiyong and Minjung Kim. 2011. "Shifting Patterns of Government's Policies of the Internationalization of Korean Higher Education." *Journal of Studies in International Education*, 15, pp.467-486.

Lian, Irene Tan Ai. 2011. "An Exploration of African Students in Malaysia." *US-China Education Review*, 1(6), pp.114-119.

Knight, Jane. 2011. "Education Hubs: A Fad, a Brand, an Innovation?." *Journal of Studies in International Education*, 15, pp.221-240.

Mok, Ka Hao and Kar Ming Yu. 2014. "The Internationalization of Higher Education in Malaysia and South Korea: student mobility and learning experiences." *Internationalization of Higher Education in East Asia*, pp.138-165. New York: Routledge.

Nye, Joseph. 2005. "Soft Power and Higher Education", pp.33-60. The Internet and the University Forum.

Park, Sung-Hoon and Yoocheul Song. 2013. "Internationalizing Higher Education in Korea: University and Government Responses." *Koreanische Zeitschrift für Wirtschaftswissenschaften*, 31(2), pp.29-43.

Perkins, Richard and Eric Neumayer. 2014. "Geographies of educational mobilities: exploring the uneven flows of international students." *Geographical Journal*, 180(3), pp.246-259.

Peyré, Olivier. 2013. "La contribution des programmes d'échanges académiques à l'ambition internationale des États-Unis d'Amérique et de l'Union Européenne: Une analyse comparée." Ph.D Thesis. Toulouse 1.

Ruby, Alan. 2009. "GLOBAL: International student: a $100 billion business?." University World News(Online).http://www.universityworldnews.com/article.php?story=20090925022811395(검색일: 2014.12.27.)

Sirat, Morshidi. 2008. "The impact of September 11 on international student flow into Malaysia: Lessons learned." *IJAPS* 4(1), pp.80-95.

Trilokekar, Roopa Desai. 2010. "International education as soft power? The contributions and challenges of Canadian foreign policy to the internationalization of higher education." *High Education*, 59, pp.131-147.

UNESCO 통계집
대학알리미 http://www.academyinfo.go.kr/
송도글로벌대학캠퍼스 http://www.sguc.co.kr/

한중일 CAMPUS Asia http://www.campusasia.kr/

Study in Korea http://www.studyinkorea.go.kr/en/main.do

American University http://www.american.edu/sis/sisabroad/graddual/ku.cfm

United States Department of State, Bureau of Educational and Cultural Affairs http://eca.
state.gov/fulbright/fulbright-alumni/notable-fulbrighters/heads-stategovernment

찾아보기

엮은이

김상배

서울대학교 정치외교학부 교수

서울대학교 외교학과 학사 및 석사, 미국 인디애나대학교 정치학 박사.

『네트워크와 국가전략: 세계정치의 변환과 연속성』(사회평론아카데미, 2015, 공저)

『아라크네의 국제정치학: 네트워크 세계정치이론의 도전』(한울아카데미, 2014)

『정보혁명과 권력변환: 네트워크 정치학의 시각』(한울, 2010)

지은이

고지명 서울대학교 자유전공학부 외교학전공 학사과정

김가희 서울대학교 외교학과 석사과정

김예지 서울대학교 외교학과 석사과정

박주희 서울대학교 외교학과 석사과정

박지은 서울대학교 외교학과 석사과정

서지희 서울대학교 외교학과 석사과정

윤정현 서울대학교 외교학과 박사과정

이나형 서울대학교 외교학과 석사과정

정은희 서울대학교 외교학과 석사

타일러 라쉬 서울대학교 외교학과 석사과정

황예은 서울대학교 외교학과 석사